中国战略性新兴产业发展报告

徐匡迪

2017 Report on the Development of China's Strategic Emerging Industries

中国战略性新兴产业发展报告

中国工程科技发展战略研究院

科学出版社
北京

内 容 简 介

本书是中国工程科技发展战略研究院面向社会公众和决策人员的年度研究报告。本书首先介绍“十二五”期间中国战略性新兴产业发展的总体情况，其次分别对战略性新兴产业九大领域“十二五”期间的发展状况进行总结，对存在的问题进行分析，对“十三五”的发展形势进行展望。同时，本书对“十二五”期间中国战略性新兴产业培育与发展的相关政策进行总结和分析，分别从产业模式创新、绿色制造、智能制造等视角分析战略性新兴产业发展的创新规律和政策需求。在此基础上，对战略性新兴产业发展过程中的投资和融资进行介绍，分别对战略性新兴产业投融资模式、科技型中小企业投融资模式、颠覆性技术创新的金融支持进行研究。最后，本书介绍产业成熟度理论和大数据分析方法，为战略性新兴产业研究提供方法参考。

本书有助于社会公众了解中国战略性新兴产业发展的总体情况以及各领域发展态势和改革走向，可供各领导干部、有关决策部门和产业界及社会公众参考。

图书在版编目（CIP）数据

中国战略性新兴产业发展报告．2017／中国工程科技发展战略研究院编．—北京：科学出版社，2016. 11

ISBN 978-7-03-050373-2

Ⅰ.①中… Ⅱ.①中… Ⅲ.①新兴产业－产业发展－研究报告－中国－2017 Ⅳ.① F279. 244. 4

中国版本图书馆 CIP 数据核字（2016）第 259523 号

责任编辑：马 跃 ／ 责任校对：葛小双
责任印制：霍 兵 ／ 封面设计：蓝正设计

科学出版社 出版

北京东黄城根北街16号
邮政编码：100717

http://www.sciencep.com

中国科学院印刷厂 印刷

科学出版社发行 各地新华书店经销

*

2016年11月第 一 版 开本：787×1092 1/16
2016年11月第一次印刷 印张：28 1/4
字数：670 000

定价：168.00元

（如有印装质量问题，我社负责调换）

中国工程科技发展战略研究院简介

2008 年 6 月，胡锦涛同志在两院院士大会上指出，中国工程院是国家的科学技术思想库，要继续团结带领全国科技界更加积极主动地参与决策咨询，为国家宏观决策提供科学依据。2011 年 4 月，胡锦涛同志在庆祝清华大学百年校庆大会上讲话指出，高校要深入开展政策研究，积极发挥思想库和智囊团作用。为贯彻落实胡锦涛同志的指示精神，中国工程院与清华大学强强联合，创新体制机制，整合优势资源，于 2011 年 4 月联合成立了中国工程科技发展战略研究院。

中国工程科技发展战略研究院坚持高层次、开放式、前瞻性的发展导向，围绕工程科技发展中的全局性、综合性、战略性重大课题开展理论研究、应用研究与政策咨询。战略研究院积极推动自然科学与社会科学相结合，发挥工程院的院士和清华大学中青年学者的智力优势，努力建成全球一流的战略决策思想库，为我国工程科技发展提供战略咨询。

编　委　会

序　言

战略性新兴产业代表新一轮科技革命和产业变革的方向，是支撑全球经济复苏增长的核心力量和取得未来竞争新优势的关键领域。党中央、国务院高瞻远瞩、审时度势，提出实施创新驱动发展战略，并高度重视培育与发展战略性新兴产业。2016 年 5 月，习近平总书记在全国科技创新大会、两院院士大会、中国科学技术协会第九次全国代表大会上指出，要把科技创新摆在更加重要位置，吹响建设世界科技强国的号角。提出“要深入研究和解决经济和产业发展亟需的科技问题，围绕促进转方式调结构、建设现代产业体系、培育战略性新兴产业、发展现代服务业等方面需求，推动科技成果转移转化，推动产业和产品向价值链中高端跃升”。李克强总理在 2016 年政府工作报告中也明确提出，要加快推进产业结构优化升级，实施一批技术水平高、带动能力强的重大工程。到 2020 年，先进制造业、现代服务业、战略性新兴产业比重大幅提升，迈进创新型国家和人才强国行列。

当前，世界科技创新呈现出新的发展趋势，全球新一轮科技革命和产业变革蓄势待发。一些重大科学问题的原创性突破正在开辟新前沿新方向，信息网络、人工智能、生物技术、清洁能源、新材料、先进制造等领域呈现群体跃进态势，颠覆性技术不断涌现，催生新技术、新产品、新业态和新模式，对人类生产方式、生活方式乃至思维方式将产生深刻影响。美国发布新版《美国国家创新战略》，欧盟提出构建“创新型联盟”，日本继续强化“科技创新立国”战略，世界主要发达国家和地区纷纷推出一系列政策加强创新，抢抓新工业革命的战略机遇，抢占国际产业竞争制高点。全球创新版图正在加速重构，创新多极化趋势日益明显，以科技创新为核心的全面创新成为打造国家竞争新优势的关键。

“十三五”时期，要将战略性新兴产业摆在经济社会发展更加突出的位置，培育新动能，发展新经济，实现经济社会持续健康繁荣发展。《“十三五”规划纲要》明确提出支持战略性新兴产业发展，要求瞄准技术前沿，把握产业变革方向，围绕重点领域，优化政策组合，拓展新兴产业增长空间，抢占未来竞争制高点，使战略性新兴产业增加值占国内生产总值比重达到 15%。到 2030 年，战略性新兴产业将成为推动中国基本实现现代化的主导力量，使中国发展成为世界战略性新兴产业重要的制造中心和创新中心。

要实施好创新驱动发展战略，推进大众创业万众创新，实现国家“十三五”规划目标，很重要的一环就是要充分发挥智库的作用，以科学咨询支撑科学决策，以

科学决策引领科学发展。中国工程院作为国家首批高端智库，以服务党和政府决策为宗旨，以工程科技战略咨询为主攻方向，按照“服务决策、适度超前”的原则，坚持高起点推进、高水平建设，着力建设服务决策能力强、战略咨询水平高、国内外影响力大的高水平科技创新智库。为了充分发挥各自优势，中国工程院和清华大学强强联手，联合成立了中国工程科技发展战略研究院，致力于为国家战略决策持续提供高水平智库服务，在国家开发银行的大力支持下，组织开展了一系列重大咨询研究项目，为中国战略性新兴产业发展规划和政策制定提供了重要的支撑。2013年以来，中国工程科技发展战略研究院连续发布2013～2016年四个年度的《中国战略性新兴产业发展报告》，获得各方好评。

2016年是《“十三五”规划纲要》实施的第一年，中国工程科技发展战略研究院组织几十位院士和数百位专家编纂形成了《中国战略性新兴产业发展报告2017》。该书重点总结了“十二五”战略性新兴产业发展取得的成绩，提出了“十三五”战略性新兴产业发展展望，归纳了2016年战略性新兴产业最新进展，探讨了战略性新兴产业创新模式和政策建议，研究了战略性新兴产业投融资模式。希望《中国战略性新兴产业发展报告2017》能够继续为中国战略性新兴产业发展贡献力量，能够继续为广大读者提供有价值的知识信息和参考建议。

我们相信，在党中央、国务院的坚强领导下，在各方面的共同努力下，中国战略性新兴产业发展一定能够攻坚克难，开拓进取，为促进中国经济社会持续健康发展，实现中华民族伟大复兴的中国梦做出更大贡献！

国家发展和改革委员会　徐绍史
中国工程院　周　济
清华大学　邱　勇
国家开发银行　胡怀邦

目　　录

综合篇

第 1 章　“十二五”战略性新兴产业发展总结和“十三五”展望　3

产业篇

第 2 章　节能环保产业　29
第 3 章　新一代信息技术产业　52
第 4 章　高端装备制造业　78
第 5 章　生物产业　124
第 6 章　新材料产业　147
第 7 章　能源新技术产业　172
第 8 章　新能源汽车产业　204
第 9 章　互联网 + 智能制造产业　238
第 10 章　数字创意产业　281

政策篇

第 11 章　中国战略性新兴产业创新模式研究　307
第 12 章　“十二五”中国战略性新兴产业相关政策回顾分析　317
第 13 章　绿色再制造战略中的创新需求及典型案例　347
第 14 章　中国智能制造推广及扩散研究　358

投融资篇

第 15 章　基于产业生命周期的战略性新兴产业投融资模式研究　371
第 16 章　科技型中小企业投融资模式研究　389
第 17 章　颠覆性技术创新的金融支持　402

附录 1　产业成熟度评价方法研究与应用　415
附录 2　战略性新兴产业技术预见中的大数据分析平台框架研究　428
后记　439

综合篇

第 1 章

“十二五”战略性新兴产业发展总结和“十三五”展望

国家信息中心

【内容提要】“十二五”时期，在国际环境复杂多变、国内经济发展步入新常态的局面下，中国成功把握了新一轮新兴产业发展浪潮，通过科学布局、重点发展，实现了战略性新兴产业持续快速增长。经过五年的快速发展，战略性新兴产业逐渐成为中国经济新引擎，在稳定经济增长、促进经济转型升级、引领创新发展等方面发挥了重要作用。展望“十三五”中国的战略性新兴产业发展，需要全面把握国际国内科技经济发展新形势，坚持实施创新驱动发展战略，瞄准技术前沿，科学研判重点领域的发展趋势和潜力，强化任务部署和政策保障，构建新兴产业发展新格局，抢占未来竞争制高点，实现战略性新兴产业进一步发展壮大。

1.1 “十二五”战略性新兴产业发展总结

1.1.1 产业规模快速增长，资本市场表现亮眼

“十二五”期间，战略性新兴产业相对于其他工业行业呈现出快速发展态势，发展总量明显增加，占全部工业和经济总量的比重逐年上升。截至“十二五”末，战

略性新兴产业增加值占国内生产总值（GDP）的比重达到8%左右，较2010年接近翻番，实现规划目标。

“十二五”期间，战略性新兴产业快速持续增长，特别是在近几年中国经济增速变缓的大背景下，为调结构、稳增长以及提高国际竞争力发挥了重要作用，做出新的重大贡献。2015年，战略性新兴产业涉及的27个重点行业规模以上企业收入达16.9万亿元，占工业总体收入的比重达15.3%，较2010年提升3.4百分点，2010～2015年，战略性新兴产业重点行业规模以上企业收入年均增长17.8%（图1.1）。特别是从上市公司情况来看，战略性新兴产业企业已经成为资本市场的重要组成部分，已经培育并发展成为支撑中国上市公司总体业绩稳定增长的重要力量。2010年以来，战略性新兴产业上市公司保持了良好发展态势，增速持续高于全部上市公司总体增速，拉动了全部上市公司总体业绩增长。2015年，战略性新兴产业上市公司营收总额达2.6万亿元，占全部上市公司总体收入的8.9%，2010～2015年年均增速达到了15.6%（图1.2）。

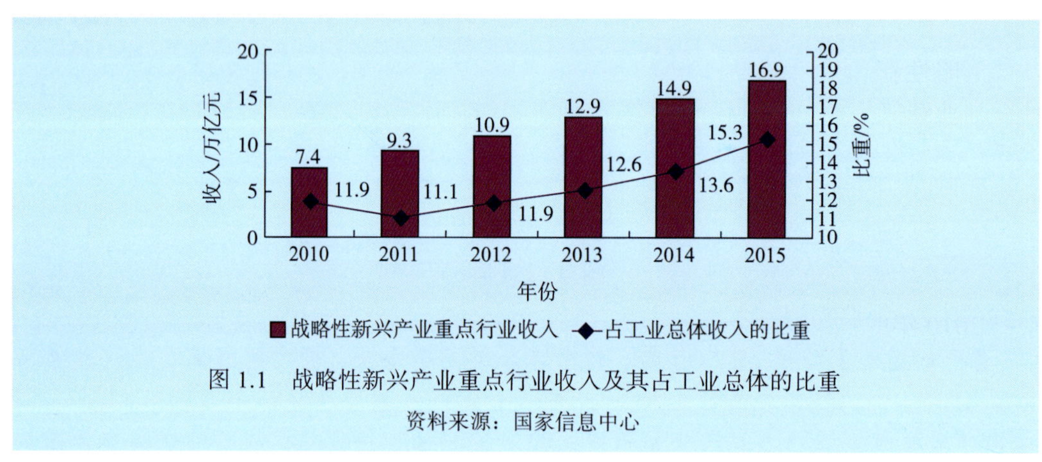

图1.1　战略性新兴产业重点行业收入及其占工业总体的比重

资料来源：国家信息中心

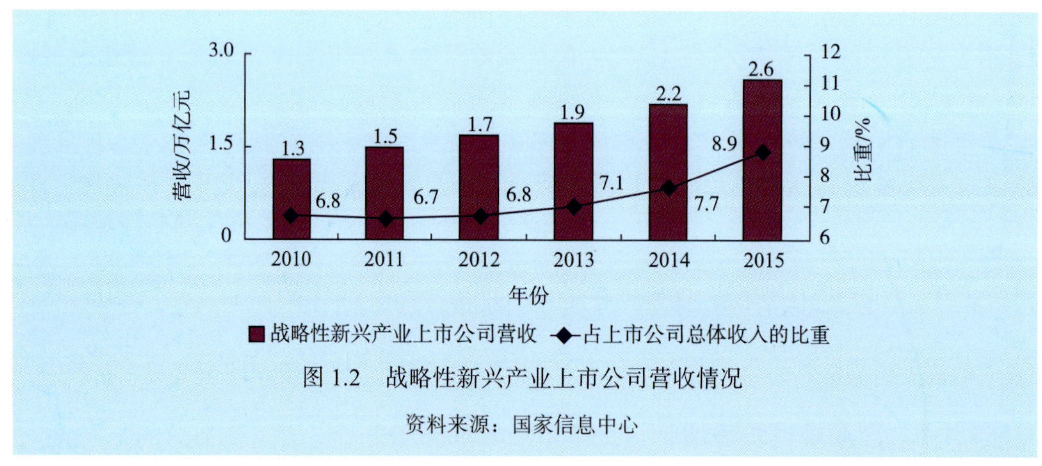

图1.2　战略性新兴产业上市公司营收情况

资料来源：国家信息中心

2010年，A股上市公司中有674家战略性新兴产业企业，占A股上市公司总数的33.3%。截止到2015年年末，A股上市公司中的1 031家战略性新兴产业企业占

总数的 36.6%（图 1.3），比重增加 3.3 百分点。“十二五”期间，A 股新上市公司中战略性新兴产业企业共有 357 家，占同期 A 股新上市公司总数的比重达到了 45.5%，战略性新兴产业新上市企业已接近 A 股新增上市公司的一半。

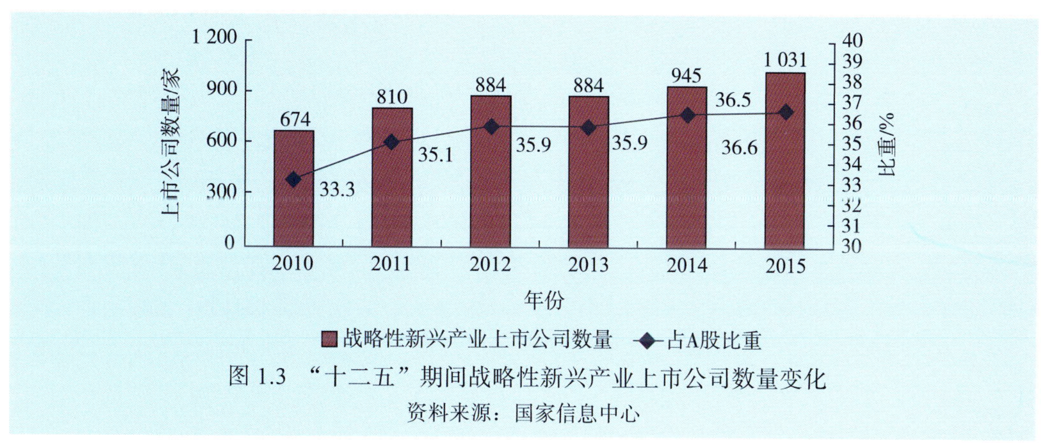

图 1.3 “十二五”期间战略性新兴产业上市公司数量变化

资料来源：国家信息中心

战略性新兴产业上市公司中，民营企业继续迸发活力，表现出新增数量多、规模大、业绩好的特征[1]。截至 2015 年年末，在 1 031 家战略性新兴产业上市公司中，民营企业共有 680 家，较 2010 年增加 305 家。2015 年，民营企业上市公司占战略性新兴产业上市公司总量的比重为 66%，明显高于 2010 年的 55.6% 的水平，也说明这一时期中国民营企业进入战略性新兴产业领域以及资本市场的数量和质量都有明显增长。五年间，民营企业的营收和利润逐年增长，2015 年，营收达 8 107.1 亿元，远高于 2010 年的 1 993.6 亿元的水平，占战略性新兴产业上市公司总体营收的 31.1%，较 2010 年提高 12.5 百分点，民营企业已成为战略性新兴产业上市公司中仅次于国有企业的第二大发展群体。截至 2015 年年末，民营企业上市公司利润高达 993.3 亿元，远远高于 2010 年的 298.2 亿元的水平（图 1.4）。战略性新兴产业上市公司的利润超过四成是由民营企业贡献的，其贡献率超过国有企业上市公司 7.4 百分点。

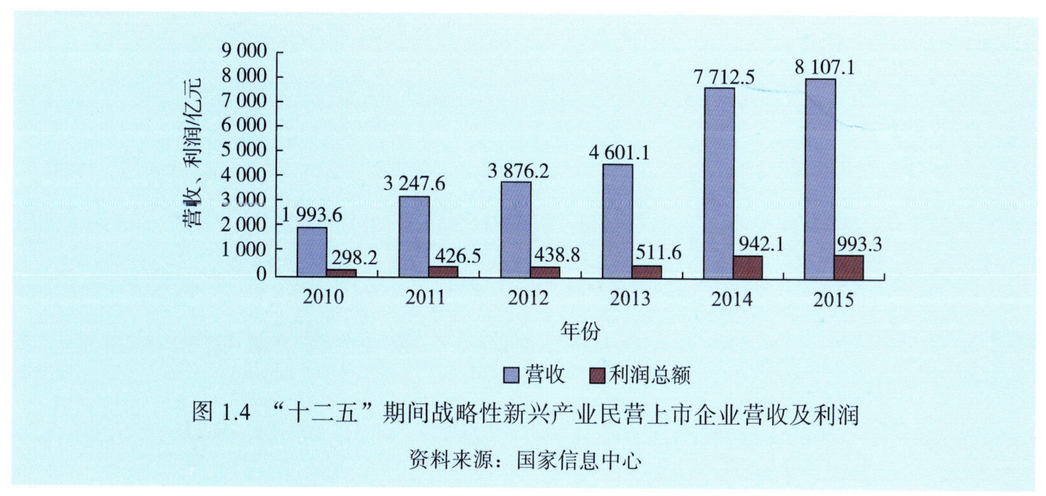

图 1.4 “十二五”期间战略性新兴产业民营上市企业营收及利润

资料来源：国家信息中心

分领域来看，“十二五”以来战略性新兴产业一些重点领域的企业营收增速表现优良[2]。其中，节能环保和生物领域的企业营收增速位居前两位。前者以先进环保、高效节能和资源循环利用为代表，持续保持良好的增长态势，营收由2010年的315.2亿元增长至2015年的1 402.2亿元，年复合增长率达34.8%；后者即生物领域伴随居民健康消费持续快速增长以及精准医疗和基因科学等前沿医疗领域的兴起，也呈现出快速发展势头，营收由1 567.5亿元扩大至5 085.9亿元，年复合增长率达26.5%，其产业规模仅次于新一代信息技术产业领域。其他领域以营收增速排序，新一代信息技术、新能源、高端装备制造和新材料产业分列第三位至第六位。其中，新一代信息技术产业在人工智能、物联网和大数据如火如荼发展的背景下，营收由4 101.7亿元扩张到12 148.9亿元，年复合增长率达24.3%，其产业总规模位列七大产业之首；以核电、风能及光伏为代表的新能源产业，营收规模由644.0亿元上升到1 768.0亿元，年复合增长率为22.4%；以轨道交通、航空、卫星为主的高端装备制造业营收年复合增长率为17.5%，规模由1 803.5亿元增长至4 046.9亿元，其产业规模居七大产业第三位；新材料产业营收增速位列末段，年复合增长率为11.4%，营收由916.4亿元增加至1 572.2亿元（图1.5）。

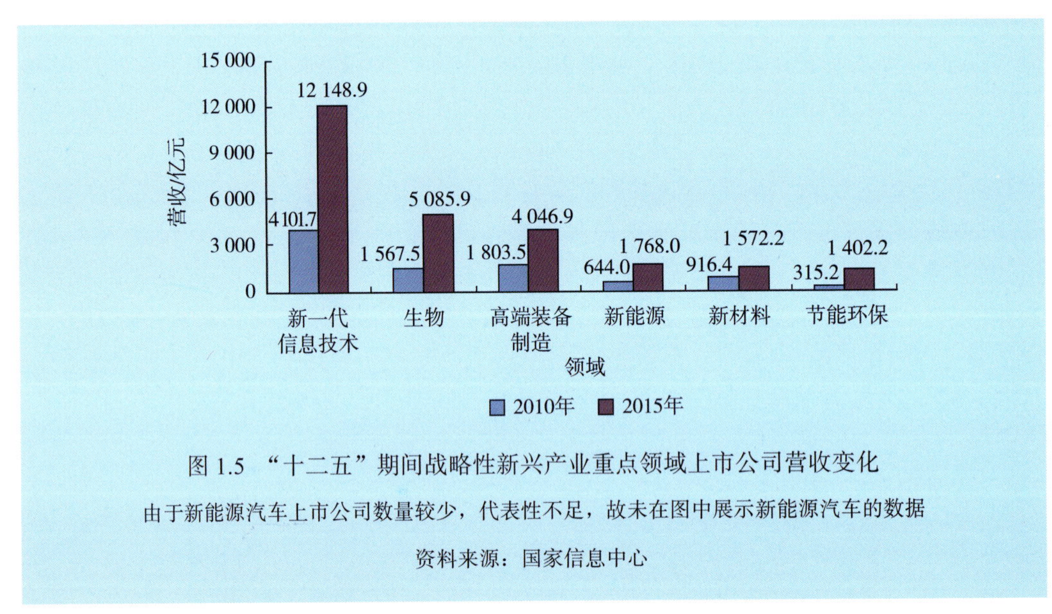

图1.5 “十二五”期间战略性新兴产业重点领域上市公司营收变化

由于新能源汽车上市公司数量较少，代表性不足，故未在图中展示新能源汽车的数据

资料来源：国家信息中心

1.1.2 市场环境不断完善，政策效应逐步显现

“十二五”期间，随着战略性新兴产业相关战略、规划陆续出台，重点工程和项目建设逐步落实，相关体制机制改革深入推进，为培育和发展战略性新兴产业提供了重要支撑及基础条件。

其一，逐步形成了比较完备的政策导向和支持体系。2010年10月，国务院发布《国务院关于加快培育和发展战略性新兴产业的决定》，明确提出要按照科学发展观的要求，抓住机遇，明确方向，突出重点，加快培育和发展战略性新兴产业。2012年7月9日，根据“十二五”规划纲要和《国务院关于加快培育和发展战略性新兴产业的决定》的部署及要求，国务院印发《“十二五”国家战略性新兴产业发展规划》，进一步加强宏观引导和统筹规划，明确了节能环保、新一代信息技术、生物、高端装备制造、新能源、新材料、新能源汽车七个领域战略性新兴产业的发展目标、重点方向和主要任务，同时提出要采取有力措施，强化政策支持，完善体制机制，促进战略性新兴产业快速健康发展。其后，七大领域战略性新兴产业专项发展规划陆续编制印发，如国务院陆续发布了《“十二五”节能环保产业发展规划》《生物产业发展规划》《节能与新能源汽车产业发展规划（2012－2020年）》，工业和信息化部（简称工信部）印发《新材料产业“十二五”发展规划》等，又更加具体地规划了“十二五”期间各产业的发展目标、重点领域和主要任务。同时，一些主管部门和地方政府按照国家导向并结合行业及地区实际情况，陆续研究实施相关细分化的行业规划、政策、指导意见等（如全国有二十余个省、自治区、直辖市和计划单列市出台了本区域的战略性新兴产业“十二五”规划），在“十二五”期间初步形成了加快培育和发展战略性新兴产业的良好政策环境，为促进“十二五”打基础、增实力、上水平以及为推进“十三五”全面落实创新发展战略发挥了巨大的正向激励作用。

其二，体制机制创新和改革深入推进。根据中国经济发展进入新常态和世界科技发展趋势带来国内战略性新兴产业发展面临的新情况、新要求、新问题，党中央、国务院决策相机调整完善、创新改革，以及时有效地解决新时期不适应、不配套甚至是制约战略性新兴产业发展的有关体制机制，特别是以加快实施创新驱动发展战略为主线，陆续制定实施了若干有利于战略性新兴产业快速健康可持续发展的重大改革举措。例如，在新一代信息技术产业领域，国务院办公厅印发《三网融合推广方案》，加快在全国全面推动信息网络基础设施互联互通和资源共享；在新能源产业领域，陆续印发关于进一步深化电力体制改革的重要文件，通过加快部署电价改革和电力交易体制改革等解决因电力发展制约新能源、先进环保等领域发展的突出矛盾和深层次问题；在高端装备制造产业领域，国务院办公厅印发《国务院办公厅关于促进通用航空业发展的指导意见》，提出扩大低空空域开放，突破产业增长瓶颈，进一步促进通用航空业发展；在生物产业领域，通过制定实施有关医药流通体制及药价改革方案，推进创新药物和高端医疗器械审批等环节的机制改革，加快解决注册申请积压现象，支持提高仿制药质量和鼓励研究及创制新药；在节能环保产业领域，结合全面推进生态文明体制改革总体要求，实施了包括促进碳排放交易市场建设，推进能源消费问题和温室气体排放总量双控制、积极应对国际气候变化等改革，全面部署大气、水、土壤污染综合防治税费征收等创新性改革重大举措，有力地拉动了中国节能环保领域的资金投入、技术研发与应用推广以及相关重点行业和企业的快速发展。此外，“十二五”期间还陆续放宽或取消了一些不利于民营企业和民间资本进入电信、新能源汽车等新兴产业的准入条件，为市场注入了新的活力。

其三，陆续部署实施了一些重大的国家创新发展工程和项目。围绕《“十二五”

国家战略性新兴产业发展规划》中提出的包括宽带中国、信息惠民等二十个重大工程和项目，逐步组织落实。重点开展了三个方面的工作：一是发布重大工程和项目实施方案，细化发展目标，明确重点任务，安排重点项目；二是通过配套相关政策措施推动重点领域率先突破，主要是聚焦科技型企业创新能力建设、产业生态链形成、重大行业和重点区域创新应用等，统筹运用设立风险投资基金、产业投资基金、财政税收政策鼓励、产业技术政策引导等方式，为国家和地方重大工程与项目以及企业技术攻关提供保障条件；三是统筹利用各方面各类要素资源，集成发挥政府部门、地方政府、科研机构与院校、创新型企业以及国际上包括信息、资金技术、人才等作用和功能，协同推进试点示范及推广应用。

其四，继续探索金融政策及金融工具创新应用。“十二五”期间，结合金融体制深化改革，金融政策的配套支持程度也相应有所提高，金融工具创新的适应性、针对性也相应增强，金融支持力度不断加大。例如，推进实施战略性新兴产业创投计划，截至 2015 年年底，此类基金总数累计达到 206 支，引导地方政府和社会资本投资累计约 556 亿元；又如，探索金融工具创新，促进发展知识产权融资业务、股权融资业务、排污权抵押贷款、清洁发展机制（clean development mechanism，CDM）项目融资、合同能源融资、绿色消费信贷、互联网金融等新兴的新业态金融产品；再如，通过推动创业板分层和三板市场发展以及开展战略性新兴产业融资担保风险补偿试点；另外，增加直接融资规模，截至 2015 年年底，银行金融机构对战略性新兴产业贷款余额达到 2.4 万亿元，同比增长 8.8%。

1.1.3 创新能力持续提升，国际竞争实力继续增强

“十二五”期间，中国在全面实施创新驱动发展战略的过程中。战略性新兴产业作为技术高度密集、创新异常活跃的产业领域，是五年来促进创新驱动落到实处的“排头兵”和推进器。

一是创新投入和创新能力持续提升。“十二五”以来，战略性新兴产业企业创新创业活力进一步迸发，相关领域上市公司研发强度逐年提升，大幅高于上市公司总体水平[3]。2015 年，战略性新兴产业上市公司平均研发投入达到了 1.53 亿元，较 2010 年提高 1.9 倍，平均研发强度（占公司营收的比重）达到 6.2%，较 2010 年提升 2.4 百分点，明显高于上市公司平均 3.5% 的研发强度（图 1.6）。2015 年，研发投入强度超过 5% 的战略性新兴产业上市公司达 468 家，占战略性新兴产业上市公司总数的 45.2%。此外，同期，战略性新兴产业企业发明专利申请量直线上升，年均增速达到 20.1%，2014 年申请量达 276 523 件，较 2010 年增长 107.9%（图 1.7）。

二是自主研发技术成果不断涌现。飞机制造领域，中国自主研制的喷气式支线客机 ARJ21-700 完成了全部研发试飞工作，2014 年 12 月 30 日取得国际通行适航证，2016 年 6 月 28 日实现首次商飞；2014 年 9 月 19 日，C919 国产大型客机首架机在中国商飞公司新落成的总装制造中心正式开始机体对接，标志着 C919 大型客机研制项目全面进入结构总装攻坚阶段，2015 年 11 月 2 日首架机正式下线；中国自主研发

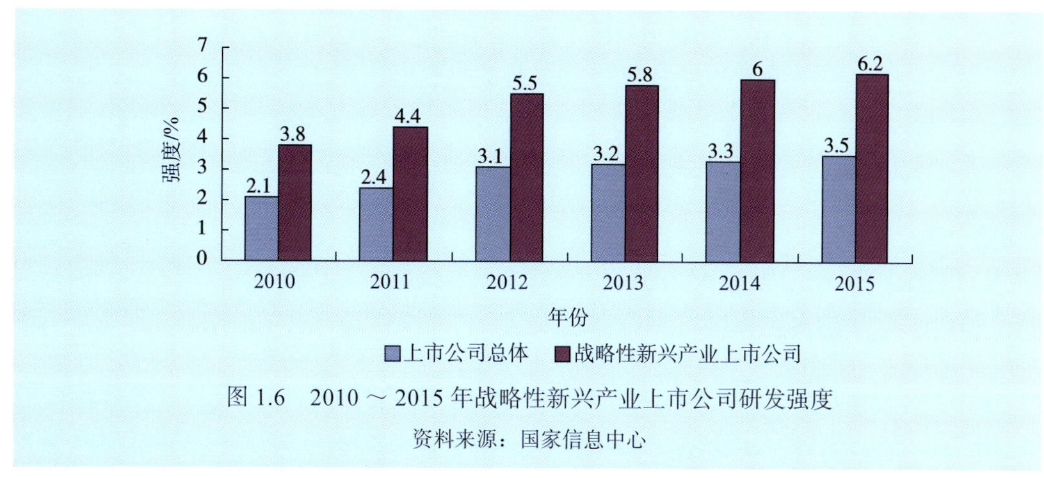

图 1.6 2010 ～ 2015 年战略性新兴产业上市公司研发强度

资料来源：国家信息中心

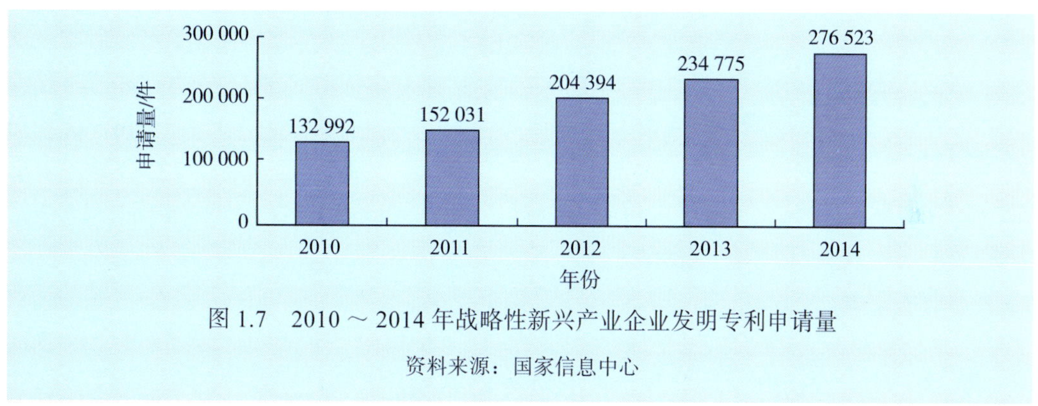

图 1.7 2010 ～ 2014 年战略性新兴产业企业发明专利申请量

资料来源：国家信息中心

的世界上最快的工业级 3D 打印机于 2014 年面世。新材料生产应用领域，以聚苯胺和聚噻吩为代表的导电高分子材料已在国内实现产业化，T800 级碳纤维实现量产。新医药和生物医药工程领域，国家一类新药海姆泊芬和注射用海姆泊芬研发成功；生物制品 I 类新药“重组人凋亡素 2 配体”获新药证书，将为中国广大非小细胞肺癌患者带来安全、有效的全新治疗途径；中国研发的全球首个戊型肝炎疫苗“益可宁”和小分子治疗类风湿性关节炎药物“艾得辛”获准上市；计算机断层扫描（position emission tomography，PET）探测技术、高场超导技术、超声换能器技术、中能加速管技术等生物医学工程方面均取得重大突破。新能源汽车领域，研发和量产技术水平都明显提升，中国自主开发的纯电动汽车在整车动力系统匹配与集成设计、整车控制等方面都接近国际先进水平。

三是发展模式和业态等加快创新步伐。借力技术融合、跨界集成融合等发展模式、业态创新，催生了充分体现创新驱动的新增长点和分享经济的发展。例如，通过信息技术和生物技术融合发展，推动了可穿戴医疗设备与系统、康复工程及器械等产业的快速发展。融合产品和服务的干细胞医疗、基因测序服务、分子诊断及生物芯片检测等领域已呈现出强力增长态势。医疗器械 + 电子商务出现爆发式增长，截至 2015 年年底，全国累计共有 526 家企业拥有食品药品监管部门发放的《互联网药品交易服务资格证书》，较 2010 年增长了 9 倍。又如，通过信息技术和金融业融合发展，为中国金融业创新发展特别是互联网金融、普惠金融发展打开了一扇新的大门。截至 2015 年年底，全国互联网金融总交易规模超过 12 万亿元，接近 GDP 总量的 20%。截至 2015 年年底，网贷行业运营平台达到 2 595 家，相比 2014 年增长了 1 020 家，创下历史新高，全年网贷成交量达到 9 823 亿元。再如，通过商业范式和营销模式创新，助力新能源汽车应用打开新市场、新空间，如公交领域的“融资租赁、车电分离、充维结合”模式，出租车领域的“单车包干、定额营收、全天运营”模式，以及私人领域的“定向购买”等独具特色的创新性商业模式和业态，在拉动新能源汽车快速发展的同时，也有力地推动了分享经济发展。

四是国际竞争实力继续增强。“十二五”期间，战略性新兴产业的国际化进程显现加快，重点企业拓展海外市场力度加大，重要产品和技术在国际竞争中出现新的重大突破。例如，以高铁、北斗卫星导航系统及核电技术装备等为代表，中国制造“走出去”有了一些新标杆、新名片。2014 年 11 月，中标美国波士顿地铁车辆采购合同，并在当地设厂；2015 年 6 月，中国高铁与俄罗斯签下走出国门第一单。中国自主建设、独立运行的北斗卫星导航系统已经达到世界先进水平，在国内已全面实现商用的基础上，2012 年年底北斗卫星导航系统正式服务亚太地区并且在泰国、老挝、文莱、巴基斯坦等国得到成功推广应用；2015 年 10 月，中国和伊朗签署备忘录，中国将向伊朗输出北斗卫星导航系统技术。核电技术与装备“走出去”取得重大进展。2015 年 10 月，中国广核集团和法国电力集团（Electricite De France，EDF）正式签订了英国三大新建核电项目的投资协议，中国自主研发的三代核电技术“华龙一号”向西方发达国家出口实现零的突破；中国与罗马尼亚、阿根廷分别签订了政府间核能合作协议，其中已于 2015 年 11 月与罗马尼亚正式签下价值约 72 亿欧元的核电项目协议。海洋工程订单量从 2014 年开始成为世界第一，在国际市场整体低迷的环境中，新承接的中国制造船舶订单占国际市场的份额超过 40%。通信信息设备供应和集成服务领域“走出去”的订单继续增多，华为、中兴、浪潮及小米等具有较强国际竞争力的企业都有不俗的表现。

总之，中国部分战略性新兴产业的技术研发水平已经走到世界前列，一些技术和产品的标准化、商品化、市场化都已经具备参与国际市场竞争的综合能力。例如，由中国主导的 4G（第四代移动通信技术）网络标准 TD-LTE（time division long term evolution，即分时长期演进）技术不断成熟并且实现大规模商用。2015 年，中国移动 4G 基站达 100 万个，中国移动 4G 用户超过 3 亿户。目前，世界上有 120 家运营商支持应用 TD-LTE 技术，已建成 60 张商用网络并覆盖 81 个国家和地区。又如，超级计算机发展迅猛，具有中国自主知识产权的天河、神威系列超级计算机运算能力名列世界前茅。其中，2013 年天河二号超级计算机，以每秒 33.86 千万亿次的浮点运算速度成为全球最快的超级计算机。再如，互联网平台经济飞速发展，搭建开放合作型产业生态的步伐加快。百度在语音识别、人工智能技术领域快速积累研发成果，已经在美国硅谷成立自动驾驶研发部门并于 2015 年成功通过无人驾驶车路测；阿里巴巴集团已成为全球最大零售体，以阿里巴巴为代表的中国各类电商企业创造了全球商品零售总量第一的位次。另外，汉能科技借助于所拥有的先进太阳能薄膜发电颠覆性技术，保持着两项产品生产世界纪录，其研发的单结和双结砷化镓电池转化率分别高达28.8%、31.6%。在超材料技术领域，一些产品和技术已经处于世界领先地位，如在电磁黑洞、超材料隐身技术介质基超材料以及声波负折射等基础研究方面，以深圳光启为代表的企业取得了多项原创性成果，并在世界超材料产业化竞争中占据明显地位。

1.1.4 区域集聚发展格局基本形成，拓展新的增长空间取得积极进展

“十二五”时期，在国家区域发展总体战略和党的十八大提出推进三大战略的指导下，各地区充分发挥自身比较优势，围绕调整区域经济结构、提升产业技术水平、增强创新发展能力、拓展发展新空间和新动力等目标，在培育和发展战略性新兴产业方面做了大量工作，一些重点产业、行业和企业向具有比较优势的区域集中集聚发展势头更加明显。除北京、上海等继续保持明显的区域集聚优势外，广东、深圳、江苏、安徽、湖北等32个战略性新兴产业区域集聚发展全国试点取得良好进展，从四大区域板块进行总体评价，基本形成东部地区巩固壮大、中部地区快速跟进、西部地区发展平稳、东北地区低速增长的战略性新兴产业发展特征。

从四大区域“十二五”期间战略性新兴产业上市公司营收变化情况来看，东部地区特别是深圳、广州、南京及杭州等市继续加快规模化集聚进程，上市公司营收远高于其他地区，年均增长率超过20.1%；中部地区依托重点城市集中布局，积极发挥综合成本相对东部地区较低和人才资源就地配置的相对优势，增长速度后来居上，以21.1%的年均增速水平位列四大区域之首；西部地区虽然发展基础总体落后且市场环境仍待改善，但以重庆、成都、西安等为代表，通过上市公司集聚要素资源，实现了稳健发展，营收规模仅次于东部地区，营收年均增长率达到17.0%；东北地区具有良好的工业发展基础和科技实力，但主要因为结构转换迟缓、改革创新步伐较慢，大量企业在整体经济处于下行压力下增长乏力，2015年上市公司营收为860亿元，较2010年仅增加334亿元，营收年均增速为10.3%（图1.8）。尽管如此，也仍然明显高于东北地区其他企业营收增长速度，这也说明进入战略性新兴产业领域的企业仍然是当地相对具有竞争优势的企业。

（1）东部地区继续保持中国战略性新兴产业发展的主战场和主要空间载体优势地位。“十二五”以来，东部地区战略性新兴产业上市公司营收规模不断扩大，2015年达到20 310亿元，约为“十一五”末期水平的2.5倍（图1.9）。从新增上市公司的角度分析，截至2015年年末，东部地区战略性新兴产业上市公司达724家，较2010年增加279家，占全国同期同类上市公司的比重为70.2%，较2010年提升4.2百分点（图1.10）。“十二五”期间，战略性新兴产业上市公司在东部地区集中分布的前四位省市依次为广东、北京、浙江和江苏，2015年四省市战略性新兴产业上市公司数量合计占全国总数的48.4%，高于2010年的43.6%的水平，在引领全国战略

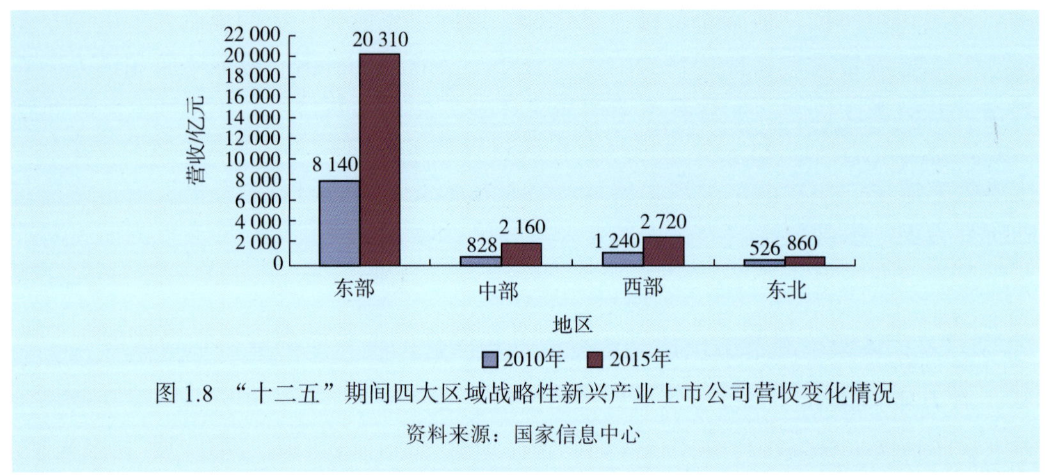

图 1.8 “十二五”期间四大区域战略性新兴产业上市公司营收变化情况

资料来源：国家信息中心

性新兴产业发展进程中的龙头地位更加巩固。

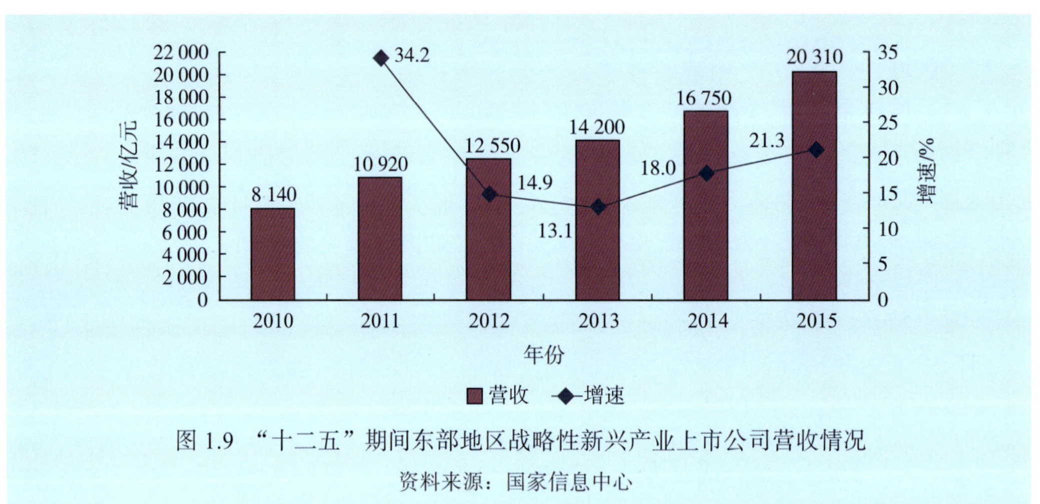

图 1.9 “十二五”期间东部地区战略性新兴产业上市公司营收情况

资料来源：国家信息中心

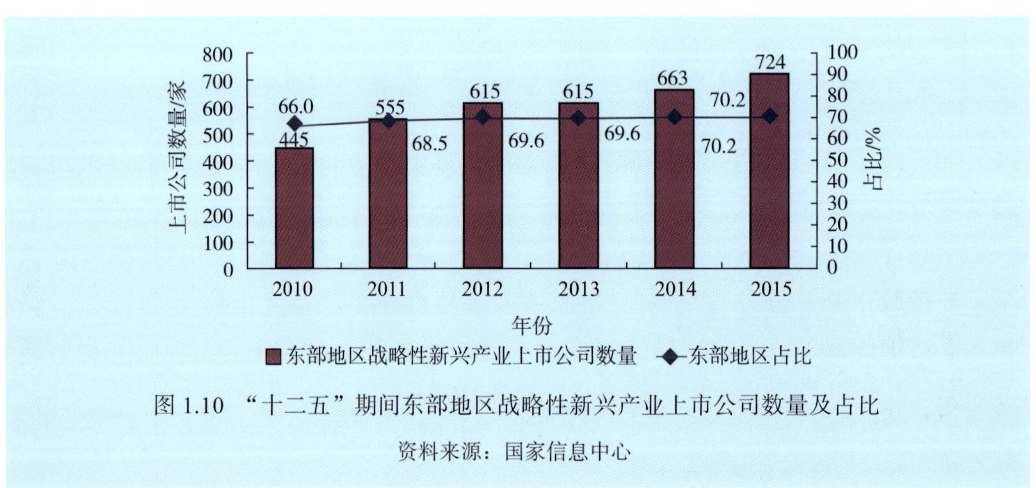

图 1.10 “十二五”期间东部地区战略性新兴产业上市公司数量及占比

资料来源：国家信息中心

初步总结，东部地区之所以能够继续强化中国培育和发展战略性新兴产业的主导地位，除了原本具有的经济实力、科技实力和市场活力外，还在有效促进国家战略、方针、政策的落实到位方面迈出更加坚实的步伐。包括以下主要因素：一是长三角地区、京津冀地区和珠三角地区在推进城市群发展中付出实质性努力，特别是对通过突破行政区界限在更大区域空间整体谋划产业结构调整和技术升级步伐，为战略性新兴产业的培育、战略投资者的吸引力和企业家的落户都开辟了更加广阔而又多样化的选择空间；二是能够超前正确地应对国际国内经济发展下行挑战和适应新技术广泛深度应用大趋势，特别是紧紧抓住互联网时代催生的商业模式、业态、范式等创新变革的战略性机遇，通过集成、融合提升了创新型企业的存活率和生长性，有力地并且更加有实效地推进了战略性新兴产业的培育与发展；三是陆续采取了一些符合国际规则、体现市场化发展方向、适应当今科技革命研发应用规律的做法，包括加强战略和规划指引及其政策扶持、改善营商环境特别是制度创新等，在全国甚至是世界范围内吸引了更多的更加优质的创新要素资源密集落地，如各类创投基金以及产业投资基金加大在这些地区投入的获利预期和成功信心都远远高于全国其他区域。

（2）中部地区战略性新兴产业发展展现出强劲势头，在推进东西合作和集中集聚发展中较好地利用并发挥了区位优势及特大城市的科技优势。“十二五”期间，中部地区战略性新兴产业上市公司营收保持快速增长，年均增速超过 20%。2015 年，中部地区战略性新兴产业上市公司营收 2 160 亿元，当年营收增速达 29.3%（图 1.11）。同时，一些省市紧密结合本地发展方向、重点和重大任务，在部署战略性新兴产业发展方面坚持突出特色、突出重点、创新机制、务实招商，初步在新区、开发区、科技园区等空间形成了一些能够吸引人才、技术、资金的良好的“小气候”，一些具有国际国内比较优势和竞争力的战略性新兴产业集群也初步形成规模。例如，湖北依托丰富的智力资源和东湖高新技术区，打造了集中光电子信息产业和生物技术产业的光谷产业城。安徽凭借创新政策手段，推动了以京东方、彩虹为代表的平板显示产业发展，在国内外形成一定影响力。湖南依托其科研能力和制造业经验，进一步巩固了三一重工、中联重科等高端装备制造领军企业的国内外市场竞争地位。

（3）西部地区局部区域特别是特大城市战略性新兴产业实现平稳较快发展。2015 年，西部地区战略性新兴产业上市公司营收达到 2 720 亿元，较“十一五”末期翻一番。尤其是 2014 ～ 2015 年，其营收增速均保持在 20% 以上（图 1.12）。西部地区一些城市基于早期国家军工企业布局，特别是国家实施西部大开发战略十多年来所形成的技术积累和人才基础以及产业配套条件，在“十二五”期间充分利用国家扶持政策和国家鼓励支持东西合作的良好氛围，从当地实际出发特别是比较优势出发，依托重点园区和重点骨干企业以及科研院所积极部署若干特色产业集群与增长极，对在总体上保障西部地区战略性新兴产业平稳发展做出了重大贡献。例如，新疆、甘肃着重围绕集中并且规模化发展风电和光电等新能源产业，成都和西安分别依托西南电子科技大学及西安交通大学的雄厚科研实力积极发展软件业等信息技

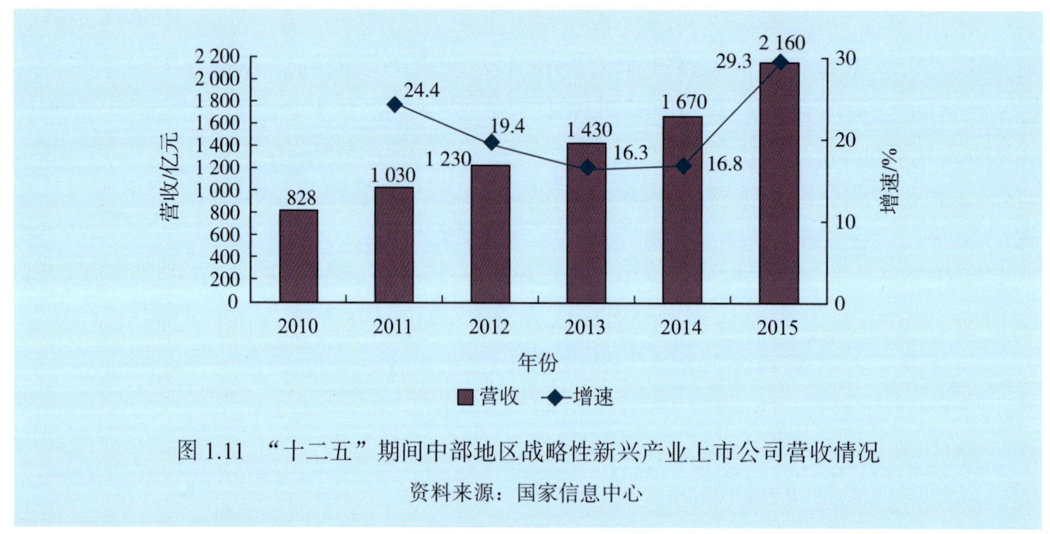

图 1.11 “十二五”期间中部地区战略性新兴产业上市公司营收情况

资料来源：国家信息中心

术产业，以及借助中航工业成都飞机工业集团和西安飞机工业集团在航空产业领域的基础条件，在发展中国通用航空产业领域取得了不俗的业绩，一些技术和产品已经达到国际上同类先进水平。应该说，在当前西部地区经济发展总体欠发达的背景下，通过依托重点区域（园区）、重点科研机构和大学、重点品牌企业，采取有限目标下集聚集中 + 开放合作平台的模式培育发展战略性新兴产业已经被实践证明是非常行之有效的选择。

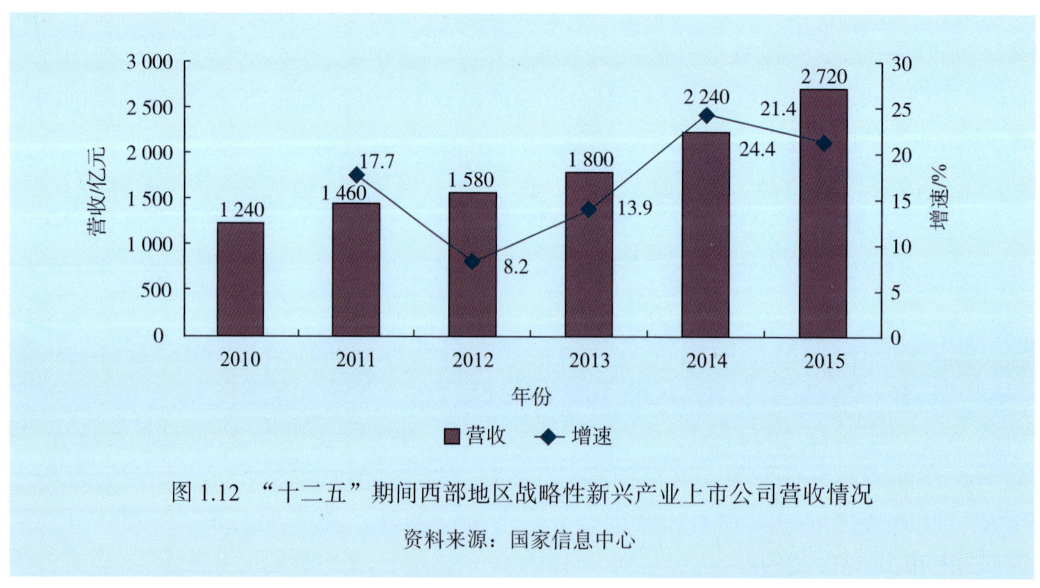

图 1.12 “十二五”期间西部地区战略性新兴产业上市公司营收情况

资料来源：国家信息中心

（4）东北地区战略性新兴产业虽然在当地实现较快增长速度，但横向比较明显处于落后局面。2015 年，东北地区战略性新兴产业上市公司营收为 860 亿元，仅占上市公司总体的 3.3%。特别是 2013 ～ 2015 年营收增速大幅下滑，2015 年营收增速仅为 3.6%（图 1.13）。主要由于体制机制改革滞后、营商环境总体不佳和高中端人才流失严重等因素，整体经济下行趋势更加明显，战略性投资和企业家信息受挫且预期不好，东北地区战略性新兴产业发展在总体上缺乏新的亮点和重大突破性进展。当然，局部地区基于过去的发展基础（如国防军工企业、央企、科研院所等的科技实力和人才储备），战略性新兴产业部分领域也保持了一定的发展势头和良好前景。例如，沈阳新松机器人借力中国科学院沈阳自动化研究所拓展了高端装备制造产品发展空间，长光卫星充分利用中国科学院长春光学精密机械与物理研究所的科研优势进军航空航天领域并取得长足进展，长客股份凭借其制造业经验在发展具有自主知识产权的先进轨道交通装备方面形成比较优势。

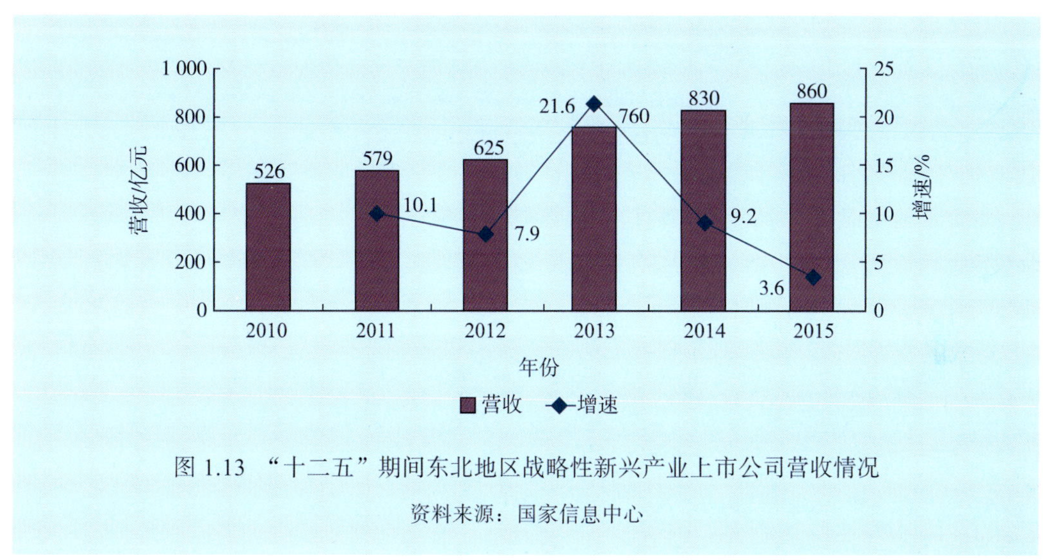

图 1.13 "十二五"期间东北地区战略性新兴产业上市公司营收情况

资料来源：国家信息中心

1.1.5 一批重点企业实现突破性发展，产业生态链基本形成

"十二五"期间，中国战略性新兴产业的发展模式加快从政府为主或直接部署向政府规划引导、龙头企业带动、市场配置资源的"三合一"发展模式转变，有力地推动了一大批重点企业在战略性新兴产业领域从无到有、从小到大、从大到强的进程。特别是许多企业借力资本市场实现了资本规模化集中投入、人才加速集聚、技术加快突破以及迭代升级、产业生态链加快形成这一进程。五年来，仅仅作为战略性新兴产业部分重要领军企业的上市公司（当年营收超过 50 亿元）的数量就由 86 家增加到 140 家，占同期战略性新兴产业上市公司企业数量的比重由 8.0% 提升至 13.6%。上述领军企业营收由 2010 年的 9 611.9 亿元增加至 2015 年的 24 740.9 亿元，占同期上市公司总体的比重由 58.6% 增加至 67.2%。这些领军企业的利润也由 518.1 亿元增加至 1 625.3 亿元，2015 年占上市公司总利润的 53.3%，远高于 2010 年的 37.2% 的水平（图 1.14）。

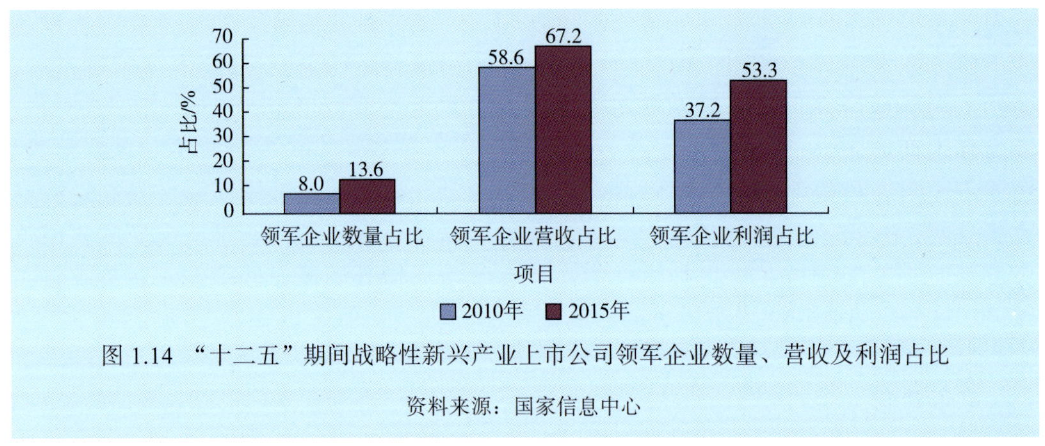

图 1.14 “十二五”期间战略性新兴产业上市公司领军企业数量、营收及利润占比

资料来源：国家信息中心

战略性新兴产业重点领域涌现出一批规模较大的领军企业进入资本市场，拉动了这些企业营收的连续快速增长。“十二五”期间，共有 59 家行业领军企业上市。其中，有 25 家企业主营业务属于新一代信息技术产业，约占新上市领军企业总数的 42%，如振华科技、福日电子、歌尔声学、海康威视、立讯精密、乐视网和中天科技等；有 13 家生物领域领军企业上市，约占新入市企业总数的 22%，如同仁堂、东阿阿胶和白云山等；有 8 家新领军上市企业来自节能环保领域，如碧水源、格林美等；新能源领域有 5 家领军企业新上市，如隆基股份、海润光伏等；新材料领域和高端装备制造领域各有 4 家领军企业上市，如新材料领域有中钢国际、康得新、新疆众和等领军企业上市，高端装备制造领域的中航电子、航天电子、中直股份等（图 1.15）。通过资本市场进行市场化配置资源，有力有效地促进这些领军企业数量增长和规模扩大，同时也支撑了战略性新兴产业上市公司整体的发展壮大。

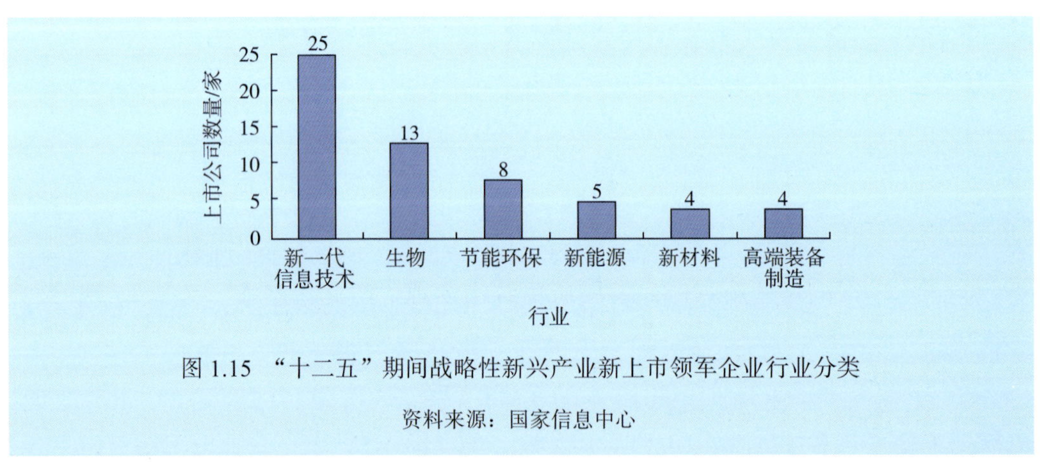

图 1.15 “十二五”期间战略性新兴产业新上市领军企业行业分类

资料来源：国家信息中心

“十二五”以来，在战略性新兴产业七大领域都有相当一批重点企业抓住战略机遇，积极创新发展理念及其企业管理体制机制，不断探索实践新的集聚要素资源的渠道、机制和模式，在推进企业研发成果的产品化、商品化、市场化和国际化方面，务实开拓，艰辛努力，一些新技术、新产品实现了战略性突破。例如，京东方在建

的第 10.5 代 TFT-LCD（thin film transistor-liquid crystal display，即薄膜晶体管液晶显示器）生产线，投产达标后将使京东方跃升全球显示行业三甲之列，引领中国大尺寸超高清显示新时代；碧水源在膜生物反应器（membrane bio-reactor，MBR）技术与膜生产领域，其技术先进性和推广应用程度处于国内第一、世界前三的水平，成为中国污水资源化技术的开拓者与领先者；明阳风电研发的全球最大容量超紧凑型（super compact drive，SCD）6.5 兆瓦海上风机成功吊装，高倍聚光太阳能三结芯片及模组等也都已经实现产业化规模生产；华大基因连续发布多款测序系统，凭借高端仪器研发和制造的雄厚实力，成功加入国际基因测序领域上游供应商队伍；中国自主开发的新一代超大型卫星平台东方红五号的研制及商用取得突破性进展，所发射可承载起飞重量 8 吨的卫星使得中国加快跻身世界一流卫星供应商行列；比亚迪建成全球最大的动力电池生产基地，铁电池产能预计达到 10 吉瓦时 / 年；安泰科技在先进材料技术、绿色能源材料技术和粉末冶金材料技术领域，陆续开展前瞻性技术创新和跨领域技术集成，产品的定型化和商用化步伐都明显加快。

1.2 “十三五”战略性新兴产业发展展望

展望“十三五”中国的战略性新兴产业发展，党中央、国务院的指导方针十分明确，就是提升新兴产业支撑作用，培育发展战略性产业，构建新兴产业发展新格局，完善新兴产业发展环境。为此，要坚持实施创新驱动发展战略，瞄准技术前沿，把握产业变革方向，围绕重点领域，优化政策组合，抢占未来竞争制高点，使战略性新兴产业增加值占 GDP 的比重达到 15%，也就是再力争实现比重五年内接近翻番的战略目标。

1.2.1 围绕壮大发展战略目标，进一步促进形成基于创新驱动的新的战略性新兴产业体系

党中央、国务院明确提出在“十三五”以及更长一段时期内，要坚持创新发展、绿色发展、协调发展、开放发展、共享发展五大发展理念，同时也明确了中国经济进入新常态背景下的迫切需要加速结构优化、加快动能转化的明确要求及其目标任务。显然，中国战略性新兴产业发展肩负着构建现代产业新体系、支撑新旧增长动能转换、引领中国产业迈向中高端和经济社会实现中高速、高质量、可持续的新使命。为此，根据需求变化和技术发展规律演进以及行业之间融合度不断提高的大趋势，对“十二五”确定的战略性新兴产业的行业划分范围进行了动态完善，既考虑到有效衔接“十二五”提出的发展任务，又考虑到适应“十三五”的新变化、新要求，将现有的战略性新兴产业涵盖的七大领域二十四个重点方向进行了有机的合并、调整和增补，从大的范围和领域将“十三五”时期的战略性新兴产业划分为网络经济、生物经济、高端制造（包括高端装备制造与新材料）、绿色低碳（包括新能源、新能源汽车、节能环保）、数字创意五大领域及其八大产业。

更为重要的是提出了新的规划思路，就是将“十三五”时期发展战略性新兴产业定义为“壮大”发展（而不是过去通常所说的“培育发展”）。同时，明确将“壮大发展”这一主题作为未来五年战略性新兴产业工作的核心要务，相应地也明确提出了新的综合性、预期性发展目标，即到2020年要形成新一代信息技术、高端制造、生物、绿色低碳、数字创意五个产值规模分别达到10万亿元以上，并且要求基于和围绕这五大支柱产业在更广领域、更深层次形成一大批跨界融合的产业发展新增长点，打造一大批具有国际竞争力的能够可持续发展的战略性新兴产业策源地、集聚区和特色产业集群。总体上讲，从“培育”到“壮大”这一发展思路的调整，一方面说明，中国的战略性新兴产业需要抢抓重大战略性发展机遇，务必迎头赶上，抢占世界科技创新及产业转型升级的制高点；另一方面也说明，中国的战略性新兴产业发展通过近些年来特别是“十二五”时期的培育发展，已经具备加速推进壮大发展的基本条件和物质技术基础。

总之，“十三五”时期推动战略性新兴产业壮大发展，关键还是要尽快做大做强发展规划和竞争实力，需要坚持三个“面向”做好这篇大文章：一是面向科技革命及其产业变革未来趋势做文章。密切衔接《中华人民共和国国民经济和社会发展第十三个五年规划纲要》（简称《“十三五”规划纲要》），适应并且引领新经济、新动能发展大势以及所催生的新技术、新产业、新模式、新业态蓬勃发展潮流，超前布局空天海洋、信息网络、生物技术和核技术领域一批战略性产业，打造引领未来、占领未来创新发展高地的新优势。二是面向增长速度换挡、产业结构转型升级、新旧动能转化过程中的重大现实需求做文章。把握中国产业发展日趋显现融合、集成、绿色、智慧、数字化等特征，及时适应和尊重网络技术、数字技术、生物技术、材料技术、绿色技术、创意技术等向各行各业加快渗透及深度广泛进入应用的规律，在确保战略性新兴产业向“微笑曲线”两端发力的同时，不断引领、支撑及带动传统产业提质增效和服务业态创新迭代，持续稳定快速地提升产业和服务的附加价值，促进产业向中高端持续迈进，在促进新技术、新产品、新服务惠及经济社会可持续发展和城乡居民就业生活改善的过程中，进一步充分发挥战略性新兴产业的独特功能和作用。三是面向资源要素环境紧约束条件做文章，适应战略性新兴产业本来应该具有的知识智力密集、清洁高效、后发力强等内在要求，进一步释放各类网络（如互联网、物联网、政务网络等）及其平台应用、数字和创意文化、生物、新材料、节能减排等领域成熟技术的广泛深度推广应用，同时围绕中国生态文明建设整个过程中加速推进战略性新兴产业研发以及产业化、市场化、国际化步伐，促使中国战略性新兴产业在支撑和引领经济社会与人口资源环境可持续发展中做出应有的重大贡献。

1.2.2　围绕体制机制改革实现突破性进展重大任务，进一步优化和完善战略性新兴产业发展环境

“十三五”时期，如何有效地落实战略性新兴产业实现创新、壮大和引领的重大

任务，除了不断提高技术、人才、资金等要素资源供给保障和优化配置程度以外，还同时需要更加强化体制机制等制度要素的供给保障程度和落实到位的管理效率及水平，加快解决体制机制还不适应战略性新兴产业创新驱动发展的问题（如市场准入、审批、监管等）。

一是要在完善和优化政府放管服（即简政放权、放管结合、优化服务）领域取得突破性进展。关键是处理好政府与市场的关系，由于战略性新兴产业所依赖的技术演进规律具有未知性和风险性，市场需求、消费者体验及价格形成机制等也具有不确定性和波动性，虽然政府可以也有必要在适应规律和尊重规律的前提下进行超前谋划与引导，但是最终不可以也不可能包办一切和进行行政干预，而是要为市场需求变化预留空间、为企业家和投资者预留自主决策权利、为政府配置资源预留容错环境。为此，政府的主要任务是基于法律和政府规制，不断改善、优化、创新服务型体制机制、政策环境和监管模式，能够交由市场调节的就要诚心诚意地下决心让市场发挥决定性作用。

二是要在构建产业集成创新体系方面取得重大成效。从国际国内发展实践特别是近些年中国战略性新兴产业发展的进展来看，行业跨界融合、空间集成集聚、技术迭代升级、产业生态链再造等都已经显示出取得积极进展的基本特征。因此，无论是“十二五”提出的七大领域二十四个重点方向还是“十三五”提出的五大领域八大行业，都需要从体系化的角度来推进全方位、全环节、全过程持续创新，也就是要解决好单打一、封闭式、孤立发展思维和模式，要围绕培育发展产业创新体系这一总体要求，在重点解决好“大众创业、万众创新”（即“双创”）、公共服务创新、企业创新能力和科技成果转移转化四个方面创新驱动能力建设的基础上，形成综合型开放合作的战略性新兴产业集成创新体系。

三是要在完善知识产权保护及其科技成果转化增值方面取得实质性进展。战略性新兴产业天然地具有知识智力等属性，也具有早期投资较大和成功后获利丰厚的基本特征，因此必须从一开始就要解决好科技成果转化过程中和转化后的知识产权保护以及科研人员成果转化的权益保障问题。具体而言，当前特别需要进行以下两方面的工作：第一，针对新技术、新产业、新业态、新模式及时推进相关知识产权立法工作；第二，强化知识产权法律法规，使国家政策规定能够落到实处，即切实解决好有法不依的问题，做到依法保护和维权。

四是要在深入推进军民融合方面实现国家整体利益最大化。依法打破军用与民用工业之间进入壁垒、突破技术成果转化转让障碍、实行军民融合和平战结合，是世界上经济技术发达国家通常的做法，也是多年来中国积极探索国防军工行业发展与国民经济社会发展相结合实践中得出的有效经验。“十三五”期间要加大工作力度，从管理体制机制、政策措施导向、法律法规保障等方面着力，通过采取各类“军转民”和“民参军”的方式方法，进一步增强中国军民融合发展战略性新兴产业的动力、活力、效率、安全性。一方面，要继续深化国防军工领域和行业管理体制及科技创新体制改革，通过提升信息化、推进法制化和坚持市场化，推进全社会军民大协作，推动成熟军工技术直接转化为国民经济和社会发展的新动能并且提升民用企业高技术水平，促进民用企业和民营经济主体参与国防军工领域建设并且实现国防军工技术外溢效应最大化。另一方面，要依托国防军工及国民经济建设重大工程和重大项目特别是在重大基础性科研以及科技共性技术、示范应用、标准建设、设施共享等方面，统筹航天、航空、网络、海洋等战略性重大工程和项目的布局与发展。

五是要在完善和改进财税与金融支持方面取得明显重大成效。借鉴国际经验和国内成功做法，对涉及国家重大战略利益和国家中长期发展战略导向的重大科研、重大产业布局等，许多国家（也包括发达国家）政府都给予了明确的政策指引和支持。中国作为一个从发展中经济大国向经济强国过渡的大国，由于战略性产业的本质上就是属于符合国家重大战略利益并且也完全符合国家中长期发展战略导向的重大领域，有必要在财政和税收政策上给予积极的扶持与支持。其中，属于基础性重大科研领域的战略性产业，需要理直气壮地实施更加优惠、更大力度的政策措施。对于产业化、市场化已经具备良好基础的新兴产业，在大规模推进其广泛深度推广应用时，则可以鼓励更多地使用相应的金融创新工具与适度财政手段来予以支持，包括鼓励设立由政府资助种子资金但主要通过市场融资的各类创新产业投资基金、风险投资基金、产业化促进专项建设基金等，也包括进一步创新资本市场融资渠道和方法，如加快建立健全多层次、多样化、多板块、多功能的资本市场，以及试行对科研人员研究成果或自有知识产权的资本化和产权交易等，以适应和促进战略性新兴产业快速健康可持续发展。

1.2.3 围绕高起点高质量参与国际竞争与推动开放合作的基本要求，进一步推进中国与全球创新体系深度融合

国际金融危机以来，世界主要经济体都在积极推进经济结构调整，而大力发展新兴产业成为各国经济结构调整的重要手段，当前中国战略性新兴产业面临着全球创新资源利用不足、国际创新合作不畅、国际化营销运营能力较弱等方面的问题。“十三五”时期，中国战略性新兴产业需要继续提高国际化发展水平，加强国际合作，以开放思维融入全球创新网络，强调通过积极引入全球创新资源、打造国际合作平台、构建全球创新网络和深度融入全球产业链，拓展战略性新兴产业发展新路径。

一是积极引入全球创新资源。随着经济、科技全球化的深入发展，以人才、知识产权等为表现形式的创新资源的跨国界流动日益加速，需重视从全球范围内引进技术、资金和人才等创新要素，提升战略性新兴产业要素供给质量和水平。包括以“一带一路”建设为契机，适应企业由封闭式创新转向开放式创新的新趋势，鼓励引进国外先进技术；通过放宽投资准入限制、改革外商投资管理模式等多种方式，积极引导外商投资方向，鼓励外商投资中国战略性新兴产业领域，特别是鼓励扶持设立外资研发机构；畅通吸纳高端海外人才的绿色通道，为海外高层次人才来华工作和创业创造更多便利，积极引进海外高端人才。

二是打造国际合作平台和载体。从制度保障、园区建设和公共服务等主要方面

入手，搭建平台和载体，促进战略性新兴产业加强国际合作。包括通过签署各类合作协议，积极建立国际合作机制，从国家层面提供制度保障；从境外园区和国内园区建设两个方面，积极建设国际合作产业园区；加快建设国际科技成果转化和孵化、人才培训、信息服务、共性关键技术研发等各类公共服务平台，促进战略性新兴产业国际合作的公共服务平台建设。

三是构建全球创新发展网络。战略性新兴产业可以通过多种途径融入全球创新产业链，包括：设立协调推进机构和服务机构，搭建各类国际经济技术交流与合作平台，加强全球创新网络服务机构建设；引导社会资本设立一批战略性新兴产业跨国投资基金，组织一批城市对接战略性新兴产业国际合作，建设一批国际合作创新中心，发展一批高水平的国际化中介服务机构，建设一批海外研发中心，构建全球研发体系，形成政府、企业、投资机构、科研机构、法律机构、中介机构高效协同的国际化合作网络；大力推进国际科技合作，支持国内机构参与各类国际科技合作计划、国际大科学计划和大科学工程，承担和组织国际重大科技合作项目。

四是深度融入全球产业链。战略性新兴产业企业能够实现创新要素双向流动和创新资源的高效配置。包括实施差异化的国别策略，针对重点国别地区确定不同的建设重点、推进方式和实施路径，推动产业链资源优化整合；支持产业链“走出去”，向全球提供全产业链、全生命周期的产品，扩大“走出去”的范围和实力；推动高端装备、新一代信息技术等领域龙头企业与国际有影响力的大企业开展更高层次的国际合作，实现优势互补，共赢发展。

1.2.4 围绕形成集成集聚要素资源和优化生产力布局，进一步提升重点区域战略性新兴产业发展质量、水平和规模

“十二五”期间，中国战略性新兴产业随着以“培育”为主逐步走向以“壮大”为主的进程，在全国布局也从有限的“星星之火”逐步形成较多重点区域的“燎原之势”，这不仅节约了大量的资金、人才等要素资源，也适应了战略性新兴产业发展的技术转移规律，还符合市场经济发展规律，有必要继续坚持这一正确的指导方针和发展思路。预计，《“十三五”国家战略性新兴产业发展规划》将首次对未来中国战略性新兴产业在重点区域集聚布局进行统筹谋划，特别是通过与深入实施国家区域发展三大战略配套对接，提出推进分级发展，打造产业策源地，壮大产业发展集聚区，培育产业特色集群，在全国形成点面结合、错位发展、协调共享的产业发展新格局。

一是抓紧打造若干战略性新兴产业创新发展策源地。按照《“十三五”规划纲要》中提出的“加快实现创新驱动发展转型，打造具有国际影响力的创新高地”的要求，具备基本发展条件特别是创新资源密集度高的城市（如上海、北京、深圳、广州等），要更加充分地利用好、发挥好现有产业发展基础以及在吸引集聚高端人才、创投资金、科研院校等创新要素资源的虹吸效应，更加积极主动地适应世界上高技术产业发展区域分布及其演化规律，紧盯世界前沿技术发展方向来确立当地主

攻方向，精心打造若干具有鲜明技术路线和市场应用方向的战略性新兴产业创新发展策源地，引领和带动相关新兴产业链的快速形成并且推动其在更大范围内优化创新资源配置，继而在全国乃至全球范围内形成辐射效应并推进国际化进程。相应的，对于承担国家层面的战略性新兴产业创新发展发挥策源地功能的城区或区域，国家和地方都要在打造新型的创新政策引导与扶持环境、营造容忍创新失误的社会氛围及其人文环境、创新政府依法监管+优化服务环境等方面探索更有实质性、可操作性的方式方法，付出更大的努力。但同时，也要力戒各地区都一哄而起，盲目攀比，否则只能是劳民伤财，无功而返。

二是有效壮大一批世界级战略性新兴产业发展集聚区。结合中国重点推进实施“一带一路”建设、京津冀协同发展和长江经济带三大战略，坚持集成+协同、集聚+辐射、试点先行+开放合作等发展思路，依托各类国家创新示范区、开发区、新区等空间载体，着眼于推动战略性前沿领域创新突破和新兴产业大规模推广应用，引导创新要素聚集流动，率先在一批带动力强的创新型省份、城市和区域创新中心，壮大形成具有国际先进水平、世界一流的战略性新兴产业发展集聚区。当然，设定目标也应该坚持高水准，但是在具体引导和推进过程中，仍然要坚持基本符合当地实际情况，特别是当地可利用创新要素的规模、质量和配置效率，政府营商环境与知识产权法律保障程度，企业及创投资本动力、活力等基本条件，因为其都将直接和间接积极促进或者影响制约战略性新兴产业的发展。在这个问题上，一些地区政府部门需要首先认真地、科学地评估和分析当地是否具备上述最基本的条件供给情况，缺乏什么就要抓紧补上短板，这才是真正促进战略性新兴产业发展的有效举措。

三是加速形成一批特色新兴产业集群。重点是依托现有新兴产业集聚区，适应市场需求变化和技术迭代升级趋势，通过充分挖掘当地经济实力、智力及人才和技术研发基础、特色产业优势及其配套条件、地理空间优势等有利于特色新兴产业集群快速发展的比较优势，不断完善创新和深化推进涉及财政金融、土地与水电气、电信等公共基础设施供应、人才引进及有效利用、产业政策等供给侧结构性改革重大举措，在总结梳理全国已有32个战略性新兴产业区域集聚发展试点有效做法的基础上，巩固并扩大成熟经验和发展成果，及时复制推广，力争在国家“十三五”规划纲要中提出的五大领域及八大产业方面形成更多的具有地方鲜明特色的优势产业集群和特色产业链。同时，各具有特色的新兴产业集群和产业链之间，要加强协同创新、优势互补、开放合作，实现合理分工、错位发展、共同成长。

1.3 近期战略性新兴产业发展的几个特征

总体来看，战略性新兴产业已经成为中国在经济下行压力下实现逆势增长的一股重要力量，也是促进新旧动能转换和结构转型的重要支撑点。虽然现在战略性新兴产业的总量还比较小，还难以对冲传统工业和服务业下滑的份额，但是其相对增长速度明显快于旧产业、旧动能。这是发展的主流，也是客观存在的大趋势。对此，我们务必坚定信心、保持定力、鼓足勇气，毫不动摇地全力推动战略性新兴产业发展。同时，也要针对仍然存在的一些制约和障碍建立战略性新兴产业快速健康发展的体制机制，立足于通过不断创新和深化改革增动力、强活力、上规模、出效益。

1. 新兴产业景气继续保持较高水平，发展速度明显高于其他工业行业

初步预测，2016 年中国新兴产业仍然保持较高增长速度，增速将保持两位数的增长水平，将成为稳定经济增长的一支重要力量[4]。2016 年 1 ～ 6 月，战略性新兴产业 27 个重点行业规模以上企业主营收入达 8.6 万亿元，同比增长 11.6%，增速高于全国工业企业总体 8.5 百分点，高于 2015 年同期 0.6 百分点。具体到战略性新兴产业重点领域，新一代信息技术、生物、新材料及新能源等领域重点行业保持了良好的增长态势，2016 年 1 ～ 6 月，软件和信息技术服务业完成软件业务收入 22 537 亿元，同比增长 15.1%，实现利润总额 2 737 亿元，同比增长 21.6%；通信设备制造、医药制造业、信息化学品制造、锂离子电池制造以及光伏设备及元器件制造业主营业务收入均实现两位数增长，增速分别为 13.8%、10.0%、20.0%、32.3% 和 28.4%，均明显高于同期全国工业总体收入增长 3.1% 的水平。

国家信息中心对 1 000 余家战略性新兴产业企业的调查显示，2016 年战略性新兴产业企业家信心预期指数和行业景气预期指数均维持在较高景气区间，认为 2016 年从事战略性新兴产业能够平稳运行或者实现更快发展的企业占比高达 91.8%。另据我们对战略性新兴产业部分企业调查结果来看，2016 年第二季度新兴产业整体销售景气指数高达 133.2，较第一季度增长 18.6%。其中，第二季度订单指数和市场需求指数分别大幅增长至 144.3、133.3，订单指数更是达到近一年来的最高点。新一代信息技术等领域的消费需求也保持高位水平，2016 年第二季度，新一代信息技术领域市场需求指数达到 132.0，较第一季度增长 14.3%，第三季度市场需求预期指数达到 150.2，继续保持需求上扬势头。由于政策导向等因素，中国新能源汽车消费需求继续保持上年以来的爆发式增长态势，第二季度市场需求指数高达 137.0，较第一季度增加 7.4%，第三季度市场需求预期指数达到 139.1，延续上升趋势。同时，新能源汽车生产订单直线上升，第二季度订单指数为 137.0，第三季度订单预期指数达到 158.7。

2. 战略性新兴产业政策密集出台，与国家有关战略相呼应的政策效应正在加快释放

2015 年以来，国家陆续颁布实施了《中共中央　国务院关于深化体制机制改革加快实施创新驱动发展战略的若干意见》、《国务院关于积极推进“互联网 +”行动的指导意见》、《中国制造 2025》、《国务院关于大力推进大众创业万众创新若干政策措施的意见》及《促进大数据发展行动纲要》等一系列战略性新兴产业相关重大战略规划、指导意见、行动计划以及相配套的政策措施。随着国家规划和部署的有关重

大政策、重大工程及重大项目陆续落实到位，必将继续推动战略性新兴产业实现快速度、高水平、高质量、高效益地可持续发展。从政府的角度讲，当前需要抓紧做好的工作就是解决好政策措施落实的“最后一公里”问题。对于战略性新兴产业从业者（包括各类创投者）而言，当前最需要考虑的事情就是信心、行动和毅力，客观上讲，现在国家和地方政府促进战略性新兴产业发展的利好消息非常多也非常具有含金量，有志于此的企业家、投资者和拥有科技成果可转化权益的人才都需要抢抓机遇，扎扎实实地行动起来。

近年来，中国倡导的“一带一路”战略及其开展的产能国际合作，也不断拓展中国战略性新兴产业和技术服务新的市场空间及发展潜力。基于多年的技术积累、产业培育、应用检验，中国战略性新兴产业领域部分产品已经达到国际先进水平，并且在国际市场也具备较强的竞争实力。例如，中国的核电制造装备、高铁、信息技术产品、北斗卫星导航等产品，都在一些国家实现了零的突破。主要由于中国大多数主营业务为战略性新兴产业的企业现在正处于产业生命周期的初创期和成长期，相较于传统产业的企业具有更好的成长性。据测算，预计“十三五”期间战略性新兴产业增加值增速将达到 20% 左右，约 3 倍于同期 GDP 增速。

3. 战略性新兴产业在融资及资本市场上受到各类创新资本追逐，促进创新发展、共享发展再上新的台阶

预计 2016 年在社会总体资金较为宽松及国家政策资金的引导下，战略性新兴产业吸引社会资金的规模持续扩大。一是投资保持快速增长。2016 年 1 ～ 6 月，计算机、通信设备制造业、风电、医药制造业等九类重点行业固定资产投资完成额达 1.6 万亿元，同比增长 10.1%，高于全国固定资产投资 9.0% 的增速水平。其中，信息传输、软件和信息技术服务业以及生态保护及环境治理业等领域投资增速均超过 20%。二是资本市场上也有良好表现。例如，2015 年战略性新兴产业上市公司股价全年涨幅已经达到 63.88%（总市值加权平均），连续三年涨幅超过 30%。2015 年年末，战略性新兴产业上市公司总市值占上市公司总市值的比重达到了 29%，市盈率达 69.9 倍，是全部上市公司总体市盈率的 3 倍。2015 年，战略性新兴产业上市公司在股市上完成直接融资总额 3 642.6 亿元［含首次公开募股（initial public offerings，IPO）募资和增发募资］，公司债券融资总额达 1 371.0 亿元，两者融资总额都连年提升。三是战略性新兴产业基于创新驱动所释放的发展活力，已经吸引越来越多的企业和投资借力新动能，发展新经济，新兴产业创新发展将迈上新台阶。例如，“互联网 +”将催生更多新兴业态，包括 BAT［即百度公司（Baidu）、阿里巴巴集团（Alibaba）、腾讯公司（Tencent）］、京东、乐视、滴滴快的、海尔等新兴产业龙头企业都在通过资本市场杠杆，加快构建平台 + 多元生态系统型发展模式方面迈出新步伐，同时，也带动了分享经济的快速发展。又如，在通过金融手段促进资源优化配置方面，近年来包括中国在内的全球新兴产业领域的并购交易创下新高，涵盖了出行、本地生活、旅游、团购、互联网金融等方方面面，预计 2016 年将会继续保持较快势头，有

利于加速新兴产业领域行业整合优化。再如，体现新兴产业高端化的部分领域也出现快速增长，对各类资本的吸引力明显增加。2016 年 1 ～ 6 月，工业机器人产量达 3.2 万台，同比增长 28.2%。4G 智能手机出货量为 2.3 亿部，同比增长 19.8%。新能源汽车生产 17.7 万辆，销售 17.0 万辆，比上年同期分别增长 125.0% 和 126.9%，其中纯电动汽车产销分别完成 13.4 万辆和 12.6 万辆，比上年同期分别增长 160.8% 和 161.6%。

参考文献

[1] 国家信息中心 . 战略性新兴产业：经济增长的中流砥柱 . 光明日报，2016-04-06.

[2] 国家信息中心信息资源开发部 . 经济下行周期下战略性新兴产业持续引领发展 . http:// www.sic.gov.cn，2015-07-23.

[3] 国家发展改革委政策研究室 . 以创新打造经济增长新引擎 . http://zys.ndrc.gov.cn，2015-02-06.

[4] 国家发展改革委政策研究室 . 战略性新兴产业对经济社会发展贡献日益突出 . http://zys.ndrc.gov.cn，2016-07-15.

审稿：杜　平

产 业 篇

第 2 章

节能环保产业

孟　伟　罗　宏　冯慧娟　裴莹莹　薛　婕　杨占红

【内容提要】节能环保产业是为节约资源能源、保护生态环境提供物质基础、技术保障和服务的综合性新兴产业。发展节能环保产业是实现绿色低碳发展、推进生态文明建设的战略选择，也是推动供给侧结构性改革的重要抓手。“十二五”以来，国家将节能环保产业确定为七大战略性新兴产业之一予以支持，并将节能环保产业作为未来国民经济的优先支柱产业进行培育。本章从分析“十二五”节能环保产业发展状况和存在的问题出发，结合2016年产业最新进展，对“十三五”时期节能环保产业的总体形势做出判断，确定产业发展目标、重点任务和重点工程。在此基础上，提出促进产业发展的战略建议，提升产业有效供给。

2.1　中国节能环保产业“十二五”回顾

2.1.1　节能环保产业发展状况

1. 产业规模快速扩张，地域特征显著

“十二五”以来，在保增长、促转型、调结构的新形势下，国家出台了《国务院关于加快培育和发展战略性新兴产业的决定》《“十二五”节能环保产业发展规划》

等一系列利好政策，将节能环保产业确定为“十二五”期间重点培育和实现跨越式发展的战略性新兴产业及国民经济的支柱产业。新修订、实施的《中华人民共和国环境保护法》和《大气污染防治行动计划》(简称“气十条”)、《水污染防治行动计划》(简称“水十条”)、《土壤污染防治行动计划》(简称“土十条”)及《中共中央 国务院关于加快推进生态文明建设的意见》等一系列政策的密集出台，显著拉动了市场需求，扩大了市场空间节能环保，产业因此得到快速发展，产值由2010年的2万亿元增长到2015年的4.55万亿元（图2.1），年均增长率超过15%，成为“十三五”期间经济形势的亮点[1]。

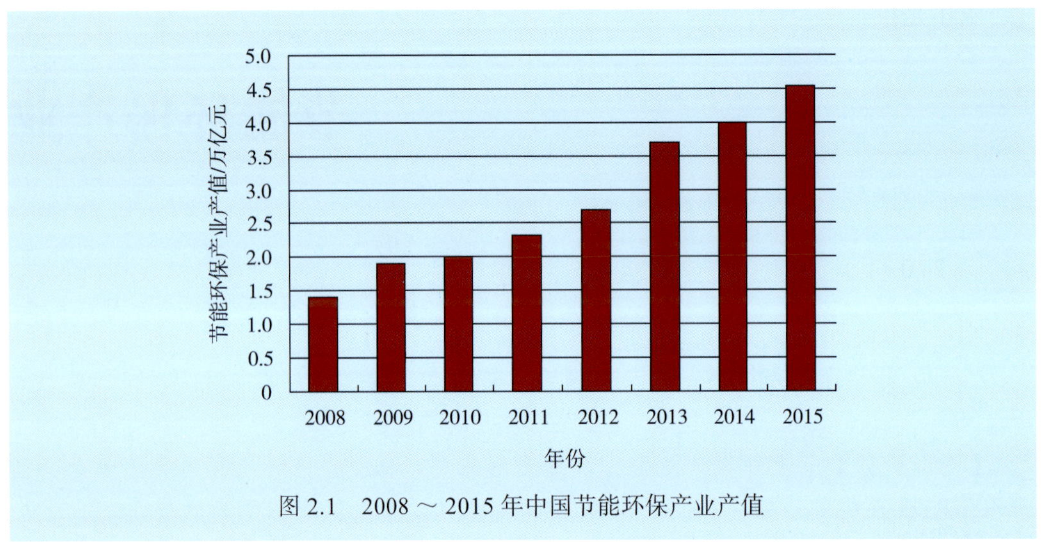

图2.1　2008～2015年中国节能环保产业产值

空间布局上呈现集聚发展态势，形成了京津冀地区、长三角地区、珠三角地区、长株谭地区等集聚区[2]。东部地区节能环保产业发展较快，在节能环保技术研发、项目设计和咨询、企业投融资服务等高端领域处于领先地位。其中，长三角地区水处理、大气污染治理设备全国领先，珠三角地区环保服务突出。中西部地区形成北方节能环保技术开发转化中心[3]。

2. 技术水平大幅提升，重点领域取得突破

近年来，中国节能环保技术装备迅速升级，技术水平不断提升，主导技术和产品基本可以满足市场的需要，在重点节能环保技术领域取得一定的突破，多个领域的基础研究和应用已经接近或达到国际先进水平。节能环保产业发明专利申请数量由2010年的31 917件上升至2014年的70 559件[4]。节能产业方面，节能先进适用技术装备得到大幅推广，工业节能和建筑节能技术创新及示范取得积极进展，钢铁行业干熄焦技术普及率提高到80%以上，水泥行业低温余热回收发电技术普及率达到80%以上。高效节能家电、节能建材等节能产品的推广效果明显，市场占有率大幅提高。环保产业方面，常规污水处理技术、电除尘、袋式除尘技术等达到国

际先进水平，膜分离技术与产品取得一定突破，并在规模较小的污水处理厂得到广泛应用，脱硫设备基本实现国产化，脱硝技术和催化剂等取得积极进展；重金属污染土壤植物阻断、植物富集、化学钝化、富集与耕作套用等技术，实现了工程化应用。同时，对常温解吸、热脱附、原位注入修复技术等多项土壤修复技术有了不同程度的掌握。资源循环利用方面，产业固体废弃物综合利用先进适用技术得到推广应用，高压立磨等部分大型成套设备制造实现国产化，并达到国际先进水平。

3. 多渠道吸引社会资本，多元化投融资格局基本形成

资本是推动节能环保产业高速发展的要素之一。“十二五”以来，政府重视投融资机制创新，除政府投资外，创造条件充分吸引社会资本投入，节能环保产业形成PPP（public-private partnership，即公私合营）模式、绿色金融、产业基金等多种投融资渠道，多元化投融资格局基本形成。目前，PPP 模式在财政部、国家发展和改革委员会（简称国家发改委）等部门的大力推动下，已进入扩大应用阶段。据统计，2015 年全国已经披露的环保 PPP 计划投资项目就达到 239 个，总投资金额突破 1 270 亿元[5]。同时，颁布了一系列相关政策，逐步构建起绿色金融体系。截至 2014 年年末，银行绿色信贷余额达 7.59 万亿元，同比增长 15.67%[5]。在政府引导下，中宸基金、宜兴中科等节能环保产业基金陆续成立，为企业提供投融资新平台，其中规模最大的基金已经达到 250 亿元。

4. 业内整合并购和跨界整合趋势显著，引发产业格局变动

在环境质量目标大背景下，一系列推动节能环保产业发展的政策陆续出台，使节能环保产业成为经济结构转型时期的亮点，节能环保公司盈利将持续增长，并能吸引大量社会资本进入节能环保行业。

如图 2.2 所示，从 2012 年开始，环保行业的整合并购趋势明显，资金规模已由 12 亿元激增到 2015 年的 600 亿元，集中在较成熟的水务和固体废弃物行业[5]。

非节能环保企业的跨界收购也大量涌现，达总资金规模的 25%。中国石油化工集团公司、中国中铁四局集团有限公司、徐州工程机械集团有限公司、北京国电富通科技发展有限责任公司、山东华鼎伟业能源科技股份有限公司等，通过资本、技术、工程和设备等途径纷纷进军节能环保行业。随着节能环保产业的持续升温，行业并购规模进一步扩大，加之资本的扩张和领域的占领，行业集中度将提高，整合全产业链的综合性龙头企业将成为行业领导者。

5. 节能环保服务业增速领先，新领域和新模式出现

节能环保服务业包括节能服务业和环保服务业，涵盖技术服务、咨询服务、设施运营和维护、贸易与金融服务等内容，是生产性服务业的重要组成部分，也是节能环保产业中最活跃的行业，其发展速度也高于节能环保产业的其他领域。节能服务业总产值由 2008 年的 417.3 亿元增至 2015 年的 3 127.34 亿元；环保服务业总产

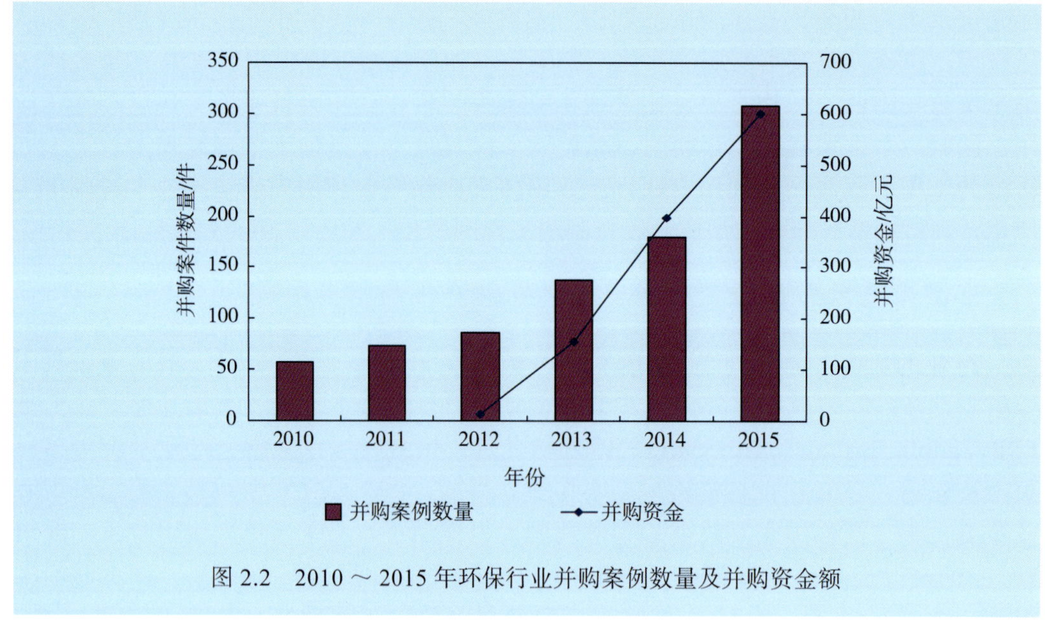

图 2.2　2010 ～ 2015 年环保行业并购案例数量及并购资金额

值 2010 年约为 1 500 亿元，2015 年超过 5 000 亿元[6]。

服务形式基本上以合同能源管理和合同环境服务为主，多种形式并存。具体的商务模式又根据各地的不同条件和要求分为多种，有委托，有承包，还有 BOT（build-operate-transfer，即建设-经营-转让）、BOO（building-owning-operation，即建设-拥有-运营）、TOT（transfer-operate-transfer，即移交-经营-移交）等商务模式。服务的内容包括单项环境服务、综合环境服务、污染物达标排放服务、环境质量达标服务等。有面向一个企业的、一个工业园区的、一个环境功能区的、一个行政区域城乡一体化的全方位环境服务。

6. 气候变化形势严峻，推动碳减排产业兴起

在全球应对气候变化，进行温室气体减排的大背景下，碳减排产业应运而生。碳减排产业主要是以减少碳排放和提高碳效率为目的，进行技术、设备、产品的研发、制造以及咨询、交易等一系列产业活动的集合。目前，国家层面积极推动碳减排技术，已于 2014 年和 2015 年陆续发布了两批《国家重点节能低碳技术推广目录》，即将发布第三批。碳减排技术主要包括非化石能源类技术、燃料及原材料替代类技术、工艺过程等非二氧化碳减排类技术，以及碳捕集、利用与封存类技术和碳汇类技术五大类。二氧化碳的捕集驱油及封存技术主要应用于燃煤电厂、油田等领域，胜利油田已建成国内首个工业化规模燃煤电厂烟气二氧化碳捕集、驱油与地下封存全流程示范工程。二氧化碳捕集生产小苏打技术还处于产业化初期发展阶段，目前推广比例较低。碳市场方面，伴随着 2013 年北京、上海等七地的碳排放权交易试点实施，碳市场起步。至 2015 年 12 月 31 日，七个试点累计成交配额超过 6 758 万吨，累计成交额超过 23.25 亿元，试点碳市场成交量、成交额大幅攀升[7]。目前，

全国统一碳市场的建设正在稳步推进。

2.1.2 节能环保产业存在的问题

1. 产业集中度较低

目前，节能环保产业高速发展，企业多达50 000多家，但企业规模普遍偏小，产业集中度低，竞争分散，低端领域存在过度竞争。虽然，在核心环保行业的细分领域中，固体废弃物处理处置产品、噪声与震动控制产品和资源循环利用产品生产设备行业的集中度较高，达到了寡占型市场的分类。但是，环保产业整体集中度CR4仅为19.02%，CR8为26.39%[8]，市场过度分散制约了行业的技术进步及服务的集约化。节能环保领域投资大、周期长、专业性强，需要资金雄厚、技术先进、管理科学的大型企业。与苏伊士、威立雅等相比，中国节能环保行业缺乏真正的龙头企业。提高产业集中度有助于整合资源、提升产业整体技术水平，从而支撑并带动整个产业发展。

2. 原始创新能力和动力不足

中国节能环保产业水平不断提升，但自主创新能力还偏弱，原始创新技术较少，技术集成和再创新能力薄弱。以企业为主体的节能环保技术创新体系不完善，企业缺乏技术创新的动力，没有形成创新驱动的发展模式，技术研发投入严重不足，缺乏自主知识产权的技术支撑。目前，中国环保产业企业中仅有11%左右的企业有研发活动，有研发活动的环保企业研发资金占销售收入的比重约为3.33%，远低于欧美15%～20%的水平[8]。企业的整体科研实力特别是在基础研究领域长期滞后，一些核心技术尚未完全掌握，部分关键设备仍需要进口，一些已能自主生产的节能环保装备产品性能和效率有待提高。例如，节能产品中，余热锅炉的部分关键合金钢材以及配套件、半导体照明芯片制成设备和关键原材料目前仍依赖进口。水污染防治中新兴处理技术或深度处理技术，如部分特殊污染物处理技术、膜深度处理技术、消毒技术等，关键部件与国际先进水平有一定差距，高端产品仍依赖进口。同时，技术成果转化和应用难，关键技术科技成果转化率低，技术交易、转移和扩散的市场化机制尚未形成，阻碍了产品和设备的大规模产业化[9, 10]。

3. 市场竞争秩序有待规范

随着节能环保产业市场化进程的加快，节能环保市场逐步放开，市场进入壁垒降低，但是与之相配套的管理机制还不完善。由于缺乏有效的管理和规范，市场竞争秩序混乱，低价低质恶性竞争的现象比较严重，一些国家明令淘汰的高耗能、高污染设备仍在使用；污染治理设施重建设、轻管理，运行效率低。环境服务市场上，《关于废止〈环境污染治理设施运营资质许可管理办法〉的决定》的实施，从行政审批角度降低了污染治理专业企业进入相关业务领域的门槛。但是，环境服务业的中小型环境服务运营商的技术及环境管理水平参差不齐，部分企业以降低环境治理标准为代价，刻意压低环境服务价格以抢占市场，污染企业选取委托合作方时缺乏有效的判断依据，低质低价中标屡见不鲜，扰乱和破坏了行业秩序，不利于国内环境服务市场的健康发展。环境影响评价领域的“红顶中介”现象已严重扰乱了环境影响评价市场。

4. 综合服务能力弱

节能环保服务业虽然近年来发展速度较快，而且也具有非常大的市场潜力，但在整个节能环保产业中的比重还相对较低，水平也相对落后，巨大的环境服务市场潜力没有转化成为现实需求市场。目前，国内环保服务主要是咨询服务和托管服务，其他领域相对薄弱。具有一体化综合打包解决能力的大型综合性环境服务企业较少。环保服务业市场化程度低，仅在市政污水处理和垃圾处理领域有所提升。合同能源管理、环保基础设施和火电厂烟气脱硫特许经营、第三方治理等市场化服务模式有待完善。节能环保服务经营模式有待进一步提高，社会化、专业化、市场化程度较低。

2.2 节能环保产业最新进展

2.2.1 享受政策红利，产业盈利能力突出

2016 年是“十三五”的开局之年，国家更加坚定大力发展节能环保产业。李克强总理在国家政府报告中表示，将“大力发展节能环保产业……开展全民节能、节水行动，推进垃圾分类处理，健全再生资源回收利用网络，把节能环保产业培育成中国发展的一大新支柱产业”。《中华人民共和国国民经济和社会发展第十三个五年规划纲要》（简称《“十三五”规划纲要》）也对节能环保产业从产品、服务、工程等方面进行了部署。在顶层设计及配套政策措施密集出台的推动下（具体参见表 2.1），节能环保产业的市场空间进一步被打开。2016 年上半年，节能环保产业整体发展良好，盈利能力突出，行业地位进一步提升。相关统计显示，上半年环保企业在新三板的挂牌数量达到了 96 家，平均每个月挂牌 16 家，超过 2015 年全年的 91 家。从已经发布半年公报的 79 家上市公司来看，上半年营收总计 579.69 亿元，40 家企业实现营收同比增长；净利润 97.83 亿元，19 家企业净利润同比减少。有 20 家企业上半年营收过 10 亿元大关 [11]。

表 2.1　2016 年发布的节能环保产业相关法规、政策

类型	政策名称	政策导向
综合性	《“十三五”规划纲要》	对节能环保产业从产品、服务、工程等方面进行了部署，明确了方向
	《“十三五”国家科技创新规划》	加强科技创新在培育发展战略性新兴产业中的重要作用
节能产业领域	《工业绿色发展规划（2016-2020 年）》	提出节能环保的十大重点任务
	《节能监察办法》	有效规范社会用能情况，引导节能设备和产品的使用，促进节能产业的发展
	《中华人民共和国节约能源法》（修订）	提出实行节能目标责任制和节能考核评价制度，并纳入政府考核
	《能源效率标识管理办法》（修订）	结合新形势，更具操作性
	《城市适应气候变化行动方案》	促进绿色建筑产业的发展
	《工业节能管理办法》	加强工业节能管理，健全工业节能管理体系
	《能源技术革命创新行动计划（2016-2030 年）》	推动工业节能技术、建筑节能技术、交通运输系统和全局优化系统节能技术创新
	《中华人民共和国实行能源效率标识的产品目录》（2016 年版）、《中国能源效率标识基本样式》（修订）等 33 类产品能源效率标识实施规则	分别从宏观层面和细分行业对能源效率标识进行了详细的、可操作性的规定
	《高效节能环保工业锅炉产业化实施方案》	提出了节能锅炉的产业化路径，为引导工业锅炉生产企业创新节能技术、实现工业锅炉绿色制造和绿色消费提供了支撑
	《热电联产管理办法》	推进大气污染防治，提高能源利用效率，促进热电产业健康发展
	《公共机构节约能源资源“十三五”规划》	“十三五”公共节能领域的全面规划，加速公共领域节能
环保产业领域	《“互联网 +”绿色生态三年行动实施方案》	推动互联网与环境监测和再生资源回收的发展
	《生态环境大数据建设总体方案》	推动大数据在环保领域应用，推动环境监测领域发展
	“水十条”	为水处理提出明确目标、任务，推动水处理行业发展
	“土十条”	为土壤污染防治和修复提出明确目标、任务及措施
	《国务院办公厅关于健全生态保护补偿机制的意见》	进一步推动生态补偿机制，推进生态文明建设
	《国家危险废物名录》	为危险废物管理提供基础支撑作用
资源循环利用产业领域	《国家发展改革委　财政部关于印发国家循环经济试点示范典型经验的通知》	推动循环经济、资源循环利用产业发展
	《循环发展引领计划（征求意见稿）》	提出资源循环利用产业的发展目标，推动循环经济和资源循环利用产业发展

2.2.2　技术创新能力提升，新技术脱颖而出

2016 年，节能产业中研发成功的预制直埋保温管保温处理工艺技术、柴油发电机余热海水淡化示范系统等节能技术和装备达到国际领先水平，多项关键基础工艺填补了国内空白。已在深圳妈湾电厂、泸州川南发电有限公司等 30 多个项目上应用的“除尘用脉冲高压电源”技术，为电除尘器胚胎提供了一种高效节能的新型脉冲高压电源，在同类产品中达到国际先进水平、部分技术指标国际领先。2016 年，还研发出拥有中国自主知识产权的高科技土壤快速淋洗修复装备；研发出的国产双轴搅拌土壤改良设备，适用于南方高含水率、高黏性污染土壤的修复。

2.2.3　污水处理设施提标改造加速推进，水处理产业爆发

“水十条”明确提出，“敏感区域（重点湖泊、重点水库、近岸海域汇水区域）城镇污水处理设施应于 2017 年底前全面达到一级 A 排放标准。建成区水体水质达不到地表水Ⅳ类标准的城市，新建城镇污水处理设施要执行一级 A 排放标准”。根据住房和城乡建设部（简称住建部）数据，目前约有 3 000 座的城镇污水处理厂出水水质低于一级 A 标准，该政策的出台，将使 2016 ～ 2017 年城镇污水处理厂提标改造迎来高峰。据环境保护部（简称环保部）估算，目前各类提标改造投资费用将达 300 多亿元，市场空间巨大。2016 年 8 月环保部建设完成 2016 年度“水十条”中央项目储备库，首批入库项目共涉及具体工程项目 4 800 多个，总投资超过 4 300 亿元 [12]。

2.2.4　市场需求释放，土壤污染修复产业备受瞩目

2016 年 5 月底“土十条”发布，明确提出土壤污染修复的目标和任务，成为土壤修复产业的关键点。8 月，财政部及环保部又联合印发配套政策《土壤污染防治专项资金管理办法》，后续的部门分工方案、实施情况考核办法、技术指南等相关配套政策还将陆续出台，年底前各地相应土壤污染修复计划也将出台。2016 年中央财政在土壤修复方面新增预算达 90.89 亿元 [13]。政策和资金的双重推动将为土壤修复行业释放巨大空间，并将带动土壤监测和评估等环境服务业发展。

2.2.5　再生资源产业持续低迷，两网融合带来新契机

受国际大宗价格走低和国内去产能的影响，2015 年以来，中国再生资源主要品种价格全面下跌，再生资源企业经济效益大幅下降，大量企业停工或退出，2016 年仍然持续低迷。垃圾减量及再生资源产品的回收必然受到很大影响，但是，随着社会经济的发展，以及当前面临的环保制约条件逐渐提高，再生资源回收网络与环卫系统的垃圾清运两网融合发展已是大势所趋。2015 年商务部等组织试点开展再生资源回收与生活垃圾分类清运体系的协同发展。2016 年，两网融合发展产业创新协作体成立。两网融合将形成涵盖环卫、再生资源、物流的完整产业链，为再生资源产业发展带来新契机。

2.3　节能环保产业“十三五”展望

2.3.1　国际节能环保产业发展新趋势

节能环保产业已经成为全球发展最快的产业之一。2012 年，全球节能环保产业在市场份额上占有绝对优势。

截止到 2012 年，全球节能产业规模约为 7 500 亿美元。据预测，2010 ~ 2020 年，全球节能投资将达到 2 万亿美元，2020 ~ 2030 年节能投资将达到 5.6 万亿美元。美国节能产业发展尤为突出，预计到 2030 年，美国节能产业市场将达到 7 万亿美元规模。2014 年全球碳交易规模达 447 亿欧元。世界银行曾预测，2020 年全球碳交易总额有望达到 3.5 万亿美元，有望超过石油市场成为第一大能源交易市场 [14]。

2013 年全球环保产业的市场规模已达到 7 518.79 亿英镑。欧洲主要国家（德国、法国、英国、意大利）环保产业市场规模达到 1 022.56 亿英镑，美国环保产业市场规模达到 1 466.16 亿英镑。在细分领域中，水处理领域、资源回收利用领域和废弃物处理领域的市场规模不断扩大，其中，水处理领域市场规模最大，达到 2 689.23 亿英镑 [15]。

2013 年，资源循环利用产业规模约达到 2.3 万亿美元。其中的再生资源回收总值以每年 15% ~ 20% 的速度增长，预计 2030 年再生资源回收利用在全球原料供应量的比重将提高到 60% ~ 80%[16]。欧盟、日本等地区和国家在此领域处于世界领先水平，拥有核心技术，已形成巨大产业规模，并建立起较成熟的废旧物资回收网络和交易市场。

2.3.2　中国节能环保产业总体趋势判断

1. 产业仍将保持高速增长态势

“十三五”末期，节能环保产业将培育为国民经济的支柱产业，随着国家强化产业扶持，以及宏观战略导向和环保力度的不断加大，节能环保产业将释放巨大的市场需求，仍将具有广阔的发展空间和巨大的市场增量。全国节能环保产业“十三五”期间将保持年均 15% 左右的增长率，到 2020 年产值将超过 8 万亿元 [3]。节能环保产业规模发展趋势见图 2.3。

2. 产业结构将向装备制造和服务业并重升级

2015 年，节能环保产业中高效低耗的先进环保技术装备与产品的市场占有率仅为 10%，主要以传统装备制造业为主 [17]。2014 年，中国环保装备制造业规模在 5 000 亿元左右。在《中国制造 2025》《重大环保技术装备与产品产业化工程实施方案》等国家战略和政策的支持下，随着节能减排工作的日益深入和标准日趋严格，

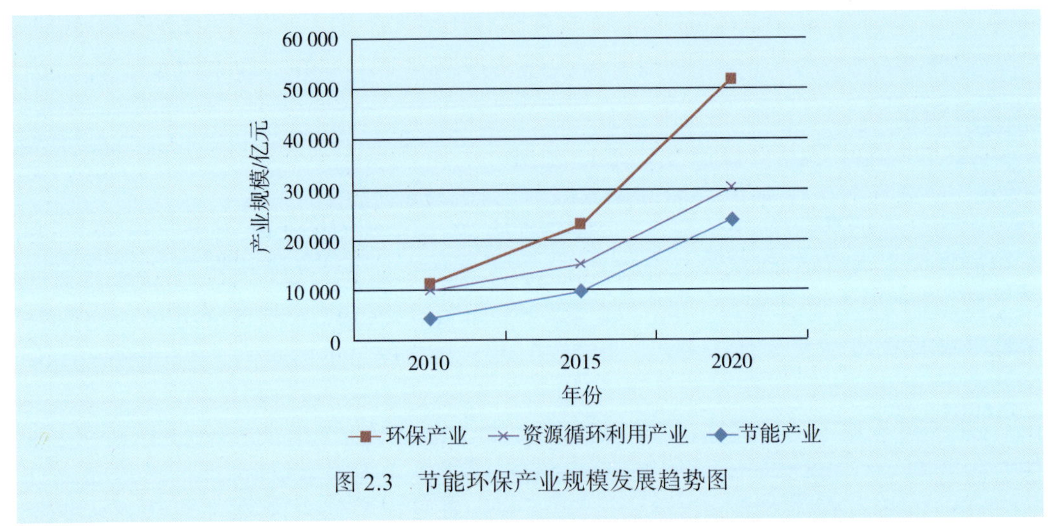

图 2.3　节能环保产业规模发展趋势图

节能环保产业规模进一步扩张，节能环保装备制造业仍会占有很大比重。同时，节能环保服务业所占比重将进一步增加。节能环保产业将由传统的装备制造，向提供产品和节能环保服务升级，向高端装备制造和服务业并重升级转移。在新的需求下，产品向标准化、成套化、智能化方向发展。节能环保服务业将从提供环保装备与产品或工程建设、运营维护等单一环节的产品和服务逐步发展为一体化的综合节能环保服务业，将提高行业集中度[18]。

3. 环保产业将重点围绕水、大气、土壤细分领域展开

环保目标导向的明确，以及环保部水、大气、土壤三个环境管理司的成立，都将水污染防治、大气污染防治和土壤污染修复放到了核心地位。“水十条”“气十条”的实施以及“土十条”的发布，凸显出水、大气、土壤三大细分领域在“十三五”环保产业发展中的重要性。水处理产业中以水体修复为核心的流域治理、农村环境治理成为热点细分领域。根据测算，2015 ～ 2020 年，工业废水治理领域的总投资需求约为 5 700 亿元，城镇生活污水治理及配套设施的投资需求约为 7 000 亿元；污泥处理处置总市场规模将达到 1 800 亿元；农村环境综合整治，县城、重点镇仅供水设施（不含管网）建设投资需求就达 540 亿元，农村饮用水安全工程投资需求在 1 600 亿～ 1 700 亿元；农村污水处理投资需求约为 2 000 亿元；黑臭水体治理市场规模约为 4 000 亿元，其中相当一部分资金将通过 PPP 及政府采购公共服务方式来筹措[19]。

大气污染防治产业，将随着政策对大气污染治理，尤其是城市雾霾治理的重视，细分污染物诸如挥发性有机物（volatile organic compounds，VOCs）的监测和治理得到重视。《“十三五”规划纲要》将挥发性有机物纳入总量控制指标。随着《重点区域大气污染防治“十二五”规划》、《挥发性有机物（VOCs）污染防治技术政策》、“气十条”、《工业和信息化部关于石化和化学工业节能减排的指导意见》、

《挥发性有机物排污收费试点办法》及《重点行业挥发性有机物削减行动计划》等多项政策和措施陆续出台，挥发性有机物治理将在“十三五”迎来快速增长，市场规模将超过 1 400 亿元[20]。

关于土壤修复产业，2016 年“土十条”正式发布后，国家还将出台一系列鼓励政策，促进和规范土壤污染治理领域政府与社会资本合作，并逐步将土壤污染防治领域全面向社会资本开放。“十三五”期间，土壤修复领域相关法律、标准不断完善，将带动超过 5 万亿元的投资规模，推动环保产业跨越发展。

4. “互联网+”等技术推动环境监测和再生资源回收行业转型升级

2015 年 7 月，国务院印发《国务院关于积极推进“互联网 +”行动的指导意见》，为未来节能环保产业如何与互联网相融合指明了方向。

运用大数据、云计算等信息技术进行环境管理，已成为现代环境管理的必然趋势。各级环境管理部门建设环境信息中心，通过全面开展水、大气、土壤等的在线监测，进行数据的实时监控、传输、收集、分析，推进区域大气环境评估预警、饮用水源风险预估、网络化全过程监管执法等环境管理措施。同时，一些具有创新型商业模式的资源回收与利用企业不断出现，开始用移动互联网技术提供社区再生资源回收服务，如上海的“绿色账户”、杭州的“收废品”、北京的“再生活”、天津的“回收哥”等。未来环境监测和垃圾分类回收产业将成为环保与互联网的最佳结合点。

节能环保产业与互联网的结合，将给节能环保产业发展带来新的模式和动力。产业的商业模式、运行机制、竞争格局都将发生根本性变化。

5. 碳市场全面启动，碳减排产业潜力巨大

国家发改委办公厅于 2016 年 1 月发布了《国家发展改革委办公厅关于切实做好全国碳排放权交易市场启动重点工作的通知》，明确提出将于 2017 年建立全国性碳市场。各类全国性配套政策和实施细则将会加速落地，7 个碳试点市场与全国统一碳市场的衔接对策也将相继出台。预计 2020 年之后，中国碳交易市场将达到万亿元规模。

6. 产业“走出去”步伐加速

面对节能环保市场的全球化发展和国内环保基础设施建设市场趋于饱和的态势，越来越多的节能环保企业随之调整发展战略，将目光投向国际市场。2011 年，商务部、环保部等部门提出实施战略性新兴行业企业“走出去”战略。国务院总理李克强在十二届全国人大二次会议上作政府工作报告时说，“开创高水平对外开放新局面”，“统筹多双边和区域开放合作。推动服务贸易协定、政府采购协定、信息技术协定等谈判，加快环保、电子商务等新议题谈判”。国家战略定位为中国节能环保产业“走出去”提供了政策支撑。同时，中材节能股份有限公司、桑德环境资源股份有限公司、北控水务集团有限公司、福建龙净环保股份有限公司等骨干节能环保企业，已获得了多个海

外项目订单，开拓了多个国家市场，积累了丰富的建设运营经验。

2.3.3 中国节能环保产业的发展目标、重点任务和重点工程

1. 发展目标

“十三五”期间，培育和建成一批具有潜在国际竞争力的、具有综合环境服务能力的大型节能环保公司；产业集聚程度进一步提高，建成一批能够有效提升资源能源利用效率的节能装备制造业基地、环保产业基地、“城市矿产”基地和再制造产业基地；低温余热余压技术、脱硝催化剂和废旧电子废弃物提取有价元素技术等节能环保关键技术取得重大突破，掌握一批具有完全自主知识产权的、国际领先水平的节能环保技术、装备和产品。环境监测技术、环境污染控制技术和能耗监控系统与遥感、地理信息、卫星定位、互联网技术相融合，将实现即时收集准确监控数据，突破节能和环保的地域限制及时间限制。节能环保产业产值年均增长达15%以上，到2020年产值超过8万亿元，其中节能产业达到2.5万亿元，环保产业达到5万亿元，节能环保服务业将超过2.7万亿元[8]。

2. 节能产业重点任务

1）工业共性节能

节能锅炉窑炉。加快推广应用煤粉工业锅炉、大型流化床、生物质锅炉、燃油燃气锅炉、电加热锅炉、垃圾焚烧锅炉等高效节能锅炉；重点推广先进节能工业锅炉和窑炉技术，如固态燃料半煤气回转燃煤蒸汽锅炉、高效煤粉工业热水锅炉、基于流态重构的循环流化床蒸汽锅炉、高温高压燃混合生物质锅炉等；重点加快热处理精密可控气氛井式高温渗碳炉及活性屏离子氮化炉等技术和设备的推广；推广多喷嘴对置式水煤浆气化、粉煤加压气化、非熔渣-熔渣水煤浆分级气化等先进煤气化技术和装备。

节能电机设备。示范推广稀土永磁无铁芯电机、特种非晶电机和非晶电抗器、特大功率高压变频器等高效节能电机和设备；加快发展变频调节节能技术、伺服电机永磁高效节能技术、永磁同步无齿轮曳引机技术、永磁变频螺杆泵专用电机系统等高效节能电机先进技术；重点研究高效电机新材料和无功补偿控制系统；大力推广能效等级为一级和二级的中小型三相异步电动机、通风机、清水离心泵、三相配电变压器等节能产品；推动电机及拖动系统与电力电子技术、现代信息技术相融合。

余热余压利用设备。大力发展高效换热器、热管换热器、热泵、蓄热器、冷凝器等余热利用设备；示范推广中低品位余能有机朗肯循环发电技术、全氧燃烧浮法玻璃熔窑低温余热发电等余热发电技术和装备；积极推广螺杆膨胀动力驱动、冶金余热余压能量回收同轴机组应用技术等余热余压直接转换为机械能回收利用的技术和装备；重点推广基于吸收式换热的集中供热的技术和装备；重点推广超低浓度煤

矿乏风瓦斯氧化利用技术等先进瓦斯安全利用技术。

2）建筑节能

节能建材。大力推广适合于不同气候条件的墙体材料复合制品，产品性能向轻质、高强、多功能复合化发展。重点发展无机保温材料与有机绝热材料无间隙复合材料，开发有机树脂复合装饰材料等具有装饰层面的轻质绝热复合板材，开发外墙保温复合板材，开发承重、保温、装饰三种功能的复合砌块，推广轻质多孔、轻质空心砖及其专用砖筑抹面砂浆。利用工业废渣生产墙体材料，实现资源循环利用：充分利用煤矸石、粉煤灰、脱硫石膏、磷石膏等工业废弃物资源，重点发展蒸汽加气混凝土、煤矸石烧结空心砖、石膏砌块等墙体材料。大力推广应用铝合金节能门窗、玻璃节能门窗、铝塑复合门窗等节能建筑门窗，推广应用超薄基板玻璃、特种石英玻璃、中空玻璃、真空玻璃和镀膜玻璃等节能玻璃。加快发展屋面保温材料、屋面绿化、蓄水屋面和浅色坡屋面等屋面节能技术与产品。

暖通空调。重点发展低温地板辐射供热方式和远红外辐射供热设备；大力推广应用具有良好流量调节性能和定量显示环路流量的平衡阀及其平衡调试时使用的专用智能仪表；重点推广应用冰蓄冷及区域供冷技术、水蓄冷技术、电锅炉蓄热系统等蓄能技术；重点研究变制冷剂流量、变流量、变风量、变频及低温送风空调技术和设备；重点研究和推广新型高效节能低成本空调压缩机；鼓励将装载永磁同步变频热泵离心机的中央空调作为其高端产品推向市场；大力发展冷热电三联供技术及排风余热回收技术；加快研究和发展热回收式新风预处理系统、除湿式新风预处理系统、独立新风系统、蒸发冷却新风空调集成系统、冰蓄冷低温送风系统等暖通空调新技术。

建筑领域中可再生能源技术和装备。在节能建筑中重点发展和推广地下浅层能量技术和设备，如地下换热器技术、地下传热强化技术、地下换热系统布控技术等；加快对地下水源热泵、空气源热泵、土壤源热泵及污水源热泵技术和设备的研发，并根据不同的区域特点加以推广应用；发展工业余热和城市废水余热回收利用技术，加快研发建筑低浊性废水余热回收热交换设备，如低温回收技术和流体负荷分配优化技术等；大力推广及应用太阳能利用技术和设备，鼓励开发被动式太阳能采暖、太阳能吸收式制冷、太阳能吸附式制冷、太阳能喷射式制冷等太阳能采暖、制冷及通风技术和装备，重点开发适应建筑集成的新型太阳能固面集热共性技术；优化地能、太阳能、余热能及季节性长期蓄能和日间短期蓄能等集成的复合能源系统，构建新型复合能源与建筑集成热泵供热系统。

3）高端照明节能

鼓励先进高效节能电光源（高、低气压放电灯和固态照明产品）技术开发、产品生产及固汞生产工艺应用；加快LED（light emitting diode，即发光二极管）、OLED（organic light emitting diode，即有机发光二极管）等先进高效照明产品核心材料、装备和关键技术的研发，主要包括大尺寸硅衬底、大尺寸OLED照明面板开发、亮度OLED照明器件效率、金属有机源化学气相沉积设备、高纯金属有机化合物等高效节能的半导体照明产品和技术；逐步示范推广应用节能效果明显的LED、OLED和量子点LED等照明产品；鼓励在消防应急照明和疏散指示产品中推广应用节能环保新型光源；大力发展建筑高效照明产品。

4）重要环保设施节能

大力发展污水处理厂节能技术，开展预处理、厌氧水解、延时曝气等各个工艺流程的节能技术研发，推广应用新型低碳间歇式活性污泥法（sequencing batch reactor，SBR）工艺节能降耗关键技术、短程脱氮反硝化除磷集成技术、智能控制分段进水技术、高效低能耗智能生活污水处理装备及节能型高效污泥安全处置装备等突破性的节能关键技术和装备；大力研究和发展大型电厂脱硫脱硝节能优化控制系统，加大研究余热利用高效低温电除尘器关键技术，以实现烟气余热利用和电除尘提效以及系统节能的自适应控制；研发和推广高效节能的多污染物协同控制技术及成套设备。

3. 环保产业重点任务

1）水污染防治

大范围推广重金属废水污染防治技术和高浓度难降解有机废水深度处理技术，特别是大型膜分离技术的应用；快速推进新型生物脱氮除磷技术，大力发展高效、低能耗的城市污水处理成套装备和一体化装备（包括脱氮除磷）；加快推进污水处理厂脱氮除磷等升级改造；加大新型无污染水处理药剂、菌种开发与生产；推广农村面源污染治理，畜禽养殖废水处理技术；深化湖泊等水体富营养化控制及修复技术研发与应用；研发和推广地下水水源污染控制与修复技术；深入推进污泥减量化、无害化、资源化处理处置等技术与装备。

产业重点发展方向为大型膜分离设备与工程的推广，以及污水处理厂脱氮除磷等升级改造和中小城镇污水处理等领域。

2）大气污染防治

重点开发细微颗粒物控制技术，特别是对PM2.5的控制，加强颗粒物源解析技术研发和推广，发展新式静电除尘技术设备、电袋复合式除尘技术设备等，同时加强办公、学校及家用的新风系统、空气净化器等室内空气净化装置的研发和推广；推广非电行业烟气脱硫技术与装备，对现有脱硫装备升级改造；研发推广重点行业烟气脱硝技术装备，加速推进燃煤电厂选择性催化还原法（selective catalytic reduction，SCR）脱硝技术、设备和催化剂的国产化；加大开发和应用柴油机尾气净化、汽车尾气高效催化转化等技术与装备；研发与推广工业有机废气，特别是挥发性有机物治理技术以及恶臭、重金属和二噁英有毒气体控制技术与设备等；大力发展大气多污染物协同控制技术与装备和大气综合治理技术与装备。

产业重点发展方向为氮氧化物、细颗粒物、大气多污染物协同控制及机动车尾气净化。

3）土壤污染修复

研发安全、低成本的原位生物修复（包括植物修复和微生物修复技术）和物化稳定设备；研发和推广土壤-地下水污染系统控制及修复技术与装备；发展安全、针对性强的工业场地快速物化工程修复技术与设备；加快研发重金属、危险化学品、持久性有机污染物、放射源等污染土壤的治理技术与装备；大力发展污染场地修复注射系统、可侦测土壤及地下水污染物的地表智能探测器等土壤污染修复配套技术与设备。

产业重点发展方向为中低污染农田、城近郊区工业污染场地的土壤修复产业。

4）危险废物处理处置

推广危险废物和医疗废物分类收运及预处理技术与设备，并逐步开展试点示范；研发和推广危险废物鉴别技术与装备；加快推广重点危险废物产生行业和企业的清洁生产技术与设备，开发和应用有利于减少危险废物产生、重金属等消耗量低或者替代技术与设备；加快研发及推广脱硝催化剂再生和回收利用技术与装备；加速发展医疗废物的收集、无害化处理处置技术与设备；统筹推进危险废物焚烧、安全填埋等集中处理处置设施建设；推广实验室废物分类收集、预处理和集中处置系统；推广危险废物污染防治最佳可行技术和最佳环境实践；研发和推广危险废物综合利用技术与设备。

产业重点发展方向为危险废物综合利用、医疗废物及涉重金属危险废物利用处置。

5）环境监测

加速推进研发水中氨氮、重金属、氰化物、持久性有机污染物等在线监测仪器，加快研发和生产近海海域潜水式水质毒害物自动监测技术与设备。大力发展细颗粒物监测设备，特别是超细颗粒物的分级采样和在线监测技术与设备，加快其成套设备国产化进程；加快研发大气重金属、温室气体、挥发性和半挥发性有机污染物在线监测技术与设备；研发大气灰霾成套在线监测系统和颗粒污染物时空分布监测技术与设备。大力发展部分特殊的采样设备，包括废气中诸如二噁英等的专用采样设备、在线浓缩快速溶剂萃取仪等。

产业重点发展方向为细颗粒物及灰霾监测、有机污染物在线监测等。

6）环境应急

重点开发环境风险预警、评估与预测通用平台，加大应急平台建设，加快港口危险化学品、油品应急设施建设及设备制造。提高环境安全保障与突发污染事故应急监测技术，加快研发便携式水体污染物快速检测仪及毒性污染物快速筛查仪、气体中有机污染物和重金属现场快速分析的便携式技术与装备、有毒有害气体泄漏检测的激光遥测技术与装备、经济高效的环境应急监测车、危险废物特性鉴别专用仪器等。大力发展环境应急处理技术，包括移动式有毒有害污染物水环境污染快速应急处理集成装置、船舶海上溢油应急处置装备、阻截式油水分离及回收装备、移动式快速净水处理设备、典型重金属污染场地的应急处理及快速消减装备、移动式应急医疗废物快速处理装置。大力发展环境应急物资的生产经营和储备，加速研发与应用应急救援人员防护用品。

产业重点发展方向是环境应急处理处置、应急监测技术与设备和应急物资储备等。

4. 资源循环利用产业重点任务

1）再生资源回收利用

完善再生资源回收体系的建设，推动再生资源回收利用产业规范化、规模化和产业化发展。废旧金属重点突破专业化、智能化分选拆解、清洁冶炼及二次污染控制技术与装备，开发高品质再生利用产品，支撑废旧金属保级或升级利用。电子电器以“四机一脑”以及废手机、小家电等为重点，在拆解、分类基础上，集成优化稀贵金属提取、有色金属再生、废塑料高值化利用等关键技术与设备，形成系列装备和成套技术。废旧高分子材料主要开发清洁高效的分值分级利用技术和高效分离、复合改性、高端材料制备关键技术与装备，实现废旧高分子材料全生命周期利用。鼓励废旧资源回收加工利用企业集聚发展，延伸产业链，加快培育再生资源龙头企业，鼓励通过兼并、重组、联营等方式，加快行业整合力度，提高产业集中度。

2）城镇生活垃圾资源化利用

重点突破生活垃圾分类回收、预处理、有机垃圾厌氧消化、填埋气体提纯和燃气利用、垃圾高效能源转化及二次污染控制等关键技术与装备，继续推进水泥窑无害化协同处置和资源化利用生活垃圾。加快餐厨废弃物资源化利用技术研发，大力推进餐厨垃圾源头油水分离与在线监控技术，在开展高效制沼气与提纯净化的同时，加快发展利用餐厨垃圾生产饲料、餐厨废油催化制备生物柴油深加工等技术与装备，开展餐厨废弃物和其他有机可降解垃圾联合处理。加快研制标准化、系列化、智能化的生活垃圾处理与能源化装备及安全控制系统。

3）产业固体废弃物综合利用

重点发展煤矸石、粉煤灰、冶炼渣、工业副产石膏和赤泥等工业固体废弃物综合利用，重点突破废物中多种组分梯级提取与高值利用，以及建材中规模化消纳关键技术，研发废物多产业循环利用技术模式，发展毒害性物质控制技术与装备，形成规模化与资源化利用集成技术体系，提高资源化产品市场效益，提高各类废物的综合利用率，特别是赤泥、有色冶炼废渣等利用率较低的固体废弃物。培育和扶持固体废弃物综合利用专业化、现代化企业和资源综合利用企业集群。针对废混凝土、废砖瓦、建筑渣土等建筑垃圾，重点突破建筑废物分类与再生、资源化利用，以及再生混凝土高性能化等关键技术，2013 年中国建筑垃圾利用率仅为 5%，欧盟国家达到 50%，韩国、日本已经达到 97% 左右，应努力提升中国建筑垃圾利用率。

4）再制造

重点发展大型装备、汽车与工程机械等废旧机电产品及零部件的再制造，积极推动淘汰或达到使用寿命的零部件通过再制造达到新产品标准，使用到新产品上，突破废旧机电产品核心零部件再制造技术和设备。重点研发废旧发动机解体技术，先进表面预处理技术，缺陷、疲劳和损伤部件测评技术，以及等离子、激光熔覆、热喷涂等先进表面工程技术和后加工技术，提升再制造技术装备水平，实现规模化、产业化。探索航空发动机、汽轮机再制造技术。实施生产者责任延伸制度，建立再制造产品质量保障体系和销售体系，促进再制造产品生产与售后服务一体化。建立再制造旧件回收、产品营销、溯源等信息化管理系统和建立旧件逆向回收体系。

5）矿产资源综合利用

重点在能源矿产、金属矿产和非金属矿产三大领域开展矿产资源综合利用工作。重点研发尾矿金属梯级提取技术，提高尾矿中有价组分回收利用总量。加快研发伴生非金属资源制备高强度结构材料技术，提高非金属资源利用效率及利用总量。推进新型尾矿充填胶结材料制备及采空区充填技术，完善尾矿制备耐火和保温材料技术，实现大规模制造水泥等建筑材料，提升产业化水平。开展特色废物资源原位协同利用技术、多产业链接共生利用技术等研发，形成大型资源基地废物多产业循环利用技术集成示范与模式。

6）水资源综合利用

加快技术进步，提高矿井水利用技术装备水平，为矿井水利用规模化、产业化、信息化发展奠定基础。支持高矿化度水的资源化利用，推进高矿化度水利用技术与装备研发和升级，扩大再生水的应用。推广废水深度处理技术，提升废水重复利用率。加大共性海水淡化技术以及电水联产海水淡化模式的推广力度，推动海水淡化技术创新和装备升级，降低海水淡化成本，培育一批集研发、生产、集成和服务一体化的海水淡化产业基地。污泥资源化方面，重点突破污泥低成本干化预处理、多产业协同处理、高效厌氧消化、生物质能回收、有机质资源化利用、热解能源回收、二次污染控制等技术与设备，强化技术集成，建立完整的污泥处置与能源化技术创新链，大幅度提高污泥资源化利用率，降低建设运行成本。

5. 节能环保服务业重点任务

1）节能服务

重点发展合同能源管理、节能评估、节能监测和节能工程设计等服务，建立“一站式”综合服务平台；积极培育“节能医生”、节能量审核、节能低碳认证、碳排放核查等第三方机构；在节能效益分享型、能源费用托管型和节能量保证型业态的基础上，大力推行融资租赁、节能服务超市等新型业态，进一步扩大服务范围，提升服务能力；通过实施设立节能服务专项基金和鼓励金融机构向节能服务企业贷款等途径拓展融资渠道；推动节能服务公司兼并、联合、重组，鼓励大型重点用能企业组建专业化节能公司，培育节能服务龙头企业，以实现节能服务公司的规模化、品牌化、网络化经营。

2）环境服务

开展环境污染第三方治理，推进环保设施的专业化、社会化运营服务，形成专业化的系统服务外包市场，推进社会化运营和特许经营，尝试开展合同环境服务等新模式。大力发展环境咨询服务业，重点开展环境战略、环境技术评价、环保核查、环境标志认证、环境污染损害评估、环境审计、环保培训、环境贸易等咨询服务。大力发展环境交易、环境技术超市等第三方中介机构。加快环境金融服务，逐步实现环保产业与金融业的有机结合。逐步推进环境监测服务社会化，鼓励社会监测机构提供面向政府、企业及个人的环境监测与检测服务。大力提升综合环境服务的能力，鼓励环保企业提供系统环境解决方案和综合服务。

6. 重点工程

1）能量系统优化技术推广应用工程

“十三五”期间，重点在钢铁、化工、电力、水泥、造纸等高耗能行业推广应用能量系统优化技术和装备，实行规模化生产，推广应用高效节能技术集成方案。

2）建筑节能关键技术和装备培育及产业化工程

扶持研发高性能的墙体复合保温材料、紧凑型空气热泵装置、建筑蓄能技术等建筑材料和产品的中小型高新技术企业；加快推广被动式低耗能建筑、智能建筑、绿色建筑等新型节能建筑；持续实施建筑节能改造工程。

3）大气灰霾综合治理关键技术培育与转化工程

推进灰霾成套在线监测设备研发与生产；颗粒物控制技术和装备的研发与生产；机动车尾气净化技术和装备的研发与生产；脱硫脱硝技术和装备的研发与生产；多污染物协同控制技术和设备的研发与生产。

4）水污染防治重点技术成果转化与推广应用工程

适应“水十条”的落实要求，根据水污染防治的重点领域和对象，在工业污染控制方面，重点加快冶金、制药、化工、食品加工等行业重点技术成果转化与应用推广；针对城市污染，重点加快城镇污水处理厂提标改造，MBR（membrane bioreactor，即膜生物反应器）技术不断扩大市场，膜技术拓展应用范围；针对面源治理，加快推动畜禽养殖集中处理，扩大分散型村镇污水治理社会需求。

5）土壤污染修复技术培育与转化工程

开展低成本微生物土壤修复技术和污染农田修复技术研发及推广；石油、煤化工等污染土壤修复技术研发及推广；开发土壤修复效果评估技术，评判污染土壤的修复效果。

6）“城市矿产”开发利用技术推广应用工程

建立废旧金属及废稀贵金属等城市矿产回收利用体系，开展“城市矿产”开发利用关键共性技术推广应用，促进再生资源循环利用技术实现产业化，开发一批高品质资源化的产品。

7）节能环保产业集聚区建设试点工程

在全国建成30个左右技术先进、环保达标、管理规范、辐射作用强的节能环保产业集聚区。通过节能环保产业集聚区的建设，凝练和推广一批适合中国国情的节能环保产业聚集发展范式，提升集聚区内节能环保产业技术研发和自主创新能力，推进节能环保产业的规模化、集群化发展。

2.4　促进节能环保产业发展的政策建议

2.4.1　落实顶层设计，完善产业政策

由于节能环保产业的特殊性，政策设计和制定要从全生命周期出发。根据《加快推进生态文明建设实施方案》与《“十三五”规划纲要》的总体部署，应尽快出台相关配套措施。严格落实，加强考核，依法追究违法行为，加大问责刑事、行政责任。加快土壤环境保护及其相关产业立法；修改和完善《中华人民共和国循环经济促进法》（简称《循环经济促进法》），全面落实生产者责任延伸制，扩大再生产品的政府采购范围；尽快出台机动车污染防治条例等法规。修订《重点用能单位节能管理办法》《能源效率标识管理办法》《中国节能产品认证管理办法》等部门规章。建立和完善产业标准体系，包括构建节能环保产品质量标准体系，建立节能环保产业统计核算体系，逐步提高重点用能产品能效标准、重点行业能耗限额标准和污染物排放标准等。

2.4.2　加强市场监管，营造公平竞争的市场环境

从节能环保产业的特殊性出发，厘清政府的宏观管理边界，在简政放权、减少行政干预的同时，要重点加强市场监管。包括加强节能环保产品的质量监管力度，强化标准标识管理，出台相应的产品检测方法与机构管理办法，形成有效的产品标准体系以及质量检测体系；加强节能环保服务的价格监管，防止恶性竞争；加强固

定资产投资项目节能评估和审查；在环保部污染治理运行设施许可等多项审批和上市公司环保核查取消后，加强对市场的监管，突出行业管理；建立完善公平透明的市场规则体系，规范节能环保市场秩序，严格执法监督，制定违规处罚机制，形成反向约束。

2.4.3 创新和加强政府投资力度，发挥政府资金的引导作用

鉴于中国节能环保产业目前所处的发展阶段，仍需继续加大中央预算内投资和财政资金的扶持力度。优化财政支持方向和方式，主要用于培养优势节能环保企业、扶持产业项目、鼓励技术研发和创新等。对重点节能减排、高效节能环保技术和产品产业化示范、技术开发等给予财政支持；适度扩大节能环保产业的政策性贷款规模[11]。修订脱硝电价补贴政策，提高补贴比例；进一步研究是否免征对建设污水处理厂和垃圾处理厂的土地税及房产税，研究是否减免对污水、垃圾、污泥处置劳务和再生水的增值税；加大对再生产品生产和消费环节的税收优惠力度；根据环保项目的类型及具体构成，加大优惠力度，增加刺激强度，调动纳税人购买使用设备及开展环保项目的积极性；扩大优惠《环境保护专用设备企业所得税优惠目录》范围。

2.4.4 完善 PPP、第三方治理、绿色金融等市场化机制，吸引社会资本

完善引入社会资本的市场化框架，发挥市场在资源配置中的决定性作用。尽快建立和完善碳排放权交易市场规则，为 2017 年全国启动碳排放权交易奠定基础；加快制定国家节能量交易相关规范；继续推进排污权有偿使用和交易试点，研究制定排污权有偿使用费的收取使用和交易价格等管理规定，进一步规范各地定价方法和依据[21，22]。

建立和完善 PPP 运作程序等相关制度，包括明晰政府和合作方的责权，建立违约惩罚机制，规范利益分配、风险分担机制，理顺国家发改委、财政部等部门间的责权等。

加快环境污染第三方治理配套政策的制定，包括以下几个方面：厘清政府和市场、治污方和第三方的责任边界；提高第三方企业准入标准，建立和完善第三方运营服务标准，开展绩效评估，完善监督审核机制；建立第三方治污企业信用评价制度和相应奖惩制度。

鼓励机构和民间资本，建立和发展对节能环保企业具有倾斜性的引导基金、股权投资基金及创业投资基金等；探索污水处理、垃圾处理等预期收益质押贷款。加快发展绿色金融，优化绿色金融相关配套政策，构建多层次的绿色金融体系[23]。鼓励金融机构对节能环保企业和项目提供金融支持，降低借贷条件和借贷利率，相反则予以限制。鼓励成熟的节能环保企业上市融资。

2.4.5 加强技术创新驱动，提速节能环保技术评估和成果转化

鼓励和推动节能环保产业的技术自主研发与创新，加强技术驱动。加大对节能

环保企业开展技术研发的资金支持，完善科技创新和成果转化的激励政策；搭建节能环保产业技术创新平台，支持节能环保产业共性和关键性技术的研发。提高技术成果转化率，推动以企业为主体、产学研相结合的技术创新体系，从而为技术研发和成果转化建立快车道，加速成果的转化和应用；完善技术服务推广的市场机制、社会化的技术成果转移机制。建立和完善环境技术评价制度，健全环境技术评价体系，加快推进中国更多行业的污染防治最佳可行技术的编制。鼓励产业联盟的建立，支持产业链纵向企业联合提供满足节能环保需求的整体解决方案。

2.4.6　做大做强企业和产业集聚区，促进产业规模化和集约化发展

鼓励和扶持中小企业发展，积极引导中小型节能环保企业找准产业链定位，走向专业化、精细化。实施龙头企业带动战略，发挥北京碧水源科技股份有限公司、桑德环境资源股份有限公司、北京首创股份有限公司等龙头企业的带动作用，培育一批产业特色突出、具备技术、资本、运营经验的大环保集团，以及具有强大的资金实力和投融资能力，能够整合产业链、提供整体解决方案的综合环境服务企业。

引导节能环保产业集群规范化、集约化发展，发挥聚集带动作用。对于已经形成的重点产业集群，长三角区域发展环保产业不仅要扩张规模，更要保证产业质量，提高经济效益，提升技术水平和优化产业结构，产业方向逐渐向高端化发展；环渤海区域环保产业整体发展较均衡，未来应保持发展优势，大力发展环保装备制造业和资源循环利用产业；中部沿江发展轴未来在保持环保装备制造优势的基础上应大力发展环保服务业，促进区域环保产业结构升级；珠三角区域未来在继续保持现有发展潜力和经济效益的优势上可适当扩大产业规模。

2.4.7　注重节能与环保的协同效应，推动与信息产业相融合

注重节能与环保的协同效应。配合“气十条”开展雾霾综合治理，实施切实可行的节能措施；结合污染物总量控制目标等相关政策，出台区域煤炭消费总量控制方案；推广热泵技术在环境基础设施中的运用，重视降低污水处理和烟气治理等污染防治设施的运行能耗，发挥节能减排综合效应。

注重节能环保与信息产业相融合，充分利用移动互联网、云计算、大数据等工具。利用无线通信技术、物联网、大数据、云计算等技术，构建数字环保平台、在线监测监控网络等，全方位、全覆盖地实时采集、监控数据并准确传递与分析数据，对环境状况进行科学合理的评估，形成综合解决方案因地制宜地解决环境问题；与遥感、地理信息、卫星定位系统等融合，突破节能环保管理实践和地域限制；与3D打印技术结合，发展节能环保装备制造业和建筑业；建设专业信息平台，完善信息采集、反馈、发布系统，及时更新节能环保产业相关信息。

2.4.8　加快出台产业“走出去”战略的配套措施，拓展国际市场

完善中国节能环保产业“走出去”的政策法规，包括节能环保产业海外投资的

相关规则、标准及交易模式等，并开展人才储备。对节能环保产品、设备和技术出口实施优惠政策。广泛开展节能环保产业的国际交流和合作，利用各种会议、展览等大力宣传中国节能环保产业。建设一批环保产业国际化发展示范基地及示范工程，展示中国环保企业。搭建政府公共服务平台，介绍国际节能环保产业发展动向、需求，相关节能环保产业制度、环保制度和规范等[24, 25]。

参考文献

[1] 赛迪顾问．节能环保2015年市场回顾及2016年发展趋势．http://www.china-esi.com/News/59807.html，2016-02-17.

[2] 冯慧娟，裴莹莹，罗宏，等．论中国环保产业的区域布局．中国环保产业，2016，（3）：11-15.

[3] 裴莹莹，杨占红，罗宏，等．中国发展节能环保产业的战略思考．中国环保产业，2016，（1）：13-18.

[4] 国家知识产权局规划发展司．2015战略性新兴产业发明专利统计分析总报告，2015.

[5] 董冰洁，周培红，买思怡．节能环保产业发展的金融支持研究——基于上市公司数据的实证分析．科技管理研究，2015，（3）：34-38.

[6] 智研咨询．2016-2022年中国节能服务市场研究及未来发展趋势报告，2016.

[7] 赵圣玉．中国碳排放权市场与欧洲市场价格波动的比较分析．中国市场，2016，（13）：86-94.

[8] 中国工程科技发展战略研究院．中国战略性新兴产业发展报告2016. 北京：科学出版社，2015.

[9] 中国环境保护产业协会循环经济专业委员会．中国循环经济行业2012年发展综述．中国环保产业，2013，（9）：16-23.

[10] 科技部，工业和信息化部．科技部 工业和信息化部关于印发2014-2015年节能减排科技专项行动方案的通知，2014.

[11] 中国环保在线．环保企业扎堆新三板，上半年挂牌数量达到96家．http://www.hbzhan.com/news/detail/108402.html，2016-07-07.

[12] 科技部．4800余个项目纳入2016年度水污染防治行动计划中央储备库，2016.

[13] 财政部．2016年中央财政预算，2016.

[14] 国际能源署．2013年世界能源展望报告，2013.

[15] 韩永辉，钟伟声．产业生态化转型的国别经验和战略启示．城市观察，2015，（2）：17-26.

[16] 中国物资再生协会．二网合一：再生资源行业未来发展的重要方向．中国资源综合利用，2015，（11）：16-20.

[17] 国家发展改革委，工业和信息化部，科学技术部，等．关于印发重大环保装备与产品产业化工程实施方案的通知，2014.

[18] 中华人民共和国环境保护部环境规划院，中国环境保护产业协会．第四次全国环境保护相关产业综合分析报告．中国环保产业，2014，（8）：4-17.

[19] E20 研究院 . 中国环境产业发展展望——面向未来五年的环境产业战略地图，2015.
[20] 黄婷婷 . VOC 排放政策应综合考虑控制效果 . 中国环境报，2016-08-15.
[21] 季凯文 . 江西省碳排放权交易市场建设的现实性及对策分析 . 价格月刊，2014，（4）：43-47.
[22] 谢慧明，沈满洪 . 排污权制度失灵原因探析 . 浙江理工大学学报（社会科学版），2014，32（4）：257-263.
[23] 马中，刘青扬，谷晓明，等 . 发展绿色金融，推进供给侧结构性改革 . 环境保护，2016，（16）：33-36.
[24] 周国梅 . “一带一路”战略背景下环保产业“走出去”的机遇与路径探讨 . 环境保护，2015，（8）：33-35.
[25] 吴晓青 . 关于实施环保产业走出去战略的建议 . 中国科技产业，2012，（3）：32-33.

第 3 章

新一代信息技术产业

梁智昊　陶　利　李梦男　许守任　曾倬颖　安　达　刘天喜　王震勤　洪学海

【内容提要】信息技术产业已成为国民经济增长的重要支柱和推动产业结构转型升级的核心力量。本章首先回顾总结“十二五”期间新一代信息技术产业的发展情况，指出在国家一系列有利政策的支持下，以集成电路、移动互联网、网络空间安全、大数据和云计算、智能终端、物联网、新型平板显示等为代表的新一代信息技术不断取得突破，市场需求持续增长，产业环境得到优化，总体上呈现出良好的发展势头，但也存在共性科技研发支撑不足、高端人才紧缺和知识产权保护有待提升等问题。其次，本章在分析未来几年全球新一代信息技术产业重点方向和趋势特征的基础上，提出新一代信息技术产业具有经济增长“倍增器”、转型升级“助推器”、技术创新“转换器”和安全发展“稳定器”的重要作用，对“十三五”期间中国面临的挑战和应重点发展的方向进行讨论。最后，本章通过对 2016 年上半年数据的分析，具体探讨集成电路、移动互联网、大数据与云计算、可穿戴设备与虚拟/增强现实和平板显示等产业的最新的发展形势。

以移动互联网、智能终端、大数据、云计算等为代表的新一代信息技术飞速发展，酝酿着新一轮的信息技术革命。随着技术变迁日新月异，产品生命周期不断缩短，产业升级换代不断加速，以融合性为特征的新一代信息技术革命，推动着产业间的交叉渗透。新的应用方式、商业模式、产业业态不断涌现，根本性地改变着人类社会的生产和生活方式，成为引领产业转型升级、提升创新能力、驱动经济社会发展变革的新动能、新引擎。当前，中国经济步入中速增长的新常态，新一代信息技术产业的战略意义更加突显。本章综合分析“十二五”期间新一代信息技术产业的国内外发展概况，全面总结其产业特征、发展趋势、成果经验和关键挑战，并对中国“十三五”期间新一代信息技术产业的需求、挑战和重点方向进行研究与展望。

3.1 “十二五”期间新一代信息技术产业发展情况总结

从世界范围来看，电子信息产业涉及范围广，交叉渗透性强，不断涌现的新技术、新产品、新服务、新模式乃至新理念，每天都在刷新人类对信息技术涉及的广阔领域和拥有的巨大影响的认知，成为全球性的主导产业之一和最具变革性的应用领域。因此，作为其中重要的组成部分，新一代信息技术产业其内涵、发展方向选择也随着技术革新、市场需求及产业发展不断变化。

2008年国际金融危机后，以移动互联网、智能终端、大数据和云计算等为代表的新兴信息技术，已逐步成为新一代信息技术产业发展的重点方向。国务院《“十二五”国家战略性新兴产业发展规划》明确提出要加快建设宽带、融合、安全、泛在的下一代信息网络，突破超高速光纤与无线通信、物联网、云计算、数字虚拟、先进半导体和新型显示等新一代信息技术，带动中国电子信息产业由大到强的转变。

3.1.1 全球新一代信息技术产业发展概述

新一代信息技术产业成为世界各国经济增长的重要引擎。国际金融危机后，世界经济增速放缓。其中，多个主要经济体在诸多不确定因素的影响之下，呈现出复苏乏力态势。在世界经济总体呈现颓势的背景下，新一代信息技术却呈现欣欣向荣之势——新的技术逐步成熟，创新商业模式层出不穷，全新的产业生态体系正在形成，并开启了融合发展的新局面。新一代信息技术产业具有高度的泛在性、渗透性、融合性等特征，在产业内部构建一体化的创新生态链的同时，还迅速渗透至其他领域和产业，使得新一代信息技术产业成为最具活力的新兴产业之一，展现出巨大的发展潜力。面对新形势，美国、欧洲、日本、韩国以及新兴经济体国家均不遗余力地推动电子信息技术发展和创新应用，积极布局新兴领域，试图抓住新一轮信息技术革命带来的机遇，抢占未来经济社会发展和技术进步的制高点。

据估算，2015年全球电子信息产业规模已近十万亿美元。研究机构Gartner（高德纳咨询公司）的研究报告显示，截至2015年年末，全球云计算市场规模已达1 750亿美元，预计到2016年将达2 030亿美元，到2019年有望突破3 000亿美元大关，达到3 120亿美元①。研究机构IDC（International Data Corporation，国际数据公司）预测，全球大数据与分析市场规模将在5年之内增长50%，由2015年的1 220亿美元，

① 资料来源：Gartner. IDC新的全球半年度大数据和分析开支指南，2016.

增长到2019年年底的1 870亿美元[①]。其中，解决方案、大数据应用、分析、存储等市场份额较大，以大数据为核心的技术性公司和以数据资源为主营业务的应用型企业共同推动大数据产业的迅速发展，各国也将大数据产业的发展提升到战略高度。美国、欧洲、日本、韩国等国家和地区以及全球信息技术产业巨头纷纷布局物联网的发展，2015年全球物联网市场规模达到624亿美元，到2018年全球物联网设备市场规模有望达到1 036亿美元。除了以技术手段争夺产业生态主导权，国外的物联网巨头还通过建立产业联盟以稳固物联网产业生态，打造竞争优势，其中工业、车联网、智能家居等领域成为布局热点[②]。全球半导体市场经历了2014年9.9%的高速增长后，在2015年出现下滑，根据美国半导体协会（Semiconductor Industry Association，SIA）公布的最新数据，2015年全球半导体市场销售额为3 352亿美元，同比下降了0.2%[③]。2015年全球半导体市场并购异常活跃，并购交易总额达到了1 200亿美元，相比2014年全球半导体企业并购交易总额380亿美元增长了3.2倍[④]。IDC研究报告显示，2016年全球互联网用户数将达到32亿，约占全球总人口数的44%，移动互联网用户总数将达到20亿[⑤]。2015年可穿戴设备全年出货量为7 810万部，同比增长171.6%，未来仍然具有很大的增长空间[⑥]。Gartner发布报告称，2015年全球智能手机销量达14亿部，仍在持续增长[⑦]。

3.1.2 中国新一代信息技术产业发展概述

目前，中国在新一代信息技术领域硬件、软件、内容和服务的创新步伐不断加快，融合化、智能化、应用化特征突出，成为引领新一轮技术创新浪潮的重要动力。总体来说，新一代信息技术产业发展势头强劲，有力促进了中国电子信息产业规模增长和结构优化。

2015年中国电子信息产业全年销售总规模达到15.4万亿元，同比增长10.40%，比“十一五”末的7.8万亿元增长近一倍；其中电子信息制造业实现主营业务收入111 318亿元，软件和信息技术服务业实现收入43 000亿元，分别比“十一五”末增长了76%和216%（图3.1）。软件和信息技术服务业的快速增长，从一个侧面反映出中国电子信息产业的结构优化。与全国工业发展速度相比，中国规模以上电子信息制造业增加值增幅达10.5%，高于同期工业平均水平4.4百分点（图3.2），收入和利润总额分别增长7.6%、7.2%，分别高于同期工业平均水平6.8百分点和9.5百分

① 资料来源：IDC. 全球大数据收入2019年将达1870亿美元，2016.

② 资料来源：中国信息通信研究院．物联网白皮书，2015.

③ 资料来源：中国半导体协会．2015年中国集成电路产业发展与2016年展望，2016.

④ 资料来源：全球半导体巨头并购交易总额已达1200亿美元．新华网，2015-12-30.

⑤ 资料来源：IDC. 预测2016年全球网民用户数达32亿人，2015.

⑥ 资料来源：IDC. Worldwide quarterly wearable device tracker，2016.

⑦ 资料来源：Gartner. 2015年全球智能手机销售达14亿部，2015.

点，占工业总体比重分别达到 10.1% 和 8.8%[①]。电子信息制造业在工业经济中保持领先地位，支撑作用不断增强。

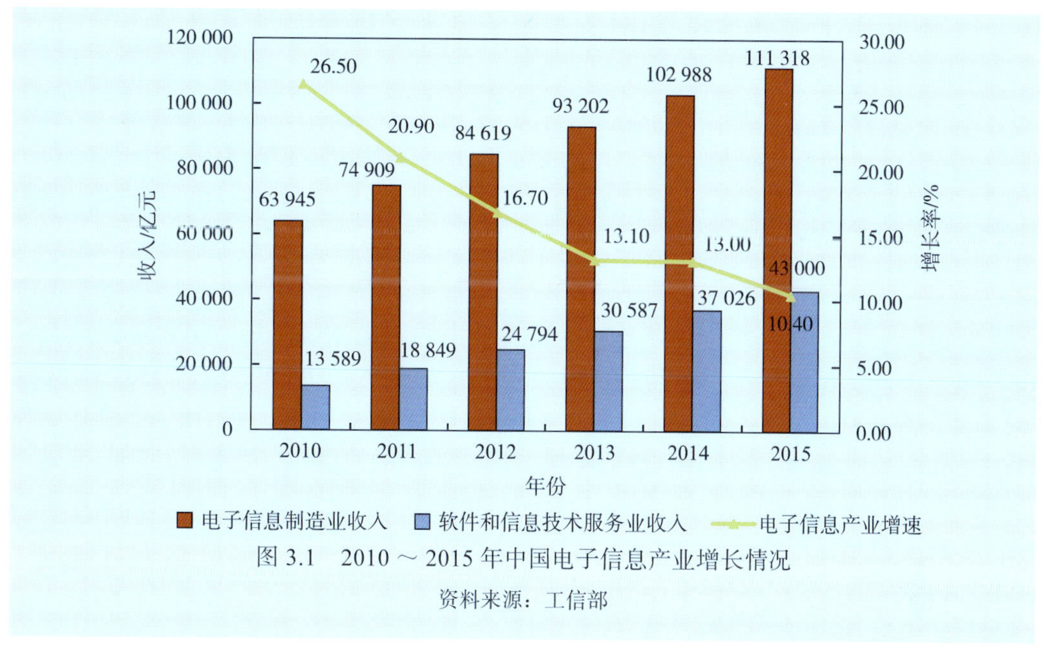

图 3.1　2010 ~ 2015 年中国电子信息产业增长情况

资料来源：工信部

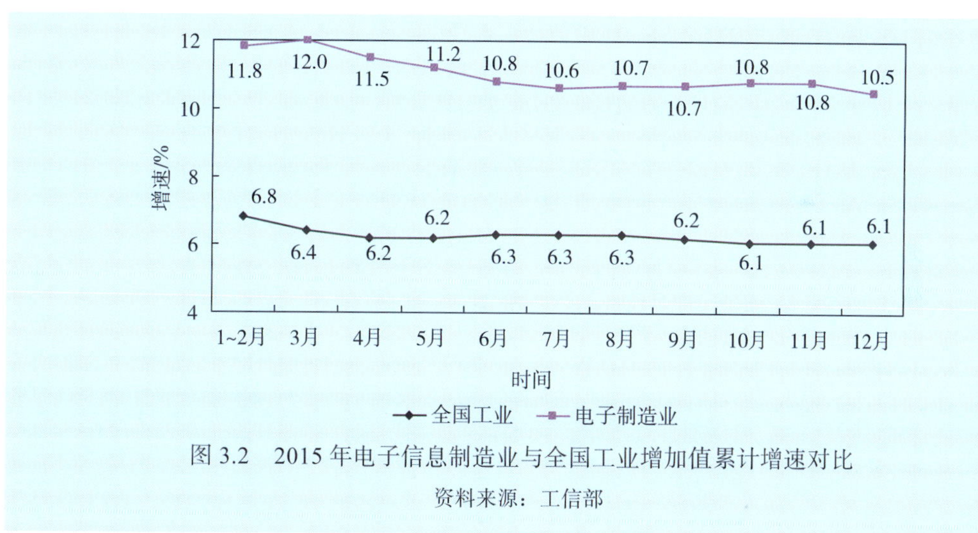

图 3.2　2015 年电子信息制造业与全国工业增加值累计增速对比

资料来源：工信部

就区域发展而言，新一代信息技术产业的集聚趋势明显，已形成区域发展格局。“十二五”以来，为促进电子信息技术发展，各地区通过积极的政策引导，已经形成多个各具特色的产业集聚区，如京津地区形成了新一代信息技术装备、软件平台、应用服务等产业集聚地；以上海、杭州等城市为中心的长三角地区形成了以云计算基础设施、移动电子商务为代表的产业集聚区域；珠三角地区形成了物联网创新活

① 资料来源：工业和信息化部运行监测协调局 . 2015 年电子信息产业统计公报，2016.

力强劲的产业集聚区。此外，一些中西部地区也积极推进信息技术产业的谋篇布局。成都、重庆、西安等地形成了信息化应用、元器件制造及研发等产业集聚区域。

1. “十二五”期间新一代信息技术产业发展概况

1）集成电路产业发展现状

“十二五”期间国务院发布了《国家集成电路产业发展推进纲要》、《中国制造2025》、国家重大科技专项等相关政策，北京、天津、湖北等省市也相继出台了集成电路产业发展相关的政策和规划，为中国集成电路产业发展营造了良好的政策保障环境。在移动智能终端、消费类电子产业等市场需求的拉动下，中国集成电路市场得到快速发展，目前拥有全球最大、增长最快的集成电路市场，国际地位日益突出。如图 3.3 所示，2015 年中国集成电路产业销售额达到 3 609.8 亿元，较 2011 年“十二五”初期的 1 933.7 亿元增长了近一倍①。中国集成电路产业形成了以设计、芯片制造和封装测试为主体的细分产业结构，产业链逐渐完善，并涌现出一批具备一定国际竞争力的骨干企业，产业集聚效应日趋明显，形成了以长三角地区、京津冀地区、珠三角地区及中西部地区四大产业集聚区。在集成电路设计水平和能力上，部分国内大型设计公司设计水平已达到 28 纳米，产品制造能力逐步接近国际水平，国内封装测试技术发展迅速，行业的技术能力与国际水平差距正在逐步缩小[1]。总体而言，集成电路的国产化步伐不断加快，尤其在电网、金融等关键行业。

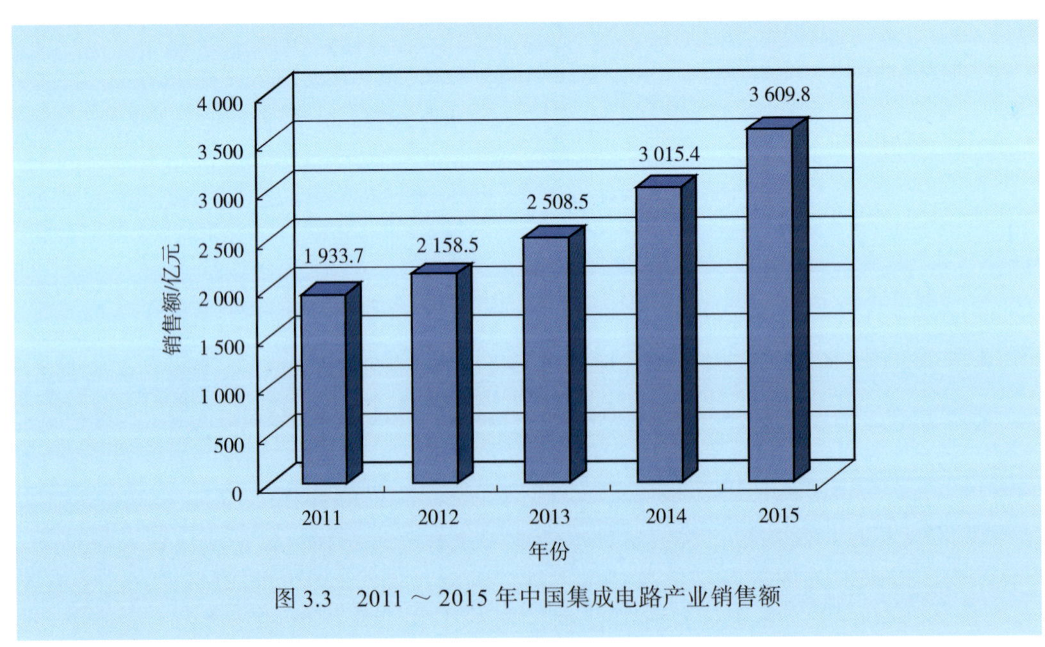

图 3.3　2011 ～ 2015 年中国集成电路产业销售额

与此同时，我们也要看到发展中暴露出核心技术自主可控能力差、产业发展不

① 资料来源：中国半导体协会 . 2015 年中国集成电路产业发展与 2016 年展望，2016.

均衡等问题。虽然中国一直大力发展具有自主知识产权的集成电路核心产品，但工艺水平仍落后于国际先进水平 1.5 ～ 2.0 代，这就导致中国集成电路以进口为主的格局始终未能改变。海关总署数据显示，2015 年中国进口集成电路 3 139.96 亿块，进口金额达 2 307 亿美元，进出口逆差 1 613.9 亿美元。国内 80% 的芯片依赖于进口，高端芯片的进口更是超过 90%①。中国设计、制造、封装三大环节的产业结构尚不均衡，在设计和制造领域竞争力不强，获利能力较差。

2）移动互联网产业发展现状

移动互联网的发展已经深刻影响了整个电子信息产业的发展图景与国际竞争格局。“十二五”期间，随着第四代移动通信技术（4G）、无线接入技术的普及，各类互联网应用向移动端拓展，移动互联网发展势头空前，已成为最大的信息消费市场、最活跃的创新领域、最强的电子信息产业驱动力量。工信部数据显示（图 3.4），2015 年中国移动互联网市场规模为 3 981.00 亿元，接近 2010 年的 202.50 亿元的 20 倍②。中国目前已成为全球智能终端增长的主导力量，引领着全球移动市场智能化演进的步伐。智能手机等移动终端的普及和移动互联网衍生产品的日益完善成为推动市场快速增长的主要动因[2]。2015 年，国内移动智能终端设备数量达到 12.8 亿台，移动互联网接入流量消费达 41.87 亿 GB（吉字节），对比 2010 年的 3.99 亿 GB，增幅超过 10 倍。手机上网流量达到 37.59 亿 GB，在移动互联网总流量中的比重达到 89.8%，成为推动移动互联网流量高速增长的主要因素③。

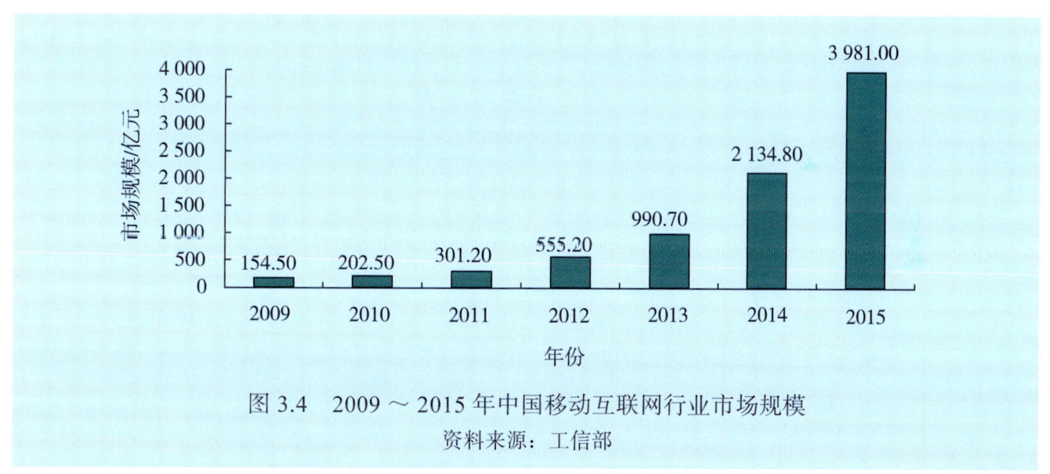

图 3.4　2009 ～ 2015 年中国移动互联网行业市场规模

资料来源：工信部

从产业发展特点来看，新型智能终端层出不穷，终端变革引发媒体变革，产业周期进一步缩短，产业发展呈现平台化、生态体系化和全产业链条的纵向一体化，服务、终端、流量爆炸性增长，技术和模式创新不断向其他领域延伸，并表现出与

① 资料来源：中国半导体协会 . 2015 年中国集成电路产业发展与 2016 年展望，2016.

② 资料来源：源数据：工信部；引自：中国产业信息网 . 2015 年中国移动互联网市场规模为 3981 亿元，2016.

③ 资料来源：工业和信息化部运行监测协调局 . 2015 年通信运营业统计公报，2016.

其他产业融合发展的趋势。从发展路线来看，一是以 BAT［即百度公司（Baidu）、阿里巴巴集团（Alibaba）、腾讯公司（Tencent）］为代表的互联网巨头依托各自在应用服务领域的优势，结合移动互联网发展特点，投入大量资源打造自身移动互联网应用生态环境；二是以华为为代表的终端企业借助产业链优势，积极整合包括物联网操作系统、核心芯片、终端产品在内的软硬件资源，大力推进自身移动互联网平台发展，强化全产业链的掌控能力。

3）网络空间安全产业发展现状

随着互联网和大数据、云计算等新一代信息技术的高速发展，网络空间安全问题也日趋严峻，世界各国都已将网络空间安全上升为国家战略，国家间网络空间安全的竞争呈现常态化，极大地推动了全球网络空间安全产业的发展。据估算，2015 年，全球网络空间安全产业规模可达 833.78 亿美元，其中网络监管、信息基础设施安全防护、企业信息安全体系建设、数据安全等成为主要发展推动力[①]。从全球网络空间安全产业发展来看，北美地区占据最大市场份额，以中国、日本和韩国为代表的亚太地区市场需求增长迅速。

从国内网络空间安全发展情况来看，积极的政策环境、增长的市场需求和技术的进步同时促进自主可控产业链日趋完善。2014 年，中国成立了中央网络安全和信息化领导小组，统筹协调涉及各个领域的网络空间安全和信息化重大问题，标志着中国网络空间安全事业迈入国家顶层战略层面。在《信息安全产业“十二五”发展规划》等国家政策的大力推动、国家关键信息基础设施建设需求旺盛以及全社会对网络空间安全重视程度与日俱增的发展大环境下，网络空间安全产业投资规模不断增大，企业结构与产品逐步成熟，重点企业不断做大做强，网络空间安全产业联盟逐渐形成。据估算，2015 年中国信息安全产业整体规模约为 405.13 亿元，比 2014 年增长 26.1%（图 3.5）。在国家政策和市场需求的双重驱动下，网络安全技术不断取得突破创新，网络安全产品逐步成熟[②]。中国在安全芯片、安全操作系统的研发与应用上取得较大进步；在自主密码技术方面有所创新和突破；在可信计算技术、安全认证技术方面也取得了较大进展。在信息基础设施、基础软件、信息安全产品、应用软件、网络安全服务等行业涌现了一批诸如龙芯中科、浪潮等拥有自主知识产权的龙头企业，它们作为网络空间安全产业的排头兵带动了产业集群发展，形成了联合开发、优势互补、利益共享、风险共担的战略合作模式，打造了良好的自主可控产业生态圈，推动自主可控产业链不断完善。此外，中国网络空间标准化工作取得显著成效，逐步融入国际体系。全国信息安全标准化技术委员会发布的信息显示，截止到 2016 年 9 月，中国在网络空间安全领域已正式发布国家标准 166 项，范围涵盖了信息安全基础、安全技术与机制、安全管理、安全评估以及保密、密码和通信安全等多个方面，为中国网络安全提供了有力的保障。2015 年 6 月，“网络空间安全”

① 资料来源：中国信息通信研究院 . 网络与信息安全产业白皮书，2015.

② 资料来源：赛迪顾问 . 2015 年热点行业 / 市场回顾与展望系列之八：信息安全，2016.

被列为国家一级学科，专业人才缺乏的局面有望得到缓解，中国网络空间安全产业环境也将得到进一步完善。

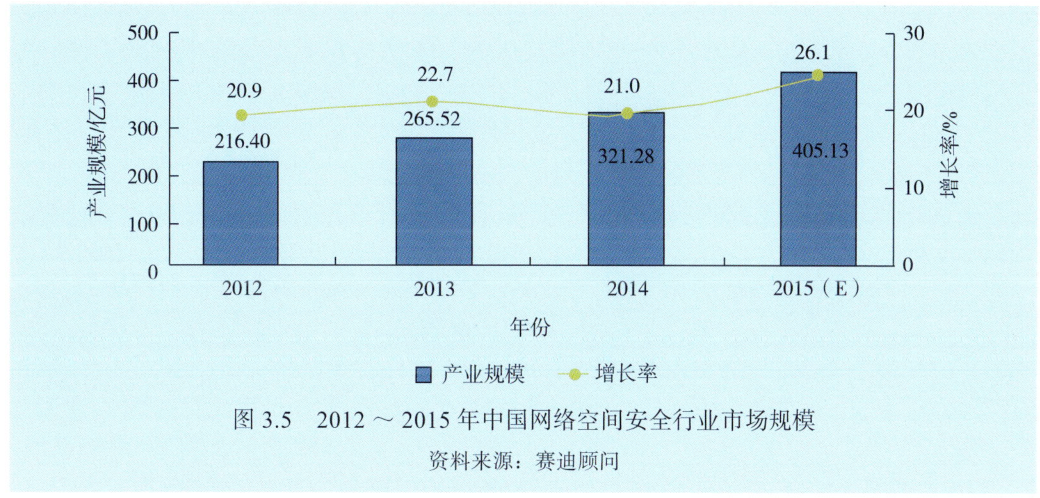

图 3.5　2012 ～ 2015 年中国网络空间安全行业市场规模

资料来源：赛迪顾问

4）大数据和云计算产业发展现状

大数据因其巨大的商业价值正成为推动电子信息产业高速增长和经济社会变革持续深入的新引擎。“十二五”期间中国大数据产业从无到有，政策保障陆续到位，市场规模增速明显。国务院先后出台了《国务院办公厅关于运用大数据加强对市场主体服务和监管的若干意见》和《促进大数据发展行动纲要》，从国家层面布局大数据的发展；地方政府陆续推出针对大数据产业发展的相关规划或举措，大数据产业发展的政策环境快速成型。随着行业用户对大数据价值的认可程度不断增加，市场需求呈现井喷态势，面向大数据市场的新技术、新产品、新服务、新业态不断涌现，大数据为电子信息产业打开一个高速增长的新市场。前瞻产业研究院的数据显示，中国 2015 年大数据市场规模可达 115.9 亿元[①]。中国大数据产业形成了以 BAT 为代表的应用服务型企业，以及华为、浪潮为代表的大数据技术型企业的市场格局。在技术创新上，国家发改委、工信部等先后发布了大数据重大工程、科技专项，推动大数据技术的创新发展；众多企业积极布局大数据技术的创新，抢占发展先机；国内多个高校已设立大数据相关专业，培养大数据专业人才。在大数据标准制定方面，中国已成立大数据标准化工作组，负责制定和完善中国大数据领域标准体系，以规范中国大数据的发展，争取发展的主动权和国际话语权。总体来看，中国大数据产业呈现出良好的发展势头，但市场尚处于探索起步期，面临着数据孤岛林立、数据安全风险、数据权属不清等诸多问题。

云计算产业近年来一直呈上升之势（2011 年中国市场占全球的 3.2%、2015 年占 5%）。根据中国信息通信研究院报告，2015 年中国云计算整体市场规模达 378 亿

① 资料来源：中国信息通信研究院 . 2015 年中国大数据发展调查报告，2015.

元，整体增速为31.7%。其中专有云市场规模为275.6亿元，年增长率为27.1%[①]。从产业发展层面来看，云计算产业格局和企业群落已经初步形成，显示出旺盛的生机。在技术层面，中国互联网企业和电信制造企业拥有较为雄厚的产品研发、制造基础，借助云计算的开源化趋势，中国企业已经在云计算技术发展中占据了一席之地，但也应看到中国企业在一些关键技术环节仍处于弱势：一是服务器虚拟化核心技术落后；二是云网络技术仍处于跟随态势；三是云计算系统的管理技术相对于领先企业仍有较大差距。在产业成熟度层面，国内公有云计算服务能力与美国等发达国家相比仍有较大差距。在基础设施层面，各地热衷于数据中心建设，但存在规模结构和空间布局不合理问题。

5）智能终端和可穿戴设备产业发展现状

“十二五”期间，中国在智能终端与可穿戴设备产业领域总体上处于技术积累和市场培育阶段，展现出良好的产业前景和巨大的发展潜力。智能终端的表现形式有智能手机、平板电脑、PDA（personal digital assistant，即掌上电脑）、智能终端、车载智能终端、可穿戴设备、智能电视、智能机顶盒等。据工信部数据，2015年国内智能手机出货量为5.18亿部，相比2011年增长了339%，其中国产品牌在国内市场的出货量达到4.29亿部[②]。4G手机出货量占比持续增长，2015年达到90%左右（图3.6）。整体来看，经过几年的快速增长，移动智能手机市场增速开始显现出逐渐放缓的趋势。以智能家居终端、车载信息终端、健康监护终端、智能生活辅助终端等为代表的新型智能终端正逐渐成为新一代信息技术领域的热点。

可穿戴设备作为未来移动互联网的重要载体和支撑，显现出巨大的市场发展潜力。如图3.7所示，2015年中国可穿戴设备交易规模达到136.8亿元，对比2012年增幅超过50倍[③]。“十二五”期间，国内科技公司纷纷进军可穿戴设备产业，进行相关技术研发、设备生产和市场开拓，并已推出了一些可穿戴设备产品。智能可穿戴设备目前主要有智能手表、智能眼镜、计步器等产品，主要涉及健康、运动、娱乐等应用领域。VR（virtual reality，即虚拟现实）是最近几年又一个增长亮点，2015年国内出现大量VR创业公司。艾媒咨询（iiMedia Research）数据显示，2015年中国VR行业市场规模为15.4亿元[④]。目前可穿戴设备还处于探索期，但随着需求的不断增长、技术的不断成熟、应用的不断拓展，未来几年可穿戴设备市场仍将处于高速发展的状态。虽然前景可期，但相对于国外而言，中国在智能终端和可穿戴设备产品研发上缺乏创新性，核心技术方面还有待突破，在某些应用领域也尚未形成发达国家中较为成熟的盈利模式。

① 资料来源：中国信息通信研究院．云计算白皮书（2016），2016.

② 资料来源：中国信息通信研究院．2015年12月国内手机市场运行分析报告，2016.

③ 资料来源：赛迪顾问．2015年中国可穿戴设备市场回顾与展望，2016.

④ 资料来源：艾媒咨询．2015年中国虚拟现实行业研究报告，2016.

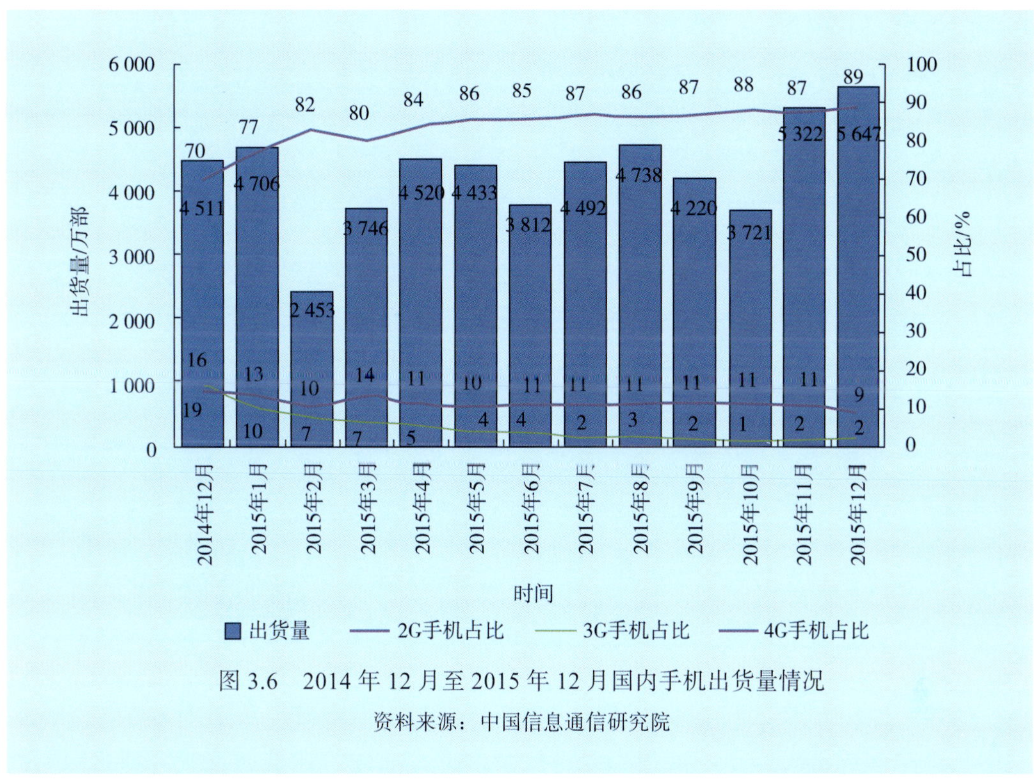

图 3.6 2014 年 12 月至 2015 年 12 月国内手机出货量情况

资料来源：中国信息通信研究院

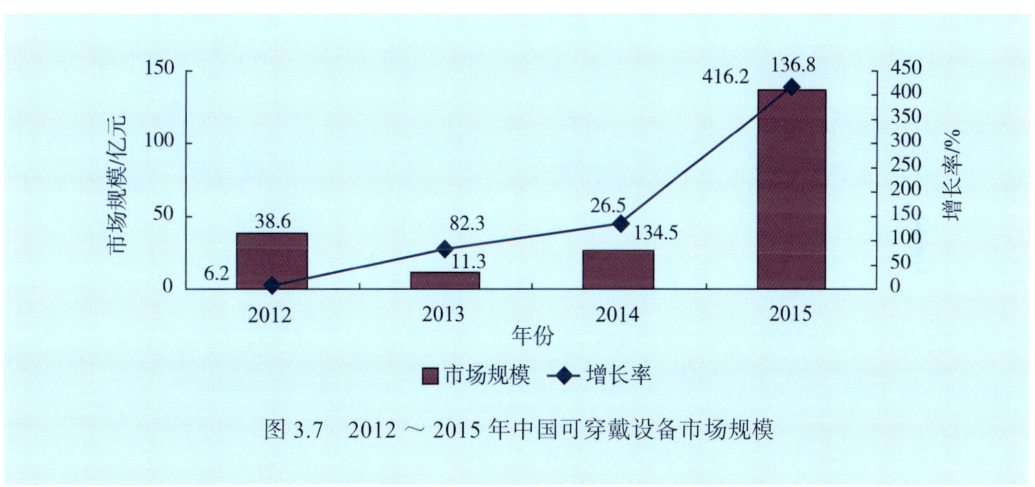

图 3.7 2012 ～ 2015 年中国可穿戴设备市场规模

6）物联网产业发展现状

“十二五”期间，在全球“万物互联”、物联网蓬勃发展的大背景下，在《物联网“十二五”发展规划》《国务院关于推进物联网有序健康发展的指导意见》等一系列国家政策的保障下，中国物联网产业迎来了高速发展期，国内物联网产业链和产业体系逐渐形成，已经形成京津冀地区、长三角地区、珠三角地区，以及中西部地区四大产业集聚区，产业规模快速增长。如图 3.8 所示，2015 年产业规模达 7 500 亿元，比 2011 年的 2 581 亿元增长了 2 倍，预计到 2020 年将超过 1.8 万亿元[①]。

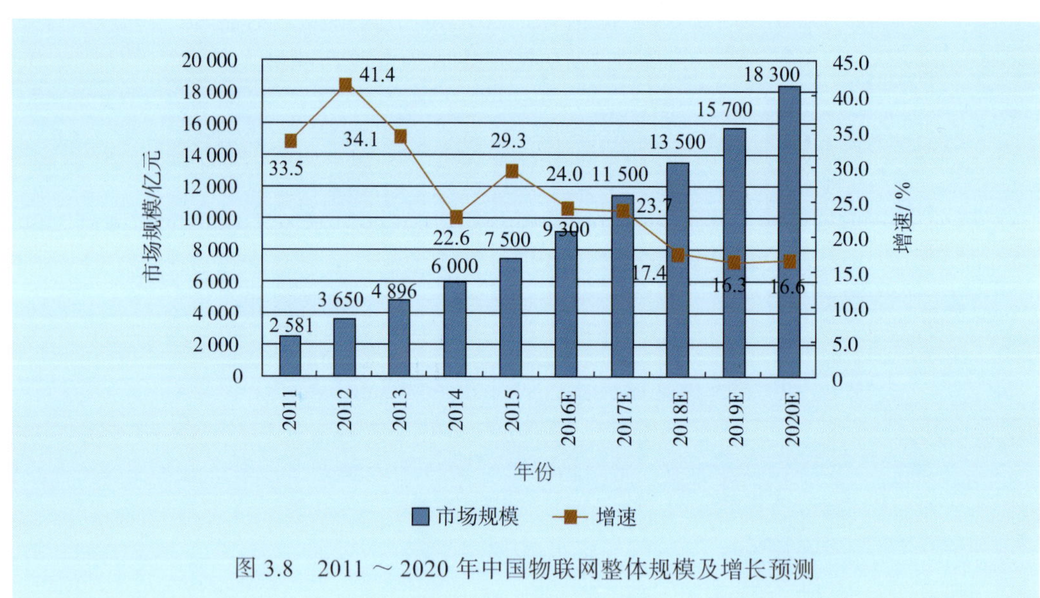

图 3.8　2011 ～ 2020 年中国物联网整体规模及增长预测

随着中国物联网技术的不断突破、行业标准的不断完善、应用的不断深入，物联网已经从理念走向应用，渗透到经济社会的方方面面，在推动行业转型升级、技术创新应用、服务民生、绿色节能等方面发挥的作用愈发关键。经过几年的发展，涌现出了一批具备较强实力的企业。一些互联网企业和运营商、制造商等也积极布局物联网领域，“云 + 网 + 端”的平台化、服务化的发展模式日益凸显，已经形成涵盖感知、制造、应用服务等方面相对完善的物联网产业体系。在网络架构、传感器、M2M（machine to machine，即机器与机器）等技术领域取得了较为明显的突破，并已拥有一定的自主知识产权。中国在物联网通用架构、数据与语义、标识和安全等基础技术方面正加紧研发布局。从应用来看，在《中国制造 2025》驱动下的工业智能化和智慧城市建设的浪潮中，工业互联网、智慧城市将成为物联网产业的重要发展平台，公共安全、公共服务、可穿戴设备、智能家居、智慧医疗等消费市场将是物联网产业规模扩大的主战场。

7）新型平板显示产业发展现状

平板显示产业因其自身产业规模大、具有承上启下的产业带动性，被视为电子信息产业的重要支柱，既是智能制造的切入点，也是推动中国制造业发展的重要力量。“十二五”期间，在政府对平板显示产业发展的布局和配套政策的扶持下，中国平板显示产业在技术水平、创新能力、产业规模和产业竞争力上呈现出较好的发展态势，上下游产业链也逐步完善。随着 2011 年高世代 TFT-LCD（thin film transistor-liquid crystal display，即薄膜晶体管液晶显示器）生产线“本土化”的成功，中国大陆平板

① 资料来源：中国安防行业网 . 2016 年中国物联网行业市场规模分析，2016.

显示产业发展迅速，面板生产总量已超过全球总量的20%，成为继日本、韩国、中国台湾地区后的平板显示大生产商。据估算，2015年中国平板显示器件产业整体规模近1 190亿元，增速全球第一，预计2019年有望成为全球产能最大的国家[①]。国内平板显示器件企业在技术水平和创新能力上也逐渐缩小同日本、韩国的技术差距，如京东方自主设计了全球首条10.5代面板薄膜晶体管液晶显示器件生产线，申请的专利数目处于业界领先位置；华星光电通过技术研发掌握了IGZO（indium gallium zinc oxide，即铟镓锌氧化物）面板技术和铜制程等技术，为开拓高端面板市场做好了准备；天马微电子通过自主研发和收购海外企业而获得了LTPS（low temperature poly-silicon，即低温多晶硅）及AMOLED（active-matrix organic light emitting diode，即有源矩阵有机发光二极体）等先进技术，并成功进入车载与医疗等专业应用市场。虽然中国平板显示领域发展迅速，但整体来看生产还主要集中在中低端层面，面向高端的生产能力较弱，行业技术标准有所滞后、产业链协同发展不足等问题仍然严峻。

2. “十二五”期间新一代信息技术产业总体评价和发展特点

1）总体评价

中国新一代信息技术产业的发展现状和态势带有清晰的时代特征，是中国战略性新兴产业时空定位和发展态势的鲜明缩影。

第一，新一代信息技术产业已成为经济社会发展的重要力量。在国家产业政策的“保驾护航”下，新一代信息技术产业整体发展迅猛，并广泛渗透到其他产业领域，带动相关产业的发展。同时，世界新一轮信息技术革新浪潮的大背景，也为电子信息产业创新发展提供了难得的历史机遇。总体来说，“十二五”期间，新一代信息技术产业已成为国民经济的重要支柱产业之一，成为践行创新驱动、推动经济转型升级、促进信息消费的重要力量。

第二，技术创新环境逐步形成，自主创新能力增强。中国新一代信息技术产业正处于从跟踪、模仿发达国家到以创新驱动为引领，实现并跑甚至是领跑的战略转型关键期。“十二五”以来，从关键技术、制造工艺到标准制定，从硬件技术提升、应用平台搭建到信息产业生态群初显，从技术—研发—应用的创新链、芯片—网络—终端—平台—服务的产业链整合模式到创新的商业模式，新一代信息技术产业在核心和关键技术上有所突破，自主创新能力不断提升，部分产业具备国际竞争力，并涌现出一批具备创新能力的企业，初步形成了信息技术产业生态群落。

当然，在发展过程中也存在诸多挑战和障碍。例如，长期处于产业链或价值链中下游环节的局面仍未改变，创新驱动内生动力不足、产业发展模式不够成熟、高端人才缺少或流失严重等。这些问题不解决，将严重影响新一代信息技术产业未来

① 资料来源：赛迪顾问. 2015年中国平板显示器件产业回顾与展望，2016.

的发展空间。

2）发展特点

新一代信息技术产业随着国家政策支持、市场拉动、创新能力效应扩大，已步入快速成长期，很多领域实现重大突破，创新的商业模式和产业形态不断涌现，在关键核心技术和标准上竞争激烈，产业链整合集成正在成为未来竞争的关键。总体来说，“十二五”期间新一代信息技术产业发展呈现如下特点：

第一，政府引导对产业发展发挥了积极作用。《国务院关于加快培育和发展战略性新兴产业的决定》明确了新一代信息技术产业将成为经济支柱的战略目标，通过一系列相关规划和部署，明确了发展目标和方向，引导资金和人才流向，合理规划发展布局，通过多项扶持措施为新一代信息技术产业发展提供便利。各地方政府也出台了许多优惠政策支持本地区的相关产业发展，为新一代信息技术产业发展构建了良好的政策保障环境。

第二，创新融合催生新业态、创造新增长点，成为发展新动力。当前信息技术已渗透进传统行业的方方面面，带动了工业、服务业的产业转型和结构升级。同时，也催生了一大批新兴产业形态，成为电子信息产业的新增长点。基于共性技术开发的创新融合，模糊了原有的产业边界，使产业之间的互通性、交叉性显著增强。而价值链的拓宽和创业模式的演变推动了产业的融合发展。例如，制造业和信息技术的不断融合，推动了制造业从生产型向服务型转变；基于信息技术的新兴服务业，使得服务向信息化、个性化、定制化方向发展，并衍生出多种类型的生产和生活服务业态[3]。

第三，产业链竞争逐渐成为主流。基于软件、服务、网络、终端及内容的产业链整合重构能力成为抢占话语权和主导权的关键所在。从经营产品到经营产业链，企业通过对关键环节的控制，可以有效地重塑、培育核心竞争力，抢占产业竞争制高点。依托于产业链合作形成的产业示范区很好地体现了新一代信息技术的产业集聚效用，创新驱动逐渐成为产业集群竞争的核心优势。

3.1.3 “十二五”期间新一代信息技术产业发展经验

“十二五”期间，中国新一代信息技术产业已具备再上新台阶的坚实基础，不断扩大的产业规模带来了产业集聚效应，人力资源水平和国际化水平不断提高，推动了社会发展，有力地支撑了国民经济建设。

1. 重视战略部署，发挥产业规划引领作用

中国历来重视电子信息产业发展，通过借鉴国外发展经验，把握全球发展趋势，结合中国发展目标和需求制定发展规划、部署发展重点。国务院2010年10月发布的《国务院关于加快培育和发展战略性新兴产业的决定》就将“新一代信息技术产业”作为国家“十二五”期间重点产业发展方向。2011年3月，《中华人民共和国国

民经济和社会发展第十二个五年规划纲要》进一步明确了新一代信息技术产业的战略地位。《国家集成电路产业发展推进纲要》、《“宽带中国”战略及实施方案》、《促进大数据发展行动纲要》、《国务院关于积极推进“互联网+”行动的指导意见》及《国务院关于大力推进大众创业万众创新若干政策措施的意见》等一系列国家政策和战略部署的密集出台，为“十二五”以及未来新一代信息技术产业的发展指明了方向，成为发展最有力的助推器。同时地方政府积极落实国家政策，结合地方优势和发展特点，因地制宜、按需谋划、积极行动，优化和完善了国内新一代信息技术产业的发展环境。

2. 优化产业环境，推动产业链协同发展

“十二五”期间，国家十分重视电子信息产业的协同发展，通过全面深化改革，创新行业管理方式，不断优化产业环境，培育新一代信息技术产业的龙头企业，大力发展新一代信息服务业，推动产业链协同发展。以核心关键技术为牵引，加强电子信息产业链各环节的协同创新与融合发展。针对中国战略性新兴产业发展对高端芯片的需求，在前期产业链创新布局的基础上，突出产业链上下游的资源整合与协同创新。新一代信息技术产业对产业链的驱动引领作用逐步显现，带动了互联网、物联网、电子商务等多个产业强劲增长，创新商业发展模式，并催生了数字创意等新兴的产业业态，实现了多个产业链之间的交叉融合与协同发展。

3. 坚持市场导向，加强政产学研用深度结合

“十二五”期间，新一代信息技术产业坚持以市场为主的资源配置方式，充分发挥了企业的市场主体作用，涌现出一批具备世界竞争力的龙头企业。坚持市场导向，强调面向市场需求进行技术创新与商业模式创新，加强企业主导的政产学研用深度结合，不仅帮助企业获得了持续的创新力和竞争力，也促进了新一代信息技术产业整体的繁荣发展。一是在坚持企业为主体的基础上，不断加强企业与政府、科研院所、高校、中介服务机构等各类组织间的横向合作，围绕核心企业组建政产学研用联盟，引导技术资源整合，在专项任务布局和项目组织实施过程中，重点开发满足产业和市场需求的新一代信息技术装备、工艺及产品；二是各地方政府加强了在项目监督管理和政策服务中的作用，实现市场需求和技术供给侧的有效衔接，在打造促进产学研深度融合的良好制度环境方面不断推进改革创新。

4. 注重创新投入，改善产业投融资环境

“十二五”期间，政府注重对新一代信息技术产业的创新投入，先后出台了一系列政策为相关领域提供支撑，鼓励社会资本的积极投入，引导建立多元化的投融资发展模式。例如，《国家集成电路产业发展推进纲要》提出集成电路产业投资基金，鼓励大型企业、金融机构及社会资本给予基金投资支持；《2014—2016 年新型显示产业创新发展行动计划》提出支持地方政府探索设立新型显示产业投资基金，引导社

会资本多元化方式投入；《关于进一步优化光伏企业兼并重组市场环境的意见》提出鼓励龙头企业进行跨国并购重组。同时，在规范市场、促进境外投资、改善小微企业融资环境方面出台了一系列有利政策，对投融资市场的繁荣与活跃起到了极大的促进作用。在政策的引导和新一代信息技术产业市场迅速增长的驱动下，中国新一代信息技术产业投融资市场也呈现高度活跃态势，一大批企业在创新领域积极投入，金融机构和社会资金也不断流入，为产业发展注入了强劲的动力，市场投融资环境也得到有效改善。

3.1.4 新一代信息技术产业发展存在的问题和挑战

中国新一代信息技术产业在国家政策的大力支持下，取得了显著的成绩，但距离进一步抢占国际产业制高点、驱动经济发展、保障国防信息安全等要求，还有一定差距。从过去几年看，我们认为仍有一些亟待解决的问题。

1. 政策及规划协调性不足，交叉领域投入有待加强

新一代信息技术产业涉及材料、能源、交通、信息等多个产业的交叉领域，各政府主管部门往往只围绕各自的领域来部署发展方向和支持重点，导致新一代信息技术产业发展缺乏顶层设计和整体布局，相关的政策和规划也未能从全产业链协同发展的层面进行统筹考虑，造成投入相对分散、规划协调性不强、交叉领域投入不足等问题。这些关键共性问题，已成为中国新一代信息技术产业追赶国际先进水平步伐的阻碍。除加大交叉领域的投入外，新一代信息技术产业发展所需的财税政策、人才政策、进出口贸易政策以及相应的产业发展规划等保障机制也需进一步协调完善。

2. 共性科技研发支撑不足，融合发展难以突破瓶颈

共性技术是指在多个领域有着广泛的应用，能对多个产业发展产生深刻影响的技术，具有基础性、关联性、系统性等特点，是突破技术瓶颈、实现自主创新能力、提高国际竞争力的基础，是实现传统产业转型升级、培育新的产业业态、推动融合发展的核心动力。在共性技术的发展上，中国已建立了一定数量的共性研发机构和跨领域研发平台，但在整体上仍处于探索阶段，不足之处主要体现在资源整合利用能力差、协同创新动力不足、资金投入有限、共性研发平台数量和范围有限、高端创新人才短缺、规划体系不完善、保障机制不足等方面，整体上尚未形成良好的共性技术创新发展环境。这就导致中国难以打破关键技术的创新发展瓶颈，核心技术受制于人的问题仍然严峻。

3. 人才培养体系不完整，高端人才匮乏现象严重

新一代信息技术产业作为知识密集型的产业，人才和技术是其核心竞争力。由于中国在电子信息技术领域的教育起步相对较晚，专业人才相对匮乏。例如，以网

络空间安全产业方向为例，网络空间安全产业的竞争不仅仅是技术和产品的竞争，更重要的是高素质安全人才的竞争，而中国在网络空间安全领域的人才结构不完善、规模不足，无法满足日益严峻的安全形势和网络空间安全产业发展的需求。

4. 核心专利缺失，知识产权保护有待提升

中国新一代信息技术产业在关键技术研发方面虽取得了一定突破，但在自主创新方面仍有不足，其中，核心技术缺失、知识产权保护不足成为中国新一代信息技术产业实现并跑、领跑世界先进水平的严重障碍。中国具有自主知识产权的主导性国际标准仍然较少，大部分基础原型技术的知识产权受外商制约严重。以移动互联网领域为例，当前全球已形成苹果、谷歌和微软三大专利阵营体系，虽然中国移动互联网企业在手机外观设计方面的专利数量上占据优势，但是在芯片、射频等核心技术方面的专利仍显不足。2016 年 5 月，华为对三星展开专利侵权起诉，这被认为是中国企业在国际知识产权大战中的首次“大动作”，而三星随即也提起了诉讼。不论结果如何，通过加强知识产权保护以夺取生存发展的主动权，是新一代信息技术产业必须直面的问题。

3.2 “十三五”新一代信息技术产业发展展望

3.2.1 全球新一代信息技术产业发展重点与趋势

世界范围内正在掀起新一轮的产业竞争，新一代信息技术产业作为抢占技术制高点和经济增长点的有力手段，将极大地带动传统产业升级换代，推动其他战略性新兴产业加速发展。牢牢把握新一代信息技术产业发展趋势，必将成为发展基于知识与数据的战略性新兴产业的重要抓手。

1. 全球新一代信息技术产业重点方向

为谋求信息时代的竞争新优势，各主要发达国家高度重视电子信息产业在促进经济发展和塑造国家竞争力方面的重要战略性作用，通过加强政府引导，提供战略指引，加大政策支持力度，鼓励技术创新，不断探索产业发展路径，力图培育新业态和潜在消费增长点。

表 3.1 梳理了世界主要国家 / 地区面向 2020 年在新一代信息技术领域的战略布局和重点发展方向。可以看出，各主要发达国家 / 地区都将新一代信息技术产业发展作为战略性主导产业，在多方面优先布局。

表 3.1　新一代信息技术领域战略布局和重点发展方向

国家 / 地区	战略部署	重点发展的新一代信息技术方向
美国	国家宽带战略、“智慧地球”计划、“智慧地球”计划、大数据研究与开发计划	大数据、社会计算、智慧城市、无线通信、未来网络、网络安全和隐私保护、高性能计算机、高可信软件与系统、人机交互、信息-物理融合系统（cyber-physical system）、智能制造、智能电网、机器人、医疗信息技术、认知计算、大脑活动图谱
欧盟	物联网战略研究路线图、欧洲 2020 战略、数字化议程、i-2010 信息社会五年规划（2010 ～ 2015 年）	新一代通信、下一代计算、智能制造（“工业 4.0”）、智能机器人、个人通信与居家通信、物联网、智能基础设施建设、数字内容、数字文化、VR、嵌入式系统、信息安全技术、石墨烯、人类大脑工程等
日本	创建最尖端 IT 国家宣言、日本 ICT 新政、数字日本创新计划、环保积分制度、i-Japan 战略 2015	新一代光网、下一代无线网、云计算、下一代计算机、智能电网、机器人、下一代半导体与显示器、嵌入式系统、3D 影像、语音翻译、软件工程、泛在计算、基于云平台的电子政府、医疗及教育等领域云服务、高级道路交通系统、国民电子信箱等
韩国	新增长动力规划及发展战略、IT 韩国未来战略、国家融合技术发展基本计划、第三次科学技术基本计划	高速无线网接入、数字多媒体广播、家庭网络、车载无线网络、无线射频识别、传感器网络、IPv6 互联网、新一代移动通信、平板显示、新一代电脑、嵌入式系统、数字内容、智能机器人等

2. 全球新一代信息技术产业趋势特征

1）新一代信息技术泛在化、融合化、智能化、绿色化趋势愈发明显

电子信息领域技术创新不断、屡有突破。例如，利用分布式计算技术提供海量廉价存储和计算能力的“云计算”；向规模化、智能化和协同化发展，已达到互联互通互操作的“物联网”；具有更透彻的感知、更广泛的互联、更深入的智能化特征的“智慧城市”；等等。此外，新一代信息技术持续向泛在、融合、智能和绿色方向发展，多样性、开放性及跨领域的技术创新不断涌现。这类技术创新有明显的特点，表现在：并非以某种主导技术为基础，而是在几乎所有信息技术领域都发生创新变革；并非终端、平台或应用的某一处创新，而是创新链或产业链的“集体行为”，是全球化的广泛过程。产业的融合发展日趋明显，为产业的转型升级奠定坚实的基础；软件加速向开源化、智能化、网络化和服务化方向发展，产业链的垂直整合，促使网络产业的组织形态与方式发生变革；移动互联网、云计算等不断引领商业模式的创新、新产业业态的形成，全球电子信息产业面临新一轮“洗牌”，技术和产业竞争将更加激烈 [4]。

2）技术创新与应用业态“双轮驱动”加速产业生态体系构建

新一代信息技术以综合集成的一体化软件平台为中心，发展模式上将由传统的技术驱动向应用驱动与技术创新结合的模式转变[5]。信息技术的变革创新，在推动新一代信息技术宽带化、移动化、智能化和泛在化加速演化进程中，同服务业、工业制造、文化产业等相互融合，催生了新的业态，蕴含着新的巨大市场空间。宽带接入技术广泛应用为信息服务市场发展提供了良好条件，移动通信不断催生新的业态和模式，物联网、云计算等新一代信息技术在广度和深度上不断扩张，在公共安全、城市管理、交通运输等多领域具备广阔的市场前景。信息安全也是一个不断交叉融合的典型应用领域，应用新的数据平台概念设计、实现和运行系统的信息安全技术，从监测到理解、从数据收集到行为、异常分析的转变，提前洞悉风险并制定全局规划，将大幅提升信息系统防护水平。总体来讲，创新技术和以应用为驱动的信息服务对接，新一代信息技术向其他领域广泛渗透，将构建日益完善的全生态产业群落。

3）新一代信息技术产业大步迈入“全产业链”竞争时代

随着“全产业链”时代的开启，产业链较强的整合能力逐渐代替单一产品或技术优势，成为决定企业竞争力的关键——伴随原有产业边界被全面打破，谁最先进行产业链整合与重构，发展形成基于“软件 + 终端 + 内容”的整合能力，谁就将率先确立竞争优势。因此，在产业融合的背景下，能否向产业链的上下游环节有效拓展，成为企业在激烈的国际竞争市场中保持竞争力的基本要求[6]。同时，产业链整合模式也在不断催生新的产业形态，并向传统产业领域全面加速渗透。未来整体的价值链将会发生变化，终端、平台及服务的价值将超越硬件成为增值主体。

4）“软件定义一切”趋势日益明显

近年来，随着计算机网络和通信两大领域的融合深化，新一代信息技术产业软硬件融合趋势将进一步加深，集成硬件与软件的解决方案、以服务定制需求、重视用户体验将成为创新和业务开展的方向。同时，全球电子信息产业结构由信息技术硬件向信息服务应用倾斜，“软化”趋势更加明显。目前，全球信息产品制造业的比重进一步下降，包括数字内容在内的信息服务业比重不断上升。软件产业呈现“服务化”趋势——软件即服务（softwore-as-a-service，SaaS）成为硬件、软件、互联网等行业的重要趋势。

5）面向服务的商业模式创新重塑产业发展格局

服务是电子信息产业发展的基本趋势，商业模式是推动电子信息产业服务化的重要手段。在新一代信息技术领域，商业模式创新正在以层出不穷的新业态方式，促进技术创新在教育、医疗等传统领域的应用，推动传统信息技术产业向其他领域渗透，实现产业升级换代并重塑产业格局。云计算是技术革新和商业创新模式结合的典范，是信息服务的集中体现，其本质就是面向服务的商业模式创新——通过互联网向用户提供服务，用户无需购买或拥有复杂的软硬件系统即可享受云服务的便利与高效。创新的商业应用模式促使产业新业态不断涌现。

3.2.2 新一代信息技术产业对中国社会经济发展的重要作用

新一代信息技术产业对国民经济的支撑作用不断增强。随着电子信息技术的迅速发展以及与其他产业的交叉融合，电子信息技术产业正在成为推动中国经济增长和可持续发展的重要引擎，已逐步成为调结构、转方式、惠民生的重要力量。

1. 国民经济增长的“倍增器”

一般认为，经济发展的驱动力包括消费、投资和出口等方面，新一代信息技术的发展将改变消费、投资和出口的格局，驱动经济增长。消费方面，一方面，其他产品或服务与信息技术的结合，以便捷性、准确性等为理念，将更具消费前景；另一方面，信息技术本身也将成为被消费的重要内容，移动互联网、大数据、云计算、智能终端和可穿戴设备等应用的广泛性、与其他产业的友好性，保障其迅速成长。投资方面，信息技术的发展也将改变投资的模式：首先，由于信息技术的发展使投资更便捷，投资对象、投资领域的广泛性，使各领域迫切地进行信息化建设，以抓取未来的市场；其次，正是由于这种迫切性，信息技术本身就将成为投资的重要阵地，包括各领域对旧有设备的信息化更新改造或对信息技术新设备的购买。出口方面，随着国内信息化建设的逐步推进，产品的信息化、技术化色彩越发浓厚，出口竞争力也将逐步提升，出口的增长也将成为促进经济发展的重要力量。

2. 促进结构升级的“助推器”

产业发展，从微观层次上是产业自身的不断发展，从宏观层次上则包括了产业结构升级的内容。当前整体宏观经济低迷，亟须新的活力注入。传统的财政、货币政策的边际效应递减，新的增长点尚未培育完善，“新活力”的选择更是关乎产业兴衰的关键。电子信息技术与行业的融合，将极大地改变原有产业布局，更具技术实力的企业将脱颖而出，成为引领产业发展的新生力量。产业结构升级方面，电子信息产业作为第三产业、新兴产业的代表，其发展本身就带有产业结构升级的色彩；电子信息技术融入其他产业的过程，将改变原有产业的发展思路，提升原有产业的发展效率，形成原有产业新的发展标的；同时，必须提及的是，作为最具发展活力的因素，电子信息技术与其他产业的融合也必然带有一定的倾向性，自身具备发展活力的产业将更迫切、更容易与电子信息技术融合，这种选择性将形成带动整体结构升级的潮流。

3. 技术创新的“转换器”

以新一代信息技术为代表的新技术发展已被确认为促进经济发展方式转变的最核心内涵，并被视为现有选择下最重要的抓手。新一代信息技术由于其崭新的内容、

全新的思路，为自主创新提供了大有可为的广阔空间；由于其强大的渗透性和良好的黏合性，与传统产业的契合又将掀起新一轮改革浪潮，形成巨大的技术外溢效果，进而释放新一轮更有针对性、更有创新性的改革红利。在发展方向上，以大数据、云计算等引领，紧跟发展前沿、突破技术壁垒，在重点方向的发展上占得先机；在发展效果上，在自主创新不足、发展乏力等问题上取得突破；在发展目的上，将依托在关键技术方面的突破，实现摆脱对国外技术的依赖、增强国际话语权的目标。

4. 保障安全发展的“稳定器”

以大数据为代表的新一代信息技术正逐步成为保障经济社会稳定、健康发展的关键。一方面，新一代信息技术作为“使能技术”已融入社会发展的方方面面，成为各个行业发展的基本工具之一。新一代信息技术对发展过程中存在不稳定因素、潜在风险的监测、识别更加精准、及时、高效，将安全防护水平提升到一个新阶段，为产业生态系统的安全、平稳运行保驾护航。例如，利用大数据、云计算等相关技术手段对海量数据进行有效的采集、分析和利用，通过数据的开放和共享，将打通城市内部数据的孤岛，为我们实时监测、科学预警、精准分析提供基础，给防控城市公共安全风险，构建及时、科学、有效的城市智能化安全管理运行体系提供新途径、新手段。另一方面，数据资源利用和流动对个人安全、社会安全及国家安全带来了新的挑战。国外敌对势力借助新一代信息技术，破坏中国的安全发展环境。新一代信息技术虽然是风险的源头，更是最有效的防护利器。面对不可回避的风险，保障安全稳定的发展必须通过提高关键核心基础设施建设能力、核心元器件的生产能力、关键技术自主可控能力，变“双刃剑”为保护盾，保障发展的安全、平稳。

3.2.3 “十三五”期间中国新一代信息技术产业面临的挑战和重点发展方向

伴随移动互联网、智能终端、大数据和云计算等为代表的新一代信息技术的“演化裂变”，传统的电子信息产业正向新一代信息技术产业“代际变迁”。价值链关键环节的转移及制造、应用与服务加速融合，以及创新商业模式的出现，既代表了技术和产业发展的新方向和新趋势，也内生性地推动着产业格局变革。为更好地把握信息技术发展的机遇，实现产业生态体系创新融合发展，须对存在的潜在风险保持清醒的认识。

首先，信息技术传统优势国家从潜在的技术或产业威胁考虑，在技术政策方面会趋于保守，并通过技术封锁、贸易或市场壁垒限制技术溢出。因此处于“技术追赶”时期的国家无疑将承担更多的基础研究、技术开发和市场开拓风险，在创新能力、体制机制等方面也必然会出现阶段性的不适应。而中国的自主创新能力亟待提高，科技投入不足，鼓励创新的配套政策还不完善，管理体制和机制还不能满足自主创新的要求。

其次，新一代信息技术创新和产业融合将带来日益严重的信息安全问题。随着新兴信息技术开源性、交融性和复杂性的不断提高，终端安全、核心网络安全以及内容安全等进一步延伸和扩展，过多依赖国外技术、产品和服务将使得中国面临的信息安全风险更为严峻。同时，尚未建立起安全可控的技术体系也使中国存在较大的信息安全隐患。

最后，人才流失严重，高端技术人才缺乏。人才是新一代信息技术产业发展最为关键的因素，新一代信息技术产业能否成为国民经济发展的战略性产业，核心在于是否拥有支撑其发展的专业人才与人才培养战略。因此，各国高度重视新一代信息技术专业人才的培养。而中国新一代信息技术产业专业人才储备严重不足，增长速度与行业发展需求的不匹配，已成为制约新一代信息技术产业发展的重要因素。“大而不强”是中国新一代信息技术产业的软肋，人才短缺则成为中国新一代信息技术产业的硬伤。加强人才培养，建立一支高水平信息人才队伍是新一代信息技术产业亟须解决的问题。

2016 年 7 月 27 日，中共中央办公厅、国务院办公厅印发《国家信息化发展战略纲要》，这是规范和指导未来 10 年国家信息化发展的纲领性文件。该纲要指出，“谁在信息化上占据制高点，谁就能够掌握先机、赢得优势、赢得安全、赢得未来”。并“要求将信息化贯穿中国现代化进程始终，加快释放信息化发展的巨大潜能，以信息化驱动现代化，加快建设网络强国”。综合考虑现有基础和发展需求，“十三五”期间中国应重点关注新一代信息技术产业中的以下方向。

1. 以新型智能终端为抓手，构建新一代信息技术平台

技术层面一系列重大变革，正促使信息技术产业进入转型发展关键时期。集成电路进入“后摩尔时代”，计算机进入“后 PC 时代”（post-personal computer），“Wintel”（即 Windows-Intel 架构）联盟逐步瓦解，互联网领域正在探索“后 IP 时代”发展道路，应用创新取代器件设备的技术进步成为主导产业未来发展的核心力量。在中国，智能终端领域是最有基础和条件实现“弯道超车”的重点领域，也是发展低功耗 CPU（central processing unit，即中央处理器）、跨终端操作系统、实现产业链垂直整合的重要突破口。因此，应该围绕基于“智能终端 + 终端操作系统 + 应用软件与数字内容服务 + 软件分发渠道”，构建产业生态系统，重点支持核心处理芯片等硬件技术、网络内容聚合、信息技术服务支撑软件以及应用服务技术的研发和产业化；终端操作系统作为整个应用生态的基石，应与上层应用服务 / 下层核心芯片协同发展，集聚产业合力；围绕自主操作系统，建立开放式应用开发模式，打造技术共性、跨平台高性能的统一 Web 运行环境和应用生态，形成自主的应用技术和服务。

2. 以网络基础设施为依托，实现通信领域跨越发展

以打造宽带、泛在、融合、安全的下一代国家信息网络基础设施为依托，实现中国在无线移动通信、光纤宽带、下一代互联网等领域跨越式发展。通过加强顶层设计，将宽带发展作为国家整体战略和行动布局的重要内容；以光纤接入为重点，

继续推进宽带网络城乡普及和升级提速；全面推进4G网络建设和优化；加快推进Wi-Fi建设，统筹推进5G（下一代移动通信技术）的研究和规模试验，进一步提升通信容量和服务质量，引领产业发展。

3. 以服务与应用为牵引，构建全产业链生态体系

智能终端数量的不断涌现、功能的不断多元化、性能的不断优化，以及移动互联网全面应用、数据的不断累积，为催生大量新的商业服务和应用提供了沃土。云计算和大数据技术作为多种新兴技术融合的代表，为思维方法、商业模式和信息应用的创新注入活力。目前，云计算的产业格局已初步形成；大数据产业虽处于发展初期，但数据蕴含的价值、数据跨域的渗透和应用带来的巨大溢出效应，使其成为电子信息产业最具活力和发展潜力的领域。未来应以云计算、大数据应用为牵引，发掘应用需求、创新服务模式、加强技术积累、实现产业突破，构建全产业链生态体系，带动中国信息技术服务业向高端化迁移。

4. 以融合发展为契机，开拓网络空间安全新局面

网络空间安全产业是国家网络安全的重要支撑，可为各类信息系统提供可持续的安全技术、安全产品和安全服务。随着网络技术的不断发展、安全态势的不断演化和安全理念的推陈出新，网络空间安全产业逐步呈现出由单一产品向整体安全防范解决方案转变、由软硬件产品向安全防御应用和服务转变的趋势。

网络空间安全与新一代信息技术广泛融合开拓了网络空间安全产业发展的新局面。移动互联网“云+端”的发展模式为网络空间安全产业发展带来了新的机遇；网络空间安全与大数据互为支撑，大数据技术的广泛应用将催生新类型的网络空间安全产品；网络安全技术作为工业制造自主可控的关键环节，是强化工业基础能力的重要依托；“互联网+智能制造”的发展大环境将为网络空间安全提供更为广阔的发展空间。

3.3　2016年新一代信息技术产业发展新动态洞察

3.3.1　2016年上半年发展现状概览

在产品生产制造方面，2016年上半年规模以上电子信息制造业增加值同比增长9.2%，其中生产智能手机6.87亿台，增长14.7%，生产电子元件16 887亿只，同比增长2.4%[①]。软件行业方面，2016年1～7月软件收入2.66万亿元，同比增长14.8%；软件产品收入8 201.5亿元，同比增长12.5%；信息技术服务收入1.39万

① 资料来源：工业和信息化部运行监测协调局. 2016年1-6月电子信息制造业运行情况，2016.

亿元，同比增长 15.4%;集成电路设计收入 845.6 亿元，同比增长 7%[①]。移动通信方面，7 月末，移动电话用户总数达到 13.04 亿户，其中 1 ～ 7 月净增 3 307 万户；移动互联网用户总数达到 10.5 亿户，其中 1 ～ 7 月净增超过 8 426 万户（同比增长 11.9%）；移动互联网接入流量为 45.3 亿 GB，比 2015 年同期增长 123.9%[②]。在进出口市场方面，据海关统计，2016 年 1 ～ 6 月，中国电子信息产品进出口总额为 5 550 亿美元，同比下降 8.1%，其中，出口 3 286 亿美元，同比下降 8.5%，进口 2 263 亿美元，同比下降 7.5%。内资企业，主要是民营企业进出口呈现增长趋势，三资企业进出口下降较大，对中国香港、美国、日本、韩国等主要国家和地区进出口都持续大幅下降[③]。

可以看出 2016 年中国在智能手机、集成电路等新一代信息技术产品制造业方面以及软件和信息服务业的产业发展方面仍保持稳定的增长，显现出制造业大国的优势。在移动互联网和 4G 通信上继续高速增长。但受国际整体经济形势、中国经济放缓，以及国际竞争加剧的影响，中国电子信息行业发展面临严峻挑战。发达国家通过贸易壁垒和跨国并购等手段限制中国信息技术产业出口，因此在进出口方面继续呈现下滑趋势。而中国正处于电子信息技术转型发展的关键时期，新一代信息技术产业的制造仍主要集中于中低端产品，在技术创新水平、标准规范上与国际先进水平存在差距，对国际技术创新和高端生态体系的参与度、贡献度和话语权仍处于劣势，整体水平和竞争力尚有待提高。

3.3.2 2016 年重点领域发展形势

1）集成电路

在国内智能手机、物联网、车联网等终端市场需求增长的大环境下，中国集成电路产业将继续保持良好的增长态势。2016 年上半年国内生产集成电路 599 亿块，同比增长 16.5%。上海、厦门、晋江等地先后发布集成电路产业的发展规划，致力于打造大规模的集成电路产业生态圈。例如，7 月 16 日，福建晋华存储器集成电路生产线项目启动，将打造国内首家具有自主技术及世界级先进制造工艺的存储器研发制造企业，填补中国动态存储器产业国产化空白[7]。国家资金也同步助力集成电路产业发展，8 月国开发展基金拟向中兴通讯子公司投资 6.75 亿元用于集成电路产业发展。8 月底由 27 家高端芯片、基础软件等领域重点企业、著名院校和研究院所共同发展的“中国高端芯片联盟”成立，旨在重点打造“架构—芯片—软件—整机—系统—信息服务”完善的产业生态体系，推动中国集成电路企业快速发展。全球半导体生产持续向中国转移，国际半导体协会公布，2016 年、2017 年全球将新建至少 19 座晶圆厂，其中 10 座建于中国，为中国集成电路产业的发展提供了良好的发展

① 资料来源：工业和信息化部运行监测协调局 . 2016 年上半年软件业经济运行情况，2016.

② 资料来源：工业和信息化部运行监测协调局 . 2016 年 7 月份通信业经济运行情况，2016.

③ 资料来源：工业和信息化部运行监测协调局 . 2016 年 1-6 月电子信息产品进出口情况，2016.

机遇[8]。

2）移动互联网

移动互联网继续保持高速增长，移动应用多点开花。从工信部的统计数据可以看出，2016年前7个月在4G市场需求继续高速增长的带动下，中国移动互联网行业继续保持较高增速，移动宽带用户［即3G（第三代移动通信技术）和4G用户］总数达到8.58亿户，其中2016年1～7月净增1.51亿户。4G用户总数达到6.46亿户，占移动电话用户的比重达到49.5%，其中1～7月净增2.16亿户①。未来一段时间，随着4G网络的不断覆盖和相关资费的调整，4G仍将呈现良好的发展势头。在5G网络的研发和创新上也有所突破，2016年年初巴塞罗那世界移动通信大会期间，中国移动联合产业合作伙伴正式成立中国移动5G联合创新中心用以加大对5G的研发，并力争在2020年实现商用；8月中国移动实现全球首个运营商网络控制的5G原型系统无人机试验，完成又一技术里程碑。在移动应用方面呈现出百花齐放、百家争鸣的良好态势，移动端直播发展迅猛，但平台发展存在着一定程度的不完善；手机新媒体应用增长迅速，在2016年上半年用户数已经达到5.69亿，相比2013年的2.85亿，已经增长了整整100%①；移动出行领域用户数已超过3.6亿，差异化竞争将成为未来的发展趋势；在线订餐等移动服务发展迅速，2013年中国在线订餐整个市场规模只有502亿元，2016年预计将达到1 652亿元②。

3）大数据与云计算

在国家大数据战略的落地实施、相关政策的配套出台，以及巨大的市场需求的推动下，2016年大数据产业继续呈现出良好的发展态势。赛迪顾问预测，2016年中国大数据市场年复合增长率有望达到30%以上③。投资者对大数据市场的前景持续看好，热度持续高涨，2015年全年大数据领域投融资金额为24.5亿美元，约为120起，而2016年仅上半年就有超过80起融资④。随着大数据基础设施的建设落地以及相关技术的不断成熟，大数据挖掘、分析和应用将进入快速发展时期，推动大数据产业链不断完善升级。大数据将与智能制造、人工智能等多个领域深入融合，AlphaGo击败李世石再一次展示了大数据与人工智能结合的巨大潜力，大数据在经济社会发展和产业变革中的引擎作用将逐渐显现。

2016年云计算继续呈现强劲的发展态势，以亚马逊为首的云计算领军企业继续强劲表现，据2016年第一季度的数据，亚马逊云服务（Amazon Web Service，AWS）实现25.7亿美元营收，运营利润为6.04亿美元，分别同比增长64%、128%⑤。国内各云计算骨干企业也增势迅猛，其中，阿里云整体营收规模虽小于亚

① 资料来源：工业和信息化部运行监测协调局.2016年7月份通信业经济运行情况，2016.

② 数据来源：艾媒咨询.2016年中国在线餐饮外卖市场专题研究报告，2016.

③ 资料来源：机构预测2016年中国大数据产业将保持强势增长态势.新华社，2016-03-18.

④ 资料来源：Gartner. 75% of businesses will invest in big data in the next two years，2015.

⑤ 资料来源：2016年中国大数据行业发展趋势及市场规模预测.中国产业信息网，2016.

马逊云服务，但已连续4个季度增速超100%，2016年第一季度的增速更是达到175%，营收为10.7亿元[①]。中国信息通信研究院发布的《云计算白皮书（2016）》报告预计，中国云计算市场2016年增速将达到25.5%，市场规模将达到346亿元，公有云将保持高速增长，市场规模将达到150亿元[②]。而随着大数据与云计算的不断融合发展、移动互联网的迅猛发展以及传统行业战略转型的需求，云计算应用范围和需求将继续呈现快速增长的态势。

4）可穿戴设备与虚拟现实/增强现实

随着市场需求的迅速增长，2016年可穿戴设备市场规模继续扩大，并将成为各大厂商布局的焦点。IDC的《中国可穿戴设备市场季度跟踪报告（2016年第一季度）》显示，2016年第一季度中国可穿戴设备市场出货量为846万台，环比增长5.7%。其中，以手环、儿童手表、智能跑鞋为代表的基础可穿戴设备环比增长10.8%，以智能手表为主的智能可穿戴设备环比下降31.3%[③]。根据调研机构UBM（博闻）Market Research对中国智能可穿戴设备市场发展趋势的调研，2016年中国智能可穿戴设备销量将超过7 500万只，市场规模将超过160亿元。运动、医疗、音乐仍将是可穿戴设备的主战场，可穿戴设备的时尚性设计，以及交互、显示、待机时间、性能等方面将得到进一步的提升[④]。

在经历了发展的概念期、研发期，随着需求和技术的不断成熟，虚拟现实/增强现实（VR/AR，augmented reality）进入了产品成型和市场应用初期，2015年全球VR/AR的总投资为6.86亿美元。2016年更是迎来投资的井喷式增长，仅前两个月全球投融资金额就已超过11亿美元[⑤]。2016年VR/AR将更进一步走向市场，将在游戏、娱乐、医疗、教育、培训等多个领域广泛应用，IDC预计2016年全球VR/AR市场营收将达52亿美元，艾媒咨询预计2016年中国VR市场规模将达到56.6亿元。国家“十三五”规划纲要明确提出大力支持VR/AR等新兴前沿领域创新和产业化。国家发改委宣布专项建设相关国家工程实验室，为VR/AR的发展注入了一剂强心剂。国内以北京、福建为首的多地区已纷纷布局VR/AR发展。国内各大科技企业也争先布局VR/AR产业：2016年2月，阿里巴巴以7.94亿美元领投Magic Leap的C轮融资，3月正式宣布成立VR实验室，并发布了自己的VR战略；腾讯、乐视以影视内容为重点全产业链布局VR发展[9]。

5）平板显示

平板显示产业增速下降，关键技术取得重要突破。2016年，国家发改委、工信部组织实施制造业升级改造重大工程包，新型平板显示工程较受关注。技术领域取

① 资料来源：兴证计算机团队. 2016年中期中国云计算市场报告，2016.

② 资料来源：中国信息与通信研究院. 云计算白皮书（2016），2016.

③ 资料来源：IDC. 中国可穿戴设备市场季度跟踪报告（2016年第一季度），2016.

④ 资料来源：Digi-Capita. Augmented/Virtual reality report 2016，2016.

⑤ 资料来源：赛迪智库. 虚拟现实产业与应用发展白皮书，2016.

得重要突破：中国电子彩虹平板显示玻璃工艺技术国家工程实验室发布两款自主知识产权的核心产品，国内首条 G8.5 液晶玻璃基板精细加工生产线产品成功下线并通过用户认证，技术达到行业领先水平；溢流法高铝盖板玻璃产品，达到了同类产品国际先进水平，目前已与国内多家用户签订购销协议。两项产品均由彩虹集团自主研发，打破了国际垄断，填补了国内空白[10]。2016 年中国平板显示行业将继续保持增长，随着平板显示下行周期的到来，加之国际市场的影响，以及产能过剩现象的存在，2016 年将会出现增速下降趋势。由于行业竞争加剧等因素的影响，平板器件的价格在 2015 年就呈现出下降趋势，这一趋势在 2016 年仍将持续，利润空间也随之下降。

参考文献

[1] 工业和信息化部 . 国家集成电路产业发展推进纲要 . http://www.miit.gov.cn/n1146295/n1652858/n1652930/n3757021/c3758335/content.html，2014-06-24.

[2] 赛迪智库 . 移动互联网产业发展白皮书（2015 版）. http://www.cena.com.cn/2015-06/02/content_279106.htm，2015-06-02.

[3] 娄勤俭 . 我国信息技术产业“十二五”发展的思考 . 人民日报，2010-11-11.

[4] 孙会峰 . 产业发展亟待明确路线图 . 中国电子报，2013-07-30.

[5] 张大华 . 信息技术发展趋势与方向 . 国家电网报，2012-06-19.

[6] 李颋 . 新垄断势力悄然兴起 . 中国电子报，2012-08-03.

[7] 曹雅丽 . 福建晋江将打造国内首家具有自主技术的存储器研制企业 . 中国工业新闻网，2016-07-18.

[8] 刘重才 . 中国高端芯片联盟成立，集成电路国产化将提速 . 上海证券报，2016-08-04.

[9] 侯云仙 . 2016 中国虚拟现实产业演进及投资价值研究 . 中国电子报，2016-08-30.

[10] 贾婧 . 我自主研发平板显示玻璃打破国际垄断 . 科技日报，2016-08-11.

审稿：吴曼青

第 4 章

高端装备制造业

【内容提要】2016 年是中国“十三五”规划的开局之年，也是全面建成小康社会攻坚期的第一年。2015 年国务院正式发布《中国制造 2025》，部署全面推进实施制造强国战略。这是中国实施制造强国战略第一个十年的行动纲领。《中国战略性新兴产业发展报告 2017》则全面回顾“高端装备制造业”中航空装备、卫星及其应用、轨道交通装备、海洋工程装备、智能制造装备五大领域、七大方向中各产业的“十二五”总结、“十三五”展望和 2016 年的新进展。

4.1　高端装备制造业概述

高端装备主要包括传统产业转型升级和战略性新兴产业发展所需的高技术高附加值装备。按照《国务院关于加快培育和发展战略性新兴产业的决定》明确的重点领域和方向，现阶段高端装备制造业发展的重点方向主要包括航空装备、卫星及其应用、轨道交通装备、海洋工程装备、智能制造装备，在本章中智能制造装备又主要是指高档（智能）数控机床与基础制造装备、工业机器人和增材制造装备。据前瞻产业研究院《中国高端装备行业“十三五”市场前瞻与发展规划分析报告》统计，2014 年中国高端装备制造业市场规模达到 4.85 万亿元。作为战略性新兴产业，高端装备制造业在国内已经有相当的技术基础和人才储备，其市场空间大，对国民经济能起到支撑作用。正是因为高端装备制造业的战略意义重大，所以现在中国政府也在出台一系列规划，未来高端装备制造业可能将迎来黄金增长期。2015 年 5 月 8 日，国务院正式印发《中国制造 2025》，提出坚持创新驱动、质量为先、绿色发展、结构优化、人才为本的基本方针，坚持市场主导、政府引导，立足当前、着眼长远，整体推进、重点突破，自主发展、开放合作的基本原则，通过“三步走”实现制造强国的战略目标：第一步，到 2025 年迈入制造强国行列；第二步，到 2035 年中国制造业整体达到世界制造强国阵营中等水平；第三步，到新中国成立一百年时，综合实力进入世界制造强国前列。在未来利好环境下，预计到 2020 年，中国高端装备产业市场规模将达到 16.45 万亿元左右。

4.2　航空装备

4.2.1　航空装备产业“十二五”总结

“十二五”期间，航空装备制造业发展取得重要进展。重点产品研制稳步推进，技术水平明显提升，关键技术攻关取得重要进展，产业技术能力和水平有了较大提升，产业体系及产业发展新模式不断健全和完善，航空基础能力建设进一步加强[1]。经济效益不断提升，“十二五”期间民用航空产业产值年均增长率达到 33.9%，“十二五”期间总产值达到 2 360.4 亿元（图 4.1），并带动了一批产业的发展，产业宏观效应初见端倪。

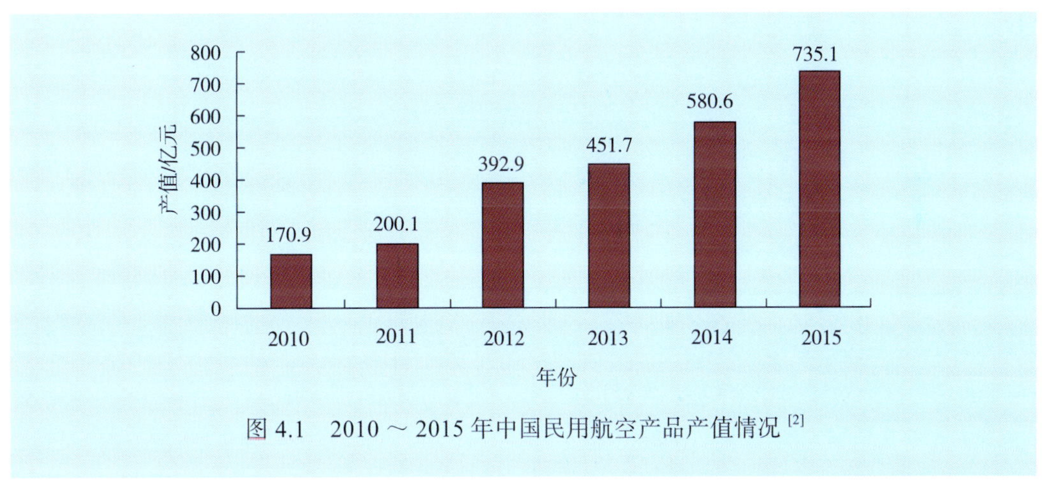

图 4.1　2010 ～ 2015 年中国民用航空产品产值情况[2]

大型民用飞机研制取得了可喜的成绩，C919 大型客机进入了工程发展阶段（图 4.2），大型宽体客机完成立项准备；大型民用飞机在适航符合性设计技术与适航符合性验证技术等关键技术领域取得重要突破，研发设计等核心能力建设取得重大进展；商业模式初步建立，产业牵引不断增强；订单规模达 1 500 亿元。

图 4.2　C919 首架下线

支线飞机产业稳步推进，ARJ21 取得中国民航适航证，并交付首家用户，形成了年产 30 架能力，订单数达 322 架；新舟 700 进入工程发展阶段（图 4.3），新舟系列飞机开展精品工程，累计订单 270 架。

图 4.3　新舟 700 进入工程发展阶段

直升机产业进入产品批量交付的产业发展新阶段，开展十多型研发，完成多型取证（图 4.4）；攻克了第三代旋翼系统等一批关键技术，具备自主研发并批产第三代先进直升机的能力和开展第四代直升机关键技术研究的能力；各类各型直升机销售数量同比增长一倍以上。

通用飞机产业发展逐步推进，产业能力不断增强，技术基础条件正在形成（图 4.5）；飞机交付量稳定增长，销售 500 余架；发达国家市场开拓取得进展；地方和民间资本进入通用飞机领域掀起高潮。

图 4.4　直 15 首飞

图 4.5　AG600 开始总装

航空动力预先研究成绩显著，设计体系初步建立；型号研制加紧进行，CJ-1000AX 验证机的核心机开展地面性能试验，涡轴 16 发动机进入适航取证；燃机开发取得突破，QD128 燃机打入国外市场。

机载系统与空中交通管制系统（简称空管系统）研发力度不断加大，一些关键技术实现了初步突破（图 4.6），初步建立了系统与设备的设计研发、功能评估、测试与验证环境；空管系统集成能力有了较大提高，能够自主研制生产大部分关键系统和设备。

航空零部件制造领域正形成产业化规模发展。并在产品结构、技术含量和管理实践等方面引领国内航空制造的方向。“十二五”期间，转包生产累计交付 81.519 0 亿美元（表 4.1），航空零部件累计交付 782.330 3 亿元（表 4.2）[2]。

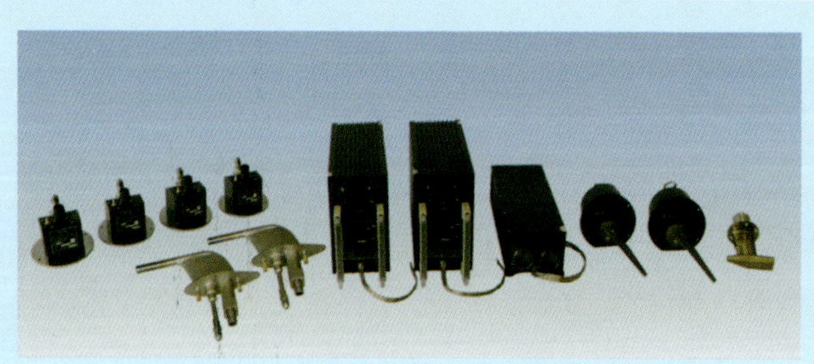

图 4.6 民用飞机大气数据系统

表 4.1 历年转包生产交付（单位：万美元）

项目	2015 年	2014 年	2013 年	2012 年	2011 年
全国总计	248 457	169 776	158 461	134 511	103 985

表 4.2 历年民用航空零部件交付（单位：万元）

项目	2015 年	2014 年	2013 年	2012 年	2011 年
民用飞机零部件产品产值	1 127 226	1 088 758	1 010 140	762 678	578 800
民用航空发动机零部件产品产值	342 391	317 328	312 500	330 363	254 005
其他民用航空产品及零部件产值	718 828	245 530	226 657	318 006	190 093

4.2.2 航空装备产业“十三五”发展趋势

“十三五”期间，中国市场对大型民用飞机的需求在全球市场需求中的比重将持续增长，但未来 20 年国内支线飞机需求预计仅为 958 架（包括各类涡扇支线飞机和涡桨支线飞机），且现有的涡桨型号竞争力较差，需要开拓新产品，研制优质支线飞机并提供优质客户服务，改善中国航空运输结构，加速中国从航空运输大国向航空运输强国发展。国内直升机市场需求将会显著增加，民用直升机有望新增 600 架左右，国产直升机在国内市场的占有率可望持续上升。预计到 2020 年，年新增通用飞机需求量将达到 800 架左右。地方政府、企业投资通用航空，拉动通用航空产业上下游相关需求的热情不断高涨，对促进区域经济发展、缩小区域间社会经济发展的差距、增进民族团结等方面的战略作用巨大。应继续推进通用飞机中已取得成功型号的发展，并对保证国民经济发展的重要装备的救援飞机予以支持发展。航空发动机需求量不断增大，亟须系统加强航空发动机基础研究、应用研究、先期技术开发和综合集成验证，抓紧研发保障条件建设，加速科研成果工程化应用和产业化。机载系统价值约占整机的 30%，国内市场仅国产飞机实现机载设备国产化，年产值将达 30 亿元，若加上备件，规模将达 50 亿元。空管系统规划 10 年后年采购值将达到 71.8 亿元，按 50% 的国产化率计，国内企业对总产值的贡献将达 35.9 亿元。航空零部件供应将更加全球化，制造将更加专业化。航空零部件制造领域已经成为航空制造业发展的重要资源基础。

“十三五”期间，航空装备重大发展方向主要包括以下几个方面：突破航空关键技术发展瓶颈；加快研制具有市场竞争力的大型客机，推进支线飞机改进优化、示范运营、系列化发展；大力发展符合市场需求的直升机，加快构建通用航空产业体系；突破航空发动机核心关键技术，推进航空发动机产业化；解决航空设备及系统长期落后的不利局面，促进航空维修和服务业发展；推动航空零部件制造体系发展，加快符合国际航空制造产业规律发展模式的形成[1]。力争实现航空装备从技术成功走向市场成功，形成航空装备发展的良性循环，提升航空产业的核心竞争力和专业化发展能力。

关键技术领域要加强民用航空技术基础研究，突破空气动力技术领域、结构强度技术领域、推进技术领域、机载设备和空管系统技术领域、制造技术领域的关键技术发展瓶颈；解决技术先期投入与储备不足影响型号顺利发展的顽疾，为型号研制和工业发展提供技术支撑。

大型民用飞机产业初步形成较为完整的产品链，产业技术体系及产业经营模式逐步向国际主流和先进水平转化，产业发展从产业导入阶段开始向产业增长阶段过渡，为中国大型民用飞机产业的继续发展奠定基础，创造显著的经济、技术效益和社会效益。

支线飞机领域实行涡桨与涡扇支线飞机并举，形成互补，新舟 60/600 和 ARJ21 支线飞机要提高质量，降低成本，改善服务，形成产品品质和品牌信誉，为支线飞机产业化发展打下基础。2013 年立项的新舟 700 是瞄准国内外市场的新一代涡桨支线飞机，要在“十三五”期间取得中国民航适航证。同时要推进支线飞机运营服务体系的建设，为支线飞机发展创造良好的市场环境。

直升机产业以提高集成创新能力、产品竞争力和市场占有率为目标，统筹产品开发、市场营销、市场服务，建设完整高效的直升机产业链。“十三五”末，直升机产业要基本摆脱核心技术受制于人的局面，逐步实现由技术成功向市场成功的转变；要实施现有产品产业化工程，争取产品销售量和销售额较“十二五”实现 80% 的增长。

通用飞机领域要加快培育中国通用飞机主体骨干企业，开展通用飞机全产业链的运营模式示范，“十三五”末使国产通用飞机国内市场占有比例达到 50% 以上，并且进入国际市场，形成 2 ～ 3 家国际知名的骨干企业，促进通用飞机国内市场及通航产业的健康发展。成功取得中国民航和美国联邦航空管理局（Federal Aviation Administration，FAA）适航证的运 12F 是这一类通用飞机中性能领先的飞机，并有很大的市场需求，在“十三五”期间应开拓市场，成为国际知名品牌。2009 年立项的“大型灭火 / 水上救援水陆两栖飞机”AG600，是当今世界上最大的水陆两栖飞机，也是国家应急救援体系的重要航空装备，应作为“十三五”通用飞机发展重点之一。

航空发动机领域以科技创新为核心，以重点型号和重点项目为抓手，以大涵道比涡扇发动机为代表，实施“三步走”发展战略：在研大涵道比涡扇发动机项目力争 2015 年突破关键技术，2020 年原型机性能达标，2025 年适航取证、投入市场[3]。

机载系统与空管系统领域要解决长期落后的不利局面，突破一批阻碍机载系统产业发展的关键技术和条件“瓶颈”，开展新一代航空电子、航空机电技术和空管系统核心技术研究来满足航空装备产业更新的发展需要。

航空零部件制造领域初步形成对标国际水平，相对独立、自主发展的产业体系；能够支撑中国民用飞机发展，增强中国航空零部件制造的国际竞争力，参与全球竞争，扩大中国航空零部件制造业在国际市场的份额。

4.2.3 航空装备产业 2016 年新进展

航空市场需求强劲，航空工业整体素质和生存发展的经济合理性显著改善，产业组织和经营模式不断拓新，关键技术研发强度持续增加，航空产业持续探索未来民用航空前沿技术，以绿色航空技术为代表的颠覆性技术，在民用航空市场需求的驱动下得到迅猛发展。航空制造业产业结构在技术和市场力量的作用下也在发生巨大变化，世界航空制造业技术架构和产业格局将延续之前的变革性发展态势。

中国市场对大型民用飞机的需求在全球市场需求中的比重不断增长，全球窄体飞机机队开始大规模更新，2016 年，中国 C919 飞机具备首飞条件（图 4.7）。

图 4.7　C919 全机静力试验

支线飞机市场保持稳定，2016 年，ARJ21 新支线飞机正式投入航线运营，填补了航线上无国产喷气客机的空白（图 4.8）。新舟 700 飞机开展了详细设计工作，为 2017 年投入试制做准备。

国内直升机市场需求将会显著增加，国产直升机新型号的投产提高了直升机产业

图 4.8　ARJ21 支线飞机投入航线运营

满足市场需求的能力。中俄合作研制重型直升机的两国政府间协议正式签订，该项目将填补中国重型直升机领域的空白（图 4.9）。

图 4.9　中俄签订政府间协议合作研制重型直升机

通用飞机中的“大型灭火 / 水上救援水陆两栖飞机”AG600 于 2016 年 7 月 17 日成功下线。运 12F 飞机于 2016 年 2 月取得美国 FAA 适航证，为开拓国际市场拿到了许可证（图 4.10）。国内首款电动力轻型运动飞机获得型号生产许可证，无人机的应用范围逐渐增加。

航空发动机需求量不断增大，航空发动机研发更加重视节能环保，中国航空发动机专项的启动有力地推进了航空发动机发展。

由于机载系统的多电化、数字化和模块化以及辅助驾驶与无人驾驶技术等进一步发展，网络技术得以广泛应用。2016 年机载系统的产品、产业的发展，促进了国产通用飞机发展的需要，完成了 C919 首飞的保障任务，优质交付了国际机载系统承包商的二次配套项目，逐步拓展了新型号中国产机载系统的份额（图 4.11）。

航空零部件供应更加全球化，制造更加专业化。航空产业在设计、研发、制造的

图 4.10　运 12 F 取得美国 FAA 适航证

图 4.11　国产航空座椅在波音飞机上使用并交付用户

全过程推行自动化、智能化升级，以进一步提升管理运营及生产制造的效率[4]。复合材料主承力结构制造与非热压罐替代、发动机核心零件设计制造增材化和非金属化、机体装配智能化提升等降本增效技术成为研发重点；同时，一批新型金属材料在航空制造业展现出巨大的应用前景和产业价值。

（撰稿：伍大明、陈少军、吴兴世、崔德刚、王建秋、彭友梅、张东红；审稿：陈淮秋）

4.3　卫星及其应用

4.3.1　卫星及其应用产业“十二五”总结

1. 空间基础设施建设能力持续增强，实现了航天装备系列化、型谱化发展

“十二五”以来，中国成功实施了载人航天与探月、二代导航、高分辨率等多个

国家重大科技专项，构建了体系较为完备的天基信息系统，卫星服务能力显著提升，长征火箭高密度发射能力不断提升，“十二五”期间发射较“十一五”提高了38次，发射总次数突破200次，新一代运载火箭研制取得了重要突破，进入空间和高密度发射能力持续增强。

中国航天即将步入“大火箭”时代。“十二五”期间，长征六号和长征十一号运载火箭成功完成首飞，以一箭二十星创造了中国一箭多星发射的新纪录，开展了重型运载火箭专项论证和关键技术预先研究，不断完善运载火箭型谱，基础能力建设进一步增强。长征五号运载火箭的研制从立项之初就瞄准了国际主流大推力运载火箭技术水平，氢氧发动机单位重量推进剂产生的推力比传统火箭提高了一倍以上，长征五号研制成功将成为中国由航天大国迈入航天强国的重要标志之一。

载人空间站工程进入全面实施阶段。先后完成天宫一号和神舟八号、神舟九号、神舟十号一器三船研制发射任务，标志着中国成为世界上继美国、俄罗斯之后第三个独立掌握载人航天器空间交会对接等关键技术的国家，实现了中国空间技术新的重大跨越（图4.12）。探月工程二期圆满成功，探月工程三期取得阶段性成果，中国成为第三个成功实现地外天体软着陆和巡视勘察的国家（图4.13）。

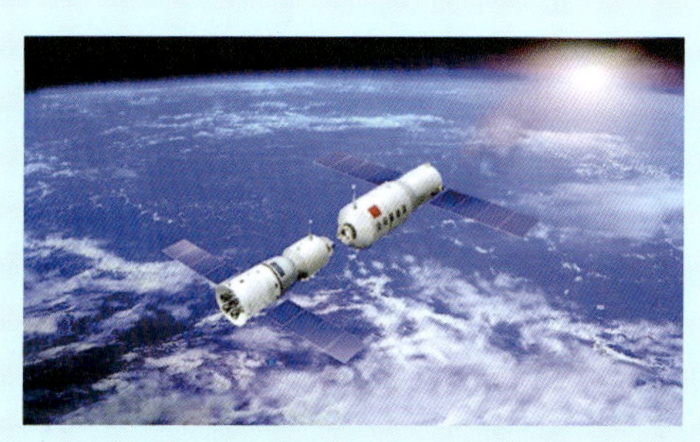

图4.12 神舟九号与天宫一号首次载人交会对接

图4.13 嫦娥三号“两器”互拍

各类应用卫星实现连续稳定运行，并初步实现从试验应用型转向业务服务型的转变。“十二五”期间，中国成功发射了中星 10 号、中星 11 号、亚太九号三颗通信广播卫星，民用通信广播卫星体系初步建成；成功发射了中巴地球资源卫星 02C 星、04 星、资源三号卫星，资源系列陆地观测卫星空间分辨率不断提高，图像质量接近或达到同类卫星国际先进水平；首颗海洋动力环境卫星海洋二号卫星成功发射，实现了全天时、全天候、高精度海风、海浪等海洋动力参数的连续观测（图 4.14）；风云三号 03 星的发射标志着中国第二代极轨气象卫星观测系统转入业务化运行阶段（图 4.15）；实践九号 A 星、实践九号 B 星、新技术验证卫星一号成功发射并开展新技术验证，空间科学与新技术试验卫星稳步发展。截至 2015 年年底，中国在轨运行卫星共 39 型 96 颗，其中，商业通信广播卫星 19 颗，北斗系列导航卫星 16 颗。

图 4.14　海洋二号卫星

图 4.15　风云三号卫星

卫星出口不断取得新突破。中国为委内瑞拉、玻利维亚等 12 个国家、地区或国际组织实施了 6 个整星在轨交付项目，完成了 6 次商业发射服务及 4 次搭载发射服务。遥感卫星、宇航设备及咨询服务实现出口零的突破。中巴地球资源卫星 04 星数据实现在南非、泰国、新加坡落地，中国航天的国际形象和地位进一步提高。

2. 卫星应用产业发展迅速，业务化应用和产业化发展的基础正在形成

“十二五”期间，中国将卫星及其应用产业纳入战略性新兴产业中高端装备制造业的重点领域，先后出台了《国家卫星导航产业中长期发展规划》《国家民用空间基础设施中长期发展规划（2015-2025 年）》等一系列促进卫星及其应用产业发展的相关政策和规划，以强化产业支持力度，助推产业发展。

中国卫星通信应用产业实现了快速成长。卫星通信产业规模已经超过 500 亿元，是“十一五”末卫星通信产业规模的 2 倍多。各类固定、车载、便携卫星通信地面站点超过 10 万个，全国直播卫星开通用户已达 7 000 万户。2015 年 9 月 12 日通信技术试验卫星一号的顺利发射，标志着中国卫星宽带通信业务已进入试验应用阶段，其目的是满足在远程教育、广播电影电视传输和边远地区双向通信等方面的巨大应用需求。

中国北斗卫星导航产业规模持续增长。“十二五”期间，北斗应用占比进一步提

高，国内卫星导航市场新增销售产品及系统超过 80% 已采用北斗兼容技术。2015 年，中国卫星导航产业总产值超过 1 900 亿元，北斗贡献率超过 30%，其中，在精准行业、地理信息和基础设施领域，北斗贡献率已经占到半数。近年来，北斗产业从芯片、模块、元组件等基础产品，到整机终端、系统集成，直至服务产业，初步形成了完整的产业价值链，改变了以往导航芯片、板卡等大量应用部件依赖进口的被动局面。随着中国北斗卫星导航系统逐渐向全球服务扩展，在国家政策的支持下，北斗卫星导航系统产业化应用迎来了关键发展期。

中国形成了陆地资源卫星、气象卫星、海洋卫星三大民用遥感卫星系列以及环境减灾小卫星星座，大大提升了中国对地遥感观测能力。其中，自主数据源用户范围覆盖气象、测绘、防灾减灾等 20 多个领域，国产数据占有率不断提高；以国土、海洋、气象、环境、减灾为代表的重大行业卫星应用逐步进入多尺度、多要素融合及大数据量应用阶段；高分辨率对地观测工程顺利推进，打破高分辨率市场长期被国外占据的被动局面；吉林一号、北京一号、北京二号等卫星的成功发射和在轨运营，标志着中国遥感应用领域逐步实现商业化、产业化发展。

3. 产品化、数字化制造能力显著提升，推动航天装备制造模式转型升级

为了更好地适应空间基础设施服务模式由试验应用型向应用服务型转变的需求，中国航天装备制造正在由型号研制型向产品化模式转变。以卫星公用平台、有效载荷和星箭关键通用单机为重点的宇航产品工程顺利推进，建立了“平台、载荷、单机、模块、地面设备”各层级产品协调发展的型谱体系；通信与导航、光学遥感、微波遥感有效载荷产品成熟度和批产能力显著提升，形成了货架产品，部分产品实现了国产化替代，关键通用产品可靠性增长取得显著成效。

中国航天装备数字化制造效果初显，推动航天装备制造模式从“单星、单箭全系统研制”向“型谱化通用产品研制加型号选用系统集成”模式的转变。以集成产品开发（integrated product development，IPD）协同为核心的全三维数字化研制模式基本形成，高分三号、货运飞船等型号实现了产品三维模型下厂，三维结构化工艺设计能力大幅增强。初步形成了产品数字化制造新模式，缩短了工装研制周期，减少工装更改 30% 以上，初步实现了由基于经验的工艺设计向基于知识的工艺设计的跨越；数字化制造逐步推广，车间数字化应用范围进一步扩大。航天器制造执行系统（manufacturing execution system，MES）实现了基于看板的计划、指令、工艺信息的有效传递和进度集成，有效提高了车间制造执行效率和生产过程信息透明度。

4. 卫星应用的广度和深度不断拓展，为经济社会发展带来广泛的效益

“十二五”期间，中国卫星应用产业为资源勘查、环境监测、气象预报、减灾防灾等提供了重要的支撑，带来了广泛的经济社会效益。卫星通信广播广泛服务于经济社会发展，南海渔船通广播电视工程取得了受益渔民的好评，全国直播卫星工程效果得到受益群众的普遍欢迎。卫星影院、卫星数字农家书屋等高科技数字产品相

继步入人们的生活。

以资源卫星为主的国产卫星遥感数据大量应用于全国林地“一张图”年度更新项目、“天地图”建设等国家基础测绘重大工程。随着高分一号、高分二号、高分四号等高分系列卫星的相继成功发射，中国“高分数据”逐步替代了近 80% 的同等分辨率的国外卫星数据，在国土领域得到了广泛应用。风云系列气象卫星观测资料实现了近百个国家和地区的接收，天气监测预警能力也大幅提高。卫星通信、卫星遥感在 2013 年雅安地震、2014 年鲁甸地震抢险救灾中，为灾害的损失评估、应急通信提供了有力保障。

北斗卫星导航已启动交通公路运输、海上运输、气象、渔业、公共安全等 12 个关系国计民生重点领域的行业示范应用，北斗产品已在智能手机、车载导航等大众应用领域开始批量应用，“百城百联百用”北斗精准服务网全面落地。国外主流厂商纷纷量产兼容北斗芯片，极大地推升了北斗在智能手机、平板电脑、可穿戴设备和消费电子终端等产品中的应用规模，使北斗终端社会总持有量达到亿万量级。其中，采用国产芯片的北斗兼容型终端年产销量首次突破 1 000 万台 / 套。

4.3.2 卫星及其应用产业“十三五”发展趋势

1. 卫星通信将进入快速发展期，卫星电视直播、宽带多媒体、卫星移动通信等领域有望取得新突破

卫星电视直播应用将成为产业发展重点，中国约有 1.7 亿户家庭的卫星电视直播的市场需求，是卫星通信最有潜力的市场。宽带多媒体卫星及其应用将得到发展，中国将自主研制静止轨道 Ka 频段卫星，卫星宽带接入在未来 10 年将有稳步增长。卫星移动通信广播市场潜力巨大，中国全球卫星移动通信系统的潜在用户数量达到 1 300 万，公众用户产品年市场容量为 110 亿元，通信服务市场营业收入年增长率可达到 10% ～ 15% 。

2. 卫星导航有望迎来“北斗时代”，在加速建设与竞争中进入“四足鼎立”阶段

北斗生态产业链将继续建设完善，预计到 2020 年，中国卫星导航与位置服务产业用户规模将成为世界第一，年产值将超过 4 000 亿元。按照“三步走”发展战略，在 2020 年左右，中国将建成由 5 颗静止轨道卫星和 30 颗非静止轨道卫星组成的北斗全球系统。北斗卫星导航系统的建设和应用将坚持“自主开放、国际融合”的发展思路，随着推动北斗进入国际民航、海事、移动通信等标准化组织的步伐，北斗卫星导航系统将实现与其他全球导航定位系统的完全兼容，充分与世界接轨，即将进入美国的全球定位导航系统、俄罗斯的格洛纳斯、欧洲的伽利略和北斗四大系统为主，辅之以区域导航及增强卫星导航系统的多系统并存的阶段。

3. 卫星遥感应用将加快走向综合化、业务化、商业化，增值产品和服务将得到进一步拓展

“十三五”期间，中国将研制发射高分六号、高分七号等五颗卫星，全面完成高分辨率对地观测系统建设，中国卫星遥感将覆盖从全色、多光谱到高光谱，从光学到雷达，从太阳同步轨道到地球同步轨道，构成一个具有高空间分辨率、高时间分辨率和高光谱分辨率能力的对地观测系统。商业航天进一步发展，商业遥感卫星的空间分辨率将达到 0.5 米。社会各领域对遥感的需求推动遥感应用向综合化的方向发展，遥感应用将逐步深入大众生活。同时，遥感应用需求不断往广度与深度方向发展，卫星遥感在防灾减灾、环境监测、城乡规划、资源勘探、精准农业等领域的应用继续深化，基于遥感数据的商业化应用和增值服务也将得到发展。

4. 空间科学探测进入跨越发展阶段，引领基础科学研究取得新突破

空间科学卫星系列已入选中国《“十三五”国家科技创新规划》，将开展依托空间科学卫星系列的基础科学前沿研究，围绕已发射暗物质粒子探测卫星等任务，在暗物质、量子力学完备性、空间物理、黑洞、微重力科学和空间生命科学等方面取得重大科学发现与突破。空间科学的研究离不开空间技术体系的保证，空间技术为重大基础科学研究提供了平台和手段；这些研究又必将带动仿真技术、动力技术、机器人技术以及人类在极端条件下生存技术的发展，拓展人类对宇宙和人类自身的认识。

5. 卫星制造将与信息技术深度融合，迈向智能制造新模式

随着航天装备向着大型化、重型化方向发展，以惯性器件、微电子、光学遥感器为代表的航天精密制造由宏观制造进入微观制造领域；航天装备的复杂性越来越高，对大型异形复杂结构件的加工和成型能力、精密制造技术水平以及设计仿真、试验验证、环境条件等方面的能力提出了更高要求。着眼于制造强国和航天强国建设，落实“中国制造 2025”发展战略，“十三五”期间，中国航天将深入推动两化融合，实施以云计算、物联网、大数据为代表的新一代信息技术与现代制造业、生产性服务业等的融合创新，构建航天智能制造新模式，开展数字化车间、数字化工厂建设示范，构建基于数字化、网络化、智能化的卫星智能制造体系，加速提升面向用户的柔性定制能力、面向设计的开放性响应能力、国产化自主可控能力以及总体设计、总装测试、试验验证和系统集成能力。

4.3.3　卫星及其应用产业 2016 年新进展

1. 中国火星探测任务正式立项，首次公布中国第一个火星探测器外观设计

2016 年年初，中国首次火星探测任务正式立项，计划 2020 年在海南文昌航天发

射场，由长征五号运载火箭将火星探测器直接送入地火转移轨道，一次实现“环绕、着陆、巡视”三个目标，这种形式尚属首次。火星探测意味着中国行星际探测的开始，从真正意义上迈入深空探测时代。8 月 23 日，中国火星探测计划向全球征集火星探测工程名称和图形标志，并首次公布中国第一个火星探测器和火星车外观设计构型（图 4.16）。

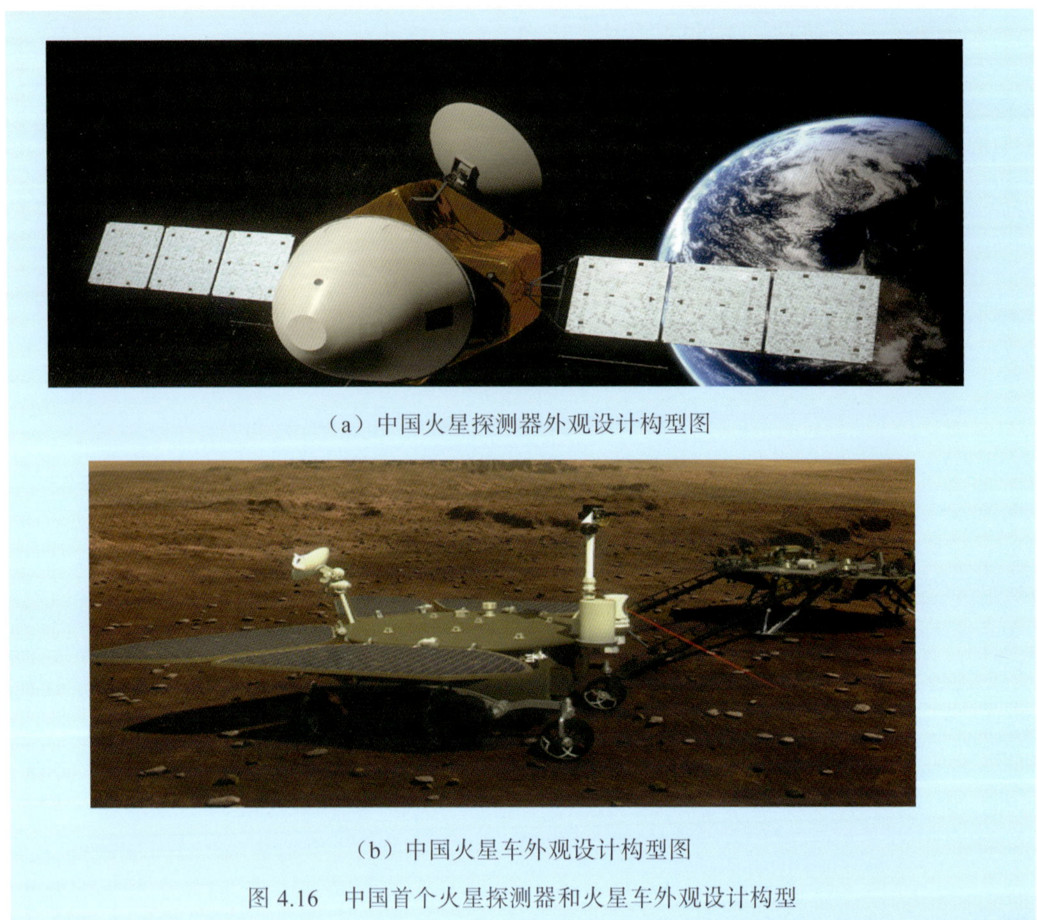

（a）中国火星探测器外观设计构型图

（b）中国火星车外观设计构型图

图 4.16　中国首个火星探测器和火星车外观设计构型

2. 世界首颗量子卫星成功发射，卫星通信领域取得新突破

2016 年，中国在卫星通信领域取得一系列重大进展。8 月 16 日，成功发射世界首颗量子实验卫星，标志着中国空间科学研究取得新突破（图 4.17）。8 月 6 日，天通一号卫星的成功发射填补了中国在卫星移动通信领域的空白，标志着中国迈入了卫星移动通信的“手机时代”。在国际通信卫星市场方面取得开拓性进展，1 月 16 日，中国成功发射白俄罗斯通信卫星，标志着中国整星在轨交付首次进入欧洲市场，实现了开拓欧洲市场、服务世界航天的重要突破。

图 4.17 “墨子号”量子卫星与地面站通信试验

3. 北斗卫星导航系统再添新兵，向全球服务迈进坚实一步

2016 年上半年，中国成功发射第 22、23 颗北斗导航卫星，确保了区域导航系统稳定运行，为北斗卫星导航系统服务从区域向全球拓展奠定基础。2016 年 8 月，继泰国、巴基斯坦、柬埔寨等国之后，首个定位服务单基站在老挝首都万象建成并通过技术测试，北斗卫星导航系统服务正式落地老挝，标志着北斗卫星导航系统从区域服务走向全球又迈出坚实一步。

4. 高分三号卫星成功发射，显著提升中国对地遥感观测能力

2016 年 8 月 10 日，中国成功发射高分三号卫星，该卫星是中国首颗分辨率达到 1 米的 C 频段多极化合成孔径雷达（synthetic aperture radar，SAR）成像卫星，可全天候、全天时监视监测全球海洋和陆地资源，为用户提供高质量和高精度的稳定观测数据，有效改变中国高分辨率合成孔径雷达图像依赖进口的现状，对海洋强国建设、“一带一路”战略具有重大意义。截至 2016 年 7 月，高分卫星数据已在 18 个行业、1 800 多家单位得到广泛应用，各行业累计使用数据近 600 万景。

5. 海南文昌航天发射场投入使用，长征七号首飞成功

2016 年，新一代航天发射场——海南文昌发射场正式投入使用。海南文昌航天发射场成功实现了大推力火箭发射能力的突破，实现运载能力由 10 吨级到 20 吨级的重大跨越，标志着中国已经跨入世界大吨位火箭发射行列。6 月 25 日，作为新一代运载火箭长征五号系列衍生型号的长征七号运载火箭在海南文昌航天发射场点火升空（图 4.18），显著提升了中国自主进入空间的能力。8 月 16 日，中国航天新一代运载火箭长征五号 / 远征二号出征仪式在天津举行，即将奔赴海南文昌航天发射场执行首飞任务，这意味着中国真正意义上的“太空摆渡车”开启了太空之旅，启动次数更多、在轨时间更长，拓展了在轨服务领域，显著提升了中国空间基础设施建设

能力。2017 年，中国将在海南文昌航天发射场用长征五号运载火箭发射嫦娥五号探测器，实现“三新集结”，共同演绎探月工程收官之作的精彩一幕。

图 4.18　长征七号运载火箭发射升空

（撰稿：栾恩杰、王崑声、胡良元、赵滟、许屹、李涛、包彦明、黎开颜、姚娟、崔剑）

4.4　轨道交通装备

4.4.1　轨道交通装备产业“十二五”总结

中国轨道交通装备制造业经过多年的发展，已经形成了自主研发、配套完整、设备先进、规模经营的集研发、设计、制造、试验和服务于一体的轨道交通装备制造体系，包括电力机车、内燃机车、动车组、磁悬浮车辆、铁道客车 / 货车、城轨车辆、机车车辆关键部件、信号设备、牵引供电设备和轨道工程机械设备等十余个专业制造系统。

近年来，中国轨道交通装备产业规模不断扩大，技术创新体系逐步形成，研发、制造和服务体系日臻完善，国际市场拓展初具成效，呈现出了良好的发展态势，主要表现在以下几个方面。

一是中国干线铁路路、网、车规模较大。近年来中国铁路建设取得重要进展，路、网、车规模迅速扩大。截至 2015 年年底，中国铁路营业里程达 12.1 万千米，居世界第二位，其中高铁营业里程达 1.9 万千米，占世界高铁营业里程的 60% 以上，居世界第一[5]。车辆保有量方面，动车组保有量快速上升，机车车辆增速减缓。根据国家铁路局统计，2015 年动车组保有量达到 1.76 万辆；铁路客车保有量达 6.50 万辆；铁路货车保有量达到 72.3 万辆；机车车辆保有量保持稳定，2015 年中国铁路机车保有量达 2.10 万辆。具体如图 4.19 所示。

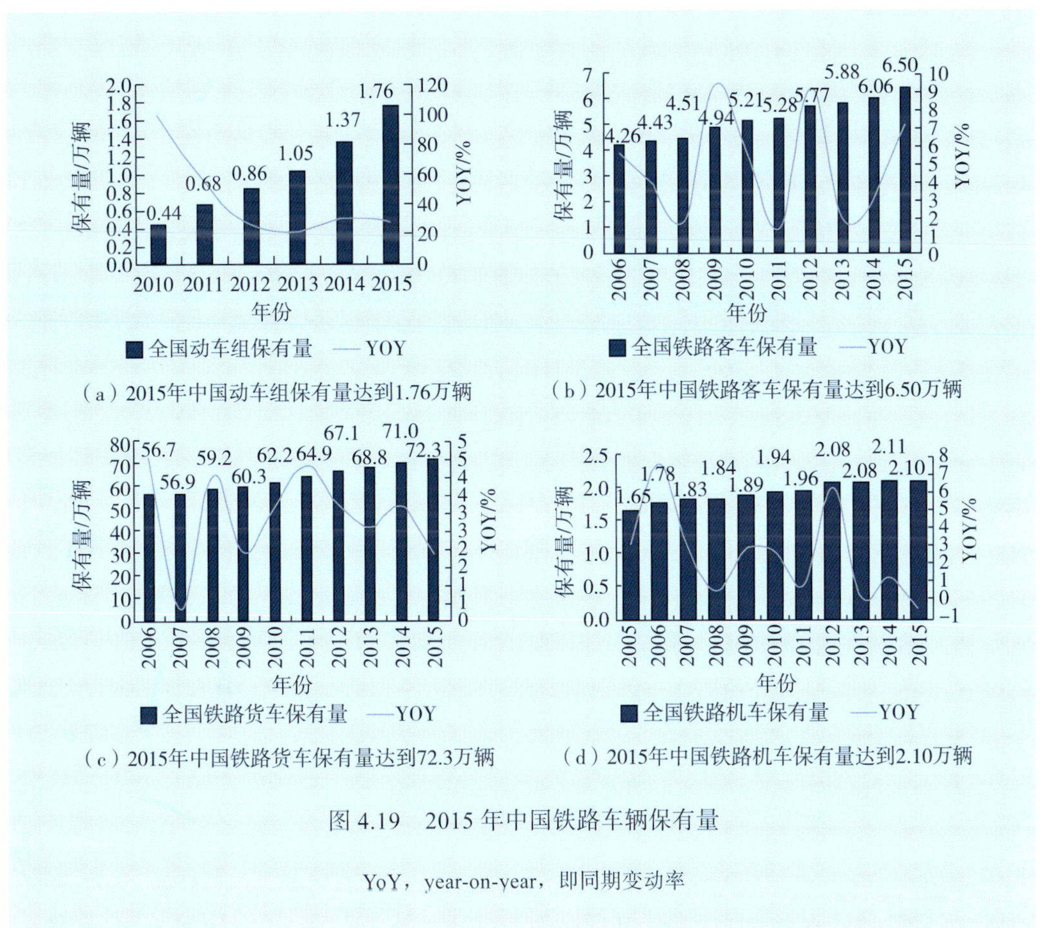

（a）2015年中国动车组保有量达到1.76万辆

（b）2015年中国铁路客车保有量达到6.50万辆

（c）2015年中国铁路货车保有量达到72.3万辆

（d）2015年中国铁路机车保有量达到2.10万辆

图 4.19　2015 年中国铁路车辆保有量

YoY，year-on-year，即同期变动率

二是城市轨道交通成为超大和大城市公共交通主干。随着城镇化建设的开展，中国城市轨道交通建设速度大大加快，建设规模已位居世界首位。截至 2015 年年底，总营业里程达 3 618 千米，在建线路总里程达 4 400 多千米 [6]。其中，地铁 3 790 千米，轻轨 39 千米，单轨 10 千米，市域快轨 462 千米，现代有轨电车 112 千米，磁浮交通 29 千米，APM（automated people mover，即旅客自动捷运）系统 7 千米。“十二五”期间，共建成投运线路 2 019 千米。中国城轨交通已由以地铁为主逐步转变为地铁、轻轨、单轨、市域快轨、现代有轨电车、磁浮交通和 APM 等多制式全面发展的新局面。

三是轨道交通装备产业规模世界领先。2015 年，中国轨道交通装备产业产值规模超过 4 000 亿元，居世界首位。中国已建成一批具有国际先进水平的轨道交通装备制造基地，具备世界领先的生产能力，并形成了以主机企业为核心、以配套企业为骨干，辐射全国的轨道交通装备研发、制造及服务产业链。中国具备年新造大功率机车 2 000 台，动车组、铁路客车及城轨车辆 8 000 辆，各型货车 60 000 辆，大型养路机械 500 台套，以及年大修机车 2 000 台、动车组及各类轨道客车 5 000 辆和各型货车 70 000 辆的生产与服务能力。

四是轨道交通装备核心技术产品的研发、制造取得积极进展。通过原始创新、集成创新和引进消化吸收再创新相结合，中国已掌握了高速动车组、大功率交流传动机车、重载和快捷货运列车、城轨车辆、大型养路机械、列车运行控制、行车调度指挥、计算机联锁及综合监控等产业的关键技术产品制造技术，部分产品已达到世界先进水平。特别是近年来在“高速”、“重载”、“便捷”及“环保”技术路线推进下，大功率机车和高速动车组取得了举世瞩目的成就。

五是中国轨道交通装备制造业技术创新体系初步形成。中国初步形成了以国家工程技术研究中心、国家工程研究中心、国家实验室、国家重点实验室和国家工程实验室、国家认定企业技术中心为骨干，覆盖基础技术、共性技术和产品实现技术的研发创新体系，为中国轨道交通装备技术的后续强劲发展夯实了基础。

从全球市场竞争格局来看，我们仍然存在不足。目前北美、欧洲及日本等发达国家和地区的轨道车辆制造商占据国际业务的高端市场，在制造车辆和设备方面，制造商不仅开发车辆系统和软件，设备技术含量高，还承担了轨道交通项目系统集成的角色。中国轨道交通装备制造业总体比较强大，但仍有少量关键技术、核心部件和基础材料还依赖进口，原创性技术的比例有待提高；以软件为基础的信息化、智能化技术处于初级阶段，相比产品硬实力而言，在国际标准和国际认证等软实力上亟待提升。

4.4.2 轨道交通装备产业“十三五”发展趋势

轨道交通装备未来市场需求潜力巨大。“一带一路”战略正为中国轨道交通行业带来全新视角和前所未有的历史机遇。“一带一路”战略区域辐射中南亚、南亚、中亚及西亚等地区和国家，并延伸至东欧、北非，这些区域都对基础设施建设和互联互通有迫切的需求。作为绿色环保、大运量的交通方式，轨道交通将成为“一带一路”的先锋，有力带动轨道交通装备制造业“走出去”。

预计“十三五”期间，中国铁路固定资产投资规模与“十二五”大体相当，城轨车辆和工程总包业务需求大幅增长，这将为中国铁路装备的持续发展提供机遇。到 2020 年年末，中国铁路营业里程将达到 15 万千米、新增 2.9 万千米，其中，高铁营业里程达到 3 万千米、新增 1.1 万千米。城市轨道交通规模将持续快速增长，网络化目标逐步实现。城市轨道交通将向规模扩大化、发展差异化、制式多样化、结构网络化、系统智能化、投资多元化方向发展，在建线路约 6 000 千米、新增运营里程约 3 000 千米。到 2020 年全国运营线路长度将达到 6 000 千米以上，城轨交通在城市发展和城市交通中的作用将进一步显现。一、二线城市的城轨交通将成为城市公共交通的主体，支持和引领城市可持续发展。城轨交通投资规模将达到 1.7 万亿～

2.0 万亿元，包含地铁、轻轨、单轨、市域快轨、现代有轨电车、磁浮交通、APM 等多种制式。

全球轨道交通车辆市场容量预计年均增长约 2.2%，2020 年将达到 1 340 亿欧元，其中，车辆新造约 594 亿欧元，维修和服务约 612 亿欧元，EPC（engineering procurement and construction，即交钥匙工程总承包）约 134 亿欧元。从区域分布看，主要集中在东南亚、欧洲、北美洲和独联体国家；从车辆需求来看，增长较快的区域有南亚、西亚和南部非洲，其中 EPC 增长较快的区域集中在非洲、西亚、东南亚和南美洲。从需求品种看，时速 250 千米以上的高速列车新造需求下降、维修和服务需求增长，时速 250 千米以下的高速列车需求显著增加；电动车组、内燃动车组、地铁、轻轨等需求年均增长 3% ～ 4%；内燃机车需求年均增长 2% ～ 3%，电力机车需求略有增长；普通客车需求平稳；货车需求可能下降。

中国铁路将全面提升机车车辆装备现代化水平，结合路网建设和运输需求，大力装备动车组上线运行，加快推进具有自主知识产权的新一代高速列车研制，配备适合城际（市域）特点的新型动车组；加快先进适用和智能绿色安全的机车车辆装备研制，积极推进智能化、节能环保技术应用；发展适用“门到门”、多式联运、国际互联互通运输的快捷货运成套技术装备，不断提高适应重载、集装箱、特种运输方式的货运装备比例。

《中华人民共和国国民经济和社会发展第十三个五年规划纲要》（简称《“十三五”规划纲要》）指出，中国将大力推进供给侧结构性改革，实施制造强国、网络强国战略，落实《中国制造 2025》、“互联网 +”行动计划等产业规划，培育壮大新兴产业，改造提升传统产业，加快构建现代产业新体系，推动信息技术与经济社会发展深度融合，努力实现经济保持中高速增长、产业迈向中高端等目标 [7]。轨道交通高端装备产业作为国家战略性新兴产业，在中国国民经济的发展中具有重要作用，在后续持续快速的发展中将呈现新的态势，主要表现在以下两个方面。

1. 绿色化、智能化发展趋势

随着社会经济的快速发展，资源紧缺、污染严重等问题突出，人口增多、经济发展和城镇化建设等带来了社会公共交通需求，客货运力不足、道路交通拥堵、环境振动噪声和公共出行安全等问题愈发被人们关注 [8]。因此，世界各国都将发展安全、高效、绿色和智能的新型公共交通作为未来发展的主导方向，发展模式也由传统模式向可持续、互联互通和多模式运输发展转化。

未来几年，中国轨道交通装备制造业将重点实施“绿色、智能轨道交通装备创新工程”，发展绿色、智能轨道交通装备产品，实现全球领先战略 [9]。

在技术创新和产品研发上，主动适应国内外运输市场变化和技术发展趋势，加快铁路客货运技术、产品和服务模式创新，全力满足铁路先进适用和智能绿色安全发展要求；紧紧抓住“一带一路”“走出去”机遇，做好以中国标准动车组为代表的轨道交通装备、技术、服务整套解决方案和标准输出，建立全球化业务协同平台，提高“走出去”质量，加快“走进去”步伐；推进技术创新和服务能力提升，加强重载、快捷、高速、检修、节能环保、智能等关键技术研发和应用；加快作业、养护、救援、检测、监控等轨道工程装备研制，打造谱系化、模块化、标准化的产品结构和技术平台；强化电传动和网络控制系统、制动系统、旅客信息系统及其零部件以及内燃机、齿轮传动装置、钩缓装置、减振装置、换热装置等关键部件的创新能力建设，开展再制造技术研究应用；在重点领域加强基于以太网的网络控制、无线传输和千兆带宽实时控制与信息网络技术，实现车载智能化状态监测技术、列控系统核心技术和故障灾害监测系统技术应用；建立基于大数据、云计算的轨道交通敏捷运维保障系统，大力推进数字化、智能化、网络化；持续推进 SiC（碳化硅）电力电子器件、双向变流器馈能、高能量密度超级电容储能和永磁同步直驱传动等高效节能牵引、供电和储能装备，以及车体轻量化、高性能转向架和数字液压制动系统技术研究，从而推动中国轨道交通装备向高效化、绿色化和智能化方向发展。

2. 多元化、国际化发展趋势

今后，中国轨道交通装备产业创新发展模式将呈现国际化和多元化发展趋势。主要体现在以下几个方面：

一是轨道交通装备制造与服务融合、科学技术与商业模式融合的多元化发展。

二是通过整合资源，以轨道交通装备业务为核心，跨国经营、全球领先的大型综合性产业集团（如中国中车），将进一步优化资源配置、推进技术创新、巩固国内市场、开拓国外市场、拓展多元化业务和品牌影响力的提升。

三是轨道交通装备产品作为中国高端装备“走出去”的代表，得到了党和国家领导人的大力支持，国际市场前景广阔。德国 SCIVerkehr 公司在 2014 年德国柏林轨道交通技术展览会（InnoTrans）期间发布的全球最新的轨道交通市场预测报告指出，尽管近几年全球经济不景气，但轨道交通装备行业还是呈现出强劲的增长态势，预计 2018 年装备市场容量将突破 1 900 亿欧元，增长 17.3%，年复合增长率为 3.4%。

四是要完善产业技术基础体系，形成支持产品多元化、市场国际化的软实力，加紧制定技术标准、产品标准和工程标准，加强对技术认证认可的政策支持，鼓励企业牵头制定国际标准和国家标准，系统性梳理标准目录，将轨道交通系列标准作为国家战略持续推进实施，向全球发布、向全球推荐，形成体系性的话语权，引领全球市场。

4.4.3 轨道交通装备产业 2016 年新进展

2016 年，中国轨道交通装备领域主要在时速 350 千米高寒综合检测车、中低速磁浮列车、永磁跨座式单轨列车、导轨电车、储能式有轨电车、永磁地铁、中国标准动车组等方面取得了重大突破。

首列时速 350 千米高寒综合检测车“高铁医生”问世。3 月 31 日，目前国内首列能够适应高寒地区零下 40℃检测需求的“高铁医生”下线，拥有对运行轨道、接触网、通信、信号和车辆动态响应等方面的综合检测能力，涉及高铁多个技术领域，是实现高铁周期性高速综合检测的关键技术装备，也是高铁最具代表性的高新技术装备之一（图 4.20）。

图 4.20　时速 350 千米高寒综合检测车

首条中低速磁浮列车载客运营。5 月 6 日，长沙磁浮快线正式开通载客运营（图 4.21）。长沙磁浮快线是中国首条完全拥有自主知识产权的中低速磁浮商业运营铁路，是世界上最长的中低速磁浮商业运营线，标志着中国磁浮技术实现了从研发到应用的全覆盖，成为世界上少数几个掌握该项技术的国家之一。磁浮列车具有平稳舒适、无污染、转弯半径小、爬坡能力强等优点，最高速度为每小时 100 千米，每列车按 3 节编组设计，最大载客量为 363 人。

图 4.21　长沙磁悬浮列车

首列永磁跨座式单轨列车下线。5 月 19 日，中国自主研制的首列永磁跨座式单轨列车正式下线。永磁跨座式单轨列车是具有国际领先水平的、新一代基于永磁牵引的双轴转向架大运量跨座式单轨交通系统，具有爬坡能力强、转弯半径小（可通过65‰的坡道和曲线半径为50米的线路）、载客量大、安全可靠、节能环保等突出优势。该车可根据运营需求实现4节、6节、8节灵活编组，车体宽2.9米，6节编组时全长90.8米，可载客1 448人，堪称跨座式单轨列车中的“大力士”。车辆的最高运行时速为80千米，整车使用寿命长达30年。

首列导轨电车发布。7月21日，中国中车举行了导轨电车新品发布，导轨电车是中国首列自主研发的新型制式轨道交通产品，采用两动一拖编组形式，以及全焊接铝合金车体，最高运行速度达80千米/小时，作为中等运量的公共交通系统，占地面积小，车站形式灵活，路面选择、供电形式多样化，综合工程造价经济，检修维护更加便捷。导轨电车以其特殊的轨道交通模式，特有的技术特征和系统运行方式，为国内城市公共交通提供了全新的选择方案，开启了城市公共交通系统的“胶轮时代”。

首列全线无接触网超级电容现代有轨电车下线。8月1日，中国首列超级电容储能+完全自主化100%低地板技术现代有轨电车在湖南株洲下线。该电车运行中甩掉了“大辫子”，全程无架空接触网运行，其动力来源于9 500法拉超级电容储能供电，车辆在站台区30秒内快速充电完成，一次可运行3～5千米，制动时能将85%以上的制动能量回收反馈至超级电容形成电能储存，实现能量的循环利用。中国首列自主化全线无接触网超级电容现代有轨电车下线有利于中国装备真正地“走出去”。

首列永磁地铁载客运营。8月11日，长沙市轨道交通1号线永磁牵引系统成为国内首套具备载客运营资质的自主永磁牵引系统，开启了中国城市轨道交通的“永磁时代”。2016年3月，列车正式投入正线试运行。截至7月7日，列车累计完成了12 500千米无故障试运行考核。测试结果表明，采用永磁牵引系统的列车，由于电机更加高效、功率密度更高，较传统的异步牵引系统列车，其牵引能耗可降低约11.5%，若考虑牵引系统再生能量，永磁牵引系统的综合能耗可低至30%左右。永磁牵引系统具有更加高效节能、更加轻量化和更低的全寿命周期成本等特点，被认为是下一代轨道交通车辆牵引系统。目前，国外阿尔斯通、庞巴迪等车辆厂生产的轨道交通永磁牵引系统列车已在法国、日本等国成功运用，并进入商业化的推广应用阶段。中国是世界上少数几个掌握永磁牵引系统技术并在城轨和高铁等领域实现应用的国家之一。

中国标准动车组创造两车交会相对速度840千米/小时的新纪录。2016年7月15日，中国自行设计研制、拥有全面自主知识产权的两列中国标准动车组以超过420千米/小时的速度在郑徐线上交会而过，相对速度超过840千米/小时，这是世界上首次利用拟运营动车组进行该试验。先前，中国标准动车组先后完成了整车型式试验、科学实验、空载运行、模拟载荷运行等试验考核工作，试验考核指标全部符合标准规范和运用要求，标志着中国标准动车组安全性、舒适性及各项性能指标以及运用适应性、稳定性、可靠性、制造质量均达到了设计要求，具备编入运行图实施载客运行的条件。8月15日，中国标准动车组首次实现载客运行。中国标准动车组的载客运行将在实际运营条件下，进一步积累乘客对旅客界面和客服设施的实际感受，提高后续批量产品服务品质，提升旅客乘车体验。中国已初步构建了体系完整、结构合理、先进科学的中国动车组技术标准体系，具有创新性、安全性、智能化、人性化、经济性等特点。中国标准动车组采用标准涵盖了动车组基础通用、车体、走行装置、司机室布置及设备、牵引电气、制动及供风、列车网络标准、运用维修等十多个方面，大量采用中国国家标准、行业标准和相关企业标准等技术标准，同时采用了一批国际标准和国外先进标准，使中国标准动车组具有良好的兼容性能。中国标准动车组研制过程中，在运用安全、节能环保、降低全寿命周期成本，特别是进一步提高安全冗余等方面加大了科技创新力度。

面向未来，全球轨道交通装备制造业正孕育着新一轮全方位的变革，以信息网络、智能制造、新能源和新材料为代表的新一轮技术创新如火如荼。中国实施的《中国制造 2025》，推进了城镇化发展和“一带一路”战略，掀起了制造业新的发展机遇。在新的发展趋势和政策导向下，中国轨道交通装备制造业将在“绿色”“智能”技术路线的指引下，朝着数字化、智能化方向迈进，走上引领全球轨道交通装备发展之路。

（撰稿：陈高华、韩亮；审稿：丁荣军、刘友梅）

4.5　海洋工程装备

海洋工程装备主要是指海洋资源勘探、开采、加工、储运、管理、后勤服务等方面的大型工程装备和辅助装备，具有高技术、高投入、高产出、高附加值、高风险的特点，是先进制造、信息、新材料等高新技术的综合体，产业辐射能力强，对国民经济带动作用大[10]。

进入 21 世纪，人类迎来了开发利用海洋的新时代。海洋世界各海洋强国和濒海国家对海洋油气、矿藏、海洋可再生能源等的开发关注度与实际投入增长迅速。海洋工程装备建造这一为海洋开发提供硬件装备的战略性产业，随着海洋开发步伐的加快迎来了广阔的发展机遇。尤其是随着人类开发海洋深度和广度得到前所未有的拓展，各种适应深远海开发的新概念海洋工程装备不断涌现出来。

当前世界海洋工程装备产业主要分为三个阵营，欧美垄断高端海洋装备及关键配套设备研发、设计、建造、营运的企业处于第一阵营，其产品技术含量及利润率高且具备开发工程总包能力，在国际海洋工程装备产业具有很强的竞争力。以浮式生产储油卸油装置（floating production storage and offloading，FPSO）、液化天然气（liquefied natural gas，LNG）开发运输装备、钻井平台（船）为主要产品的韩国，和以 FPSO 改装、自升式平台、半潜式平台为主要产品的新加坡处于第二阵营。中国处于世界海洋工程装备产业的第三阵营，在中低端海洋工程装备上已具有完全自主设计、建造能力，但仍面临中高端产品自主研发较少、产业发展不均衡、关键技术及配套装备对国外依赖度高等困难[11]。

中国的海洋工程装备制造产业需要面向国内外海洋资源开发的重大需求，以提高国际竞争力为核心，重点突破产业高端产品研发建造的关键技术，加快提升产业技术水平，完善产业链，实现中国海洋工程装备制造业快速健康发展。

4.5.1 海洋工程装备产业“十二五”总结

海洋工程装备产业是中国“十二五”高端装备制造五大突破方向之一，也是建设海洋强国国家战略的重要组成部分。开发深海资源、发展海洋经济、提高中国海洋工程装备产业能力不仅可以有效维护中国海洋权益，提高国际竞争力，而且对国家安全具有重要意义。

《中华人民共和国国民经济和社会发展第十二个五年规划纲要》中明确提出："重点发展大型液化天然气（LNG）船、大型液化石油气（LPG）船、远洋渔船、豪华游轮等高技术高附加值船舶。加快海洋移动钻井平台、浮式生产系统、海洋工程作业船和辅助船及关键配套设备、系统自主设计制造。”各部委也纷纷出台支持海洋工程装备产业发展的规划与政策。

随着中国海洋资源的开发日益全面、深入，中国海洋工程装备产业在21世纪也实现了快速增长，形成了一批具有国际竞争力的先进产品，实力得到明显提升。例如，自主设计建造了第六代深水半潜平台“海洋石油981”平台、亚洲最大的导管架固定式平台“荔湾3-1”中心平台；研制的“蛟龙”号最大下潜深度达7 062米，实现了深海载人潜水器重大突破；研制了国内设计最先进的30万吨FPSO等。

总体来讲，经过“十二五”的发展，中国海洋工程装备产业取得了显著进步。

1）具备了部分深水海洋工程装备的设计、建造能力

“十二五”期间中国海洋油气开发由近海迈向南海深水海域，初步具备了部分深水海洋工程装备的建设、建造能力。在深水半潜钻井平台、FPSO、固定式导管架平台、自升式平台、钻井船、深水勘探船、大型起重铺管船、海工船、多用途工作船等一系列深海开发重大装备上具备了部分自主设计能力。自主设计并建造了第六代3 000米深水半潜钻井平台“海洋石油981”（图4.22），最大钻井深度达12 000米[12]；自升式平台的最大作业水深达122米；导管架平台高度达210米，居亚洲第一；形成了30万吨级FPSO船体、上部工艺模块的设计建造能力。

2）在深海探测、工程作业装备领域实现重大突破

在深海资源探测开发装备方面，中国研制的“蛟龙”号载人潜水器（图4.23）在2012年6月最大下潜深度达7 062米，实现深海载人潜水器（human occupied vehicle，HOV）技术的重大突破[13]；具有独立开发的虚拟监视控制系统和水下动力定位的“海龙”号深水无人遥控潜水器（remote operated vehicle，ROV）在世界大洋科考中完成大量勘探作业，探索“海底黑烟囱”，其可在30分钟内达到3 500米水深进行勘探等作业[14]，极大地提高了水下作业成功率。

图 4.22 海洋石油 981

图 4.23 “蛟龙”号载人潜水器

3）具备了部分海洋工程配套设备设计生产能力

初步形成了以长三角地区、珠三角地区、环渤海地区等为中心的海洋工程装备总装和配套设备产业集聚区，在相关配套设备技术上积累了一定基础，有能力生产诸如钻井基盘、井口管汇等海洋工程配套装备，配套产业逐渐完备，基本形成了中国海洋工程产业战略布局。

4）占世界市场规模比重不断增大

就海洋工程装备市场规模来看，2012 年中国承接的订单约占世界市场份额的 13.3%；2013 年约增长至 29.5%，居世界第二位[15]。2014 年中国海洋工程装备无论从订单上还是金额上均占全球第一位[16]。2015 年，中国依然保持接单总额世界第一的市场地位[17]，在钻井平台和海工船领域份额达到 82.4% 和 40.1%，并不断向生产平台和特种海工作业船领域拓展。

5）海洋工程装备产品初步实现由单一、低端迈向多样、中高端

就海洋工程装备产品结构来看，目前中国海洋工程装备订单中已包括自升式钻井平台、半潜式钻井平台、钻井船、FPSO、半潜式生活平台、钻井支持平台、海上风电平台等同时在液化天然气船等高新技术船舶上获得不少批量订单。海洋可再生能源，如风能、潮汐能等开发装备也正在积极研发中[18]。

“十二五”期间，中国在海洋工程装备产业领域取得了可喜成绩，然而相对国外海洋工程装备产业而言，中国起步晚、起点低、产品技术竞争力有待加强。与世界先进水平相比，中国在海洋工程装备设计制造上还存在产品设计、研发能力较落后，高端海洋工程装备设计建造能力不强；总体上国产化率较低，核心设备和关键系统专业化制造能力与本土化生产能力不足；海洋可再生能源、矿产资源和化学资源开发装备等自主开发不足；深海与极地资源勘探、开发能力仍欠缺等。

4.5.2 海洋工程装备产业“十三五”发展趋势

海洋工程装备和高技术船舶是《中国制造2025》明确的十大重点领域之一，是国家高端装备制造业的重要组成部分，也是中国海洋强国战略的基础和重要支撑。《“十三五”规划纲要》提出：“拓展蓝色经济空间。坚持陆海统筹，发展海洋经济，科学开发海洋资源，保护海洋生态环境，维护海洋权益，建设海洋强国。”并提出“实施智能制造工程……构建绿色制造体系……加快突破新一代信息通信……船舶和海洋工程等行业”。

从国际海洋工程装备发展来看，海上天然气这一清洁能源成为多国能源结构调整主方向，海上大型液化天然气生产和支持、运输及营运设施大量涌现，成为目前海洋油气开发的热点之一。海洋资源开发更为强调效益和安全，工程开发作业效率高、经济性好，同时安全度高的装备概念受到青睐。随着人类对海洋认识的不断加深，极地、深海等极端环境的开发装备正在蓬勃兴起。海洋工程装备的服务对象不断拓展，深海生物、矿物、基因、空间资源从科学探索向资源利用转化，开发装备纷纷走出实验室，向工程开发一线拓展。

在这一波澜壮阔的产业发展与变革中，中国海洋工程建造企业正面临着一系列重大挑战与发展机遇。抓住契机，夯实基础将有望进一步拓展世界市场份额，加大抢占国际高端市场的力度。中国海洋工程装备产业亟待在海上油气开发、海底矿藏开发、海洋可再生能源开发利用、海上与水下空间利用开发、生物与化学资源开发利用等各种重大工程装备的研发方面取得突破。例如，加强海上天然气开发技术与装备研制开发，突破深海水下开发作业能力和装备关键技术，探索海底矿藏、可再生能源、海洋生物和化学资源、海洋空间开发利用等关键技术与设备，进一步提高海洋工程配套装备生产能力和本土化程度，完善产业短板，同时重视汲取其他国家先进的技术与经验，加强对科研创新的投入和海洋工程建造产业优秀人才的培养。

4.5.3　海洋工程装备产业 2016 年新进展

2016 年全球海洋工程装备市场形势仍不容乐观，产业发展疲软，订单下降明显，企业压力持续增大，急需提高生存能力和拓展新的生存空间。

国家制定实施了一系列政策和规划大力推动中国海洋工程装备产业的发展。8 月 8 日，经李克强总理签批，国务院正式印发《“十三五”国家科技创新规划》[19]，明确了未来五年中国科技创新的指导思想、总体要求、战略任务和改革举措。《“十三五”国家科技创新规划》启动实施深海空间站等重大科技项目及智能制造和机器人等重大工程；提出加强海洋、空天以及深地极地空间拓展的关键技术突破，提升战略空间探测、开发和利用能力；构建具有国际竞争力的现代产业技术体系，大力发展海洋运输等现代交通技术与装备；不断发展智能装备与先进工艺；加强海洋农业（蓝色粮仓）与淡水渔业科技创新等。在战略必争领域抢占未来竞争制高点，开辟产业发展新方向，培育新经济增长点，带动生产力跨越发展，为提高国家综合竞争力、保障国家安全提供强大支撑。

6 月 12 日，国家发改委、工信部、国家能源局联合印发《中国制造 2025—能源装备实施方案》[20]。该方案提出在深水和非常规油气勘探开发装备、油气储运和输送装备、海上风电设备、海洋能设备等多个领域的若干关键设备和数十项关键技术攻关。

3 月 4 日，工信部印发《船舶配套产业能力提升行动计划（2016-2020）》[21]。该行动计划的制订，旨在“加快提升中国船用设备配套能力和水平，支撑造船强国建设”，更好地满足航运和船舶制造的需求。

在国家的大力支持下，中国的海洋工程制造产业部门积极拓展服务对象，提升产品档次，增强市场竞争力，取得了一系列突破。2016 年 4 月 5 日，世界最先进半潜式海洋生活服务平台“高德 4 号”在中远船务（启东）海洋工程有限公司码头顺利出坞[22]。作为海洋生活服务平台，“高德 4 号”是为墨西哥 COTEMAR 公司设计建造的目前世界同类产品中满足规范最多、要求最高、设备最先进的海洋工程设施，可供 750 名船员生活居住，还预留了 240 人的生活模块安装位置——这意味着，在必要时该平台可容纳近千人。5 月 5 日中国 4 500 米载人潜水器以及万米深潜作业的工作母船——“探索一号”在中船澄西广州公司完成主体改修工程，正式交付中国科学院[23]。根据国家“863”计划的任务，“探索一号”将成为中国全国产的 4 500 米载人潜水器等深海探测装备的支持母船。除了作为深潜器的工作母船和工程试验平台外，“探索一号”还具有充分的深海科考作业能力，建有地质实验室、地球物理实验室、化学实验室、生物实验室、冷冻样品库等十多个实验室，另在甲板面设置 2 个可拆卸式移动实验室，能同时搭载 60 名船员、科学家及潜航员。

（撰稿：杨建民、彭涛；审稿：林忠钦）

4.6 高档数控机床与基础制造装备

4.6.1 高档数控机床与基础制造装备产业“十二五”总结

高档数控机床与基础制造装备又可统称为高端制造装备，它是高端装备发展的基础，也是新能源、新材料、新能源汽车、航空、航天、信息产业等战略性新兴产业的重要基础支撑。高端制造装备在大飞机、核电、发动机、惯性约束核聚变、核电站、对地观测、载人航天、航空发动机等2/3的国家科技重大专项的实施中，发挥关键性作用，并密切关系到中国众多尖端武器的发展和国防安全。

目前中国已是世界上最大的数控机床进口国和消费国。2010年中国机床消费同比增长43%，达到284.8亿美元，进口约为94亿美元，成为世界第一大机床消费国。“十二五”期间，中国机床工具产业结束了连续10年左右的高速增长。自2011年下半年开始进入下行区间，至今产业主体仍未走出下行区间。与此同时，中国机床产业的产出结构正在发生多方面的积极变化，如金属加工机床产出数控化率由2011年的64.2%，迅速提升到2014年的75.3%。与产出连续下降形成鲜明对照的是出口总额一直保持连续增长，2014年出口增速达到18.8%。2012年，中国机床产品进口额在世界机床进口总额中的占比为34.1%，消费额在世界机床消费总额中的占比为45.1%。中国机床出口额也有明显的提高，但这些年出口额一直徘徊在机床生产总值的10%上下。而列世界机床出口前五位的国家（地区）出口额都在机床生产总值的60%以上，瑞士更是高达87%。中国是当今世界机床制造大国，与世界机床强国相比，中国的机床产品在全球机床市场的竞争力差距依然很大。

为了应对这一局势，《国家中长期科学和技术发展规划纲要（2006—2020年）》和《“十二五”国家战略性新兴产业发展规划》明确规定了高端制造装备的重要地位，同时将“高档数控机床与基础制造装备”列为国家科技重大专项（即04专项），对主机、数控系统、功能部件、共性技术等进行了总体布局和任务分解，中央财政投入了近百亿资金。实施六年来，在航空航天、汽车、船舶、发电设备等领域取得了阶段性成果，相关重大战略装备和重点产品在实际应用中初见成效，部分技术指标达到国际先进水平，填补国内空白。

中国第一台8万吨大型模锻压机的研制成功（图4.24），为飞机框梁等结构件的一次整体成型提供了技术保障；自主研制的大型快速高效数控全自动冲压生产线（图4.25），达到国际先进水平，不仅满足了国内汽车行业大型外覆盖件的成型需求，还赢得了福特汽车公司美国工厂的订单；3.6万吨黑色金属垂直挤压机的研制成功，极大地缓解了电力、化工工业对大口径厚壁无缝钢管的需求压力，迫使进口厚壁钢管的价格大幅下降。用于复杂钛合金航空结构件加工的五轴联动加工中心研制成功，“S”试件切削工艺技术研究获重大突破；中国自主知识产权的全功能、高精度数控重型曲轴车铣复合加工机床研制成功，一次装卡即可完成大型船用低速柴油机组合曲轴的主轴颈、法兰及曲拐颈的半精加工和精加工；大型复合材料构件铺带机，主要适用于大型筒形复合材料构件的成型，能够突破手工成型、效率和质量保障难度大的瓶颈，实现筒形复合材料构件自动化高速成型，批量化生产；此外，10 米数控重型龙门车铣复合机床、重型船用曲轴数控铣车复合加工机床、模块化高速大型数控滚齿机以及高精度六轴数控线切割机床等一批重大关键设备的开发成功，在一定程度上满足了中国航空航天、汽车、船舶和发电设备等国民经济重要行业的发展急需，特别是造船和大型发电设备制造所需的机床，目前已基本可以立足于国内。

图 4.24　8 万吨模锻压机

图 4.25　大型快速高效数控全自动冲压生产线

国产数控系统在性能、功能和成套化应用方面均取得了长足进步。其中，低档数控系统几乎完全取代了进口，中档数控系统在系列化、商品化和产业化方面成效显著。高档数控系统已突破实现了五轴联动功能，并在六轴数控砂带磨床、五轴叶片铣床和车铣复合机床等设备上得到了示范应用，从而打破了中国高档数控系统被国外垄断的局面。在消费性电子制造领域等 3C［即电脑（computer）、通信（communication）和消费性电子（consumer electronic）］行业，北京精雕集团、华中数控，以及一些主机厂（沈阳机床集团等）针对零件（如手机壳）的大批量、表面光洁度高等特点，各自开发了多款专用系统和小型高速加工中心，大大降低了生产成本，该市场现已基本被国产系统和主机占领。

此外，国家发改委从 2012 年起组织实施了“智能制造装备”的发展专项，着重提高以传感器、智能仪器仪表、自动控制系统、工业机器人、精密传动装置、伺服控制机构为代表的体现感知、决策（控制）、执行三大功能的基础零部件自主创新能力和产业化能力，促进重大智能制造成套装备与关键智能测控部件的协同发展。由安徽巨一自动化装备有限公司和安徽江淮汽车股份有限公司合作研制的年产 24 万辆乘用车机器人焊接自动化生产线投入试运行；国产高效智能压铸装备研制成功，如智能压铸岛，其是以压铸机为核心设备构成的一组智能化生产单元，以无人化生产管理方式自动完成从原材料到合格铸件成品之间的工艺生产流程，实现压铸生产的程序化、数字化和远程控制。

经过最近几年多个专项的实施，中国制造业得到飞速发展，取得了一大批相关的基础研究成果和长期制约中国产业发展的先进制造技术，攻克了一批长期严重依赖并影响中国产业安全的核心高端装备，建设了一批相关的国家重点实验室、国家工程技术研究中心、国家级企业技术中心等研发基地，培养了一大批长期从事相关技术研究开发工作的高技术人才，为智能制造装备产业的发展提供了有力的保障。

4.6.2 高档数控机床与基础制造装备产业“十三五”发展趋势

1）行业总体趋势[24]

（1）产业将高度聚集。全球机床工具及其相关产业在逐步向欧洲的德国、意大利、瑞士和亚洲的中国、日本、韩国这六个国家集中。而在中国，未来机床工具产品的结构发生明显变化，低端产品需求明显减少，对高精、高速、高效、智能型中高档数控机床的需求明显增加，这种趋势必将会延续至今后若干年。

（2）产品发展思路的变化。专业化全自动加工制造单元开始流行，其特点是加工对象专业化强，机床结构复杂，加工工序、工艺复杂，效率极高，可以说从原料到成品完全实现了自动化。例如，集车、铣、钻、拉削、磨于一体的自动化加工单元，结构复杂、紧凑，属于整体框架结构，上下料机械手配置在机床内部，配有全自动工具和刀具测量系统，激光打标，工件可终身追溯，效率极高。

（3）汽车、航空、航天等领域是高端制造装备的热门领域。这些领域的装备存在结构越来越复杂，材料越来越新型等问题，导致对制造装备提出了更高的要求，因此将会是高端制造装备的重点竞争领域。例如，专门用于内燃机曲轴、燃气轮机涡轮轴、飞机起落架等材料特殊、结构复杂的轴类零件加工的卧式车铣加工中心。

（4）主机企业将更加注重“专”和“精”。“专”到比用户还要了解他要加工的零件；“精”到加工质量和效率让用户都感到吃惊，让竞争对手望而却步。而且要在“专”和“精”的基础上不断完善自动化与智能化。这是欧洲和日本一些优秀企业一直坚守的，也是最值得我们借鉴的。

2）技术发展趋势

（1）单机智能化技术。单机的智能化是智能制造的基础，因此需研究智能化的关键技术，包括装备运行状态和环境的感知与识别技术、性能预测和智能维护技术、智能工艺规划和智能编程技术、智能数控系统及智能伺服驱动技术。国外一些著名机床企业在前些年的基础上又陆续开发出一些相应的智能技术，如 MAZAK 公司的平滑圆角控制、板材加工的穿透智能检测。OKUMA 公司最新的第五项伺服控制智能技术，可自动实现伺服驱动最佳设置，保持机床长期工作的稳定性。海德汉展出的最新 TNC640 数控系统，其高级预测功能（advanced dynamics prediction，ADP）能够提前计算加工要素相关数据，并对控制轴运动的加减速运动进行精确、高速、高效、平滑的优化控制。动态高效智能技术包括三个智能功能，即有效振颤控制（active chatter control，ACC）、自适应进给控制（adaptive feed control，AFC）以及摆线铣削功能。FANUC 在慢走丝线切割机集成了 A1P2 智能放电控制功能，能够根据参与加工的有效脉冲数量掌握线长方向工件厚度尺寸的变化，并据此进行最佳放电控制而获得高精度的阶梯形面。其具有的热补偿功能，即使在温差波动下仍能获得严格一致的精度；智能拐角功能在保证加工精度的前提下能节省 20% 的时间；锥度加工补偿功能能够对锥度的不同加工量进行自动补偿。

（2）单机与附属机构组成的自动化系统。生产效率的提升是未来企业追求的主要目标之一。单台设备和若干附属机构即可组成一套小型的自动化系统，从而实现较为柔性的制造单元。工业机器人和机械臂与机床的结合，是继自动换台之后更具普遍意义的一种自动装载方式。具有“一次装卡，全部完成”功能的高自动化产品也是未来一大发展方向。自动生产线、柔性制造单元为批量生产模式和基于成组工艺的生产模式提供了高效装备。宁波海天精工股份有限公司的 HPC650-FMS 柔性制造系统，由 HPC650 高速卧加、三层立体库、全新自主研发的堆垛机以及信息处理和控制系统组成，主机数量与库位可以根据客户需求拓展。浙江海德曼机床制造有限公司全球首发的 HTD450 柔性制造单元，主机为卧式对置双主轴车床、双 8 工位刀塔，内置双机械手、双料仓、自动翻转装置，并具有高压水断屑功能，是中等规格盘类零件实现无人化加工的理想选择。

（3）智能化系统与集成技术[25]。德国“工业 4.0”的提出，引导了诸多主机与系统企业逐渐向信息物理系统（cyber-physical systems，CPS）前进。例如，西门子（Siemens）开发的产品生命周期管理（product life-cycle management，PLM）软件将计算机辅助设计（computer aided design，CAD）、计算机辅助制造（computer aided manufacturing，CAM）、产品数据管理（product data management，PDM）和制造过程无缝集成，帮助企业对产品的生命周期，包括产品构思、设计与制造、服务直至退市进行高效且经济的管理。MAZAK 最新的第七代 SMOOTH 系统，促成了数控系统、设备、应用软件之间强大的连接、交互操作、信息交换与分析，实现对生产系统和数据信息的集中管理与共享，胜任智能化生产管理和服务的各项任务。MAZAK 目前正在大力推进的“iSMART Factory”新一代智能工厂方案，其主要目标是通过数据的采集和互联，实现生产计划的自动调整，大幅缩短、减少和降低生产周期、半成品与成品产品库存以及管理工时。DMG MORI 展示的 CELOS 系统，作为“工业 4.0”的全新标杆产品，以独特的技术将机床与公司组织连接为一体，构成完整持续的数字化、无纸化生产的支撑和基础。CELOS 系统是 DMG MORI 全新高科技产品统一的用户界面，具有生产计划、辅助功能、技术支持、配置与机床状态监控五类功能的 16 种应用程序，通过 21.5 英寸（1 英寸≈2.54 厘米）多点触摸屏，实现对数控系统、任务管理、任务规划、网络服务、状态监控、机床维护、工艺流程数据和机床数据等一体化数字化管理、记录及显示。FANUC 展示的 0i-F 数控系统是一款高性能、高效、更易用的全新一代数控系统，具有丰富的信息化功能，能够提供远程桌面功能和运转管理软件，支持各种工业网络和现场网络，实现企业内部机床的集中管理。OKUMA 展示的新一代的 OSP suite 系统，将智能化技术与“制造”所需要的数字信息、应用程序融为一体，通过易于使用的新操作系统“suite 触摸屏”，将数控机床装置从“机器控制器”进化为“制造控制器”，实现了由“机床控制器”向“制造管控器”的华丽转身。沈阳机床集团展出的 i5 数控系统，物如其名，将工业化、信息化、网络化、智能化、集成化（industry、information 、internet、intelligent 、integrate）有效集成，实现了操作、编程、维护和管理的数字智能制造控制。华中数控展出的华中 8 型高性能数控系统，基于云计算、大数据、信息物理系统等单元技术，利用控制信息、传感信息、网络信息，实现了数控机床的智能化控制。研发的智能管理、智能调试、智能补偿、智能加工、健康保障、网络销售平台、租赁服务、云端工厂等原创性软件以及在武汉建立的“数控加工大数据中心”，有力推动了华中数控系统迈向数字化制造的进程。

4.6.3 高档数控机床与基础制造装备产业 2016 年新进展

1）行业总体形式

2015 年中国机床工具行业下行压力进一步加大，市场需求总量明显减少，需求结构加速升级。在市场需求持续疲弱的影响下，行业企业用户意识普遍增强，为重点领域以及新兴市场提供装备和服务的能力不断提高。最新统计数据显示，2015 年中国金属加工机床进口总额为 86 亿美元，同比下降 20.4%，出口总额为 32 亿美元，同比下降 5.9%。2015 年日本仍是世界第一大机床出口国。日本政府对机床工业的发展异常重视，通过制定规划、法规（如《机振法》《机电法》《机信法》等）引导其发展。2015 年美国金切机床出口额达到 16 亿美元，金切机床出口商的最大挑战为出口管制，尤其是针对中国、印度和俄罗斯，出口五轴加工中心和精密测量设备需要向美国商务部产业与安全局申请许可。美国的机床技术之所以能够在世界上保持长期领先，政府在引导加强研发和不断创新方面起到了至关重要的作用。2015 年，德国为机床出口第二大国，仅次于日本。德国政府一贯重视机床工业的重要战略地位，在多方面大力扶植。

2）国家相关政策出台

国务院 2015 年 5 月印发《中国制造 2025》，这是中国实施制造强国战略第一个十年的行动纲领，“智能制造”被定位为中国制造的主攻方向。工信部 2015 年启动实施“智能制造试点示范专项行动”，并于 7 月确定并公布了 2015 年 46 个智能制造试点示范项目名单。中国机床工具工业协会在《“十三五”规划纲要》和《中国制造 2025》的大框架下出台《中国机床工具 2020》，其主要作用是为政府主管部门和行业企业提供借鉴与参考。

2015 年 2 月，财政部、工信部、中国保险监督管理委员会联合印发《关于开展首台（套）重大技术装备保险补偿机制试点工作的通知》，这是推动首台（套）重大技术装备走向市场的重要举措。10 月，工信部发布《首台（套）重大技术装备推广应用指导目录（2015 年第二版）》，增加了“数控车床”、“数控齿轮加工机床”、“数控磨床”、“特种加工机床”，以及部分“成形机床”的首台（套）项目。

2015 年 12 月，财政部、国家发改委、工信部等六部委发布通知，决定对重大技术装备进口税收政策有关目录和规定部分条款进行修订。符合规定条件的国内企业为生产目录所列装备或产品而确有必要进口目录所列商品，免征关税和进口环节增值税。该目录中列明执行年限的，“有关装备、产品、零部件、原材料免税执行期限截止到该年度 12 月 31 日”。该政策的出台旨在进一步促进中国高端装备制造业加快技术进步的步伐，并为国内企业购置国产设备提供公平、合理的外部环境，对中国机床工具产品进口将产生相应影响。

3）行业企业的发展战略

机床行业近千家企业加入《中国机床工具行业反不正当竞争公约》。伴随着中国机床工具市场的持续低迷，机床工具行业产能尤其是低端同质化产能严重过剩的矛盾愈加突出，以恶性价格竞争为主要表现形式的不正当竞争行为时有发生，客观上损害了全行业的共同发展利益。中国机床工具工业协会于 2014 年年末正式发布了《中国机床工具行业反不正当竞争公约》，倡议行业企业自愿加入。2015 年，加入《中国机床工具行业反不正当竞争公约》的企业已累计达到 857 家，超过了中国机床工具工业协会会员企业的半数，体现了该公约的行业影响力。

行业上市公司并购重组活跃。2015 年机床工具上市公司并购重组持续上演。11 月，沈机集团与西藏紫光卓远股权投资有限公司签署股权转让协议；华东数控原实际控制人于 11 月签署《关于〈一致行动协议〉的解除协议》，大连高金成为公司第一大股东；华中数控 9 月以 2.8 亿元收购江苏锦明 100% 的股权；日发精机收购意大利高嘉国际（Colgar International Srl）公司 100% 的股权等。

（撰稿：张俊；审稿：卢秉恒）

4.7　工业机器人

在政策推动、制造业转型升级、劳动力成本上升等因素影响下，“十二五”以来中国工业机器人产业发展迅速，市场需求高速增长，国产工业机器人产品研发持续推进，产业化进程加快。随着《机器人产业发展规划（2016-2020 年）》的发布以及相关配套政策的逐步落实，“十三五”期间，中国工业机器人将迎来重大发展机遇。

4.7.1　工业机器人产业“十二五”总结

1）市场规模位居全球第一，应用密度仍有较大提升空间

“十二五”期间，中国工业机器人市场规模快速增长，市场销量从 2010 年的 1.5 万台增至 2015 年的 6.7 万台（图 4.26），年均增速达到 34.8%。自 2013 年起，中国连续三年稳坐全球工业机器人市场头把交椅，2015 年销量占比超过 1/4。工业机器人

保有量也从 2010 年的 5.2 万台增至 2015 年的 25.6 万台，年均增速达到 37.4%。

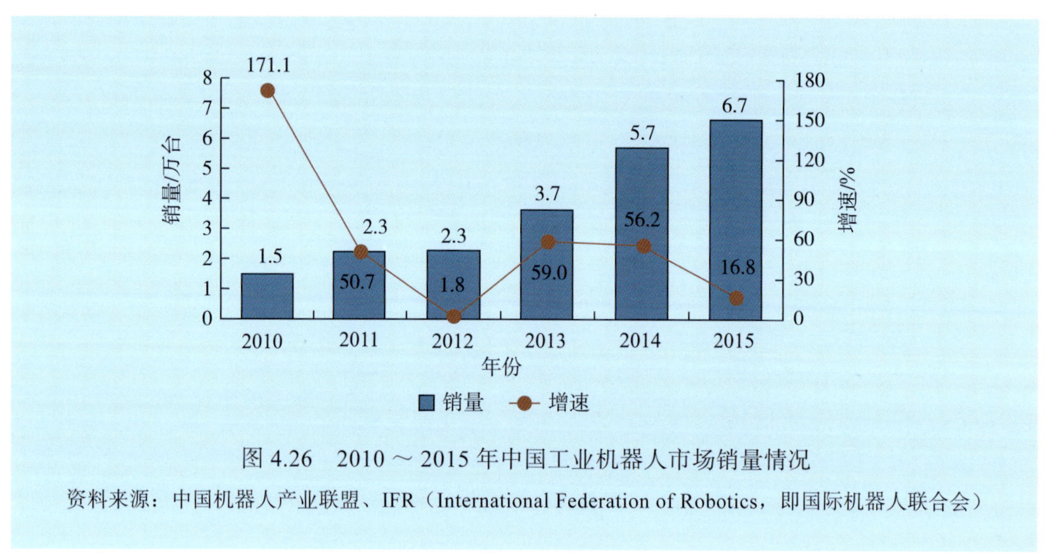

图 4.26 2010 ～ 2015 年中国工业机器人市场销量情况

资料来源：中国机器人产业联盟、IFR（International Federation of Robotics，即国际机器人联合会）

中国大陆虽然已经是全球工业机器人最大的市场，但工业机器人应用密度（即每 10 000 名工人使用工业机器人的数量）仍然很低，2014 年中国大陆工业机器人应用密度仅为 36 台 /10 000 名产业工人，远低于全球平均水平（66 台 /10 000 名），与工业自动化程度较高的韩国、日本和德国相比差距更大，中国大陆工业机器人应用密度仍有较大的提升空间（图 4.27）。

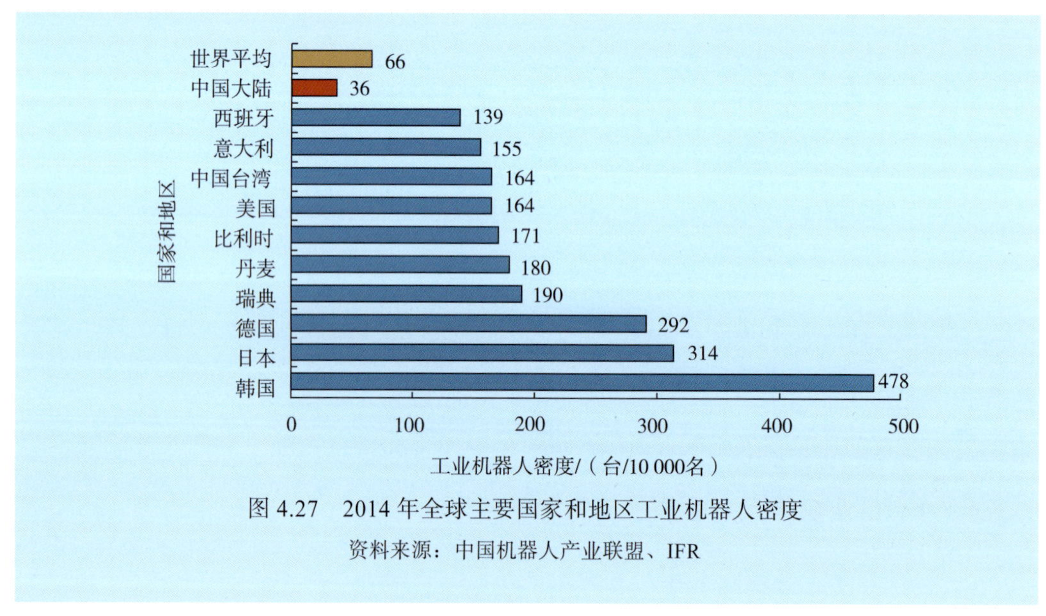

图 4.27 2014 年全球主要国家和地区工业机器人密度

资料来源：中国机器人产业联盟、IFR

2）应用行业不断拓展，外资品牌仍然占据主导地位

“十二五”期间，随着工业机器人技术的日益完善，工业机器人在中国各行业得

到快速推广。一直以来，汽车制造业都是工业机器人最大的应用行业，随着中国生产自动化的不断推进，工业机器人的应用行业也在不断拓展，汽车制造业的占比不断降低，从 2012 年的 41.9% 降至 2015 年的 36.2%；电子产品和金属制造业的占比不断提升，分别从 2012 年的 14.3% 和 9.6% 提升至 2015 年的 23.3% 和 15.6%（图 4.28）。此外，工业机器人也在不断向采矿业，以及电力、热力生产和供应等非制造业领域延伸。

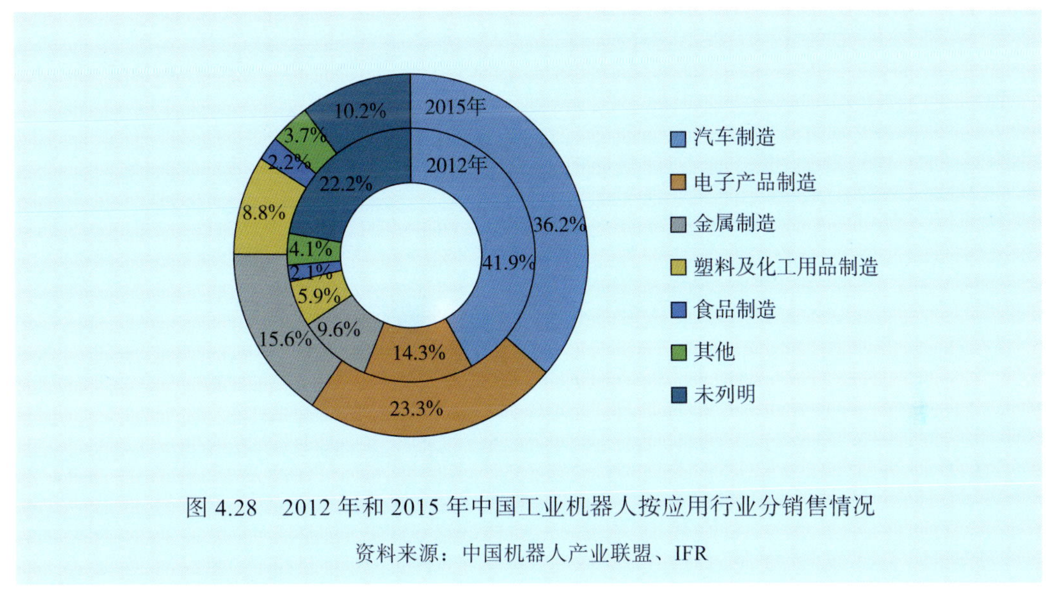

图 4.28　2012 年和 2015 年中国工业机器人按应用行业分销售情况

资料来源：中国机器人产业联盟、IFR

随着中国机器人市场空间的迅速增长，外资工业机器人巨头纷纷加大对中国市场的布局，设立生产基地，同时建立起遍布全国的庞大的营销网络，并逐渐从汽车制造业向其他量大面广的制造业领域渗透。从国内市场竞争格局来看，2015 年外资品牌工业机器人在中国市场销量占比达到 69%，特别是在世界上最早开展机器人应用的行业——汽车制造业占据绝对优势，销量占比高达 91%。

3）自主研发能力显著增强，核心技术仍然受制于人

近年来，在市场和政策的双重驱动下，国产工业机器人的研制取得了长足的进步，目前，国内已基本掌握了机器人的设计与制造技术。随着市场竞争日趋激烈，企业不断加大研发投入，自主研发能力显著增强，国产工业机器人新产品上市速度加快。国内一些企业在关键零部件研制方面也有所突破，特别是部分企业在精密减速器方面的研发稳步推进，先后推出了自己的机器人关节减速器。

然而，在核心及关键技术的原创性研究、高可靠性基础功能部件、系统工艺应用解决方案及主机批量生产等方面，国产工业机器人距发达国家还有相当的差距，核心技术仍然受制于人。工业机器人所需精密减速器、伺服电机及驱动器等关键部件依赖进口的局面并未从根本上得到改变。

4）国产品牌竞争力不断提升，龙头企业与国外差距较大

近年来，国产工业机器人市场销量不断增长，2012 年国产工业机器人销量仅为 3 148 台，到 2015 年攀升至 2.1 万台，年均增速高达 86.8%。随着技术水平的不断提升，国产工业机器人的市场竞争力也在不断提高，2012 年国产工业机器人国内市场销量占比仅为 14%，2015 年增至 31%（图 4.29）。沈阳新松、广州数控、安徽埃夫特、南京埃斯顿、上海新时达等企业近年来发展迅速，研发创新能力不断增强，品牌认可度不断提升，成为行业内具备一定竞争力的骨干企业。

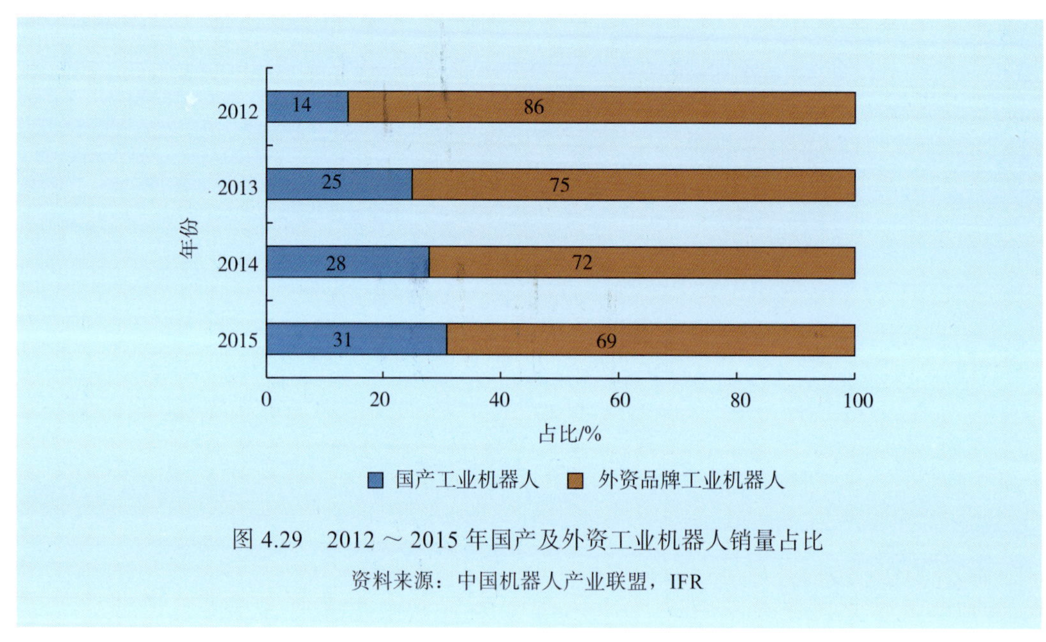

图 4.29　2012 ～ 2015 年国产及外资工业机器人销量占比

资料来源：中国机器人产业联盟，IFR

5）政策助推产业高速增长，发展秩序亟待进一步规范

近年来，国家高度重视机器人产业的发展，陆续出台了一系列扶持政策。2012 年，《高端装备制造业“十二五”发展规划》明确提出了实现工业机器人及核心部件产业化的目标；2013 年，《工业和信息化部关于推进工业机器人产业发展的指导意见》指出，工业机器人“代表着未来智能装备的发展方向”；2015 年，《中国制造 2025》明确将“高档数控机床和机器人”作为大力推动的重点领域之一，并提出将大力促进机器人标准化、模块化发展，扩大市场应用。2016 年 4 月，工信部、国家发改委、财政部联合发布《机器人产业发展规划（2016-2020 年）》，针对机器人全产业链上的瓶颈和问题，提出了中国机器人产业“十三五”期间的总体发展目标。与此同时，各地方政府也陆续出台相关扶持政策，大力发展机器人产业。

然而，在巨大的市场需求吸引下和一些地方政府的盲目支持下，众多企业纷纷涉足机器人领域，机器人产业低水平重复建设苗头显现。2016 年年初工信部的调查数据显示，目前中国涉及机器人生产及集成应用的企业有 800 余家，其中工业机器人本体制造企业就有 200 多家，但大部分企业以组装和代加工为主，产品集中在中

低端。由于缺乏统一的标准和权威的检测认证机构，行业进入门槛低，产品质量参差不齐，降低了用户对国产工业机器人的认可度，产业秩序亟待进一步规范。

4.7.2　工业机器人产业“十三五”发展趋势

1）市场需求潜力巨大，产业规模持续扩张

据德勤发布的《2016全球制造业竞争力指数》报告统计，自2005年以来的十年期间，中国的劳动力成本上升了5倍，比1995年上涨了15倍，由于担心劳动力成本上升，一些发达经济体的企业已经把它们的生产转移到成本较低的国家或搬回自己国家[26]。受用工荒、用工成本不断上涨、人口红利逐渐消失以及制造业转型升级等因素的影响，“十三五”时期，中国工业机器人市场需求潜力依然较大。工业机器人逐渐代替人工符合中国新的比较优势，成为提升制造业竞争力的重要途径。此外，随着生产方式不断向柔性化、智能化、精细化转变，构建以智能制造为根本特征的新型制造体系迫在眉睫，工业机器人作为制造业智能化的关键支撑装备，其发展机遇空前。因此，“十三五”期间中国工业机器人产业将继续保持较快增长，产业规模将持续扩大，预计到“十三五”末期，中国工业机器人市场销量有望超过15万台。

2）标准及认证体系逐渐完善，国产品牌可靠性有所提升

一直以来，产品质量、可靠性都是制约中国机器人及关键零部件发展的一大瓶颈问题，而行业标准的缺失是造成产品质量参差不齐的重要原因之一。自2015年国家机器人检测与评定中心（简称国评中心）以及国家机器人标准化总体组成立以来，中国机器人产业标准及认证体系建设工作不断推进。“十三五”期间，一批机器人国家标准、行业标准和团体标准将相继出台，机器人产业第三方检测及认证机构也将逐步建成、完善，届时国家及各级政府部门在制定相关扶持政策时将有据可依、有章可循，能够从根本上避免一哄而上、盲目支持的现象发生，中国机器人产业发展环境将有所改善，国产工业机器人质量、可靠性及品牌认可度将不断提升。

3）国产品牌市场占有率继续提升，应用领域愈加广泛

2016年4月发布的《机器人产业发展规划（2016-2020年）》提出了“两突破”“三提升”的指导思想，即“实现机器人关键零部件和高端产品的重大突破，实现机器人质量可靠性、市场占有率和龙头企业竞争力的大幅提升”。并提出了多项具有针对性和可操作性的重点任务及保障措施。虽然目前国内工业机器人市场主要以外资品牌为主导，但随着关键零部件及高端产品的逐渐突破，以及国产工业机器人质量、可靠性的逐步提升，国产品牌市场占有率有望进一步提高。

截至2015年，中国国产工业机器人已服务于国民经济35个行业中类，88个行业小类，同“十二五”初期相比大大增加。随着技术水平的不断提升和制造业转型升级步伐的加快，“十三五”期间国产工业机器人的应用领域将愈发广泛。

4.7.3 工业机器人产业 2016 年新进展

1）企业战略合作和兼并重组积极活跃

随着机器人产业热度不断升温，进入机器人领域的企业数量日益增多，市场竞争日趋激烈，为整合行业资源、提升技术水平、获得更多的话语权，国内企业加快了兼并重组和战略合作的步伐，2016 年以来，企业间并购和合作积极活跃。2 月，由沈阳新松和安信咨询共同出资的中德新松教育集团并购德国陶特洛夫职业培训学院，率先引进德国双元制先进教育理念及办学经验，解决企业高级技师和工程师人才缺口；3 月，安徽埃夫特收购 ABB 在欧洲通用工业领域最大的集成商——意大利 EVOLUT 公司，借助其核心科技与经验进军汽车零部件行业、高铁机车行业、表面处理和产品装配等领域；4 月，浙江万丰科技以 3.02 亿美元收购美国焊接机器人应用系统服务商 Paslin，打通从机器人本体到大规模机器人系统集成的上下游产业链。

2）自主研发新产品不断涌现

为应对激烈的市场竞争，工业机器人生产企业纷纷加大对新技术和新产品的研发投入。2016 年以来，具有核心竞争力的自主研发新产品不断涌现。哈博实研制的（高温）炉前作业机器人成功通过用户现场连续 180 天运行测试，开创了国内电石生产企业出炉自动化、智能化的先例；沈阳新松自主研发的复合型机器人开始批量生产，这种复合型机器人综合了工业机器人和智能移动机器人的应用特点，与国际领先机器人厂商在精度、速度等指标上不相上下；南宁宇立研发的国内首台智能铸件打磨机器人，能够感知铸件尺寸的差异并自动调整，同时还能回收粉尘。

3）跨行业企业成为新晋竞争者

由于看好中国工业机器人市场前景，众多企业纷纷涉足这一领域，跨行业企业成为工业机器人领域新晋竞争者，其中以家电企业表现最为活跃。2016 年，美的收购全球工业机器人巨头 KUKA 备受瞩目，截至 8 月 8 日，美的对 KUKA 的持股比例已超过九成；四川长虹与另外一个工业机器人巨头 ABB 签订战略合作协议，在成都设立中国西部首个机器人应用联合实验室，双方将在工业机器人的应用开发、生产、系统集成等方面开展深度合作，共同开发中国市场；老牌轮胎企业青岛双星集团也与 ABB 签署战略合作伙伴协议，在青岛高新区共同成立工业机器人应用技术创新中心，将进行智能机器人的应用创新和超前研究，并联合开发适合中国轮胎行业升级改造和建立智能制造工厂的专业机器人。

（撰稿：陈丹、赵军平、王昕；审稿：王天然、姚之驹）

4.8 增材制造装备

增材制造（俗称 3D 打印）是指基于离散-堆积原理，由零件三维数据驱动直接制造零件的变革性数字制造技术，体现了信息网络技术与先进材料技术、数字制造技术的密切结合，是先进制造业的重要组成部分。当前，增材制造技术已经从研发转向产业化应用，其与信息网络技术的深度融合，将给传统制造业带来变革性影响。加快增材制造技术发展，尽快形成产业规模，对推进中国制造业转型升级具有重要意义。增材制造装备是增材制造技术实现的载体，也是保证增材制造产品高性能和质量稳定性的关键要素。

4.8.1 增材制造装备产业“十二五”总结

1）增材制造装备产业的市场份额

美国专门从事增材制造技术咨询服务的 Wohlers 协会在 2015 年度报告中对行业发展情况进行了分析。2014 年增材制造设备与服务全球直接产值为 41.03 亿美元，2014 年增长率为 35.2%，其中设备材料为 19.97 亿美元，增长 31.6%；服务产值为 21.05 亿美元，增长 38.9%；其发展特点是服务相对设备材料增长更快。在增材制造应用方面，工业和商业设备领域占据了主导地位，然而其比例从 18.5% 降低到 17.5%；消费商品和电子领域所占的比例为 16.6%；航空航天领域从 12.3% 增加到 14.8%；机动车领域为 16.1%；研究机构占 8.2%，政府和军事领域占 6.6%，二者较 2013 年均有所增加；医学和牙科领域占 13.1%；等等。在 2005 ～ 2015 年的大部分时间内，消费商品和电子领域始终占据着主导地位。目前，美国在设备拥有量上占全球的 38.1%，居首位；日本居第二位；中国于 2014 年赶超德国，以 9.2% 列第三位。在设备销售量方面，2014 年度美国增材制造设备产量最高，中国次之，日本和德国分别位居第三、四位。

根据 Wohlers 协会的 2016 年度报告[27]，增材制造行业连续两年增长达 10 亿美元，总市值已经接近 51.65 亿美元。报告指出，相比 2014 年，2015 年销售工业级增材制造装备（售价高于 5 000 美元）的厂商要多出 13 家，该数量是 2011 年的两倍多。在金属增材制造行业，其市场领导者包括 EOS、3D Systems、Concept Laser、Optomec 等，2015 年又出现了有前途的新企业，包括 Toshiba 以及以色列初创公司 XJet。桌面 3D 打印机领域也出现了较强的增长，2015 年，售价低于 5 000 美元的桌面型 3D 打印机销量超过 27.8 万台，比 2014 年的 16 万台高出 74%。

总体而言，全球增材制造装备产业发展迅速，市场规模逐步培育并扩大，中国增材制造产业所占市场份额较小，但增长势头明显。

2）增材制造装备产业发展的政府引导作用

世界工业强国纷纷将增材制造作为未来产业发展新的增长点加以培育，制定了发展增材制造的国家战略和具体推动措施，加大研发力量和推进产业化，力争抢占未来科技和产业制高点[28]。2012 年 8 月，美国政府宣布成立国家增材制造创新中心（National Additive Manufacturing Innovation Institute，NAMII），并于一年后将该中心更名为“美国制造”（America Makes），体现美国政府强化“美国发明，美国制造”的战略构想。奥巴马总统强调这个创新中心的成立是强化美国制造业的重要步骤，说明美国政府明确把3D打印技术作为引领制造业发展新方向的新技术之首。英国国家技术战略委员会在《未来的高附加值制造技术展望》的报告中则把3D打印技术作为提升国家竞争力、应对未来挑战亟须发展的22项先进技术之一。法国快速原型制造协会（Association Française de Prototypage Rapide，AFPR）则致力于3D打印技术标准的研究和3D打印技术的应用。而德国于2008年就成立了以3D打印为主要技术对象的直接制造研究中心（Direct Manufacturing Research Center，DMRC），西门子、空客（AirBus）、波音（Boeing）公司等知名单位为该中心提供资助。

中国自20世纪90年代初就开始开展快速成型技术/增材制造技术的研究和应用。在军委装备发展部（原总装备部）、国家自然科学基金委员会、科学技术部（简称科技部）、工信部等多个部门的持续支持下，中国在设备制造、材料技术、软件开发、工业应用等方面开展了积极的探索，打下了良好的基础。随着近期国际关注的持续升温，此项技术也成为国内媒体、科研院所、企业、各地方政府关注的热点，增材制造中心在全国许多高校遍地开花，产业蓬勃发展。2012年10月中国3D打印技术产业联盟成立；2013年3月中国首个3D打印研究院落户南京。与此同时，增材制造业也逐步被提升到国家战略层面。2013年中国工程院制定了《增材制造技术工程科技发展战略研究报告》；同年，科技部首次将增材制造纳入《国家高技术研究发展计划（863计划）、国家科技支撑计划制造领域2014年度备选项目征集指南》；工信部也进行了增材制造的顶层设计和统筹规划，制定了技术路线图和产业发展专项政策。2013年12月，中共中央政治局委员、国务院副总理马凯到北京航空航天大学调研考察时指出，增材制造这项技术的成功研发，不仅会对中国传统工业的改造发挥巨大作用，同时会对中国制造业的国际竞争产生深远影响。他强调，必须高度重视对高性能增材制造技术研究的支持和引导，坚持市场导向、企业主体和政府引导的产业发展方向，坚持创新驱动、产业引领和人才支撑等产业发展策略，突出抓好设备、材料和相关软件的科技攻关。2014年12月，国家发改委批复依托北京航空航天大学建设“大型金属构件增材制造国家工程实验室”。2015年2月，工信部、国家发改委和财政部联合印发《国家增材制造产业发展推进计划（2015-2016年）》，加快推进中国增材制造产业健康有序发展[29]。2015年5月，由国务院发布的《中国制造2025》也明确提出要加快和推进增材制造技术和装备的研发速度。

3）中国增材制造装备产业的发展现状

中国自20世纪90年代初，在科技部等多部门持续支持下，西安交通大学、华中科技大学、清华大学、北京隆源公司等在典型的成型设备、软件、材料等的研究和产业化方面获得了重大进展。随后国内许多高校和研究机构也开展了相关研究，如北京航空航天大学、西北工业大学、华南理工大学、南京航空航天大学、上海交通大学、大连理工大学、中国工程物理研究院等单位都在做探索性的研究和应用工作。中国增材制造技术与世界先进水平基本同步，成功研制出光固化、激光选区烧结、激光选区熔化、激光近净成型、熔融沉积成型、电子束选区熔化成型等工艺装备。增材制造技术及产品已经在航空航天、汽车、生物医疗、文化创意等领域得到了初步应用，涌现出一批具备一定竞争力的骨干企业。特别是在高性能大型整体金属承力构件方面走在世界前列，以北京航空航天大学“产学研”团队为代表，率先突破并掌握了主承力钛合金构件激光增材制造“变形开裂”预防和“质量性能”控制等核心关键技术，研制了具有系列原创核心技术，成型能力达 5 米 ×3 米 ×2 米的大型关键构件激光增材制造工程化成套装备（图 4.30），研制成果已应用于多种型号飞机的研制（图 4.31）[30]。

(a)

(b)

图 4.30　北京航空航天大学研制具有原创核心技术的大型金属激光增材制造装备

图 4.31　北京航空航天大学激光增材制造某飞机机身整体钛合金加强框

“十二五”以来，增材制造技术在美国取得了快速的发展。主要的引领要素是低成本3D打印设备社会化应用和金属零件直接制造技术在工业界的应用。但国内增材制造市场发展不大，主要还在工业领域应用，没有在消费品领域形成快速发展的市场，尚未形成完整的产业体系，离实现大规模产业化、工程化应用还有一定距离。另外，研发方面投入不足，在产业化技术发展及应用方面落后于美国和欧洲。在技术研发方面，中国增材制造装备的部分技术水平与国外先进水平相当，但在关键器件、成型材料、智能化控制和应用范围等方面较国外先进水平落后，政策与标准体系有待建立，缺乏有效的协调推进机制。

4.8.2 增材制造装备产业“十三五”发展趋势

1）增材制造将带来服务和影响模式的创新

现阶段，主要的3D打印企业一般以材料供应、设备制造和打印服务的综合形式存在，这是产业发展初期技术推广和市场规模的限制所致的。长期来看，产业链的各环节会产生专业化的分离：专业材料供应商和打印企业会出现，产品设计服务会独立或向下游消费企业转移。3D打印有望转化为一个真正意义上的工具平台。3D打印产业链涉及很多环节，包括打印机设备制造商、模型软件供应商、打印机服务商和打印材料的供应商。因此围绕3D打印的产业链会产生很多机会。在3D打印产业链里，除了出现大品牌的生产厂商外，也有可能出现基于3D打印提供服务的巨头。

2）增材制造产业将面临诸多挑战

目前中国3D打印技术发展面临诸多挑战，总体处于新兴技术的产业化初级阶段，主要表现在：一是产业规模化程度不高。3D打印技术大多还停留在高校及科研机构的实验室内，企业规模普遍较小。二是技术创新体系不健全。创新资源相对分割，标准、试验检测、研发等公共服务平台缺乏，尚未建立起产学研用相结合的技术创新体系。三是产业政策体系尚未完善。缺乏前瞻性、一致性、系统性的产业政策体系，包括发展规划和财税支持政策等。

3）增材制造大型金属结构应用不断加深，新型3D打印技术进一步发展

在工业消费领域，由于增材制造技术的不断发展，以及金属本身在工业制造中的广泛应用，以激光熔化沉积和选区熔化为主要成型技术的增材制造装备，未来将会在航空航天、轨道交通、能源动力、海洋工程等领域获得等重大设备中实现工程应用。另外，微纳3D打印、太空3D打印、生物3D打印、4D打印等新型增材制造技术和装备进一步发展，并逐步走向工程应用。

4.8.3 增材制造装备产业2016年新进展

1）各国政府对增材制造技术研发的持续投入

为落实《国家中长期科学和技术发展规划纲要（2006—2020年）》和《中国制造2025》等提出的任务，科技部国家重点研发计划启动实施“增材制造与激光制造”

重点专项，围绕增材制造与激光制造的基础理论与前沿技术、关键工艺与装备、创新应用与示范部署任务。在美国国家标准与技术研究院的资助下，美国应用研究实验室、宾夕法尼亚州立大学联合编写了《下一代增材制造材料战略路线图》，来自政产学的 120 位专家学者共同编写了该路线图，为未来十年建设积累必要的增材制造基础知识、加快增材制造材料设计及应用提供了战略指引，研究人员希望借此将新材料引入增材制造产业驱动创新，并打造美国未来先进制造竞争力 [31]。

2）增材制造技术在高端装备制造中的作用日益突出

达索系统近期宣布空客集团经过两年的综合标杆分析，决定将正在使用的集成了设计、仿真和生产的达索系统 3D 体验平台扩展应用到增材制造项目。空客集团将部署达索系统的协同设计和仿真应用，作为“针对目标的协同设计”（co-design to target）行业解决方案体验的一部分，以支持用于商用飞机的飞行测试和生产使用过程中的工装工具、快速原型，用于测试飞行和批量生产用的零部件增材制造，通过对增材制造流程的每一阶段进行虚拟验证，来优化其概念设计。运用达索系统的解决方案及其自身在增材制造领域的领先优势和工程专业知识，空客集团能够探索更多设计和制造的可能性方案，以满足工装工具与零部件增材制造过程中的工程和制造需求。

美国海军在 2016 年 3 月进行的“三叉戟”Ⅱ D5 潜射弹道导弹第 160 次试射中成功测试了首个使用 3D 打印的导弹部件——可保护导弹电缆接头的连接器后盖，通过 3D 打印该零件的设计和制造时间缩短了一半 [32]。

3）新的增材制造技术和增材制造装备不断涌现

2015 年 3 月，硅谷初创企业 Carbon3D Inc.，研发的“连续液面生长”（continuous liquid interface production，CLIP）技术使得物体可以产生于液态介质，而非像过去 25 年所使用的层层打印，它代表了 3D 打印的一种新方式。这项技术被发表在 3 月 20 日的《科学》期刊上，它使得打印即用型产品的速度比任何其他方法都要快 25 倍至 100 倍，并创造了前所未有的几何体。

2016 年 2 月，美国国家航空航天局（National Aeronautics and Space Administration，NASA）授予太空制造公司价值 2 000 万美元、为期两年的“多功能太空机器人精确制造与装配系统”合同，用以研发装有机械臂的 3D 打印机，并将其安装在国际空间站外部分离舱，计划于 2018 年演示验证在轨增材制造与装配大型、复杂结构的能力。

2016 年 2 月，美国西亚基公司公布了基于电子束增材制造（electron beam additive manufacturing，EBAM）工艺金属 3D 打印系统专用的 IRISS（internal real-time imaging and sensing system，即闭环控制系统）。IRISS 是一种沉积层内部实时成像和传感系统，将提供广泛的实时监控和处理数据，为工业制造商在规模较大的金属 3D 打印零部件的质量和性能控制方面提供支持 [33]。

2016 年 4 月 26 日，华中科技大学研制出成型体积为 500 毫米 ×500 毫米 ×530

毫米的4光束大尺寸SLM（selective laser melting，即选择性激光熔化）增材制造装备，成形效率和尺寸迄今为止在同类设备中处于领先水平。

4）增材制造标准与规范逐步形成

随着3D打印技术的兴起，大量标准开发机构正在进行相关方面的标准制定工作，但是面临着标准开发机构之间缺乏统筹导致的标准一致性问题。为此，美国制造创新研究所与美国国家标准学会于2016年3月宣布合作成立美国制造 & 美国国家标准学会增材制造标准化协作机构（Additive Manufacture Standard Cooperation，AMSC)。该机构是一个跨部门协调机构，致力于协调并加速开发出全行业的与相关参与机构需求一致的增材制造标准与规范，从而促进增材制造企业的成长。2016年4月21日，中国增材制造标准化技术委员会在北京成立，该委员会主要负责增材制造术语和定义、工艺方法、测试方法、质量评价、软件系统及相关技术服务等领域国家标准制修订工作。中国增材制造标准化技术委员会的成立对于推进增材制造标准化工作，把中国增材制造的优势转化为国际竞争力，促进增材制造技术和产业的发展，具有十分重要的意义。

（撰稿：张纪奎、汤海波；审稿：王华明）

参考文献

[1] 中航工业科技委．战略性新兴产业“十三五”规划咨询研究，2014.

[2] 国防科学技术工业委员会信息中心．中国民用航空工业统计年鉴．北京：中国统计出版社，2010～2015.

[3] 中航工业科技委．2030年民用航空发动机发展战略研究，2009.

[4] 中航工业科技委．中国制造2025航空产业研究报告，2013.

[5] 国家铁路局．2015年铁道统计公报，2016.

[6] 中国城市轨道交通协会．城市轨道交通2015年度统计和分析报告，2016.

[7] 周济．实施“中国制造2025”，加快建设制造强国，2014.

[8] 葛继平，林莉，黄明．中国轨道交通装备制造业两化融合现状调查及发展策略探析．中国科技论坛，2010，(6)：59-63.

[9] 国家发展改革委2012年青年调研组，刘春雨，顾紫明．轨道交通装备制造业科技创新调研．宏观经济管理，2013，(1)：67-68.

[10] 马延德．海洋工程装备．北京：清华大学出版社，2008.

[11] 陈明义．培育壮大我国的海洋工程装备制造业．宏观经济，2011，(5)：4-6.

[12] 谢彬，李阳，张威，等．超深水半潜式钻井平台设计技术创新与应用．海洋工程装备与技术，2015，2 (6)：353-360.

[13] 刘保华，丁忠军，史先鹏，等．载人潜水器在深海科学考察中的应用研究进展．海洋学报，2015，37（10）：1-9.

[14] 新闻纵横．我国首次成功实施水下机器人无人缆控潜水器作业．新华网，2014-02-14.

[15] 包张静．全球海洋工程装备市场 2012 年回顾与 2013 年展望．中国船舶报，2013-02-21.

[16] 徐晓丽．海工装备市场的 2014. 中国船检，2015，2：83-85.

[17] 张琦，刘二森，屠佳樱．全球海洋工程装备市场 2015 年回顾与 2016 年展望（上）．中国船舶报，2016 02 05.

[18] 陈元芳．我国首艘自升式海上风电作业平台目前通过成果鉴定．船舶工程，2014，（2）：10010.

[19] 国务院．国务院关于印发“十三五”国家科技创新规划的通知．中国政府网，2016-07-28.

[20] 国家发展改革委，工业和信息化部，国家能源局．国家发展改革委 工业和信息化部 国家能源局关于印发《中国制造 2025—能源装备实施方案》的通知．国家能源局网站，2016-06-20.

[21] 工业和信息化部．工业和信息化部关于印发《船舶配套产业能力提升行动计划（2016 － 2020）》的通知．工信部网站，2016-03-04.

[22] 付奇．最先进海洋生活 平台在启东出坞．新华日报，2016-04-26.

[23] 荣启涵．我国首艘 4500 米载人潜水器工作母船“探索一号”科考船改修完工．新华网，2016-05-05.

[24] 郭长城．米兰观展归来看世界机床新变化，2016.

[25] 周敏森．CCMT 2016 展品五大看点．世界制造技术与装备市场，2016，（1）：32.

[26] Deloitte. 2016 global manufacturing competitiveness index，2016.

[27] Wohlers Associates. Wohlers Report 2016：3D printing and additive manufacturing state of the industry，2016.

[28] 卢秉恒，李涤尘，田小永．增材制造（3D 打印）发展趋势．Engineering，2015，1（1）：85-88

[29] 工业和信息化部，国家发展和改革委员会，财政部．国家增材制造产业发展推进计划（2015-2016 年）．http://www. zzgy. gov.cn，2015-02-11.

[30] 王华明．高性能大型金属构件激光增材制造：若干材料基础问题．航空学报，2014，35（10）：2690-2698.

[31] Penn State. Penn State releases roadmap for advancement of additive manufacturing materials，2016.

[32] Andre. US Navy’ s Trident Ⅱ D5 ballistic missile flies with first 3D printed component. http://www.3ders.org/articles/20160319-us-navys-trident-ii-d5-ballistic-missile-flies-with-first-3d-printed-component.html，2016-03-19.

[33] Werner D. Made in space think big with Archinaut，a robotic 3D printing demo bound for ISS，2016.

第 5 章

生物产业

陈必强　雷二庆　刑婉丽　刘　冉　刘录祥　李　奎　邱德文　李　俊　刘　洁

【内容提要】生物产业是指生物技术在国民经济中的应用形成的产业活动，包括生物医药、生物医学工程、生物农业、生物制造、生物环保、生物能源、生物服务，是重要的战略性新兴产业。“十二五”以来，中国生物产业一直保持年均20%左右的增速，2014年产业规模达到3.16万亿元。世界许多国家都不约而同地把生物产业作为新的经济增长点来培育，加速抢占“生物经济”制高点。

本章对“十二五”生物产业的发展现状、成功经验、存在问题进行了科学评价，并系统分析“十三五”的总体形势、国内外发展趋势，坚持“服务决策、适度超前”原则，提出“十三五”生物产业发展需要重点发展与培育的产业方向、重大工程，并针对存在问题及发展需求提出相关政策措施建议。

在本书中，生物医药是指化学药、生物药、中药、生物医学工程。生物药具有独特疗效优势，是生物医药产业的未来之星。生物药行业具有高科技、高成长、高附加、高回报的特点。生物药研制成功后，生产成本低，不受资源限制，市场寿命长，产品利润率一般为30%～70%。因此，从战略层面研判，生物医药产业既是满足国民健康刚性需求的非周期性产业，也是对社会经济可持续发展贡献巨大的战略性新兴产业。

生物医学工程是一个快速发展的领域，包括医疗器械、植介入材料及制品、体外诊断产品等。生物医学工程是生物技术、材料与信息技术深度融合的产业，也是满足中国人民预防、诊断、治疗、手术、急救、康复等医学和个人保健的市场需求产业，已成为国际投资热点。生物医学工程领域的科技创新高度活跃，电子、信息、网络、材料、制造、纳米等先进技术的创新成果向生物医学工程与生命健康服务领域的渗透日益加快，创新产品不断涌现。

生物农业是指利用现代生物技术，围绕动植物品种选育改造、健康保障、高效营养等全产业链的关键环节，开展颠覆性技术突破，研发具有市场竞争力的核心产品，对技术、产品进行集成应用，为农业生产提供技术和物质支撑而形成的新兴产业。生物农业产业分为动植物育种、动植物健康、动植物营养三大领域，具体包括植物育种、动物育种、生物农药、生物兽药、生物肥料、生物饲料等研究内容。生物农业产业是国家战略性、基础性核心产业。

生物制造是指以生物体机能进行大规模物质加工与物质转化、为社会发展提供工业商品的新行业。广义的现代生物制造产业包含两类重点领域：①以可再生的生物质为原材料，以微生物细胞或以酶蛋白为催化剂进行大规模物质加工与物质转化形成消费者、化工工业和能源工业可利用的产品和物质材料，实现生物质原料对化石原料作为工业基础原料路线的替代，又称为生物基产品；②运用生物工艺—— 包括发酵工程、现代酶工程（以酶蛋白为催化剂）或其他生物催化剂等技术在各类工业行业中，实现绿色生物工艺对传统化学工艺路线的替代，具有低碳循环、绿色清洁等典型特征。

5.1 “十二五”期间生物产业发展现状

5.1.1 生物医药产业总体规模增大，化学药和中药仍为行业主导

2015 年医药工业累计实现主营业务收入 26 703.2 亿元，同比增长 9.0%，增速较上年同期下降 4.1 百分点；实现利润总额 2 749.2 亿元，同比增长 12.3%，增速与上年同期基本持平。截至 2015 年年底，医药制造业增加值增速为 9.9%，虽然较上年同期下降 2.4 百分点，但显著高于 GDP 和全国工业增加值增速[1]。化学药和中成药成为拉动整个行业快速增长的主要力量。生物药品制造总产值 3 164.2 亿元，同比增长 10.3%，另外，高质量仿制药市场需求不断扩大，根据中国医药工业信息中心测算，2015 年中国药品市场规模在 1.3 万亿～ 1.4 万亿元，扣除中成药、外资企业药品以及一类新药后，仿制药稳稳占据着市场最大份额。

5.1.2 医疗器械行业增长迅速，产业新方向得到快速发展

2015 年，中国医疗器械行业实现产值 2 382.5 余亿元，同比增长 10.3%。医药和医疗器械消费比为 1 ∶ 0.19[2]。“十二五”期间，中国重点推进了生物影像技术的研究与开发，高强度超声聚焦治疗系统、高端医疗诊断服务等新方向快速发展，出现

了一批年销售额超过 100 亿元的大型企业和年销售额超过 10 亿元的大品种。但与发达国家相比仍存在较大差距，表现为产业规模仍很小、技术和产品创新能力仍不足、产业集中度低、产业创新发展受相关政策制约等。在生命健康服务方面，中国已经建立了相对完整的人才培养体系，也凝聚了一些具有科研实力的高等院校、医院、科研机构、医药公司及其他机构。在生物芯片领域，博奥生物公司开发了用于疾病检测的晶芯系列产品。基因诊断领域，在以华大基因研究院、北京基因研究所、国家人类基因组南方研究中心、上海生物芯片工程中心等为代表的基因组研究开发基地建立了先进的基因组测序平台，基因测序能力已进入世界前列。但总体上，中国生命健康服务公司的数量众多，服务水平差别大，产业需要进一步集中。

5.1.3 生物农业产业培育取得重要进展，规模不断扩大

中国拥有抗病虫、抗除草剂、优质抗逆等一批功能基因及核心技术的自主知识产权，抗虫水稻、抗虫玉米以及高产优质棉花、高品质奶牛等一批创新性成果达到国际领先水平。动物胚胎移植为代表的细胞工程技术整体水平进入国际前列。中国已经成为世界第二大种子市场，主要由玉米、水稻、蔬菜种子市场组成。2013 年中国种子市场的销售额约 580 亿元，约占世界种子市场总规模的 20%；2014 年中国转基因作物的种植面积为 390 万公顷，位列全球第六；截至 2014 年 12 月底，农业部微生物肥料和食用菌菌种质量监督检验测试中心正式登记的微生物肥料产品达 1 216 个。当前，中国已形成微生物肥料登记企业 1 000 余家、产能 1 000 万吨、产值近 200 亿元的产业规模，使用的生物肥料优良功能菌种已超过 150 多个，成为世界之最。饲用酶制剂的年均产值达 20 亿元，农作物种业市场产值达到 650 多亿元。畜禽水产养殖量及产量均居世界前列。中国可生产农药品种达 500 多个。生物饲料产业的市场总值达到每年 180 亿元，并以年均 20% 的速度递增。中国可生产农药品种达 500 多个。其中，现在生物农药生产企业 260 多家，约占全国农药生产企业的 10%。生物农药制剂年产量近 13 万吨，年产值约 30 亿元，分别占整个农药总产量和总产值的 9% 左右，预计到 2020 年，将以 10% 以上的复合年增长率增长。

5.1.4 生物制造产业取得长足发展，传统发酵行业产能过剩问题亟待解决

“十二五”期间，中国新型微生物制造发酵行业产品产量稳定增长，产品品种增加。主要生物发酵产品产量从 2011 年的 2 230 万吨增长到 2014 年的 2 420 万吨，年总产值接近 3 000 亿元，生物发酵产品总产量居全球第一[3]。主要品种包括氨基酸、有机酸、淀粉糖、多元醇、酶制剂、酵母及功能发酵制品等。但中国的生物制造还主要停留在如谷氨酸、柠檬酸等技术含量相对较低的大宗传统发酵产品上，并且这些行业均面临一定程度的产能过剩，致使行业利润快速下滑，主要企业面临严峻的经营挑战。相关产业亟须进行转型升级，向更高性能、精细化及多元化下游衍生品进行拓展。“十二五”期间，中国在绿色生物工艺的应用方面已经取得了显著的成绩。其中，生物印染在纺织行业的应用比例已经占到了 40% ～ 50%，接近发达国家

的水平。生物制浆、生物脱墨在造纸行业中的应用也开始逐步普及。微生物浸矿技术在采矿与勘探行业中的应用也进入了示范项目阶段。燃料替代方面，2014 年中国燃料乙醇产量达 233.2 万吨，混配 E10 乙醇汽油约 2 140 万吨，占当年汽油总消费量的近 1/4，纤维素非粮乙醇产量为 3.2 万吨[4]。

5.2 “十二五”生物产业发展存在的问题

总体上看，近年来中国生物产业呈现快速发展态势，但产业发展层次低、创新能力不足、知识产权（专利）意识淡薄、新产品投产周期过长、企业竞争力弱等问题依然存在。创新资金匮乏、风投畏惧风险、产业化各环节人才匮乏等是制约中国生物产业创新的主要问题。体制创新滞后于技术创新，科研创新、医药卫生、投融资、生物制品审评、产品定价、转基因市场准入、政府采购、企业评价等体制机制改革滞后，难以适应大规模产业化需要。

5.2.1 产业关键技术缺乏，部分核心、高端、基础环节受制于人

尽管中国生物产业在部分领域的技术得到了一些突破，但核心技术掌握仍然较少，高端产品依赖进口的现象仍旧存在。关键核心技术的突破有限，导致部分产业领域的技术成熟度不足、产品附加值低、成本较高、市场竞争力不足。企业作为创新的主体，在产品研发方面重视不够，参与自主研发创新少、生产跟踪仿制多，普遍缺乏自己的核心技术、知识产权和自主品牌，仍然处于价值链的低端，一些新兴产业的专利和核心技术仍由发达国家掌握，关键设备还需要进口，严重制约中国生物产业发展的进程和水平。

中国医疗器械的技术和产品创新能力仍然不足，生产企业占 90% 以上，研发公司少，原创技术与原创产品较少，核心主导技术能力不强，虽然专利数量增加较快，但核心专利数量较少，产品研发水平相对较低，中低端产品多，关键零部件依赖进口，高端产品仍以仿制、改进为主，原创产品几乎没有。中国医学影像设备行业六大外资企业占据绝对主导地位，拥有 74% 以上的市场份额，分别是 GE、西门子、飞利浦、日立、东芝和岛津。中国生物医用材料和植入器械年耗量仅达美国的 1/10，高技术产品的 80% 左右依靠进口，远不能满足 13 亿人对生物医用材料的基本需求。

生物农业原始创新能力与国际先进水平还有很大差距，特别是缺乏支撑产业发展的核心技术。在动植物育种方面，缺乏适宜机械化、抗逆性突出、生态环保的高产优质品种，在技术创新和产权专利方面与发达国家尚存在较大差距。在动植物健康方面，缺乏拥有自主知识产权的新药靶标以及用于药物设计和筛选的化合物库，缺乏完善的生物药物创制研发平台。在动植物营养方面，产品的应用效果欠稳定、保质期相对较短等关键问题仍未得到根本解决。

生物制造方面，中国在合成生物学和高通量筛选等基础技术领域、新型生物反

应器的设计及其技术，以及分离提纯等工艺过程优化方面，较日本和欧美等发酵技术领先国家还存在差距，一些前沿产品目前还未突破技术路线，或者发酵过程的转化率和最终产品的纯度和品质有所缺陷，使产品缺乏性能和成本优势。

5.2.2 体制创新滞后于技术创新

中国传统的行政审批、市场准入、市场规范和监管体系等不能满足新时期产业发展，制约了自主创新产品的产业化跨越发展。战略性新兴产业在一些管理机制方面改革滞后，跟不上战略性新兴产业的发展，存在着“老办法管新事物”的现象，在生物医药、生物医学工程等产业中表现尤为突出。目前中国的生物医药企业在发展当中存在着严重的“创新困境”。这个困境不是技术原因造成的，而是企业面临着不创新没有核心竞争力、创新没有市场生存力的两难选择。企业在承受了巨大技术风险、资金风险将创新医疗器械、产品研制出来后，马上就遇到“政策绞索”，创新医疗器械和产品要经过数年时间的层层审批才能应用到临床，这使创新企业因收回投资困难而不敢或不能继续创新。

中国生物医药和医疗器械创新研发活动不断增加，但是监管机构的审批能力没有得到同步增加；药品注册审评效率不高，缺乏高效快速审批机制，延缓了中国创新药物进入市场的步伐；当前中国药品注册审评的时间成本远高于法规（《药品注册管理办法》）规定的时间数倍，也远高于西方发达国家，尤其创新药物的研发大量时间消耗在审评审批环节。国家现有新药创新产品保护政策、市场准入政策不健全，市场终端政策关口过严，压缩了生物医药企业发展空间。中国制药企业发展必须迈过四道门槛，即“注册审批、定价、目录、招标”，每一道门槛都是难过的关口。生物医药与医学工程的创新产品从注册完成，到进入市场要跨过诸多门槛，导致创新产品进入市场缓慢且很长时间内不能盈利，在一定程度上削弱了中国制药、医学工程企业自主创新的动力。生物医学工程产业方面，国家和地方政府虽然采取了许多措施为生物医学工程企业的发展提供保障，但是缺乏长期有效性，不能为中小型企业的发展提供长期支持。同时，出口产品缺少政府的政策支持。

5.2.3 技术研发和产业化脱节

中国生物医药科技成果的转化率大约在 25%，真正实现产业化的只有 5%，这个比例远远低于发达国家水平。

研发能力主要集中在科研院所，然而科研院所的研发缺乏对商业应用价值的综合评估和成本经济性的考虑，难以直接产业化。在应用研究方面，以企业为核心的产学研一体化体系和由企业来整合科研资源、社会资金资源、市场的格局尚未完全形成。企业在自身应用研发能力弱，并且又遭遇“十二五”后期经济形势和融资环境逐渐紧张的情况下，其进行产品和技术创新的热情降低。

中国生物医学工程科学技术的研究与产品的开发和产业的发展严重脱节。尤其在生物医学成像技术研究领域，国内从事生物医学影像技术理论研究的居多，尤其是在分子影像方面，较多是直接采购国外设备与引进国外技术，具有自主知识产权的技术成果较少，造成中国生物医学工程科技产业创新能力低下、企业发展缺少后劲。

生物农业领域，在动植物育种方面，涉及种业全产业链的种质资源、基因发掘、育种技术、品种选育、良种繁育与产业化推广脱节，生物育种产业技术体系不完善，商业化育种体系尚未建立。在动植物健康方面，动植物健康治理系统集成度不够。药物研发单位与药物生产企业联系不紧密，导致产业技术创新针对性不强。

5.2.4　企业综合竞争能力有待提升，引领作用的龙头企业尚需培育

中国生物产业小企业、弱势企业多，行业集中度低，具有国际竞争力的大型企业集团和骨干企业数量少，行业规模效益水平低，价格控制能力弱，国际市场话语权有待提高，小而散的局面急需改观。中国尚没有总资产在500亿元以上的大型企业，仅有少数几家企业规模达到200亿元，而国际医药巨头辉瑞、强生、诺华和赛诺菲-安万特的总资产规模都已经超过或接近1万亿元。

中国生物产业部分领域产业链缺失，对于制约生物药产业化的大规模生产工艺、制约化学药产业化的制剂工艺、生物技术装备等瓶颈问题缺乏战略部署。产业链条上各环节的协调及配套服务存在滞后性，尚未形成集聚发展的良性态势。基于当前全球经济的复杂形势与医药市场的战略机遇，全球多数大型药企在研发方式和战略规划方面都进行了重大调整，其中包括联合研发、专利收购、兼并重组、调整产品结构、转移研发中心和开发新兴国家市场等多种方式。中国产业发展模式不成熟，严重缺乏专注单一领域进行技术创新和成果转化的中小生物技术公司，无法为中国大型生物医药企业发展提供持续的产品创新和技术支持。

5.2.5　市场接受程度低，需要进一步培育

政府对生物制品的采购范围小，采购制度不完善，制约了政府采购的政策功能。生物基产品的公众接受程度低，市场培育不够。生物基产品仍然是相对新兴的事物，消费者和企业用户对其还缺乏认知和信任，支付意愿特别是溢价支付意愿较低，然而由于目前许多生物基产品还处于商业化初期，生产规模较小，成本处于高位，往往与石油基产品相比缺乏价格竞争力，导致初期市场难以启动。生物基材料缺乏相应的补贴政策和税收优惠，生物基材料及其制品的降解产物是 CO_2 和 H_2O，不会给环境造成污染，但价格及售价是化石基来源的塑料制品价格的2～3倍，在市场推广时受到价格因素的极大制约，导致产能低、市场需求小。转基因技术的应用和发展存在较大分歧，转基因技术的安全性评价、公知性的有效宣传和教育不够。在生物产业领域中小企业所占比重更高，银行的信贷支持主要集中在大型企业，战略性新兴产业中的中小企业融资难问题依然突出。

5.3 “十三五”生物产业的发展趋势分析

5.3.1 全球药品市场增速趋缓，化学药物创新难度增大，生物技术药物成为创新药物重要来源

随着化学新药创制难度增大，生物技术药物逐步成为创新药物的重要来源。2014 年，全球生物技术药物销售额达 1 790 亿美元，较 2013 年增长了 140 亿美元，至 2020 年预计将达到 2 780 亿美元 [4]。2014 年，全球 10 种销量最高的药品共创造了 830 亿美元的市场价值，其中就有 7 种生物药，市值共计 600 亿美元 [1]。在全球药物市场中，生物技术药物的市场份额在逐年上升，2014 年生物技术药物占总体药物市场销售额的 23%，相比 2013 年提高了 1 百分点，预计到 2020 年这一比例将达到 27%。而在全球销售量前 100 名的药物中，2014 年生物技术药物销售收入占 44%，预计至 2020 年将进一步提升至 46%。生物技术药物国内外的重点发展领域包括抗体药、疫苗、蛋白 / 多肽治疗药物、干细胞治疗与组织工程、基因工程与基因治疗等。从技术发展趋势来看，基因工程技术为研发生物大分子药物提供新途径；合成生物学技术将合成基因、细菌、mRNA ① 、免疫器件等应用于疾病研究和治疗；干细胞技术将重点发展研究模型、细胞治疗、器官再生；生命科学与新材料技术结合所衍生出的生物 3D 打印技术将迅速发展。

5.3.2 生物技术与信息技术融合趋势明显，生命健康服务产业将成为新的生长点

生物技术和信息技术的交叉融合创新将会使生命科学产业产生重大的影响。无线传感器、基因组学、成像技术和健康信息等技术的融合带来的变革使个体化医疗以及生命健康服务产业成为新的生长点，将推动基因测序服务、生物芯片检测服务、干细胞医疗等领域的快速发展。包括云计算、社交网络和大数据分析在内的多种技术支持智能移动技术在医疗保健中发挥作用。基于移动通信的个体医疗设备与远程医疗和数字决策医疗结合的数字医疗体系将形成新的医学模式。生物医学工程产业方面，高端医学影像诊疗装备行业将在 MRI、DR、CT、PET-CT、PET-MRI、RT 等领域进一步研究和探索，整体朝着更快速、更精确、更安全、更集成的方向发展。EvaluateMedTech 预测，诊断影像市场 2013 ～ 2020 年将以 4.1% 的年均复合增长率增长，2020 年市场规模达 470 亿美元。目前全球可穿戴市场规模为 30 亿～ 50 亿美元，未来两到三年有望成长为 300 亿～ 500 亿美元的巨大市场，未来三到五年终端复合增速将不低于 50%，整个行业存在巨大商机。特别是随着 4G 和移动终端的普及，中国可穿戴市场也将迎来爆发性增长。康复方面，重点实现传统康复辅具与新

① mRNA 是由 DNA 的一条链作为模板，转录而来的、携带遗传信息的能指导蛋白质合成的一类单链核糖核酸。

兴技术（如移动信息、先进制造等）的融合。为了实现修复、重建和再生受损组织和器官的目标，未来组织工程和再生医学领域需要研发先进生物制造技术以及微创性微组织治疗技术，这两大类前沿技术可实现体外构建可移植人造组织 / 器官以及微创性修复治疗坏损组织 / 器官。体外诊断方面，2013 年全球体外诊断市场规模达 474 亿美元，占全球医疗器械行业 13% 的市场份额。预计到 2020 年，全球体外诊断市场将达 716 亿美元。中国已成为全球最大的体外诊断新兴市场，2013 年市场规模约 200 亿元，预计到 2018 年中国体外诊断行业规模将在 384 亿元左右，年复合增长率为 17%。中国体外诊断产品的人均年使用量仅为 1.5 美元，而发达国家人均年使用量为 25 ～ 35 美元，中国体外诊断产业具有巨大发展潜力 [5]。

5.3.3 生物技术在农业领域发挥越来越重要的作用

以转基因作物为例，2014 年全球转基因作物的种植面积为 1.815 亿公顷，年增长率为 3% ～ 4%，比 2013 年的 1.752 亿公顷增加了 630 万公顷 [4]。作为转基因作物商业化种植的第 19 年（1996 ～ 2014 年），其种植面积在连续 18 年取得显著增长之后继续保持增长。2000 年来，以水溶性肥料、微生物肥料等为代表的新型肥料产业蓬勃发展。截至目前，全国各种类型的新型肥料的年产量已经达到 3 500 万吨，每年推广应用面积近 9 亿亩（1 亩≈ 666.67 平方米），促进粮食增产 200 亿千克，为全国粮食增产做出了巨大贡献。生物农药制剂年产量近 13 万吨，应用面积约 2 600 万～ 3 300 万公顷 • 次。随着健康养殖需求的与日剧增，生物饲料产业的发展也将进入快车道。目前，全球生物饲料的市场值达到每年 30 亿美元，并以年均 20% 的速度递增，国内有 1 000 余家企业专门从事生物酶制剂、益生素、植物提取物类饲料添加剂的生产。预计到 2025 年，生物饲料产品市场额将达到 200 亿美元 / 年。

国际跨国种业公司作为生物育种产业发展的主体，通过实施商业化育种，掌控了 70% 以上农作物和畜禽等国际种业市场，引领着全球生物育种产业的发展走向。孟山都、杜邦先锋、先正达三家种子公司约控制全世界 65% 的玉米市场和超过 50% 的大豆市场。全球种蛋鸡、种肉鸡、猪牛种业市场分别由 2 家、4 家和 5 家跨国动物种业集团所垄断。未来中国应推进生物育种能力提升工程，加速育种新材料的创制和现有育种资源的性状改良，实现作物育种从传统经验育种向科学精准育种的产业升级转化，构建形成作物全生态区育种体系，支撑商业化育种研发的快速发展。基于病虫基因组信息研究绿色农药、兽药创制技术和研发产品将成为动植物健康治理产品创制的重要发展方向。土壤健康修复市场巨大，对产业的发展和农业可持续性具有关键性作用。药物靶标技术、先导化合物与合成生物学技术、药物靶向传输技术、中兽药制备技术等将是未来兽药产业发展的重要技术。集中力量突破微生物和生物功能物质筛选与评价、高密度高含量发酵与智能控制等关键技术，研发应用高效稳定的新产品，是产业升级的技术保障。

5.3.4 合成生物学的进步加速生物制造产业化

目前在全球生物制造加速发展的阶段，生物基产品市场已在美国占据显著位置，超过其 GDP 的 2.2%，美国 2012 年仅来自工业生物技术的企业就达到了至少 1 250 亿美元的企业收入，生物基化工产品的应用约 660 亿美元，而这其中有 300 亿美元的增长是依靠生物燃料。2013 年米尔肯研究所的报告凸显了巨大的潜在商机，它指出“全美 96% 的制造商品使用某种化工产品，依赖化工产业的企业在美国 GDP 中占将近 3.6 万亿美元”。欧盟委员会估计，欧洲生物经济产值（不包括医疗应用）已达到每年 2 万亿欧元以上，并雇用 2 150 万名以上员工[6]。

目前合成生物学的一些特定应用已经浮现，但在工业生物技术、生物能源等工业部门的长期潜力依旧尚未开发，具体应用将会包括废物处理，降低可再生化学品、材料和燃料的成本等。生物学产业化将带来化学、燃料及材料应用中新分子的产生，通过合成生物学可获得通过传统化学合成无法获得的新高价值化工产品。合成生物学利用重组 DNA① 的科学和读写能力的优势，并编辑微生物的 DNA，使新的、更高效的代谢途径的设计与建造成为可能。这是目前通过化石燃料来源或传统制造所不能达到的。植物化学药物与保健品的植物提取正在转向生物合成制造，天然药物对珍稀自然资源的依赖和破坏的局面将被逐渐扭转，新的创造和市场创新的潜力仍然相当可观。

美国在全球合成生物学产品开发中处于领先地位。根据美国伍德罗·威尔逊国际学者中心的统计，截至 2015 年，全球共有 116 个合成生物学产品得到了开发，其中 92 个产品由美国企业（或研究机构）主导开发[7]。BCC 的一项研究表明，到 2016 年，化工产品的合成生物学市场将增长到 110 亿美元。美国的领先地位与其巨额投入密不可分：2008 ～ 2014 年，美国共投入 8.2 亿美元用于合成生物学研究，其中 2014 年的投入达 2 亿美元以上，约 60% 的资金源自美国国防部高级研究计划局[8]。而根据麦肯锡全球研究所的一个广泛研究，合成生物学和生物产业化将提供一套颠覆性的技术，到 2025 年产生至少 1 000 亿美元以上的经济影响[9]。因此，一个强大的和颠覆性的新产业生态系统正在形成。即使在现在这一早期阶段，2009 ～ 2013 年美国合成生物学商业公司的数量已经从 54 家增加到 131 家，出现了大量新创公司，而它们中的大部分已通过首次公开募股成功上市。但是由于在广泛领域中一些较大的公司的快速吸收和利润，这些数据低估了合成生物学的全部经济影响。因此，先进化工产品制造广泛应用于能源、医疗、先进消费产品、农业、食品、化妆品和环境，这些应用有望在可溯源的全球市场机会中带来数万亿美元的收益。据最近的几项研究估计，在未来的十年，至少有 20% 现在的石化生产可被化学制造中的生物产业化所代替。巨大的市场规模和增长率使各国政府和跨国企业纷纷布局合成生物学技术，国际竞争的态势已经显现。

---

① DNA（deoxyribonucleic acid），即脱氧核糖核酸。

5.3.5 精准医疗推动个性化药物与新一代生物制造工艺的迅速发展

“精准医学”是指根据每个病人的个人特征量体裁衣式地制订个性化治疗方案。它是由“个性化医疗”联合最新的遗传检测技术发展而来的。DNA 相关的科技进步使医疗学者能够精确地分析疾病源，加速了将单一疾病分门别类成许多亚种的工作，也能设计针对该疾病亚种的疗程。这些进步使及早发现迅速突变的疾病并进行精准治疗成为可能，还可以使医疗人员能针对少部分特殊病患者制定疗程来提升医疗效果，同时减少副作用。

传统上，医药公司研发并上市一类药物，期盼着可以治愈或控制相关病症；在生产方面采用大批量的办法获取高产量、低成本产品，然后给予病人相同的药物、相同的剂量及相同的周期。然而，由于人体的个性差异，相同的药物对不同的人会产生不同程度的疗效，有时根本无效，甚至危害更胜疗效。据统计，美国医疗系统每年因不必要的治疗和没有效果的治疗导致的浪费高达 7 500 亿美元，相当于医疗总开支的 30%。而在中国，无效医疗的耗费则更为严重。而精准医学的推广及应用将大大提高药效，同时消除不必要的治疗并减少药物的副作用。奥巴马在其讲话中称，投入人类基因组计划的每 1 美元的回报是 140 美元。“这一创新已得到巨大的经济回报，为这一创新的鼓掌绝对没有错。”他还特别提到“启动精准医学的时机已经成熟，就像我们在 25 年前所做出人类基因组计划的决定一样”。中国科技部关于精准医疗的研究报告估计今后五年年增速预计 15%，是医药行业整体增速的 3 ～ 4 倍，其中基因测序行业增速将超过 20%。如果国内对遗传学诊断、肿瘤治疗放开，其市场容量超乎想象，其中仅中国新生儿筛查市场空间就超过 300 亿美元，肿瘤免疫治疗全球市场规模也高达 300 亿美元，而目前国内的相关行业刚刚起步，未来发展空间巨大。

目前，精准医疗更多地集中在人类对恶性肿瘤的早期诊断和治疗上，基于个体基因检测的肿瘤个体差异化治疗成为一个重要方面。传统的药物治疗由于没有考虑到个体基因的差异性，在用药效果上会产生很大的差异。目前，精准医疗的发展主要集中在检测方面，如基因测序技术对肿瘤个体化治疗方面的肿瘤基因检测和肿瘤靶向药物治疗靶点的检测等。但是，靶向药物治疗费用昂贵，研发与相应的生产技术的开发还没有真正展开，期间的市场潜能巨大。

精准医疗提供了替患者量身定做药物的能力，但同时带来技术上的困难，特别是药物的工艺研发及生产方面。传统的药物研发与生产技术的主要方式在于采用大批量的办法获取高产量、低成本产品，然后给予病人相同的药物、相同的剂量及相同的周期。这样的工艺研发与生产模式根本无法应对精准医学对药物产品的要求。现今工厂的经营形式为固定车间生产大量单种药品提供给市场，其生产理念与新兴的精准医学用药有点格格不入。未来医药产品的工艺研发与生产形式一定会有所改变。未来的趋势将是采用精准的药物，针对每个个体或一小群人进行定制，因而要求产品从工艺研发到生产制备周期必须极大地缩短，同时，产品的种类将增加，产品的数量要求将减少；传统的大批次生产减少，而少量生产的多样性增加。新一代的研发与生产技术平台“个性化”药物的制造及配套技术，可以满足多品种、小型化、柔性化的要求，更为重要的是，可以极大地缩短从工艺研发到生产的周期，满足精准医学的要求。

5.4 “十三五”生物产业重点发展方向

“十三五”生物产业重点发展方向如表5.1所示。

表5.1 “十三五”生物产业重点发展方向

产业发展方向	产业发展重点	产业发展关键技术
生物医药	1. 基因工程药物（长效药物、新的酶类和蛋白药物） 2. 抗体药物（双功能抗体、融合蛋白、抗体偶联药物、生物类似药、应急抗体药物及快速生产体系、低成本生产工艺） 3. 疫苗（疫苗佐剂、治疗性疫苗、应急疫苗快速制备、新发及重大传染病疫苗、多联多价疫苗、新型载体疫苗） 4. 新型血液制品（重组血液蛋白产品、血液制品浆站布局、技术法规、新型特种免疫球蛋白、新技术新工艺血浆综合利用） 5. 诊断试剂（基因检测、无损伤产前检测、肿瘤分子分型诊断、适用基层诊断设备及技术） 6. 组织工程产品（新一代皮肤、骨及软骨、角膜、心脑血管可降解支架、人工瓣膜、组织工程神经、组织工程牙、器官等） 7. 干细胞及生物治疗（造血干细胞、基因治疗、溶瘤病毒、CAR-T治疗） 8. 生物医药产业相关关键原材料及配套设备（培养基、一次性反应器、纯化介质与设备、一次性耗材）	1. 合成生物学技术 2. 生物3D打印技术 3. 动植物生物反应器技术 4. 海洋药物和生物制品开发技术 5. 新型药物制剂技术 6. 新一代个性化诊疗技术及药物生产技术
生物医学工程与生命健康服务	1. 生物医学影像 2. 医学检验 3. 可穿戴技术与系统 4. 康复工程 5. 组织工程 6. 生命健康与服务	1. 以核磁共振为代表的高端新型影像技术 2. 高度集成与自动化的床旁快速诊断技术 3. 大数据云端和个人终端相结合的健康监测技术 4. 传统康复辅具与新兴技术的融合 5. 以干细胞治疗、3D打印等新兴技术 6. 高通量的组学检测平台、生物功能实验平台、高内涵细胞、组织成像分析技术

续表

产业发展方向	产业发展重点	产业发展关键技术
生物农业	1. 动植物育种 2. 动植物健康 3. 动植物营养	1. 动植物全基因选择技术、动植物基因组编辑技术、动植物细胞工程技术 2.RNA[1] 干扰精准控害技术、植物免疫诱导技术、动物疫苗与生物治疗制剂技术、抗体工程与分子诊断试剂技术 3. 分子改良与高分泌表达技术、养分高效活化利用技术、微生物功能结构调控技术
生物制造	1. 大宗生物基化学品与材料的制造与应用 2. 生物基精细化学品技术 3. 绿色生物工艺与过程 4. 生物技术装备	1. 合成生物学技术 2. 工业生物技术

1）RNA（ribonucleic acid），即核糖核酸

5.4.1 生物医药产业

生物医药产业的主要任务：一是紧紧抓住当前依法治国和深化体制机制改革的契机，构建效率高、效益好的生物医药产业生态系统，营造生物医药产业创新发展良好环境；二是以诊断试剂、新型疫苗、改造疫苗和特效药物的研发与产业化为突破口，有力提升新发突发重大传染病防控能力，维护国家生物安全；三是以抗体药物为重点，加快创新性生物技术药物的产业化，打破壁垒，突出解决细胞生物反应器系统的关键技术和产业化问题，通过替代进口显著降低用药费用，解决民生重大难题；四是积极布局产业前沿领域，重点发展合成生物学技术、生物 3D 打印技术、动植物生物反应器技术、海洋药物和生物制品开发技术、新型药物制剂技术、基于第三代高通量测序和大数据分析的个性化诊疗技术，引领生物医药产业的“十三五”和中长期发展。

5.4.2 生物医学工程与生命健康服务产业

建议“十三五”生物医学工程与生命健康服务产业重点围绕六个重点领域和方向展开部署，分别是生物医学影像、医学检验、可穿戴技术与系统、康复工程、组织工程、生命健康与服务。在“十二五”生物医学工程与生命健康服务战略发展基础上，针对医学各个方面布局重点发展方向及关键技术，在疾病预防与健康监测方面重点发展可穿戴系统与设备，在诊断方面重点发展分子诊断和医学影像，在治疗方面重点发展组织工程，在康复方面重点发展康复工程及器械。

关键技术开发：医学影像重点发展以核磁共振为代表的高端新型影像技术；医学诊断重点发展高度集成与自动化的床旁快速诊断技术；可穿戴系统与设备重点发展大数据云端和个人终端相结合的健康监测技术；康复重点实现传统康复辅具（如轮椅、矫正设备等）与新兴技术（如移动信息、先进制造等）的融合；组织工程发

展以干细胞治疗、3D 打印等新兴技术。生命健康服务重点发展高通量的组学检测平台、生物功能实验平台、高内涵细胞、组织成像分析技术。

创新能力建设：依托优势企业建设具有国际先进水平的高性能诊断和治疗设备、综合监护、组织工程、再生医学及康复等产品创新与技术集成平台。

5.4.3 生物农业

动植物育种重点发展动植物全基因选择技术与产业化、动植物基因组编辑技术与产业化、动植物细胞工程技术与产业化。

动植物健康重点部署 RNA 干扰精准控害技术与产业化、植物免疫诱导技术与产业化、动物疫苗与生物治疗制剂技术与产业化、抗体工程与分子诊断试剂技术与产业化。

动植物营养重点发展分子改良与高分泌表达技术与产业化、养分高效活化利用技术与产业化、微生物功能结构调控技术与产业化。

5.4.4 生物制造产业

（1）大宗生物基化学品与材料方面，加快推进工业生物技术向化工和材料产业的渗透，开发生物质绿色生物炼制的关键技术体系，提升装备制造能力，提高生物基产品的经济性。促进生物基 PX①、生物航煤等烃类大宗化学品、生物基聚氨酯、生物尼龙、生物橡胶等生物基材料以及生物基增塑剂的产业创新体系建设，加强上下游产业链条建设，形成产业化应用。

（2）生物基精细化学品方面，开发现有大品种有机酸和氨基酸的高附加值衍生物产品，如生物表面活性剂、生物基材料等，促进传统发酵产业向精细化和高端化转型。大力推动特种食品、医药和饲用添加剂、酶制剂等高附加值生物基精细化学品的产品研发、工艺改进和大规模产业化进程，促进下游企业的终端产品的竞争力和产业转型升级。

（3）生物能源方面，建立准确的生物质收集、储运成本分析模型，建立多元化的生物能源原料保障体系。加快生物质预处理、纤维素制糖等关键技术攻关，大幅降低木质纤维素类生物质制糖成本，推动糖平台生物能源产品快速发展。推动纤维素乙醇、生物沼气、生物柴油等生物能源产品的商业化。研究集成化学与生物转化的生物液体燃料、生物燃气、电力、热量等多联产体系，提升生物质利用过程的能量利用效率。解决生物质原料如农业废料、畜牧业养殖业废物等深度加工利用的技术问题，达到减少排放和环境保护的双重目标。

（4）生物过程工艺及装备方面，提高生物工艺在制药、纺织、造纸、制革等领域的产业应用水平，大幅度提升产业发展的绿色水平和经济社会效益。利用生物技术实现化工园区的绿色化改造，改善化工园区的生态环境。

① PX（p-xylene），即对二甲苯。

5.5 “十三五”生物产业重大工程

5.5.1 抗体药物创制工程

抗体药物靶向性强、疗效确切、副作用少、安全性好，是恶性肿瘤、传染性疾病、自身免疫性疾病等严重危害人类健康疾病的有效治疗药物。2014 年治疗性抗体药物全球市场销售总额达到 700 亿美元，其中的 70% 为罗氏等几家国外大制药公司控制。

中国是人口大国，抗体药物的市场需求潜力巨大，在治疗性抗体研发方面有大量的原创性全人源或人源化抗体分子以及生物仿制抗体处于不同的临床研究阶段，将在未来的 3 ～ 5 年内形成规模化生产的井喷之势。

生物反应器是实现生物技术药物产业化的核心装置，决定着产品质量与成本。国外的趋势是哺乳细胞培养生物反应器的规模化、模块化、一次性、微型化、高通量化。但是，目前国内所有细胞培养装置均采用进口设备，这将成为制约中国生物医药产业继续发展的一个瓶颈问题。

目前，国外基于规模化细胞培养生产治疗性抗体的工业技术已非常成熟，CHO 细胞① 表达抗体分子的水平已达到近 10 克级。但是中国在该产业领域的核心设备生物反应器完全依赖进口，导致中国治疗性抗体企业的研发和生产成本居高不下，抗体的规模化生产能力严重不足，产品缺乏市场竞争力。因此，有必要加速新药创制重大专项的产业化进程，在“十三五”战略性新兴产业培育与发展规划总体布局中设立“抗体药创制重大工程”。

工程目标 1：突破抗体药物研发核心技术，打牢产业化基础。在“十三五”期间：①建立 15 ～ 20 项国际先进的抗体工程完整关键技术体系，包括抗体靶点发现及抗原库技术、工程抗体筛选及重组新技术、工程抗体中试及产业化技术、抗体检测及个性化抗体药物技术、抗体产品设计及评估新技术等；②研发配套的符合国际 GMP② 要求的各种生物反应器；③建立 500 ～ 1 000 种抗体的资源库，发现和确定抗体新靶点 30 ～ 50 个，研发若干新表位、新结构创新抗体药物和改构、重构、组合式高仿药物。

工程目标 2：制造规模化生产的核心装置，破除产业化瓶颈。在“十三五”期间：①培育 2 ～ 3 个具有一定规模和原创核心技术的生物反应器及其配套装置的领军型生产企业；②制造出满足规模化生产需求的各类一次性生物反应器和刚性生物反应器，产品质量和生产体系与国际接轨，直接产值超过 100 亿元，间接产值贡献超过 1 000 亿元；③建立动物细胞培养的过程优化策略与可执行方案，形成高端生物反应器及其配套设备的成套生产能力，基本满足国内生物技术药物产业化需要。

① CHO 细胞（Chinese hamster ovary cell），即中国仓鼠卵巢细胞。

② GMP（good manufacturing practice），即生产质量管理规范。

5.5.2 重大生物基化学品及材料的制造与应用工程

1. 必要性

生物基化学品和材料具有原料的可再生性、产品良好的生物相容性，对于环境的保护和资源的节约再利用具有重要的有时甚至是不可替代的作用。大力发展生物基化学品和材料及其应用产业链具有十分重大的战略意义和必要性：①促进化工原料多元化，降低石油、天然橡胶等战略性资源的对外依存度，保障国家经济和国防安全；②减少环境污染物排放，实现可持续发展；③促进国家传统产业的升级，提升人民生活水平。

大宗生物基化学品和材料产业涉及产值巨大，同时是综合和长期的产业。目前来说，鉴于其生产技术水平和成本竞争力仍明显弱于石油基路径，经济效益欠缺，除少数具有成本优势的产品，极少实现大规模商业化，总体以学术机构或者研发型企业的技术储备和中小型试制为主。在这些方面，虽然杜邦、巴斯夫等大企业在部分产品上取得了一定的先发优势和产品独有专利，总体而言，中国与欧洲、美国、日本尚未形成巨大的技术和产业化差距，中国如果抓紧技术研发投入，加快产业化准备，有可能在中长期的相对更大宗的生物基化学品替代的新一轮竞争中实现弯道赶超。

2. 工程目标

以重大生物基化学品和材料的生物制造为切入点，攻克一批技术瓶颈，为生物产业和化工行业存在的结构性问题提出创新解决方案，改变中国化工产品结构失调、高端产品大量依赖进口的重大缺陷。建立 3 ～ 5 个国家级绿色生物制造示范区，若干种重大生物基化学品的绿色生物制造实现规模化生产，形成一个具有相当规模的生物制造产业链。在“十三五”末期，使中国生物制造产业跨入世界先进行列，生物制造产业（不包括生物医药）总值达到 1 万亿～ 1.1 万亿元的产值规模。

3. 建设内容

“十二五”期间，生物基材料重大工程重点支持了生物基琥珀酸和 PBS[①]、聚乳酸、PHA[②] 等材料的产业化建设。目前这些产品在应用领域或成本方面还有相当大的缺陷，或者还处于商业化早期阶段。在“十二五”的基础上，积极引领战略性新兴产业高起点绿色发展，加强生物基化学品和材料产业链的整体建设，重点解决上下游衔接的关键环节问题，同时加强应用研究，加速市场推广。

（1）填补或替代现有化工过程中重污染、高碳排放或具有重大影响但现有化工体系中增长潜力不足的重大化工产品生产过程，促进原料绿色化，推进新材料、新能源绿色低碳发展。实现生物基聚氨酯、生物尼龙的产业化应用，突破生物 PX、生

① PBS（polybutylene succinate），即聚丁二酸丁二醇酯。

② PHA（polyhydroxyalkanoates），即聚羟基脂肪酸酯。

物橡胶、生物航煤等重大能源和材料化学品的中试和产业化示范。积极实施生物基化工聚合材料的应用解决方案研究，重点解决产业链上的关键环节和推广示范。

（2）大力推进材料加工和应用端相关助剂的产业化。重点发展绿色环保生物基增塑剂产业，开发可替代邻苯类产品的新型生物基增塑剂品种以及绿色合成工艺。制定并完善绿色生物基增塑剂标准和相关法规，促进增塑剂及相关生物塑料产业的健康发展。

（3）加强与生物制造相关联的基础科研和过程工业技术的研究，重点突破合成生物学、工业生物技术和生物技术装备等核心技术。

5.5.3 主要动植物种业创新发展工程

确保农产品有效供给是促进中国经济发展和实现社会稳定的重要物质基础，粮食和畜禽水产品的安全更是关乎全局的重大战略问题。利用生物育种技术可以实现传统育种方法完全无法获得的性状导入，如 Bt[①] 抗虫、抗除草剂等，亦可实现抗病、抗逆境基因的精准导入和聚合，显著提高育种效率和性状改良的针对性，培育出环境友好的绿色新品种。国际跨国种业公司作为生物育种产业发展的主体，掌控了70%以上农作物和畜禽等国际种业市场，引领着全球生物育种产业发展，成为中国生物种业产业发展的巨大挑战。加强动植物种业工程建设对于全面构筑国家现代生物育种技术体系，创制动植物重大突破性新品种，创新种业发展模式，加速提升种业企业持续创新能力与国际竞争力具有重要意义。

主要动植物种业创新发展工程将围绕保障国家食物安全和现代生物种业发展的迫切需求，以水稻、玉米、小麦等主要农作物，以及猪、牛、羊、鸡、鱼、虾等主要畜禽水产为对象，以提升中国种业科技创新能力、促进现代种业发展为目标，在“十二五”推动企业整合现有种业资源、提升生物育种产业持续发展能力基础上，进一步创新种业发展模式，构建专业化、规模化的生物种业技术体系，全面提升种业企业科技创新能力，支撑生物育种战略性新兴产业快速健康发展。

“十三五”主要建设内容包括以下几方面。

（1）面向粮食主产区，支持有实力的龙头企业构建高效的商业化育种机制与模式，建设规模化的品种测试体系，强化种子加工与质量控制技术研究，提升企业的品种选育、种子生产与加工水平；面向畜牧、水产优势区域，支持领军企业建设现代畜禽水产种业体系。培植具有较强自主创新能力和核心竞争力、年销售收入超10亿元的育繁推一体化农作物种业企业10个以上、畜禽水产企业5个以上，研发投入强度10%以上，以企业快速成长托举生物育种产业飞速发展。

（2）实施作物分子育种工程，构建以全基因组选择、基因组编辑、转基因等新型分子育种技术研发为核心引领，集成细胞育种、航天生物育种、杂种优势利用与常规育种等多种方法途径的品种创制关键技术体系；通过实施生物育种产业提升工

① Bt（Bacillus thuringiensis），即苏云金芽孢杆菌。

程，完善高水平规模化的公益性生物育种基础研究平台和规模化育种材料创制平台，快速提升主要动植物重要种质资源基因挖掘、分子育种等新兴技术开发应用能力。

（3）推广应用一批生物育种新品种，加快产业化和应用推广。在水稻、小麦、玉米等主要粮食作物上推广新品种累计面积1亿亩，单产提高5%以上，带动50个新育成的作物品种实现产业化；培育猪、牛、羊、鸡等畜禽高品质新品种（配套系）10个以上，猪、牛、羊、鸡新品种累计推广1万头（只）以上，使其主要生产性能提高5%以上、制种能力提高20%以上；培育水产新品种10个以上，累计推广50万亩，新品种产业化进程及其服务现代农业发展的能力显著增强。

（4）开展中国特色生物种业科技体系建设的机制创新与实践，促进产学研用的有机结合，推动建立合理的利益分配机制，逐步形成种业企业主动投资生物育种研发、科研单位主动提供育种成果、共同加快生物育种新品种推广和产业化的长效机制，支撑生物种业快速发展。

5.5.4 农业绿色生产综合生物技术保障工程

动植物健康保障是确保国家粮食安全和畜禽产品有效供给的重要基础。全球气候变暖、外来生物入侵等全局性因素导致动植物病虫害的发生情况和危害程度将发生显著改变，整体趋势日趋严重，建立动植物免疫、预防为主的健康动植物管理的绿色技术产业化工程是确保农业高产稳产和可持续的必然要求。城镇化进程的加速、农村劳动力向城市的转移、农村土地的流转集中等导致农业生产经营方式改变，目前以家庭为主的动植物病虫害防治将向企业化统防统治发展。现在动植物病虫害防治过度依赖化学农药和兽药导致农产品农药残留超标等食品安全和环境污染等问题，要求动植物病虫害的防治必须向绿色防控方向转变，必须大力发展生物农药和兽药产业，大力发展病虫害早期预测预报、远程诊断和监测技术。通过提高植物免疫力、提供减少动植物病虫害保护植物健康生长为主要手段的技术和产品的开发应用，形成动植物健康绿色治理新兴产业，保障农业生产的持续发展。

“十三五”期间的主要建设内容包括以下几方面。

1. 动植物病虫害诊断、预测预报和远程监测产业

重点产业化以生物技术为基础的动物主要病害早期诊断试剂盒，以信息技术和生物技术为基础的植物病虫害远程诊断、监测、预测预报技术和产品，形成动植物病虫害诊断、预测预报和远程监测的新兴产业。

2. 动植物病虫害预防、保健绿色防控产品产业化

重点开发动物疫苗、植物免疫诱导剂等高效低毒绿色防控产品，形成支柱产业。开发喷药无人机等高效防治器械，形成支柱产业。培育RNA干扰等新一代生物农药，形成先导产业。

3. 动植物病虫害免疫与绿色防控技术集成的服务产业

集成动植物病虫害预防与绿色防控的产品与技术，提供动植物病虫害预防和健康保护的解决方案和技术体系，形成动植物病虫害绿色防控服务体系产业。

5.5.5 健康物联网工程

健康物联网的核心是健康医学模式。健康物联网又是万亿级的健康服务业，它是有利于社会更为和谐的服务业。

健康医学模式是一种对待慢性病的理念和方法。它尊重和发掘人体本具的潜在能力，变人体系统的“状态失稳”为“状态稳定”，重塑自组织功能，从而充分运用恢复过来的自修复力祛除各类慢性病。其具体途径可以是多样的。由于我们目前面临的是上亿人群，一定要用便于复制、可规模化生产、容易推向社区的健康医学模式。这就是工程化的人体状态的“感知—辨识—调控”（sensing identifying regulating，SIR）模式——健康物联网。

健康物联网是将现代通信与SIR技术发展相结合的一种新的健康管理模式。从其目的、形式、技术途径上看，与现有的以疾病的诊断和治疗为主要形式的疾病医学模式完全不同；以健康为中心的治疗，其目的是健康。

因而，健康物联网是专家、各种SIR模式的信息化终端和人工智能专家系统、数据中心、SIR模式工作人员、被照料的对象和家庭成员等的结合，它本身就是一个人文、科技相融合的开放的复杂系统。

健康物联网产业的建设和实施内容如下。

（1）人体健康状态的SIR技术方法与相应的终端产品。

（2）人体健康状态数据库、数据分析与维护、通信。

（3）个体、社区健康医学模式和健康物联网服务建设。

（4）健康医学模式实施、操作人员教育培训。

（5）与健康保险、体育产业、健康房地产、养老产业相联系的相关建设。

（6）健康医学的相关文化、宣教产业。

5.6 政策措施建议

5.6.1 紧跟产业发展调整产业规制

战略性新兴产业发展中，部分产业是新生的，并且发展非常迅速，原有相关的传统产业规制政策难以符合这类新兴产业的发展规律。该类战略性新兴产业的培育和发展中，需要不断跟踪产业发展情况，适时适度调整产业规制。这在生物产业中的生物医药产业和生物医学工程产业尤为典型。中国生物医药和医疗器械创新研发活动不断增加，但是监管机构的审批能力没有得到同步增加；药品和医疗器械注册审评效率不高，延缓了中国创新药物和医疗器械进入市场的步伐。作为重点培育的战略性新兴产业，生物产业规制应当形成更为灵活的规制模式，可以从以下几个方面来调整完善。

第一，引入过程规制，探索快速审批机制。生物产业具有较大风险，但同时处于技术创新的最前沿，市场时机及竞争优势转瞬即逝，传统烦琐的规制程序以及不合理的政策设定可能影响产业技术创新动力。一方面，可以引入过程规制。审评机构提前介入国家新药研发相关重大专项、重大工程、重大计划，提供专业咨询指导意见，提高效率，避免无效研发。例如，一项医疗器械产生后，为了获得“注册证书”，企业要经过各种专家的审核研讨，而这一环节完全提前到产品研发的过程中去。另一方面，在《国务院机构改革和职能转变方案》指导下，综合论证国家医药和医疗器械的评估与审批体系改革方案，特别是针对生物医药编制科学、详细、高质量的新药申报指南，减少低水平重复新药申报的数量，探索快速审批机制和特批机制，如可将部分风险较低的生物医药的质量管理体系检查（考核）工作调整至省级食品药品监督管理部门实施；协调完善专项成果优先审批的机制、新药研发成果推广使用的市场准入政策。此外，强化药品集中采购、药品注册、转基因农产品等相关管理制度，加强质量的安全评价与监督管理体系建设，形成简化准入、加强质量监管的工作模式。

第二，更多发挥技术专家学者作用，并引入追责机制。生物医药产业之所以进行规制是由于其风险较大，必须具有专业知识的专家学者才可以判别某项产品的效果。一方面，在审评审批体系以及相关法规制定中，需要让专家参与；另一方面，对于专家尤其是临床专家参与审评审批这一工作，需要明确具体工作内容、工作方式及沟通机制、追责机制等，如其参与审评审批对象主要是一类生物医药及医疗器械产品。严格回避制度，确保公正性。作为战略发展规划，需要进行科学的分析，需要立项作为软课题来持续进行；官员的作用是保证按照上述的规则进行规划，规划的制定由专家（由学术界、产业界和经济方面的专家组成，官员长期在本领域的可作为专家参加）进行。

第三，建立中国的快速开发实验室自建项目（laboratory developed test，LDT），使之与国家食品药品监督管理总局（China Food and Drug Administration，CFDA）一起成为生物产业规制的重要主体单位，是实验室内部研发、验证和使用，以诊断为目的的体外诊断实验。LDT 仅能在研发的实验室内使用，可使用购买或自制的试剂，但这些试剂不能销售给其他实验室、医院或医生。LDT 的开展不需要经过 CFDA 的批准。临床实验室发展和选择 LDT 的最常见原因是市场上没有针对某些疾病的商品化检测试剂。LDT 是实现临床实验室检验结果的质量保证。这样既能控制风险，又能加速新技术的临床应用。这样一来，政府不必应接不暇地对每个新应用做出回应；而患者可以根据自己的需要，及时得到新的诊断服务。

第四，政府带头消除对国产产品的歧视，建立公开公平的竞争环境。2013 年年底中国医药物资协会发布的《2013 中国医疗器械行业发展状况蓝皮书》显示中国中高端医疗器械主要依靠进口，问题是产生这一现状的根源有时并不是技术因素，而是有产地的“标签”因素。“十三五”期间，加快研究和制定政府采购协议（government procurement agreement，GPA）下政府采购优先购买和必须购买国内产品的目录，可选择将部分在“十二五”期间发展良好的生物医药新型产品或新型服务模式纳入国家、地方政府采购目录清单。

第五，采取灵活的价格规制方式，将定价权回归企业一方。目前，生物医药产品定价需要遵循不同地区不同价格，这一定价方式导致企业需要在不同省市区频繁奔波谈定价问题。“十三五”期间应进一步完善生物医药准入管理和价格形成机制，制定定价收费标准，打破区域定价差异，在部分产品上率先实现定价权由企业主导。

5.6.2 加强生物产业发展的相关立法

在十八届四中全会“全面推进依法治国”主旨思想的指导下，对“十三五”期间战略性新兴产业部分领域的发展进行相关的法律完善，一方面可为战略性新兴产业发展创造良好的法律制度环境；二是通过立法完善构建有利于战略性新兴产业发展的体制机制，这是“十三五”期间经济运行机制建设的重要内容。

目前中国的生物产业政策仅仅表现为政府或其职能部门的规范性文件，还只是以某种规范性文件形式存在的“纯粹的”政策；就中央层面来看，至今还没有一部统揽全国生物产业发展的产业政策性基本法。且现有立法除了农业方面的生物技术立法相对比较完善之外，在涉及环境与生态安全、生物技术产品的安全性评估等方面的立法依旧非常薄弱，立法的内容多侧重于对生物技术本身及其研发过程的监管，而缺乏对相应产品安全的控制，现有的生物产业政策存在明显的“泛政策化”倾向，缺乏法律的确认和保障。

存在的主要弊端：一是由于相对而言效力较弱、无国家强制力作为保障，现行生物产业政策在实施过程中与预期目标的实现会产生差距，影响中国生物产业战略执行的效果以及生物产业发展的步伐。二是各个地方政府都已开始将发展生物产业作为地方经济发展的一项重要工作在做，并结合国家生物产业政策出台了各地的生物产业政策。由于缺乏法律的引导和制约，这些地方性政策容易从地方局部利益出发，强调地区间的竞争，各地生物产业发展无法形成合力，造成生物资源的巨大浪费。三是由于政策本身的易变性，加之现行生物产业政策很多都未受到法律的调整与监督，执行过程中很容易变成行政专权，增加执行的任意性，从而产生难以控制的后果。

1. 建议制定生物产业发展促进与规范法

生物产业的健康发展只有建立在对生物产业化所可能产生的各类负面问题的严密防范之上才能够实现。一方面要进一步明确中国生物产业发展的基本政策，并以法律的形式将其稳定下来，从而以这一政策为基点，建构中国的生物产业法律体系；另一方面也要对中国生物产业化应当遵循的法律底线做出规定，以保障中国生物产业化的过程不会对社会的安全与稳定带来冲击。

2. 建立健全中国生物产业发展的法律保障体系

一是要构建有利于中国生物技术产业发展的金融制度。需要建立和完善融资体系，鼓励生物企业合法融资，开拓畅通有效的生物经济发展融资渠道，鼓励风险投资在生物技术产业中的应用，为中国生物企业在国内外上市融资提供良好的法律保障。

二是要建立健全有助于生物专业人才市场的培育的法律框架。建立一套有利于生物经济专业人才脱颖而出的、公正的人才选拔机制，而法律则是建立这种制度的最有效保障。

三是要加强生物产业发展的行政管理制度。需要建立高效运行的行政与专利审批制度和机制，加快新生物技术产品的审批程序；需要完善生物技术知识产权的立法和保护；特别是建立对生物技术产业实行优惠税收政策的机制，减税减负促进生物产业快速发展；等等。

3. 完善中国生物产业安全的法律规范体系

当前，中国已经制定了包括《农业转基因生物安全管理条例》《基因工程安全管理办法》等在内的众多法规与规章。相对于中国生物产业健康发展的现实需要而言，生物产业法律规范体系的建设显然还远远不够。为此，除了需要再出台一部《生物产业发展促进与规范法》和建立健全生物产业发展的法律保障体系之外，有针对性地加强保障中国的生物产业安全的法律体系的建设，已成为强化当前中国生物经济法制建设的内在需要。

首先，要提高现行生物产业法的效力层级，使之具有更高的权威，更好地满足保障生物技术安全之需要。其次，要在继续强化对生物技术研发与应用之立法监管的基础上，加强生物技术产品控制方面的立法建设。最后，要加强其他部门法中的相关制度建设，如民事、刑事、环保、医疗卫生、食品安全等领域的复杂问题，要应对生物产业发展带来的挑战，仅依靠生物产业法的完善是远远不够的，还需要其他部门法的协调与配合。

5.6.3 具体措施建议

1. 从立法层面加强对科技创新成果的支持与引导

对既有法律、法规要结合客观环境变化进行修订或新设，强化立法的科学性、系统性、可操作性，避免或减少法律规范与其调整的社会关系之间的不同步或脱节现象。建议对创新生物医学产品的物价审批在全国任何一个省（自治区、直辖市）获批后，在其他地方只需在省卫生和计划生育委员会备案后报省物价局直接审批即可。

由国家卫生和计划生育委员会牵头配合计划生育国策制定引导性政策，鼓励和支持各地政府建立长效机制，将耳聋基因筛查等常见遗传病的基因检测纳入基本公共卫生范畴在全国范围内对这些出生缺陷类疾病进行筛查，将筛查范围扩大到十八岁以下人群和已婚待孕人群。各地卫生主管部门尽快出台针对自主创新产品采购的细则，统一采购标准，使耳聋基因芯片等获得医疗器械证书的基因检测产品在全国范围得到迅速普及和应用。

对于创新性生物医疗产品，社会保障部门应每年组织一次专家认证，将那些对医疗健康有迫切需要的产品及时纳入医保和社保。

2. 整合国内企业和科研院所的资源，建立具有相当研发实力的大型企业集团

大型企业集团，如杜邦、DSM、巴斯夫、诺维信等，在欧美生物领域的研发和创新方面占据着重要的地位。这些大型企业集团均建立有大规模的内部研发机构，每年投入大量的人力和物力，课题研究贯穿基础研究、应用研发和技术支持整个研发价值链，并横跨多个学科领域。企业将其有机地联系在一起从而更有效地从市场和产业化的角度来进行研发。

在中国现有的研发创新体制中，生物领域的研发主要在各大专院校和科研院所，而国内相关企业在研发方面投入低、团队弱。另外，各大专院校和科研院所的研发又时常与企业的实际需求相脱节。同时双方又都缺乏从基础研究出发进行应用和产品研发，最终实现产业化的能力。这与国际领先企业的集团作战相比，从体制上就处于劣势。因此，国家在“十三五”期间需要将生物制造领域的企业与科研院所的研发力量进行整合，加强企业的研发力量，建立若干个具有较强研发实力的大型企业集团，并鼓励其走出去并购国际生物制造的领先技术企业，充分吸收先进的创新研究成果和创新体系。

3. 加强知识产权保护

专利制度、专利战略对保护发明创造者权益、促进科技进步起到了积极的推动作用。目前中国生物产业领域的知识产权保护力度相对较弱，企业侵犯知识产权所需要付出的成本较低，因此客观造成企业在创新研发方面缺乏动力。这也导致国内企业在相关技术领域与国际领先企业的差距越来越大。

在生物医学工程领域，各个跨国公司在对华专利保护活动上显示出联合作战、利益共享的趋势，使中国企业在国内、国外处处受制于人，面临的形势更加严峻。应该从全局性、宏观性和长远性出发，逐步完善和规范中国相关专利制度，将专利保护与对外贸易政策相联系，将专利保护作为贸易谈判的非关税障碍的重要一环。通过立法，在一些尚未受到法律保护的高技术领域设立专利保护等。

技术创新难度大、投入高，但技术复制又相对较为容易（尤其是在微生物菌种方面），因此知识产权保护在生物制造和生物农业技术领域至关重要。因此，国家需要完善微生物菌种登记制度，加强菌种跟踪、菌种鉴定、菌种数据库等技术支撑体系，加大在相关的知识产权保护和违规处罚方面的力度，切实保护研发者的权益，以推动国内企业在生物制造和生物农业领域进行自主研发。

加大生物农业领域知识产权保护力度，将重大原创性产品（品种）列入政府采购和

主推范围；建立企业自主知识产权的后补助机制；建立公益性资金支持的自主知识产权向生物农业产业发展工程试点转移机制，合理调节研发人员与企业之间的利益关系。

4. 建立生物基产品认证制度，通过政府采购和公众宣传等支持生物基产品推广

欧洲和美国已经先后建立一套权威专业的生物基产品认证制度，推广“生物基产品标签”，并使消费者能够了解和认知生物基产品及其在人体健康、环境保护方面的优势。同时，在政府采购时优先支持包括生物基产品在内的环保和新技术产品。

目前，生物基产品在中国还属于新兴概念，公众了解较少，对于商家市场宣传中使用的多种环保和绿色等标签缺乏判别专业能力和信任，需要具有公信力的权威机构的专业信息。建议在“十三五”期间，国家建立一套生物基产品认证体系，颁布权威的生物基产品标签，并纳入政府采购支持和公众消费文化引导等支持平台。

参考文献

[1] 北京生物医药产业发展报告编委会．启航 2015，北京生物医药产业发展报告．北京：科学出版社，2015.

[2] 罗虎，周勇，俞建良，等．我国传统工业生物发酵产业面临的挑战．生物产业技术，2016，2：12-17.

[3] 黄业明，郭文．2015 年我国医药工业经济运行分析．中国医药工业杂志，2016，47（5）：669-674.

[4] 科学技术部社会发展科技司，中国生物技术发展中心．2015 中国生物技术与产业发展报告．北京：科学出版社，2015.

[5] 中研普华咨询公司．2014-2018 年中国生物医学工程行业深度研究及市场投资风险咨询报告，2014.

[6]National Research Council of the National Academies，Board on Chemical Sciences and Technology，Board on Life Sciences，et al. A Roadmap to Accelerate the Advanced Manufacturing of Chemicals，2015.

[7]Woodrow Wilson Center．U.S．Trends in synthetic biology research funding．https：//www.wilsoncenter. org/publication/us-trends-synthetic-biology-research-funding，2016-09-30.

[8] 陈大明，刘晓，毛开云，等．合成生物学应用产品开发现状与趋势．中国生物工程杂志，2016，36（7）：117-126.

[9]BCC Research．Synthetic biology：global markets，2014.

审稿：谭天伟

第 6 章

新材料产业[①]

屠海令　陈思联　李腾飞　翁　端　马　飞

【内容提要】材料是人类赖以生存和发展的物质基础，也是人类社会发展的先导。新材料是指新出现的具有优异性能和特殊功能的材料，以及传统材料成分、工艺改进后性能明显提高或具有新功能的材料[1]。新材料是工业产品质量升级换代的保证、产业技术创新的前提，同时也是其他战略性新兴产业发展的基础。“十二五”以来，在国家政策积极引导和产业内在发展动力的推动下，中国新材料产业不断发展壮大，在体系建设、产业规模、技术进步等方面取得明显成就，正处于由大到强的关键时期，并将在新一轮科技革命和产业变革中扮演重要角色。

《中国战略性新兴产业发展报告2013》[2]和《中国战略性新兴产业发展报告2014》[3]中的新材料产业篇系统阐述了中国信息功能材料、新能源材料、特种功能材料、稀土及功能陶瓷材料、生物医用材料等先进功能材料产业和先进钢铁材料、高端轻质合金材料、高性能复合材料、特种结构材料等先进结构材料的发展现状，梳理了产业发展存在的突出问题，提出了发展重点及政策建议。《中国战略性新兴产业发展报告2015》[4]和《中国战略性新兴产业发展报告2016》[5]则分别选取海洋工程材料产业、半导体材料产业、生物医用材料产业、高温合金材料产业和高性能稀

① 本章节在编写过程中，得到了徐匡迪、干勇、左铁镛、张国成、张兴栋、吴以成、王一德、李龙土、才鸿年、周玉、王海舟、陈祥宝、李仲平等院士的大量指导，得到了王继扬、卢世刚、徐樑华、邢丽英、孙蓟泉、朱明刚、程兴旺、乔金樑、米绪军、贾德昌、赵平、王云兵、杨治华、崔义等专家学者的支持，以及中国工程院王爱红、刘晓龙、刘元昕的帮助，在此一并表示感谢。

土永磁材料产业、高性能高分子复合材料产业、高性能轻合金材料产业、先进电池材料产业进行了分析，并提出了相应的建议。

本章总结中国新材料产业“十二五”以来以及2016年的发展概况，阐述“十三五”期间产业发展的方向，同时提出发展中国新材料产业的相关建议和政策取向，希望能给读者提供有益的参考作用。

6.1 中国新材料产业“十二五”发展概况

6.1.1 新材料产业规模不断扩大

“十二五”以来，中国新材料产业规模不断扩大，从2011年的8 000亿元增长到2015年的1.9万亿元，年增长率约为26%（图6.1）。稀土功能材料、先进储能材料、光伏材料、超硬材料、特种不锈钢、玻璃纤维及其复合材料等产业产能居世界前列。2015年太阳能电池组件达到23吉瓦，同比增长20.8%；半导体照明产业初步形成从上游外延材料生长与芯片制造、中游器件封装到下游集成应用的比较完整的研发与产业体系，2015年产业规模超过5 000亿元。2014年半导体硅材料产量达到4亿平方英寸（1平方英寸≈6.451 6平方厘米），约占全球份额的4%，相比2010年增长23%；浮法在线低辐射和阳光控制节能玻璃生产线已超过20条，离线磁控溅射节能玻璃生产线已超过150条，节能玻璃材料产业规模达到300亿元；稀土磁性材料[6]、稀土发光材料、稀土储氢材料[7]等稀土功能材料的产量约占全球的80%，2015年产量约为14.1万吨；2015年主要功能陶瓷元器件的产业规模增长到251亿元，碳纤维产能超过2万吨，产量超过3 000吨。

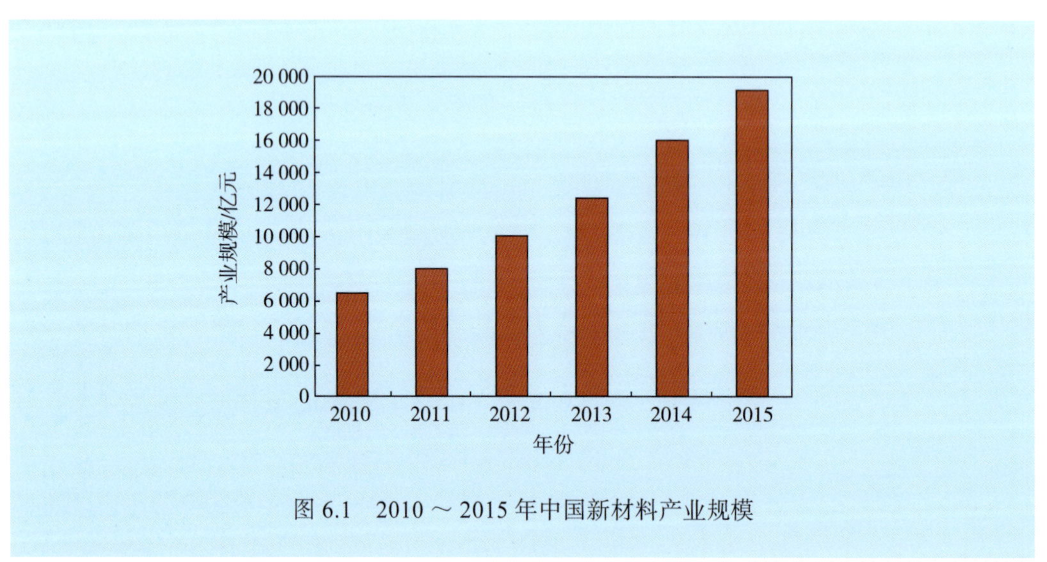

图6.1 2010～2015年中国新材料产业规模

6.1.2　新材料研究水平进一步提高

进入21世纪以来，通过产学研用结合，一批核心关键技术取得了实质性突破，许多重要新材料的技术指标得到大幅提升，部分研究成果在相关领域进行了推广应用。经过多年的发展，功能晶体材料中偏硼酸钡（BBO）和三硼酸锂（LBO）等非线性光学晶体研究居国际领先水平并实现了商品化；氟硼铍酸钾（KBBF）晶体是国际上唯一可实用的深紫外非线性光学晶体，并在中国首先成功用于制备先进的科学仪器；掺钕钇铝石榴石（Nd：YAG）、掺钕钒酸钇（Nd：YVO_4）和掺钛蓝宝石（Ti：Al_2O_3）等激光晶体主要技术指标达到国际先进水平，实现了千瓦级全固态激光输出[8]。太阳能电池关键技术指标达到了国际先进水平，光伏发电成本从4元/千瓦时降低到1元/千瓦时以下。大直径硅材料在缺陷、几何参数、颗粒、杂质等控制技术方面不断完善，300毫米硅材料可满足65～45纳米技术节点的集成电路要求，且已成功拉制450毫米硅单晶。锂离子电池正极材料、负极材料、电解液均能满足小型电池要求，隔膜、电解质锂盐等关键材料基本改变了依靠进口的局面。超高分子量聚乙烯纤维、卤化丁基橡胶及高性能驱油聚合物等技术的工业化开发，大大缩小了中国化工材料产业与发达国家的差距。T300级碳纤维实现了稳定生产，单线产能提高到1 200吨，T700和T800级碳纤维关键技术得到突破，实现了批量供货能力，已开始应用于航空航天装备。在高性能特种陶瓷纤维，如SiC_f、Si_3N_{4f}、BN_f等的制备关键技术方面也实现了突破。研制出强度大于800兆帕的快速凝固喷射沉积铝合金和新一代高强高韧高淬透性铝合金；开发出具有自主知识产权的铜带、铜管拉铸技术及铜铝复合技术。亚微米级超细晶硬质合金整体刀具的性能达到世界先进水平。海底管线钢X65、X70、X80及厚壁海洋油气焊管、化学品船用中厚板均已实现国产化，自主研制的2205型双相不锈钢已成功应用于化学品船。关键技术的不断突破和新材料品种的不断增加，明显增强了中国高端金属结构材料[9]、新型无机非金属材料、高性能复合材料的保障能力，逐步提高了先进高分子材料和特种金属功能材料自给水平。发布了国家标准《电磁超材料术语》，基于超材料与超射频技术开发的新型卫星通信产品获得了首届中国电子信息博览会创新金奖。石墨烯等二维材料研究方兴未艾，石墨烯等相关材料实现了初步应用。

6.1.3　新材料产业区域集聚态势明显

近年来，各级政府积极推动新材料产业基地建设，加强资源整合，新材料产业呈现聚集发展的良好态势，区域特色逐步显现，初步形成“东部沿海集聚，中西部特色发展”的空间格局。长三角地区工业基础雄厚、交通物流便利、产业配套齐全，已形成了包括航空航天、新能源、电子信息、新型化工等领域的新材料产业集群。珠三角地区的经济主要以外向出口型为主，新材料产业集中度高，下游产业拉动明显，已形成较为完整的产业链，在电子信息材料、生物医用材料、改性工程塑料和先进陶瓷材料等领域具有较强的优势。环渤海地区技术创新推动作用明显，区域科技支撑能力较强，在稀土功能材料、膜材料、硅材料、高技术陶瓷和特种纤维等多个新材料领域均具有较大优势。内蒙古的稀土新材料，云南和贵州的稀贵金属新材料，广西的有色金属新材料，安徽的新型化工材料和新型建材等，浙江宁波的钕铁硼永磁材料，广东广州、天津、山东青岛等地的化工新材料产业，重庆、陕西西安、甘肃金昌、湖南长株潭城市群、陕西宝鸡、山东威海、山西太原等地的航空航天材料、能源材料及重大装备材料，江苏徐州、河南洛阳的多晶硅材料产业以及珠三角、长三角等地的锂电池材料也都形成了各自的区域特色[10]。

6.1.4 新材料应用示范及支撑重大工程的作用日益显现

新材料产业为中国能源、资源环境、信息领域的发展提供了重要的技术支撑，是建设重大工程、巩固国防军工、构建节能环保社会[11]的重要保障。各级政府组织实施了节能产品惠民、“十城万盏”、“金太阳”、物联网等重大应用示范工程，推广节能空调 3 000 多万台、节能汽车 360 多万辆、高效节能电机 400 多万千瓦、节能灯 1.6 亿只；建设光伏发电项目 340 多个。经过“十城千辆节能与新能源汽车示范推广应用工程”（简称“十城千辆”）等示范工程及相关政策的支持，2015 年中国新能源汽车产量达 37.9 万辆，居世界第一位，预计 2020 年中国新能源汽车的市场保有量将达到 500 万辆，2030 年有望达到 1 500 万辆。随着全社会绿色、低碳、节能环保意识的提高，钢铁结构材料趋向高性能、长寿命，并不断满足资源节约、环境友好的要求，对节能减排起到了重要作用[12]。膜材料在海水淡化方面已经获得应用，并初步形成了反渗透海水淡化的生产能力，成为中国沿海地区供水安全保障体系的重要组成部分。以有色金属结构新材料、特殊钢材料、难熔金属、高温合金和碳纤维及其复合材料[13]为代表的高性能结构材料是支撑当今高技术发展不可缺少的关键材料，为高速铁路、大飞机、载人航天、探月工程、超高压电力输送、深海油气开发等重大工程的顺利实施做出了贡献。

6.1.5 国家支撑新材料产业的政策环境持续优化

“十二五”以来，中国政府高度重视新材料产业的发展，随着《“十二五”国家战略性新兴产业发展规划》和《新材料产业“十二五”发展规划》等国家层面战略规划的出台，工信部、国家发改委等有关部委相继发布了新材料产业及其他战略性新兴产业的相关发展规划（表 6.1）。科技部发布了相关科技发展专项规划，其中绿色制造科技发展、半导体照明科技发展、绿色建筑科技发展、洁净煤技术科技发展[14]、海水淡化科技发展[15]、新型显示科技发展、国家宽带网络科技发展、中国云科技发展、医学科技发展、服务机器人科技发展、高速列车科技发展、制造业信息化、太阳能科技发展以及风力发电、智能电网重大科技产业化工程等都包含了新材料的研发和应用内容。

表 6.1　中国与新材料产业相关的发展规划

年份	发展规划	涉及新材料相关领域
2010	《国务院关于加快培育和发展战略性新兴产业的决定》	高性能复合材料、先进结构材料、新型功能材料
2011	《当前优先发展的高技术产业化重点领域指南（2011 年度）》	纳米材料、核工程用特种材料、特种纤维材料、膜材料及组件、特种功能材料、稀土材料等
	《国家“十二五”科学和技术发展规划》	新型功能与智能材料、先进结构与复合材料、纳米材料、新型电子功能材料、高温合金材料、高性能纤维及复合材料、先进稀土材料等
2012	《新材料产业“十二五”发展规划》	特种金属功能材料、高端金属结构材料、先进高分子材料、新型无机非金属材料、高性能复合材料、前沿新材料
	《半导体照明科技发展“十二五”专项规划》《高品质特殊钢科技发展“十二五”专项规划》《高性能膜材料科技发展“十二五”专项规划》《医疗器械科技产业“十二五”专项规划》《节能与新能源汽车产业发展规划（2012—2020 年）》《有色金属工业“十二五”发展规划》等	半导体照明材料、高品质特殊钢材料、新型轻质合金、膜材料、生物医用材料、锂离子动力电池材料
2013	《国家集成电路产业发展推进纲要》《能源发展“十二五”规划》《国务院关于加快发展节能环保产业的意见》《大气污染防治行动计划》《国务院关于促进光伏产业健康发展的若干意见》	大尺寸硅、光刻胶等集成电路关键材料、太阳能电池材料、锂离子动力电池材料
2014	《国务院办公厅关于加快新能源汽车推广应用的指导意见》《关键材料升级换代工程实施方案》	锂离子动力电池材料、信息功能材料、海洋工程材料、节能环保材料、先进轨道交通材料
2015	《中国制造 2025》	特种金属功能材料、高性能结构材料、功能性高分子材料、特种无机非金属材料和先进复合材料

2016 年以来，国家继续加大对新材料产业的支持力度，3 月工信部、国家发改委、科技部和财政部联合出台了《工业和信息化部 发展改革委 科技部 财政部关于加快新材料产业创新发展的指导意见》，文件对先进基础材料、关键战略材料和前沿材料的发展进行了部署；5 月，国家发改委和工信部联合下发了《国家发展改革委 工业和信息化部关于实施制造业升级改造重大工程包的通知》，在“关键新材料发展工程”中对先进金属材料发展工程、先进有机材料发展工程、先进无机非金属材料发展工程、先进复合材料发展工程、前沿材料发展工程及新材料支撑能力建设工程等方面进行了布局；8 月，国务院印发《“十三五”国家科技创新规划》，在规划中重点强调发展新材料技术，并在先进结构材料技术、先进功能材料技术和变革性的材料研发与绿色制造新技术等方面规划了发展重点。“十二五”以来，中国新材料产业

取得了长足的进步，产业规模持续扩大，产业技术水平不断提升，在个别领域已经处于国际领先水平，产业集聚区加快布局，宏观发展环境积极改善，为下一步加快发展奠定了坚实基础。新材料已成为中国“工业强基”的四大支柱之一，同时，“中国制造 2025”发展规划的实施也急需大量的新材料[16, 17]。

6.2 中国新材料产业存在的问题

综上所述，中国在信息功能材料、稀土及陶瓷功能材料、新能源与节能环保材料、生物医用材料、金属材料、无机非金属材料、高分子及复合材料等领域的技术突破和产业布局都取得了一定的进展，但总体来看，中国新材料产业与世界先进水平相比仍有较大差距，发展过程中还存在一些突出矛盾和问题，这已成为制约新材料产业快速发展的瓶颈，主要体现在以下四个方面。

1. 宏观统筹协调不够，存在低水平重复建设现象

从目前国内各地区发布的新材料产业规划来看，相关产业布局顶层设计不足，没有立足于自身条件及优势进行合理定位和差异化分工，存在着严重的趋同现象。一些产业已出现产业链上游的产品无法在下游使用，致使上游产能过剩、下游市场有效供给不足的现象。此外，盲目跟风式投入依然没有得到有效遏制，其结果不仅造成重复建设和产能过剩，还会影响到产业发展的可持续性。

2. 原始创新能力不强，共性技术研发与支撑能力不够，核心竞争力不足

中国新材料原始创新能力不足，缺乏不同学科之间的深层次交流和原创性的理论研究。企业作为创新主体的作用不明显，参与创新研发少、生产跟踪仿制多，普遍存在关键技术自给率低、发明专利少、关键元器件和核心部件受制于人的现象。产业共性关键技术是提高自主创新能力的基础。目前中国大多数行业没有专门的产业共性技术研发机构，共性技术研发处于缺位状态，尚无良好的资源配置机制和持续有效的投入，因而无法在技术源头上支撑自主创新。此外，目前中国新材料没有形成大批具有自主知识产权的材料牌号与体系；通用基础原材料的国家及行业标准、统一的设计规范和材料工艺质量控制规范尚不完善，缺乏符合行业标准的新材料结构设计 / 制造 / 评价共享数据库和基础支撑体系。多数企业仍在“引进—加工生产—再引进—再加工生产”的怪圈里挣扎，科技创新的引领和主导作用不够，使“中国制造”产品中缺少“中国创造”元素。

3. 新材料投资分散，产业链不够完整

目前，中国部分新材料领域的产业结构不够合理，新材料产业的投资和支持只

看到一些“点”，尚未形成“以点带线”“以线带面”的联动效应。虽然从政策上鼓励民营企业参与国家大型项目的竞争，但从操作层面上看，进入壁垒重重。国家扶持资金较多投入国有企业和科研院所，对民营企业投入较少。此外，作为发展主体的新材料企业普遍规模较小、产业发展缺乏统筹规划、投资分散、成果转化率低、规模化生产程度低、产业链不够完整。有些行业的企业大多集中在中下游环节，产业配套能力不强。

4. 某些政策及保障机制难以满足新材料产业发展的需求

新材料产业的关键环节和重点领域存在着“老办法管新事物”的现象，创新产品进入市场困难。行政审批周期长（如医疗产品）阻碍了企业创新的积极性；开发风险较大的项目缺少资金和风险等保障机制的支持。市场的准入机制也存在一定的缺陷。此外，新材料产业服务平台尚未建立，风险投资、中介服务不能满足企业创新创业的需要；新材料成果转化和工程化过程需要大量投入，但面向工程化服务的多元化投融资体系和中介服务体系尚不完善，制约了新材料的创新和产业的发展。

6.3 国际新材料产业发展呈现的特点与趋势

进入 21 世纪以来，世界各个国家和地区纷纷在新材料领域制定了相应的规划，全面加强研究开发，并在市场、产业环境等不同层面出台政策。美国于 2009 年、2011 年和 2015 年三度发布《美国国家创新战略》，其中清洁能源、生物技术、纳米技术、空间技术、健康医疗等优先发展领域均涉及新材料；2012 年制定的《先进制造业国家战略计划》，进一步加大对材料科技创新的扶持力度。欧盟为实现经济复苏、消除发展痼疾、应对全球挑战，于 2010 年制定了《欧洲 2020 战略》，提出三大战略重点。德国政府发布了《创意、创新、繁荣：德国高技术 2020 战略》，其中“工业 4.0”是十大未来项目中最为引人注目的课题之一。2013 年英国推出《英国工业 2050》，重点支持建设新能源、智能系统和材料化学等创新中心。日本于 2010 年发布了《新增长战略》和《信息技术发展计划》。韩国于 2009 年公布了《绿色增长国家战略及五年行动计划》和《新增长动力规划及发展战略》。巴西、印度、俄罗斯等新兴经济体采取重点赶超战略，在新能源材料、节能环保材料、纳米材料、生物材料、医疗和健康材料、信息材料等领域制定专门规划，力图在未来国际竞争中抢占一席之地，具体见表 6.2。

表 6.2 世界各国和地区有关新材料领域的发展计划 [3]

国家和地区	发展计划	涉及新材料相关领域
美国	先进制造业国家战略计划、重整美国制造业政策框架、先进制造伙伴计划(AMP)、纳米技术签名倡议、国家生物经济蓝图、电动汽车国家创新计划（EV Everywhere)、“智慧地球”计划、大数据研究与开发计划、下一代照明计划(NGLI)、低成本宽禁带半导体晶体发展战略计划	新能源材料、生物与医药材料、环保材料、纳米材料，先进制造、新一代信息与网络技术和电动汽车相关材料，材料基因组，宽禁带半导体材料
欧盟	欧盟能源技术战略计划、能源 2020 战略、物联网战略研究路线图、欧洲 2020 战略、可持续增长创新：欧洲生物经济、“地平线 2020”计划、彩虹计划、OLED100.EU 计划、旗舰计划	低碳产业相关材料、信息技术（重点是物联网）相关材料、生物材料、石墨烯等
英国	低碳转型计划、英国可再生能源发展路线图、技术与创新中心计划、海洋产业增长战略、合成生物学路线图、英国工业 2050	低碳产业相关材料、高附加值制造业相关材料、生物材料、海洋材料等
德国	能源战略 2050：清洁、可靠和经济的能源系统、高科技战略行动计划、2020 高科技战略、生物经济 2030 国家研究战略、国家电动汽车发展规划、“工业 4.0”	可再生能源材料、生物材料、电动汽车相关材料等
法国	环保改革路线图、未来十年投资计划、互联网：展望 2030 年	可再生能源材料、环保材料、信息材料、环保汽车相关材料等
日本	新增长战略、新国家能源战略、能源基本计划、创建最尖端 IT 国家宣言、下一代汽车计划、海洋基本计划	新能源材料、节能环保材料、信息材料、新型汽车相关材料等
韩国	新增长动力规划及发展战略、核能振兴综合计划、IT 韩国未来战略、国家融合技术发展基本计划、第三次科学技术基本计划、21 世纪光计划	可再生能源材料、信息材料、纳米材料等
俄罗斯	2030 年前能源战略、2020 年前科技发展、国家能源发展规划、到 2020 年生物技术发展综合计划、2018 年前信息技术产业发展规划、2025 年前国家电子及无线电电子工业发展专项计划、2030 年前科学技术发展优先方向	新能源材料、节能环保材料、纳米材料、生物材料、医疗和健康材料、信息材料等
巴西	低碳战略计划、2012—2015 年国家科技与创新战略、科技创新行动计划	新能源材料，环保汽车、民用航空、现代生物农业等相关材料
印度	气候变化国家行动计划，国家太阳能计划，“十二五”规划（2012—2017 年），2013 科学、技术与创新政策	新能源材料、生物材料等
南非	国家战略规划绿皮书、新工业政策行动计划、2030 发展规划、综合资源规划	新能源材料、生物制药材料、航空航天相关材料等

在全球化趋势日益加快、第四次工业革命兴起 [18] 的背景下，新材料产业呈现以下主要特点和趋势。

1. 高新技术发展促使关键基础材料不断更新换代

高新技术的快速发展对关键基础材料提出新的挑战和需求，同时材料更新换代又促进了高新技术成果向生产力的转化。例如，微电子芯片集成度及信息处理速度大幅提高，成本不断降低的原因是，硅材料的飞速发展发挥了重要作用（图 6.2）。目前，300 毫米硅片可满足 14 纳米技术节点的集成电路要求，450 毫米硅片已产出样片 [19]。低温共烧陶瓷技术（low-temperature cofired ceramics，LTCC）的研发取得重要突破，大量无源电子元件整合于同一基板内已成为可能，以高性能、低功耗、低损耗为主要特征的新一代微波无源元件已成为绿色信息技术中必不可少的技术基础 [20]。

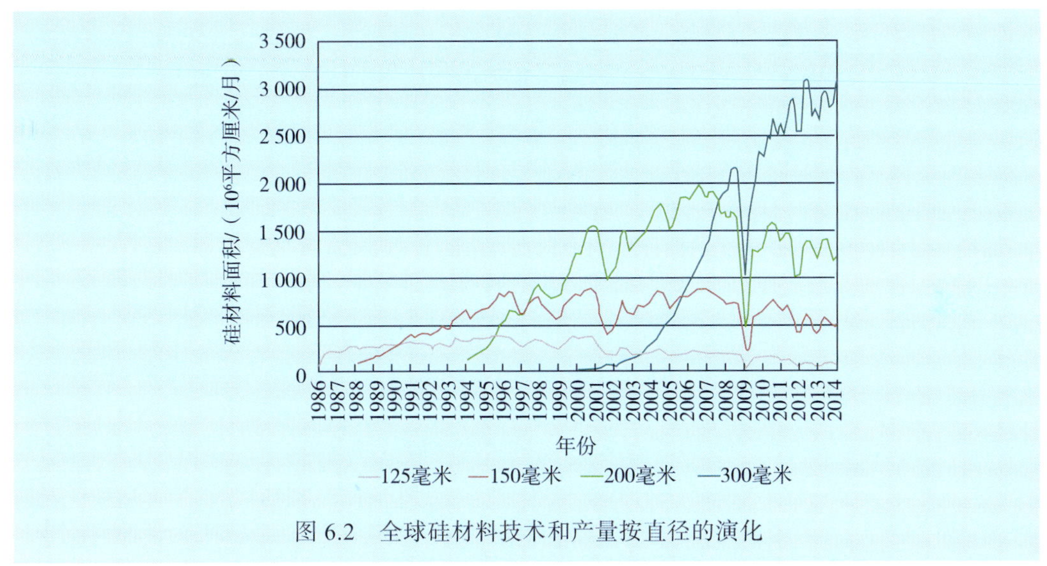

图 6.2 全球硅材料技术和产量按直径的演化

伴随着先进材料研究技术的不断延展，也产生了诸多新兴产业。例如，氮化镓（GaN）等化合物半导体材料的发展，催生了半导体照明技术；白光 LED 的光效已远远超过白炽灯和荧光灯，给照明工业带来革命性的变化。显示产品广泛应用于工业、交通、通信、教育、航空航天、卫星遥感、娱乐、医疗等各个领域，已成为与人们生活息息相关的电子信息产品。镁合金与钛合金等高性能结构材料的加工技术取得突破，成本不断降低，研究与应用重点由航空航天及军工扩展到高附加值民用领域。基于分子和基因等的临床诊断材料及器械的发展，使肝癌等重大疾病得以早日发现和治疗；介入器械的研发催生了微创和介入治疗技术，使心脏病死亡率大幅下降；生物医用材料快速发展，已成为人类健康的保障和发展健康服务业的物质基础 [21]，如图 6.3 所示。

2. 绿色化、智能化成为新材料发展的重要趋势

以新能源为代表的新兴产业崛起，引起电力、建筑、汽车、通信等多个产业发生重大变革，拉动上游产业，如风机制造、光伏组件、多晶硅等一系列制造业和资源加工业的发展，促进智能电网、电动汽车等输送与终端产品的开发和生产。欧美等

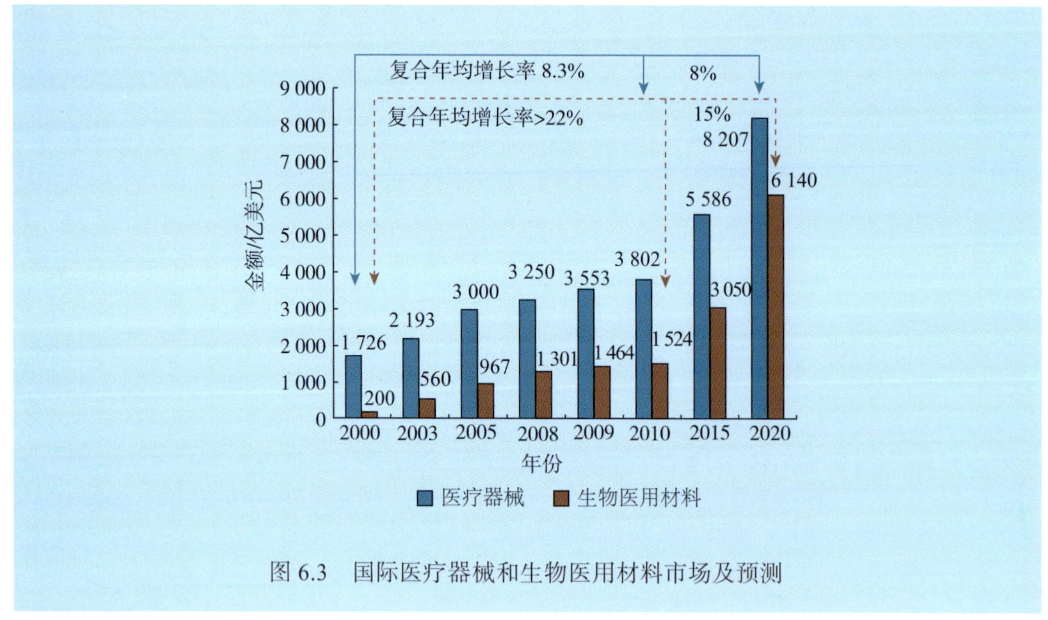

图 6.3　国际医疗器械和生物医用材料市场及预测

发达国家和地区已经通过立法，促进节能建筑和光伏发电建筑的发展。目前欧洲 80% 的中空玻璃使用 LOW-E 玻璃，美国 LOW-E 中空玻璃普及率达 82%[22]；太阳能电池转换效率不断提高，极大地推动了新能源产业发展。全球光伏装机容量不断攀升，2015 年达到 227 吉瓦[23, 24]（图 6.4）。通过提高新型结构材料强韧性、提高温度适应性、延长寿命及材料的复合化设计可降低成本、提高质量，如 T800 碳纤维复合材料抗压缩强度（compression after impact，CAI）达到 350 兆帕，使用温度达到 400 ℃以上，并在大型飞机和导弹的主结构件中得到大量应用。功能材料向微型化、多功能化、模块集成化、智能化等方向发展以提升材料的性能；纳米技术与先进制造技术的融合将产生体积更小、集成度更高、更加智能化、功能更优异的产品。绿色、低碳的新材料技术及产业化将成为未来发展的主要方向，在追求经济目标的同时更加注重资源节约、环境保护、公共健康等社会目标。

3. 跨国集团在新材料产业中仍占据主导地位

目前，世界著名企业集团凭借其技术研发、资金和人才等优势不断向新材料领域拓展，在高附加值新材料产品中占据主导地位。信越、SUMCO、Siltronic、SunEdison 等企业占据国际半导体硅材料市场份额的 80% 以上。半绝缘砷化镓市场 90% 以上被日本的日立电工、住友电工、三菱化学和德国 FCM 占有。Dow Chemical、GE、Wacker 和 Rhone-Poulenc 公司及日本一些公司基本控制了全球的有机硅材料市场。Du Pont、Daikin、Hoechst、3M、Ausimont、ATo 和 ICI 7 家公司拥有全球 90% 的有机氟材料生产能力。美国科锐（Cree）公司的碳化硅衬底制备技术具有很强的市场竞争力，飞利浦（Philips）控股的美国 Lumileds 公司的功率型白光 LED 国际领先，美国、日本、德国等国企业拥有 70% 的 LED 外延生长和芯片制备

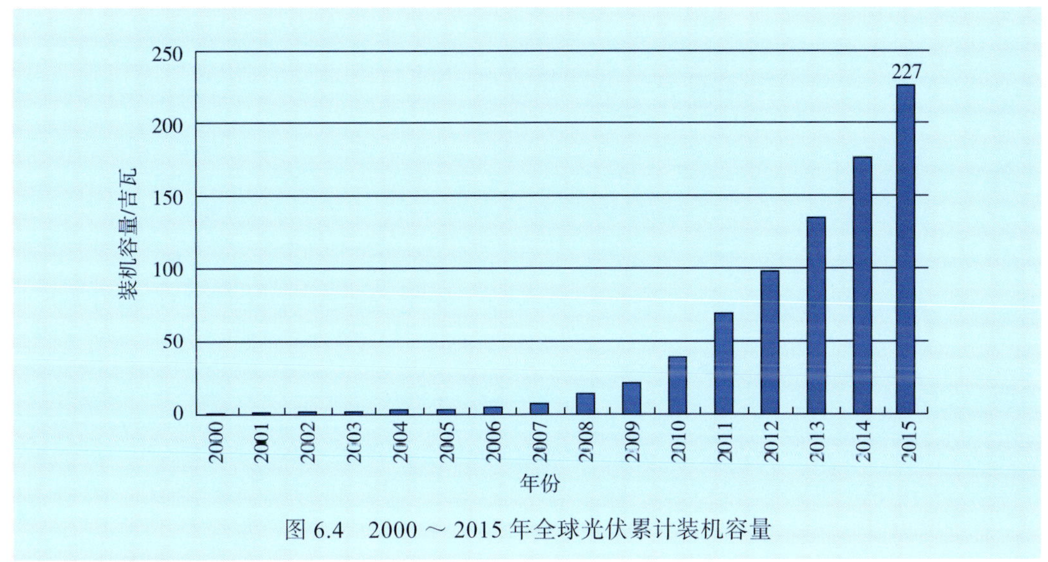

图 6.4 2000 ~ 2015 年全球光伏累计装机容量

核心专利。小丝束碳纤维的制造被日本的东丽纤维公司、东邦公司、三菱公司和美国的 Hexcel 公司垄断，而大丝束碳纤维市场则几乎由美国的 Fortafil 公司、Zoltek 公司、Aldila 公司和德国的 SGL 公司四家占据。美铝、德铝、法铝等企业在高强高韧铝合金材料的研制生产领域居世界主导地位。美国的 Timet、美铝和 Allegen Teledyne 三大钛生产企业是世界航空级钛材的主要供应商。

4. 新材料研发模式变革成为关注的重点

进入 21 世纪以来，发达国家逐渐意识到依赖试错的传统材料研究方法已跟不上工业快速发展的步伐，甚至可能成为制约技术进步的瓶颈。因此，急需革新材料研发方法，加速材料从研发到应用的进程。例如，作为美国政府“先进制造伙伴计划”（Advanced Manufacturing Partnership，AMP）的重要组成部分，“材料基因组计划”（Materials Genome Initiative，MGI）在 2011 年启动，提出了新材料从发现到应用的速度至少提高一倍，成本至少降低一半的目标，旨在发展以先进材料为基础的高端制造业，并继续保持其在核心科技领域的优势[25]（图 6.5）。MGI 的具体内容包括：①发展高通量计算工具和方法，减少耗时费力的实验，加快材料设计；②发展和推广高通量材料制备和检测工具，更快地进行候选材料验证和筛选；③发展和完善材料数据库 / 信息学工具，有效管理材料从发现到应用全过程数据链；④培育开放、协作的新型合作模式。

高通量计算、高通量合成与表征及大型数据库加速了新材料设计、性能预测和制备工艺模拟，大幅缩短了研发周期，降低了生产成本，为新材料研发和产业化提供了变革性的新方式。低铼高温合金和新型锂离子电池电极材料就是很好的实例。最近，在拓扑绝缘体材料中，计算预测的量子反常霍尔现象已被实验证实[26]。

在这场变革材料研发模式过程中，欧盟、日本等也启动了类似的科学计划。例如，

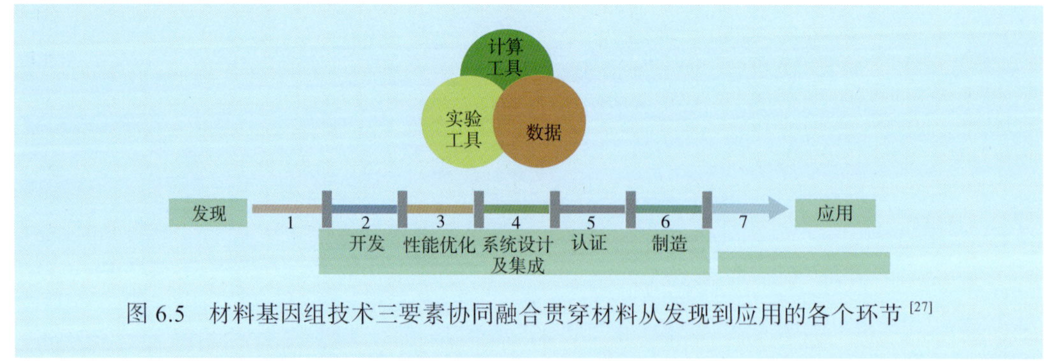

图 6.5 材料基因组技术三要素协同融合贯穿材料从发现到应用的各个环节 [27]

欧盟以轻量、耐高温、磁性及热磁、热电、高温超导和相变记忆存储六类高性能材料需求为牵引，推出了“加速冶金学”（Accelerated Metallurgy，ACCMET）计划。

总的来看，当前新材料发展呈现出结构功能一体化、材料器件一体化、纳米化、复合化的特点。这些特点在高马赫数飞行器、微纳机电系统、新医药、高级化妆品和新能源电池方面发挥得淋漓尽致 [28]。

此外，新材料在行业科技进步中具有举足轻重的作用。例如，高性能特殊钢及高温合金是高铁轮对和飞机发动机最好的选择；超高强铝合金是大飞机框架的关键结构材料；高强高韧耐腐蚀钛合金则是“蛟龙号”壳体及海洋工程不可或缺的材料；先进陶瓷基复合材料则为高超声速飞行器、高分辨对地观测卫星等新型航空航天器提供了关键技术支撑。

新材料联用或与其他学科、领域的深度融合成为其发展的另一特点。高 k 和更高 k 材料与新型金属栅结合引领集成电路顺利走向 45 纳米及以下技术节点 [29]。钙钛矿材料和有机材料联用催生了有前景的新型太阳电池。智能材料与 3D 打印结合形成 4D 打印技术。有机复合材料、生物活性材料与临床医学结合分别产生和发展了“电子皮肤”、组织再生工程。碳纤维及复合材料已用于航空航天和先进交通工具。化合物半导体材料使太赫兹技术在环境监测、医疗、反恐方面得以应用。超材料 [30] 以微结构和先进材料结合，在电磁波和光学领域获得引人注目的成果。柔性电子学材料、新能源材料、生物医用材料的市场前景广阔。自旋电子学材料、铁基及新型超导材料的研究方兴未艾，应用前景广阔，如图 6.6 所示。阻变、相变及磁存储材料将改变传统的半导体存储器。富勒烯、石墨烯、碳纳米管开辟了碳基材料的发展前景；石墨烯 [31, 32] 剥离成功，更引发了二硫化钼 [33]、单层锡、黑磷、硅烯、锗烯等二维材料的研究热潮。

新材料的研发与生产重视节能环保和可再生，并进行全生命周期评价，如有毒材料的替代、中重稀土的减量使用、膜材料用于海水淡化、建筑节能材料的应用、生物基材料的研发，以及“短小轻薄”理念付诸实践等。同时，低碳及环境友好的制备技术也得到了快速发展。

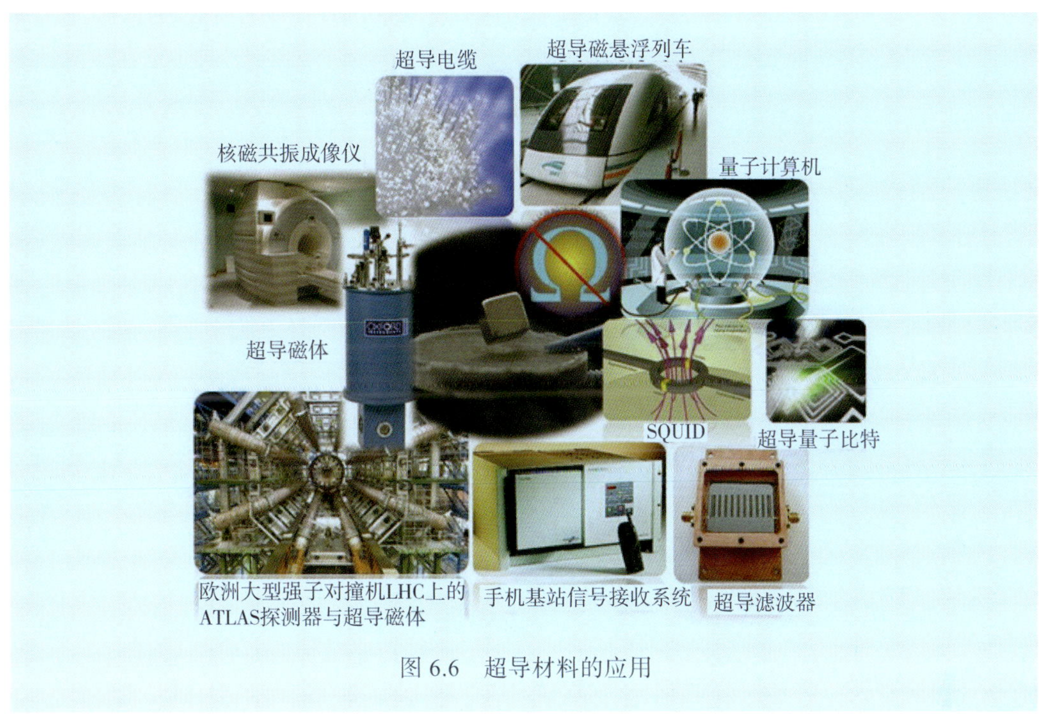

图 6.6　超导材料的应用

注重军民融合、开拓军民两用产品市场是新材料发展的趋势。宽禁带碳化硅、氮化镓基的下一代射频高能效高功率器件即为有潜力的军民融合的高端电子产品。新材料制备的新方法、新工艺、新装备至关重要，须协调发展；新材料的研究成果正快速产业化并不断降低成本；其工程化与产业化成为各国研究单位、大学、企业、政府、市场关注和着力的重点。

6.4　中国新材料产业发展的重要方向

面对未来新一轮世界科技革命与产业变革和中国经济社会发展方式转型升级交汇的关键机遇期，必须加速新材料重大技术突破，重视颠覆性技术和替代性技术等的创新与应用，遴选支撑经济社会发展和国防工业发展重大需求的重点领域，营造适宜产业发展的环境，促进产业结构升级，形成良好产业生态，推动经济社会可持续发展。在未来的发展过程中，要更加注重提升产品质量，推动发展方式向质量效益型转变，提升核心竞争力；要更加注重资源型新材料的发展，并与生态保护相结合；要更加注重与新一代信息技术、新能源及环境、生物和健康以及智能制造等重点领域的协同发展，为实现创新驱动发展战略提供新材料支撑；要更加注重材料从研发、设计、生产到应用的全链条产业体系的系统发展，增强可持续发展能力；要更加注重新材料产业的能源消耗以及成本费用，建立资源节约、环境友好型的技术体系、生产体系和效益体系，实现绿色协同可持续发展。

为此，有必要规划新材料竞争力提升工程、协同应用工程、升级换代工程及前沿新材料先导工程，同时完善新材料产业发展的整体环境，进一步推动新材料产业做优做强，为其他战略性新兴产业提供强有力的支撑。

6.4.1 新材料竞争力提升工程

新材料竞争力提升要围绕微电子制造材料、高效及低成本 LED 照明材料、高质量及大尺寸功能晶体、新型显示材料、宽禁带半导体材料[34]、高性能智能与传感材料、太阳能用材料、新一代动力电池材料、节能玻璃材料、膜材料、高端稀土永磁材料、陶瓷片式元件及其集成器件用材料、新型生态环境材料、可促进组织再生的医用生物材料、高纯超细陶瓷粉体和先进结构陶瓷材料、高性能耐火材料、生物基材料、高性能碳纤维及其复合材料、关键材料制造装备等发展重点，集中攻克关键材料研发、生产和应用技术关，提高材料的性能一致性和服役可靠性，解决产品稳定性较差、高端应用比例低、关键装备自给率不足等问题，为加强新材料产业健康发展、扩大高端应用奠定基础。

（1）微电子制造材料。突破 300 毫米硅片的关键技术的规模产能，满足 14 纳米线宽集成电路应用要求；突破 450 毫米硅单晶材料生长和 FDSOI（fully depleted silicon on insulator，即全耗尽型 SOI）片制备的关键技术；4 ～ 6 英寸（1 英寸≈ 2.54 厘米）SiC/GaN 材料实现批量商业应用；锆铪系高 k 材料和配套栅极材料得到商业应用；突破海量存储材料工程化技术，实现小批量试用；实现磁性随机存储器（magnetic random access memory，MRAM）批量生产。

（2）高效、低成本 LED 照明材料。解决“两高一低”的技术问题，应从产业链的主要部分，即衬底、外延、芯片、封装和应用等方面提出协同解决方案。着力研究突破大尺寸宽禁带半导体单晶材料和加工技术，高效率、低成本 LED 外延 / 芯片开发技术，高效 LED 封装和智能灯具设计、开发技术等。大力发展 LED 照明新技术能有效提升产品性价比和市场竞争力，实现低碳节能照明、环保照明。

（3）高质量、大尺寸功能晶体。突破大尺寸、高质量激光、非线性光学、压电、闪烁及其他功能晶体制备关键技术，满足国家重大工程、通信和电力等产业需求，发展医疗和安全检测等仪器产业，打破国外垄断，形成有中国自主知识产权的功能晶体和相关装备的高附加值产业体系，带动产业发展。

（4）新型显示材料。突破可印刷半导体 / 纳米功能 / 电光材料、印刷显示基板材料、印刷工艺技术、高可靠性红绿蓝光半导体激光的材料和芯片制备 / 封装与集成应用、超广角光学成像设计与批量制造关键设备及工艺等领域的关键技术。

（5）宽禁带半导体材料。发展面向高电压及大容量智能电网、轨道交通等重大需求的 SiC 材料和电力电子器件；面向低成本、高性能民用需求的 GaN 材料和电力电子器件；面向移动通信重大需求的 GaN 材料和射频电子器件；面向智能化、多样性的超越传统照明的 GaN 光电子材料和器件。

（6）高性能智能与传感材料。主要包括磁致伸缩材料、形状记忆材料和高性能自旋传感材料制造新技术。重点研制具有源头创新的新型巨磁致伸缩材料。通过材料晶体生长取向控制、材料相组成和组织组成控制，实现材料性能的高度均匀性和不同批次材料性能的高度一致性，形成规模化生产。形状记忆材料制备新技术应重点开展合金个性化设计与制造等技术研究，着力突破介入支架、人工关节、骨修复等新型医用材料的设计及制造等技术瓶颈。传感材料制造技术应重点研发符合物联网应用需求的自供电无源传感终端技术，突破核心敏感材料、器件封装等关键技术。大力发展高性能智能传感材料与可穿戴设备制造新技术（图 6.7），加强自旋电子学材料和器件的研发与产业化，为智能社会提供支撑。

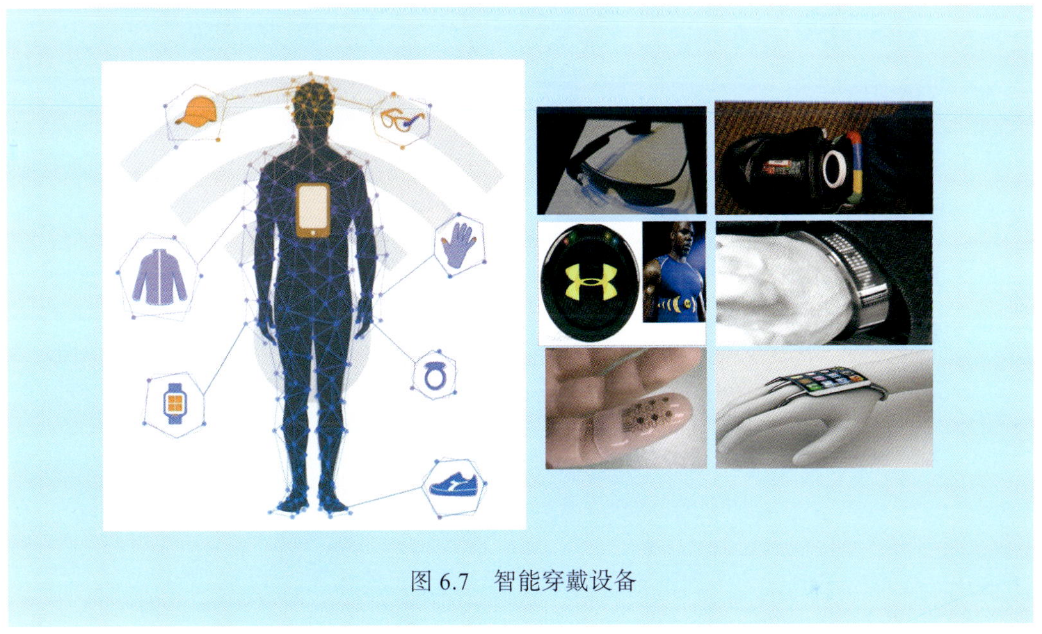

图 6.7　智能穿戴设备

（7）太阳能用新材料。以硅基光伏和光热用关键材料为重点，完善多晶硅产业化技术和装备，发展多晶硅制备新技术，提高并稳定多晶硅品质，降低能耗，强化多晶硅副产物综合利用。发展高性能大尺寸晶硅、超薄型硅片及其低成本电池制备技术和装备；发展高效率、长寿命非晶硅 / 微晶硅等薄膜电池制备技术和装备。发展高效率、长寿命真空集热管及材料产业化关键技术和装备。研发先进太阳能利用新材料和新技术，为实现中国向太阳能生产强国转变提供技术支撑。

（8）新一代动力电池材料。突破锂离子电池用新一代高比容正极材料等关键材料的产业化工艺与装备技术，掌握高比容量、高电压类正极材料和硅基复合负极材料的关键技术，以及高安全性电解质和隔膜材料制备技术，形成高比能锂离子电池的材料体系，至 2020 年新型锂离子电池单体比能量提高到 350 瓦时 / 千克。突破燃料电池用高电导率的质子交换膜材料、耐腐蚀金属双极板、高性能膜电极制备技术，开发氢储存与运输技术，推进氢燃料电池的广泛应用；开展适合碱性膜燃料电池的催化剂材料、碱性阴离子交换膜材料研制，开发下一代低成本燃料电池技术；制定燃料电池及氢储存、运输相关标准。

（9）节能玻璃材料。突破节能玻璃的关键技术，研究低辐射镀膜玻璃、阳光控制镀膜玻璃、光谱选择性高效且超低能耗镀膜玻璃、外场响应（光致变色、电致变色、热致变色）智能节能玻璃等制备和性能优化技术；开发以化学气相沉积为代表的低能耗、低成本浮法在线低辐射镀膜工程化技术和以磁控溅射为代表的高性能离线低辐射镀膜工程化技术；发展真空节能玻璃产业化技术。

（10）膜材料。突破高性能海水淡化膜材料、低成本陶瓷纳滤膜材料、有机纳滤膜材料、高强度 PVDF 膜（即聚偏二氟乙烯膜）材料制备技术，使其具备国际竞争力；另外，在海水淡化、城市污水处理及回用、自来水安全等涉及民生的行业实现规模化应用，保证人民用水安全；此外，在油田、印染、焦化、发酵等大型排污行业实现污染物减排和水回用，大力推进上述行业绿色发展。

（11）高端稀土永磁材料。研究开发高性能、高服役特性的低钕、低重稀土、混合稀土烧结钕铁硼材料与纳米复合永磁材料；掌握新型铈稀土永磁体、极端环境稀土永磁材料、稀土黏结磁粉及磁体和特高温钐钴永磁体的制备技术，突破稀土磁致伸缩材料及器件、磁致冷材料及器件、超高性能稀土磁性功能材料的工程化制备和应用技术。

（12）陶瓷片式元件及其集成器件用材料。突破纳米晶陶瓷烧结技术、低损耗陶瓷介质低温共烧技术，掌握高性能小尺寸多层陶瓷电容器、低温共烧陶瓷材料的制备技术。

（13）新型生态环境材料。开发符合中国材料行业实际情况的材料全生命周期清单建模方法与环境影响评价模型，建立材料生命周期环境负荷属性与材料性能的交互模式及其综合环境负荷-性能表征体系。发展外保温系统 A 级不燃材料产业和应用技术体系；开发电子废弃物中废弃金银铂等贵金属的高效循环关键材料技术、废弃钴镍铜等中国稀缺金属的循环再造关键材料技术、电子废弃物高效拆解工艺技术及装备等，形成具有自主知识产权的电子废弃物（包括废旧电池）金属高性能循环再造材料的核心技术和标准体系[35]。

（14）可促进组织再生的医用生物材料。突破组织诱导性生物材料设计和制备的工程化技术，在具有自主知识产权的骨诱导性人工骨取证实现产业化的基础上，突破软骨、神经、肌腱、角膜等非骨组织诱导性材料及一批结构组织的组织工程化制品的制备技术；作为前沿技术储备，着手组织工程化人工肝、肾、牙等人工器官再生设计和制备技术研究。

（15）高纯超细陶瓷粉体和先进结构陶瓷材料。攻克 Al_2O_3、SiC 和 Si_3N_4（氮化硅）等高纯超细陶瓷粉体的规模化制备关键技术，实现粉体的批量供货，替代进口产品，支持相应先进结构陶瓷产品的工程化研制与产业化。突破先进结构陶瓷材料关键构件批量制备的成型、烧结与加工及凝胶注模成型技术和增材制造等关键技术；掌握薄带连铸薄壁类管件等的低压反应热压烧结成型、挤出成型等关键技术，在国家重大工程和国防建设方面形成自主保障能力。掌握自主知识产权，实现批量化生产，形成具有核心竞争力的产业。

（16）高性能耐火材料。开发以高铝矾土、菱镁矿、石墨、石英、蓝晶石、镁橄榄石等为代表的中国优势非金属矿产资源高效综合利用的关键技术；以中低品位矿物资源为主要原料开发高性能免烧成氧化物-非氧化物复相耐火材料；开发支撑先进冶金技术和高温工业需求的高性能耐火材料、高强度节能隔热保温耐火材料及轻质节能型窑具耐火材料技术以及环境友好且生态安全的高性能耐火材料技术，开展耐火材料全寿命期内可靠性计算机仿真和模拟及预测研究。

（17）生物基材料。攻克原料“非粮化”和材料性价比合理化的技术难题，进而实现产业化和在市场机制下的持续发展。开发新型高效催化剂及生物质高效转化技术，突破生物基材料原料单体和聚合物的工程化制备技术及成型加工技术，实现规模化应用。开发可用于农田地膜和包装的新型生物基聚合物材料及加工工艺；突破经济可行的可生物降解二氧化碳基塑料规模化制备和改性关键技术。

（18）高性能碳纤维及其复合材料。开展国产碳纤维碳 / 碳复合材料的低成本化技术、极端服役用碳 / 碳复合材料制备技术、检验检测与质量控制技术攻关，突破国产碳纤维碳 / 碳复合材料研发和工程化的瓶颈问题；实现军用高端碳 / 碳复合材料和民用高性能、低成本碳 / 碳复合材料的工程化批量应用，满足大飞机工程、先进飞行器工程等国防现代化和国民经济建设对高性能碳 / 碳复合材料的需求；推动碳 / 碳复合材料生产制造向高端技术、高端品牌方向发展，实现碳 / 碳复合材料产品系列化、产业规模化，满足航空航天、能源、交通、建筑等领域的需求。

（19）关键材料制造装备。加快突破关键材料制造装备的制备关键技术和核心部件的制备关键技术，积极推进装备与系统的工程化、产业化应用，建设覆盖研发设计、装备制造及技术服务的完整产业体系，为材料的研发和生产提供有力支撑。

6.4.2　新材料协同应用工程

新材料协同应用工程主要是以新一代信息技术、航空航天、能源、交通、先进装备等重大工程需求为牵引，开展重点新材料协同应用示范，促进材料与终端产品的协同创新与发展。

（1）高品质特殊钢。高品质特殊钢是指具有更高性能、更长寿命、环境友好、高附加值的特殊钢品种。为制备高强度、高韧性、长寿命的高品质特殊钢的制备需求，必须加强高效低成本洁净钢冶炼技术、新一代控轧控冷及在线热处理技术的研究与应用，重点研究开发汽车用高强度、高韧性的第三代汽车用钢；特殊船舶及海上钻井平台用低合金高强度钢板（F 级，Z 相钢）；深井超高强度、超低硫含量、超高韧性和抗氢致裂纹（hydrogen-induced cracking，HIC）管线钢；高速铁路的高强韧性钢轨、车轮、车轴及弹簧用钢；第三代核电用钢，风电主轴、轴承和齿轮等用钢以及超超临界火力发电机组的高温耐蚀钢；发电、输变电用高品质硅钢等的关键生产技术，为满足战略性新兴产业和国家重大工程需求、提升装备制造水平、促进节能减排做出贡献。

（2）高温合金。高温合金按基体元素可分为镍基、铁基和钴基合金，按制备工艺分为变形、铸造和粉末冶金高温合金。高温合金具有优异的高温强度，良好的抗氧化和抗热腐蚀性能，良好的疲劳性能、断裂韧性等综合性能，是航空发动机中不可替代的关键材料（图 6.8）。重点研发高温合金锭的挤压开坯和盘件的等温锻造，用于定向凝固柱状晶合金、单晶合金和定向凝固共晶合金制造的高温度梯度定向凝固技术，以及高纯洁度粉末涡轮盘制造技术；提高铌硅基合金抗氧化性的合金化和涂层技术。开发满足航空航天发动机的耐热腐蚀、长寿命、大尺寸的难变形高温合金盘件材料和耐热腐蚀、耐疲劳、高屈服强度的第三代、第四代低成本单晶高温合金产品，进一步提高高温合金的研发和应用水平，实现中国航空航天发动机的国产化。

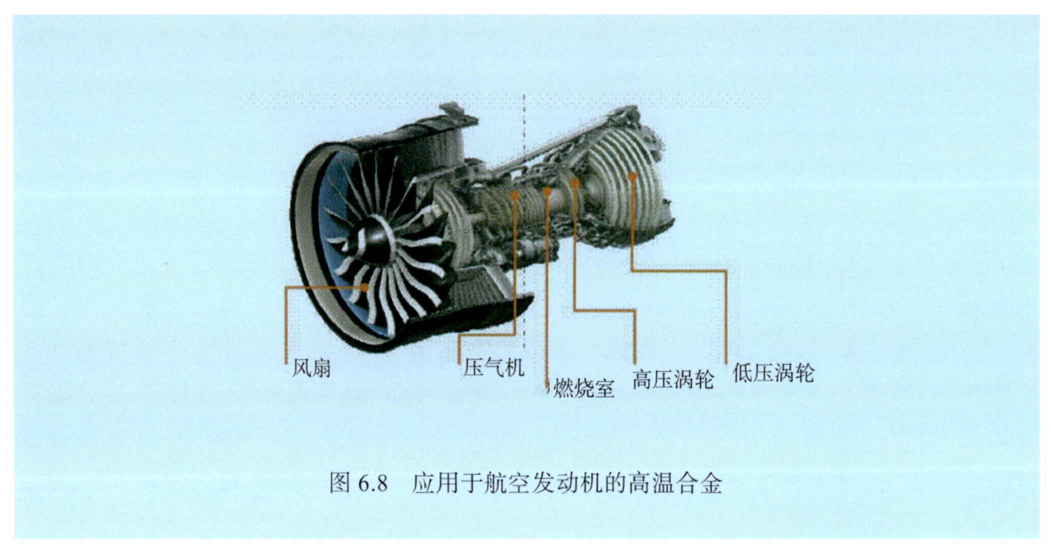

图 6.8　应用于航空发动机的高温合金

（3）新型有色金属合金材料。新型有色金属合金材料是指具有高强韧、耐高温、耐腐蚀和高导电率等优异综合性能的铝、铜、镁、钛、钨、钼等有色金属及合金材料。发展高洁净、高均匀性合金冶炼和凝固技术，大规格铸锭均质化半连铸技术，大型材挤压、拉伸与矫直技术，复杂锻件等温模锻、铝合金板材新型轧制、中厚板（80 ～ 200 毫米）固溶淬火、预拉伸与多级时效技术；新一代高性能铜合金制备加工和应用技术，高性能铸造镁合金及高强韧变形镁合金制备与镁合金大型型材和宽幅板材加工、腐蚀控制以及防护技术；钛合金冷床炉熔炼、型材挤压、精密管棒丝材成型和残料回收技术；钨、钼等难熔金属的高压熔凝方法。实现新型合金材料的更新换代和全面国产化，进一步支撑中国航空航天、新一代信息技术、现代交通运输业和国防工业的发展。

（4）特种陶瓷纤维与先进陶瓷基复合材料。攻克 BN（氮化硼）等高性能陶瓷连续纤维工程化制备关键技术，突破第二代 SiC 陶瓷纤维的工业化生产关键技术，实现大批量生产；突破 SiBCN（硅硼碳氮）陶瓷纤维的小批量制造关键技术，建成

工程化制备验证线；突破短纤维增强陶瓷基复合材料（如 C_f、SiC_f、SiBCN 等）与典型构件的成型烧结关键技术，攻克连续纤维编织体增强先进陶瓷基复合材料（如 SiC_f/SiC、BN_f/Si_3N_4 等）的航空航天防热与高温结构部件的批量制备关键技术，形成自主知识产权的成套装备能力，装备性能与国际水平相当；建立特种陶瓷纤维与陶瓷基复合材料质量检测技术体系和标准；进一步增强中国陶瓷基复合材料产业的技术创新能力和产业化技术水平，以满足国家安全及重大工程的需求。

（5）下一代高性能增强纤维材料。研制拉伸强度大于 7 000 兆帕及高抗压缩的下一代高性能碳纤维、高模量高强度有机高性能纤维、高性能碳纳米管及其纤维增强材料，突破下一代高性能碳纤维原丝制备及碳化工艺技术、高强高模有机纤维聚合物合成及纺丝工艺技术、高性能碳纳米管批量制备技术及其纺纱工艺技术，大跨度提高复合材料力学性能，使复合材料向高性能化方向持续发展，满足下一代飞行器结构轻量化和多功能化的需求。

（6）超高韧性耐高温树脂基复合材料。研制下一代超韧性环氧树脂基复合材料，突破高韧性环氧树脂基体增韧技术及其与高性能碳纤维的复合工艺技术，实现复合材料的减重效率至 35% 以上。研制长期使用温度 250℃以上的高韧性耐高温聚酰亚胺复合材料，突破高温高韧性聚酰亚胺树脂基体的合成技术、预浸料批量稳定制备技术及其复合材料大尺寸构件的成型工艺技术，满足高超音速飞机的发展需求。研究耐温 450℃以上的有机无机杂化树脂基体及其复合材料成型工艺，突破耐高温有机无机杂化聚合物分子的设计合成及其复合材料成型关键工艺，满足航空发动机及超高音速飞行器等结构的需求。

（7）新型树脂基结构 / 透波和结构 / 隐身复合材料。研制多频透波和结构 / 隐身一体化的宽频吸波和透波复合材料技术及耐大功率密度结构 / 透波复合材料技术，满足先进装备电子对抗发展的需求。研制碳纳米管改性碳纤维增强树脂基复合材料，提高复合材料的导热导电性能，满足未来装备结构防雷击、防冰与电磁屏蔽等对结构 / 功能一体化复合材料的需求。研制中低密度轻质防热复合材料和空间用高模量超轻结构复合材料，满足新一代战略战术导弹和卫星的发展需求。

6.4.3 基础材料升级换代工程

“加快基础材料升级换代”是深入落实“中国制造 2025”的重要任务，通过重点基础材料的设计开发、制造流程及工艺优化等关键技术和国产化装备的重点突破，实现钢铁、有色金属、石化、轻工、纺织、建材及特色资源等重点基础材料的高性能、高附加值、绿色高效低碳生产，促进基础材料的性能改进和升级换代。

（1）钢铁材料。重点研究高品质特殊钢、船舶与海洋工程用钢、交通与建筑用钢、能源用钢等钢铁材料的强韧化机制与高可靠长寿命机理，突破高洁净度冶炼、均质化与组织精细化控制，构建绿色化与智能化钢铁流程，完善评价标准体系，实现关键技术及典型品种示范应用，形成中国钢铁材料品种、生产、应用、评价与标准规范体系，显著提高材料的质量稳定性、可靠性和适应性，满足国民经济建设、重大工程及高端装备制造等需求。

（2）有色金属材料。开展有色金属材料新型强化相 / 功能相设计和微观组织全过程协同控制研究，重点突破有色金属材料的先进凝固—冷 / 热变形加工—强韧化热处理等全流程制备加工，以及复杂结构件成型—残余应力消减—异质金属连接—表面处理等工程化应用技术，着力发展一批新型大规格高性能轻合金材料、高精度铜及铜合金材料、高纯稀有 / 稀贵金属材料、粉末冶金难熔金属及硬质合金材料等大宗高端产品。

（3）石化材料。重点研究石化材料介观尺度的分子混合、材料的构效关系；重点突破新型高效催化、分离和过程强化关键技术；着力发展基础化学品的绿色制备、合成树脂的高性能化、特种高端石化材料等制备技术，解决石化材料低端产品严重过剩、高端产品严重依赖进口、环境风险大、资源瓶颈制约等突出问题，使石化材料制备技术与产品性能显著提升。

（4）轻工材料。重点开展造纸、皮革等所用天然原料组分的结构表征、高效分离和重组利用技术，塑料加工机理与流变学行为，工艺、形态与性能的关系模型，表面活性剂的催化体系、机理等关键技术的研究；突破新型高效分离与利用技术、轻工材料安全化技术、高效高值化加工技术等；着力发展轻量化技术与材料、环保新材料、短流程及高效制备工艺技术、高性能材料制造技术等，促进轻工材料向生产过程绿色化和高效化，产品功能化、生态化和高值化等方向发展。

（5）纺织材料。重点研究纤维材料制备全流程的智能化、纺织材料构效关系；重点突破差别化纤维高效柔性化制备，纺织材料功能与结构设计、精细化加工，以及纺织材料绿色制造等关键技术；着力发展差别化功能纺织材料、工程用纺织材料、生物基纺织材料，实现纺织材料的高品质化、高功能化、差异化及生态加工，提升中国纺织服装自主品牌发展水平，支撑土工、建筑等产业领域发展需求。

（6）建筑材料。重点研究建筑材料及制品高性能化设计和劣化演变规律等基础科学问题，突破材料物相匹配及结构优化设计、矿物形成反应热力学与动力学及过程控制、高端产品制造和智能化装备等共性关键技术，着力发展特种水泥、长寿命高性能混凝土、特种玻璃、先进陶瓷、环保节能非金属矿物等材料，满足国家重大基础建设工程需求、海洋开发与战略性新兴产业发展急需，带动建材行业技术提升和升级换代。

（7）特色资源矿产的高效开发和利用。加强稀土、稀有金属、锂等特色资源的有效保护和高质化利用；开发特色资源的可再生循环利用技术，提高材料回收利用率；推广应用特色资源开采、冶炼分离、材料深加工的智能化和绿色化工艺，为绿色制造提供应有的支撑。

6.4.4　前沿新材料先导工程

前沿新材料先导工程要把握全球科技革命和产业变革发展方向，坚持原始创新，加强前瞻性研究，攻克核心技术瓶颈，获得一批重大技术成果。

（1）石墨烯（图 6.9）、碳纳米管等低维材料。开发石墨烯和碳纳米管的可控、规模制备及产业化关键技术，碳基电化学储能技术，碳基薄膜放量制备技术及高性能器件，碳基冷阴极功率型高频真空电子器件，碳纳米管数字集成电路，高性能柔性碳基薄膜电子器件；实现碳纳米材料在抗静电、散热、防腐蚀等各种功能涂层、导电油墨、导电和导热复合材料中的应用；发展高品质、低成本、高产率的绿色规模化石墨烯制备、分级、改性新技术及面向高性能器件（光电、微电子、光学、储能、导电、导热、生物传感等）、特种分离等重大应用的关键技术。

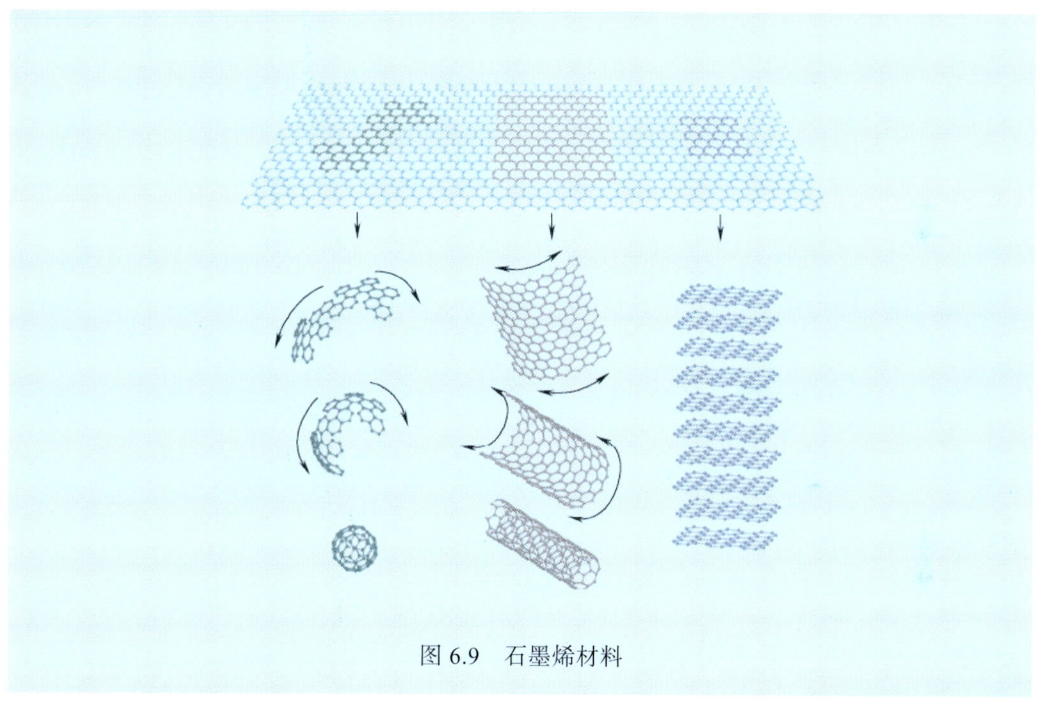

图 6.9　石墨烯材料

（2）超材料。超材料是一类具备超常物理性质的人工复合结构或复合材料，在微波通信、超分辨率成像、大容量存储介质、可选波长的滤波器、电磁波隐身等领域均有广阔的应用前景。国外已开始在微波技术和光学领域探讨其应用，但目前超材料还要面对诸如结构强度、热学性能、环境性能和制作工艺等方面的严峻挑战。近期，应开展光子晶体在光催化及污水治理方面的研究，加强超材料在卫星天线、公共 Wi-Fi、先进通信设备、新型滤波器、定向耦合器、特种天线及隐身技术方面的技术开发和实际应用。

（3）超导材料。低温超导材料，包括 ITER① 用 NbTi 和 Nb_3Sn 超导线材的规模化制备技术研究；MRI② 用 NbTi 超导线材的批量化技术研究；NMR③ 用 Nb_3Sn 超导线材研制。开发第二代高温超导带材，包括千米级基带的无接触抛光技术、种子层的制备技术、氧化物隔离层的外延生长技术及高性能、低成本 YBCO（氧化钇钡铜）超导层制备技术等。研发新型铁基超导材料，提高载流能力，完善材料制备工艺和应用技术。开发 MgB_2（二硼化镁）超导线材批量化制备技术，实现 MgB_2 千米长线的规模化生产。开展满足航空、航天及医疗设备要求的直接冷却大口径超导磁体制备技术研究，解决低温系统与磁体系统的集成关键技术。

（4）前沿生物医用材料。当前生物材料科学与产业面临革命性变革。刺激机体发生特定生物反应，诱导组织或器官再生的生物材料是当代生物材料科学与产业的前沿，是未来 20 年左右产业的主体，有必要提前布局。应加强基础科学机理的研究，包括可诱导组织再生及智能生物材料的设计和分子机制、先进的制造方法学、通过体外或短期体内试验评价材料长期生物相容性与有效性的研究；同时加强前沿支撑技术的突破，包括生物 3D 打印技术、生物材料基因组平台、生物活性物质（蛋白、基因、细胞等）控释载体及系统等。

6.5 发展中国新材料产业的建议

未来有必要面向信息、高端装备与制造、绿色低碳、生物和数字创意产业及重大工程的需求，在机制体制方面给予新材料产业更有力度的支撑，进一步加强新材料产业的提质增效和协同应用，提高新材料的基础支撑能力，加快实现中国从材料大国向材料强国的转变。

1. 完善新材料产业化发展的整体环境

加强国家对新材料基础研究的投入，高度重视当前处于研发阶段的前沿新材料，适度超前安排；着力突破新材料产业发展的工程化问题，提高新材料的基础支撑能力。加快完善有利于推动新材料产业进步的政策和法规体系，制定新材料产业发展指导目录和投资指南，完善产业链、创新链、资金链。遵循“谁投资、谁负责”的原则，加强对国有资本投资回报率的监管；突出国家对重点行业的聚焦支持，防止出现“投资碎片化”。加强国家各类研发计划与产业发展的衔接，鼓励民营资本投资新材料产业，深化加快出台混合所有制企业改革的政策，积极营造新材料产业发展科技创新、投融资等政策法规的整体环境。

① ITER：international thermonuclear experimental reactor，即国际热核聚变实验反应堆。

② MRI：magnetic resonance imaging，即核磁共振成像。

③ NMR：nuclear magnetic resonance，即核磁共振。

2. 加强新材料产业发展的支撑基础

进一步加大对新材料制备和检测自动化设备的研发支持，集中力量开发提高产品质量、降低制造成本的核心装备，重视新型低成本制造工艺及其配套技术的创新，深化发展新材料的智能化制造技术。建设包括材料指标体系标准（融合生产与应用方）、材料试验体系标准（与指标对应）以及材料评价体系标准（试验有效性评价、材料性能评价、服役评价）的三大体系，形成具有系统性、多元性、先进性、适用性及动态性等特点鲜明、国际一流的材料与试验标准体系（Chinese Society of Testing Materials，CSTM）[36]。从战略高度重视和研究新材料产业的知识产权体系，加强知识产权保护，鼓励新材料研发中的原始创新与集成创新[37]，逐步形成具有自主知识产权的材料牌号与体系，建立新材料结构设计 / 制造 / 评价共享数据库，开展协同应用试点示范，搭建协同应用平台，推进新材料产业的结构调整和升级换代。

3. 推进新材料融入全球高端制造业供应链

抓住中国工业化进程加速的历史机遇，培育、拓展新材料消费市场，特别是中高端市场，以需求带动发展，促进企业上档次、上规模，推动供给侧结构性改革；扩大与国际制造企业的全方位合作，推动新材料快速融入全球高端制造供应链。加快营造新材料相关企业自主经营、公平竞争的市场环境，以企业为投资主体和成果应用主体，加强产学研用相结合，充分发挥市场配置资源的基础性作用，提高资源配置效率和公平性。推动优势企业实施强强联合、跨地区兼并重组、境外并购和投资合作，提高产业集中度，加快发展具有国际竞争力的企业集团，集中力量培育和塑造中国名牌新材料产品。

4. 积极培养和引进创新人才

实施创新人才发展战略，支持企业加强创新能力建设，不断加大新材料领域创新型人才的培养力度，吸收国外高水平的技术和管理人才，建立适合创新人才发展的激励和竞争机制。同时，鼓励新材料企业积极开展国际合作与交流，引进国外先进技术和管理经验，不断提升中国新材料企业管理水平。充分发挥行业协会、科研单位和大学的作用，共同建立新材料专家系统，加强新材料研发、生产和应用的直接沟通和交流。专家系统定期对国内外新材料研发和应用需求进行调研与评估，发挥思想库作用，就新材料发展和需要关注的重点问题提供咨询意见。

参考文献

[1] 师昌绪 . 关于构建我国“新材料产业体系”的思考 . 工程研究：跨学科视野中的工程，2013，5（1）：5-11.

[2] 中国工程科技发展战略研究院 . 中国战略性新兴产业发展报告 2013. 北京：科学出版社，2012.

[3] 中国工程科技发展战略研究院 . 中国战略性新兴产业发展报告 2014. 北京：科学出版社，2013.

[4] 中国工程科技发展战略研究院 . 中国战略性新兴产业发展报告 2015. 北京：科学出版社，2014.

[5] 中国工程科技发展战略研究院 . 中国战略性新兴产业发展报告 2016. 北京：科学出版社，2015.

[6] 李卫，朱明刚 . 中国稀土永磁材料基础理论、产业技术与装备研究进展 . 全国电磁材料及器件学术会议，屯溪，2012.

[7] 蒋利军 . 稀土储氢材料研究与应用 . 稀土信息，2011，（9）：4-6.

[8] 王继扬，吴以成 . 光电功能晶体材料研究进展 . 中国材料进展，2011，29（10）：1-12.

[9] 徐匡迪 . 中国特钢生产 60 年 . 钢铁，2014，49（7）：2-7.

[10] 中国电子信息产业发展研究院 . 中国新材料产业地图白皮书（2012），2012.

[11] 杜祥琬，杨波，刘晓龙，等 . 中国经济发展与能源消费及碳排放解耦分析 . 中国人口 • 资源与环境，2015，25（12）：1-7.

[12] 殷瑞钰 . 过程工程与制造流程 . 钢铁，2014，（7）：15-22.

[13] 邢丽英，包建文，礼嵩明，等 . 先进树脂基复合材料发展现状和面临的挑战 . 复合材料学报，2016，33（6）：1327-1338 .

[14] 彭苏萍，张博，王佟 . 我国煤炭资源“井”字形分布特征与可持续发展战略 . 中国工程科学，2015，17（9）：29-35.

[15] 徐南平，高从堦，金万勤 . 中国膜科学技术的创新进展 . 中国工程科学，2014，15（12）：5-9.

[16] 路甬祥 . 加快推进工业强基，夯实制造强国基础 // 国家制造强国建设战略咨询委员会，中国工程院战略咨询中心 . 工业强基 . 北京：电子工业出版社，2016.

[17] 周济 . 智能制造——“中国制造 2025”的主攻方向 . 中国机械工程，2015，（17）：2273-2284.

[18] 施瓦布 K. 第四次工业革命 . 李菁译 . 北京：中信出版社，2016.

[19]Tu H L. 450mm silicon wafers are imperative for moore’s law but maybe postponed. Engineering，2015，1（2）：162-163.

[20] 周济，李勃，李龙土 . 绿色无线信息技术中的微波无源元件 . 电子科学技术，2015，（5）：258-262.

[21] 张兴栋，蔡开勇，张璇 . 生物医用材料展现经济转型步伐 . 中国战略新兴产业，2014，（22）：50-51 .

[22] Nie Z R，Gao F，Gong X Z，et al. Recent progress and application of materials life cycle assessment in China. Progress in Natural Science：Materials International，2011，21（1）：1-11.

[23] IEA PVPS Task1. 2015 Snapshot of global photovoltaic markets，2015.

[24] Weber E R. Preface. Semiconductors and Semimetals，2015，（92）：2-3.

[25] Ceder G. Data Mining in Materials Development. Berlin：Springer Netherlands，2005.

[26] He K，Wang Y Y，Xuea Q K. Quantum anomalous hall effect. National Science Review，2014，（1）：38-48.

[27] 汪洪，向勇，项晓东，等 . 材料基因组——材料研发新模式 . 科技导报，2015，33（10）：13-19.

[28] 屠海令 . 发展先进材料　迎接科技革命 . 科技导报，2014，32（34）：1.

[29] 邬贺铨 . 新一代信息技术的发展机遇与挑战 . 中国发展观察，2016，（4）：11-13.

[30] Liu R. Broadband ground-plane cloak. Science，2009，323：366-369.

[31] Geim A K，Novoselo K S. The rise of graphene. Nature Materials，2007，（6）：183-191.

[32] Geim A K. Graphene：status and prospects. Science，2009，324：1530-1534.

[33] Coleman J N，Lotya M，O' Neill A，et al. Two-dimensional nanosheets produced by liquid exfoliation of layered materials. Science，2011，331（6017）：568-571.

[34] Nakamura S. Future technologies and applications of Ⅲ -nitride materials and devices. Engineering，2015，1（2）：161.

[35] 左铁镛 . 关于“城市矿产”产业的探讨 . 中国金属通报，2012，（23）：26-28.

[36] 张纲，张超，杨青海，等 . 质量技术基础 // 国家制造强国建设战略咨询委员会，中国工程院战略咨询中心 . 工业强基 . 北京：电子工业出版社，2016.

[37] 干勇，延建林 . 工业技术创新体系 // 国家制造强国建设战略咨询委员会，中国工程院战略咨询中心 . 工业强基 . 北京：电子工业出版社，2016.

第 7 章

能源新技术产业

“能源新技术战略性新兴产业重大行动计划研究”课题组[①]

【内容提要】今后 5 ～ 10 年是中国能源新技术产业发展的战略机遇期，第三、四代核能，太阳能光伏、光热发电，风力发电，生物质能源，智能电网，大规模储能等关键核心技术的连续突破，将发展出新的朝阳产业集群和新的经济增长点，化石能源新技术的突破同样蕴藏着新的产业机遇，特别是非常规油气、煤电新技术研发应用，仍具有巨大的市场空间和实际应用价值。本章基于能源新技术产业的范畴与定位，系统性总结“十二五”时期中国煤炭清洁高效转化与利用产业、非常规油气开发利用产业、核能利用产业、智能电网与储能产业以及可再生能源与分布式能源产业发展情况，并对“十三五”时期相关产业的发展进行展望，提出相应的发展促进建议。

7.1 能源新技术产业的范畴与定位

能源是人类社会进步和发展的重要驱动力，人类生产力每一次大的飞跃都伴随

① 全文统稿：彭苏萍、张博；煤炭清洁转化与利用产业：顾大钊、俞珠峰、许世森、韩敏芳、张军、李启明、廖海燕、杨志宾；非常规油气开发利用产业：马永生、赵培荣、张国生；核能利用产业：叶奇蓁、苏罡；智能电网和储能产业：韩英铎、余贻鑫、郭剑波、王成山、饶宏、李鹏、谢小荣、周保荣、赵强；可再生能源与分布式能源产业：黄其励、戴松元、肖立业、王志峰、袁振宏、许世森、韩敏芳、孔凡太、王一波。

着一场能源生产和消费方式的革命。新一轮的能源革命已初露端倪，以具有颠覆性的能源新技术发展为主要标志，把人类社会推进到以高效、清洁、低碳、智能为主要特征的全新能源时代。能源没有新旧之分，只有技术先进程度的差异[1]。能源新技术概念是以往“新能源”一词所涉及范围的拓展，在突出可再生能源技术的先进性基础上，同等重视化石能源转换和利用新技术的变革性作用，又充分反映智能电网、蓄能、分布式能源和微电网等新内涵。因此，能源新技术范围不仅包括核能与可再生能源新技术，也涵盖与传统化石能源相关的具有突破性或颠覆性的新技术。

一般来说，能源新技术应具备以下特点[2]：①通过技术原理上的创新，对所在技术领域发展的制约性问题提出解决方案；②具备优良的竞争力，表现出较强的技术优势；③新兴技术以成熟技术为发展依托，具备较强的技术可行性；④在未来具有较大的成本下降的可能性，具有较高的技术学习率，以保证在技术发展规模迅速扩张的同时，成本随之急剧下降，具备在短期内可以获得能够与传统技术相竞争而占据大量市场份额的能力。基于战略性新兴技术的特点，在产业层面，能源领域战略性新兴产业可以统称为能源新技术产业，该定位是以往“新能源产业”所涵盖范围与内涵的拓展，主要涵盖煤炭清洁高效转化与利用产业、非常规油气开发利用产业、核能利用产业、智能电网与储能产业以及可再生能源与分布式能源产业。

具体而言，煤炭清洁高效转化与利用是指以煤炭为基础，通过技术创新，大幅提高煤电效率、降低污染物排放，以及通过现代煤化工工艺和技术制取化学品、气体或液体燃料等工业过程，既包括煤炭的清洁、高效燃烧和煤炭的绿色、低碳转化，也包括煤炭作为能源和资源的联产综合利用。涉及的技术包括先进燃煤发电技术、燃煤发电中污染物超低排放技术、煤炭的清洁高效转化技术、资源综合回收利用技术等。煤炭清洁高效转化与利用是新时期中国能源结构调整、煤炭转型升级发展的必由之路。

非常规油气是指采用传统技术无法获得自然工业产量，需要采用新技术才能实现经济开采的连续型或准连续型油气资源。非常规油气资源包括致密气、页岩气、煤层气、天然气水合物、致密油/页岩油、油页岩、油砂、重油等。与常规油气资源相比，非常规油气资源具有资源类型多、赋存方式多样、连续性分布、资源量大等特点，同时也具有资源丰度低、储层低孔低渗、勘探开发技术要求高、勘探开发经济收益风险大的难点。非常规油气资源属于低品位油气资源，针对性技术的采用、规模化生产、高效运行组织是实现非常规油气资源商业开发的关键。近年来，随着水平井分段压裂等工程技术的突破性进展，长久以来油气商业开采的储层下限已突破，实现了油气工业由常规向非常规油气的重大跨越，非常规油气资源已成为全球石油、天然气的战略性接替资源，并正在深刻地改变着世界能源的格局。

核能利用是通过可控方式核裂变将核能转变为电能或者热能等能量形式，使人类从利用化学分子能跨越到利用物理原子能的新天地。核能具有清洁、低碳、稳定、高能量密度的特点，作为战略性新兴产业的重要组成部分，能够规模化提供能源并实现二氧化碳（CO_2）及污染物减排，也是治理雾霾、保证能源安全的重要手段。核能产业范围包括核电、核动力和核燃料产业，涵盖核能利用设施全生命周期，包括建造、运行和退役各阶段；并带动全产业链协同、创新发展，目标着眼于实现压水堆规模化发展，同时开发先进的快堆等先进技术，通过后处理技术配套发展和衔接，建立可持续发展的核燃料循环体系，实现资源利用最大化和废物最小化；最终实现聚变技术的能源利用，实现“热堆—快堆—聚变堆”三步走发展战略。

智能电网是在传统电网基础上，融合电力、信息、通信、传感、储能、计算机网络等先进技术，集数字化、自动化、智能化、信息化于一体，实现电网与用户间互动的新一代电网。智能电网是一个完整的基础设施体系和信息架构，从传统电能和信息传输环节来看，智能电网产业链可细分为发电、输电、变电、配电、用电、调度等多个环节以及通信平台建设。与传统电网相比，智能电网在各个环节上都有重大技术创新，相关产业可以细分为新能源装备与并网、特高压交直流输电、柔性交直流输电、数字化变电站、配网自动化及配电管理、用户用电信息采集、智能调度、用户需求响应和储能等子产业。

可再生能源是未来能源的主要发展方向之一，主导能源实现由化石能源向可再生能源过渡是必然的趋势。中国目前是世界可再生能源消费利用的第一大国，相关技术的自主供给能力和创新能力也提升很快。中国可再生能源与分布式能源产业涉及的非水可再生能源主要以太阳能、风能、生物质能和地热能为主。中国光伏发电和风力发电的总装机量均位居世界第一，已成为全球新增装机容量最大的国家和最大的风电市场。中国也是世界最大的太阳能发电国，太阳能热利用总面积遥遥领先其他国家。同时，中国生物质能、海洋能、地热能的开发与利用也得到了快速的发展。

7.2 “十二五”时期中国能源新技术产业发展总结

7.2.1 煤炭清洁高效转化与利用产业

“十二五”时期，中国煤炭清洁高效转化与利用发展取得积极进展，煤电清洁化水平、系统效率等取得重要突破，煤炭转化工艺技术更趋优化、产品定位和产业发展思路更加清晰。

1. 煤电产业发展评价

煤电产业是以煤为基础进行电力生产的工业活动过程。“十二五”时期，煤电产业重点在传统燃煤电厂污染物超低排放、先进高效煤电技术及煤气化新技术发电等方面取得较大进展。

1）燃煤发电超低排放

2014 年 9 月，国家发改委、环保部和国家能源局联合印发《煤电节能减排升级与改造行动计划（2014—2020 年）》（发改能源〔2014〕2093 号），提出燃煤发电机组大气污染物基本达到燃气轮机组排放限值的要求，即燃煤电厂“超低排放”。截至 2015 年年底，中国火力发电机组装机容量约为 9.9 亿千瓦[3]，占全国总装机容量的 65.7%，其中 89.3% 为燃煤发电。全国燃煤发电超低排放已完成和正在改造的装机容量约为 1.6 亿千瓦，较 2014 年增加近 1 倍。

燃煤发电过程中产生的污染物主要包括氮氧化物（NO_x）、硫氧化物、颗粒物、重金属等。为实现超低排放要求，“十二五”期间，中国已在燃煤电厂污染物控制技术方面取得新的进展并得到了相应的推广应用。主要包括以下三类技术方向：一是组合或传统单一控制设施的拓展技术，即通过单一控制设施拓展或组合进行多污染物协同控制的技术，如基于传统石灰石-石膏湿法的氧化硫硝汞一体化脱除技术、基于选择性催化还原法的改进硝汞脱除技术、基于传统除尘技术改进的拓展功能等；二是国内火电厂环保设施建设的标准化配置模式，如“选择性催化还原脱硝 + 电除尘器 + 烟气脱硫 + 湿式电除尘”“选择性催化还原脱硝 + 热回收器 + 低低温电除尘 + 烟气脱硫 + 湿式电除式 + 烟气循环”等，但需进一步深入研究挖掘各单一环保设备对其他污染物的辅助控制功能；三是基于湿式静电的深度净化技术。目前中国燃煤电厂超低排放建设和改造主要基于以上三类技术应用。

中国政府积极推进超低排放技术及产业的发展。2015 年《政府工作报告》明确提出“打好节能减排和环境治理攻坚战”。为鼓励引导超低排放，对经所在地省级环保部门验收合格并符合上述超低限值要求的燃煤发电企业给予适当的上网电价支持。对 2016 年 1 月 1 日以前已经并网运行的现役机组，对其统购上网电量加价每千瓦时 1 分钱（含税）；对 2016 年 1 月 1 日之后并网运行的新建机组，对其统购上网电量加价每千瓦时 0.5 分钱（含税）。省级能源主管部门负责确认适用上网电价支持政策的机组类型。超低排放电价政策增加的购电支出在销售电价调整时疏导[4]。

2）700℃超超临界高效发电

目前，世界上最先进的超超临界发电机组的主蒸汽温度约为 600℃，发电效率可达 45%，如果主蒸汽温度可以进一步提高到 700℃，则发电效率可以达到 50% 以上。为促进中国 700℃技术的发展，依托能源行业、材料行业和相关科研机构，国家 700℃超超临界燃煤发电技术创新联盟于 2010 年在北京成立。国家能源局于 2011 年设立了“700℃超超临界燃煤发电关键设备研发及应用示范”项目，围绕 700℃超超临界燃煤发电机组的总体方案设计、高温材料的服役特性及国产化、锅炉的设计制造技术、汽轮机的设计制造技术、关键部件验证平台的建立及运行、示范电站的工程可行性研究等方面开展研究，并于 2014 年设立“700℃超超临界机组汽轮机铸锻件和高温管道及管件研制”项目，围绕汽轮机转子锻件、汽轮机高温铸件、高温蒸汽管道及管件开展研制工作。

在国家相关部委支持下，通过相关单位协同攻关，高温合金材料和关键部件的制造加工技术得到了快速发展。

中国首个700℃关键部件验证试验平台于2015年在华能南京电厂正式开工建设，主要依托宝钢特钢、沈阳金属所、西安热工院等单位在国产高温合金材料方面的研发和东锅、哈锅、上锅、江苏电建等单位在高温合金材料部件制造加工焊接方面的研制。该平台于2015年12月建成投运，实现700℃稳定运行。

该试验平台实现了对国内外近十种不同牌号的高温合金材料及关键部件进行实炉验证试验，未来将通过长期的实炉验证，获得700℃高温合金材料在实际服役环境下的重要运行数据和实践经验。试验平台的成功投运，表明中国已经初步掌握700℃技术所涉及的高温材料冶炼、部件制造加工和现场焊接等关键技术。

试验平台目前验证的是锅炉侧、汽机侧的相关材料及其制造加工技术，尚有待进一步研究。此外，对于高温材料的热加工性能及焊接性能，需进一步研究与提高，材料的高温持久强度和高温蠕变强度等性能还有待进一步的实践验证。

3）煤气化发电发展

煤气化发电是指煤首先经过气化制取合成气后生产电力的过程，该技术具有发电效率高、污染排放量少的优点，主要包括整体煤气化联合循环发电（integrated gasification combined cycle，IGCC）和煤气化燃料电池集成发电（integrated gasification fuel cell，IGFC）两种技术。

IGCC是煤气化制取合成气后，通过燃气-蒸汽联合循环发电方式生产电力的过程。华能天津250兆瓦IGCC示范电站是中国首套自主研发、设计、建设、运营的IGCC示范工程。该电站于2009年9月开始建设，2012年12月投入商业运营，经过3年的调试与运行，系统可靠性得到了全面提高，实现了长周期运行。在此过程中，相关单位总结出宝贵的工程建设经验，积累了丰富的运行数据。

2015年，该示范电站累计运行5 800小时，机组和气化炉实现满负荷运行，机组功率、气化炉和燃机各项技术指标达到设计值。粉尘和二氧化硫（SO_2）排放浓度低于1毫克/标准立方米，NO_x排放浓度低于25毫克/标准立方米，达到了天然气发电的排放水平，机组运行稳定可靠，实现中国IGCC零的突破。同期，配套建成中国首套基于IGCC的燃烧前CO_2捕集试验示范装置，并通过72小时连续满负荷考核试验。

IGFC是以煤气化合成气为燃料，通过燃料电池直接发电的过程。中国在“十二五”时期加大支持力度，分别由科技部资助了“863”项目和“973”项目用于固体氧化物燃料电池电堆、发电系统和相关基础科学问题的研究。

2015年以来，IGFC相关技术研发和工业试验稳步开展。建成了25～50千瓦级别的IGFC发电系统，攻克了熔融碳酸盐燃料电池（molten carbonate fuel cell，MCFC）大面积双极板和电解质隔膜制备技术，50千瓦级MCFC电池堆研制进入组装阶段，完成了兆瓦级整体煤气化燃料电池发电系统建模。

采用大容量高参数IGCC和IGFC等先进高效清洁煤电技术可进一步提高煤电效

率（50% ～ 60%），未来在 CO_2 减排方面具有成本优势。目前存在的主要问题是机组规模较小、成本较高，急需通过技术开发进行更大规模的示范和应用，提高效率、降低成本、推动发展。

2. 现代煤化工产业发展评价

“十二五”时期，中国以煤制油、煤制烯烃为代表的现代煤化工获得快速发展，在技术进步和产业规模上都取得较大发展。

1）煤制特种燃料和清洁油品

中国煤制油工艺技术经历研发、小试、中试等，目前已经取得重要创新突破，工业示范项目顺利投产，产业发展初具规模。煤制油包括煤直接液化制油和煤间接液化制油两种工艺技术路线。

煤直接液化制油是煤在氢气、催化剂等作用下通过加氢裂化转变为柴油、石脑油、液化气的过程。神华 108 万吨 / 年煤直接液化项目是世界范围内唯一规模化示范项目，产品具有低硫低氮、大密度、高热容、超低凝点等特点，可用于中国国防和航天领域。“十二五”时期，中国相关单位就煤制燃料用于军用超低凝点柴油、航空领域喷气燃料等进行平台试验，并取得了显著效果，神华集团与空军后勤部共同进行的煤基燃料试验性飞行取得圆满成功。2015 年 4 月，神华集团与中国航天科技集团合作，使用煤基燃料的火箭发动机整机热试车获得成功，煤直接液化油品有力保障了中国特种燃料供应战略安全。“十二五”时期，神华煤直接液化项目年均生产油品约 85 万吨。

煤间接液化制油是将煤气化制取合成气后，经化工合成汽油、柴油、煤油、液化气和其他化学品的工艺过程。“十二五”时期中国建成运行的煤间接液化项目共 4 套，累计产能 152 万吨 / 年，在建神华宁煤 400 万吨 / 年煤制油项目预计 2016 年年底建成投运，伊泰鄂尔多斯 200 万吨 / 年、潞安山西长治 180 万吨 / 年等一批项目正在开展实质工作。

2015 年 5 月，国家发改委等七部门发布《加快成品油质量升级工作方案》，要求逐步实施国 V 汽柴油标准，其核心是硫含量从 50 毫克 / 毫升降低到 10 毫克 / 毫升，十六烷值从 49 提高到 51。煤制油柴油产品具有超低硫（仅 0.1 毫克 / 毫升）和高十六烷值（可达 75 ～ 80）的优势，对缓解中国大气污染和推进油品升级具有重要作用。伊泰集团在北京进行的机动车燃用清洁柴油检测结果表明：与国 V 柴油相比，使用伊泰清洁柴油后，比油耗降低 6% ～ 12%，一氧化碳可降低 24%，NO_x 可降低 12%，HC（碳氢化合物）排放可降低 34%，细颗粒物排放显著降低 49%，SO_2 排放降低 90%。

当前低油价下，煤制油项目多处于亏损状态，这也在较大程度上抑制了相关项目进展。当国际油价理性回升到 55 美元 / 桶左右时（以布伦特油价为基准），煤制油项目可实现盈利，达到或低于国内原油开采和炼油成本。

“十二五”时期，中国煤制油产业取得重要突破，示范项目均打通流程并实现了长周期稳定运行，在大型工程设计、建设、运行和管理等方面积累了丰富的工程经验，装备国产化水平大幅提升，有效拉动了西北等经济落后地区的经济发展。煤制油污染物控制、能源资源消耗水平等也不断提高。煤制油将在全厂工艺系统优化和各技术间的耦合、节能节水、环保等方面加强升级示范，同时在标准体系等方面进一步配套健全，还将有较大的提升空间。

2）煤制烯烃

煤制烯烃是煤经过气化合成甲醇后，进一步合成乙烯、丙烯的工艺过程，工艺技术主要分为MTO[①] 和MTP[②] 两种路线。目前中国已经完全掌握煤制烯烃MTO技术，MTP技术主要以国外引进为主。“十二五”时期，中国在煤制烯烃工艺技术方面主要形成了中国科学院大连化学物理研究所DMTO、中石化上海石油化工研究院SMTO、清华大学FMTP、神华集团SHMTO等工艺。DMTO技术成功应用于神华包头60万吨/年示范工程，取得一次投料试车成功并稳定运行。目前第二代DMTO技术开发成功，2015年年初，第二代DMTO工业示范装置在陕西蒲城顺利投产。其他技术目前多处于中试、工业试验和工艺包开发等阶段。

“十二五”时期，中国煤制烯烃取得重大进展，世界首套神华包头煤制烯烃实现商业化运行，随后多个煤制烯烃项目陆续建成投产。截至2015年年底，中国建成投产煤制烯烃项目8个，项目总规模达到458万吨。

通过系统优化和技术进步，煤制烯烃的吨产品水耗已从最初的32吨降到当前的20吨左右，全厂能效从34%提高到当前的40%左右。

煤制烯烃项目竞争力和经济性经受住低油价的考验，在2014～2015年国际油价较低的情况下，煤制烯烃项目仍然始终保持一定的盈利能力，其经济竞争力显著高于当前石化烯烃路线。

3. 煤炭转化利用过程的资源综合利用发展评价

一直以来，煤中所富含的无机矿物资源，都被视为煤炭利用中副产的废物，不仅污染环境、增加成本，更造成资源的极大浪费。以粉煤灰提取铝、镓为例，鄂尔多斯盆地准格尔煤田煤中共生丰富铝、镓资源，科学经济地回收利用好这些资源，对煤炭清洁高效利用和环境保护具有重要战略意义。

2011年，鄂尔多斯盆地探明高铝煤储量319亿吨，远景资源量为1 000亿吨，相当于全国铝土矿资源量的7倍左右。高铝煤燃烧后粉煤灰中Al_2O_3含量高达40%～50%，达到了自然界铝土矿工业开采品位。近年来，经过科技攻关与产业化探索，初步形成了以神华集团为代表的一步酸溶法、以大唐集团为代表的预脱硅-碱石灰烧结法、以蒙西集团为代表的石灰石烧结法、以华电集团和开元生态铝业为代表的硫酸铵法4种

① MTO：Methanol to Olefins，即甲醇制烯烃技术。

② MTP：Methanol to Propylene，即甲醇制丙烯技术。

高铝粉煤灰提取 Al_2O_3 工艺技术路线。大唐集团已建成年产 20 万吨 Al_2O_3 示范工程，神华集团建成粉煤灰提铝、镓资源的 4 000 吨 / 年酸法中试工程。

富含铝、镓资源的煤炭资源目前仍以一般性煤炭开采和燃煤利用为主，大量分散性利用后的粉煤灰没有得到利用，而以固废或低端建材材料处理，迫切需要国家制定区域保护性开采和集中性利用相关政策。

7.2.2 非常规油气开发利用产业

中国高度重视非常规油气资源的开发利用，已将页岩气等非常规油气资源开发利用作为中国能源战略中的重要举措之一。温家宝、李克强同志等国家领导人多次对页岩气发展做出批示。2011 年，国土资源部将页岩气作为独立矿种加强管理。2012 年，国家能源局颁布《页岩气发展规划（2011-2015 年）》。同年，财政部颁布的财建〔2012〕847 号《关于出台页岩气开发利用补贴政策的通知》提出：2012 ～ 2015 年中央财政对页岩气开采给予 0.4 元 / 米 ^{3} 的财政补贴。2013 年，国家能源局颁布《页岩气产业政策》，明确将页岩气开发纳入国家战略性新兴产业。在煤层气方面，国家有关部委出台了一系列煤层气优惠扶持政策，形成了煤层气（煤矿瓦斯）开发利用政策框架。国家出台的一系列鼓励政策、措施为中国非常规油气产业提供了良好的政策环境，促进了中国非常规油气产业的快速发展。

“十二五”期间，非常规油气由起步进入快速发展的前期阶段，中国涪陵页岩气田一期五十亿立方米产能项目建成投产，标志着中国已经成为北美以外首个实现页岩气商业开发的国家；致密油勘探开发取得重大突破，发现了中国首个亿吨级大型致密油田——新安边油田；煤层气产量持续增长，已经形成沁水、鄂尔多斯东缘两大产业化基地；天然气水合物勘查取得突破性进展，在南海首次钻获高纯度天然气水合物样品。

“十二五”期间，国土资源部启动了中国页岩气资源战略调查工作，2012 年向社会公布了中国页岩气地质资源量为 134.42 万亿立方米，可采资源量为 25.08 万亿立方米，优选了一批页岩气富集有利区。2014 年中国工程院依据《我国非常规天然气开发利用战略研究》成果 [5]，对外公布中国海相页岩气可采资源为 8.8 万亿立方米。中国石油、中国石化、陕西延长石油等公司先后在四川盆地及其周缘地区、鄂尔多斯盆地开展页岩气勘探工作。据不完全统计，截至 2015 年年底，页岩气勘探已完成二维地震 24 267 千米，三维地震 3 393 平方千米，钻井 1 019 口，铺设管线 235 千米。累计探明页岩气地质储量 5 441 亿立方米，页岩气产量由 0 到 44.7 亿立方米 [6]。2011 年中国石油长宁区块宁 201-H1 井在五峰组—龙马溪组获日产气 15×10^4 立方米，实现了中国页岩气勘探商业气零突破；2012 年中国石化在涪陵焦石坝焦页 1HF 井五峰组—龙马溪组获日产气 20.3×10^4 立方米，2013 年探明了中国首个页岩气田——涪陵页岩气田，累计探明页岩气地质储量 3 806 亿立方米，2015 年成功建成一期 50 亿立方米产能建设项目。中国石油在长宁、威远、昭通 3 个建产区块完成 26 亿立方米产能建设。到“十二五”末中国已在四川盆地南部形成了涪陵、长宁、威远、昭通 4 个页岩气开发区，并在焦石坝南部、丁山、永川等地区取得新发现。通过近 5 年以来技术攻关，已经初步形成了海相页岩气地质综合评价技术体系；在水平井分段压裂技术方面，配套形成了海相页岩气 3 500 米以浅水平井分段压裂技术体系；实现了关键钻、完井设备工业化推广，部分装备，如具有自主知识产权的 3000 型压裂车，已投入应用，各项技术指标达国际领先水平。

中国煤层气资源丰富，据新一轮油气资源评价，全国埋深 2 000 米以浅煤层气地质资源量为 36.8 万亿立方米，其中埋深 1 500 米以浅煤层气地质资源量为 10.87 万亿立方米。谢克昌等认为中国煤层气技术可采资源量为 9 亿～ 13 亿立方米 [5]。中国政府高度重视煤层气产业发展，目前已有中联煤、中国石油、中国石化、晋煤集团等多家公司开展煤层气勘探开发，并已形成了沁水、鄂尔多斯盆地东缘两个煤层气主产区。“十二五”期间新增煤层气探明储量 3 558.74 亿立方米。煤层气产量快速增长，井下瓦斯抽采量由 2010 年的 66.93 亿立方米增加至 2015 年的 170.99 亿立方米，增长 155%，地面煤层气产量由 2010 年的 15.67 亿立方米增加至 2015 年的 44.25 亿立方米，增长 181%[6]。水平井、分支水平井开发技术得到进一步推广，深层煤层气勘探开发技术取得新突破。

“十二五”期间，中国天然气水合物勘查取得突破性进展。2013 年中国在珠江口盆地东部海域首次钻获高纯度天然气水合物样品，控制水合物分布面积 55 平方千米，控制天然气资源量 1 000 亿～ 1 500 亿立方米。继 2007 年在南海神狐海域钻获分散状天然气水合样品后，2015 年该地区进一步落实天然气水合物区面积 128 平方千米，控制天然气资源量 1 500 亿立方米以上。陆域天然气水合物勘探取得新进展，2013 年在祁连山地区天峻县木里镇 DK-9 井，钻获单层厚度超过 20 米的天然气水合物实物样品，陆域冻土水合物控制范围正不断扩大。针对中国海域天然气水合物资源赋存特点，通过自主创新与攻关，初步形成了勘探评价、实验室模拟技术，并达到国际先进水平。

中国在加大页岩气等非常规天然气勘探开发力度的同时，也加大了致密油 / 页岩油等非常规石油资源的勘探开发力度。2011 年以来，中国石油、中国石化、延长石油等企业在鄂尔多斯盆地、渤海湾盆地、松辽盆地、准噶尔盆地、三塘湖盆地针对不同类型致密油 / 页岩油开展勘探及开发先导试验，取得一批重要成果。2014 年中国石油在鄂尔多斯盆地长 7 段探明了中国首个致密油油田——新安边致密油油田，探明石油地质储量 1 亿吨，已累计新建原油产能 115 万吨。中国石化在鄂尔多斯盆地红河、渭北等区块针对长 8、长 3 致密油累计新建产能 98 万吨；延长石油在黄陵、富县等区块实施致密油水平井体积压裂，取得进展。此外中国石油在松辽盆地针对扶余油层致密油、三塘湖盆地二叠系条湖组、芦草沟组致密油的试验，中国石化在渤海湾盆地济阳坳陷沙三、沙四段致密油开发试验攻关都取得积极进展。近几年通过技术攻关，初步形成了适合于陆相致密油的“甜点”评价与描述、水平井分段压裂、能量补充与提高采收率等相关配套技术。

中国非常规油气产业的快速发展表明，中国非常规油气资源丰富，具有良好的开发前景，同时也证实中国非常规油气资源与北美项目相比，地质条件更为复杂，开发基础条件更为苛刻。中国海相页岩气已经实现商业开发，但基础研究与国外相比仍存在不小的差距；常压、深层页岩气关键技术仍需攻关；地形地貌条件复杂、水资源缺乏、管网资源不完善等不利因素也是实现页岩气规模商业开发面临的重大挑战。中国致密油 / 页岩油资源赋存以中新生界陆相层系为主，具有地质特征差异大、类型多样、非均质性强、原油黏度大等难点，在当前全球处于低油价时代环境下，开发成本远高于当前油价，急需形成适应性的工程技术体系。中国煤层气发展面临煤层气抽采条件复杂的难题，煤层气开发利用基础研究薄弱，关键技术与装备水平有待提升。煤层气和煤炭协调开发机制尚未全面形成，制约了煤层气快速发展。

7.2.3　核能利用产业

中国核工业不断转型升级，坚持创新驱动战略，走出了一条在引进、消化吸收基础上进行自主研发、再创新的技术发展路线。“十二五”期间，研制出具有自主知识产权的第三代百万千瓦核电技术“华龙一号”，具有第四代特征的中国实验快堆实现满功率运行，高温气冷堆开工建设，航天核动力取得阶段性成果，航海核动力创新升级。核能技术研究百花齐放，科技成果得到实际应用，聚焦于核能发电技术，推出了自主第三代压水堆核电技术并落地国内示范工程，成功走向国际并进入大规模应用阶段，可满足当前和今后一段时期核电发展的基本需要。同时在快堆、高温气冷堆、熔盐堆、超临界水堆等第四代核电技术方面全面开展研究工作，其中钠冷实验快堆已经实现并网发电，目前处于技术储备和前期工业示范阶段；高温气冷堆正在建造示范工程；全超导托卡马克核聚变实验装置（experimental and advanced superconducting tokamak，EAST）成功实现了 5 000 万千瓦时持续时间最长的等离子体放电，成为国际上稳态磁约束聚变研究的重要实验平台，作为核心成员参加国际 ITER 计划并顺利推进采购包计划。可以说，该阶段核能领域科技取得的突破，为未来核能技术的发展与实现“热堆—快堆—聚变堆”三步走奠定了坚实的基础。

经过多年发展，中国已成为世界上少数几个拥有完整核工业体系的国家，核电建设与运行管理达到国际先进水平。截至 2015 年年底，在运核电机组 29 台，总装机容量 28.46 吉瓦，世界排名第五；在建机组 20 台，总装机容量 23.17 吉瓦，占世界在建总装机容量的 36%，居世界第一。

投运机组安全运行，经济效益逐步提高：自秦山一期机组投运 20 多年来，未发生国际核事件分级 2 级及以上的运行事件（事故），没有对环境和公众造成不良影响。安全运行技术水平不断提高，主要运行指标高于世界平均值，部分指标达到国际领先水平。秦山、大亚湾和田湾核电基地运行机组上网电价已低于当地脱硫燃煤机组标杆上网电价，核电经济性日益显现。

核电建设规划调整，在建规模世界第一：中国自主设计建造的自主知识产权的“华龙一号”开展示范工程建设，引进美国 AP1000 先进核电技术，已在三门、海阳开工建设了依托项目4台核电机组，同时在台山建造了2台引进法国先进核电技术EPR① 的核电机组，在田湾建造两台俄罗斯VVER② 核电机组，加上一批在建二代改进型压水堆核电项目，特别是自主先进压水堆核电项目“华龙一号”在国内外开工建设，中国在建核电机组占世界的40%以上，已经进入世界先进核电的第一阵营。到2020年，中国将超越法国成为世界运行核电规模第二大的国家。目前已经批准开展前期工作的沿海核电厂址还有34台核电机组，内陆厂址有6台核电机组，有20台机组容量可以进行扩建，加上进行重点论证的厂址，已经能够基本满足2020年甚至到2025年前的核电建设的要求。

自主化水平稳步提升，结合“一带一路”实现核电“走出去”：随着核电发展，中国已经拥有两种自主研发设计核电型号，一是在充分利用国内技术和工业基础上，自主开发的具有自主知识产权的先进核电机型“华龙一号”，已经在福清开工建设；二是在引进AP1000基础上自主开发先进核电机型CAP1400，特别是“华龙一号”通过了国际原子能机构（International Atomic Energy Agency，IAEA）反应堆通用设计审查（Generic Reactor Safety Review，GRSR），在设计安全方面被认为是成熟可靠的，满足IAEA关于先进核电技术最新设计安全要求，在成熟技术和详细的试验验证基础上进行的创新设计是成熟可靠的，为“走出去”参与国际竞争取得国际认证。中国与巴基斯坦签订了卡拉奇K2/K3核电项目ACP1000出口合同，与阿根廷政府签订了合作建设压水堆核电站的协议，在英国、罗马尼亚等国的核电项目正在谈判；上海电气制造的蒸汽发生器将安装于南非Koeberg核电站，这是中国在核岛主设备制造领域迈向国际市场的第一步。

制造能力增长较快，硬件规模世界第一：中国核电装备制造企业依托核电项目建设，加大技术改造力度，以市场需求为导向，借助引进消化吸收，在核电关键设备制造方面取得突破，形成了每年8～10套核电主设备制造硬件能力，在建二代改进型机组平均设备国产化率达到80%左右。

核燃料保障程度提高，乏燃料后处理稳步推进：铀资源供应体系已经建立国内生产、海外开发和国际贸易三条供应渠道；已开展锆材研发和试生产工作，国内运行核电厂所需燃料元件已实现自主化，可以保障核电规模化发展需要。自主开发的反应堆乏燃料后处理中试工程通过热试，商用大型后处理厂正在按照“以我为主、中外合作”的原则开展前期技术开发和工程准备工作。已经建成两个中低放射性废物近地表处置场；正在开展高放射性废物深地质处置设施的选址工作[7]。

7.2.4 智能电网与储能产业

智能电网是在传统电网基础上，融合电力、信息、储能、计算机网络等先进技术，集数字化、自动化、智能化、信息化于一体，实现发电厂、电网与用户之间互

① EPR：evolutionary power reactors，即第三代原子能反应堆。

② VVER：英文音译为vodo-vodyanoi energetichesky reactor；英文为water-water energetic reactor，即压水冷却慢化反应堆。

动的新一代电网。

“十二五”期间，中国政府高度重视智能电网的发展，将其纳入了《“十二五”规划纲要》，作为国家战略推进实施。科技部《智能电网重大科技产业化工程“十二五”专项规划》将大规模间歇式新能源并网技术、支撑电动汽车发展的电网技术、大规模储能系统、智能配用电技术、大电网智能运行与控制、智能输变电技术与装备、电网信息与通信技术、柔性输变电技术与装备、智能电网集成综合示范九大技术列入“十二五”期间发展的重大任务，并投入数十亿元支持了关键技术研发和工程示范项目。同时，国家电网和南方电网分别提出并制定了各自的智能电网发展规划，投入了大量建设和技术研发经费。智能电网与储能产业发展的重要性在“十二五”期间达成了全社会的高度共识，这为产业的快速发展创造了有利条件，有力推动了中国智能电网与储能产业的快速发展，并取得了很大的成绩。

从电能传输环节来看，以特高压为代表的大容量、长距离输电技术，以及以柔性直流为代表的新一代灵活输电技术等成为“十二五”期间中国发展的重点，在相关的大规模交直流混联系统调度与控制、先进输变电装备制造、大容量电力电子装备研发等方面也取得了令人瞩目的成就。国家电网 2009 年建成代表世界最高水平的 1 000 千伏特高压交流试验示范工程；截至 2016 年 8 月，国家电网已建成“四交四直”特高压工程，“三交六直”工程在建，并中标巴西美丽山水电站 ±800 千伏特高压直流工程；南方电网投运了多套 200 兆伏安静止同步补偿器。这些成就有力推动了中国电力工程建设和电工装备制造企业的发展，打造出了“中国创造”的国际品牌。

从配用电环节来看，智能配用电系统成为中国智能电网和储能产业发展的重要环节。在国家“973”、“863”、科技支撑计划等课题支持下，中国在配电系统智能控制、高级配电自动化、主动配电网、交直流混合配电网、微电网、智能用电等方面取得了诸多突破，配电装备的国产化程度显著提升，支撑了分布式电源的高比例接入与电能替代水平的进一步提高。“十二五”期间，全国总计有 200 余个城市启动配电网自动化建设，配电网供电可靠性水平大幅改善，一批城市配电网年户均停电时间由 10 小时以上降低到 1 小时以内，故障处理时间由数十分钟乃至数小时下降到 10 分钟以内；到 2015 年年底，累计安装智能电表数突破 5 亿大关；建设充换电站超过 2 000 座、充电桩超过 22 万个；建立了世界规模最大的用电信息采集系统和三级用电信息密钥管理系统；建成了一大批智能配电网、微电网与智能用电试点或示范工程；出台了一系列配网规划建设与装备体系国家标准，有力促进了相关产业链的全面健康发展[8]。

在电力储能产业方面，随着中国智能电网建设的全面启动，电力储能作为可提高电网可靠性、安全性、灵活性的辅助支撑技术，其应用贯穿了输配电、分布式发电、微电网及电动汽车充放储换多个领域，在削峰填谷、优化分布式电源接入、促进风光等间歇能源消纳方面发挥了重要作用。“十二五”期间，以抽水蓄能为代表的成熟储能技术已基本实现国产化，商用规模进一步扩大；铅酸蓄电池、锂离子电池、液流电池、压缩空气等储能技术进一步发展，在张北风光储输示范系统、格尔木光储并网电站、深圳宝清电池储能电站、福建莆田湄洲岛储能电站等一大批示范工程中得到应用，并正逐步开始商业推广；高温超导储能、大容量超级电容器、钠硫电池等新兴储能技术的产业化前期研究工作稳步推进，部分已完成实验室测试和小规模示范。据中国储能联盟的不完全统计，截至2014年年底，中国应用在电力系统的储能项目（不含抽蓄、压缩空气和储热）累计装机规模为84.4兆瓦，年增长率达58%[9]，显示出了很好的发展潜力与应用前景。

经过“十二五”期间的大力发展，中国的智能电网和储能产业在核心技术、装备和示范应用方面取得了重要进展，在多个技术领域实现了“中国创造”，一些技术已经从“跟跑者”成功转变为“并行者”，有些正在实现从“并行者”到“领跑者”的跨越。“十二五”期间中国在智能电网与储能产业领域取得了重大成就，并形成了鲜明的中国特色，主要因素可归纳为以下几点：①国家的政策导向和产业投入。“十二五”期间，国家在智能电网领域投入不断加大，以国家电网、南方电网为代表的电力企业相继投入数百亿元开展相关技术的研发和示范，对产业发展起到了巨大的拉动作用。②多领域的交叉融合有力促进了技术创新。通过与高性能计算、信息通信、材料科学等其他领域进行交叉融合与深度借鉴，在大电网运行控制与保护、电工材料、高压输变电装备等领域取得了大量创新性成果。③依托重大工程实现创新成果转化。充分利用了特高压、大规模配电网提升改造等重大工程来构建创新平台、培养人才，加快了成果转化应用，对产业发展起到了巨大带动作用。

在取得显著成绩的同时，过去几年间中国智能电网与储能产业的发展也存在一定的问题：①部分核心关键装备的研发和制造与世界先进水平相比仍有差距，生产工艺水平仍需要进一步的经验积累和提升，如智能电网中各种装备的控制器信息处理芯片及集成电路、电力电子装备中的阀件等，仍主要依赖进口，基础较为薄弱；②配电网环节相对薄弱的局面尚未得到根本性改观，与输电网相比配电和用电侧的发展仍然略显落后，关键运行指标与世界先进水平相比尚有较大的提升空间，用户与电网间的广泛互动还远没有实现；③市场机制的不健全在一定程度上限制了智能电网产业的发展，用户侧电价缺乏弹性，使智能电网的效果很难显现，也导致了可再生能源及智能电网相关技术的推广难度加大；④在储能产业方面，目前储能技术研究与示范都在展开，但主要还停留在技术示范阶段，储能产业可持续发展的市场机制和发展路线缺乏，企业与用户主动参与到储能产业发展中的动力尚显不足。

7.2.5 可再生能源与分布式能源产业

1. 光伏技术与产业

“十二五”期间，中国光伏发电技术及产业获得了长足进步，产业技术水平的国际竞争力稳步提升，多元化市场快速稳定启动。中国光伏发电应用规模快速扩大，逐渐形成东中西部共同发展、集中式和分布式并举的格局，光伏发电与农业、养殖业、生态治理等各种产业融合发展模式不断创新。多晶硅生产成本下降到18美元/千克以下，并能实现四氯化硅闭环工艺，彻底解决有毒废物排放和污染环境的问题；产业化多晶硅电池效率已经达到17%，组件效率达到15.5%，利用各种先进技术和工艺小规模生产的电池产品效率已超过20%，光伏设备国产化率超过70%。2015年6月以来实施的“领跑者计划”，要求多晶硅组件效率不低于16.5%，单晶硅组件不低于17%，此项计划将加快中国光伏产业技术升级，淘汰落后的过剩产能。

2013年起中国光伏新增装机容量超过欧洲，居世界首位。2015年累计装机容量达到4 318万千瓦，超过德国和日本，居世界首位。2015年发电量达到392亿千瓦时。百兆瓦级光伏系统设计集成技术水平与世界同步，建立了世界上单站规模最大的500兆瓦格尔木光伏电站、世界单站规模最大的60兆瓦格尔木高倍聚光光伏电站、浙江海宁区域性分布式光伏系统等标志性示范系统。逆变器、跟踪系统等关键装备产业已经形成，技术水平和世界同步，性价比达到国际领先水平。

光伏产业政策体系基本建立，发展环境逐步完善，合力推动中国“十二五”光伏系统规模化利用。现阶段，光伏系统发展面临两大挑战：一是经济性。光伏发电价格与火电等常规能源发电价格相比仍较高。二是西部地区光伏电站弃光严重，分布式光伏市场开拓不够。

大型光伏（并网、微网）系统设计集成技术研究示范及装备研制取得重要突破。在百兆瓦级并网光伏电站方面，完成兆瓦级以上智能化单元模块设计集成技术研究和大型光伏电站工程设计软件研制，兆瓦级集中型光伏并网逆变器、组串式光伏并网逆变器、集散式光伏并网逆变器、智能汇流箱等关键装备实现产品化。建立世界上测试容量最大的1.5兆瓦光伏并网逆变器测试平台，光伏功率预测技术、大型光伏电站并网技术等关键技术取得突破。

在分布式并网光伏系统方面，掌握了数十兆瓦区域性分布式光伏系统并网稳定控制、电能质量调节、系统安全保护和能量管理等方面的核心技术，开发了区域性分布式光伏发电的集散测控系统、能量管理系统和电能质量综合调节系统等关键控制系统，研制出100千伏安功率可调节型光伏并网逆变器、100千伏安储能双向变流器、新型孤岛检测装置和集散式测控系统等关键装备，部分装备实现产业化。

2. 太阳能热发电与热利用

中国太阳能热发电技术的研究水平处于国际先进行列。近20年来，中国该方面的研究成果主要发表于“十二五”期间，表明中国在太阳能热发电方面取得了快速的进步，中国科学家在国际太阳能热发电方面也占有重要位置。在产业发展方面，“十二五”期间，太阳能热发电获得了快速发展，一批示范电站项目建成。2015年11月，国家能源局组织了1吉瓦太阳能热发电示范项目的遴选工作，这次示范项目中，申报人申报的电价有71%在1.20～1.50元/千瓦时。截止到2016年8月中旬，中国补贴电价政策还未出台，这大大影响了该技术的产业化推进。太阳能中低温热利用方向侧重建筑采暖技术的投入，该技术可使可再生能源采暖从成本和连续性上产生较大的突破。

近年来，中国政府相关部门高度重视太阳能热发电技术与产业的发展。国家能源局于 2015 年 12 月下发《太阳能利用“十三五”发展规划（征求意见稿）》，计划到 2020 年累计完成光热电站装机 10 吉瓦。2011 年以来国务院及国家能源局的相关文件中均将太阳能热发电列入了优先发展范围。这些文件的发布，将对太阳能热发电技术及产业的发展注入巨大的活力，并将推动中国太阳能热发电产业的快速发展。期望中国的太阳能热发电电价政策尽快出台，以加快中国清洁能源战略的推进。

3. 风力发电技术与产业

在国家产业政策的鼓励下，经历 10 余年的发展，中国已成为全球最大的风电市场。2015 年，全球新增风电装机容量达到 63.01 吉瓦，同比增长 22.41%，中国以 30.75 吉瓦的新增装机容量继续引领全球风电市场，连续 6 年位列世界首位。截至 2015 年年底，中国风电累计并网装机容量达到 129 吉瓦，占全部发电装机容量的 8.6%；全国风电发电量为 1 863 亿千瓦时，占全部发电量的 3.3%。

尽管中国已是全球风电规模最大、发展速度最快的国家，但风电占中国能源消费比例仍然较低，且东北、西北、华北“三北”地区弃风严重，风电并网消纳难题有待破解，如何更好地支撑分布式能源发展的工作机制有待建立。

“十二五”期间，海上风电以稳定的态势发展，并继续加速扩张。2015 年，中国海上风电新增装机位居全球第 3 位，累计装机位居全球第 4 位，海上风电并网达到 360.5 兆瓦，占全球的 10.7%，累计装机容量超过 1 吉瓦。

据世界风能协会（World Wind Energy Association，WWEA）2013 年 5 月发布的《世界风能报告》预测[10]，未来风电发展空间巨大，在能源结构中的占比将进一步提高，预计到 2016 年全球风电累计装机容量将达到 500 吉瓦，2020 年将有望达到 1 000 吉瓦。

4. 生物质能技术与产业

生物质能源产业融合了农业生产、工业装备加工、社会服务等第一、第二、第三产业，具有带动经济、社会、生态、环境效益增值的显著作用。“十二五”期间，生物燃料化商品能源达到 2 000 多万吨标准煤，在先进生物液体燃料生产方面，废弃油脂制备生物柴油、非粮燃料乙醇形成产业化应用，纤维素液体燃料、生物油形成规模化示范，生物质水相合成生物航空燃油技术取得重要突破。建成百吨级生物航空燃料的生产示范中试系统。产业示范方面建立了一批示范工程应用，培养了一大批优秀的高水平科研人员，建成西南地区集中型沼气技术创新平台三个。

目前，中国生物质能源产业科技创新，正在按照“稳定上游、控制中游、提高下游”的产业价值链取向，形成先进生物能源化工产业链，构建多元生物质原料持续供给体系，实现过程清洁生产，推动生物质能源主产品提质和副产物增值。重点是研发颠覆性的生物质能源开发技术，推进绿色生物炼制大规模产业化示范，筛选高生物量能源植物，建设生态能源农场。

5. 海洋能技术与产业

海洋能是清洁的可再生能源，主要包括潮差能、潮流能、波浪能、温差能、盐差能等。中国提出的“海洋强国”“一带一路”等国家战略，契合了国际能源结构变革的时机，为海洋能发展和中国开展海洋能国际合作带来了重要机遇。海洋能开发利用整体水平提升显著，部分技术已处于或接近实用阶段。潮差能发电技术最为成熟，已经实现了一定程度上的商业化。潮流能发电技术已进入发电装置示范试验阶段，且各国技术尚未形成垄断局面，中国潮流能产业化有较好前景。中国波浪能发电技术已进入发电装置示范试验阶段，在国际上有较大影响，正在不断地向高效率、高可靠性、低造价方向发展，以形成低成本的成熟技术，最后通过规模化生产和应用，可大幅降低发电成本。总体而言，海洋能利用技术的成熟度不高，产业化刚起步，但是近年来随着南海开发的推进，海洋能在某些特殊场合下的需求量很大，如给远海独立海岛供电、海上作业平台供电等。

6. 地热能技术与产业

地热能是清洁环保的可再生能源。中国幅员辽阔，地质类型多样，地热资源十分丰富，其开发潜力接近全球可开发地热资源的 7.9%。截至“十二五”末，中国地热发电总装机容量为 27 兆瓦，居世界第 18 位。目前国内的技术支撑和设备供应明显落后，新技术的突破和自主设备的研发亟待解决。地热直接利用方面，地热供暖、地源热泵、地热干燥及洗浴等技术已经成熟，并且中国地热直接利用年产能长期位居世界第 1 位，这主要得益于中国地源热泵的推广。目前，增强型地热系统（干热岩）的研究是国际地热学科的前沿领域，中国增强型地热系统的研究刚刚起步，主要开展理论模拟方面的基础研究，包括对深层地热资源的评价方法和技术、流体流动换热、流态控制及热采出量的研究。中国的地热资源以中低温水热型地热为主，通过开发新技术、研制新装备、升级新工艺等技术手段来改造水热型地热系统，达到增产减耗、环保、可持续发展的目的。

中国地热发电目前的国内主战场是西藏羊易。浙江锦江集团正在羊易规划建设 32 兆瓦的地热电站，前期 4 兆瓦地热发电机组已投入建设。中国地热供暖的总面积已突破了 6 000 万平方米，“十二五”期间，地热供暖面积几乎增长了一倍。近几年来发展最快的是对浅层地热能的开发，地源热泵技术突飞猛进，地源热泵应用面积从 2005 年的 3 000 万平方米增长到 2015 年的近 5 亿平方米，呈爆发式发展状态。

7. 氢能与燃料电池的技术与产业

燃料电池（fuel cell）是一种将存在于燃料与氧化剂中的化学能直接转化为电能的发电装置。燃料电池应用范围广，在大型集中供电、中型分布式电站和小型家用热电联供等固定式发电领域，车辆、船舶动力等交通运输领域，以及手机、电脑、军用单兵系统等便携式电源领域，都有广阔的应用前景。经多年攻关，“十二五”时期中国氢能与燃料电池技术在原材料及组件、单电池、发电模块和发电系统集成等技术层面均取得了长足的进步，但在关键技术、示范应用和产业化方面来看，与国际先进水平仍然存在较大差距。

质子交换膜燃料电池（proton exchange membrane fuel cell，PEMFC）方面：目前，中国 PEMFC 行业消费区域主要集中在新能源汽车及通信行业较为集中的长三角地区。就技术而言，千瓦级的 PEMFC 技术已基本成熟，阻碍其大规模商业化的主要原因是燃料电池的价格还远远没有达到实际应用的要求，影响燃料电池成本的两大因素是材料价格昂贵和组装工艺没有突破。以氢气为能源、真正实现零排放的“燃料电池汽车”，一直被公认为是解决当今交通能源和环境问题的最佳方案之一，代表着汽车未来的发展方向。

固体氧化物燃料电池（solid oxide fuel cell，SOFC）方面：SOFC 在大、中、小型固定式热电联供领域有着广阔的应用前景。自 2010 年 Bloom Energy 公司研制出 100 千瓦 SOFC 发电系统产品以及 2011 年日本宣布面对家庭的 700 瓦 SOFC 热电联供系统全面进入市场以来，国际 SOFC 进入了商业化快速发展阶段。在政府引导和资金资助、民间资本和市场力量多方面支持下，中国已经有专业化公司开始进行市场开发。

7.3 “十三五”时期能源新技术产业发展展望

7.3.1 煤炭清洁高效转化与利用产业

1. 煤电产业发展趋势

1）燃煤电厂超低排放和管理减排

全面实施燃煤电厂超低排放，是推进煤炭清洁化利用、改善大气环境质量的重要举措，是煤电持续发展的关键因素。多污染物控制深度净化技术是目前国内外研究的热点，投资更少、产出更高、综合经济效益更好。开发基于湿式电除尘的深度净化和协同控制技术，加强一体化协同控制的研发，如臭氧氧化技术、电催化氧化（electro catalytic oxidation，ECO）技术等，逐步推进单独的一体化联合脱除技术示范应用是多污染物控制技术的发展方向。

随着大规模集中工程建设的推进，工程减排所能产生的减排空间逐渐减小。要进一步减排，管理减排的作用日益突出，一方面，需要开展相应的配套法律、法规、政策、标准及环保激励机制研究，通过建立和完善市场手段，引导和激励企业自主自觉减排；另一方面，需要开展精细化运行管理技术的研究，通过精细化运行和规范化管理实现环保设施持续、可靠、达标、经济运行。

“十三五”期间，预计全国将实施燃煤电厂超低排放改造 4.2 亿千瓦，改造完成后主要污染物排放下降超过一半。技术方面集中攻关污染物一体化脱除技术，包括研发能够同时吸附多污染物的新型高效吸附剂及高效、低成本氧化剂，以及氧化工艺与设备、高效催化剂等，研发多污染物一体化脱除技术工艺关键装置设计与制造技术，研究工艺流程优化技术等。

2）700℃超超临界高效发电持续验证试验

欧盟、日本和美国均采取由政府组织、材料供应商和设备制造公司联合开发的方式开展 700℃超超临界高效发电技术和设备研发。与 600℃等级超超临界燃煤发电技术相比，700℃技术的供电效率将由约 44% 提高至 48%～50%，煤耗可降低 40 克 / 千瓦时左右，同标准情况下，粉尘、NO_x、SO_2 等污染物以及 CO_2 排放量可减少 14% 左右。

在国家能源局、科技部的大力支持下，“十三五”期间集中攻关并全面掌握 700℃等级高温材料制造和加工技术。包括研发 700℃镍基合金高温材料生产和加工技术，耐热材料大型铸件、锻件的加工制造技术，高温部件焊接材料、焊接工艺及高温材料的检验技术等；研究 700℃机组主辅机关键部件加工制造技术；研发 700℃超超临界发电机组锅炉、汽轮机及关键辅机和阀门国产化制造技术。此外，700℃机组设计、系统优化等方面将更趋成熟。

3）煤气化发电技术和产业升级示范

国内外处于商业示范运营的 6 座 IGCC 电站主要采用 E 级与 F 级燃气轮机，电站容量在 20 万～30 万千瓦，供电效率能达到 40%～43%，伴随 H 级燃气轮机研发制造，其联合循环效率可以达到 60% 以上。

“十三五”期间，结合中国在天津 IGCC 电站设计、建造与运营过程中积累的经验，重点开发大容量的煤气化技术，开发适用于 IGCC 的 F 级及 H 级燃气轮机技术、低能耗制氧技术、煤气显热回收利用技术，进行高效、低成本 IGCC 工业示范，掌握和改进 IGCC 系统集成技术，降低造价，不断积累 IGCC 电站的实际运行、检修和管理经验。进行基于 F 级燃机的 400～500 兆瓦 IGCC 技术的示范，供电效率达到 45% 以上；示范基于褐煤气化的 400～500 兆瓦 IGCC 技术，供电效率达到 43% 以上；示范基于 H 级燃机的 600 兆瓦级 IGCC 发电技术，供电效率达到 48% 以上。电站排放技术指标达到 PM（particulate matter，即颗粒物）<1 毫克 / 标准立方米、$SO_2<1$ 毫克 / 标准立方米、$NO_x<30$ 毫克 / 标准立方米、Hg（汞）<0.003 毫克 / 标准立方米。

IGFC 发展方面，美国、日本一直处于世界领先地位，正在进入商业化发展阶段。在国家大力支持下，预计中国在“十三五”期间实现 100 千瓦 IGFC 发电系统的自主设计、制造，建立示范运行系统；在新材料、新工艺、新器件等基础技术研究方面取得一批重大成果；在 5～10 年内，建立一批重点示范工程，并投入运行，收到实效；最终实现煤炭高效发电、近零排放。

预计到 2020 年，将完成 5～6 座 IGCC 电站、3～5 座 50～100 千瓦 IGFC 电

站的工业示范，总发电容量达到 1 200 ～ 1 500 兆瓦。

2. 现代煤化工产业发展趋势

1）煤制特种燃料和清洁油品规模发展

当前，中国是世界上煤制油产业规模最大的国家，这与中国能源资源禀赋有关，也是保障中国能源安全和石油稳定进口的战略支撑。“十三五”时期，煤直接液化领域将重点发展航煤和特种燃料，重点对航煤的适应性进行试验，继续研制适合于高性能战机、高超音速飞行器等的特殊燃料，完成长周期试飞，实现商业化运营，提高产品附加值。

预计“十三五”时期，宁煤 400 万吨 / 年的煤间接液化投入运行，神华鄂尔多斯 280 万吨 / 年的煤直接液化二、三线能实现开工建设，全国共形成约 1 100 万吨 / 年的煤制油生产能力。

煤间接液化领域将重点发挥超高清洁燃料特性，重点开展石化炼油成品油调和技术及示范工程，在降低社会总成本的同时，实现国家环保目标。预计“十三五”时期，中国成品油消费将达到 3.3 亿吨，油品调和升级需求大，煤制油产业发展空间巨大；同时，加快开展下游产品开发，如高品质石蜡、溶剂油、高碳醇等，增加产业总体竞争力和产业效益。

2）煤制烯烃的产品低成本和高端化

煤制烯烃产品以中低档大宗商品为主，同质化竞争激烈。“十三五”时期，中国聚烯烃树脂依然存在较大缺口，预计到 2020 年，煤制烯烃（不含甲醇制烯烃）产业规模可以达到 1 000 万吨，减少炼厂石脑油来源的压力，使更多石油组分用于生产清洁油品。

“十三五”时期，煤制烯烃应进一步推进降低产业成本，持续探索一步法煤制烯烃工艺技术，提高大宗通用料成本竞争优势；加强技术创新和工艺优化，进一步延伸煤制烯烃产品链，发展高端专用料产品，促进下游有机化工及精细化工发展，提高产业附加值和市场竞争力。

3. 煤炭转化利用过程的资源综合利用发展趋势

以粉煤灰提取铝镓产业化示范为例，中国铝土矿资源贫乏，近些年中国铝土矿资源对外依存度一直维持在 50% 以上，预计“十三五”期间仍难改变。发展粉煤灰提铝对保障国家铝资源安全、缓解铝土矿过度依赖进口、推进区域经济协调发展具有重要战略意义。以准格尔煤田当前 1 亿吨高铝煤全部用于就地发电为例，可满足 1 500 万千瓦外送电力规模，产生的 3 000 万吨粉煤灰可以提取 1 200 万吨 Al_2O_3 和 1 000 万吨硅副产品；产业链可实现产值 1 500 亿元，较传统煤炭开发增值 10 倍左右，铝土矿对外依存度可降低 20 百分点。

“十三五”期间，粉煤灰酸法提取铝镓应建立 10 万吨级示范生产线，形成酸法提取 Al_2O_3 多联产工艺技术与装备体系，重点突破耐酸材料与装备大型化技术、

Al_2O_3 的提纯与电解技术、副产品的资源化利用技术，形成针对循环流化床锅炉高铝粉煤灰提取 Al_2O_3 的技术经济指标体系，为大规模产业化奠定基础。碱法体系应进一步优化工艺技术，重点突破成渣量较高、副产品资源化利用等问题，形成针对大型煤粉锅炉高铝粉煤灰提取 Al_2O_3 的技术经济指标体系，建立粉煤灰年产 50 万吨 Al_2O_3 工艺技术包，为大规模产业化推广提供技术支撑。

7.3.2 非常规油气开发利用产业

在新技术的推动下，全球油气资源持续增加，石油天然气产量稳定增长，供需基本平衡。截至 2015 年年底，全球原油探明（剩余可采）储量可满足 55 年的全球原油生产需求，天然气可满足 52 年的生产需求 [11]。2000 年以来，在美国以页岩油、气为代表的非常规油气产业的快速发展，正深刻改变着美国油气供应格局。2015 年美国页岩油、气产量已分别占美国原油产量的 52%、天然气产量的 50%。2015 年美国天然气已基本实现自给，原油自给率已上升到 65%[12]。美国能源独立的战略正在成为可能，并对当前全球能源格局乃至世界政治、经济格局带来深刻变化。受低油价的影响，2015 年至 2016 年上半年，美国页岩油、气快速增长的趋势得到减缓。为应对低油价，美国页岩油、气生产商重点采取了以下措施：一是通过地质研究，优化水平井轨迹，提高单井产量；二是攻关形成了一批低成本、高效的开采工程工艺技术；三是通过并购等金融手段，进一步优化资产。近期美国主要页岩油生产商发布的报告显示，在投入不增加甚至减少的情况下，其页岩油产量前景仍好于预期。

2016 年 8 月 15 日美国能源信息署 [12] 发布的《2016 年能源展望报告》对页岩气、致密油 / 页岩油发展趋势进行了预测，页岩气将是未来全球推动天然气产量增长的主要动力，到 2040 年，全球页岩气产量将从 2015 年时的 420 亿立方英尺① / 日增加 3 倍，达到 1 680 亿立方英尺 / 日。届时页岩气在全球天然气产量中所占的比例将达到 30%，其中美国页岩气产量将占其天然气产量的 70%，中国将成为仅次于美国的全球第二大页岩气生产国，页岩气产量将占天然气总产量的 40%。2015 年全球致密油 / 页岩油产量为 498 万桶 / 日，到 2040 年将增加 1 倍以上，至 1 036 万桶 / 日。美国的致密油产量受低油价影响，在 2016 年 6 月已降至 410 万桶 / 日，预计随着油价逐渐恢复，美国致密油产量也将恢复增长，到 2040 年将增至 700 万桶 / 日。以页岩油、气为代表的非常规油气与海洋深水、陆地深层领域将成为未来全球油气储量、产量增长的主要动力。

中国能源消费快速增长，已超过美国成为世界第一能源消费国、世界第一原油净进口国，2015 年石油对外依存度超过 60%，天然气对外依存度不断上升。充分开发利用国内石油资源，对中国油气安全具有基础性保障作用。“十二五”期间中国石油产量虽以年均 100 多万吨幅度小幅增长，但大庆等老油区产量递减加快，如何保持 2 亿吨稳产是中国石油工业面临的重大课题。从资源、技术和准备程度看，致密

① 1 立方英尺 ≈ 0.028 3 立方米。

油/页岩油将成为中国石油重要接替资源。与此同时，中国环保压力不断增大，对天然气等清洁能源的需求不断增加，开发利用非常规天然气对调整优化中国能源结构、推进绿色能源发展具有重要意义。2014 年国务院办公厅印发《能源发展战略行动计划（2014-2020 年）》，明确提出重点突破页岩气和煤层气开发，积极推进天然气水合物资源勘查与评价。提出到 2020 年页岩气产量力争超过 300 亿立方米、煤层气产量力争达到 300 亿立方米的目标。2015 年国家发改委、国家能源局印发《能源技术革命创新行动计划（2016-2030 年）》，提出了非常规油气和深层、深海油气三个战略方向勘探开发技术创新行动计划。

“十三五”期间，中国页岩气将以四川盆地奥陶-志留系海相页岩为重点，在川-渝地区形成页岩气商业开发阵地；同时针对四川盆地寒武系等新层系，四川盆地周缘湘、黔、鄂地区海相页岩，鄂尔多斯盆地等陆相页岩持续开展勘探工作，实现新层系、新地区商业化突破，形成“十四五”页岩气商业开发的接替阵地。

在煤层气方面，将以沁水盆地、鄂尔多斯盆地东缘实现规模化商业开发的地区为重点，通过示范工程建设，实现已有产区稳产增产，新建产区储量、产量快速增长。同时在黔西-滇东构造煤、鄂尔多斯盆地低阶煤，以及新疆等新地区、新层系开发试验将取得新进展，形成新的煤层气产业化基地。

天然气水合物勘查力度将进一步加大，并将发现一批新的水合物资源区，通过培育自主知识产权的核心技术，实现天然气水合物的试采。

致密油/页岩油方面，将通过勘探评价、先导性试验、示范区建设及规模开发稳步推进致密油/页岩油的开发利用。重点突破鄂尔多斯盆地长 7 等、松辽盆地扶余及高台子、三塘湖盆地条湖组、柴达木第三系致密油，并实现规模商业开发；在渤海湾盆地沙河街组、准噶尔盆地二叠系、四川盆地侏罗系致密油/页岩油开发试验取得积极进展；在大型盆地其他潜在层系、其他中小盆地致密油/页岩油勘探评价获得新发现。

通过引进与自主创新相结合，在页岩油、气富集机理与分布预测技术，页岩油、气流动机理与开发动态预测技术，页岩油、气成井机制及体积压裂技术，页岩油、气勘探开发关键装备与材料，煤层气资源有效勘探开发技术，天然气水合物勘探开发技术，非常规油气高效转化及储运技术方面的技术攻关将取得一批新成果。预计到“十三五”末，中国非常规油气部分勘探开发技术体系将达到国际先进水平。

7.3.3 核能利用产业

进入 21 世纪以来，核科学技术作为一门前沿学科，始终保持旺盛的生命力，深受国际广泛的关注和重视，世界各国对其投入的研究经费更是有增无减，推出大量的创新反应堆、核燃料循环和核能多用途等方案，在裂变和聚变领域不断取得突破。经历福岛核事故后，世界核能产业进入全产业链可持续发展阶段，市场前景广阔。着眼于中长期发展，三代核电技术成为发展的主流，四代核电开发也受到重视、持续投入开发，中小型模块化反应堆由于核能利用多样化、可适应分布式能源网络而受到广泛关注。目前世界上核电发展主要侧重于应用裂变技术发电，但是核能多用途应用，如在热电联产、集中供热、制氢和海水淡化领域发展潜力巨大；从长远来看，核聚变是有前途的技术，需要更多的国际研发合作来取得突破。

“十三五”期间，中国核电行业面临难得的发展机遇，核电、核燃料、核技术应用、核环保等核产业市场前景广阔，但竞争将更加激烈，必须大力开拓国内外市场；核能供热及工艺热应用、小型模块化反应堆、核燃料产业和铀矿冶产业及相关服务等产业发展具备发展条件，须进一步加大产业培育和扶持力度。核电行业“十三五”发展机遇和挑战并存，机遇大于挑战。

由于世界能源需求的持续增长和环保减排的迫切要求，国际核电市场将在相当长时间内呈现稳定增长态势。据 IAEA 最新统计，目前全球核电在运和在建核电装机总计 4.46 亿千瓦。根据世界核协会统计，目前有 32 个有核电国家将继续发展核电，45 个无核电国家正在考虑开发利用核能。据初步估计，在“一带一路”沿线的 64 个国家中，有核电国家 19 个，有计划发展核电的国家 25 个，规划机组数 100 多台。另据世界核协会 [13] 预测，到 2025 年，国际新开工百万千瓦级核电机组（中国大陆除外）可达 118 台。

世界核电份额（核发电量占总发电量的比例）平均水平为 12% ，到 2014 年年底中国核电份额仅为 2.39%。2030 年前中国将实现碳排放的零增长，非化石能源消费在一次能源中的比重将提升到 20%，其中核电将占到 6% ～ 8%。截至 2015 年 12 月底，国内核电运行机组 30 台，运行装机容量 2 835 万千瓦；在建机组 21 台，装机容量 2 442 万千瓦。到 2020 年，国内核电规模将达到 8 800 万千瓦，2025 年达到 1.5 亿千瓦，2030 年达到 2 亿千瓦。国内核电在未来一段时期仍存在着巨大的发展空间。

1. 核电技术创新发展和应用，促进核电安全高效发展

自主先进压水堆技术能够实现核安全规划中“运行和在建核设施安全水平持续提高，‘十三五’及以后新建核电机组力争实现从设计上实际消除大量放射性物质释放的可能性”的要求，“十三五”期间能够建造自主示范工程，具备规模化发展条件。下一步重点研究方向包括以下内容。

（1）耐事故燃料的研发可以考虑提高现有锆合金包壳的高温抗氧化能力及强度，如增加包壳涂层；研发具有高强度和抗氧化能力的包壳材料，如非锆合金、SiC 材料包壳，以及与新材料相关加工技术；发展比二氧化铀（UO_2）具有更好性能和裂变产物保持能力的新型燃料，如 UO_2 芯块添加物、U_3Si_2（铀三硅二）、氮化铀（UN）、弥散燃料等，研发能耐高温的燃料芯块，可以在现役核电站和未来核电站应用。

（2）堆芯熔融机理。通过开展堆芯熔融物在堆内迁移及堆外迁移的主要进程和现象研究，优化完善事故预防与缓解的工程技术措施，包括堆内熔融物滞留技术、堆芯熔融物捕集器和消氢技术等。

（3）开展保障安全壳完整性研究，包括安全壳失效机理、失效概率计算以及预

防及缓解措施；下一步应着力开发具有固有安全性、良好的抗严重事故能力的耐事故燃料，包括先进包壳材料、高导热性能、耐高温、高功率密度的新型燃料芯块，从而从根本上实现大规模放射性释放，达到技术上实现减缓核应急的目标。

（4）配套的核燃料、后处理产业同样需要协调发展。随着中国核电事业大规模快速发展，对天然铀需求急剧增长，为规避对外依存度过大所带来的风险，开发深层铀资源，研究海洋、大陆黑色岩系为代表的非常规铀资源的提取方法，研发先进的铀资源开发利用技术，对实现中国天然铀持续稳定供给具有重要现实意义。

2. 中国需要发展先进的基于快堆应用的核燃料闭式循环

到2020年，中国核电站乏燃料累积存量和每年从核电站卸出的乏燃料将随核电站总装机容量的增加而递增。目前中国乏燃料堆内贮存容量不同程度地接近饱和，随着核电规模快速增长，面临着乏燃料存储和处理日益增加的需求。为解决制约中国核电发展的铀资源利用最优化和放射性废物最小化两大问题，中国已明确了“坚持核燃料闭式循环”的政策，制定了核能发展“热堆—快堆—聚变堆三步走”战略，并实施“安全高效发展核电”的政策。为实现第二步战略以保证中国核电可持续发展，中国统筹考虑压水堆和快堆及乏燃料后处理工程的匹配发展，开展部署快堆及后处理工程的科研和示范工程建设，以实现裂变核能资源的高效利用。

目前，在中国实验快堆设计、建造和试运行经验的基础上，快堆技术发展已进入第二阶段——设计、建造中国自主示范快堆工程。中国正在自主建设核燃料循环科技示范项目，建成后将初步形成工业规模后处理能力。

为了形成与核电发展相适应的可持续发展的后处理产业，中国正在积极实施大型后处理厂相关的先进工艺、关键设备、设计和安全等技术攻关；同时，积极推动国际合作建设大型商业后处理厂。鉴于中国核能发展和后处理能力建设情况，积极完善乏燃料离堆贮存技术体系，开展干法贮存技术研究，形成一定规模的乏燃料离堆贮存能力，确保核电站可持续安全稳定运行。在完成MOX（铀钚混合氧化物燃料）燃料元件生产试验线研发的基础上，继续开展工业规模快堆MOX燃料元件生产线工艺及检测研发设计工作，建立与示范快堆匹配的MOX燃料生产线，实现核燃料的闭式循环，最终实现核能绿色低碳、可持续发展。

3. 积极投入聚变研究，实现“三步走”战略

基于聚变燃料在地球上的蕴藏量极为丰富，单位质量燃料释放出的能量比化石燃料大千万倍，聚变堆运行更加安全、清洁，聚变能定位为未来能源，被认为是人类能源的终极解决方案。实现聚变反应原则上有两种途径，即磁约束和惯性约束。目前国际上磁约束聚变已经取得重大进展：实验上实现了得失相当；正在建造的ITER将实现功率放大因子大于10和稳态运行，ITER将集成演示聚变能源堆物理和关键工程技术的可行性，但要建造示范堆估计仍需20～40年；激光点火在工程技术上已取得重大进展，但尚未实现单发点火，是否可发展成为聚变能源堆，尚需深

入的物理理论和实验研究；中国在国际相关领域的发展势头很好，有可能后来居上。聚变-裂变混合堆可能在聚变堆获得成功后得到发展，Z 箍缩打靶可提供聚变中子，可发展成为具有多功能的聚变-裂变混合堆。

4. 实现模块化小堆技术，探索核能多用途利用

目前核能大部分用于发电，只有少于 1% 应用于非电领域，其他潜在应用市场的开发应用，将很大程度上影响核能发展。现在国际上已经开展小批量的核能供热、制冷和海水淡化；未来探索核能高温利用，开发核电高温工艺供热在稠油热采、煤液化、冶金等领域应用；利用水的高温裂解制氢，以及氢能和燃料电池应用，其中氢作为二次清洁能源以及运载工具的能源，有可观的发展前景。

多用途反应堆主要是小型反应堆，除了早期的研究实验堆以及标准核电站外，还建造了数百台小型反应堆用于海上船舰的推进动力系统。近年来工业化国家的发电容量日趋饱和，小型堆能更好地适应这些国家的电力负荷需求。从厂址适用性上说，用于发电的小型堆可以建造在远离主电网的偏远地区；用于热电联产的小型堆可在内陆厂址和城市附近建造。小型堆不仅能为中小电网、极地岛屿和偏远山区供电，还可以为城市供热，为工业园区和石化企业提供热电，为破冰船和海上船舰提供动力等。小型堆的总造价低，建造周期短，财务风险和管理风险更低。

5. 利用核能，取代燃煤锅炉是治理城市群大气污染的有效途径

核能的热电联产，特别是核能供热，不仅限于高温反应堆的热电联产，还包括核能集中供热，蕴藏巨大的潜力；并且核能可以针对电力生产以外的其他市场，提供低碳的热源，用以替代化石燃料的热生产。这将带来许多好处，如可以减少工业热应用的温室气体排放，减少化石燃料的使用。

综合来看，核能供热与传统热源相比，可以显著减少污染排放，且供热安全性有保障，将有效改善中国能源结构，缓解日趋严重的能源供应紧张的局面，对保护环境、保护人民身体健康及缓解燃煤运输压力等具有积极意义。

6. 核能工艺热利用前景广阔

目前核能的利用形式主要以发电为主，而在世界终端能源消费结构中，电力仅占一部分的比重（2009 年世界电力所占的比重为 17.3%，中国电力所占的比重为 18.5%），大量能源以非电形式消费。核能在工艺热等非电应用领域具有广阔的市场空间，拓展和推广核能在非电新领域的应用，无论是对核能技术的进步和核能产业的发展，还是对国家实施保证能源安全、减少温室气体排放的能源战略都具有重要意义。美国爱达荷国家实验室发表的《高温气冷堆市场前景分析报告》显示，预期 2050 年前北美的上述非传统核电市场总容量约为 510 吉瓦热功率，主要应用方式为热电联产，产生的工业蒸汽用于炼油、化工、油砂提炼、煤液化、核能制氢及中小规模发电等。据预测，高温气冷堆技术在美国的温室气体减排潜力为 8 亿吨 / 年，碳

减排贡献排在碳捕获技术和轻水堆之后，高于可再生能源。高温气冷堆由于具有很高的冷却剂出口温度，具有固有安全性、反应堆外没有放射性物质释放，以及其规模适于工业需求并能实现热电联产等特点，因此在工艺热等非电应用领域也具有广阔的市场空间。

7.3.4 智能电网与储能产业

近年来，美国和欧洲国家对智能电网的发展给予了高度重视。美国智能电网的发展一直重点关注智能电表的管理、用户侧分布式发电和热电联产、智能城市和智能家庭、“插入式”混合动力汽车等。近几年美国开展的大量智能电网试点和示范工程，多数都集中在配电和用户侧，包括智能电表安装和量测信息的集成、智能家居和智能家电、小型及分布式风力和光伏发电的接入等。试点内容正逐渐从单项示范工程向综合示范发展，如智能电网城市等示范项目。其技术发展趋势主要体现在：①重视信息化和通信技术向电网的延伸，注重通信系统和自动化体系架构、规约及规范的制定；②重视用电侧智能电网关联产业的发展，包括智能家电、智能电表、物联网、低成本小型储能设备等研制和应用；③以用户侧分布式发电与热电联产、广泛的需求侧管理和实时的电价信息发布为中心构筑更灵活的电力市场。欧洲在智能电网的发展和建设方面也有较大进展。为保障欧洲电网的安全高效运行，其依靠智能电网实现跨国电网运行数据信息标准化和透明化、间歇式电源发电量预测与优化调度、高度自动化的全系统远程控制、高度信息化的电力市场建设等目标。欧洲智能电网发展的侧重点和趋势在于：①极度重视环境保护，大力推动清洁能源、可再生能源的建设和并网技术的发展；②重视供电可靠性、电能质量和电网与用户的互动；③重视电网公司运营效率的提高和降低电价。

近年来，中国智能电网战略重点主要面向推动能源革命和经济发展新常态的现实要求，大力推进大规模可再生能源并网消纳、大电网柔性互联、多元用户供需互动及多能源互补的分布式供能与微电网等技术的研发和产业发展。同时，互联网技术和互联网思维与能源领域新技术相融合，成为近年来中国智能电网与储能产业发展的新动态。2015 年国务院总理李克强在政府工作报告中提出制订“互联网 +”行动计划；2016 年 2 月，国家能源局正式发布《关于推进“互联网 +”智慧能源发展的指导意见》，同时启动了相关的示范工程建设。中国智能电网技术进一步发展趋势可总结如下：①突破大规模可再生能源并网技术和体制瓶颈，大力提高可再生能源贡献水平；②发展大容量远距离联网输电技术，打破能源资源和能源需求空间分布不均衡的制约；③积极推动分布式能源、微能源网、电动汽车等的普及应用，促进能源生产与消费方式的变革，推动能源网的互联互通，最终将电网建成能源交互共享的支撑平台。

“十三五”期间，中国经济将进入平稳较快发展的新常态，在能源需求增速放缓、环境约束强化、碳排放限制承诺的新形势下，中国电力能源发展将进入结构多元化、科技创新驱动的新阶段。智能电网和储能产业亟须通过技术突破与产业创新，实现能源结构清洁化调整、能源跨区优化配置、能源消费方式革命的重大使命。第一，突破大规模可再生能源并网技术和体制瓶颈，大力提高可再生能源贡献水平。2009 ～ 2015 年，中国风电、太阳能发电装机规模从 1 792 万千瓦增长至 16 988 万千瓦，年复合增长率达到 46%，占总装机规模比例从 2% 增至 11%[14]。但是，可再生能源发电的利用情况不容乐观，弃风、弃光、限电现象严重。2015 年全年弃风电量 339 亿千瓦时，全国平均弃风率达 15%；全年弃光电量 46.5 亿千瓦时，全国平均弃光率达到 12.6%[15]。根据规划，2020 年中国风电装机将达到 2.5 亿千瓦、光伏将达到 1.5 亿千瓦[16]，可再生能源并网消纳瓶颈亟待突破。第二，发展大容量远距离联网输电技术，打破能源资源和能源需求空间分布不均衡的制约。中国 76% 的煤炭资源、2/3 的可开发水电资源、90% 以上的陆地风能资源分布在西部地区，太阳能资源主要分布在西藏、青海、新疆等西部省区，而经济发展和能源消费需求的重心一直在中东部地区。能源资源和用电需求在空间分布上的差异决定了中国必须发展大容量远距离联网输电技术来实现电能，特别是可再生能源的跨区域、互补消纳。第三，推动分布式能源、微能源网、电动汽车等的普及应用，促进能源生产与消费方式的变革，推动能源网的互联互通，最终将电网建成能源交互共享的支撑平台。中国目前的电能消费模式较为粗放，具有巨大的提质增效空间。一方面，能源的利用效率和能源系统的资产利用效率还不高，用户侧巨大的调节资源没有调动和发挥；另一方面，随着分布式能源、电动汽车的普及利用，电力用户将从单纯消费转变为电力消费、生产、存储多位一体，对用电便捷性、选择性、扩展性的要求更加突出，亟须转变传统以供定用的服务模式，突破能源互联网等大规模供需互动技术。

基于国家的重大需求，2016 年中国公布了《“十三五”国家科技创新规划》，已将智能电网列入“科技创新 2030—重大项目”，明确提出重点加强特高压输电、柔性输电、大规模可再生能源并网与消纳、电网与用户互动、分布式能源以及能源互联网和大容量储能、能源微网等技术的研发与应用。这一规划为智能电网与储能产业的发展创造了新机遇。在“十三五”期间，电网接纳大规模可再生能源的能力将进一步加强，适应大规模电动汽车接入能力显著提升，柔性输配电技术将获得较大范围的应用，储能技术将在成本降低的同时显著提高安全性，分布式能源的应用将日益普及，微电网、能源互联网等技术将获得较大发展，用户参与电网互动技术将日臻成熟，电力市场机制将会不断创新并完善。很多新技术将由单纯的技术示范向商业化运营方向发展。具体来说，中国智能电网与储能产业将在下述几个重要领域获得重大进展。

（1）先进输电技术与产业。紧密结合中国大电网互联需求及电网形态演变，面向大型可再生能源发电基地接入与送出需求，实现关键技术研究突破与示范，实现 2.5 亿千瓦风电、1.5 亿千瓦光伏的并网消纳；研究建设 ±1 100 千伏特高压直流输电工程，在消化吸收国外先进技术的基础上，实现直流断路器等核心关键直流装备的自主研发制造；实现更高电压等级、更大容量的多端柔性直流输电技术突破及示范，具备大功率电力电子器件、直流电缆、直流变压器等基础材料与装备的量产能力，并引领装备和材料的更新换代。

（2）智能配用电技术与产业。继续推进配电自动化与先进量测、信息通信、主动配电网等技术的融合，提高配电网结构灵活性、供电可靠性与运行智能化水平；开发智能柔性互联开关、直流断路器、动态电压调节器、短路电流限制器及交直流控制保护设备等新一代智能配电设备，加强配电网的控制与自愈能力；到2020年建设电动汽车充换电站超万座、充电桩超过50万个[17]，“十三五”期间实现技术研发投资超过400亿元；进一步提升分布式储能技术的战略地位，加强微电网、用户需求响应和分布式供能技术的发展，提高用户在电网运行中的参与度；同时加快智能配用电示范项目的推进和投资力度，促使相关产业形成实际的创造力与生产力。

（3）能源互联网技术与产业。在基础建设方面，发展以高电压、大容量柔性电网为骨干的清洁能源互联网络，研究突破以电能为核心的清洁能源综合规划、评价与利用技术；实现微型燃气轮机、光伏系统、小型燃料电池发电系统等能源转换设备，能量路由器、电力电子变压器等能源接入装备，以及相关运行控制装备的自主设计、研发与制造；建设以家庭、社区或工业园区为服务对象的冷、热、气、电以及其他可再生能源互补的综合能源系统。在商业模式方面，探索能源消费新模式，开展绿色电力交易服务区域试点，推进以智能电网为配送平台，以电子商务为交易平台，融合储能设施、物联网、智能用电设施等硬件，以及碳交易、互联网金融等衍生服务于一体的绿色能源网络。

（4）储能技术与产业。储能产业的前景广阔，根据国外知名研究公司 / 机构的预测，到2022年前后，全球并网储能市场规模将超过40吉瓦，其中电池市场规模将在465亿美元左右[18]。储能产业的主要发展方向是寻求储能技术的重大突破，提高性能、降低成本，为其大规模应用奠定基础。在储能装备研发方面，重点开发和培育具备产业化前景的高容量、高效率、低成本的储能新技术，如大容量变速抽水蓄能技术与装备、超临界压缩空气储能系统、高性能飞轮储能阵列、高性能铅炭电池和锂电池、大容量钠硫电池、大规模全钒液流电池、中大功率高温超导储能系统、大容量超级电容等；积极探索新概念电化学储能技术，如液态金属电池、钠离子电池等；同时发展储热、冷、氢等多类能源的存储技术。在储能利用方面，发展基于全面信息化与智能控制的储能能量流优化和调度管理技术，实现能源耦合结构优化、潮流优化、调度优化管理等。在市场模式方面，通过建立科学的储能能源定价和交易机制，激励广大企业与用户主动参与到储能的建设和运行中来。

7.3.5 可再生能源与分布式能源产业

1. 光伏发电技术与产业

太阳电池及组件产业技术占据一定程度的优势地位，具有较强的国际竞争力，但最高认证效率等偏基础方面的研究水平与国际先进水平尚有一定差距。高效晶硅太阳电池方面，着重开展效率超过22%的电池产业化技术研究；薄膜太阳电池方面，着重开展高效硅基薄膜、碲化镉、铜铟镓硒等技术产业化；新型电池方面，钙钛矿、染料敏化、有机、量子点等新型太阳电池的研究紧跟国际最高水平，在若干方面做出了自身特色，部分新型电池产业化预研工作有待加强。

光伏系统及部件技术总体上与国际并跑。光伏系统能效比（performance ratio，PR）与国外有明显差距，系统设计集成、建设、运行维护全流程优化及关键设备缺乏系统研究。中国光伏系统能效比约为75%，而日本、德国的平均系统能效比为80%，最高可达85%。相比较而言，中国尚有5%～10%的差距，支撑系统能效比提升的精细化设计、高可靠性平衡部件、光伏高压直流汇集关键设备、智能运维装置等技术和装备尚待研制，同时，中国公共研究、测试及实证性示范平台布局不足。

在“十三五”期间，重点瞄准高效太阳电池产业化及光伏系统规模化利用的关键技术问题，亟待开展以下技术攻关。

（1）重点攻关高效晶硅太阳电池相关材料及器件产业化技术；重点开展高效硅基薄膜、碲化镉、铜铟镓硒等电池产业化应用技术；重点加强新型太阳电池基础研究及部分电池中试规模关键技术研究。

（2）重点攻关大型光伏电站全流程优化技术，建立系统能效80%以上的百万千瓦以上大型光伏发电示范基地，提高光伏发电经济性，解决光伏发电基地并网接入和送出技术问题。

（3）重点开展不同气候、地域、应用模式的分布式光伏系统典型技术方案和成套定制化控制/逆变设备，在南方和北方地区开展工商业、农林牧渔业、城镇建筑等不同模式的关键技术研究及规模化利用系统示范，积极拓展分布式光伏系统的应用领域。

（4）重点开展以光伏发电为主的多种可再生能源综合利用关键技术研究，开展多能互补综合利用系统、微电网、微能源网的系统集成示范，通过多种能源、储能和负荷互补作用，提高光伏电量渗透率水平。

2. 太阳能热发电及热利用的技术与产业

光学聚光比是太阳能热发电技术的主要指标，聚光比越高，太阳能热发电系统可实现的集热温度就越高，热机效率也就越高。面向高温大容量的太阳能热发电技术研发是中国的重点研究方向，超临界蒸汽和超临界二氧化碳发电、布雷顿循环、燃气蒸汽联合循环、基于太阳热的热化学和催化制备燃料等方向是未来发展的重点方向。在中低温方面，太阳能建筑采暖是发展的重点内容，2010年以来，欧盟国家近80%的太阳能集热系统用于建筑采暖。

3. 风力发电技术与产业

综合世界各国发展情况，风电技术未来发展趋势主要包括以下几个方面：进一步提高风电机组的单机容量、叶轮的捕风能力、风能转换效率和机组及部件质量；

增强机组运输和安装便捷性及机组环境适应性；发展海上风电技术。

到2020年左右，全球风电成本预计将降低到2.34欧分/千瓦时左右。到2050年，风电在全球发电量中所占比例有望提高到15%～18%，海上风电将稳步推进，中国将形成海上风电设备制造、工程施工能力。

中国继续成为推动全球风电增长的主要力量，风电开发仍将以集中式大规模开发为主，加快建设大型风电基地；分散式风电开发潜力较大，风电产业进入创新发展、稳步增长阶段，"三北"地区增速有所放缓，风电成本将进一步下降，成为最具竞争力的非水可再生能源发电技术。风电的大规模发展需与智能电网、储能和"互联网+"等技术密切结合、协调发展。

4. 生物质能源技术与产业

"十三五"期间立足生物质能源技术研发现状以及优势单位的研发基础，突破关键技术瓶颈，并根据国家发展需求，前瞻性展望未来发展能力，建设具有国际影响力的示范工程。生物质能源产业技术的重点发展方向是生物燃气高效制备与高值利用、生物液体燃料技术创新与转化、生物基材料绿色制造等。重点任务是夯实生物质转化技术创新平台，加强领军人才和创新团队建设，前瞻性开展生物质能源转化基础理论研究，提升生物质生物转化（炼制）、合成先进液体燃料的基础理论和原始创新能力；超前部署生物质资源培育与高效转化前沿技术，协同创新一系列生物质高效转化提质增效的前沿核心技术及成套化装置装备；建设一批体现技术特色、区域特色和产品特色的集群式科技示范工程，积极推进非粮生物质能源产品示范应用，加强生物质能源科技与金融结合，着力沿着"一带一路"布局国际合作交流等。

"十三五"期间，结合中国生物质能源产业发展现状及生物质能源科学技术发展水平，将建设百亿立方米生物燃气科技工程、千万吨先进生物液体燃料科技工程、生物基材料集群式科技示范工程，从而带动中国生物质产业发展。

至2020年，在先进生物质能与化工方面，建成千吨级生物航油示范工程，完成台架试验并实现木质纤维素生物航油试飞验证；建成万吨级纤维素乙醇示范，实现生物天然气商业化示范；开发生物柴油多联产和炼制技术，形成万吨级示范工程；建设千吨级生物橡胶和生物基材料单体及聚合物、万吨级生物基聚氨酯、十万吨级生物基增塑剂及聚氯乙烯（PVC）制品等的示范生产线；升级生物天然气工程技术，实现商业化；培育一批新兴能源植（作）物新品系（种），初步建立生物质原料可持续供应体系。

5. 海洋能技术与产业

目前，海洋能利用的发展有三个比较明确的战略方向。

一是研发成熟高效的海洋能源利用技术。通过原始创新或技术优化等方式提高海洋能转换效率，降低海洋能装置造价和运行成本，提升装置稳定性和安全性，如温差能发电技术中热力循环方案创新、海洋能装置抗台风技术、潮流能发电机组水下密封技术、波浪能高效动力摄取技术和高效能量转换技术。

二是推进海洋能利用技术在远海海域中的应用。结合“海洋强国”“一带一路”等国家战略，积极开发远海海域中的波浪能和温差能，为南海海岛开发提供稳定的电力和淡水供应。

三是扩大海洋能利用技术的应用领域。积极推广海洋能利用技术，开展海洋能在海上作业平台的电力供应、海水淡化、制氢和海洋综合养殖业等方面的应用，如海上岛屿独立电力系统、海上多能互补发电制淡水综合平台、深海波浪能发电综合观测平台、深海养殖网箱供电等。

至2020年的发展目标是，完善潮流能、波浪能装置设计体系，降低发电成本，提高装置稳定性；提高温差能和盐差能发电效率，开始研发温差能、盐差能发电实型装置；进一步提高波浪能高效捕获与能量转换的技术指标。

6. 地热能技术与产业

干热岩开发利用技术：研发靶区定位和探测的技术设备、大体积压裂技术设备及配套施工技术；突破人工裂隙技术及施工工艺；研究地下井筒换热网络的优化设计与井网布置及工作流体参数匹配；开发干热岩中高温热电转换设备，掌握高压系统全封闭运行设计工艺和系统稳定运行优化控制方法；研发成井测试及微地震监测装置，形成环评方法与指标体系，建设示范工程。

水热型地热系统改造与增产技术：突破储层物性测试技术、储层增效技术，掌握人工裂隙热储的动态开发与回灌技术，研制示踪、酸化处理材料与技术；研究群井开发的动态测试、预测与评价技术；解决防垢除垢问题，形成水热型地热热储可持续开发的技术体系、行业标准和信息平台。

至2020年，掌握干热岩开发关键技术，建成100千瓦级干热岩发电示范；突破干热岩开发设备设计及制造关键技术，解决结垢、回灌难题，实现浅层地热规模化开发利用，建成兆瓦级地热综合梯级利用示范。

7. 氢能与燃料电池的技术与产业

引导大型企业进入燃料电池研发领域及出台国家鼓励政策，是加速中国燃料电池商业化的必由之路。2016年，国家发改委和国家能源局联合发布《能源技术革命创新行动计划（2016-2030年）》及《能源技术革命重点创新行动路线图》，其中明确将氢能与燃料电池技术创新列为重要战略方向，在氢的制取、储运及加氢站、先进燃料电池和燃料电池分布式发电方面开展研究。创新目标是到2030年，实现大规模氢的制取、存储、运输、应用一体化，实现加氢站现场储氢、制氢模式的标准化和推广应用；完全掌握燃料电池核心关键技术，建立完备的燃料电池材料、部件、系统的制备与生产产业链，实现燃料电池和氢能的大规模推广应用。同时，国家发改委、工信部和国家能源局联合发布《中国制造2025—能源装备实施方案》，实施方案中单独列出了燃料电池发展规划，与十五大主要任务并列，尚属首次。今后中国将有望在百千瓦级 PEMFC 和百千万至兆瓦级 SOFC 发电分布式能源系统上实现突破。

7.4 能源新技术产业发展前景与促进建议

今后 5 ～ 10 年将是中国能源发展和推动能源革命的关键时期，也是能源领域战略性新兴产业发展的战略机遇期。能源新技术的研发与产业化进程将不断加快，具有自主知识产权的能源新技术研发和能源设备制造能力将不断增强，第三、四代核能，太阳能光伏、光热发电，风力发电，生物质能源，智能电网，大规模储能等关键核心技术的连续突破，将发展出新的朝阳产业集群和新的经济增长点，化石能源新技术的突破同样蕴藏着新的产业机遇，特别是非常规油气、煤电新技术研发应用，仍具有巨大的市场空间和实际应用价值。能源新技术产业的发展，将有利于提高中国制造业整体创新能力，推进信息化与工业化深度融合，强化工业基础能力和整体竞争力，有利于推动先进能源技术与装备以及关联产业的生产能力输出海外，是实现中国能源工业科学发展的重要抓手[1]。

展望“十三五”时期，绿色、清洁、低碳、高效将成为煤炭清洁高效转化与利用产业发展方向，非常规油气技术有望取得重大突破，核电产业规模化发展的时代已经到来，智能电网产业发展将处于关键技术突破阶段，可再生能源产业将持续处于快速上升期，新一轮能源变革蓄势待发。为更好地促进“十三五”时期能源新技术产业发展，特提出如下建议：

（1）明确能源领域战略性新兴产业范畴为能源新技术产业，着力加强能源新技术产业统计体系与能力建设。

（2）精准布局“十三五”能源新技术产业发展方向与重点任务，持续加大能源新技术推广应用力度，坚持以企业为创新主体，持续开展关键技术与装备攻关。

（3）依托科技创新能力的提升和体制机制创新，积极推广先进煤炭清洁高效转化与利用技术应用，按照“勘探评价、先导性试验、示范区建设、规模开发”模式推进非常规油气开发利用，助推核电规模化发展，加快非水可再生能源融入市场竞争进程。

（4）超前部署推动能源互联网等下一代能源新技术开发相关政策的准备，引导政策、技术、资金、人才等的有序进退和优化配置，制度创新保障能源新技术产业的健康发展。

参考文献

[1] 中国工程科技发展战略研究院 . 中国战略性新兴产业发展报告 2016. 北京：科学出版社，2015.

[2] 黄其励，彭苏萍 . 能源领域培育与发展研究报告 . 北京：科学出版社，2015.
[3] 中国电力企业联合会 . 2015 年全国电力工业统计快报，2016.
[4] 国家发展改革委，环境保护部，国家能源局 . 国家发展改革委　环境保护部　国家能源局关于实行燃煤电厂低排放电价支持政策有关问题的通知，2015.
[5] 谢克昌，邱中建，金庆焕，等 . 我国非常规天然气开发利用战略研究 . 北京：科学出版社，2014.
[6] 国土资源部 . 2015 年全国石油天然气资源勘查开采情况通报，2016.
[7] 中国科学技术协会，中国核学会 . 2014—2015 核科学技术学科发展报告 . 北京：中国科学技术出版社，2016.
[8] 中国电力企业联合会 . 中国电力行业年度发展报告 2016. 北京：中国市场出版社，2016.
[9] 中关村储能产业技术联盟 . 储能产业研究白皮书 2016，2016.
[10] 世界风能协会 . 世界风能报告，2013.
[11] BP. BP Statistical Review of World Energy 2016，2016.
[12] EIA. Annual energy outlook 2016 with projections to 2040，2016.
[13] 世界核协会 . 运行和在建核电站统计，2016.
[14] 国家能源局新能源和可再生能源司，国家可再生能源中心，中国可再生能源学会风能专委会，等 . 可再生能源数据手册 2015，2015.
[15] 国家能源局 . 2015 年度全国可再生能源电力发展监测评价报告，2016.
[16] 国家电网公司 . 国家电网公司“十三五”电网发展规划（建议稿），2015.
[17] 国家发改委，国家能源局，工信部，等 . 电动汽车充电基础设施发展指南（2015-2020 年），2015.
[18] IHS Markit. The future of grid-connected energy storage，2014.

第 8 章

新能源汽车产业

钟志华　万鑫铭　抄佩佩　高金燕　胡钦高　杨　洋

【内容提要】“十二五”期间，中国新能源汽车产业无论从产销规模、技术水平还是基础设施配套等方面来看，都取得了较大成绩与进步，国家级重大政策频频出台，产业体系趋近成熟。本章系统总结中国新能源汽车产业“十二五”期间总体发展情况；简要分析2016年以来的最新进展；同时展望中国新能源汽车产业“十三五”期间的发展趋势，分析其在产业逐步成熟的大背景下，出现的市场驱动占据主导、跨界融合日益明显等新格局与新趋势；最后，提出中国新能源汽车产业未来发展所面临的问题，并给出解决建议。

8.1　节能与新能源汽车产业“十二五”发展总结

在节能减排压力加大、制造强国战略启动、汽车产业转型升级的大背景下，中国高度重视节能与新能源汽车产业发展，2010年将其列为国家战略性新兴产业，2015年将其列为《中国制造2025》重点领域之一。“十二五”期间，中国新能源汽车产销规模持续提升，政策体系逐渐完善，相关技术取得突破，使用环境得到逐步改善。

8.1.1 政策支持

1. 国家政策

“十二五”期间，为加快促进新能源汽车产业化发展，国家逐步加大政策支持力度，制定出一系列政策措施。国务院从战略规划、产业振兴、大气污染防护、节能减排等宏观层面，提出新能源汽车发展的顶层设计和规划目标，如《节能与新能源汽车产业发展规划（2012—2020年）》《中国制造2025》等。相关部委从行业管理、推广应用、科技创新、财税支持、标准体系等方面制定了详细的支撑政策，组织实施了“十城千辆”、“新能源汽车产业技术创新工程”（简称“创新工程”）等重大推广及科技支持工程[1~4]。目前，中国新能源汽车产业支持政策已覆盖研发、产业化、推广应用、基础设施等各个环节，形成了较为完整的产业支持体系框架，营造了良好的政策环境（图8.1）。

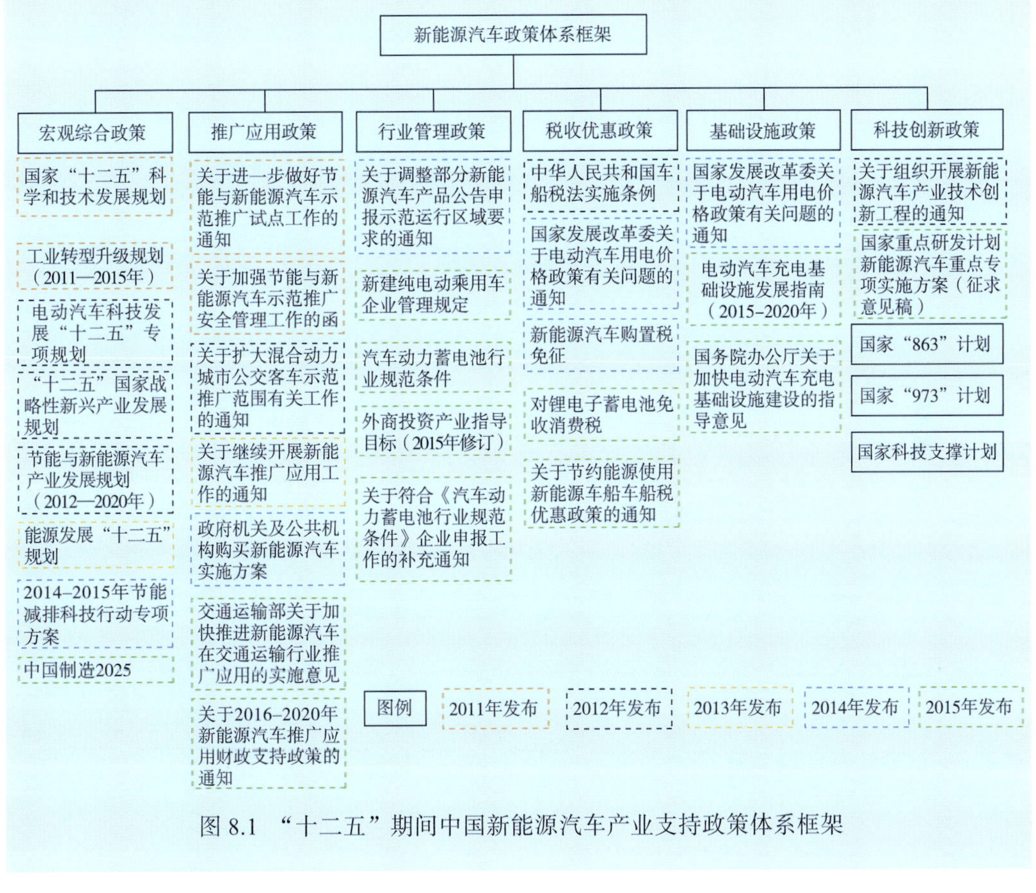

图8.1 “十二五”期间中国新能源汽车产业支持政策体系框架

2. 地方政策

在国家政策支持体系框架下，各地方，尤其是示范城市（区域）也积极出台了相关的支持政策（表 8.1），从研发、购置、运营、基础设施、交通管理等多个方面给出配套优惠，加快新能源汽车在相应城市（区域）的推广应用。截至 2015 年年底，全国 39 个推广应用区域 88 个城市中，已有 60 多个出台 160 多项配套政策。

表 8.1　2015 年部分城市（区域）新能源汽车购置补贴情况

城市（区域）	乘用车			客车				专用车
	纯电动	插电式（含增程式）	燃料电池	纯电动	插电式（含增程式）	燃料电池	其他	
北京市	3.15 万～5.40 万元	—	18 万元	30 万～50 万元	—	—	—	1 800 元 / 千瓦时，不超过 13.5 万元
上海市	4 万元	3 万元	20 万元	客车：30 万～50 万元 公交车：21 万～35 万元	客车：$L \geqslant 10$ 米为 25 万元； 公交车：$L \geqslant 10$ 米为 25 万元	50 万元	客车：超级电容、钛酸锂快充 BEV 为 15 万元； 公交车：超级电容为 15 万元； 油电混合：50 万元； 双源无轨：55 万元； LNG：30 万元	2 000 元 / 千瓦时，不超过 13.5 万元
广州市	3.5 万～6.0 万元	$R \geqslant 50$ 千米：3.5 万元	20 万元	30 万～50 万元	$L \geqslant 10$ 米：25 万元	商用车：50 万元	—	2 000 元 / 千瓦时，不超过 15 万元
西安市	3.15 万～5.40 万元	3.15 万元	18 万元	30 万～50 万元	$L \geqslant 10$ 米：30 万元	商用车：45 万元	—	1 800 元 / 千瓦时，不超过 13.5 万元
江苏省	1.0 万～2.4 万元	1.4 万元	5 座及以下：7.2 万元	$L \geqslant 10$ 米：10 万元	$L \geqslant 10$ 米：10 万元	客车（9 座及以上）：18 万元	$L \geqslant 10$ 米的超级电容、钛酸锂客车：6 万元 / 辆	800 元 / 千瓦时，最高不超过 6 万元

主要出台的地方政策中，大多包括推广应用实施方案、推广应用管理办法、补贴管理办法、充电设施支持政策、用电价格优惠等类型，部分城市还出台了新能源产业发展规划。这使消费者及产业链相关企业在生产、购买、使用新能源汽车的过程中，得到来自国家及地方的双重优惠，积极性大幅提升。不同城市（区域）在补贴范围及标准、交通管理优惠、基础设施支持力度等方面存在一定差异，导致推广效果差距较大。其中，一线城市（如北京、上海、深圳等）的不限行限购以及较高的购置补贴是其取得良好推广效果的重要因素。总体来看，地方支持政策在新能源

汽车推广中起到了重要作用，但也存在地方保护、使用环节支持较少等问题。尚未出台政策的城市（区域）缺乏推广经验，新能源汽车产业发展还处于探索阶段。

8.1.2　市场表现

1. 产销总量及区域分布

“十二五”期间中国新能源汽车产销分别完成约 50.13 万辆和 44.44 万辆，复合增长率分别为 114.39% 和 109.73%（图 8.2 和图 8.3）。其中，2012 年产销首度突破万辆大关，之后进入持续快速增长阶段。2015 年全年新能源汽车生产 37.9 万辆，销售 33.11 万辆，新能源汽车销量占汽车销量比例首次超过 1%，达到了 1.3%，预示着新能源汽车产业由起步期跨入成长期。

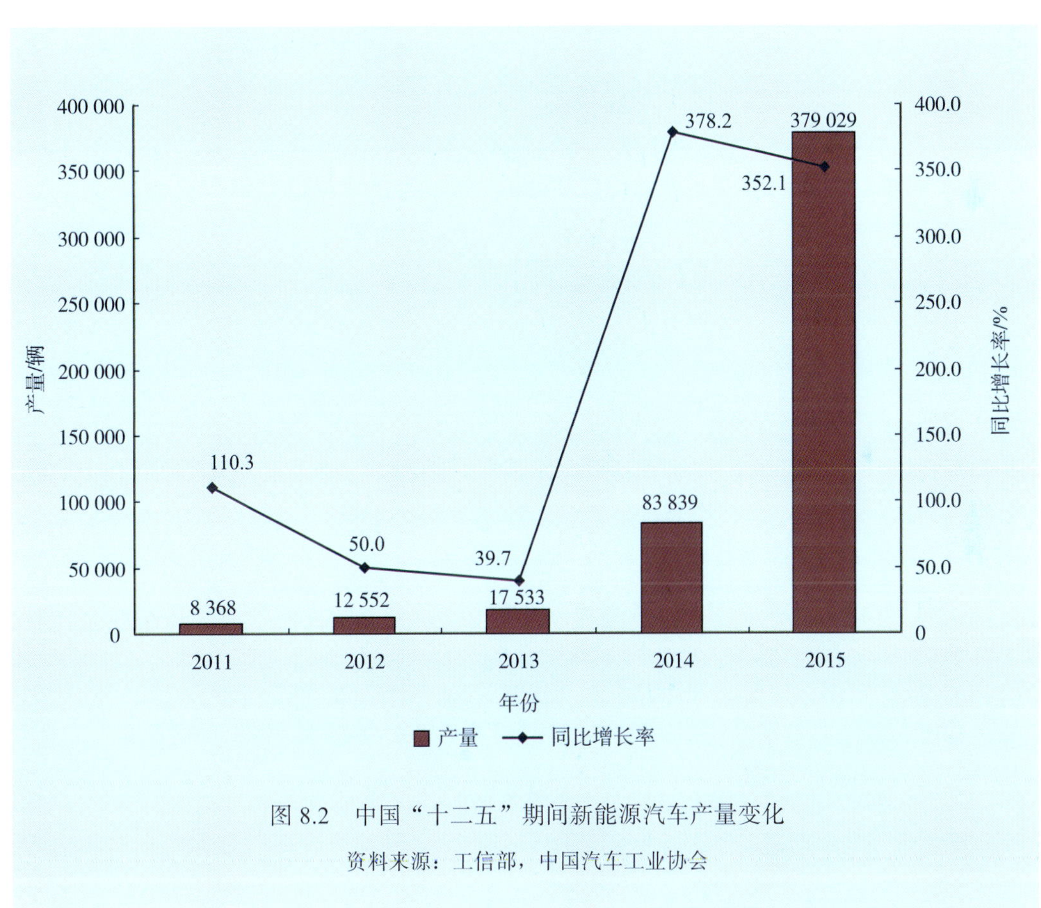

图 8.2　中国“十二五”期间新能源汽车产量变化

资料来源：工信部，中国汽车工业协会

截至 2015 年年底，中国已超越美国成为全球最大新能源汽车市场。从区域市场分布来看，限号、限购等城区是新能源汽车主要销售地（图 8.4），如北京、上海及深圳等。2013 ～ 2015 年累计销售超过 2 万辆的区域有 6 个，超过 1 万辆的区域有 12 个，区域前 5 名销量占总销量的 45.6%，总体来看，推广区域较为集中，有待进一步扩展。

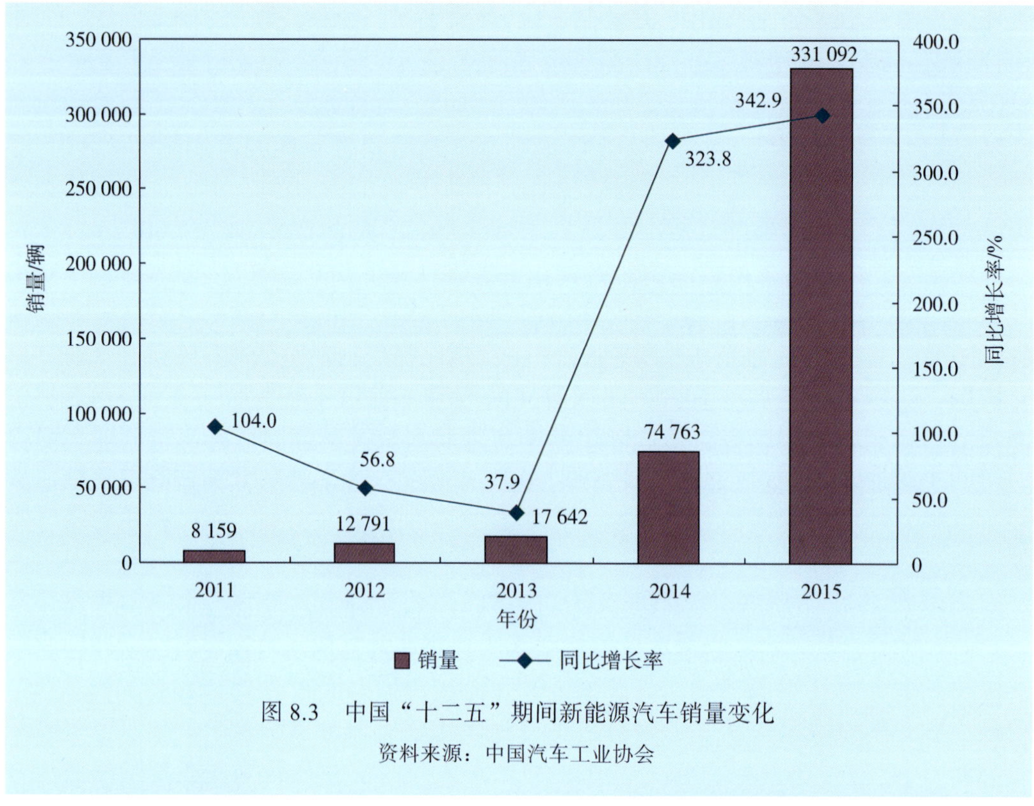

图 8.3 中国"十二五"期间新能源汽车销量变化

资料来源：中国汽车工业协会

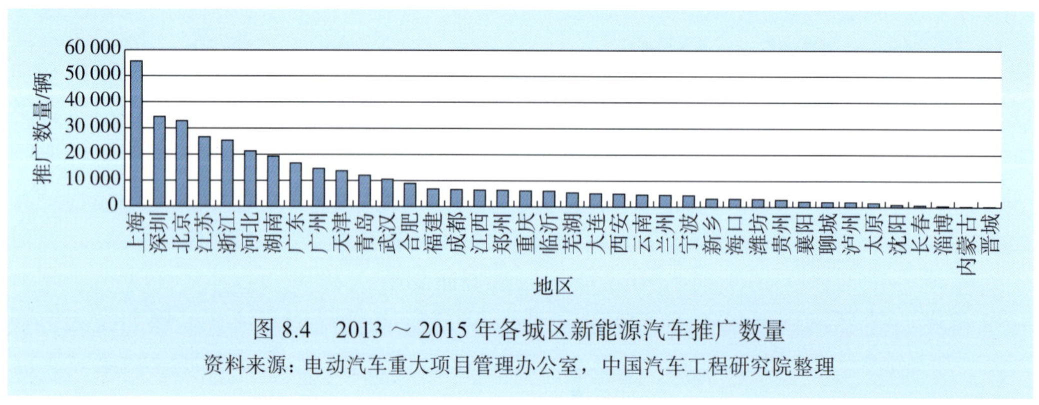

图 8.4 2013 ～ 2015 年各城区新能源汽车推广数量

资料来源：电动汽车重大项目管理办公室，中国汽车工程研究院整理

2. 产品结构及消费特征

从乘用车与商用车分布来看，2013 ～ 2015 年中国新能源乘用车累计生产 27.1 万辆，商用车累计生产 21 万辆。2013 ～ 2015 年，新能源乘用车占总产量的比重分别为 56%、65% 和 54%，乘用车是新能源汽车市场的主力产品（图 8.5）。

从技术路线分布来看，2013 ～ 2015 年插电式混合动力汽车（plug in hybrid electric vehicle，PHEV）累计产量 12.4 万辆，纯电动汽车（blade electric vehicles，

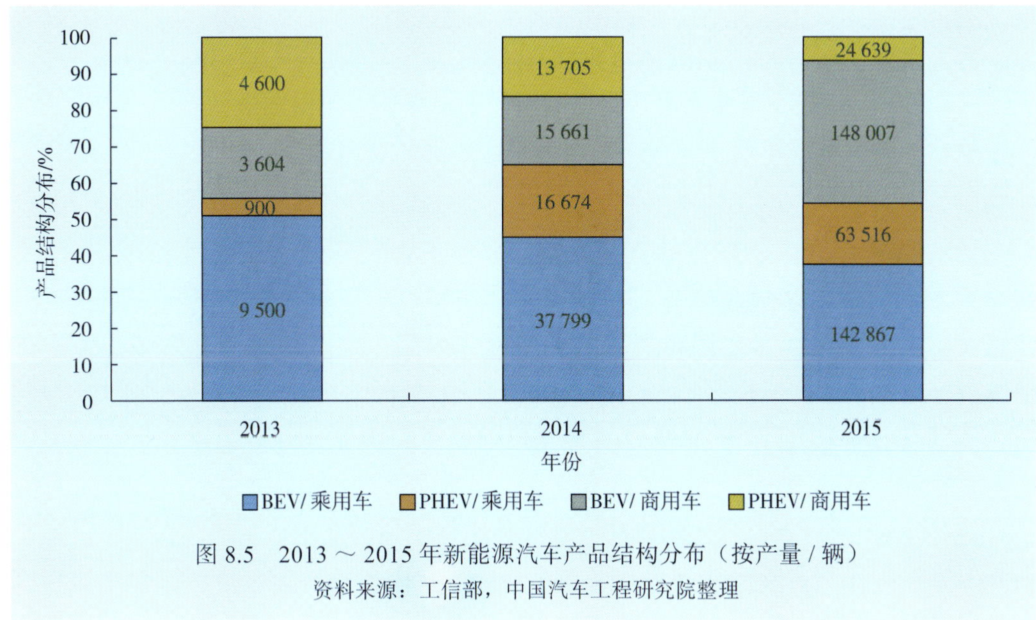

图 8.5 2013 ～ 2015 年新能源汽车产品结构分布（按产量 / 辆）

资料来源：工信部，中国汽车工程研究院整理

BEV）累计产量 35.7 万辆；2013 ～ 2015 年，纯电动汽车车型占当年新能源汽车总产量比重分别为 70%、64% 和 77%，说明技术路线占主导。综合来看，商用车领域纯电车型占比逐年增大，插混车型占比逐年减小，而乘用车领域基本呈现相反的趋势。

从应用领域来看，2009 ～ 2012 年“十城千辆”推广工程阶段，中国新能源汽车私人领域消费占比仅为 14%，2013 ～ 2015 年私人领域消费占比增长至 35.78%，发展较快（图 8.6）。但总体来看，公共领域依然是新能源汽车的主要消费领域，新能源汽车公共应用领域正从单纯公交客车逐步拓展到出租、环卫、物流、通勤及邮政等多个领域。2013 ～ 2015 年公共领域销售新能源汽车 246 133 辆，占总数的 64.22%，其中公交车及租赁用车数量较多，分别为 92 251 辆和 78 566 辆（图 8.7）。

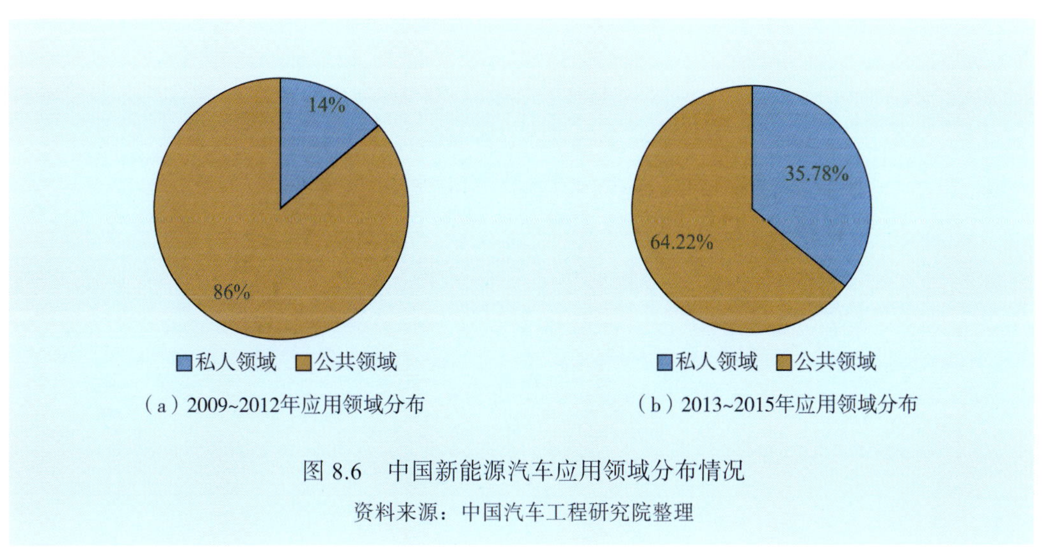

图 8.6 中国新能源汽车应用领域分布情况

资料来源：中国汽车工程研究院整理

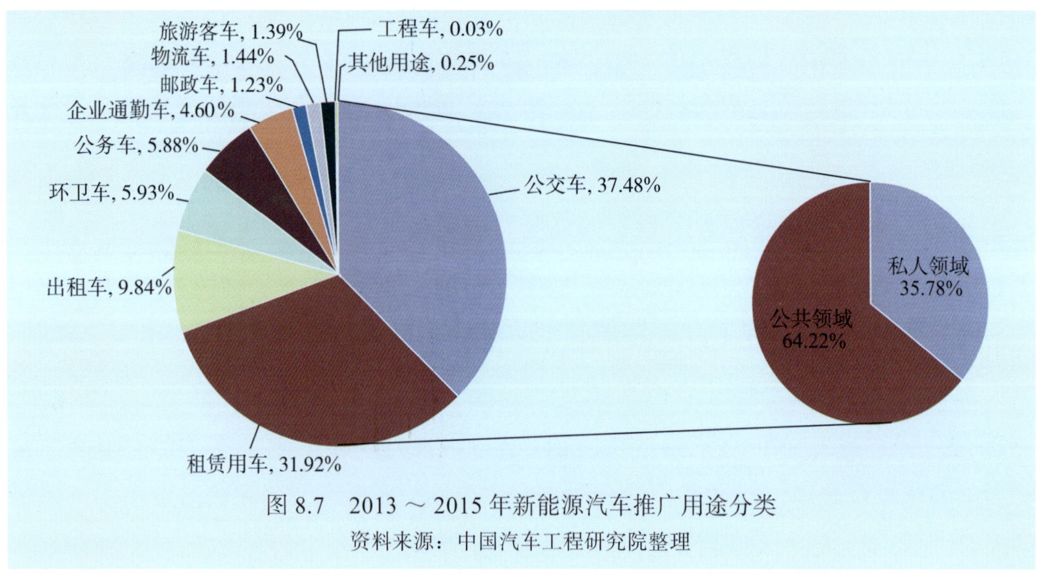

图 8.7　2013 ~ 2015 年新能源汽车推广用途分类

资料来源：中国汽车工程研究院整理

3. 主力企业及明星车型

乘用车领域，比亚迪以绝对优势领跑国内新能源乘用车市场（表 8.2）。2015 年比亚迪生产新能源乘用车 58 978 辆，高出第二名 8 779 辆，占新能源乘用车总产量的 28.6%；2014 年比亚迪生产新能源乘用车 15 688 辆，高出第二名 2 470 辆，占新能源乘用车总产量的 28.8%。北汽、众泰、上汽、江淮等跻身前十。2015 年中国新能源乘用车市场集中度 CR5 由 2013 年的 84% 降至 81.6%，竞争日趋激烈。

表 8.2　2013 ~ 2015 年新能源乘用车产量 TOP10（单位：辆）

2015 年			2014 年			2013 年		
企业	产量	排名	企业	产量	排名	企业	产量	排名
比亚迪	58 978	1	比亚迪	15 688	1	吉利	2 511	1
吉利	50 199	2	吉利	13 218	2	比亚迪	1 658	2
众泰	25 928	3	众泰	10 591	3	北汽	1 231	3
北汽	18 105	4	北汽	5 347	4	江淮	1 220	4
奇瑞	15 144	5	上汽	3 332	5	众泰	867	5
上汽	12 360	6	江淮	2 754	6	上汽	485	6
江淮	10 225	7	东风	1 424	7	东风	208	7
力帆	6 570	8	奇瑞	956	8	长安	202	8
江铃	5 545	9	一汽	539	9	浙江豪情	201	9
东风	2 307	10	华晨宝马	434	10	北汽福田	100	10

资料来源：节能与新能源汽车网，中国汽车工程研究院整理

商用车领域，宇通客车在 2013 ~ 2015 年均保持产量第一的位置。2013 年在传统客车领域实力较强的“一通三龙”（宇通、大金龙、小金龙、苏州金龙）仅宇通一

家进入产量前 5，2014 年开始苏州金龙进入前 5。2015 年中国新能源商用车市场集中度 CR5 由 2013 年的 45.5% 下降至 34%。可见，在新能源商用车市场空间扩大的同时，各企业经过前期经验技术积累，产品已进入商品化阶段，具备与行业领先企业竞争市场份额的能力（表 8.3）。

表 8.3 2013 ~ 2015 年新能源商用车产量 TOP5（单位：辆）

2015 年			2014 年			2013 年		
企业	产量	排名	企业	产量	排名	企业	产量	排名
宇通	19 791	1	宇通	7 302	1	宇通	1 176	1
东风	12 713	2	中通	3 045	2	中通	837	2
苏州金龙	11 402	3	比亚迪	2 424	3	安徽安凯	629	3
中通	10 224	4	北汽福田	2 376	4	重庆恒通	546	4
比亚迪	5 362	5	苏州金龙	2 341	5	湖南江南	543	5

资料来源：节能与新能源汽车网，中国汽车工程研究院整理

从中国的新能源乘用车车型来看，共有 7 款车销量过 10 000 辆（表 8.4）。比亚迪表现最为亮眼，2015 年比亚迪-秦完成了超过 3 万辆的年销量，比亚迪-唐自 6 月上市以来，6 个月累计销量达 18 375 辆，比亚迪 e6 在 2015 年销量也达到了 7 029 辆。康迪-熊猫借助分时租赁商业模式，以 20 390 辆的销量排名第二。北汽新能源汽车借助北京牌照优惠政策，2015 年销量继续高歌猛进，E 系列销量达到 16 488 辆。众泰则主打微型电动车市场，借助性价比优势，拓展二三线城市市场，旗下云 100 销量达到 15 467 辆。

表 8.4 2015 年新能源乘用车分品牌车型销量（单位：辆）

排名	品牌	车型	2015 年总销量
1	比亚迪	秦	31 898
2	康迪	熊猫	20 390
3	比亚迪	唐	18 375
4	北汽	E 系列	16 488
5	众泰	云 100	15 467
6	上汽	荣威 550	10 711
7	江淮	IEV	10 420
8	奇瑞	eQ	7 262
9	比亚迪	e6	7 029

续表

排名	品牌	车型	2015 年总销量
10	奇瑞	QQ	6 885
11	众泰	E20	6 385
12	吉利	知豆	6 164
13	江铃	E100	5 268
14	腾势	腾势	2 888
15	众泰	TT ev	2 092

资料来源：节能与新能源汽车网，中国汽车工程研究院整理

4. 商业模式及亮点

“十二五”期间，政府机构、新能源汽车生产企业及运营企业以新能源汽车推广示范城区为依托，积极探索创新，形成了各具特色的商业模式（图 8.8），主要有公交领域的“融资租赁、车电分离、充维结合”，出租车领域的“单车包干、定额营收、全天运营”，租赁领域的“以租代售、分时分期租赁”微公交，物流车领域的“专营公司、整车租赁、维保结合”，以及私人领域的“定向购买”等，成为社会各方关注热点，得到广泛实践。

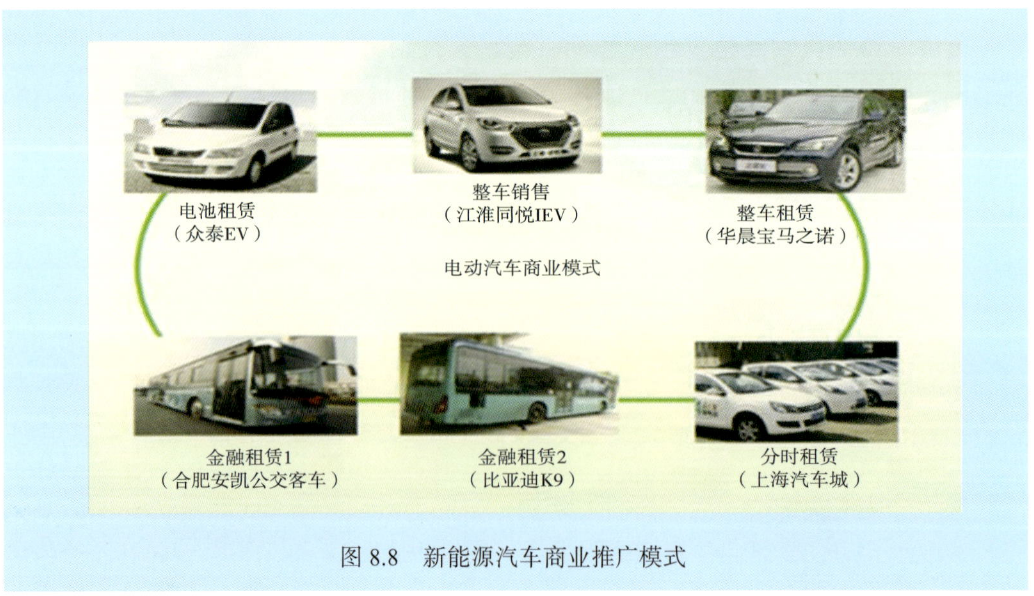

图 8.8　新能源汽车商业推广模式

其中新能源汽车分时租赁运营，能大幅度降低消费者购车和使用成本，在北京、上海、杭州等地取得了积极成效，是商业模式创新中的一大亮点。杭州“微公交”模式自 2013 年运行以来，已有 1.6 万多辆康迪纯电动汽车投入服务，并已推广至上海、江苏等多个区域。政府方面，部委机关开始引入新能源汽车自助分时租赁项目，

实行个人付费的市场化租赁服务方式，落实中央国家机关公车改革。

8.1.3　技术水平

中国新能源汽车产品、技术自主化水平不断提高，基本实现“三纵三横”三大平台矩阵式体系。整车动力性及经济性不断提升，动力电池能量密度、驱动电机效率等关键技术进步迅速。

1. 整车

1）纯电动乘用车

总体上来看，中国纯电动乘用车已基本掌握了整车控制、动力系统匹配与集成设计等关键技术；以动力电池布置为核心，开发整车平台结构，实现动力电池布置空间最大化；整车总布置设计全新开发，大幅提高舒适性、安全性及可靠性；新车载信息系统与车联网系统开发，实现电池信息、电压、保养信息、故障信息等整车新能源关键信息监控。

技术上来看，中国纯电动乘用车技术进步明显，产品续航里程集中在 150 ～ 250 千米，与国外产品相当，但单位电池容量续航里程存在一定差距，能源利用效率有待提高。

产品上来看，纯电动乘用车产品市场成熟度进一步提升，更新换代加速（表 8.5）。江淮汽车推出的 iEV5 是 IEV 系列第 5 代电动车。北汽 E150EV 的换代产品 EV200，续航里程更长。比亚迪推出的 e6 400 续航里程达到了 400 千米。

表 8.5　中国纯电动乘用车代表车型及相关性能参数

车型	小型		中型		
	康迪-熊猫	众泰云 100	北汽 EV200	江淮 iEV5	比亚迪 e6 400
上市时间	2015 年	2015 年	2015 年	2015 年	2014 年
轴距 / 毫米	2 340	2 360	2 500	2 490	2 830
整备质量 / 千克	1 175	968	1 295	1 250	2 420
电机最大功率 / 千瓦	20	18	53	50	90
电机最大扭矩 /（牛 • 米）	100	120	180	200	450
百公里加速时间 / 秒	—	—	—	—	—
最高车速 /（千米 / 小时）	80	85	125	120	140
百公里耗电 / 千瓦时	—	10	—	13	20.5
最大续航里程 / 千米	150	150	245	240	400

2）插电式混合动力乘用车

总体上来看，中国插电式混合动力乘用车技术已取得明显进展，产品成熟度大幅提升，基本掌握了混合动力机电耦合系统集成技术、多部件间的转矩耦合和动态协调控制技术及能量管理系统等核心关键技术，但在高性能混合动力系统（整车）控制器、混合动力专用发动机方面存在短板。

技术上来看，自主车企推出的插电式混合动力汽车车型，在百公里加速、综合油耗表现等方面，与国外同类车型相当，具备一定竞争力。进入“十二五”以来，国内企业大力发展插电式混合动力汽车，推出了如比亚迪-秦、上汽荣威 550、广汽传祺等车型。其中，比亚迪-秦百公里加速时间达到 5.9 秒，百公里综合油耗低至 1.6 升，总体上达到国际先进水平；上汽荣威 550 插电式车型达到了纯电续航里程 58 千米、百公里综合油耗 2.3 升（工况法测试）、百公里加速时间 10.2 秒等先进性能指标（表 8.6）。

表 8.6 插电式混合动力（含增程式）乘用车代表车型及相关性能参数

车型	轿车		SUV
	广汽传祺 GA5	上汽荣威 550	比亚迪-唐
上市时间	2015 年	2013 年	2015 年
长 × 宽 × 高 / 毫米	4 800×1 819×1 484	4 648×1 827×1 479	4 815×1 855×1 720
轴距 / 毫米	2 710	2 705	2 720
整备质量 / 千克	1 735	1 670	2 220
最高车速 /（千米 / 小时）	150	200	180
百公里加速时间 / 秒	—	10.2	4.9
纯电续航里程 / 千米	80	58	80
能耗：电耗 /（千瓦时 / 百公里）	16	13	22.5
油耗 /（升 / 百公里）	2.4	2.3	2

产品上来看，2015 年插电式混合动力乘用车产品线进一步丰富，出现了增程式混合动力轿车广汽传祺 GA5、插电式 SUV（sport utility vehicle，即运动型多用途汽车）比亚迪-唐等代表车型，产品呈现差异化发展趋势。其中，比亚迪-唐采用三擎四驱双模动力系统，其节油性、动力性表现突出，达到业内优异水平。

3）纯电动客车

中国纯电动客车在电子控制空气悬架底盘、轮边驱动桥、轻量化、电磁兼容等电动客车关键技术方面取得进展，产品应用处于世界领先地位。受补贴政策影响，产品出现小型化趋势，宇通、福田、安凯等主流新能源客车企业纷纷推出车长 10 米以下中小型电动客车，以满足微公交等细分领域需求（表 8.7）。

表 8.7 中国纯电动客车代表车型及相关性能参数

类别	参数	宇通 ZK6701BEVQ1	福田 ZL8JS4JR01A	安凯 ZL8SB4M402T	南京金龙-东宇 NJL6600BEV4
整车	车长 / 毫米	7 045	6 530	6 400	6 005
	整备质量 / 千克	3 800，4 000	5 800	6 805	2 930
	最高车速 / （千米 / 小时）	69	69	69	100
	续航里程 / 千米	102	120	120	300
电机	类型	永磁同步电机	永磁同步电机	永磁同步电机	永磁同步电机
	额定功率 / 千瓦	25	115	115	100
	额定转矩 / （牛·米）	240	550	550	400
电池	类型	铅酸铁锂离子	多元复合锂	多元复合锂	混合三元
	电池电压 / 伏	518.4	575	511	350.4
	电池容量 / 千瓦时	44.5	41.4	41.4	88.3

4）插电式混合动力客车

中国插电式混合动力客车产品应用规模及技术水平进步显著。典型产品纯电续航里程突破 65 千米，最佳百公里油耗仅 17.9 升（表 8.8）。技术上突破了专用插电式混合动力客车底盘技术，在全承载技术、双电压复合储能系统技术上取得进展。开发了拥有完全自主知识产权的集同轴混联构型、发动机智能启停、五合一控制器、复合电源等多项核心技术为一体的双电机同轴插电深混技术平台。

表 8.8 中国插电式混合动力客车代表车型及相关性能参数

车型	宇通 ZK6120CHEVPG2	苏州金龙 KLQ6129GQHEV2	安凯 HFF6127G03PHEV	南车时代 TEG6106EHEV03
长×宽×高 / 毫米	11 650×2 550×3 075	12 000×2 550×3 250	12 000×2 550×2 960	10 490×2 490×3 420
整备质量 / 千克	11 200	12 930	13 450	11 300
纯电动续航里程 / 千米	65	35	65	35
燃料消耗量 / （升 / 百公里）	19.6	20	23	17.9
最高车速 / （千米 / 小时）	69	69	69	69
功率 / 千瓦	177	95	162	137

2. 关键零部件

1）电池

中国电动汽车动力电池研发经历了三个阶段："十五"起步阶段，主要研发镍氢动力电池和锰酸锂锂离子动力电池；“十一五”发展阶段，加大了磷酸铁锂电池研发；“十二五”升级阶段，重点支持三元材料动力电池的研发。经过三个五年计划，中国已基本掌握电池材料、单体电池、电池系统、批量生产工艺等核心技术[5]。

在材料技术体系方面，中国已形成包括磷酸铁锂和锰酸锂正极材料、三元材料前驱体、石墨负极材料、钛酸锂负极材料、电解液和PP/PE① 隔膜在内的完整电池材料技术体系，技术水平与国际基本同步。

在电池单体设计制造方面，中国在电池单体方面取得重要突破。电池能量密度显著提高，如“创新工程”中8家电池厂商的电池单体能量密度平均值从164瓦时/千克提高到接近180瓦时/千克，力神电池单体能量密度突破200瓦时/千克，同时中国功率型电池比功率最高达到3 000瓦/千克（图8.9）。中国电池单体技术与国际先进水平相当。

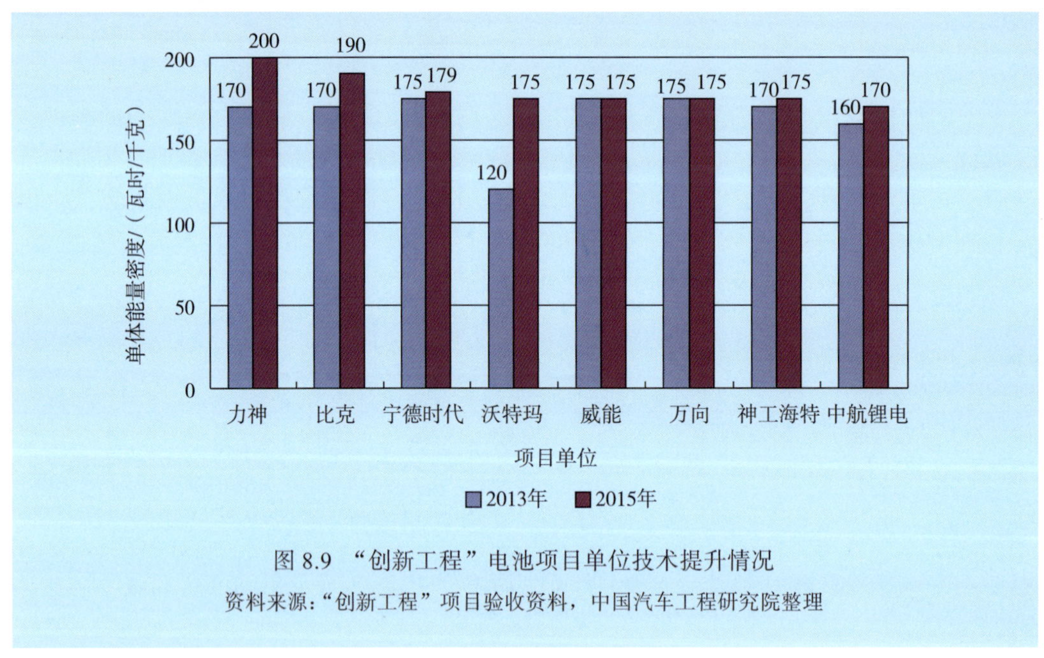

图8.9 “创新工程”电池项目单位技术提升情况

资料来源：“创新工程”项目验收资料，中国汽车工程研究院整理

在电池系统集成技术方面，动力电池模块的比能量达到140瓦时/千克以上，锂离子动力电池产业化技术水平已经具备支撑电动汽车开展大规模商业化运行的技术和产业条件。但是中国在先进电池材料与机理等基础研究方面，以及电池一致性、自动化生产设备、良品率等方面与国际领先水平相比还存在差距。

2）电机

中国在电机功率密度及效率方面与国际水平持平，在电机转速、生产及检验设备、冷却技术方面与国外有一定差距。中国采用车用电机多领域集成优化设计理念，解决了多目标高性能车用电机的极限设计、多物理场精确分析、控制策略、系统集

① PP：聚丙烯；PE：聚乙烯。

成等技术难题；采用结构集成设计技术，实现了电机与变速器在机械、电磁、热的高度一体化设计与应用。利用中国稀土资源优势，逐步形成了车用永磁电机技术特色，中国多个电机企业突破高效、高功率密度车用永磁电机的设计与制造技术，研制出高速高密度永磁电机。

在关键技术指标方面，中国驱动电机的功率密度、效率等电机技术水平与国际水平相当，但在电机峰值功率、连续功率密度方面与国外有一定差距。例如，沃蓝达、本田雅阁等搭载电机的峰值功率密度达 3.8 千瓦 / 千克，连续功率密度在 2.4 ～ 2.8 千瓦 / 千克，而中国电机峰值功率大多在 2.8 千瓦 / 千克、连续功率密度在 1.2 ～ 1.6 千瓦 / 千克。从电机转速来看，中国电机转速可以达到 12 000 转 / 分钟，与国际水平 14 000 ～ 16 000 转 / 分钟有一定差距。

在电机冷却技术方面，如绕组塑封、油冷技术，中国相关产品处于起步阶段；高端试验和关键生产设备、检验设备相对落后，基本依赖进口。

在电机控制器技术方面，采用电力电子模块集成技术，将汽车级 IGBT① 模块、长寿命膜电容、低电感复合母排高度集成，低热阻散热技术及小型化电路板设计技术高度集成，降低了电机控制器的体积和重量，提高了系统集成度，实现了电力电子与信息处理技术的融合。中国典型电机控制器功率密度达到 8 千瓦 / 升，控制器峰值效率超过 97%，大于 90% 的高效率区超过 50%。全速度范围的转矩控制精度提升至 ±2 ～ 3 牛顿米或 ±3% ～ 5%。但是中国在芯片集成设计、电力电子系统集成等方面与国际领先水平还存在差距[6]。

3）机电耦合系统

机电耦合系统是插电式混合动力核心部件，中国在机电耦合机构方面取得了重要突破。在构型方面，中国采取多技术路线并行发展，如上汽 EDU② 系统串并联方案、比亚迪 P3 构型方案及 CHS③ 混合动力系统的功率分流方案。

比亚迪机电耦合系统是基于 P2 系统衍生出的 P3 构型（图 8.10），该系统通过插电实现了车辆较长距离的纯电行驶；通过搭载 DCT④，实现了更高的传动效率和更多的档位及更宽泛的传动比，同时匹配高速电机，提高电机恒功率转速范围，拓宽了再生制动和电机的高效区，进一步提升整车节油效果。该系统优点包括：首先，驱动电机布置在变速器后端，且采用 110 千瓦的大电机，纯电驱动 / 起步能力较强；其次，解决了同轴并联系统的发动机启动困难问题；最后，构型简单，仅新增电机、电池、控制器等部件，成本较低。

上汽开发出“发动机 + 双电机 + 双离合器 + 专用两档变速箱”的 EDU 系统（图 8.11），通过二挡变速的三核动力技术，实现整车动力性及能耗的最优平衡。

① IGBT：insulated gate bipolar transistor，即绝缘栅双极型晶体管。

② EDU：electric drive unit。

③ CHS：China hybrid system。

④ DCT：double clutch transmission。

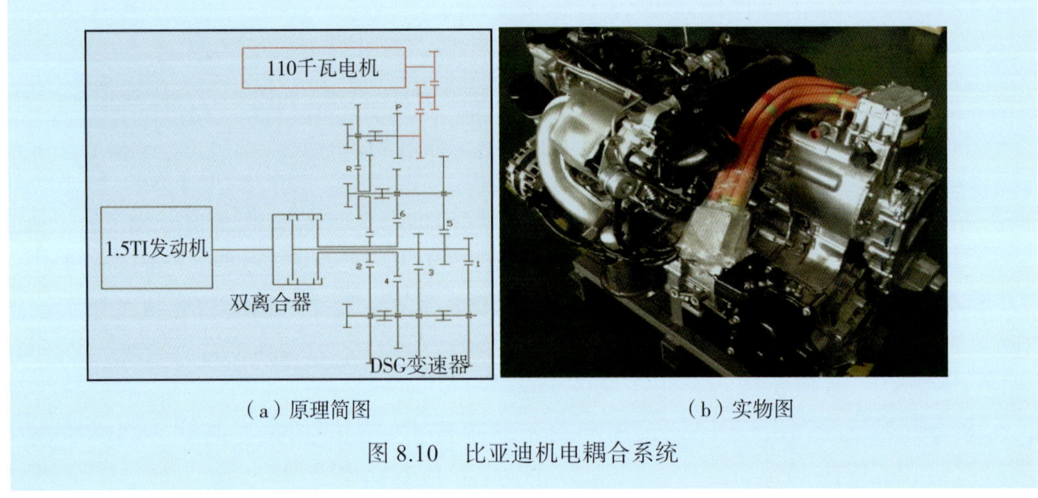

（a）原理简图　　　　（b）实物图

图 8.10　比亚迪机电耦合系统

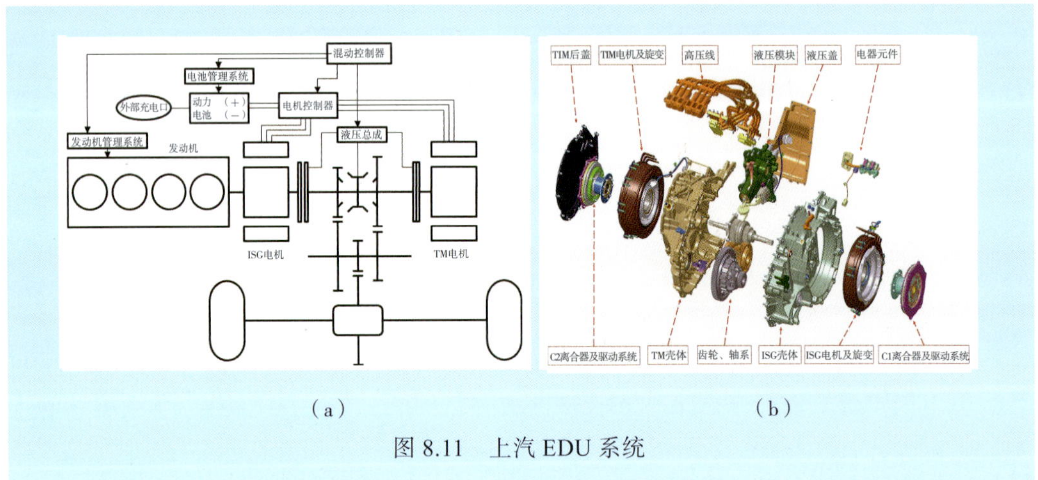

（a）　　　　（b）

图 8.11　上汽 EDU 系统

CHS 混合动力系统采用双 ISG① 电机 + 双行星排 +ECVT② 的构型（图 8.12），动力耦合机构设计、技术创新点和领先性、节能减排效果等方面在国内技术路线中处于优势地位。对比国外以单模式功率分流（Toyota THS③）、双模式功率分流（GM Dual-Mode）、并联扭矩耦合（Honda IMA）、P2 构型（VW P2）等技术路线，CHS 混合动力系统在保持 THS 架构的前提下，可实现 THS 系统难以实现的功能（中高速工况锁定 E1 避免功率分流，提升效率）；同 Dual-Mode 系统比较，在结构简单可靠方面有着显著优势；同 IMA④ 系统和 P2 系统比较，CHS 混合动力系统有着二者难以超越的节能减排效果实现。

① ISG：intergrated starter/generator。

② ECVT：electronic continuously variable transmission。

③ THS：Toyota hybrid system。

④ IMA：integrated motor assist。

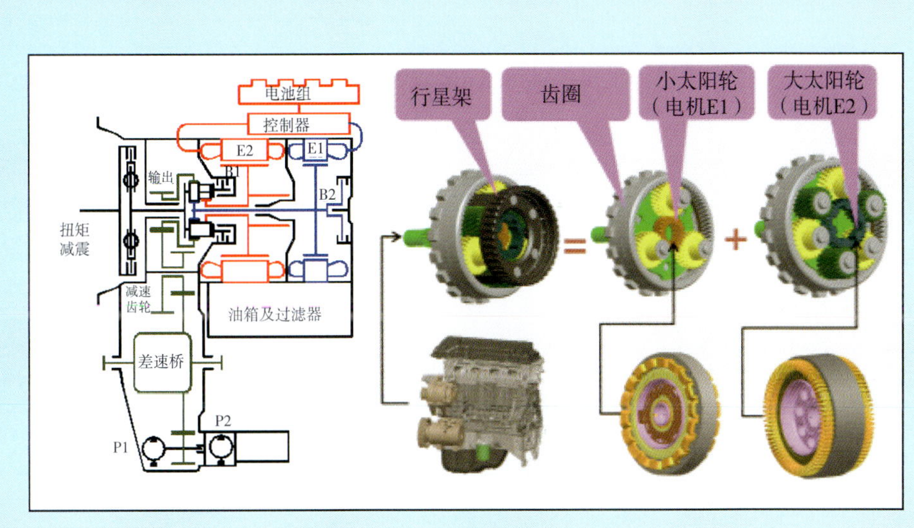

图 8.12　CHS 混合动力系统

8.1.4　基础设施建设

1. 总体概况

“十二五”以来，中国充电设施建设步伐不断加快，行业活力持续加强，初步构建起城市及城际充电网络。截至 2015 年年底，共建成充换电站 3 600 座，公共充电桩 4.9 万个（图 8.13），私人充电桩 5 万个左右，车桩比总体达到 4 ∶ 1，充电应用环境得到一定改善。国家电网、南方电网、普天集团为建设主力军，至 2015 年年底分别累计完成 29 600 个、2 100 个、7 576 个充电桩建设，占充电桩总数的 79.4%。

2. 建设模式

中国对充电基础设施重视度不断提高，顶层规划出台、充电接口标准发布、全国电动汽车充电基础设施促进联盟成立，社会资本持续涌入，充电设施市场已变成最为活跃的焦点。为此，多种创新型建设及运营模式不断涌现，如众筹模式、充电桩 + 市政模式、PPP 模式、大数据汽车群充电模式等创新商业模式，满足不同领域、不同类型的充电需求，加快充电基础设施配套步伐。

1）众筹模式

江苏万帮集团首创的“星星充电”众筹模式，对供应和需求进行了有效衔接，

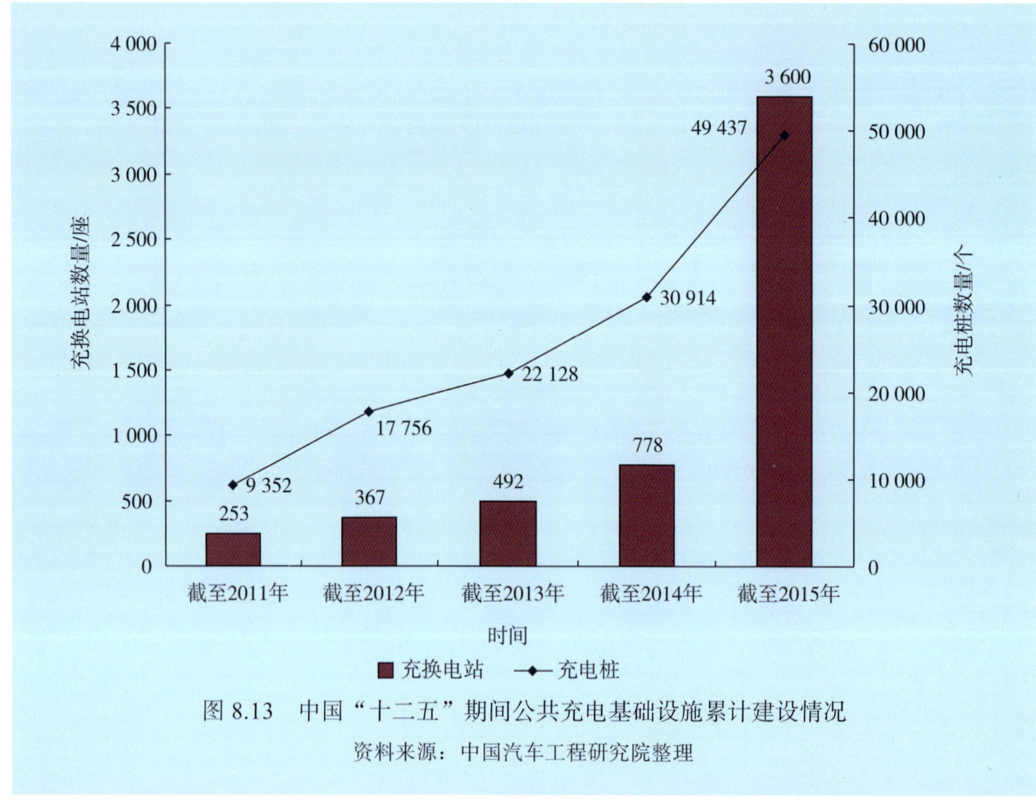

图 8.13　中国“十二五”期间公共充电基础设施累计建设情况

资料来源：中国汽车工程研究院整理

利用互联网思维大大提高了项目效率。该模式建充电桩时土地不需要专门拍卖或划拨，而是通过现有的居住地、工作地和目的地来解决，通过众筹的方式由业主方来供地，万帮集团提供充电桩并免费建设，充电桩的产权归企业所有，未来的充电服务费永久性地和业主方分享，消费者可通过手机查找附近的充电桩价格和功率等信息，并可完成充电的支付功能。“万帮”模式创造性地解决了场地难、盈利难两大难题，发展势头迅猛，截止到 2015 年 9 月底，万帮集团已经在全国完成 5 034 个充电桩的建设，在北上广地区已勘查待建的桩数突破 1 万个。

2）充电桩+市政模式

充电桩 + 市政模式是市政路灯充电桩一体化解决方案，其利用已有路灯电力线路资源，解决新建电力线路高成本及充电点土地占用问题，快速实现充电网络扩展，将有望成为低成本搭建充电网的突破口。

北京已开展“路灯 + 充电桩”改造试点，首批路灯充电桩改造试点已经展开，如将位于昌平区京密北路上的 88 盏路灯从传统高压钠灯改造为 LED 灯，节省出的容量足够支撑十几辆纯电动汽车同时充电。此外，8 个纯电动汽车慢充桩也开展试运行，常规充电时间为 4 ～ 5 个小时。杭州也开始探索“路灯 + 充电桩”模式，除了充电桩，和其一同装备给路灯杆的还有免费 Wi-Fi、视频探头、信息推送等多种功能。路灯将实现电动汽车智能充电（补电）、视频监控、信息推送、免费 Wi-Fi 热点、照明节能等功能的综合应用。

3）PPP模式

PPP 是一种公私合作的项目融资模式，具体应用到公共机构充电桩建设上来说，就是政府提供场所，企业投资、建设、运营、维护，按照“谁建造、谁运维、谁使用、谁付费”的原则操作，各单位根据需求提出充电桩数量，充电桩运营企业根据场地实际情况来配置、安装充电桩，并负责后期运营维护，需要充电的车主则根据实际使用情况付费。

上海率先将 PPP 模式应用到新能源汽车充电桩建设中来。上海计划采用该模式，在与百姓生活密切相关的标志性文化场所、学校、医院等公共机构率先推广公共充电桩建设。首批 20 个全兼容公共充电桩已于 2015 年 8 月在中华艺术宫投入使用。

4）大数据汽车群充电模式

特来电首创大数据汽车群充电模式，该模式通过打造电动汽车智能充电系统，将互联网、车联网、充电网三网融合，打造互联网充电生态系统。通过提供免费产品、免费建设、专业运营来整合充电用户资源，凭借大数据等技术提供其他增值服务实现盈利。特来电发展迅猛，通过与当地政府、企业三方联合，已成立 18 个合资公司，覆盖 67 座城市，已建成 1.6 万个充电终端，总充电量达 420 万千瓦时。

8.1.5 典型案例

1. 示范推广工程

自 2009 年起，中国先后实施了“十城千辆”“扩大混合动力城市公交客车示范推广范围有关工作”“继续开展新能源汽车推广应用工作”等多轮示范工作（图 8.14），逐步打开了公共及私人领域市场，产业基础逐步由零培育发展壮大，是“十二五”期间中国新能源汽车产业得以快速发展的关键性政策举措。

“十城千辆”作为中国节能与新能源汽车示范推广的开端，截至 2012 年年底，25 个示范城市共推广新能源汽车 27 268 辆，其中公共领域推广 21 034 辆，占比 77%（图 8.15）。混合动力公交车作为主要推广车型，生产企业众多、产品供应丰富、城市应用广泛，市场被全面打开，为后续推广奠定坚实基础。

2013 年 1 ～ 5 月，针对前期优秀推广成果，国家部委实施了混合动力公交车非试点城市示范推广工作，采取集中招标方式，选择了 17 家中标企业的 70 款产品在非试点城市推广，共推广 5 304 辆混合动力公交车（图 8.16）。该模式有效规避了地方保护主义，极大地促进了整车企业市场推广的积极性，仅用 5 个月时间实现了 5 000 辆混合动力客车的推广目标。通过规模化的市场推广，提升了国内客车企业的自主创新能力，降低了整车成本，加快了混合动力城市公交车摆脱政府补贴的市场化进程。

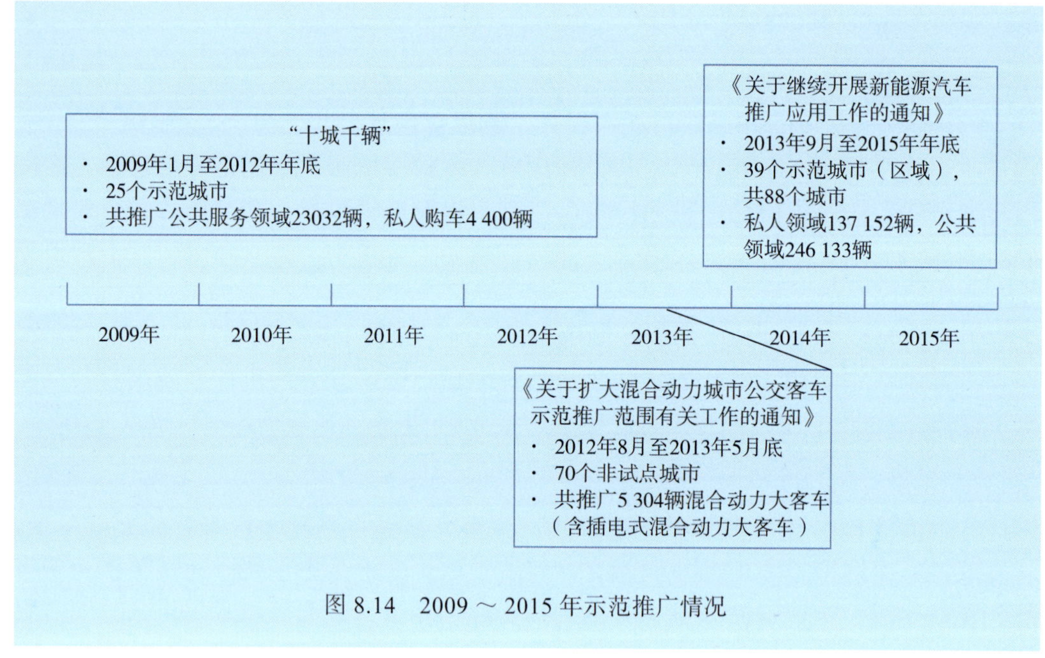

图 8.14 2009 ～ 2015 年示范推广情况

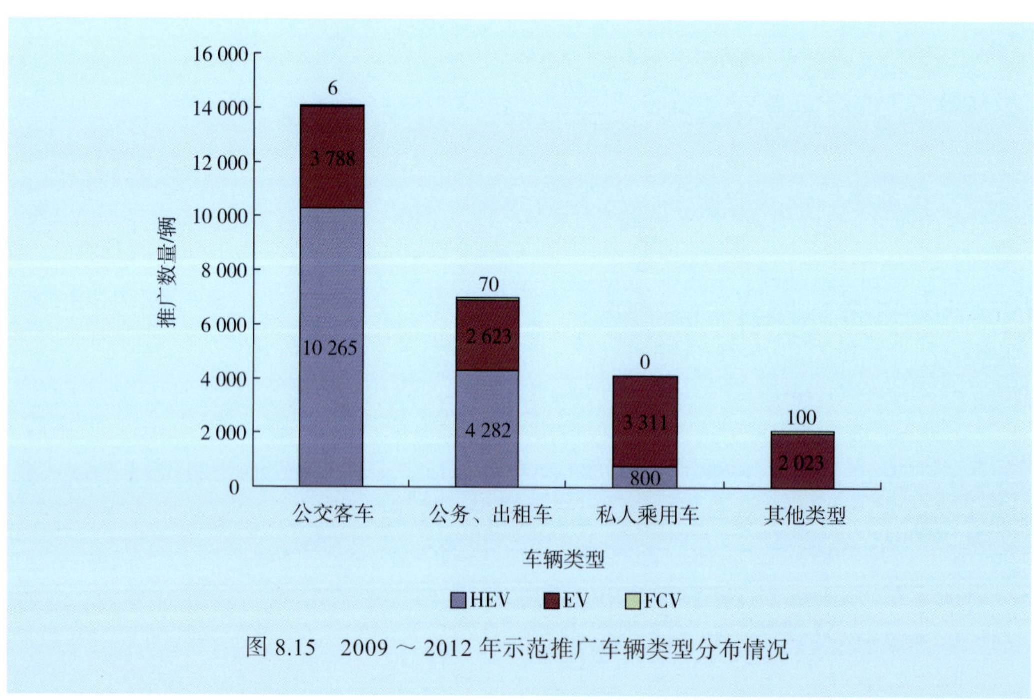

图 8.15 2009 ～ 2012 年示范推广车辆类型分布情况

为进一步加快培育市场，2013 年 9 月中国启动了新一轮新能源汽车示范推广应用工作。截至 2015 年年底，39 个示范城市（区域）共推广新能源汽车 38.3 万辆，其中私人市场推广 13.7 辆，占比 36%，成为该轮推广的重大突破，开启了新能源汽车的私人使用时代。推广城市中，12 个省（市）推广数量均超过 1 万辆，上海、深圳、

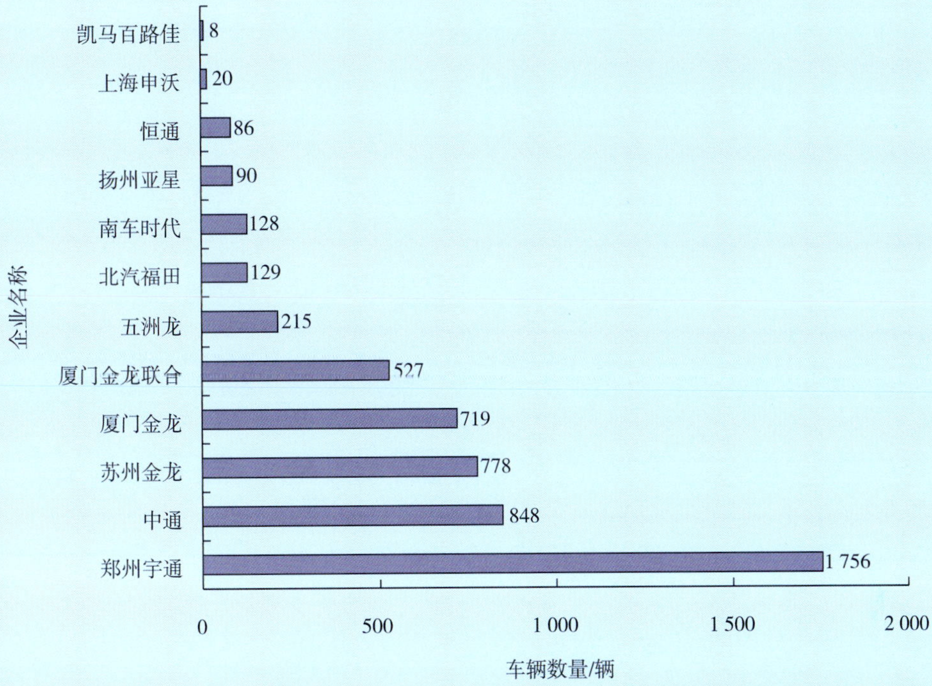

图 8.16　2013 年 1 ～ 5 月非试点城市混合动力公交车推广情况

北京累计推广数量均超过 3 万辆，形成典型区域规模（图 8.17）。

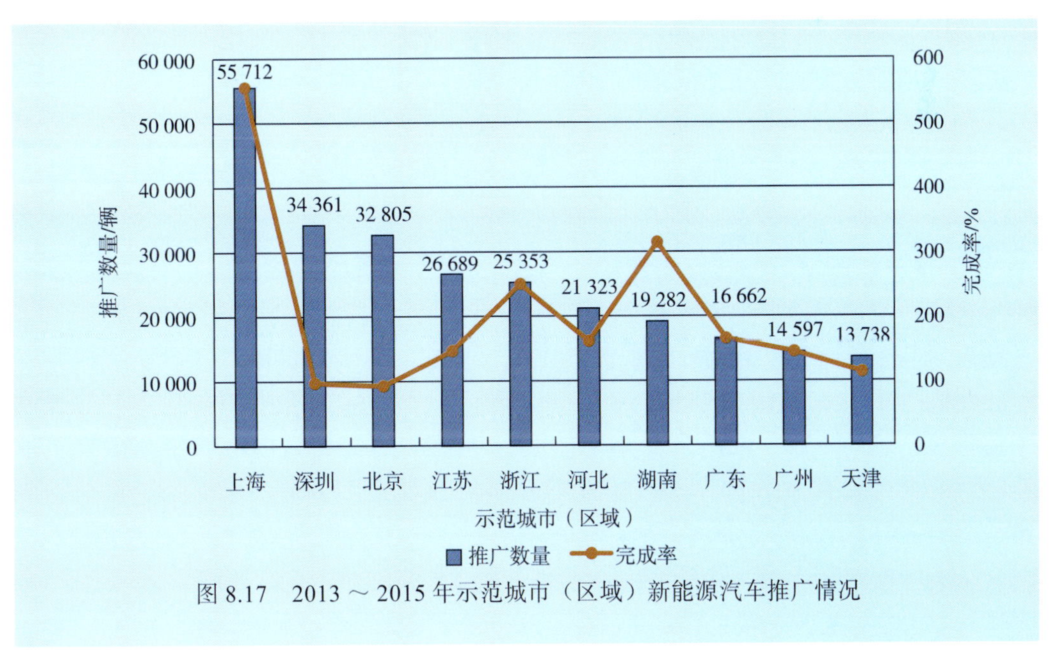

图 8.17　2013 ～ 2015 年示范城市（区域）新能源汽车推广情况

2. 新能源汽车技术创新工程

经国务院批准，2012 年财政部、工信部、科技部组织实施“创新工程”，中央财政从节能减排专项资金中安排部分资金，支持全新设计开发的新能源汽车及动力电池等 25 个项目（乘用车 10 个，商用车 7 个，电池 8 个），对提升中国新能源汽车产业整体核心竞争力起到了重要引领作用。

“创新工程”期间，国家计划投入资金 40 亿元，实际带动企业自筹研发资金投入 157 亿元，实现了奖励资金的撬动作用及杠杆效应（图 8.18）。同时，也促进企业不断掌握自主知识产权，申请（含授权）专利超过 1 500 项，其中发明专利超过 600 项（图 8.19）。

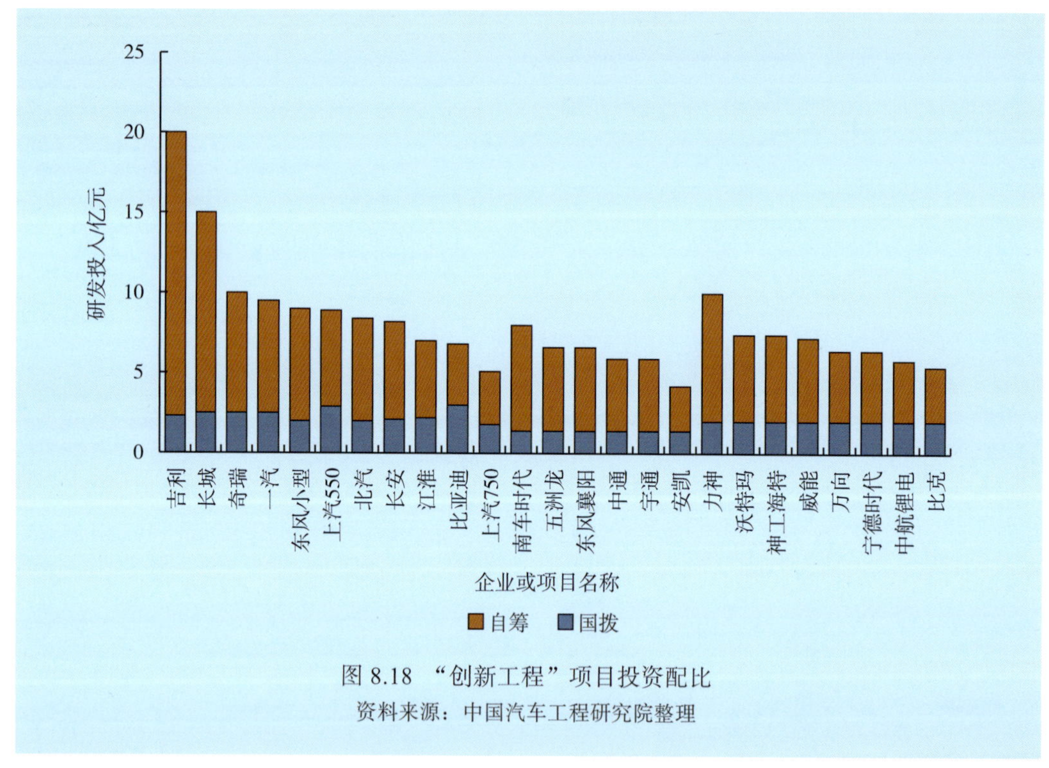

图 8.18 “创新工程”项目投资配比

资料来源：中国汽车工程研究院整理

同时，整零企业及零整企业的协同发展保障了产业链上下游的“互通、互惠、互补”，促进产业深度融合。“创新工程”要求由具备生产资质、具有较强研发和产业化实力的整车及动力电池企业牵头，联合上下游企业和有关单位协同开发及产业推进（图 8.20）。整车企业车型的开发，带动一批动力电池、驱动电机企业的发展，动力电池等关键零部件企业的技术研发进步，将有力支撑整车产品性能提升（图 8.21）。

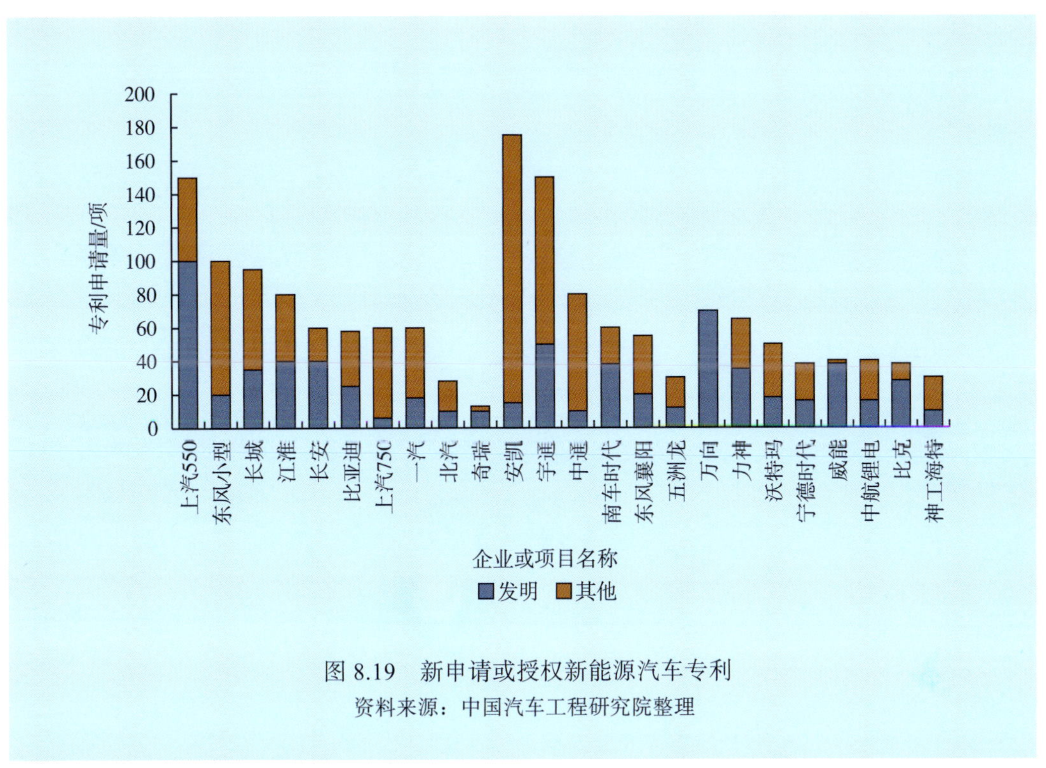

图 8.19 新申请或授权新能源汽车专利

资料来源：中国汽车工程研究院整理

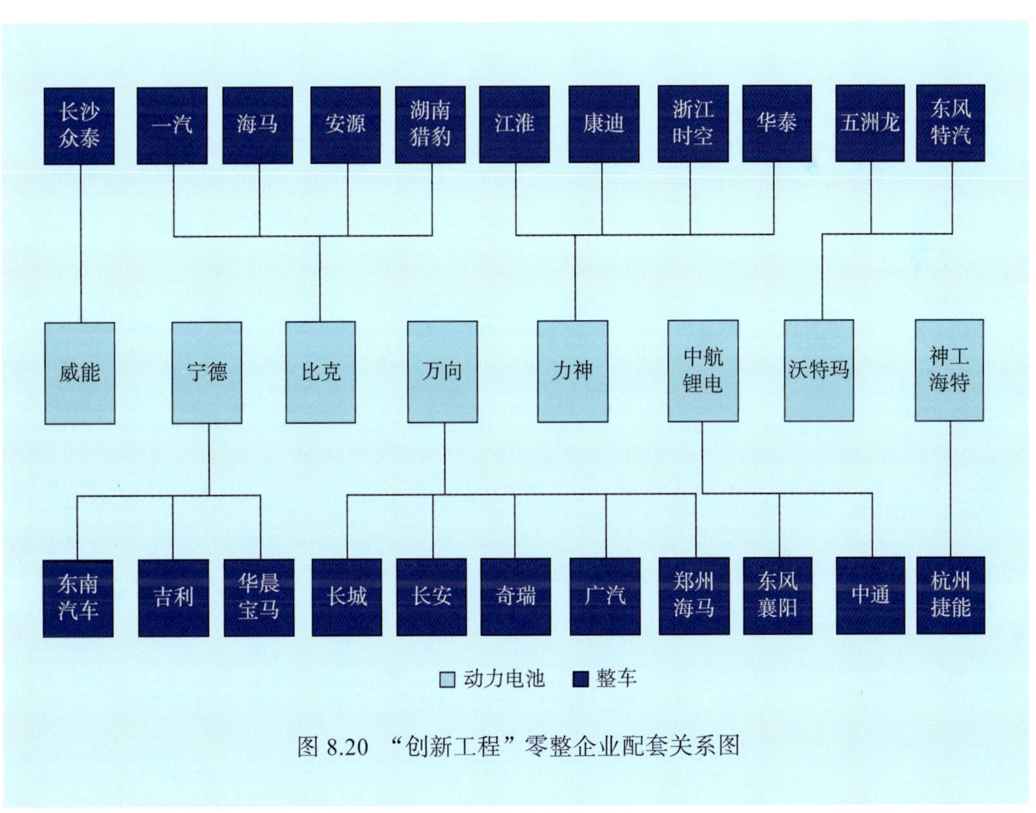

图 8.20 “创新工程”零整企业配套关系图

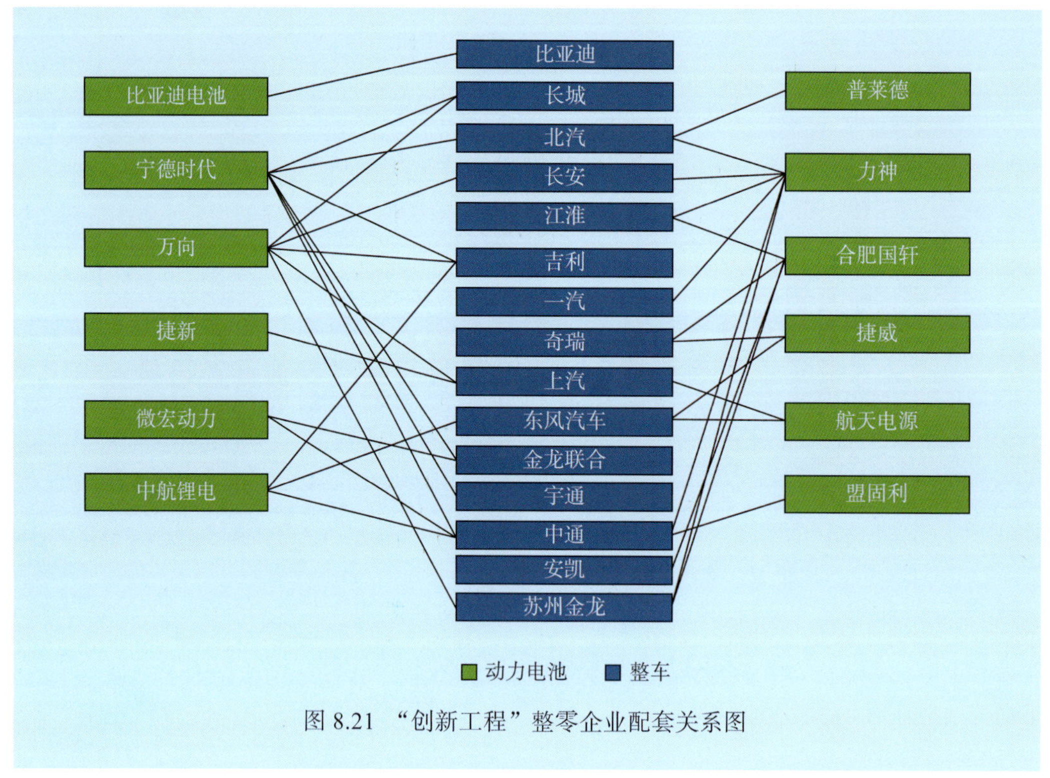

图 8.21 “创新工程”整零企业配套关系图

8.2 2016 年新能源汽车产业最新进展

8.2.1 准入及补贴政策修订，产业督查推进实施

在 2015 年中国新能源汽车产销取得大幅增长的情况下，2016 年国家进一步加大行业规范及结构优化力度，新能源汽车产品准入、购置补贴等重大政策都出现调整修订。其中，《汽车动力蓄电池行业规范条件》中将电池企业自有申报改为强制要求，且电池的检验按新国标执行，检验进一步加严。该新政实施将促进电池企业整合，逐步淘汰部分无法达标企业，也将促进整车企业对电池单体及系统进行自主布局。同时，2015 年已发布的《关于 2016-2020 年新能源汽车推广应用财政支持政策的通知》正在修订调整，新能源乘用车补贴规则微调，6 ～ 8 米客车补贴下降约 40%，各类新能源车型都面临更严格、细化的技术要求。总体来看，新政将加速推动动力电池及整车产品质量、技术、规范度提升，加快市场资源整合。

2016 年年初，工信部、科技部、财政部、国家发改委四部委对 15 个省市组织开展了新能源汽车推广应用情况实地督查。督查主要但不完全针对“新能源汽车骗补”行为，核查范围不仅包括厂商、经销商，还上溯供应商、下至使用者，核查工作全

部完成后，将公开核查信息、提出处罚意见、执行处罚手段。目前初步形成的处罚意见包括：取消财政补贴资格、追回补贴资金、罚款、取消汽车生产资质、将问题车型从推荐车型目录中剔除等。相关部委组织的督查活动以及未来有望出台的核查机制，将有力打击少部分企业的不规范行为，进一步促进市场向规范、有序化方向发展，并对合法企业提供公平的竞争环境，保障行业持续健康发展。

8.2.2　产销保持高速增长，多款纯电 SUV 进入市场

2016 年 1 ～ 6 月中国新能源汽车产业继续保持了近年来的高速发展势头，总体形势较为乐观。根据中国汽车工业协会统计数据（图 8.22），2016 年上半年中国新能源汽车共计生产 17.7 万辆，销售 16.93 万辆，比 2015 年同期分别增长 125% 和 135%。其中，新能源乘用车共计销售 12 万辆，同比增长 140%；纯电动乘用车销售 8 万辆，增长 176%；插电式混合动力乘用车销售 4 万辆，增长 90%。新能源商用车共计销售 4.93 万辆，同比增长 124%；纯电动商用车销售 4.42 万辆，同比增长 580%；插电式混合动力商用车销售 0.51 万辆，同比下降 67%。

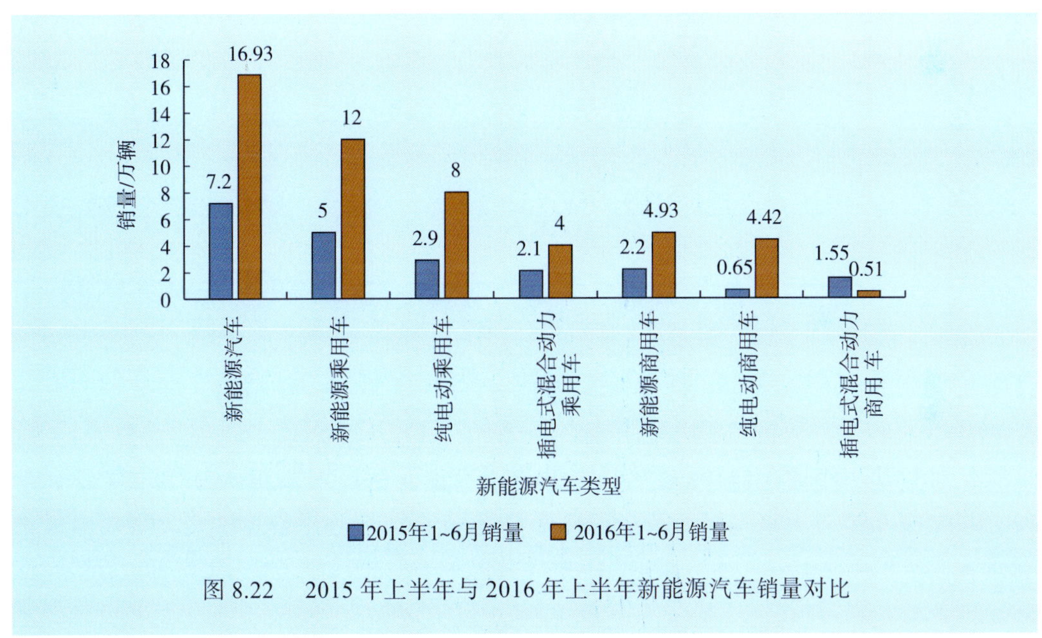

图 8.22　2015 年上半年与 2016 年上半年新能源汽车销量对比

产品结构逐渐丰富，可供消费者选择的车型日益增多。从 2016 年北京国际车展来看，中国新能源乘用车已实现从微型至大型及 SUV 全覆盖，能满足不同消费者需求（表 8.9），如在微小型车领域有荣威 E50、江淮 IEV5 等车型；紧凑型车产品最为丰富，各主流车企均有新车型推出；2016 年上半年新能源汽车上市车型聚焦 SUV 领域，如江淮 IEV6S、北汽 EX200、比亚迪-元等重磅车型。新能源汽车产品矩阵不断完善，将进一步促进中国新能源汽车产销规模增长。

表 8.9　2016 年北京车展内资企业主要展品

企业	微 / 小型	紧凑型	中型	大型	SUV
广汽		GA3S			GS4 EV
					GS4
上汽	荣威 E50	荣威 e550	荣威 e950		荣威 eRX5
长安	新奔奔	逸动 EV			CS75plug-in
		逸动 plug-in			
吉利		EC7EV			
北汽	ARCFOX-1	EU260	EH400		EX200
			ES210		EX300L
江淮	IEV5		IEV7		IEV6S
比亚迪		E5	E6		宋 EV
		秦 EV100			唐
		秦			宋
		秦 100			元
奇瑞	S15	艾瑞泽 5 EV			瑞虎 7
		艾瑞泽 7			
华泰		IEV230			XEV260
东风		景逸 S50			风神 AX7
一汽		奔腾 B30	红旗 H5	红旗 H7	
		俊派 A70E			

注：绿色表示插电式混合动力车型；黄色表示纯电动车型

8.2.3　纯电新车续航里程提升明显，插电新车能耗进一步下降

2016 年新一代众泰云 100 及比亚迪 e6 发布，相比上一代车型，续航里程、百公里电耗、最高车速等关键水平指标有所提升，整车实用性能提高（表 8.10）。从续航里程来看，众泰云 100 由 150 千米提升至 280 千米，比亚迪 e6 由 260 千米提升至 400 千米；从带电量方面来看，比亚迪 e6 在不增加整备质量的前提下，带电量由 63.4 千瓦时增至 82 千瓦时，轻量化技术及电池密度有所提高；在插电式混合动力方面，以荣威 e550 为例，在电池带电量不变的条件下，纯电续航里程进一步提升，百公里加速时间进一步缩短，油耗进一步降低，经济性进一步改善。总体来看，2016 年新上市车型整车综合性能均有提升。

表 8.10　国内典型新能源乘用车产品技术升级前后对比

车型	众泰云 100		比亚迪 e6		荣威 e550		广汽 GA3S
	2015 年版	2016 年版	2014 年版	2016 年版	2014 年版	2016 年版	2016 年版
轴距 / 毫米	2 360	2 360	2 830	2 830	2 705	2 705	—

续表

车型	众泰云 100		比亚迪 e6		荣威 e550		广汽 GA3S
	2015 年版	2016 年版	2014 年版	2016 年版	2014 年版	2016 年版	2016 年版
整备质量/千克	968	1 040	2 380	2 380	1 670	1 699	—
最高车速/(千米/小时)	85	105	130	140	200	200	180
百公里加速时间/秒	—	—	—	—	10.5	9.5	8.9
纯电续航里程/千米	150	280	260	400	58	60	70
电池能量/千瓦时	17.76	22	63.4	82	11.8	11.8	—
油耗/(升/百公里) 电耗/(千瓦时/百公里)	—	—	24	19.5	混动：7.6 综合：2.3	混动：5.4 综合：1.6	— 综合：＜1.5

2016 年广汽发布其自主研发的 1.5 升阿特金森循环发动机和先进机电耦合系统。其中，阿特金森循环发动机压缩比达 1 ∶ 13，极大地提高了发动机燃烧效率，最低燃油消耗率仅 225 克 / 千瓦时；G-MC 机电耦合系统可将发电机、驱动电机、离合器、传动系统及差减速器高效集成于一体，通过合理控制各动力源的动力耦合输出，实现纯电动、增程、混动等多种驱动模式。搭载该套动力系统的插电式混合动力车型 GA3S 于 2016 年 8 月上市，整体性能优异，成为插电式混合动力市场的重要竞争车型。上汽在再生制动技术、整车能量管理控制技术、动力传动系统匹配技术等方面提升明显，其 2016 年版荣威 e550 通过提高再生制动能量回收率、优化整车能量管理策略等技术手段，整车综合油耗由 2.3 升 / 百公里降至 1.6 升 / 百公里，B 状态油耗由 7.6 升 / 百公里降至 5.4 升 / 百公里，纯电续航里程及动力性均有所提升。

8.2.4　基础设施地方政策密集出台

随着新能源汽车产业高速发展，其配套设施建设问题也越来越引起国家及各级地方政府的高度重视。2016 年 2 月，李克强总理在政府工作报告中明确表示要加快新能源汽车充电设施建设，同时国家层面出台了一系列基础设施政策，加快基础设施建设步伐及加大扶持力度。各级地方政府为了贯彻国家方针及推动地方充电基础设施持续健康快速发展，出台了相应的基础设施扶持政策，基本形成规划布局、建设管理、充电价格及收费、建设补助等方面较为完善的政策体系（表 8.11）。

表 8.11　2016 年上半年颁布典型基础设施地方政策

地区	政策名称	建设目标	补贴扶持
北京市	北京市电动汽车充电基础设施专项规划（2016-2020 年）	2020 年，43.5 万个充电桩	不高于项目总投资 30% 的市政府固定资产补助
上海市	上海市鼓励电动汽车充换电设施发展扶持办法	2017 年，10.3 万个充电桩；2020 年，21.1 万个充电桩	专用、公用分别 0.1 元 / 千瓦时、0.2 元 / 千瓦时运营补贴，有上限。充电新技术给予 30% 的财政资金补贴，无上限
湖南省	湖南省电动汽车充电基础设施专项规划（2016-2020 年）	2020 年，充电站 459 座，充电桩 20 万个	支持充电基础设施建设项目优先申报国家专项建设基金
江苏省	2016 年江苏省新能源汽车推广应用省级补贴实施细则	2016 年，充电站 200 座，充电桩 14 000 个，直流桩 5 500 个，交流桩 8 500 个	交流 400 元 / 千瓦、直流 600 元 / 千瓦。市级不低于省级补贴，单个充电站或充电桩群补贴总额不超过 200 万元
无锡市	无锡市新能源汽车推广应用实施方案（2015—2017 年）	2016 年，直流桩 400 个，交流桩 10 000 个	市级不低于省级补贴标准，单个充电站或充电桩群补贴总额不超过 200 万元
云南省	电动汽车充电基础设施规划（2016—2020 年）	2020 年，350 座集中式充换电站，充电桩 16.3 万个	各地方根据实际情况出台奖励补贴办法，并公示社会
甘肃省	甘肃省人民政府办公厅关于加快电动汽车充电基础设施建设的实施意见	2021 年，1 座公共充电站 /2 000 辆电动汽车	按项目设备投资的 5% 左右给予补助
沈阳市	沈阳市新能源汽车推广应用财政补助资金管理办法（暂行）	2020 年，充电站 120 座，充电桩 7 200 个	中央和地方财政补助合计不超过充电基础设施建设中设备投资额的 20%
山东省	关于贯彻国办发〔2015〕73 号文件加快全省电动汽车充电基础设施建设的实施意见	2020 年，充电站 920 座，充电桩 35 万个	落实国家奖励政策，争取中央基建投资资金及相关产业专项建设基金
石家庄市	石家庄市人民政府办公厅关于推进全市电动汽车充电基础设施建设的实施意见	“十三五”末，建设充（换）电站 296 座，充电桩 9 844 个	不低于设备总投资的 30%，不高于 50%
安徽省	安徽省人民政府办公厅关于加快电动汽车充电基础设施建设的实施意见	2020 年，新增集中式充换电站 500 座，充电桩 18 万个	

在国家及各级地方政府的鼓励及扶持下，据国家能源局统计，中国截至 2016 年 6 月底，全国已建成新能源汽车公共充电桩 8.1 万个，比 2015 年年底增长 65%；建成私人充电桩超过 5 万个，比 2015 年年底增长约 12%，与上年相比，基础设施建设步伐明显提速。截至 2016 年 6 月底，车桩比约为 4 ∶ 1，车辆使用环境进一步改善，但总体来讲，基础设施数量与规模还有所欠缺，依旧是产业发展的瓶颈之一。

8.3 节能与新能源汽车产业“十三五”展望

党中央国务院高度重视新能源汽车的发展，习近平总书记指出发展新能源汽车是中国迈向汽车强国的必由之路，李克强总理多次组织会议研究新能源汽车的发展问题，并提出指导意见。在中央各级领导的大力关怀下，预计“十三五”期间中国节能与新能源汽车产业将取得更加辉煌的发展成绩，实现市场、产品、技术、基础设施等多方面的重大提升。

8.3.1 政策主导向市场引领转变，产销规模将持续提升

“十二五”期间，中国新能源汽车产业总体仍处于技术尚未成熟、产业基础薄弱的阶段，政府给予了购置补贴、建设奖励、税费减免等多项强力支持政策。“十二五”期间，随着中国新能源汽车产业成熟度的不断提高，购置补贴、油耗法规核算优惠等政策均将面临退坡，从而实现主导权由政府主导向政府与市场共同推动转移。

在此背景下，企业一方面将加大技术创新，不断提升产品质量和技术水平；另一方面将积极探索新颖的商业模式，提高盈利能力。伴随新能源汽车经济性提升、里程忧虑逐步改善，其市场竞争力将大幅增加。根据GB 27999—2014乘用车燃料消耗量评价方法及指标、中国客车专用车保有量及市场渗透速率等因素预测，2020年中国新能源汽车产销规模将达250万辆左右，市场渗透率预计超过5%，乘用车年均复合增长率45%左右，商用车年均复合增长率14%左右（图8.23）。

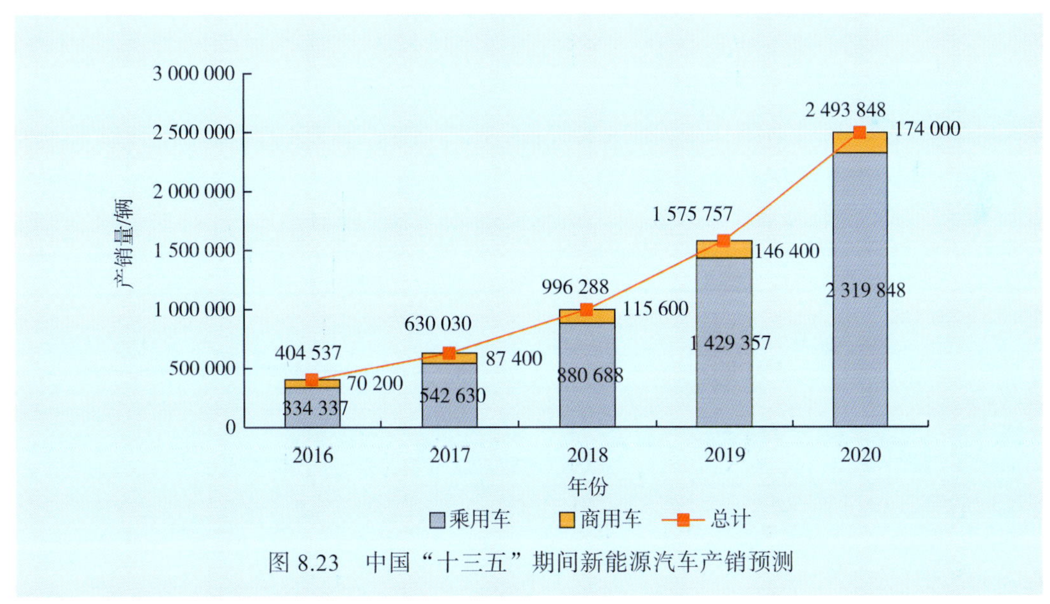

图8.23 中国“十三五”期间新能源汽车产销预测

8.3.2 多方资本竞争加剧，跨界融合成新趋势

从目前整车企业发布的战略规划来看，未来国内主流整车企业共计将在节能与

新能源汽车领域投入上千亿元资金，累计投放各类节能与新能源车型近百款；自主企业在新能源领域投入也高达数百亿元，推出纯电动及插电式车型预计超过百款（表 8.12）。各企业抢夺未来竞争高地的战略意图已十分明显，未来两年新能源汽车市场将面临激烈的市场竞争和博弈，而基于博弈态势下的产业协同现象也将不断涌现。

表 8.12　国内自主车企“十三五”节能与新能源汽车战略规划

企业	新能源投资 / 经营	产销量目标	车型规划
北汽	营业收入 600 亿元	年产销量 50 万辆	布局 11 款新车型
上汽	投资超过 200 亿元	年产销量 20 万辆	投放 30 款以上国际先进水平新产品
一汽	—	占据市场份额 15% 以上	16 款车型全系列产业化准备
比亚迪	募资约 150 亿元	产能 200 万辆，累计产销 500 万辆	新能源车“7+4”战略布局
长安	远期共投 180 亿元	2020 年累计销量 40 万辆	推出 34 款车型：EV27 款，PHEV7 款
广汽	20 亿元	年销量 10 万辆	6 款全新新能源车型，总数达 10 款
江淮	募集资金 45 亿元	新能源产销量占比 30% 以上	2017 年前推出 7 款新能源车型，1 款 PEV
奇瑞	投资 15.6 亿元	年产销 20 万辆	A 级以上 PHEV，A0/A00-EV+REV
吉利	已投 100 亿元	PHEV 与 HV 占 65%，EV 占 35%	PHEV 全系搭载，HV 搭载 A/A+ 级
力帆	募集资金 52 亿元	新能源整车累计销售 50 万辆	推出 21 款纯电动和混合动力新产品
长城	募集资金 168 亿元	—	轿车 EV 或 48V，SUV 采用 PHEV
江铃	投 1.8 亿元研发 HV	年销量 7 万辆	推出 4 款新车
海马	—	新能源销量占总销量的 20%	推出 6 款新能源车型
众泰	总投资 100 亿元	—	推出 12 款新车型

从具体竞争来看，市场将主要迎来自主优势企业、新进入资本、外资三方势力的角逐。其中，新进入资本以乐视汽车、蔚来汽车、腾讯、富士康等为代表，其通过联合车企或兼并收购的方式进入，谋求抢夺市场蛋糕。例如，腾讯、富士康联手和谐汽车布局国际化豪华纯电动汽车；蔚来汽车与江淮在电动车领域全面合作，实现代工生产；乐视与北汽牵手共同打造智能化、互联网化、纯电动化的“超级汽车”；易到、奇瑞、博泰三方合资创立“易奇泰行”，打造共享的智能互联网电动汽车等。新主体的加快融入，预示着产业未来被各界广泛看好的同时，也加剧了市场竞争，加速汽车产业的成熟发展。

8.3.3　企业政府协同发力，技术水平稳步提升

“十二五”期间，中国新能源汽车在“三纵三横”的布局指导下技术研发水平得到快速提升。“十三五”期间，在国家重大专项支持及企业加大研发投入的双重利好下，中国新能源汽车技术实力将再上一个台阶。

从政府方面来看，依据《国家中长期科学和技术发展规划纲要（2006—2020年）》等指导文件，科技部启动了新能源汽车试点专项相关工作，重点围绕动力电池、电机驱动及电力电子总成、电动汽车智能化技术、机电耦合技术等6个技术方向部署38个重点研究任务。项目达标后，中国在动力电池技术方面将大幅提升，其中新型锂离子电池样品能量密度≥400瓦时/千克，产业化电池单体能量密度≥300瓦时/千克，循环寿命≥1 500次，成本≤0.8元/瓦时；电机控制器峰值功率密度≥17千瓦/升，最高效率≥98.5%；机电耦合技术及能量管理技术将支撑混合动力整车百公里综合油耗≤1.3升（轿车）、≤1.8升（SUV）。

同时，2016年6月国家动力电池创新中心成立。作为《中国制造2025》五大工程之一——制造业创新中心的重要标志，动力电池创新中心将采用市场化和协同创新相结合的机制，开展动力电池技术研发、行业服务、产业孵化，为新能源汽车产业发展提供战略支撑。中心预期投入研发资金30亿元，力争到2020年实现动力电池系统能量比350瓦时/千克，支撑纯电动续航里程达400～500千米，并大幅降低动力电池成本，整体赶上日本、韩国水平。

从企业方面来看，各大整车企业在新能源汽车关键技术指标方面均有明确发展计划，如比亚迪“542战略”，即整车百公里加速5秒以内，全时四驱，百公里综合油耗2升以内；2020年吉利纯电动汽车实现续航里程达500千米，百公里电耗降至11千瓦时，在智能化和轻量化技术方面达到行业领先地位；北汽产品续航里程达400千米，平均能耗每百公里低于12千瓦时，且实现电动化、国际化、网联化的突破；2020年长安新能源纯电动续航里程将达到350千米，插电式混合动力产品纯电里程达80千米。从企业规划来看，至2020年中国新能源汽车整车性能将大幅提升，平台化、智能化、轻量化趋势更加明显。

8.3.4　基础设施提速，建设与营运模式同步创新

截至2016年6月底，全国已建成新能源汽车公共充电桩8.1万个，比2015年年底增长65%；建成私人充电桩超过5万个，比2015年年底增长约12%。新建充电桩以慢充为主，但总体上看，车桩比仍较为悬殊，基本为4∶1左右。基础设施数量的欠缺，已成为当前新能源汽车产业发展的致命要素之一。为此，未来一段时期，国家及各级地方政府将大力加强基础设施建设力度，加快推动财政资金、社会资本共同投入，努力实现营运模式的创新发展。

建设模式上，社会资本将踊跃进入，众筹建桩等模式将快速发展，有效缓解财政资金的不足，缓解建设资金缺口压力，充电桩数量有望快速突破20万个；同时，

无线充电有望加快介入市场，凭借无须建设充电站、省去频繁插拔高压电、避免“废桩”现象等优势，在部分充电领域获得市场青睐。

营运模式上，完全以充电业务为盈利途径的商业模式将仅仅在北上广等少数保有量大、充电频率高的地区实现，大部分充电设施营运商将逐步转向以收取充电费用为主，顺带以充电桩为入口，发展广告、保险、金融、售车、交通工具租赁及汽车工业大数据等增值业务为新型盈利模式。

8.3.5 安全问题凸显，安全标准规范体系将进一步健全

随着新能源汽车保有量持续增长，而且是快速增长，老旧车辆不断增多，安全形势将会更加严峻。通过网络资料不完全整理，2011 年至 2016 年 7 月全球新能源汽车发生安全事故 49 例，其中 2015 年发生 14 例，2016 年 1 ～ 7 月发生 15 例，安全事件频率呈上升趋势。

标准规范是新能源汽车使用安全的基本依据，目前中国已初步建立新能源汽车安全标准体系。电池方面，建立了动力电池安全性技术标准，构成了从电池单体、模组到动力电池包和动力电池系统完整的化学能防护规范；整车方面，目前中国已出台 GB/T 18384—2015 及 GB/T 31498—2015 等标准，适用于 3.5 吨以下乘用车及商用车，而电动客车安全标准不完善。随着中国《电动客车安全性技术条件》的制定，中国新能源汽车安全标准规范体系将进一步健全。

8.4 产业发展问题及建议

中国新能源汽车虽保持着高速蓬勃的发展态势和光明的发展预期，但出现的市场不均、产品安全、政策有待完善等方面的问题仍不可忽视，必须及时纠错整治，助力产业和谐、健康、可持续发展[7]。

8.4.1 推动政策稳定衔接、持续优化

中国部分新能源汽车政策的制定和出台过程中，存在讨论范围小、征求意见不广泛、走向不明朗等问题，对企业战略制定和发展造成了困扰，需要予以高度重视和加快调整。

（1）建议扩大政策制定前广泛的行业意见搜集活动。近年来，部分新能源汽车政策制定时仅邀请少数企业进行内部封闭讨论，无法广泛收集行业意见和诉求，导致政策内容存在片面性和局限性。因此，应明确规定政策制定前必须进行公开、广泛的意见搜集活动，通过行业座谈会、公开意见征求稿等形式给予企业更多发言、建言权，提升政策内容普适性，从而合理引导产业总体健康、稳妥发展。

（2）建议设置国家政策动向披露平台，提升政策沟通效率。企业反映，部分国家政策出台较为突兀、缺乏明显征兆，导致企业缺乏战略调整和缓冲时间，部分在

研产品被迫取消或中止，企业面临人、财、物投入“打水漂”的尴尬结局；部分政策存在断档期及未来趋势不明的问题，也造成企业发展“举棋不定”。因此，应设置国家政策动向披露平台，给予企业了解政策最新动作及意向的窗口，从而为企业研判国家政策走向、调整制定合适的产品战略提供缓冲时间。

（3）建议由第三方机构设置权威的地方政策信息发布平台。当前，各地新能源汽车政策出台情况、具体举措等均存在较大差异，企业需投入专项精力搜集、研究，并存在政策解读不充分、不全面的可能。应由第三方机构设置权威的地方政策信息发布平台，专项统计、梳理各地政策，并实时更新各地最新政策文件，以正确指导企业制定区域市场发展策略，进一步促进市场繁荣发展。

8.4.2 加强后端监管，与前端准入独立，形成牵制

中国新能源汽车市场准入政策的制定与后端监管合为一体的特征突出，无法保证后端监管的公正性和有效性，不利于市场的规范和培育。

为此，应将前段政策制定与后端市场监管区分、独立，政策制定方负责调研并制定政策内容，市场监管则由政府机构、专家库、其他第三方机构联合组成多方监管体，执行监督权力的同时，并将市场合理诉求反馈至政策制定方，形成良性牵制，促进政策的持续优化（图 8.24）。

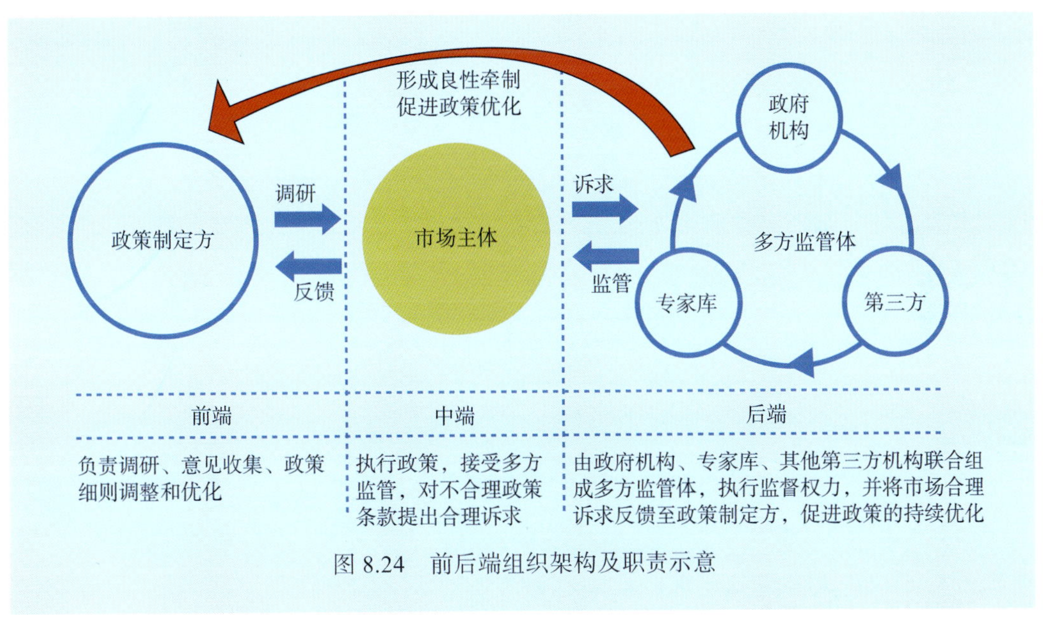

图 8.24 前后端组织架构及职责示意

8.4.3 政策与市场协同发力，加速动力电池安全及技术提升

2015 年以来，中国共发生新能源汽车起火事故 31 起，其中电动客车截至 2015 年的事故率达到万分之一点七，高出事故平均水平一倍多。已发生的客车事故中近一半由电池缺陷引起，3 起是电池管理系统没有起到作用。探究原因，主要是电池生

产工艺装备水平不高，影响单体的一致性、统一性，造成产品缺陷，同时电池管理系统的功能安全设计水平还偏低，电池包括整体设计、热管理水平与国外有很大的差距。随着新能源汽车保有量继续增长，老旧车辆不断增多，电池能量密度不断提高，安全形势更加严峻，现有电池体系固有的本体安全的风险会越来越大，对此必须予以高度重视。

政策端——“奖惩扶”并举。奖：按电池安全、性能、销量对电池企业予以专项奖励；惩：持续提高电池企业目录准入门槛，加快动力电池安全标准修订，重点补充单体热失控、系统热扩散、管理系统动能安全管理等标准并实行动态监管，对不合格企业坚决清退，实现有进有退；扶：财政拨款建立产学研联合创新平台，明确任务书，持续攻关先进电池技术，并推动成果转化。

市场端——合资合作与自主研发“两条腿”走路。合资合作方面，建议引导企业与国外先进企业进行合资合作，推动外资品牌设立本土化研发中心，积极参与合作研发，持续引入最前沿技术，保持与世界先进水平同步。自主研发方面，建议企业加大自主研发投入力度，着力引进人才，建立完善的研发体系，在补齐材料、设计、装备等重大短板后，着力开展创新性、引领性技术的研发，实现在研一代、储备一代。

产业端——单体、系统、整车企业全方位加强主、被动安全保障。电池单体企业应加强电池单体的安全和性能，研发先进材料，提高装备水平，完善制造工艺，强化质量管控；电池系统集成企业应同步加强电池系统安全防护，加强自动监测、系统均衡、热管理技术研发，有效提升结构强度，提高主动和被动安全水平；整车企业应加强整车安全系统的验证和技术指标的验证，提升整车结构、电动底盘、高电压器等设计，加强高压部件研发，并尽力同电池企业开展联合研发和攻关。通过产业链的协同，共同促进电池安全和技术的双重提升。

8.4.4 完善动力电池回收体系

2014 年以来，中国新能源汽车销量增长迅速，预计 2 ～ 3 年后，中国动力电池的报废问题将凸显，而目前国内尚未建立完善动力电池回收制度与体系，部分回收公司存在不注重环保、操作不规范等问题，对环境造成严重污染。

制定完善动力电池回收政策法规，加强动力电池回收行业管理，健全完善动力电池回收渠道，加强动力电池回收企业环境污染监控。建立动力电池梯次回收体系。组织全行业力量，加大动力电池回收设备研发，促进动力电池回收产业发展。

参考文献

[1] 国务院 . 节能与新能源汽车产业发展规划（2012—2020），2012.

[2] 国务院 .“十二五”国家战略性新兴产业发展规划，2012.

[3] 科学技术部．电动汽车科技发展“十二五”专项规划，2012.
[4] 科学技术部．“十城千辆”节能与新能源汽车示范推广工程工作总结，2015.
[5] Gallagher K G，Trask S E，Bauer C，et al. Optimizing areal capacities through understanding the limitations of lithium-ion electrodes. Journal of the Electrochemical Society，2016，163（2）：A138-A149.
[6] 汪中，袁艳．浅析新能源汽车的技术现状及发展趋势．科技与企业，2013，（16）：282.
[7] 郑天骄．我国电动汽车行业发展现状与展望．中国新技术新产品，2016，17：137-139.

第 9 章

互联网+智能制造产业

李伯虎　柴旭东　赵　勇　侯宝存　范炳健　张　霖　杨春伟　丁　洁　崔　晋

【内容提要】全球正处在新技术革命和产业变革的前夜。一个基于泛在互联网（互联网、物联网、移动互联网、卫星网、天地一体化网、新一代互联网等），以将新互联网技术（泛在互联网技术）、新信息技术（如云计算、大数据、高性能计算、建模/仿真等技术）、新人工智能技术（如基于大数据的人工智能、群体智能、人机混合智能等）、新能源技术（如太阳能、风能、生物能、氢能、地热能、海洋能、化工能、核能等技术）、新材料技术（如金属材料、无机非金属材料、有机高分子材料、先进复合材料等技术）、新生物技术（如新型生物医药、绿色生物制造技术、先进生物医用材料、前沿共性生物技术、生物资源利用、生物安全保障、生命科学仪器设备、合成生物技术、生物大数据、再生医学、3D 生物打印等）和新应用领域专业技术（国民经济、国计民生和国家安全等领域技术）等深度融合的综合性核心技术为手段，以“泛在互联、数据驱动、共享服务、跨界融合、自主智慧、万众创新”为特征的“互联网+”时代已经到来。“互联网+”综合核心技术的飞速发展正引发应用领域（国民经济、国计民生和国家安全等领域）新模式、新手段和新生态系统的重大变革。

制造业作为国民经济、国计民生和国家安全的重要基础，正面临互联网+智能制造时代的严峻挑战，其中，特别是新信息通信技术、新智能科学技术与（大）制造技术及各行业技术的深度融合，正引发制造业制造模式、制造手段、生态系统等重大变革。为此，各个国家和地区纷纷制订国家级制造计划，如美国的“先进制造业国家战略计划”“国家增材制造/3D打印计划”“国家机器人计划”“面向21世纪制造业的创新计划”“网络使能的材料、制造及智能系统计划”；德国的“工业4.0”；英国的“智能制造计划”“高价值制造计划”；法国的“未来智能工厂计划”；欧盟的“智能制造系统2020计划”；日本的“未来新工业和新市场的研究计划”；等等。

中国制造业正面临从价值链的低端向中高端、从制造大国向制造强国、从中国制造向中国创造转变的关键历史时期。中国的制造业要实现又大又强，必须加快推进“5个转型升级”，即由技术跟随战略向自主开发战略转型再向技术超越战略转型升级；由传统制造向数字化、网络化、智能化制造转型升级；由粗放型制造向质量效益型制造转型升级；由资源消耗型、环境污染型制造向绿色制造转型升级；由生产型制造向生产+服务型制造转型升级。面对挑战，中国采取了一系列对策：党的十六大提出“信息化带动工业化”；党的十七大提出“大力推进信息化与工业化融合”；党的十八大提出“信息化和工业化深度融合”；2015年政府工作报告提出“中国制造2025”战略规划及“互联网+”行动计划；2016年提出《国务院关于深化制造业与互联网融合发展的指导意见》；等等。其战略发展路线为贯彻“创新、协调、绿色、开放、共享”的发展理念，坚持走中国特色新型工业化道路，以创新发展为主题，以促进制造业提高质量、增加效益为中心，以加快新一代信息技术与制造业深度融合为主线，以推进智能制造为主攻方向，协调发展自主的技术、产业和应用，通过3个阶段共30年的努力奋斗，实现从制造大国发展为制造先进强国的宏伟战略目标。

综上所述，互联网+智能制造技术是一种基于泛在网络，以人为中心，借助信息化制造技术、新兴信息技术、智能科学技术及制造应用领域技术四类技术深度融合的数字化、网络化、智能化技术。互联网+智能制造产业正是中国战略性新兴产业的重要组成部分，其内容可分为三大类：①平台/工具产业（硬件、软件）；②系统产业（建立区域、行业、企业的系统）；③系统应用、实施与运营产业（区域、行业、企业的系统应用、实施和运营）。

本章将系统分析互联网+智能制造产业的国内外发展现状，结合典型地区、典型行业与典型企业的调研分析，对“十二五”期间所取得的成绩和存在的问题进行总结。以此为基础，从技术与工具、智能制造系统及智能制造应用实施等方面，阐释“十三五”期间中国互联网+智能制造产业的发展趋势。同时，结合最新的行业案例与统计数据，对2016年中国互联网+智能制造产业的最新进展进行归纳。最后，从人才梯队建设、自主可控技术研发、应用需求培育及政策统筹的角度，提出促进中国互联网+智能制造产业健康发展的政策建议。

9.1 国内外互联网＋智能制造产业发展现状分析

9.1.1 国际互联网＋智能制造产业发展现状分析

1. 德国“工业4.0”发展情况分析

“工业 4.0”是德国政府提出的一个高科技战略计划[1]。该项目由德国联邦教育研究部和联邦经济技术部联合资助，投资达 2 亿欧元。

从长远发展目标的角度分析，德国“工业 4.0”将所有工业相关的技术、销售与产品体验综合起来，创建具有适应性、资源效率和人因工程学的智能工厂，并在商业流程和价值流程中集成客户及商业伙伴，使德国成为新一代工业生产技术的供应国和主导市场。

从指导思想与建设条件的角度分析，德国“工业 4.0”以 CPS 网络及其相应智能设备体系的建设为杠杆，进行产业链的横向整合、网络化制造系统的纵向整合以及端到端的生产流程整合，激发新的价值创造能力和商业模式。

从落地实施的角度分析，德国“工业 4.0”的主要任务包括：①开展 CPS 网络及其相应智能设备体系的建设；②进行产业链的横向整合、网络化制造系统的纵向整合以及端到端的生产流程整合；③研究智能生产、智能工厂、智能物流、智能服务四项主题；④实施标准化和参考架构、管理复杂系统、工业宽带基础、安全和保障、工作的组织和设计、培训与再教育、监管框架、资源利用效率八项计划。

从发展方向的角度分析，德国“工业 4.0”的重点发展领域包括智能工厂、智慧生产、自动机器人、工业物联网、增材制造等[2]。

2. 美国工业互联网发展情况分析

工业互联网[3]的概念最早由 GE 于 2012 年提出，随后美国五家行业龙头企业联手组建了工业互联网联盟（Industrial Internet Consortium，IIC），将这一概念大力推广开来。除了 GE 这样的制造业巨头，加入该联盟的还有 IBM、思科、英特尔和 AT&T 等 IT 企业。

从长远发展目标的角度分析，美国工业互联网旨在建设开放、全球化的网络，将人、数据和机器连接起来，升级关键工业领域。

从指导思想的角度分析，美国工业互联网的思路是重构全球工业、激发生产力，让世界更美好、更快速、更安全、更清洁且更经济。

从落地实施的角度分析，美国工业互联网的主要任务包括：①对机器设备的智能化改造；②对数据链信息的建模、应用和产业化；③对软件应用的平台化无缝集成。

从发展方向的角度分析，美国工业互联网重点关注三大领域：①先进传感、控制和制造平台（advanced sensing，control and platforms for manufacturing，ASCPM）；

②可视化、信息化、数字化制造技术（visualization，informatics and digital manufacturing technologies，VID）；③先进材料制造（advanced materials manufacturing，AMM）。

3. 其他各主要国家的对策

1）英国

2008年，英国政府推出“高价值制造”战略，希望鼓励英国企业在本土生产更多世界级的高附加值产品，以加大制造业在促进英国经济增长中的作用。所谓“高价值制造”，是指应用先进的技术和专业知识，以创造能为英国带来持续增长和高经济价值潜力的产品、生产过程和相关服务。目前，“高价值制造”战略第二期（2012～2015年）已完成[3]。

2）法国

2015年5月，法国推出“未来工业”战略，包含了新型物流、新型能源、可持续发展城市、生态出行和未来交通、未来医疗、数据经济、智慧物体、数字安全和智慧饮食九个信息化项目①，旨在通过信息化改造产业模式，实现再工业化的目标。为了实现这些目标，共推出五大发展举措，即促进新兴技术发展、加快企业信息化转型升级、加强人才培训、做好宣传推广及开展国际合作。

3）日本

2015年1月，日本政府公布《机器人新战略》[4]。这一战略提出三大核心目标，即“世界机器人创新基地”“世界第一的机器人应用国家”“迈向世界领先的机器人新时代”。该战略认为，在世界快速进入物联网时代的今天，日本要继续保持自身“机器人大国”（以产业机器人为主）的优势地位，就必须策划实施机器人革命新战略，将机器人与信息技术、大数据、网络、人工智能等深度融合，在日本积极建立世界机器人技术创新高地，营造世界一流的机器人应用社会，继续引领物联网时代机器人的发展。

4. 对中国互联网+智能制造产业发展的启示

1）加强对互联网+智能制造产业技术与工具的研究和推广力度

世界各主要国家在制定智能制造发展战略的过程中，都特别重视结合本国科技界和工业界的实际情况，梳理产业发展的技术方向。例如，德国以制造业见长，因此德国“工业4.0”采取自下而上的技术发展策略，更偏重智能感知、无线传感器网络、CPS等偏制造业底层的技术方向；美国则以信息技术见长，因此美国工业互联网采取自上而下的技术发展策略，更偏重云计算、大数据、虚拟现实等上层应用技术方向。

① Industry of the future. http://www.economie. gouv.frl，2015-05。

结合国际先进经验，中国可从以下三个方面明确和细化互联网＋智能制造产业技术与工具的发展趋势：① 以智能感知、无线传感器网络、CPS 等为突破口，完成对关键智能基础共性技术的攻关；② 以云平台、工业大数据技术为依托，实现与新互联网技术的深度融合，打造智能制造支撑平台；③ 梳理中国制造业的特色业务和通用流程，自主研发具有中国特色的智能工业软件与硬件工具。

2）加强互联网+智能制造系统的研发和建设力度

互联网＋智能制造是全球新一轮科技和产业竞争的核心，系统解决方案的实施与推广能力则是体现竞争核心力的重要载体。德国和美国对各自的智能制造发展战略不遗余力地进行推广，在很大程度上是西门子、SAP、GE 等跨国企业对其跨行业、全链条、综合性的系统解决方案的推广，以抢占当前全球产业链、价值链和产业生态系统重构进程中的主导权。例如，西门子的 PLM 平台创建并管理了全球 48% 以上的三维数据；GE 的 Predix 系统面向各国企业开放，正在逐步打造全球性的工业互联生态系统。

发达国家推动“再工业化”战略引发的高端制造业回流，以及发展中国家加快推进工业化进程的中低端制造业分流，使中国制造业正面临着愈益沉重的双重压力，亟待形成实践意义突出、可行性高、示范效应显著的智能制造系统解决方案，重塑产业核心竞争力。参考国际先进经验，中国应从智能车间、智能工厂及智能行业（包含集团型企业）互联系统等方面入手，打造具有中国特色的互联网＋智能制造系统产业。

3）加快推进互联网+智能制造系统应用、实施与运营产业的发展

德国和美国在推进“工业 4.0”及工业互联网的发展过程中，首先，都根据本国在全球的战略定位制定了明确的指导思想和战略目标；其次，都结合本国制造业的特点与落地实施的可操作性，制定了分步骤的工作任务；最后，从本国科研和创新能力的实际出发，拟定了一系列需要突破的技术方向和应用实施示范工程。

中国在制定互联网＋智能制造产业的发展规划时，应该借鉴国际先进经验，结合各地的实际情况，制定各地智能制造产业发展的战略目标与配套政策；结合智能制造各细分行业的基础与特点，研究行业发展中的优势与不足；结合各制造企业的行业背景与用户需求，优化升级各企业的核心技术，发掘商业应用亮点。在上述工作的基础上，分地区、分行业、分企业地建设个性化、协同化、服务化的互联网＋智能制造应用实施示范工程，培育互联网＋智能制造系统应用、实施与运营产业。

9.1.2 中国发展互联网＋智能制造产业的对策

近年来，中国已步入了以“三期叠加”为突出特征的经济新常态，外需持续乏力，中国工业体系和大量工业企业急需转型升级，迫切需要改变传统的以要素投入为主导的粗放型增长模式。针对这些问题，中国政府先后推出的“中国制造 2025”[5]、“互联网＋”行动计划[6]、《国务院关于深化制造业与互联网融合发展的指

导意见》[7]等指导政策，已成为中国应对互联网＋智能制造时代的行动指南。

1. “中国制造2025”

目标：满足经济社会发展和国防建设需求，实现2025年迈进制造强国第二梯队行列。

指导思想：创新驱动、质量为先、绿色发展、结构优化、人才为本。

战略路线：坚持走中国特色新型工业化道路，以创新发展为主题，以促进制造业提高质量增加效益为中心，以加快新一代信息技术与制造业深度融合为主线，以推进智能制造为主攻方向。

九大任务：提高国家制造业创新能力；推进信息化与工业化深度融合；强化工业基础能力；加强质量品牌建设；全面推行绿色制造；大力推动重点领域突破发展；深入推进制造业结构调整；积极发展制造服务和生产性服务业；提高制造业国际化发展水平。

十个重点发展领域：新一代信息通信技术产业；高档数控机床和机器人；航空航天装备；海洋工程装备及高技术船舶；轨道交通装备；节能与新能源汽车；电力装备；新材料；生物医药及高性能医疗设备；农业机械装备。

五个重大工程：国家制造业创新中心建设工程；工业强基工程；两化深度融合工程；绿色制造工程；高端装备创新工程。

八项战略支撑与保障：深化体制机制改革；营造公平竞争市场环境；完善金融扶持政策；加大财税政策支持力度；健全多层次人才培养体系；完善中小微企业政策；进一步扩大制造业对外开放；健全组织实施机制。

2. “互联网+”行动计划

“互联网＋”内涵：“互联网＋”是把互联网的创新成果与经济社会各领域深度融合，推动技术进步、效率提升和组织变革，提升实体经济创新力和生产力，形成更广泛的以互联网为基础设施和创新要素的经济社会发展新形态。

总体思路：顺应世界“互联网＋”发展趋势，充分发挥中国互联网的规模优势和应用优势，推动互联网由消费领域向生产领域拓展，加速提升产业发展水平，增强各行业创新能力，构筑经济社会发展新优势和新动能。坚持改革创新和市场需求导向，突出企业的主体作用，大力拓展互联网与经济社会各领域融合的广度和深度。着力深化体制机制改革，释放发展潜力和活力；着力做优存量，推动经济提质增效和转型升级；着力做大增量，培育新兴业态，打造新的增长点；着力创新政府服务模式，夯实网络发展基础，营造安全网络环境，提升公共服务水平。

基本原则：坚持开放共享，坚持融合创新，坚持变革转型，坚持引领跨越，坚持安全有序。

发展目标（2025年）：网络化、智能化、服务化、协同化的“互联网＋”产业生态体系基本完善，“互联网＋”新经济形态初步形成，“互联网＋”成为经济社会创新发展的重要驱动力量。

国务院关于积极推进“互联网＋”行动的指导意见：①大力发展智能制造；②发展大规模个性化定制；③提升网络化协同制造水平；④加速制造业服务化转型。

3. 国务院关于深化制造业与互联网融合发展的指导意见

指导思想：全面贯彻党的十八大和十八届三中、四中、五中全会精神，按照国务院决策部署，牢固树立和贯彻落实创新、协调、绿色、开放、共享的发展理念，以激发制造企业创新活力、发展潜力和转型动力为主线，以建设制造业与互联网融合“双创”平台为抓手，围绕制造业与互联网融合关键环节，积极培育新模式新业态，强化信息技术产业支撑，完善信息安全保障，夯实融合发展基础，营造融合发展新生态，充分释放“互联网＋”的力量，改造提升传统动能，培育新的经济增长点，发展新经济，加快推动“中国制造”提质增效升级，实现从工业大国向工业强国迈进。

基本原则：坚持创新驱动，激发转型新动能；坚持融合发展，催生制造新模式；坚持分业施策，培育竞争新优势；坚持企业主体，构筑发展新环境。

发展目标（2025 年）：制造业与互联网融合发展迈上新台阶，融合“双创”体系基本完备，融合发展新模式广泛普及，新型制造体系基本形成，制造业综合竞争实力大幅提升。

七项主要任务：打造制造企业互联网“双创”平台；推动互联网企业构建制造业“双创”服务体系；支持制造企业与互联网企业跨界融合；培育制造业与互联网融合新模式；强化融合发展基础支撑；提升融合发展系统解决方案能力；提高工业信息系统安全水平。

七项保障措施：完善融合发展体制机制；培育国有企业融合发展机制；加大财政支持融合发展力度；完善支持融合发展的税收和金融政策；强化融合发展用地用房等服务；健全融合发展人才培养体系；推动融合发展国际合作交流。

9.1.3 中国“十二五”互联网＋智能制造产业发展现状

1. 中国“十二五”互联网+智能制造产业典型地区分析

1）北京市

“十二五”期间，智能制造已成为北京市产业发展新高地。仅从智能制造装备产业角度来看，2014 年北京市智能制造装备产业产值将近 500 亿元。在 2015 年国家智能制造专项 43 项标准试验验证项目中，北京市的相关单位承担了 23 项。北京市非首都功能疏解、京津冀协同发展等需求，要求北京市在新时期实现更高层次的产业升级和更深层次的产业融合，这为北京市智能制造发展提供了广泛的发展机遇。伴随京津冀协同发展、产业转型升级的不断深入，智能制造示范应用潜在市场得到进一步释放。

（1）细分领域特色鲜明，示范应用潜力不断释放。

在智能仪控系统、工业互联网、智能传感器等关键部件领域，北京市拥有和利时、东土科技、航天易联等具备国内引领水平的企业。

在机器人、高档数控机床、增材制造装备等智能制造装备领域，北京机床研究所、北一数控、北二机床、精雕科技等企业，在精密 / 超精密加工、重型 / 超重型、电主轴加工设备等方面具备较强竞争优势；太尔时代、中航天地激光、北京隆源等企业具有国内领先的增材制造装备研发创新和综合集成能力；大成高科、艾美特、康力优蓝、智能佳、安川首钢等企业在特种、服务机器人研发和工业机器人系统集成等方面具有突出的影响力。

在智能制造成套装备和自动化生产线领域，金自天正、国电智深、诚益通、煤科天玛在冶金、电力、医药、煤炭自动化等领域具备较强竞争实力，经纬纺机、中丽制机是国内最大的棉纺、化纤成套设备提供商。

（2）提出“三四五八”战略，加快智能制造。

2015 年 12 月，北京市人民政府发布《〈中国制造 2025〉北京行动纲要》[8]，提出实施“三四五八”战略（即推动三转调整，强化四维创新，聚焦发展五类高精尖产品，组织实施八个新产业生态建设专项），智能制造作为八个重点专项之一已整体纳入北京市高精尖产业体系。围绕智能制造产业培育发展，北京市经信委还研究组织设立了产业投资引导基金，以并购、股权、债权等方式支持产业发展。

（3）开展五大行动，做好五大支撑。

北京市在发展智能制造过程中也存在一些问题，如产业协同和规模效应不明显，智能制造企业主要局限于产业链的某一环节，成套和配套能力弱，大部分领域产业集中度不高，龙头企业带动效应不强等。为解决上述问题，北京市将开展五大行动，做好五大支撑。五大行动包括：①创新能力提升行动；②产业培育发展行动；③模式推广应用行动；④新业态新模式行动；⑤空间战略布局行动。五大支撑包括：①打造国家标准高地；②培育系统集成能力；③搭建智能制造平台；④推动“中国制造 2025”国家装备制造业创新中心建设，支持重点园区建设；⑤实施重点支撑项目，围绕国家智能制造试点示范、智能制造专项，在京组织申报一批具有行业影响力的重大项目。

2）上海市

为对接“中国制造 2025”国家战略，贯彻落实上海市加快建设全球科创中心的总体部署，上海市持续加大措施保障力度，积极推进智能制造发展，将智能制造打造成为上海全球科创中心的核心支柱；进一步加大首台套政策支持力度，继续利用并加大高端智能装备首台套和智能制造示范应用政策，聚集支持智能装备首台突破、智能制造公共服务平台建设，以及智能制造共性基础技术、关键智能部件 \ 装备 \ 系统开发。

上海市持续加大对示范应用的政策扶持，合力打造一批国际一流的标志性示范工厂；发挥系统集成在产业发展中的桥梁作用，以集成带动装备、以装备促进集成，支持有条件的企业向智能装备、智能分析、智能决策三位一体的智能化系统解决方案转变；发挥金融在产业发展中的杠杆作用，引导政府创设的创业投资引导基金、天使投资基金、产业投资基金及其他基金对智能制造进行重点支持，鼓励社会风险投资、股权投资投向智能制造领域；加快智能制造服务平台体系建设，争取更多的国家级智能制造平台落沪，促使国家机器人检测与评定中心、国家机器人质量监督检验中心尽快形成服务能力，支持龙头企业筹建国家级的智能制造创新中心、智能制造信息系统安全监管平台和智能制造工业云服务平台。

3）深圳市

从最初的粗放式发展，到今天的精密制造，并向高端智能制造挺进，深圳市装备制造业不断转型升级。经过多年的发展，深圳市已成为全国智能装备制造业迅猛发展的领跑者，截止到 2014 年年底，深圳市装备制造业总产值为 4 800 亿元，2014 年增长 344%。

（1）自主创新令深圳市装备制造业赢得市场和美誉度。

截止到 2015 年，深圳市除电子及通信设备制造业之外的 6 大类装备制造业企业中约有 1 500 家企业具有自有品牌，其中 50 家企业产品为省级以上名牌产品，如“CIMC 中集”牌集装箱、“力劲”牌压铸机是世界知名品牌。深圳市的一批龙头企业，在国内外拥有行业领先地位。华为、中兴通讯成为国内外主要的电子及通信设备企业；中集集团的集装箱产量自 1996 年以来一直保持世界第一，并进入海工领域；震雄集团在注塑机行业独领风骚，注塑机产量亚洲第一。此外，德昌电机、泰丰电机等企业的微电机产量约占全球同类产品的 1/10。

（2）可穿戴设备机器人成新增长点。

“十二五”期间，深圳市已出台一系列政策，积极培育机器人、可穿戴设备、智能装备等未来产业。仅在财政资金支持方面，深圳市设立专项资金对产业进行大手笔扶持。2014 ～ 2020 年，市财政将每年安排 5 亿元，设立机器人、可穿戴设备和智能装备产业发展专项资金，支持产业核心技术攻关、创新能力提升、产业链关键环节培育和引进、重点企业发展、产业化项目建设等。

目前，深圳市机器人和可穿戴设备产业初具规模。截至 2014 年，深圳市已有近 300 家机器人企业，产值 480 亿元，包括工业机器人企业 192 家、服务机器人企业 45 家，产业发展势头迅猛。统计显示，深圳市可穿戴设备产业年产值已超 10 亿元，涉及企业近 500 家，仅宝安区就有 200 多家企业从事可穿戴设备生产和制造，产值占到了深圳的 60% 以上。

4）小结

“十二五”期间，中国不少地市已在“中国制造 2025”战略和“互联网 +”行动计划等国家政策的基础上，结合本地科研实力、产业结构、资本情况、人才队伍等客观条件，形成本地区的产业发展规划，目前已有不少成功的落地实施案例，使互联网 + 智能制造产业成为新的经济增长点。

2. 中国"十二五"互联网+智能制造产业典型行业分析

1）工业机器人行业[9]

（1）工业机器人持续高增长。2005～2014年中国机器人市场复合增速高达32%，2014年中国工业机器人（不含AGV① 等广义工业机器人）销量约5.60万台（图9.1），同比增长56%，连续2年增速维持在50%以上，中国已成为全球工业机器人的最大市场。

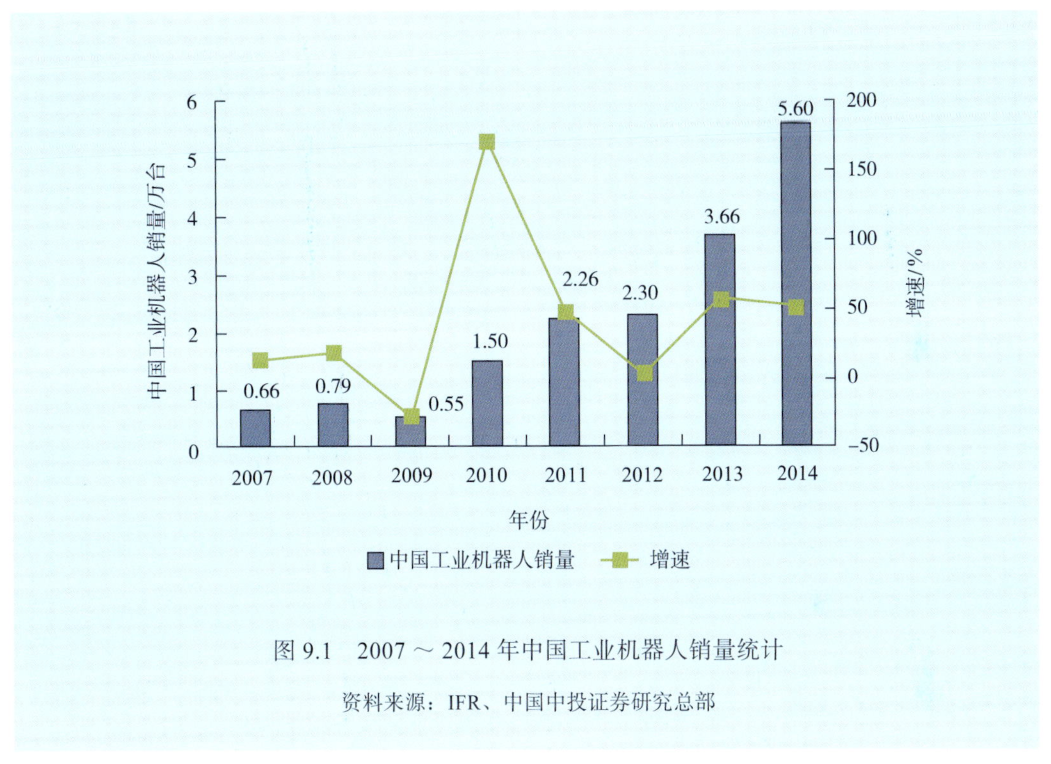

图9.1 2007～2014年中国工业机器人销量统计

资料来源：IFR、中国中投证券研究总部

（2）机器换人内生驱动加速。工业机器人主要应用于焊接、搬运、装配、点胶等领域，而在这些领域中国仍以人工操作为主，机器人是在传统自动化设备基础上的进一步替代。宏观经济整体不景气叠加人力成本上升，使中国制造业大量依靠廉价劳动力的发展模式困境重重，越来越多的企业投入资金进行机器换人和生产线自动化改造。中国存量机器人主要应用领域如图9.2所示。

（3）工业机器人密度仍然较低，潜在空间巨大。作为制造业大国，中国工业机器人密度（每1万名制造业工人配备工业机器人数量）远低于主要发达国家，甚至远低于世界平均水平（图9.3），显示出中国工业机器人拥有巨大的潜在空间。

① AGV：automated guided vehicle，即自动导引运输车。

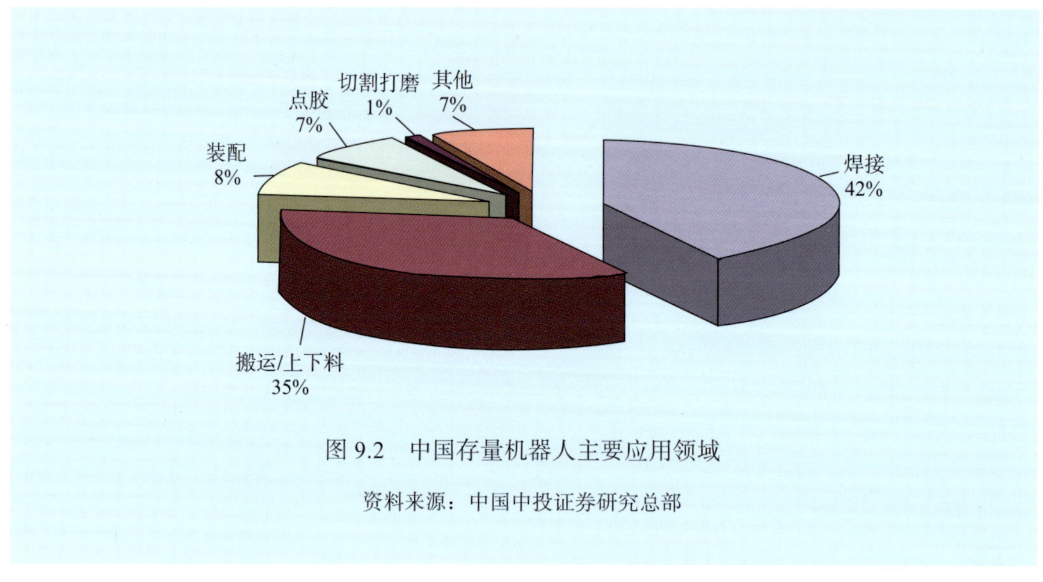

图 9.2　中国存量机器人主要应用领域

资料来源：中国中投证券研究总部

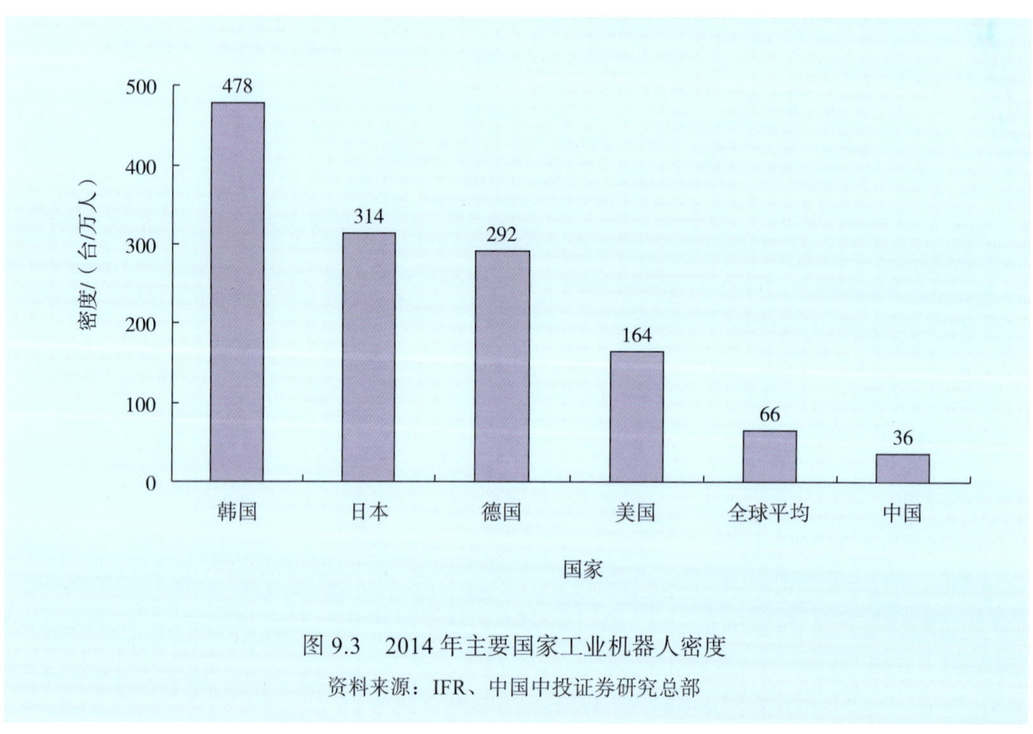

图 9.3　2014 年主要国家工业机器人密度

资料来源：IFR、中国中投证券研究总部

2）数控行业[10]

2010 ～ 2014 年，数控机床产量逐年增长，如图 9.4 所示。2010 年中国数控机床产量达到 23.6 万台，同比增长 62.2%，中国可供市场的数控机床有 1 500 种，几乎覆盖了整个金属切削机床的品种类别和主要的锻压机械。2014 年中国数控机床产量达到 39.1 万台，与 2010 年相比，增长近 70%。

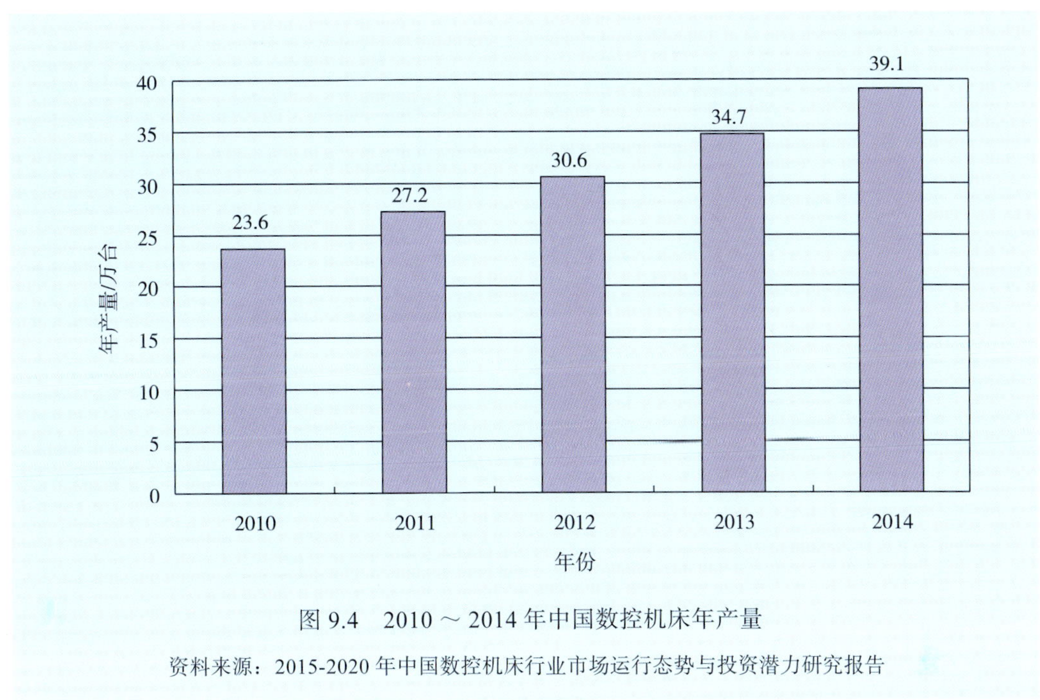

图 9.4　2010～2014 年中国数控机床年产量

资料来源：2015-2020 年中国数控机床行业市场运行态势与投资潜力研究报告

从整个机床电子市场来看，数控系统已占据一半以上的市场份额。以 2014 年为例，中国机床电子市场规模为 425 亿元，数控系统市场规模达到 246.5 亿元，占比达 58%（图 9.5），比其余细分行业的市场规模总和还要大。

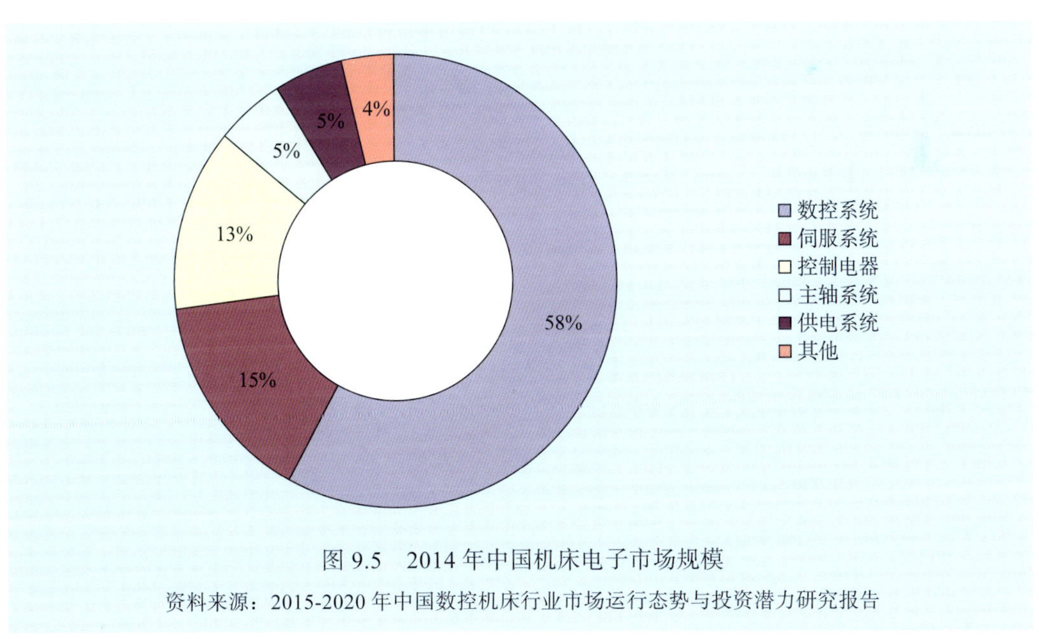

图 9.5　2014 年中国机床电子市场规模

资料来源：2015-2020 年中国数控机床行业市场运行态势与投资潜力研究报告

以上统计数据表明，“十二五”期间，中国的数控行业在产品种类、技术水平、质量和产量上都取得高速发展，在一些关键技术方面取得重大突破。

值得注意的是，数控行业快速发展的同时，问题也随之而来：① 中国制造业数控化水平较低。截至 2014 年，中国生产值数控化率不到 30%，消耗值数控化率还不到 50%，而发达国家则在 70% 左右。② 功能部件发展缓慢。目前中国功能部件企业发展滞后，直接影响数控机床整体的技术水平与性能。③产品结构水平偏低。虽然整体产业规模很大，但产品仍处于全球产业链的中低端，国内市场需求与行业供给能力不适应，大量中高档数控机床依赖进口。以 2014 年为例，国内高档系统的自给率不到 10%，约 90% 依赖进口。

3）小结

“十二五”期间，互联网 + 智能制造的理念已渗透到不少传统制造领域，取得了积极进展，在传统制造业的转型升级与提质增效中发挥了重要作用，具体体现在以下两个方面：① 工业机器人的快速普及和应用，实现了部分制造企业机器换人的转型升级，大大缓解了劳动力成本攀升的问题；② 中高档数控机床的应用推广为智能工厂建设奠定了设备层基础，为日益增长的个性化定制及柔性化制造提供了技术保障。

3. 中国“十二五”互联网+智能制造产业典型企业分析

1）海尔集团

近年来，海尔集团通过智能制造平台构建与智能制造技术体系建设，从深挖客户需求到聚焦落地实施，走出了一条传统家电企业转型升级的成功之路[11]。

（1）通过智能制造平台建设，颠覆传统业务模式。

海尔互联工厂的探索实践将业务模式由大规模制造颠覆为大规模定制，打造 U+ 智慧生活平台，对外企业从生产产品硬件到提供智慧解决方案转型；对内整合用户碎片化需求，通过互联工厂实现个性化定制。

平台能力是业务模式达成的保障，海尔的制造转型最终目标是要建立起一个互联工厂生态系统，将整个工厂变成并联的平台，从用户交互到开放式创新、智能服务，构建七大全流程平台，全流程打通，支撑用户全流程参与下的最佳体验；围绕 U+ 智慧生活这一核心，从产品的创意开始，一直到用户的使用，再到不断的迭代，提供 PLM 的最佳体验。智能制造平台建设对海尔的业务改进与优化主要体现在以下几个方面。

第一，颠覆传统的管理体系。组织转型是首要条件，海尔从原来封闭的正三角组织变成了创业平台。具体来说，整个供应链，包括生产、制造、物流、采购等各环节都已转型，由传统串联的科层组织变成了共同面向用户的一个个小微，这样整个企业组织转型成一个平台型的企业。

第二，流程方面从串联到并联。原来信息通过串联的组织一步步传递，周期较长；现在实时用户的信息可以同步传递到海尔的设计资源、模块商资源、物流资源及全流程的小微，大家事先参与交互，通过提供引领的解决方案，实现各方

利益的最大化。

第三，机制方面也进行了颠覆。从企业付薪到用户付薪，以用户为中心，各方基于不同的市场目标结成小微，风险共担、超利共享，共同创造用户需求；只有创造出用户价值才能分享，否则就要退出或者优化。

（2）建立智能制造技术体系，提升制造能力。

海尔互联工厂的企业价值创新，即建立持续引领的智能制造技术体系，这一体系分为以下四个层次。

一是模块化，这是基础。海尔从 2008 年开始探索模块化，是全球家电行业唯一在持续探索模块化的企业。例如，一台冰箱原来有 300 多个零部件，现在在统一的模块化平台上整合为 23 个模块，通过通用化和标准化、个性化模块的整合创新，满足用户个性化需求。

二是自动化。海尔理解的不是简单的机器换人，而是与用户互联的智能自动化，由用户个性化定单自动驱动自动化、柔性化生产。

三是数字化。海尔通过以 iMES 为核心的五大系统集成，实现物联网和互联网的深度融合，以及人人互联、人机互联、机物互联、机机互联，最终让整个工厂变成一个类似人大脑一样智能的系统，自动跟人交互、满足用户需求，自动响应用户个性化定单。

四是智能化。其主要有两方面：一方面是智能产品，产品越来越智能化，就是从现在简单的功能性产品变成了智能产品，冰箱、空调可以自动感知需求，空调可以自动感知温度，可以感知用户的使用习惯，可以自控制、自学习、自优化，可以和企业进行互动，同时可以实现用户最佳体验。另一方面，整个工厂越来越智能，通过信息互联、数据积累及大数据分析可实现针对不同的定单类型和数量，其生产方式可以自动优化调整。

（3）提高服务品质，深挖客户需求。

一是可定制。用户可以通过海尔交互平台提报产品设计方案，成为产品的设计者。例如，沈阳冰箱的模块化产品通过用户的选择和组合，由原来的 20 个型号，到现在的 500 多种型号，这 500 多种型号可以同时在生产线上高效柔性生产，快速满足用户的个性化体验。

二是可视化。用户从消费者变成产销者，用户可以参与企业的全流程，并且实现体验的可视化。

三是高品质。通过互联工厂打造高品质家电，提升用户体验。例如，洗衣机内筒线采用行业最领先的冲压技术，实现最小脱水孔孔径（2.0 毫米），孔径越小，对衣物的磨损就越小，同时满足了用户对洗涤静音的要求，引领行业；焊接方式由原来的氩弧焊接升级为激光焊接，使内筒能承接 1 600 转 / 分的高压，使产品在外观精细化、可靠性、静音方面达到领先水平。又如空调，通过机器人社区、万级传感器、上百个关键质控点等先进制造技术部署应用，实现产品品质优于国内行业 10 倍，优于国际领先水平 2.5 倍；焊接质量水平小于 10ppm①，质量优于行业水平 20 倍。

（4）聚焦落地实施，创造商业价值。

经过多年的探索和实践，海尔目前已经初步建立起互联工厂体系，实现了六个互联工厂的引领样板，包括：四个整机工厂，即沈阳冰箱、郑州空调、佛山滚筒、青岛热水器；两个前工序工厂，即青岛模具、电机工厂，初步实现了向互联工厂的转型，可实时、同步响应全球用户需求，并快速交付智慧化、个性化的方案。海尔互联工厂模式的探索和实践得到了国内外知名专家的高度认可，其认为海尔的智能制造探索走在了世界的前列。

从企业价值角度看，海尔实施智能制造的互联工厂总体经济效益明显。在效率上，互联工厂整体提升 20%，产品开发周期缩短 20% 以上；在效益上，互联工厂降低运营成本 20%，能源利用率提升 5%，厂内库存天数下降 50% 以上，交货周期由 21 天缩短到 10 天。

2）长虹集团[12]

近年来，长虹以大规模个人化定制，驱动产业智能转型，取得显著成效。

作为工信部两化融合试点单位，长虹在研发、制造、交易等诸多环节实现了信息技术与工业技术的深度融合，累计投入超过 10 亿元，形成了以 ERP（enterprise resource planning，即企业资源计划）、PDM 为核心，完整的制造业信息系统框架，涵盖了产品的研发设计、生产管理、产品销售、原材料采购、物流管理、财务管理、信用管理、决策支持等公司经营管理的全过程，并与第三方供应商开展了信息系统的协同和集成，取得了较为明显的经营成效。

在制造模式方面，长虹以物联网信息系统为核心，研究并构建了一种新型的多阶段混联离散型生产模式。该模式以传感器、企业服务总线（enterprise service bus，ESB）、MES 等技术为支撑，实现对生产系统、产品、设备工作状态的动态实时监测，在充分满足大批量生产的同时，也可满足多品种小批量混线生产。

目前，该模式已成功运用至长虹集团旗下的电视、冰箱、空调、注塑无人工厂等多个领域。其中，电视产品实现了场地利用率提升 30% 以上、库存周转效率提升 25% 以上、单品成本下降 10%、人均产值提升 20% 以上，成效明显、效率显著。以绵阳生产基地为例，工厂占地面积由 4 万平方米节约到 2.3 万平方米（场地利用率提升 42.5%），在多品种混线生产的情况下，人效提升 40% 以上，累计实现经济效益达 20.8 亿元。

长虹在智能制造领域先后参与了国家标准制定 18 项，承担了工信部电子发展基金项目、国家“863”计划等项目近 20 项，已授权发明专利 20 余项，为推动国家两化融合工作、探索行业智能制造模式起到了良好的示范带头作用，为当前长虹实施智能制造模式打下了坚实的基础。

① ppm 是表示百万机会缺陷数的单位，在电子行业中用于衡量焊接质量水平。

3）红领集团[13]

山东青岛的红领集团用了十多年的时间，以 3 000 人工厂作为试验室，对传统服装制造业升级进行了艰苦的探索与实践，探索出以 3D 打印模式产业链为代表的互联网 + 智能制造的新模式。

（1）采用个性化定制生产线。

红领集团通过十多年的技术改造和转型升级，不仅建立了具有完全自主知识产权的个性化服装定制方案，还打造了“数字化大工业 3D 打印模式企业”，使用生产线来让每一位顾客都拥有只属于自己尺寸和个性的服装，真正实现了一对一个性化匹配。

纯手工高端定制西装的生产周期为 3 ～ 6 个月，售价最低需 1 万～ 2 万元；而红领的定制西装从接单到出货最长只需用时 7 天，最低只需要 2 000 元。作为一个服装大批量定制的企业，红领目前每个月有十几万件的订单，每天都要生产几千件的服装，而这些服装因为颜色、面料、款式都不同，显示出了缝制的特殊性。2014 年，红领集团在实现零库存的同时，定制业务量、销售收入和利润增长均超过 150%。

（2）数据驱动的 3D 打印模式产业链。

红领成功地塑造了一个服装企业新的商业模式——C2M（customer to manufactory，即顾客对工厂）模式，借助互联网搭建起消费者与制造商的直接交互平台，去除了商场、渠道等中间环节，从产品定制、设计生产到物流售后，全过程依托数据驱动和网络运作，通过测量客户身体的 19 个部位，得到 22 个关键数据，再根据数据完成裁剪、缝合、熨烫、质检、入库等工序。

在拥有基本的数据的基础上，还需要有数据平台系统进行整合分析。红领集团耗时近 4 年，建立了相对成熟的数据库，数据库里包含了 3 000 亿多个人体板型数据，可以和国外发回的消费者数据进行自动对接。也正是依赖这样的数据库，红领集团的生产车间里，所有的吊挂线上才没有一件衣服是相同颜色、相同款式、相同尺寸的。这也使全年 40 万套的服装生产中，从裁剪、吊挂到后期配送的整个大批量定制过程都有了信息化支撑。

目前，红领的个性化定制系统的数据量已经非常庞大，该系统已有超过 1 000 万亿种设计组合和 100 万亿种款式组合可供选择，可以为顾客提供多种版型、工艺、款式和尺寸模板自由搭配。红领正是充分利用了信息化的优势，才建立起来自己的“定制王国”。

4）小结

“十二五”期间，中国不少制造业企业在互联网 + 智能制造方向进行了积极的探索实践，纵观这些案例，不难发现：这些企业在深入分析自身主体业务的基础上，通过互联网 + 智能制造技术与产品研发应用，有效降低了企业生产成本与生产周期，提升了产品质量，更好地满足了客户个性化的需求。

9.2 中国互联网＋智能制造产业发展中存在的问题及趋势分析

9.2.1 中国互联网＋智能制造产业发展中存在的问题

“十二五”期间，中国互联网＋智能制造产业从地区配套、行业应用及企业创新等方面均取得了积极进展，在肯定成绩的同时，我们还需要意识到存在的问题。

1. 中国互联网+智能制造自主可控核心技术不足

中国互联网＋智能制造产业关键器件和重要工业软件长期依赖进口，核心技术受制于人，智能制造密切相关的模型工程、工业知识工程等基础理论方法研究力度不足，工业系统控制与安全、工业大数据、云制造、工业物联网等自主可控的使能软件技术有待突破。

2. 中国互联网+智能制造平台与工具产业薄弱

目前，中国传统制造业互联网化转型需求比较迫切，但国产互联网＋智能制造平台 / 工具与国际先进水平还有差距，在汇聚整合企业制造能力与创业创新资源，带动技术产品、组织管理、经营机制创新的潜力还没有发挥出来。同时许多制造企业与互联网企业对互联网＋智能制造平台 / 工具研发的复杂性认识也不足。因此，亟须加大投入力度，鼓励自主创新，积极研发具有核心竞争力的互联网＋智能制造平台 / 工具，满足国内制造企业的转型升级需要。

3. 中国互联网+智能制造系统产业刚刚起步

中国制造业与互联网融合进程面临“综合集成”跨越困境，工信部调查指出，仅有 14% 的企业处于两化融合的集成提升阶段。融合发展面临智能装备集成薄弱、流程管理缺失、组织机构僵化、数据开发应用能力不足等挑战。为此，近年来中国一些龙头企业研发了互联网＋智能制造系统，但是此类系统无论是在对制造业全流程的覆盖性和易用性方面，还是在系统的稳定性和可靠性方面，都处于起步阶段，与国际先进的智能制造系统相比，都还存在一定的差距，还需要大力加强研发投入，在实际生产应用中改进、优化和完善。

4. 中国互联网+智能制造系统应用实施和运营产业尚处萌芽阶段

近年来，中国已有部分互联网＋智能制造平台成功上线运行，目前已积累了一定数量的企业和个人用户，但是这些客户在中国庞大的制造业体系中占比还很小，换言之，上述互联网＋智能制造平台对中国整体制造业的服务覆盖率还很低，还有很大的提升空间。因此，亟须分地区、分行业、分企业地建设一批具有规模效应的互联网＋智能制造应用实施示范工程，形成龙头带动效应，培育符合制造企业转型升级要求的互联网＋智能制造商业模式及运营管理模式，加强对制造企业互联网转型的政策和资金支持力度，提高企业参与互联网＋智能制造产业建设的热情与积极性，最终实现工业化与信息化的深度融合。

5. 中国互联网+智能制造产业的相关体制机制亟须完善

制造业与互联网融合带来的新业态、新模式及制造业“双创”平台服务型制造等新业务健康发展需要更加完善的制度环境，需要在科技创新、财税金融、国企改革方面取得突破。地方政府和一些企业在这方面面临新的挑战及问题的时候，还缺乏足够经验，亟须建立健全与产业发展、人才梯队建设等相关的法律法规，形成促进互联网＋智能制造产业快速发展的体制机制。

9.2.2 中国“十三五”期间互联网＋智能制造产业发展趋势分析

参考国际先进经验，结合对“十二五”期间产业发展情况的分析与思考，中国“十三五”期间互联网＋智能制造产业的发展趋势主要体现在技术与工具、智能制造系统、智能制造应用实施及运营三个层面，同时还要推进互联网＋智能制造与知识工作自动化及先进制造的融合发展。“十三五”期间互联网＋智能制造产业发展的具体目标：基本建成互联网＋智能制造融合发展支撑体系，形成能掌控制造业生态系统的自主可控智能制造使能软件产业，培育一批引导性的应用示范工程。

1. 技术与工具的发展趋势分析

智能制造离不开两个要素，一个要素是生产的物理要求，如产品制造的装备、制造的车间等，另一个则是信息。21 世纪以来，随着物联网等新一代信息技术的快速发展及应用，智能制造被赋予了新的内涵，即智能制造是将物联网、大数据、云计算等新一代信息技术与先进自动化技术、传感技术、控制技术、数字制造技术结合，实现工厂及企业内部、企业之间和产品全生命周期的实时管理与优化的新型制造系统。

1）关键智能基础共性技术

智能制造技术路线包含通过软件和网络进行产品开发、生产和服务沟通，也包括机器与产品实时进行信息和指令交互，并在此基础上可以实现自主控制和优化。要实现真正意义上的互联网＋智能制造，需要突破以下关键智能基础共性技术。

（1）智能识别技术。智能识别是智能制造环节关键的一环，包括射频识别（radio frequency identification，RFID）技术、基于深度三维图像识别技术及物体缺陷自动识别技术等。

（2）实时定位系统。在实际生产制造现场，需要对多种材料、零件、工具、设备等资产进行实时跟踪管理；在制造的某个阶段，材料、零件、工具等需要及时到位和撤离；生产过程中，需要监视在制品的位置行踪以及材料、零件、工具的存放位置等。这样，在互联网 + 智能制造系统中需要建立一个实时定位网络系统，以完成生产全程中角色的实时位置跟踪。

（3）无线传感器网络。在未来的智能工厂中，产品和生产设施将成为活跃的系统组件，控制着自己的生产和物流，它们将构成一个 CPS——连接互联网的网络空间与现实物理世界。然而，不同于当前机电一体化系统，它们具有与环境交互的能力，可以规划和调整自己的行为来适应环境，并且学习新的行为模式和策略，从而进行自我优化，进而实现最小批量的快速产品转化和多品种的高效率生产。嵌入式传感器 / 致动器组件、机器 / 机器通信交流和主动语义产品记忆催生了工业环境中节约资源的优化方法，这将促进智能工厂以一个合理的成本实现环境保护和复杂生产。

（4）CPS。CPS 将彻底改变传统制造业逻辑。在这样的系统中，每个工件都能够智能调用所需服务，通过数字化逐步升级现有生产设施，这样生产系统可以实现全新的体系结构。在当前的工业制造环境中，僵化的中央工业控制正在向分布式智能控制方向转变。大量的传感器以令人难以置信的精度记录着它们的环境，并作为一个独立于中心生产控制系统的嵌入式处理器系统做出自己的决策。

（5）网络安全技术。数字化推动了制造业的发展，在很大程度上得益于计算机网络技术的发展，与此同时也给工厂 / 车间的网络安全构成了威胁。以前习惯于处理纸质设计图件的技术人员，现在越来越依赖于计算机网络、自动化机器和无处不在的传感器，而技术人员的工作就是把数字数据转换成物理部件和组件。制造过程的数字化技术资料支撑了产品设计、制造和服务的全过程，这些信息在整个供应链得到了共享，但必须得以保护。工厂花费大量的精力以保护信息系统和网络中的技术信息，这是一种前所未有的严峻挑战。不仅需要从防范数据盗窃来保护技术资源，还必须防止网络入侵破坏生产系统的安全，以避免造成正常生产运行的瘫痪。面对网络安全，生产系统需采取一系列 IT 安全保障技术和措施，如防火墙、入侵预防、病毒扫描器、访问控制、黑白名单、信息加密等。

（6）先进控制与优化技术。智能制造系统生产过程中，生产产品的控制和优化是重要环节，涉及很多技术，如工业过程多层次性能评估、基于海量数据的建模、大规模高性能多目标优化、大型复杂装备系统仿真、高阶导数连续运动规划、电子传动等技术。

（7）系统协同技术。大型制造工程项目复杂自动化系统整体方案设计与安装调试对系统间协同提出了更高的要求，需突破统一操作界面和工程工具的设计、统一事件序列及报警处理、一体化资产管理等技术。

2）智能制造支撑平台

智能制造的核心覆盖了生产的全要素，从设计到生产再到后期的服务，整个营销的过程中，其实是通过信息系统及信息采集系统把它剥离起来，形成一个制造的网络，由智能制造支撑平台提供技术支撑，其关键实现技术包括以下几点。

（1）云平台。云平台包括云存储、云计算和云服务三大部分。它支持 PB[①] 级数据存储，将大量的供应链信息、CPS 信息、生产信息、设备信息、质量信息、物流信息和 KPI（key performance indicator，即关键绩效指标）信息等存储在云端，形成企业数据云和工业大数据云。用户通过云计算功能，实现企业的智能销售、智能服务、智能采购、智能生产、智能质检、智能仓储、智能设备点巡检等功能。其技术架构如图 9.6 所示。

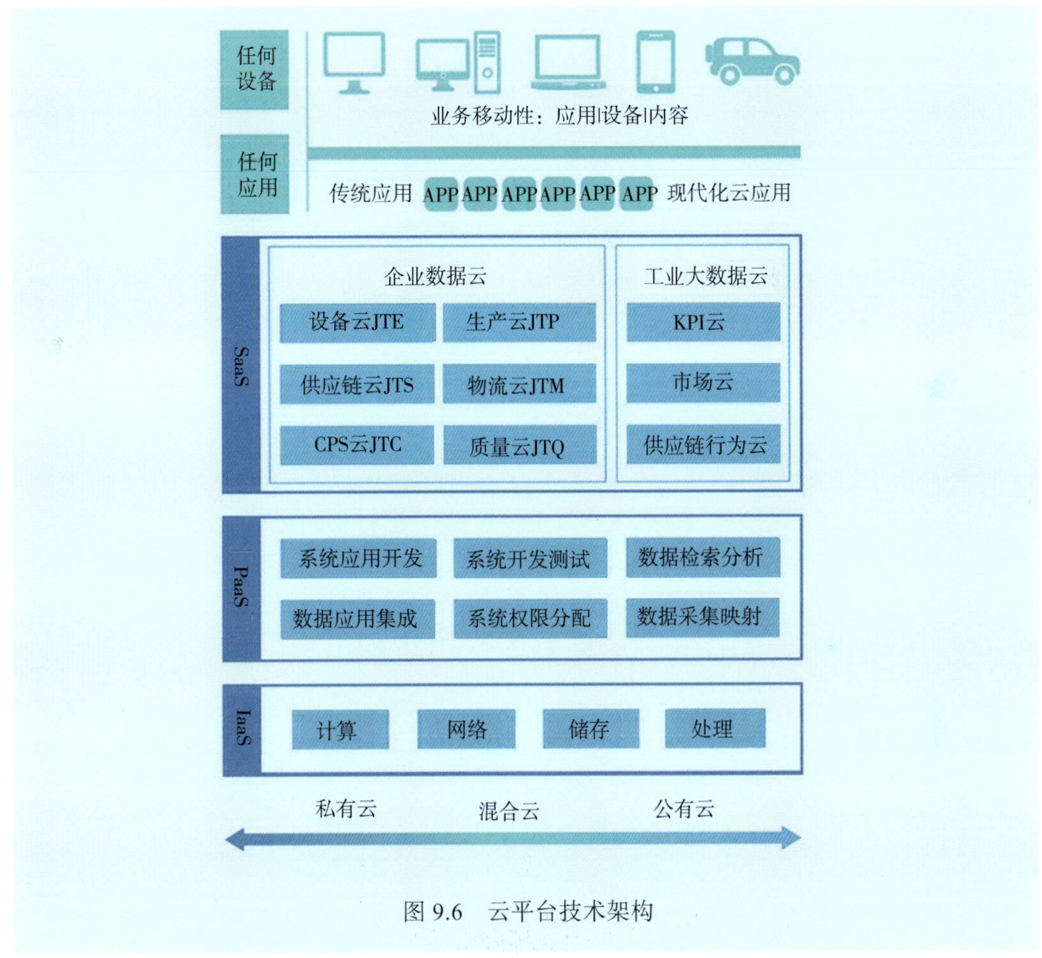

图 9.6　云平台技术架构

（2）工业大数据。工业大数据分析是基于工业大数据的数据挖掘、数据分析和数据展现工具。随着工业物联网、设备联网、安全监控和信息系统［如 MES、CPS、ERP、OA（office automation，即办公自动化）等］的应用，企业每天产生大量的工业数据。这些工业数据已从 TB[②] 级到 ZB[③] 级飞速增长，数据的存储结构也日趋复

① PB：petabytes，拍字节，计算机存储容量单位。1PB=1024TB。

② TB：terabyte，太字节，计算机存储容量单位。1TB=1024GB。

③ ZB：zettabyte，泽字节，计算机存储容量单位。1ZB=1 万亿 GB。

杂。为了发挥工业数据的价值，企业须对工业数据的数据采集、数据存储、数据分析和挖掘等环节进行管理，并运用大数据分析法去预测需求、估算工期，整合产业链和价值链，去发现价值缺口，最终提升企业的核心竞争力。

3）智能工业软件工具

工业软件是互联网 + 智能制造的核心系统，将工业软件研发与先进工业产品制造相结合，助力中国装备制造业走向高端，这对实现两化深度融合具有重要的里程碑意义。

图 9.7 给出了全球工业软件市场定位的分布情况。主要有五类工业软件厂商，一是 PLM 软件，以西门子、达索和 PTC 三大厂商为代表，它们基本垄断了高端装备制造 CAD（computer aided design，即计算机辅助设计）领域，并且凭借占有设计数据源头的优势，大力开展和强化 PLM 业务，覆盖从设计、工艺到制造的环节，并通过大量并购，力求建立起完整的软件生态系统。二是各学科领域的建模、仿真分析软件，以 MSC、ANSYS、LMS（已经被西门子收购）、法国 ESI 集团、Samtech（已被西门子收购）等为代表。三是以 iSIGHT（已被达索收购）、Modelcenter 等为代表的多学科优化和设计自动化厂商。四是面向资源管理和项目管理的软件，如 SAP、用友、金蝶等 ERP 软件，以及 P6（被 Oracle 收购）、IRIS 等软件。五是通用中间件软件，主要解决管理信息系统的集成问题，如 IBM、Oracle 等。通过图 9.7 可以清晰地看到，各厂商主要集中在工具、系统和平台三大领域，主要提供通用性、可复制型的产品和解决方案。在上层的业务领域，即知识工作自动化领域，反而由于差异化大、市场分散、技术难度大，各类企业均涉足较少，也尚未形成垄断性的产业生态。需要指出的是，该领域所对应的业务恰好也对应着不少国内制造企业的迫切需求。

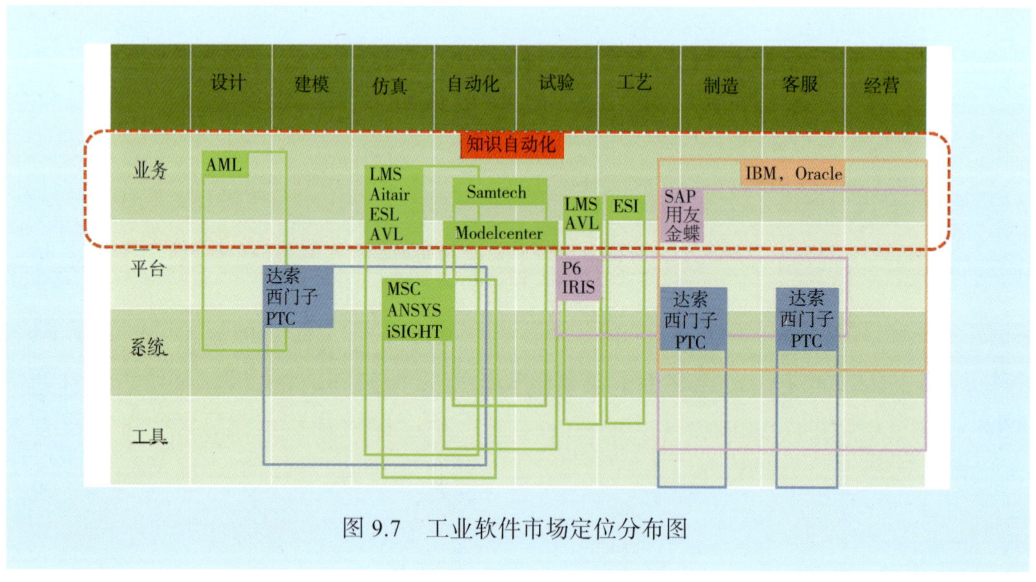

图 9.7　工业软件市场定位分布图

智能制造的发展以企业的自动化和信息化发展为基础。自动化主要实现生产过

程的数字化控制，离不开各类过程控制类软件的深度应用；信息化主要实现企业研发、制造、销售、服务等环节和流程的数字化，打通企业内部的数据流，以研发设计类、生产调度类、经营管理类、市场营销分析类软件的深度应用为特征。因此，涵盖上述软件类别的工业软件是智能制造发展的基础和核心支撑。然而，目前这类软件主要依赖国外进口，中国应加大自主研发力度，尽快实现进口替代。

4）智能设计/生产/试验/保障等软硬件工具

智能制造的发展和智能硬件紧密结合，智能硬件是传统设备产业基于产业互联网发展的新阶段。智能硬件技术使传统的制造装备和各种家电、医疗设备有了信息采集、分析和执行的能力，通过软硬件结合的方式，对传统设备进行改造，形成了智能装备和智能产品。智能化之后，硬件具备自连接的能力，实现互联网服务的加载，将单体智能扩展到网络智能，形成“云+端”的典型架构，同时具备了大数据等附加价值，进一步拓展了智能产品的能力和范围。智能硬件的发展和热捧，已经从可穿戴设备延伸到智能电视、智能家居、智能汽车、医疗健康、智能玩具、机器人等领域。

智能硬件具有以下特征：首先，越来越多的软件代替硬件功能，可以通过软件控制硬件；其次，与以往单纯的硬件商品销售不同，对硬件产品附属的服务性需求或者基于商品解决方案的需求正在快速增加；最后，硬件制造业周期——从产品设计、生产再到推向市场，所需要的时间越来越短。硬件产业正在向软性制造的方向发展，不断用软件定义产品的功能和性能，提高对以软件为主导的创新的重视程度，硬件产品的真正价值从硬件转移到了软件。

综上所述，智能制造由智能装备与互联网协同创新而来。智能装备即由智能硬件发展而来，使传统制造装备拥有了诸如分析、推理、判断、构思和决策等各种仿人类智能活动；而互联网技术则将过去单一设备的制造加工延展到分布式制造网络环境中，在单体装备智能基础上叠加网络群体智慧，实现了基于互联网的全球制造网络环境下的智能制造系统。智能制造在制造的全生命周期中进行感知、分析、推理、决策与控制，实现产品需求的动态响应。

除智能硬件外，先进的软件工具也是智能制造的重要发展前景。例如，基于云端的在线配置服务 Configuration 360 将个性化的设计实时展示给终端用户，将产品设计和终端用户联系在一起；AnyCAD 帮助企业更好地兼容主流设计软件，并用最新的 Shape Gen 来最大限度地优化设计，把仿真提前加入设计环节；Fusion 360 的协同设计可聚拢四面八方的专业人才，通过云端实现方案讨论、设计交互、原型生产和产品推广；DELCAM 可以驱动智能机器人现场进行柔性加工；VRED 可以将最细腻的产品细节展现在 8K 的高分辨屏幕上，利用 ART 移动捕捉设备和时下流行的沉浸式虚拟现实技术，使用户感受身临其境的产品交互体验。

各种智能软硬件的出现，可以帮助企业实现产品全生命周期的流程优化，应对市场对产品快速迭代和升级的需要。

2. 智能制造系统的发展趋势分析

1）智能车间

装备智能化是智能制造的重要特点。在制造企业中，尽管有机床和很多加工设备，但是这些都离不开人，因为机器没有办法实现自主感知和控制，未来的发展趋势是要让机器能够实现自律、自主、自控的制造，形成智能车间。智能车间应该是一个制造系统，它包含的要素包括生产的对象、生产的设备状态、生产质量的监控、生产物流、人员等，当企业规模够大、变化够快的时候，需要靠智能化的车间系统来解决管理问题。如果把车间的制造环节再延伸到物流供应链及销售的环节，那就是整个工厂的智能化。

2）智能工厂

在 CPS 的支持下，制造业需要实现生产设备网络化、生产数据可视化、生产文档无纸化、生产过程透明化、生产现场无人化等先进技术应用，做到纵向、横向和端到端的集成，以实现优质、高效、低耗、清洁、灵活的生产，从而建立基于工业大数据和“互联网 +”的智能工厂。

目前，智能工厂存在着以下五大趋势。

（1）生产设备网络化，实现车间“物联网”。工业物联网的目的是实现物与物、物与人，以及所有的物品与网络的连接，方便识别、管理和控制。传统的工业生产采用 M2M 的通信模式，实现了设备与设备间的通信，而物联网通过“things to things”的通信方式实现人、设备和系统三者之间的智能化、交互式无缝连接。

（2）生产数据可视化，利用大数据分析进行生产决策。“中国制造 2025”提出以后，信息化与工业化快速融合，信息技术渗透到了制造企业产业链的各个环节，条形码、二维码、RFID、工业传感器、工业自动控制系统、工业物联网、ERP、CAD/CAM/CAE[①] /CAI 等技术在离散制造企业中得到广泛应用，尤其是互联网、移动互联网、物联网等新一代信息技术在工业领域的应用，使制造企业进入了互联网工业的新的发展阶段，所拥有的数据也日益丰富。制造企业生产线处于高速运转中，由生产设备所产生、采集和处理的数据量远远大于企业中计算机和人工产生的数据，对数据的实时性要求也更高。

（3）生产文档无纸化，实现高效、绿色制造。构建绿色制造体系，建设绿色工厂，实现生产洁净化、废物资源化、能源低碳化是“中国制造 2025”实现“制造大国”走向“制造强国”的重要战略之一。目前，制造企业中产生繁多的纸质文件，如工艺过程卡片、零件蓝图、三维数模、刀具清单、质量文件、数控程序等，这些纸质文件大多分散管理，不便于快速查找、集中共享和实时追踪，而且易产生大量的纸张浪费、丢失等现象。因此，需要通过建设智能工厂，将设计、研发、生产、销售及售后等制造环节所需要的各类技术资料通过互联网实现云端处理，打造绿色制造新模式。

① CAE：computer aided engineering，即计算机辅助工程。

（4）实现智能管控，构建智能工厂的“神经”系统。“中国制造 2025”明确提出推进制造过程智能化，通过建设智能工厂，促进制造工艺的仿真优化、数字化控制、状态信息实时监测和自适应控制，进而实现整个过程的智能管控。

（5）生产现场无人化，真正做到“无人”工厂。“中国制造 2025”推动了工业机器人、机械手臂等智能设备的广泛应用，使工厂无人化制造成为可能。在制造企业生产现场，数控加工中心、智能机器人和三坐标测量仪及其他所有柔性化制造单元进行自动化排产调度，工件、物料、刀具进行自动化装卸调度，可以达到无人值守的全自动化生产模式。远程监控人员可以在不间断单元自动化生产的情况下，管理生产任务优先和暂缓，远程查看管理单元内的生产状态情况，如果生产中遇到问题，一旦解决，立即恢复自动化生产，整个生产过程无须人工参与，真正实现“无人”智能生产。

3）智能行业互联系统

智能行业（包含集团型企业）互联系统主要是通过工业云实现的，工业云是智能制造产业生态的制高点。较早完成工业化进程的西方发达国家，近年来的发展重点聚焦于软件能力的提升。不仅 IBM、SAP 等信息技术公司在积极发展通用软件技术，波音、空客、GE 等工业企业也在不断利用软件将工业知识和技术进行固化，提升软件能力。从国际先进经验来看，工业云平台是工业企业集中固化、管理、迭代更新技术知识的理想软件工具。从代码行数看，洛克希德·马丁公司已经超过微软成为世界上最大的软件公司，而 GE 推出 Predix 工业云平台后，也宣称五年后要成为全世界最大的软件公司。2016 年 1 月的 CES① 消费电子展上，全球最大的白电制造商惠而浦公司宣布将与 IBM 合作推出搭载人工智能系统“沃森”的家电产品（“沃森”的核心系统是运营在云端的大型人工智能知识系统），提出下一代家电将能够和用户交流并自主学习。西门子也于 2015 年年底宣布将增加研发投入 3 亿欧元搭建跨业务新数字化云端服务平台 Sinalytics，能对机器产生的大量数据进行整合、保密传输和分析，通过数据分析和反馈提升对燃气轮机、风力发电机、列车、楼宇及医疗成像系统的监控与优化能力。可见，全球工业和信息技术领域的领先企业已在工业云领域加紧布局，抢占未来先进制造业软件平台和产业生态的制高点。

随着中国工业云应用的逐步推开，云计算能够培育产业新型业态的功能也在工业领域逐步显现，不仅催生出工业软件服务的新业态，还带动工业企业创新形成了一批服务化转型的新模式，开辟了智能行业互联的新趋势。

3. 智能制造应用实施与运营的发展趋势分析

1）个性化定制智能制造应用实施

从眼下制造业龙头的选择和判断来看，让消费者与制造企业之间的距离越来越短，甚至为零，真正实现 C2M 模式，为客户提供个性化、定制化的制造，已成为制

① CES：International Consumer Electronics Show，即国际消费电子展览会。

造企业打造差异化竞争力的发力方向。可以预见，随着C2M模式的深入推广，传统制造和规模量产正在消失，取而代之的是以消费者为中心的个性化制造。

2）网络化协同智能制造应用实施

在智能制造的各个环节应用互联网技术，通过制造过程与业务管理系统的深度集成，将实现对生产要素的高度灵活配置，可达到大规模定制生产的目的。

对一个制造业企业来说，其内部的信息是以制造为核心的，包括生产管理、物流管理、质量管理、设备管理、人员及工时管理等和生产相关的各个要素。传统的制造管理以单个车间 / 工厂为管理单位，管理的重点是生产，管理的范围是制造业内部。

但是，随着信息技术的进步，很多制造型企业在发展的不同时期，根据管理的不同时期的需求，不断开发了不同的系统，并在企业内部逐步使用。不同的系统可以实现不同的功能，有些系统采用自主开发或由不同供应商的系统所组成。企业的发展要求不同的生产元素管理之间具有协同性，以避免制造过程中的信息孤岛，因此对各个系统之间的接口和兼容性的需求越来越高，即各个系统之间的内部协同越来越重要。

此外，随着对制造的敏捷性及精益制造的要求不断提高，靠人工导入导出信息已经不能满足制造业信息化的需求，这就要求在不同系统之间进行网络协同，做到实时的信息传递与共享。

未来制造业中，每个企业是独立运作的模式，每个企业都有独立运行的生产管理系统，或者采用一套生产管理系统来管理所有工厂的操作。但是，随着企业的发展，企业设置有不同的生产基地及多个工厂，工厂之间往往需要互相调度，合理地利用人力、设备、物料等资源，企业中每个工厂之间的信息流量越来越多，实时性的要求越来越高；同时每个工厂的数据量和执行速度要求也越来越高，这就要求不同工厂之间能够做到网络协同，确保实时的信息传递与共享。

同时，在全球化与互联网时代，协同不仅是组织内部的协作，而且往往要涉及产业链上、下游组织之间的协作。一方面，通过网络协同，消费者和制造业企业共同进行产品设计与研发，满足个性化定制需求；另一方面，通过网络协同，配置原材料、资本、设备等生产资源，组织动态的生产制造，缩短产品研发周期，满足差异化市场需求。

因此，互联网环境下的协同制造将通过互联网技术手段让制造业价值链上的各个环节更加紧密联系、高效协作，使个性化产品能够以高效率的批量化方式生产，实现大规模定制生产。

3）服务化智能制造应用实施

服务将会出现在制造业产品全生命周期价值创造的每一个环节，可以无处不在、无时不在。推进制造业服务化转型要突出以下几个着力点。

一是以增强重大装备和产品智能化水平为重点，全面提升面向产品全生命周期的服务能力。智能化是服务化的基础，从产品全生命周期管理的角度来看，没有智能化就没有服务化。应该围绕数控机床、工业机器人等智能装备以及高铁、飞机等大型运载工具，构建产品监测追溯、远程诊断维护、产品全生命周期管理等在线服务新模式；围绕智能手机、智能汽车、智能穿戴等个人消费品，整合数字内容、电子商务、应用服务等业务资源，提供个性化、在线化、便捷化的泛在服务。

二是以构建便捷化的产品交易体系为重点，打造新型的客户关系管理模式。交易效率和便捷化程度正成为企业核心竞争力的重要组成部分，在网络交易蓬勃发展的背景下，交易效率和便捷化程度大幅提升，使制造企业提供多元化的金融服务、精准化的供应链管理和便捷化的电子商务服务成为可能。应该重点支持制造龙头企业以供应链管理为重点，深化企业间电子商务应用，发展直销电商、社交电商、粉丝经济等网络营销新模式，提高企业群体的市场反应能力和综合竞争力；鼓励企业基于产品智能化、供应链在线化的信用信息挖掘，探索开展信用销售、供应链金融等新业务；支持符合条件的制造企业建立企业财务公司、拓展融资租赁等新业务，推广大型制造设备、生产线等融资租赁服务；提升制造企业柔性化、即时化生产能力，培育个性化定制、网络众包等新业态、新模式。

三是以构建智能制造产业生态为重点，着力提升制造企业系统解决方案能力。智能制造生态系统竞争是产业竞争的制高点，构建开放、共享、协作的智能制造产业生态系统也是制造强国建设的重要内容。从实践来看，制造企业面对的客户需求在很多时候并不是单一的产品，而是产品组合及其协调运转所带来的某种功能。为客户提供产品的集成及全面的解决方案，将成为制造企业增强竞争力的关键因素。为此，应当围绕发展智能制造，支持装备、器件、软件、系统企业协同攻关，培育发展一批行业智能制造整体解决方案提供商，增强重大自动化装备成套应用和服务能力；支持重点行业骨干企业加强战略咨询、项目设计、工程实施、系统集成、运维管理能力建设，加快由提供设备向提供系统集成总承包服务转变。

四是以挖掘消费者潜在需求为突破口，着力培育个性化、专业化制造业服务新模式。制造企业服务化转型的最高阶段是实现从基于产品服务向基于需求服务的转变，服务不再与自身原有产品绑定，企业着力于挖掘和洞察客户的潜在需求及关联需求，利用强大的服务体系帮助客户解决盘根错节、复杂艰巨的问题，向客户提供解决关键问题的方案，交付给客户“一揽子”“一站式”的解决办法和实施成果。

因此，互联网环境下的服务化制造对重构制造生态、深挖客户需求、延伸制造价值链具有深远意义，制造业服务化是中国制造业转型升级的重要途径。

4. 与知识工作自动化的融合发展趋势分析

2013 年麦肯锡全球研究所发布《颠覆技术：即将变革生活、商业和全球经济的进展》的报告，预测了 12 项可能在 2025 年之前决定未来经济的颠覆性技术，其中知识工作自动化位居第二。

工业时代需要工业自动化，知识时代需要知识自动化，尤其是在航空、航天、船舶、导弹、发动机、电子、核工业等行业的复杂产品的研发、设计、生产等环节，科研及生产人员的经验与知识的自动化对提升产品可靠性、改造工艺流程会产生非常积极的作用，而上述行业正是中国互联网＋智能制造产业需要落地实施的主要领域。

1）知识工作自动化为智能制造提供自动化的知识积累

综合利用智能感知和大数据技术，研发/设计/生产人员的行为是可以被系统自动捕捉、感知和记录的，通过长时间的积累与沉淀，形成面向该流程的研发/设计/生产的人员行为大数据，进而成为后续流程优化升级的分析基础。

2）知识工作自动化为智能制造提供智能化过程引导

综合利用大数据分析、深度学习及知识建模技术，对研发/设计/生产人员的行为大数据进行深度挖掘与分析，形成经验模型导入智能制造系统，通过实时监测与智能分析匹配，引导研发/设计/生产人员在工作中实时调整策略与方案，提升工作效率。与此同时，研发/设计/生产人员可在此过程中自发地获取新知识、提升业务水平。

3）智能制造系统为知识工作自动化提供基础设施

互联网＋智能制造环境下的制造企业，在工业互联网的支撑下，实现了设备互联与数据互通，这些设备和数据资源被统一存储在虚拟资源云池里，形成虚拟的设计仿真环境。研发/设计/生产人员通过虚拟化的工作环境，可以实现任何时间、任何地点通过远程操作完成设计、仿真、计算、试验等任务，使资源最大限度地进行共享和使用，同时在此过程中实现了知识的积累，进一步推动了知识工作自动化。

5. 与先进制造的融合发展趋势分析

1）智能制造与先进制造的关系

2015年12月，工信部与国家标准化管理委员会联合发布《国家智能制造标准体系建设指南（征求意见稿）》（2015年版），其中对智能制造的定义如下：智能制造是指将物联网、大数据、云计算等新一代信息技术与设计、生产、管理、服务等制造活动的各个环节融合，具有信息深度自感知、智慧优化自决策、精准控制自执行等功能的先进制造过程、系统与模式的总称。上述定义明确了智能制造的概念包含“过程、系统、模式”三个层次，以“信息深度自感知、智慧优化自决策、精准控制自执行”为功能特征，通过网络互联打通端到端数据流，从关键制造环节和工厂两个层面实现智能化，从而在绿色发展的基础上，从速度、质量、成本三个方面提升制造业核心竞争力。

先进制造是相对于传统制造而言的，是指制造业不断吸收电子信息、计算机、机械、材料及现代管理技术等方面的高新技术成果，并将这些先进制造技术综合应用于制造业产品的研发设计、生产制造、在线检测、营销服务和管理的全过程，实现优质、高效、低耗、清洁、灵活生产，即实现信息化、自动化、智能化、柔性化、生态化生产，取得很好的经济收益和市场效果的制造业总称。

从智能制造与先进制造的定义来看，智能制造代表着未来先进制造业的发展方向，智能制造与先进制造的融合发展是中国制造业转型升级的必然趋势。

2）智能制造与先进制造融合发展的方向

（1）以应用为抓手，带动制造业智能化升级。聚集重点领域，紧扣关键工序智能化、生产过程智能优化控制、供应链及能源管理优化，建设智能工厂 / 数字化车间，分类实施流程制造试点示范与离散制造试点示范，推广应用个性化定制、柔性化制造、异地协同开发、云制造等智能制造新模式，推广应用在线监测、远程诊断等智能服务和智能化管理。

（2）以装备为支撑，推动软硬件一体化发展。聚焦感知、控制、决策、执行等智能制造核心关键环节，突破关键核心与关键零部件研发过程中的瓶颈问题，开发工业机器人、增材制造装备、智能传感与控制装备、智能检测与装配装备、智能物流与仓储装备等核心技术装备。

（3）以网络为纽带，实现人、机、物的互联互通。加快高速、互联、安全、泛在的基础网络设施建设，实现设备、加工对象、生产线、制造系统、产品、供应商及人之间的智能互联。支持研发和应用高速度宽带的工业以太网交换机、网络交换机等信息网络设备，形成以服务互联网和物联网为基础的工业互联网系列基础设施。

（4）以平台为载体，促进全产业链的智能协作。集中力量突破依托泛在网络的工业互联网平台，实现制造系统中的物理对象与相应的虚拟对象之间无缝融合。加快发展智能制造基础软件统一开发平台和工程软件统一开发平台，基于上述平台自主开发智能装备亟须的嵌入式软件以及面向重点行业应用的智能工业软件。

（5）以数据为驱动，重塑制造业竞争优势。建立面向重点行业的工业云，采集产品数据、运营数据、价值链数据及外部数据，实现经营、管理和决策的智能优化。支持制造企业加大数据分析与挖掘力度，发展在线服务、虚拟试验、故障诊断、预测型维护及视觉化管理等应用。鼓励制造企业发展与用户数据对接的“以销定产”“个性化定制”等销售和服务模式，培育大数据分析处理、咨询服务、行业应用、评估担保等智能制造新产业。

9.3　中国互联网 + 智能制造产业发展最新进展分析

9.3.1　互联网 + 智能制造产业发展的关键技术取得新进展

1. 知识/技术体系总体框架

经过多年的探索与实践，“云制造技术研究与应用”团队提出了互联网 + 智能制造系统知识 / 技术体系总体框架[14]，如图 9.8 所示。

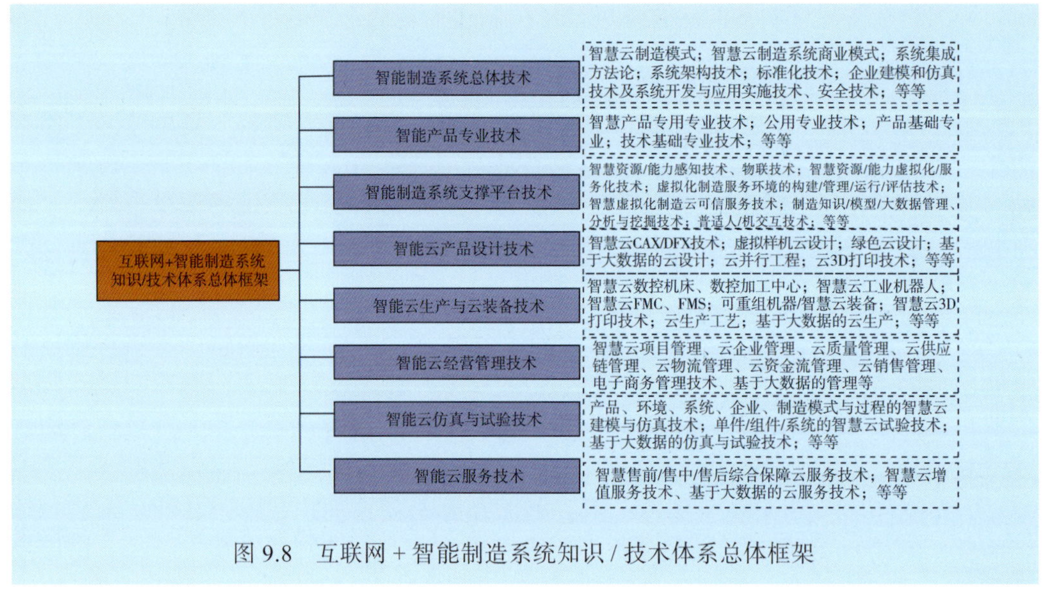

图 9.8　互联网 + 智能制造系统知识 / 技术体系总体框架

该框架列出了发展互联网 + 智能制造产业所需要突破的八项关键技术：①智能制造系统总体技术；②智能产品专业技术；③智能制造系统支撑平台技术；④智能云产品设计技术；⑤智能云生产与云装备技术；⑥智能云经营管理技术；⑦智能云仿真与试验技术；⑧智能云服务技术。

2. 工业大数据应用

1）三一重工的工业大数据应用案例[15]

易维讯系统是三一重工华兴数字公司为工程机械领域打造的信息控制大数据平台。截至 2016 年年初，平台上共有设备 88 000 余台，每日实时监控设备位置、工时、转速、主压、油耗等运行信息，是三一重工旗下挖掘机、旋挖钻机和装载机等设备全生命周期的“眼睛”。易维讯系统大数据设计要点从操作手、代理商、挖机老板、研发人员 4 个侧重点出发，采用基础矩阵分拆成基础向量，再分拆成特征值，其特征值重新组合形成自定义向量，再组合成设备信息、健康等矩阵，进而提供全生命周期的增值服务。易维讯系统面向代理商、操作手、挖机老板和研发人员 4 类主要用户提供 4 大类 99 项功能。用户可通过网页或手机 APP，随时随地掌握机器各方面的状态。此外，系统依据大数据分析，针对常用档位，按区域、载荷、温度分别进行精准控制，使新产品的动力总成效率提升 8%，油耗降低 10%。

2）燕山石化的工业大数据应用案例[16]

中国石化北京燕山分公司（简称燕山石化）联合极晨智道和上海星环科技两家单位将工业大数据技术运用到燕山石化智能工厂建设中。燕山石化目前的数据量约为 1 000 万条 / 天，每年的数据规模达到 20 ～ 30TB。设备全生命周期预知维修系统利用5台服务器组成的集群部署了星环大数据平台，包括内存计算、Hbase和流处理模块，系统实现了对数据的实时分析计算，使设备故障诊断和趋势预测等功能的延迟控制在5秒之内。该系统利用大数据分析自动生成的检修维护计划，保证了设备维护更有针对性，减少了“过修”和“失修”现象，并且能够在设备出现故障隐患时就发现设备的潜在故障，大大减少了生成装置的非计划停车，从经济方面和安全方面为企业带来了巨大的价值。

3. 系统安全应用

1）绿盟科技的云计算安全应用案例①

中国信息安全龙头企业绿盟科技是国内最早在云安全领域布局的企业，绿盟云已上线“网站安全”解决方案，以及包括“极光自助扫描”“网站安全监测”在内的Web安全、安全检测、数据安全、移动安全、邮件安全、威胁情报、流量清洗7大类共9个安全服务。该公司2016年上半年财务报表显示，报告期内公司实现主营业务收入314 662 509.38元，较上年同期增长42.86%；实现归属于上市公司股东的净利润2 834 316.55元，实现扭亏为赢。

2）贵阳经济技术开发区大数据安全产业园的建设案例[17]

2016年1月5日，贵阳经济技术开发区与中航科工集团第十研究院签署战略合作协议，携手启动建设经开区大数据安全产业园。“十三五”期间，双方将通过建设四大实验室，重点发展大数据应用安全设备、大数据安全分析处理等，促进贵阳大数据安全产业的融合创新和推广应用。该产业园将依托中国航天科工集团、网秦科技、吉贝克信息技术等国内行业领军企业，重点建设自主可控信息安全实验室、移动终端安全实验室、大数据攻防与测评实验室、大数据金融安全实验室四大实验室，提升贵阳开展大数据安全分析关键算法与业务模型研究及关键技术产品攻关的能力。

3）卫士通的物联网安全应用案例②

卫士通公司是国内较大的信息安全产品供应商，该公司通过多年的技术积累，研发了具有自主知识产权的防火墙、VPN（virtual private network，即虚拟专用网络）、网关防病毒等信息安全产品。基于这些产品，针对物联网信息安全问题，卫士通开发了智慧网关，针对物联网的安全威胁、安全架构及体系等进行了系统分析和研究。卫士通研发的智慧网关具有病毒检查、身份认证、应用访问控制等功能，用于物联网的感知层和网络，可以为物联网的安全提供标准化的安全保障。该公司2016年第一季度财报显示，报告期实现营业收入1.76亿元，同比增长高达95.63%。

---

① 北京神州绿盟信息安全科技股份有限公司2016年半年度报告.巨潮资讯网，2016。

② 成都卫士通信息产业股份有限公司2016年第一季度报告.巨潮资讯网，2016。

9.3.2 互联网＋智能制造设备的研制取得新进展

1. 智能数控

中国在中高档数控系统研究开发方面取得了长足的进步，2010 年以来，已累计在航空、航天、能源、船舶、汽车等重点领域实现了 3.5 万余台国产中高档数控系统配套应用。

2016 年 4 月，由武汉华中数控有限公司（简称华中数控）研制的华中 8 型高性能数控系统（图 9.9）成功通过成果鉴定。该系统攻克了高速高精运动控制、现场总线、多轴联动、多轴同步控制、三维加工仿真与防碰撞、机床误差补偿、机床快速调试工具、高性能伺服驱动系统控制、大功率伺服控制技术等关键核心技术，成功研制出具有自主知识产权的系列化华中 8 型高性能数控装置、伺服驱动和伺服电机成套产品。目前，该系统已在沈飞、成飞、上海航天等重点国防军工企业获得批量应用[18]。

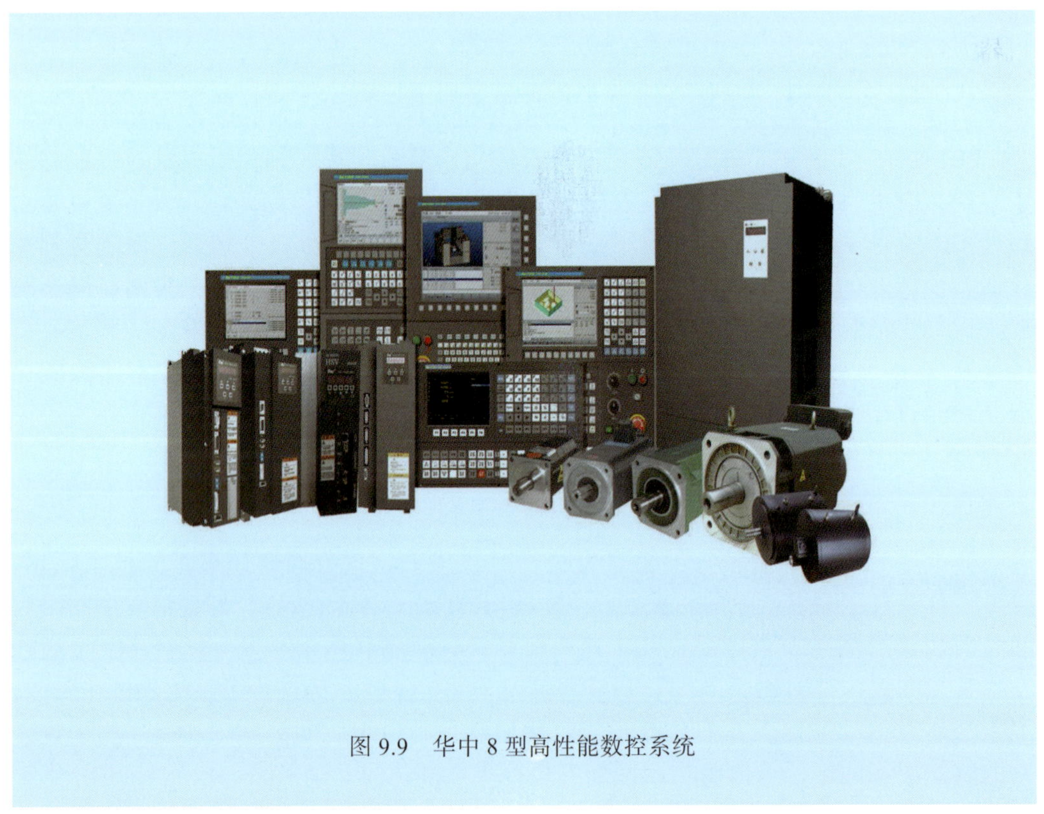

图 9.9 华中 8 型高性能数控系统

华中 8 型高性能数控系统基于云计算、大数据、CPS 等单元技术，利用控制信息、传感信息、网络信息，实现了数控设备的运行、加工、操作和编程等环节的智能化，开发了智能管理、智能调试、智能补偿、智能加工、健康保障、网络销售平台、租赁服务、云端工厂等超越国外的原创性的智能化软件；并在武汉建立了“数

控加工大数据中心”，通过无线网络监控用户企业车间生产线的相关数据，实现华中8型高性能数控系统的远程监控、加工优化、健康保障等智能化功能。华中数控由此迈出了向制造型服务业转型升级的步伐。

在华中8型高性能数控系统基础上，华中数控继续推出了针对3C［即电脑（computer）、通信（communication）和消费性电子（consumer electronic）］行业的高速钻攻中心数控系统HNC-808AM。作为国产高速钻攻中心数控系统，该系统在用户现场完成零件加工，加工效果等方面已超过国外知名数控系统水平，实现了国产数控系统在3C领域的突破。

2. 工业机器人

1）深圳创维集团：自动打螺钉机器人[①]

自动打螺钉机器人是深圳创维集团（简称创维）自主研发的典型案例，该设备主要是为了实现在线式电视后壳自动打螺钉而设计的，每台设备的使用可以节省约两个工人，取代人工实现自动化和智能化生产，减员增效，有效地提升了制造总部机器人作业的占有率。为了保证机器人的稳定性，创维对其进行了优化，如控制系统采用工控机，替代传统的PLC（programmable logic controller，即可编程逻辑控制器）和单片机，并且采用了优质的气缸和气压阀等装置。

此外，创维还建立了“整机全自动测试机器人”“整机全自动包装线”“自主研发MES系统”等多个无人化设备群，在智能制造领域走在了前列。

2）哈工大机器人集团：研发多种工业机器人

（1）复合材料装备机器人（图9.10）。实现弯头、三通、变径管、传动轴、容器、储罐和组合回转体等复杂异型复合材料壳体快速、高效、优质工业化加工成型，替代传统人工手动辅助缠绕。产品主要应用于石油、化工、航天、航空、军工、船舶、海上钻井平台、制药、电力、汽车等领域。

（2）工业教学机器人（图9.11）。建立了包括机器人实训装备、仿真教学软件、实训教材与教学管理平台的一体化教学模式，开发出了一系列接近工业实际应用并且针对教学需求专门做了优化设计的机器人产品，广泛应用于职业院校的应用人才培养、本科类院校的研发人才培养和科研类单位的学术研究。

（3）喷涂自动化机器人系统（图9.12）。该公司在喷涂机器人系统、AGV工业机器人本体等设备的研发方面也走在全国前列。涂装类产品广泛应用在陶瓷卫浴行业、汽车零部件、家具行业以及复杂异形件喷涂等方面，旨在对现有设备进行升级改造，提高产品质量、改善工作环境、节约资源投入。

① 创维：“机器人战略”敲开智能制造大门. 机器人网，2016-08-26。

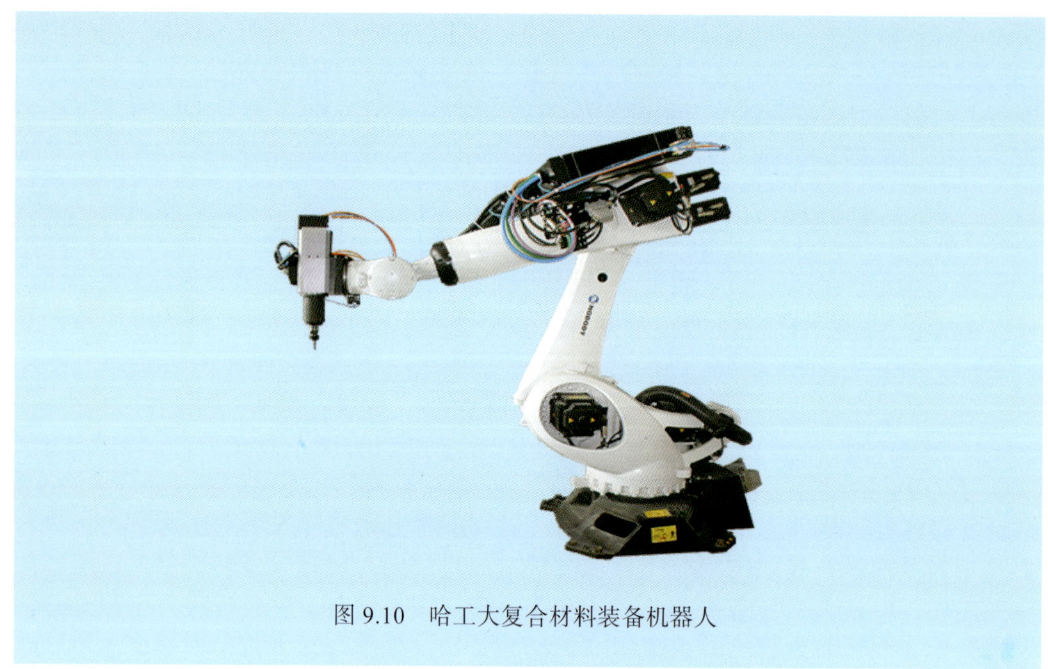

图 9.10　哈工大复合材料装备机器人

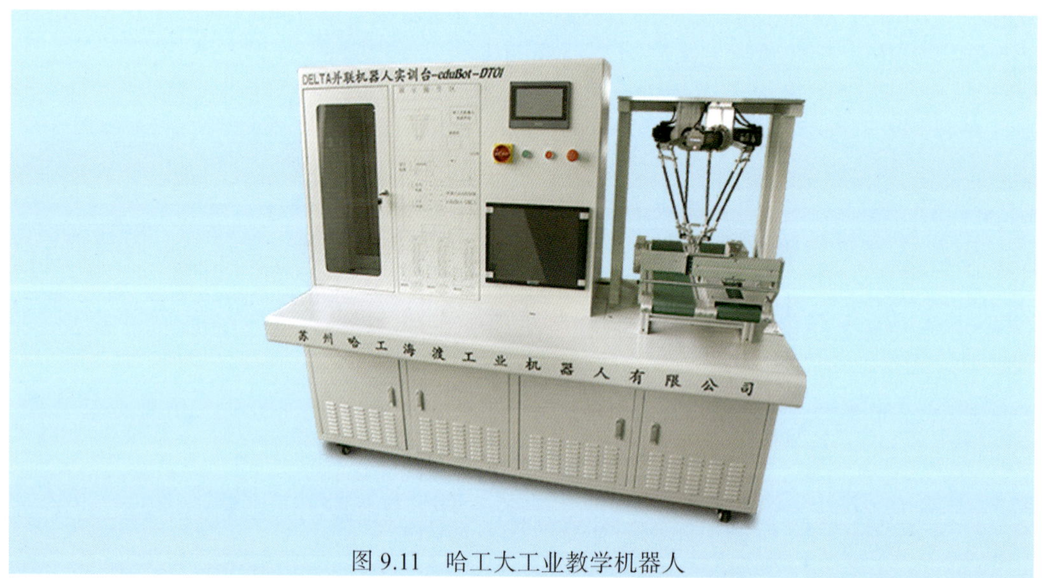

图 9.11　哈工大工业教学机器人

3. 智能工业软件

1）易云科技IME-MES智能制造管理解决方案[①]

杭州吉利易云科技有限公司（简称易云科技）的 IME-MES 智能制造管理解决方案设计结合 TOC（theory of constraints，即约束理论）、JITS（just-in-time system，即

① 中国智造起航　走近中国工业 4.0. IT 经理人世界，2015-11。

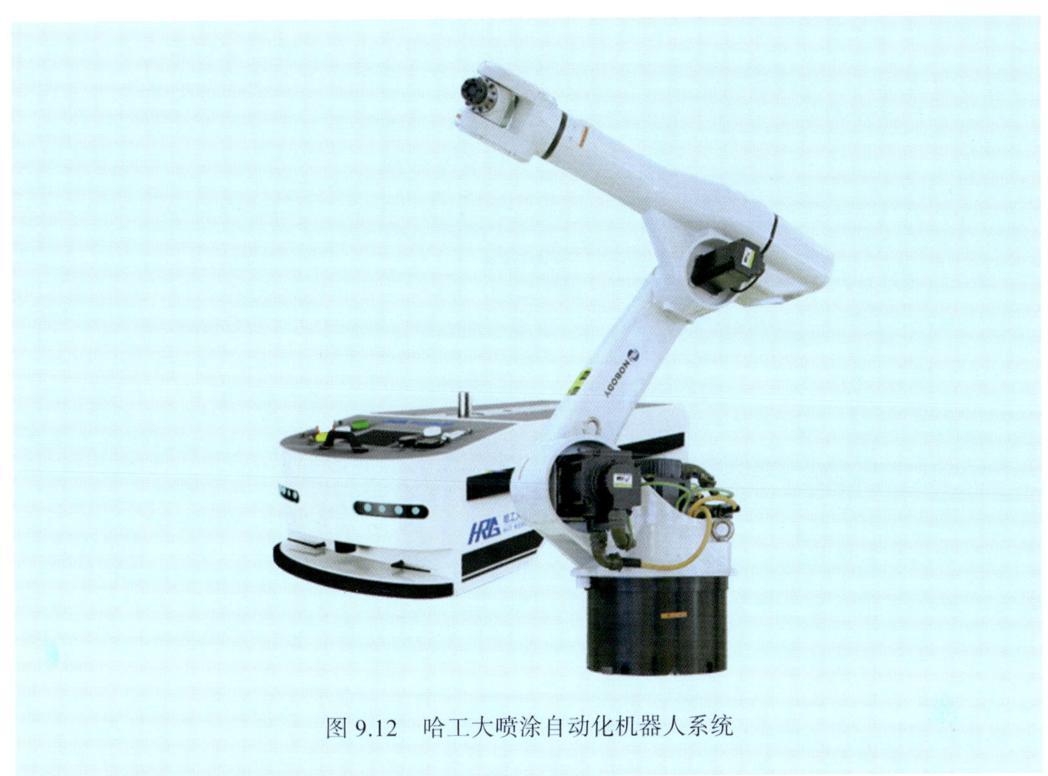

图 9.12 哈工大喷涂自动化机器人系统

即时生产系统)、机器自动化等核心技术理念，将“精益理念、智能制造系统、物联网集成、智能装备”进行全方位的整合集成，出台系统、全面、有效及分步的智能工厂建设方案，并从“数据的采集和处理”“人-机、机-机通信”“从数据、信息到决策”“迈向预测型智能制造”四个层面实施，帮助实现工厂智能管理。实施方案覆盖产品制造整个周期，从人、机、料、法、环等多个方面入手，系统地使企业智能制造生产提高现场管理水平，优化生产制造业务流程，自动化制造执行过程，最大限度地共享车间现场信息流、物流，实现订单拉动式生产。其对生产计划智能排产、生产执行、设备管理、质量管理、工艺防错管理、智能仓储及物料配送管理、ANDON① 异常管理、RFID、条码应用、机联网及自动化集成服务、大数据及智能决策等都有定制的解决方案。这套解决方案能够保证制造业的订单周期平衡、产能平衡，质量管控、产出效率、即时协同、跨地区协同等，让企业敏捷响应市场变化的同时，优化制造流程、降低生产成本。

2）西通电子的点扫描3D打印软件操作系统[19]

近年来，在全球 3D 打印技术中，光固化（stereo lithography appearance，SLA）打印技术因为高分辨率的打印表现，以及成本的下降，越来越受到市场的青睐。其中，点光源扫描（dot-scan）因成本低、使用寿命长、性能稳定、可大面积打印，成

① ANDDN：日语音译为安灯系统，是精益生产制造管理的一个核心工具。

为光固化打印技术中的主流。可是该项技术牢牢掌握在美国几家公司手中，并不开源，形成垄断局面，为中国3D打印技术设置了极高的门槛，由此导致几十亿美元的市场被独占。从2010年起，珠海西通电子有限公司（简称西通电子）投入千万元进行点光源扫描技术的研究，于2014年8月推出国内首款基于该技术的桌面式光固化打印机CTCSLA 1.0，2015年5月又推出Riverside 1.0和Riverside 2.0。在几款产品成功的基础上，西通电子正式推出点扫描3D打印软件操作系统RiverOS 1.0。

RiverOS是一套独立的软件系统，通过全新的激光光点扫描算法，振镜扫描精度大幅提高，同时打印功率大幅增强，操作界面更加人性化。该系统可兼容Formlabs、3D System、Riverside等主流桌面3D打印机机型，同时还支持用户远程控制并通过互联网提交打印任务。

9.3.3 互联网+智能制造系统的平台取得新进展

1. 制造企业主导的智能制造系统平台

1）“云东家”平台[①]

深圳前海云东家科技有限公司开发的“云东家”成立于2015年10月，为线下商家提供智能云店铺管理方案，凭借业内领先的产品积极拓展市场，不断增强行业影响力，打造服务于千万中小线下商家的云平台。

“云东家”可为线下商户提供涵盖进销存、收银、会员、门店管理、营销等多重功能的服务。通过为商家提供切实可行的远程、移动管理方案，未来还计划推出金融贷款、消费引导等领域的增值服务，真正帮助线下商家实现互联网转型和智能化升级。通过自有的“云东家”PaaS平台（platform as a service，即平台即服务），为商家提供安全可靠的SaaS服务（software as a service，即软件即服务），操作简单便捷，可延展性强。考虑到经营者需要实时查看店铺的经营情况，“云东家”还配备有手机端APP，可实时远程完成店铺管理和营销。

2）3D造云制造平台[②]

3D造云制造平台是国内真正意义上的C2M模式，即用户“直连”制造工厂，按需定制化生产制造，是真正激发用户创造产品、数据驱动制造、分布式协同式制造的平台。

3D造具备由先临三维桌面、齿科&工业高精度3D扫描，工业SLA（stereo lithography appearance，即立体光固化成型）、SLS[③]&SLM[④]，桌面FDM（fused deposition modeling，即熔融沉积造型），生物材料与细胞3D打印技术等组成的强大

① 招商局集团入股云东家，携手打造线下商家云服务平台. 中国产业经济信息网，2016-08-31。

② http://www.3dzao.cn/，2016-02。

③ SLS：selective laser sintering，即选择性激光烧结。

④ SLM：selective laser melting，即选择性激光熔化。

全方位的3D制造产业链支撑，以互联网思维，针对客户需求，支持上传模型在线下单、快速报价、极速配对、整合订单到线下服务工厂，为客户提供高效便捷、多材料支持，以及品质、工期与信誉保障的一站式制造服务。

3D造将汇聚全国的3D打印服务工厂，帮助工厂拓展线上增量订单，优化线下存量订单；同时提高设备开机率、使用饱和度和人工效率。平台还提供生产跟踪、客户信息、设备信息等管理功能，以满足客户不断向个性化定制、多元化应用等发展的需要。未来3D造还将展开拼单、众筹、协同制造等多种业务，从而达到资源最优化配置，实现客户集聚，降低产业链各环节成本，利益共享。

2. 互联网企业主导的智能制造系统平台

阿里云是阿里巴巴集团旗下云计算品牌，于2009年9月创立，专注于云计算领域的研究和研发，在杭州、北京、硅谷等地设有研发中心和运营机构。阿里云的目标是打造互联网数据分享的第一平台，成为以数据为中心的先进的云计算服务公司。

无论是创业公司还是大型央企，越来越广泛的企业群体选择云计算作为商业创新的基础设施。阿里云的客户群体中，除了互联网创业公司，开始出现中国石化、中国石油、徐工集团、12306、海关、国家电网、北京国税、新浪微博、芒果TV等大型企业和政府机构。中国气象局、华大基因则利用阿里云的计算和数据能力，在气象应用、生命科学等领域进行科技创新。

1）全产业链云服务平台

神州数码携手阿里云完善行业云解决方案，加速百万企业的云化进程，为企业打造全产业链的云服务平台[20]。

阿里云将成为神州数码在公共云领域的优选战略合作伙伴，向神州数码开放在云计算领域积累多年的专业技术与服务。神州数码则基于阿里云平台构建起神州数码企业云服务平台，在其渠道和客户群体，以及企业解决方案领域与阿里云全面协作，推动企业客户的全面云化。

为顺应企业的上云需求，神州数码集团旗下专注于企业云服务的北京神州云科信息服务有限公司（简称云科服务）打造了集IaaS（infrastructure as a service，即基础设施即服务）、PaaS及SaaS为一体的一站式、综合型企业云服务平台，形成了国内最大的云聚合资源池。与阿里云合作后，云科服务将基于阿里云自研的“飞天”平台，构建自有品牌的企业IaaS服务。通过神州数码强大的线上线下全渠道营销网络，为遍布全国的企业客户提供更加便捷、高效的云资源与云服务。

2）共享智能平台

2016年，阿里云推出共享智能平台，该平台已与阿里智能的1 000款以上产品打通，美的、鸿雁、创维等家电企业也正在接入该智能平台。智能设备将能根据周围的环境和消费者的状况自动调节温湿度、音量、灯光，消费者可以真正告别“手机当遥控器”的时代。此外，阿里云还向物联网企业优先开放电商平台，赋予淘宝众筹、潮电街等众筹分销渠道，为上述企业转型升级提供全链条技术与资源支持。

2016 年 4 月，阿里云宣布与慈溪市政府达成了一项智能家电领域的物联网创新应用战略合作 [21]，慈溪市政府引进阿里云的物联网技术和资源扶持当地家电产业智能化升级，争取实现应用智能芯片 100 万套、合作企业超过 100 家、培育示范企业近 10 家，探索传统产业物联网应用的新模式。此次合作以家电产业智能化升级为重点，整合阿里云生态中的云计算、大数据、物联网平台、操作系统、标准联网芯片模块等资源，在慈溪市传统产业领域推动大规模的创新应用。在智能制造领域合作的同时，积极创造条件，推进智能医疗、智能能源、智能家居、智慧社区、智能交通等多领域合作，把慈溪市打造成为物联网新技术、新标准的实验基地。

9.3.4　制造业与互联网深度融合的智能制造系统取得新进展

1. 云制造系统

航天云网① 是中国首个正式投入商业运营的云制造系统，目前该平台已研制出三类制造云网：航天专有云网是面向航天科工集团自身装备制造转型升级战略需求，基于航天科工集团涉密专网，面向航天复杂产品的智慧云制造服务平台 / 系统；航天公有云网是面向社会各类大中小制造企业转型升级战略需求，基于公有互联网的国内首个以生产性服务为主体的互联网 + 智能制造的大型智慧云制造服务平台 / 系统；航天国际云网是面向国际各类大中小制造企业转型升级战略需求，基于国际互联网的以生产性服务为主体的互联网 + 智能制造的大型国际智慧云制造服务平台 / 系统。

航天云网整体业务架构如图 9.13 所示。

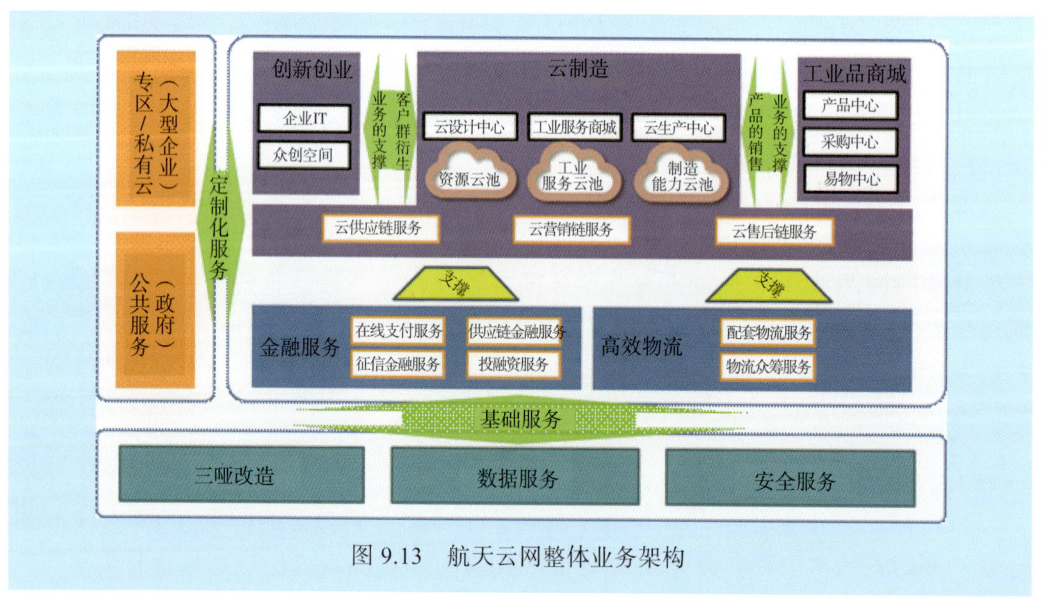

图 9.13　航天云网整体业务架构

① http://www.casicloud.com/，2016-05。

2016 年 6 月，航天云网成立一周年。截至当月，航天云网已吸引超过 12 万户企业入驻，发布航天科工 430 亿元业务需求，涉及制造业的各个门类，汇聚社会“双创”项目近千项，同时实现与国际智能制造及科技服务业的跨境对接。

2. 工业云系统

1）贵州工业云[22]

贵州工业云是面向经信委工业管控体系政务管理及服务提供的综合服务平台、产业服务平台，以及面向广大制造企业的云制造平台、工业品商城、创新创业平台。贵州工业云聚集各方优势资源，以资源整合与技术创新为贵州省大数据产业发展提供数据来源，为经济增长提供新的支撑点，为两化深度融合与工业企业创新发展提供服务支撑。

2016 年，贵州工业云平台全面上线运行，汇集 1.5 万家企业登云，推动资源及服务的持续云化，围绕协同研发、协同生产、云供应链、3D 打印等为企业提供 100 个以上云端服务。

2）长沙市工业云[23]

长沙市工业云平台由长沙市经信委牵头，联合长沙智能制造研究总院、中国电子、IBM 等公司共同打造。作为生产性服务业平台，其以云制造为核心，通过内生和外延实现产业化发展，涵盖生产制造全过程和全要素，形成多种云端形态和洞察经济形态，打造现代生产性服务新业态。

2016 年 5 月，长沙市工业云平台已启动内部测试，并逐步导入天使用户。平台试图深度整合政府资源、企业资源、金融资本、人才智库、大众创新，以构建一个开放聚合的信息化技术服务平台，为工业企业提供应用服务、平台服务和基础设施服务。

9.3.5　互联网 + 智能制造应用示范取得新进展

1. 以数字化工厂/智能工厂为方向的流程制造产业试点示范

杭州娃哈哈集团以“基于两化深度融合的食品饮料生产智能工厂试点示范”项目，成为唯一入选工信部 2015 年智能制造试点示范项目的饮料企业[24]。

食品饮料流程制造智能化工厂项目是娃哈哈集团针对食品饮料行业特点，结合娃哈哈全国性集团化管理的特点，通过信息技术与制造技术深度融合来实现传统食品饮料制造业的智能化转型。该项目以企业运营数字化为核心，结合“互联网 +”的理念，采用网络技术、信息技术、现代化的传感控制技术，通过对整个集团经营信息系统建设、工厂智能化监控建设和数字化工厂建设，将食品饮料研发、制造、销售从传统模式向数字化、智能化、网络化升级。

娃哈哈饮料智能制造还包括集团公司运营层面信息化及网络化建设和全国各生产工厂的自动化智能化建设。一方面，实现了从传感器等现场智能元件到 ERP 管理系统的全过程深度融合，构建产品在线质量监控体系，实现从原材料供应到产品销售再到客户的全程食品安全管控体系；另一方面，实现内部高效精细管理、优化外部供应链的协同，推动整个产业链向数字化、智能化、绿色化发展，提升食品安全全程保障体系。

2. 以数字化车间/智能工厂为方向的离散制造产业试点示范

法士特集团申报的“节能重卡变速器离散型智能制造试点示范”项目，入选2016年智能制造试点示范项目名单[25]。

智能制造是法士特转型升级最重要的战略举措之一。目前，法士特总体装备及智能制造已处于国内领先水平，公司关键工序数控化率达98%，已应用各类工业机器人130多台。其中，法士特与中国科学院沈阳自动化研究所联合研制建设的一条设备自动化、控制智能化、管理信息化的变速器装配线顺利投入使用，极大地提高了变速器的产品装配效率和质量，其智能装配线技术已达到国际先进水平。

该项目在变速器总成装配及部分零部件智能加工制造成功应用的基础上，围绕节能与新能源汽车传动系统产业化发展的不断变化的需求，进一步实施智能化、数字化升级，建成国内领先的集研发、生产、物流、销售、服务于一体的智能制造系统，以提高全价值链的协同运营效率，满足多品种柔性生产的需求，从而将企业拥有自主知识产权的先进变速器及传动系统的设计、加工、装配等核心技术转化为产品的核心竞争力。

3. 以个性化定制、网络协同开发、电子商务为代表的智能制造新业态新模式产业试点示范

2014年以来，报喜鸟积极响应国家“大众创业、万众创新”号召，运用互联网、物联网的先进技术和“工业4.0”的理念，建立了报喜鸟大规模个性化智能定制系统，即按照消费者的个性化订单，通过智能化数据分析和信息整合，生成订单信息指令，驱动智能工厂进行大规模的个性化制造。2015年3月，报喜鸟总部第一条智能生产流水线投产。2016年，报喜鸟申报的“服装大规模个性化定制试点示范”项目入选工信部智能制造试点示范项目[26]。

报喜鸟大规模个性化智能定制系统由多个子系统集成。首先，通过PLM系统和智能CAD系统构建智能版型模型库，实现标准化、部件化自动装配及模型参数智能改版，大规模推版速度比人工提高了50倍。其次，CAM自动裁床系统接收到排单、物料、版型、工艺等信息后，按照CAD版型数据，实现一衣一款的单件自动裁剪，不仅精准，裁剪效率还较传统的人工提高5倍以上。再次，在智能工厂内，通过RFID物联网技术将订单转化为无线电子工单数据，实现对订单状态的全程可视化跟踪；通过平板电脑和智能工艺系统的显示，指导工位实施不同订单个性化的工艺要求；通过智能吊挂系统实现一单一流；实施MES智能生产系统，以自动化传感技术整合吊挂系统和显示系统，智能、自动、精确、简单地对396个生产工艺操作进

行管控，实现作业的有序、快捷和可跟踪。最后，个性化的产品下线后，进入 WMS（warehouse management system，即仓库管理系统）系统，通过精准化的物流送至消费者；同时，通过 CRM（customer relationship management，即客户关系管理）系统管理消费者资料、体型、穿着习惯等数据，以大数据的精准方式提供进一步的个性化服务。

4. 以物流管理、能源管理智慧化为方向的智能化管理产业试点示范

2015 年，九江石化“石化智能工厂试点示范”项目入选工信部智能制造试点示范项目[27]。

九江石化智能工厂整体上分为三个层次：一是管理层，以 ERP 应用为主，包括实验室信息管理系统（laboratory information management system，LIMS）、原油评价系统、计量管理系统、环境监测系统等，主要是对生产中的人、物、数据进行管理。二是生产层，包括 MES、生产计划与调度系统、流程模拟系统，并生成企业运行数据库，管理层的原油评价数据、分析数据，以及各项目标在这一层转换成具体操作指令。三是操作层，包括 PLM 管理系统、生产调度优化系统等，具体主要根据周、日的排产计划，监测生产设备负荷、仪器仪表运行，采集实时数据等。

智能工厂建设助推九江石化扁平化矩阵式管理及业务流程进一步优化，使其管理效率大幅提升。在生产能力、加工装置不断增加的情况下，公司员工总数减少 12%、班组数量减少 13%、外操室数量减少 35%。

5. 区域、行业和企业内部运营中心试点示范

2016 年，宇通集团以“客车智能制造试点示范”项目入选工信部智能制造试点示范项目[28]。

宇通集团在遵循“总体规划，分步实施”的原则的基础上，先后推广应用了 ERP、PDM、知识化办公自动化系统（knowledge office automation，KOA）、CRM 和供应商关系管理（supplier relationship management，SRM）等系统。随后，为了适应车间内复杂多变的现场环境，宇通集团又在车间作业计划执行的过程中，在生产流水线上全面地实施了 MES 系统，从而充实了企业的软件在车间控制和车间调度方面的功能。MES 系统能够通过信息传递对从订单下达到产品完成的整个生产过程进行优化管理。当生产流水线发生实时事件时，MES 系统能够对此及时地做出反应并进行报告，运用当前的准确数据对它们进行指导和处理。这种对状态变化的迅速响应使 MES 系统能够减少企业内部没有附加值的活动，有效地指导工厂的生产运作过程，从而使其既能提高工厂的及时交货能力，改善物料的流通性能，又能提高生产回报率。MES 系统在宇通集团的实施，优化了其整个车间的制造过程，降低了企业的制造成本，提高了产品和服务的质量，以及企业的按时交货率，为宇通集团的良性运营、健康发展提供了保障。

9.4 促进中国互联网 + 智能制造产业健康发展的政策建议

9.4.1 注重复合型、跨界、融合性人才培养和科研队伍的建设

鼓励高校及科研院所设立互联网 + 智能制造新兴学科方向，加快学科建设与布局。建立跨领域立体人才培养体系，搭建互联网 + 智能制造人才供需对接平台和专业人才数据库等，构建互联网 + 智能制造人才图谱，在国家“千人计划”和“万人计划”中进一步加大对引进海外互联网 + 智能制造领域高端人才的支持力度。研究出台针对互联网 + 智能制造领域优秀企业家和高素质技术、管理团队的优先引进政策。落实科技人员科研成果转化的股权、期权激励和奖励等收益分配政策。

9.4.2 大力支持自主可控的产业互联智能制造使能软件研发

从政策、资金、人员、技术等方面，大力支持自主可控的产业互联智能制造使能软件研发，并在航空、航天、轨道交通、汽车等行业开展规模化工程应用。组建产学研用一体的国家智能制造使能软件创新网络，设立智能制造核心支撑软件开发与集成应用专项工程，协同推进智能制造核心支撑软件关键技术突破以及自主可控的工业基础软件、工业云支撑软件和工业集成框架软件的系列化成套化开发，培育具有国际竞争力的智能制造使能软件集成服务商。在航空、航天、轨道交通、汽车若干重要行业，形成国产软件全面支撑智能制造发展的工程应用与服务局面，基本摆脱对国外软件产品和技术的依赖。

9.4.3 政府主导与市场驱动相结合，刺激互联网 + 智能制造应用需求

正确引导龙头企业在“互联网 +”行动中发挥骨干带动作用，从政策、资金和技术上大力支持国有大型企业开展互联网 + 智能制造技术改造，提高设计、工艺、装备、能效等水平，有效降低成本，提升企业竞争力。另外，通过减免税收等政策手段，大力支持有特色的中小型创新企业，鼓励创新型中小企业形成细分行业的互联网 + 智能制造产业链，同时通过大企业的合理收购和公开上市等举措为风险投资提供畅通的退出通道。

9.4.4 加强法律、监管、政策三方面的统筹

加强法律统筹，重点是建章立制，统筹发展、监管、安全等重点领域的立法；加强监管统筹，重点是统筹互联网 + 智能制造产业资源、主体、行为监管，推动开展包容监管、协同监管、平台治理，为互联网 + 智能制造产业的健康发展提供基本保障；加强政策统筹，重点是加强统筹部署和指导，协同各部门共同科学决策，加大对融合创新和应用推广的政策支持。

参考文献

[1] 德国联邦教育研究部“工业 4.0”工作组．把握德国制造业的未来——实施“工业 4.0”战略的建议，2013.

[2] Rüßmann M，Lorenz M，Gerbert P，et al. Industry 4.0：the future of productivity and growth in manufacturing industries，2015.

[3] Evans P C，Annunziata M. Industrial internet：pushing the boundaries of minds and machines，2012.

[4] The Headquarters for Japan’s Economic Revitalization. New Robot Strategy，2015.

[5] 中华人民共和国国务院．国务院关于印发《中国制造 2025》的通知，2015.

[6] 中华人民共和国国务院．国务院关于积极推进“互联网 +”行动的指导意见，2015.

[7] 中华人民共和国国务院．国务院关于深化制造业与互联网融合发展的指导意见，2016.

[8] 北京市人民政府．北京市人民政府关于印发《〈中国制造 2025〉北京行动纲要》的通知，2015.

[9] 张镭．机械设备 2016 年度投资策略，2015.

[10] 中国产业信息网．2015-2020 年中国数控机床行业市场运行态势与投资潜力研究报告，2015.

[11] 工信部装备工业司．2015 全国智能制造试点示范典型经验（三）——海尔智能制造创新实践，2015.

[12] 工信部装备工业司．2015 全国智能制造试点示范典型经验（四）——长虹以大规模个人化定制驱动产业智能转型，2015.

[13] 周路菡．红领的“互联网工业”新模式．新经济导刊，2015，(9)：23-26.

[14] 李伯虎，张霖，王时龙，等．云制造——面向服务的网络化制造新模式．计算机集成制造系统，2010，16（1）：1-7.

[15] 闫鑫．基于大数据的工程机械控制信息一体化平台．2015 中国大数据技术大会，2015.

[16] 韩广新．大数据技术助力中国石化智能工厂．http://science.china.com.cn/2015-07/15/content_8073549. htm.，2015-07-15.

[17] 贵阳经开区管委会．贵阳经开区启动“大数据安全产业园”项目建设，2016.

[18] 冯举高．华中数控:“8 型大脑”实现重大突破．经济日报，2016-06-15.

[19] 廖明山．珠海西通发布首个点扫描 3D 打印软件操作系统．珠海特区报，2015-12-19.

[20] 董伟．神州数码与阿里云共建中国最大企业级云生态．中国青年报，2016-08-13.

[21] 王晓易．浙江慈溪：借阿里云顶尖科技为“家电王国”转型升级“撑腰”．信息时报，2016-05-11.

[22] 刘定珲．贵州工业新跨越：从“贵州制造”迈向“贵州智造”．贵州日报，2016-02-22.

[23] 陶芳芳，李治．长沙工业云平台投入运营．湖南日报，2016-09-07.

[24] 朱国强，饶凌云，宦建新 . 娃哈哈：当智能化遇到“工匠精神”. 科技日报，2016-06-28.
[25] 孙伟川 . 法士特智能制造迎接工业 4.0. 商用汽车新闻，2015，(25)：12.
[26] 王赛 . 报喜鸟开拓智能制造　接轨工业 4.0. 纺织服装周刊，2015，(28)：51.
[27] 夏晓 . 九江石化智能工厂引领石化工业“涅槃”. 江西日报，2015-12-11.
[28] 刘云柏 . 互联网思维下的智能制造构成和应用与意义 . 电子产品可靠性与环境试验，2015，(3)：1-6.

第 10 章

数字创意产业

汤永川　刘曦卉　王振中　盘　剑　王　健　周明全　唐智川

【内容提要】数字创意产业是在全球数字化和网络化背景下出现的一种强调想象力和创意的新兴产业。作为一种智力密集型、高附加值的新兴产业，它正处于高速增长期，在世界各国产业中的比重逐年增加，逐渐成为各国国民经济的重要支柱产业。本章主要内容包括以下四个部分：首先，结合英国、欧盟、美国、日本、韩国等国家和地区数字创意产业的各自发展路径，分析总结数字创意产业的内涵及产业范畴；其次，系统梳理国外主要经济体——英国、欧盟、美国、日本、韩国等国家和地区数字创意产业的保障措施和发展策略，阐述其在数字创意产业的发展规模和发展动态；再次，提出中国数字创意产业的核心领域（设计服务业、动漫与游戏、影视与传媒、文博）及延伸领域（旅游、体育、健康、智能家居等），论述相关产业领域的发展概况及趋势，同时分析新一代信息技术（虚拟现实技术、新一代数字媒体技术、创意大数据技术）在数字创意产业领域的重要应用及发展趋势；最后，提出中国发展数字创意产业的机遇与挑战。

10.1　数字创意产业的发展内涵

数字化技术的大规模应用正有力推动着产业升级，催生新的业态，并引发新的变革。对于众多行业，数字化不仅改变了产品的设计、生产、销售和服务方式，也改变了企业的管理策略和商业模式[1]。对设计服务业和文化创意产业来说，数字化也带来了深刻的影响。在 3D 打印、移动互联网、云计算、大数据、物联网及虚拟现实等高新技术影响下，数字创意产业正在逐步形成。

数字创意产业是在全球数字化和网络化的背景下，将数字信息技术融入设计服务业与文化创意产业而形成的新兴产业。从农耕时代的传统文化艺术及手工艺，到工业时代的文化创意产业与设计服务业，再到当前知识经济时代的数字创意产业，反映了创意活动不同时代的发展趋势与方向。数字创意产业以文化艺术资源为基础，以数字信息技术为支撑，以网络智能、共创分享的生产和传播方式为主导，以文化艺术与经济科技的结合为自身特征，涵盖设计、制造、传播、流通、消费等产业发展全过程，是跨界融合的新型产业。数字创意产业的核心领域包括三个层面：一是以引领制造业发展为主的设计服务业；二是以内容创作为主的美术、摄影、音乐、舞蹈、动漫、游戏、影视、传媒以及文博等；三是包括支持数字创意产业核心领域发展的技术、装备及标准。数字创意产业作为新的业态，正在与其他产业实现交叉融合。

数字创意产业是当今世界发达国家经济社会发展的重要组成。它和文化产业、内容产业、版权产业以及休闲体验产业等概念相交错，形成了新的产业发展方向和模式。近几年，英国、美国、日本、韩国、新西兰以及新加坡等都致力于加快发展数字创意产业，总体形成了全球数字创意产业快速发展的态势。

10.1.1 数字创意产业定义的提出及领域内涵

1998 年，《英国创意产业路径文件》首先提出了创意产业这一概念，并将其定义为“源于个人创意、技巧及才能，通过知识产权的生成和利用，具有创造财富并增加就业潜力的产业”。2002 年，英国经济学家霍金斯（John Howkins）在其出版的《创意经济》一书中，将创意产业界定为其产品都在知识产权法的保护范围内的经济部门，认为版权、专利、商标及设计产业共同组成了创意产业和创意经济。2004 年，联合国教育、科学及文化组织（简称联合国教科文组织）将文化产业定义为“按照工业标准生产、再生产、储存及分配文化产品和服务的一系列活动”，显然这一定义也已延伸到创意产业领域。

文化产业在中国是一个独立的产业领域。国家统计局对文化产业的定义如下：为社会公众提供文化、娱乐产品和服务的活动，以及这些有关活动的集合[2]。从概念上看，中国的文化产业侧重点在于与文化相关的活动，强调社会价值，而不是由文化带来的市场价值和经济价值。但目前中国还没有形成统一公认的关于数字创意产业的概念或定义。目前出现的相关概念有信息内容产业、数字内容产业、文化创意产业以及文化产业等，但数字创意产业的概念显然有别于以上所有概念。不过这些相关概念的出现，从一个侧面反映出了中国数字创意产业正在对国家经济及社会发展产生积极作用和重要价值。同时，作为新兴产业，目前数字创意产业完善的产业链和稳定的产业结构还有待形成，因而暂时还难以从宏观角度上进行完整的统计。实际上，当前各主要发达国家对数字创意产业的理解和发展重点也不尽相同。

1. 英国及欧盟

英国是最早提出文化创意产业的国家。近年来，随着数字化技术对文化创意产业的影响日益增强，英国也在对文化创意产业的范畴进行调整，以体现数字化的趋势。英国政府从 1991 年开始重视创意产业的发展，1997 年 5 月布莱尔首相上任之初就成立了创意产业工作小组，以推动英国文化创意产业。1998 年，英国创意产业工作小组在《英国创意产业路径文件》中，首次对创意产业进行了定义，即“源于个人创意、技巧及才能，通过知识产权的生成和利用，具有创造财富并增加就业潜力的产业”，这一概念强调了创意产业的主要特点，即个人创意、才华的重要性，以及其能否带来价值、创造财富。英国开创了创意产业的先河，使创意及其相关产品真正成为一个产业并得到发展[3]。英国政府将 13 项内容（表 10.1）归入创意产业的范围中，包括广告、建筑、艺术品和古玩、手工艺、设计、时尚设计、电影和录像、互动休闲软件、音乐、表演艺术、出版、软件与计算机游戏、广播和电视[4]。其中出版、音乐、广播和电视、电影和录像、互动休闲软件及软件与计算机游戏等门类是数字创意产业的主要构成。

表 10.1　英国文化创意产业的分类及内容

分类	内容
产品类	出版、广播和电视、电影和录像、互动休闲软件、时尚设计
服务类	软件与计算机游戏、设计、音乐、广告、建筑
艺术 + 工艺类	表演艺术、艺术品和古玩、手工艺

英国作为老牌创意产业国家，创意产业已经占到了整个经济的 9.7%，并提供了超过 250 万个工作岗位，这比英国金融服务业和高端制造业提供的就业岗位要多。英国的创意产业一直是其他国家研究和学习的主要对象。尽管如此，英国一家独立的创新基金会在 2013 年发布了一份《创意经济宣言》，指出英国原有的创意产业的定义、相关政策和经营模式已经跟不上互联网时代的发展。该宣言建议英国政府重新定义创意产业，将创意产业简化为“专门使用创意才能实现商业目的的部门”进而扩大分类；同时还建议充分利用互联网资源，在教育方面加强数字化技术的普及，通过税收政策鼓励创意创新等。

欧盟在 2007 年对文化创意产业的定义中（图 10.1），明确地划分了三个层面以及与其密切相关的制造业活动。其中文化创意产业的核心区域为视觉艺术、表演艺术、文化遗产，向外拓展到文化产业，如电视视频、电视广播、电子游戏、音乐、书籍与出版，再到创意产业与活动，如设计、建筑、广告等。而与文化创意产业密切相关的制造业活动有个人计算机制造业、音乐播放器制造业、手机制造业等。

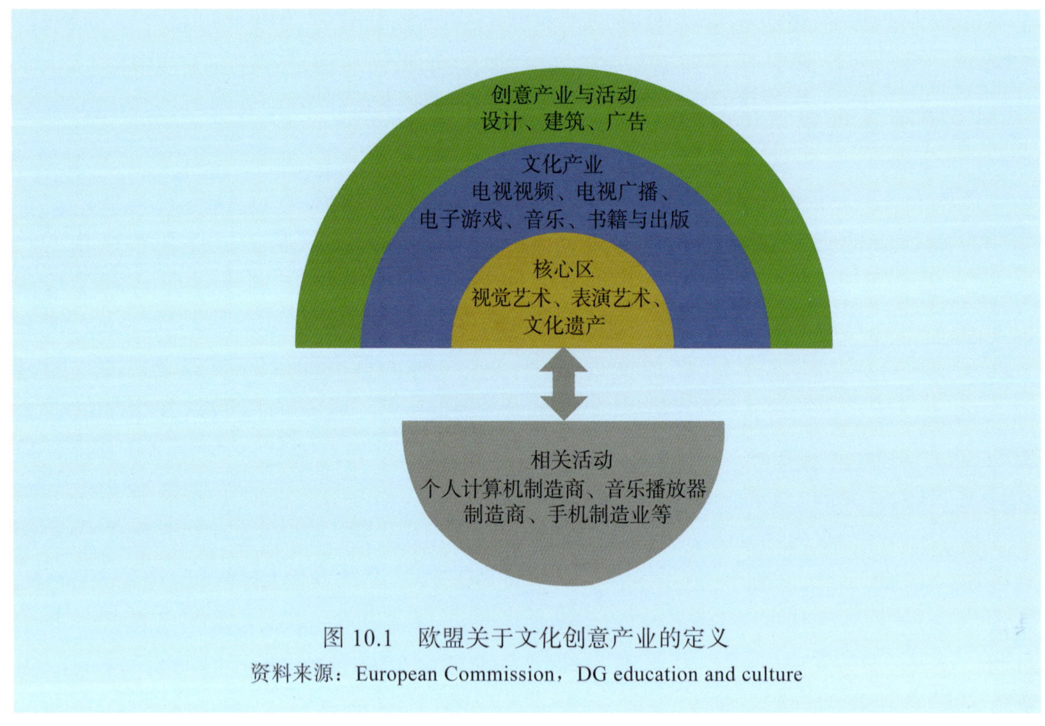

图 10.1　欧盟关于文化创意产业的定义

资料来源：European Commission，DG education and culture

2. 美国

美国将文化创意产业定义为“从个人的创造力、技能和天赋中获取发展动力的企业，以及那些通过对知识产权的开发可创造潜在财富和就业机会的活动”。与英国的传统定义相比，美国创意产业的定义更具包容性，即“包含多种具有内部联系的、致力于提供创意服务的产业部分”①，显然美国强调创意产业的服务业属性。美国创意产业各部分所包括的内容见表 10.2。

表 10.2　美国文化创意产业的分类及内容

分类	内容
市场营销	广告和市场营销机构及从业者
建筑	建筑企业和建筑设计师
视觉艺术 + 手工	博物馆、画廊、管理者、艺术家、工匠和制作者
设计	产品、室内、图形、服装的设计公司和设计师
电影 + 媒体	电影、动画、电视和广播，组织者和个人
数字游戏	生产游戏的企业、程序员和个人
音乐 + 娱乐	场地、剧院、制作人及音乐人和表演者
出版	印刷与数字出版，内容制造者、编辑者和作者

① 美国麻省官方网站，http://www.mass.gov/hed/economic/industries/creative/createmass.html。

美国凭借其知识产权的重要地位，将与文化产业相关的产业称为版权产业，通过对版权的控制来反映文化产业的特点。版权产业在美国可以说是文化产业的代名词，其产业中的主要内容包含文化、创意、数字内容等多方面信息。美国目前持续加大对数字化技术和社交媒体的研发，继续保持高水平创意人才数量的全球领先地位。

3. 日本与韩国

日本的数字创意产业采用的是另外一个概念——数字内容产业。内容产业有两种版本的定义。版本一将内容产业定义为“那些制造、开发、包装和销售信息产品及其服务的产业”，这一定义最早由欧盟在《信息社会2000计划》中提出，可称为欧盟版本。版本二将内容产业定义为“加工制作文字、影像、音乐、游戏等信息素材，通过媒介流通到用户的信息商品，包括瞬间可以接收、消费的信息和历经百年拥有大批读者的文学作品”[5]，这是日本经济产业省在《新经济成长战略》（2006年）中所提出的定义，可称为日本版本。从概念上看，日本版本的定义强调信息产品需要通过某种媒介进行传播、消费使用及产生价值，从而形成实际意义上的内容产业。其数字内容产业则是指以数字形式记录的内容产业，它从传统的内容产业基础上发展演变而来。日本数字内容协会将数字内容产业分为以下四个方面，即音乐、影像、游戏和信息出版，这几个门类的数字化产品结合新媒体模式形成了日本数字内容产业的主体部分。

20世纪90年代，韩国开始重视文化产业的作用，并将文化产业作为一种新的产业机会进行发展。随着数字化技术的发展，数字创意产业开始成为韩国文化产业的重要组成部分，同日本一样，韩国采用的也是数字内容产业这一概念。《韩国2003年信息化白皮书》中将数字内容产业定义为“利用电影、游戏、动漫、唱片、卡通、广播电视等视像媒体或数字媒体等新媒体，进行储存、流通、享有的文化艺术内容的总称”。韩国的数字内容产业包括数字游戏、数字动漫、数字学习、数字内容软件、数字影音、移动增值服务和网络服务、数字出版等领域。从其概念中可以看出，韩国数字创意产业强调的是通过新媒体方式流通的数字化的文化艺术内容，注重数字化背景下传统文化和现代文化带来的价值，其数字创意产业包含的内容和范畴要大于日本对数字内容产业的划分。

10.1.2 数字创意产业的范畴

创意和技术是数字创意产业的两大特征。创意是数字创意产业价值的核心、发展的生命线和利润的源泉。技术让数字创意产业实现了创意范围、创意手段与商业模式的突破。正是创意与技术的有机结合使数字创意产业成为目前回报率最高、增长速度最快的产业之一。在创意特性和技术特性的驱动下，影响数字创意产业发展的关键结构因子包括：政治因子——创新型、服务型政府以及知识产权与法律法规；经济因子——中小创意企业与风险资本；社会文化因子——原创多元的包容文化与另类创意人才；技术因子——数字化、网络化技术等。通过对各国关于文化创意产业的分类汇总（表 10.3），可以对数字创意产业的范畴建立一个初步的概念。

表 10.3　各国文化创意产业定义与范畴对比

国家	名称	定义	分类
英国	创意产业	源于个人创意、技巧及才能，通过知识产权的生成和利用，具有创造财富并增加就业潜力的产业	出版、广播和电视、电影和录像、互动休闲软件、时尚设计、软件与计算机游戏、设计、音乐、广告、建筑、表演艺术、艺术品和古玩、手工艺
美国	版权产业	从个人的创造力、技能和天赋中获取发展动力的企业，以及那些通过对知识产权的开发可创造潜在财富和就业机会的活动	文化、创意、数字内容
日本	数字内容产业	加工制作文字、影像、音乐、游戏等信息素材，通过媒介流通到用户的信息商品，包括瞬间可以接收、消费的信息和历经百年拥有大批读者的文学作品	音乐、影像、游戏和信息出版
韩国	数字内容产业	利用电影、游戏、动漫、唱片、卡通、广播电视等视像媒体或数字媒体等新媒体，进行储存、流通、享有的文化艺术内容的总称	数字游戏、数字动漫、数字学习、数字内容软件、数字影音、移动增值服务和网络服务、数字出版等

从各国关于文化创意产业的定义和分类中不难发现，虽然它们都是利用传统的产业属性进行划分，但都在不同程度上反映了数字化技术的影响。在中国，作为战略性新兴产业重要组成部分的数字创意产业是数字信息技术与文化创意高度融合的产业形式，内容涵盖设计服务业、数字游戏、互动娱乐、影视动漫、数字学习、数字出版、数字典藏、数字表演、网络服务、内容软件等，同时还渗透扩散到相关产业部门，为三网融合、云计算、大数据以及虚拟现实等新兴技术和产业提供内容支撑。作为一种智力密集型、高附加值的新兴产业，数字创意产业正处于高速增长期，在世界各国产业中的比重逐年增加，逐渐成为各国国民经济的重要支柱产业之一。

10.1.3　发展数字创意产业的意义与价值

数字创意产业定义的提出与产业发展对中国经济的可持续发展、和谐社会的塑造、中华文化的振兴都有着重要意义和价值。

（1）经济价值与影响。普华永道（Price Water House Coopers）《2012-2016 年全球娱乐及媒体行业展望》的研究结果表明，在经济危机背景下创意产业继续保持着增长，2011 年全球娱乐与媒体支出共增长了 4.9%。其在《2016-2020 年全球娱乐及媒体行业展望》报告中进一步预测，全球娱乐及媒体行业的收入将在未来 5 年内实现 4.4% 的年均复合增长率，从 2015 年的 1.72 万亿美元上升到 2020 年的 2.14 万亿美元。联合国《创意经济报告 2010》中也曾指出，2008 年的金融危机爆发使全球贸易额减少了 12%，但同时创意产品与服务的世界出口额却仍保持增长，达到 5 920 亿美元。联合国在《创意经济报告 2013》中进一步指出，创意经济继续在创造收入、创造就业机会和出口收入方面成果卓著，而且已经成为更加强劲的发展驱动力，特别是创意城市网络，包括文学之都、电影之都、音乐之都、民间手工艺之都、设计之都、媒体艺术之都、美食之都正在形成。中国的很多城市都被纳入这一网络，是该网络占比最高的国家。其中，深圳、上海和北京是设计之都，哈尔滨是音乐之都，杭州是民间手工艺之都，成都是美食之都。随着新一代信息技术的不断发展，文化创意产业不仅仍然发展迅速，而且在全球范围内都显示出不同程度的越界扩容与转型升级。西方发达国家已经开始制定相关政策，促进数字创意产业的发展与壮大。中国也必须紧紧抓住历史机遇，大力发展数字创意产业。

（2）文化与社会效益。数字创意产业的知识密集型、高附加值、高整合性的特点，对提升中国产业发展水平、优化产业结构具有不可低估的作用。发展数字创意产业，其核心是增长方式的转变、发展观念的转变、发展模式的创新，这将有利于全面提高中国的发展水平，把经济社会发展切实转入全面协调可持续发展的轨道。数字创意产业的发展理念是在数字化和网络化背景下，通过新商业模式和服务模式促成不同行业、不同领域的跨界融合，以推动文化发展与经济发展；并且通过在全社会推动创造性发展，来促进创新创业及社会创新。数字创意产业的发展可以有效地拉动社会就业，提高国民收入和税收，有助于经济可持续发展，使成千上万的人发挥自己的创造才能。无论在发达国家还是发展中国家，数字创意产业都是国家经济发展的重要组成，对价值创造、社会就业和出口贸易都有十分重要的作用。

10.2 国外数字创意产业发展现状

文化创意产业是全球经济的支柱产业，对世界经济和社会就业做出了巨大贡献，无论是在发达国家还是在新兴市场经济体中其都开始成为重要的战略性资产。近期，联合国教科文组织与国际作者和作曲者协会联合会发布了文化创意产业最新研究报告——《文化时代：全球文化创意产业总览》。研究报告显示，2013 年，全球文化创意产业收入总额为 2.25 万亿美元，占世界各国国内生产总值（GDP）总量的 3%，超过了通信业（1.57 万亿美元）；为世界各国创造了 2 790 万个就业岗位，占世界就业总人口的 1%，高于欧洲、日本和美国汽车制造业就业人口的总和（2 500 万人）[6]。

该研究报告全面展示了文化创意产业的多极世界，全景呈现出世界文化的多样性。报告分别对亚太、欧洲、北美、拉美、非洲和中东地区的文化创意产业中广告设计、建筑艺术、图书、电子游戏、音乐、电影、报刊、演出、广播、电视、视觉艺术 11 个领域进行了综合分析研究。数据显示，亚太地区是世界文化创意产业最繁荣的地区（总收入 7 430 亿美元），其次是欧洲地区（总收入 7 090 亿美元）、北美地区（总收入 6 200 亿美元）、拉丁美洲地区（总收入 1 240 亿美元）以及非洲和中东地区（总收入 580 亿美元）。 报告指出，在数字化技术推动下，数字经济的繁荣发展对某些传统行业，如平面媒体、实体书店等造成影响，但为更多的相关领域注入了发展活力。2013 年文化创意产业为世界数字经济创造了 2 000 亿美元的利润，大大提高了数码设备的销量和宽带通信服务需求，其中数字广告创作收入为 851 亿美元；数字文化终端设备销售额为 263 亿美元；数字化文艺作品网络销售额为 660 亿美元；文化媒体网站广告收入为 217 亿美元。

10.2.1 英国及欧盟

在欧洲，英国的创意产业发展最为成熟，并形成了完整的产业链。首先，政府从政策上支持创意产业的发展，并成立专门机构和部门指导创意产业的发展，包括专门的文化创意产业工作小组、英国国家科学与艺术基金会以及英国文化媒体和体育部。其次，注重培养创意人才。2008 年，英国文化媒体和体育部发布“创意英国：新人才创造新经济”的战略计划，向文化创意产业特别是青少年创意教育投资 7 050 万英镑。2013 年 3 月，英格兰艺术委员会正式启动了一项“创意产业就业计划”，拨款 1 500 万英镑帮助年轻人获得文化艺术方面的技能和工作经验。这些创意人才培养计划对推动英国成为世界创意中心发挥了关键作用。最后，英国致力于通过立法为创意产业发展提供有力保障，陆续通过的法案有《广播法案》《通讯法案》《电影法案》《数字经济法案 2010》《现场音乐法案》等。

当前，文化创意产业已经成为英国经济增长的支柱产业。根据英国文化媒体和体育部 2014 年的《创意产业经济评估》报告，创意产业每年为英国经济带来 714 亿英镑收益，创意产业在 2012 年的总收益增长 9.4%，超过英国其他产业，成为增速最快的产业，其中计算机软件、广告业、影视业和文博机构增长最快。与此同时，创意产业还为 168 万人提供就业岗位，占英国总就业人口的 5.6%。创意产业不仅在经济中占有绝对地位，也融入了全民的生活中。政府利用数字化技术开发多家博物馆、数字图书馆并将所有数据档案数字化，数字电影、音乐、休闲软件等创意产品充斥着人们的生活，全民都在使用和享受数字创意产业的成果。

普华永道 2015 年的研究报告《创意欧洲的数字化未来——数字化和互联网化对欧洲创意产业的影响》显示，大规模及高效使用数字化、网络化技术已经彻底改变了创意产业。欧盟 27 国创意产业收入，包括数字创意和非数字创意产业，在 2003 ～ 2013 年增长了 12%，从 2003 年的 1 762 亿欧元增长到 2013 年的 1 977 亿欧元。所有创意产业的增长来源于数字创意产业。创意产业从 2003 年到 2013 年，每年利润增长 420 亿欧元。但是，非数字创意产业利润每年负增长 140 亿欧元，而在这期间数字创意产业每年净增长 560 亿欧元。欧盟消费者媒体普及率每年持续增长 4%；创意产业销售收入增加 12%，其中数字游戏的增长速度超越所有其他行业。电影和电视部门保持了 3% 的稳定增长，图书出版的增长率是 1%；期刊和音乐的增长率平均下降了 2%。

欧盟委员会于 2011 年开始提出“创意欧洲”大型文化基金项目，旨在为欧洲的电影等文化创意产业提供资金支持，提高其对就业和经济增长的贡献。“创意欧洲”项目从 2014 年开始实施，计划 7 年里（2014 ～ 2020 年）投入 14.6 亿欧元支持文化创意产业的发展。“创意欧洲”计划至少支持 25 万名艺术家和文化专业人士，促进其作品创作和发行；至少 800 部欧洲电影将获得发行上的支持；至少 2 000 家欧洲电影院将获得资金支持；至少 4 500 本书籍及其他文学作品将得到翻译支持；数以千计的文化、视听机构及专业人士将得到培训机会，掌握数字化时代的新技能。欧盟委员会估计，数百万人将直接或间接地得到“创意欧洲”的支持[7]。

10.2.2 美国

创意产业是美国经济的主要驱动力之一。美国经济分析局（Bureau of Economic Analysis，BEA）于 2015 年 1 月发布了美国创意产业 1998 ～ 2012 年的统计数据。数据表明，创意产业在 2012 年为美国经济贡献了 6 980 亿美元，占美国商品与服务生产的 4.32%。创意产业在 2012 年共提供了 470 万个工作岗位，其中核心产业部分提供了 100 万个工作岗位，而边缘支持产业部分提供了约 350 万个工作岗位。前者提供最多工作岗位的为广告产业，岗位数约为 13.35 万；后者提供最多工作岗位的为政府部门，岗位数约为 110 万。另一份来自民间组织美国人艺术协会（Americans for the Arts）的统计报告则显示，截至 2015 年 1 月，创意企业总共 70.2 万家，占全美国企业总数的 3.9%。其中，华盛顿、纽约、加利福尼亚三个州（市）的创意产业最为发达[8]。

美国创意产业的产生、发展与技术变革密不可分。特别是自 20 世纪 90 年代以来，美国有 2/3 的就业是由信息技术直接或间接创造的，美国经济增长的 1/4 以上归功于信息技术。此时，创意产业已经具有完整的产业门类，在国民经济中发挥着越来越重要的作用。美国电影、音像等视听产品出口额仅次于航空航天工业，成为利润最大的行业之一；在全美最富有的 400 家公司中，从事文化产业的企业有 72 家；在全球 500 强企业中，美国的时代华纳、迪士尼、维亚康姆、新闻集团、贝塔斯曼等都是典型的文化企业[9]。

美国之所以成为数字创意产业的全球的引领者，原因在于其高度重视数字化技术在创意产业的应用以及对原创的重视和对知识产权的保护。科技含量高、数字化技术应用快是美国创意产业成功的重要原因，尤其是在媒体与娱乐领域。以美国电影业为例，其电影产量仅占全球的 6%，而市场占有率却高达 90%。迪士尼基于对先进数字化技术和原始创意的有机结合，保证了其每个动画片的市场规模均保持在 10 亿元左右。

美国政府采用“无为而治”的策略为创意产业的发展提供了宽松的环境。在行政体制上，美国没有文化部；在文化政策方面，也少有官方文化政策文件。政府仅通过高水平的管理以及对知识产权的保护，促进创意产业的发展。美国国会先后通过了《知识产权法》《半导体芯片保护法》《跨世纪数字知识产权法》《电子盗版禁止法》《伪造访问设备和计算机欺骗滥用法》等一系列有关知识产权保护的法律法规，为创意产业的繁荣和发展提供了法律保障。美国各州政府和市政府等各级政府都十分重视创意产业。例如，马萨诸塞州政府设立了创意经济委员会，负责立法和制定政府策略，以促进州内创意经济的发展。又如，纽约市政府在创意产业方面的投入力度空前，在布隆伯格担任市长期间，创意产业在纽约经济中的重要性日益增加，各地区文化创意活动十分丰富活跃。

另外，美国在创意产业园区的经营管理方面具有无可比拟的优势和经验。美国的创意产业园区发展大致经历了以下四个阶段：① 20 世纪 50 ～ 80 年代属于初级阶段，大多数园区都由政府和社区合作建立，以非营利性机构的形式存在，基本上以混合型的园区为主；② 80 年代中后期开始从单个园区向系统园区过渡，政府提供信息和网络支持，同时政府部门、企业界、教育研究机构、社会团体开始全面协作，园区的经营主体转向多元化；③ 90 年代前期园区的服务对象由内而外扩张，越来越注重创新；④ 90 年代后期至今出现了很多创业园区集团。美国发展文化创意目标明确，重点培育创意市场，注重集聚效应，打造并完善了创意产业链，从而形成了一系列产业集群。

10.2.3 日本与韩国

日本是亚洲数字创意产业最为发达的国家。日本政府各种法规和措施的颁布是推动其数字创意产业发展的基础动力和保障，《内容促进法》《知识财产推进计划》等直接促进了数字创意产业的发展。这些政策和计划通过一系列的具体发展措施来强化创意人才的培养，发挥人才在内容制作、发行等一系列产业链过程中的积极作用。与此同时，政府采取积极措施建立与企业之间的良性合作关系，给予企业政策、资金以及市场上的支持。除政府的力量外，日本数字内容协会、日本设计振兴会等组织也是推动数字创意产业发展的中坚力量，其通过举办展览评选、人才培训、国际交流等各种活动来促进日本数字创意产业的发展。进入 21 世纪以来，日本数字创意产业占到亚太地区市场规模的一半以上。日本《数字内容白皮书》中的统计资料显示，其数字创意产业的发展规模和市场总值仅次于美国，位居世界第二位。

为推动数字创意产业的发展，韩国政府先后出台了《韩国信息基础设施计划》《网络韩国 21 世纪计划》《电子政府推进计划》等政策。其信息通信部推出了《数字内容产业发展综合计划》，加大政府和民间对数字创意产业的投资；文化观光部将数字内容列为国家重点发展的战略性产业；文化观光部、产业资源部以及信息通讯部通力合作，建立“游戏技术开发中心”等部门，重点扶植游戏产业；韩国政府还在韩国之外的国家建立了许多文化推广机构，从事韩国文化的推广和宣传事业。韩国在数字创意产业的发展过程中坚持“OSMU”（one source multi use）的理念，即“一个来源，多种用途”，将一个创意题材用在不同的项目中，使数字创意产业拥有持久的生命力。

10.3 中国数字创意产业发展现状

10.3.1 中国数字创意产业发展概况及趋势

近几年，中国开始重视数字创意产业的发展，先后制定了一系列政策措施来推动其发展，包括《国务院关于进一步促进资本市场健康发展的若干意见》《国务院关于推进文化创意和设计服务与相关产业融合发展的若干意见》《国务院关于加快发展对外文化贸易的意见》。2016年的《政府工作报告》在“加强供给侧结构性改革，增强持续增长动力”方面首次提出了“大力发展数字创意产业”[10]。全国人大审议通过的《中华人民共和国国民经济和社会发展第十三个五年规划纲要》（简称《“十三五”规划纲要》），在第二十三章“支持战略性新兴产业发展”中明确列出了数字创意产业[11]。发展数字创意产业，将为转变经济发展方式、促进消费增长、繁荣群众文化生活、引领社会风尚提供有力支撑和有效供给。

在一系列政策推动和财政支持下，中国的数字创意产业发展势头迅猛。以上海市为例，近年来上海市抓住上海自由贸易试验区开放机遇，充分利用联合国教科文组织“创意城市网络”的平台功能，大力提升上海市数字创意产业竞争力、影响力和经济贡献度，文化创意产业占上海市地区生产总值的比重已经超过10%。上海市文化创意产业推进领导小组办公室于2016年3月发布了《上海市文化创意产业发展三年行动计划（2016—2018年）》，将2018年创意产业发展目标设定在占全市地区生产总值的比重超过12.6%，“十三五”末占比超过13.0%。该三年行动计划特别强调了云计算、大数据、物联网等新一代信息技术在创意产业的创新应用，重点发展设计服务业、电影业、网络媒体业、数字娱乐业等数字创意产业，并且通过创意产业与科技的融合、与制造的融合以及与金融贸易的融合来推动数字创意产业发展[12]。上海市创意产业在短短几年时间里，获得了快速发展，推动了一批创意型行业起飞，建立了一批具有很高知名度的创意产业园区，聚集了一批具有创造力的优秀创意人才。数字创意产业已经成为上海市的支柱性产业之一，成为“创新驱动、转型发展”的重要力量。

根据创意过程中使用的技术手段以及产出成果的数字化程度，中国数字创意产业可以划分为三类，即设计服务、文化创意（内容）及传统艺术与手工艺。在这三类之中，内容与设计服务是数字创意产业的核心领域，因为它们直接利用数字化工具创意出数字化的成果（图10.2）。

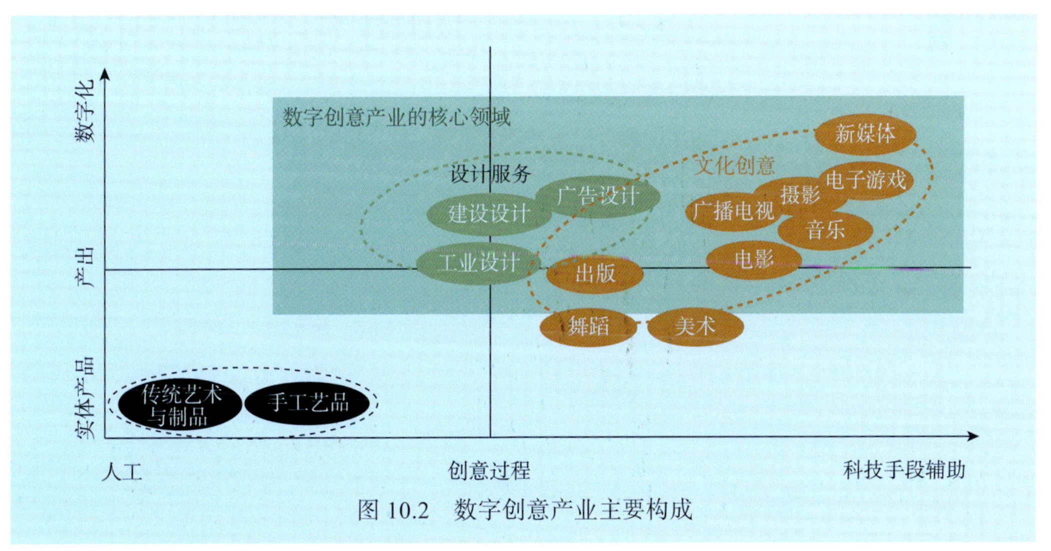

图10.2 数字创意产业主要构成

根据数字创意产业自身的构成，可将其分为设计服务、数字文化内容。借助数字信息技术和工具，这些构成可进一步形成数字创意的服务平台，如文化大数据、内容资源平台等。除了这些主体构成外，还有技术基础的支撑，即数字创意的核心技术与装备及其标准。数字创意产业主体与技术基础的整合，能够促进数字创意产业的发展（图 10.3），使数字创意产业在具备自身产出的基础上，同时具备为其他产业服务的能力。多样化的数字创意产业领域，通过新产品、新服务、新商业模式和交叉融合的新型业态，形成数字创意产业向其他产业无边界渗透的格局。

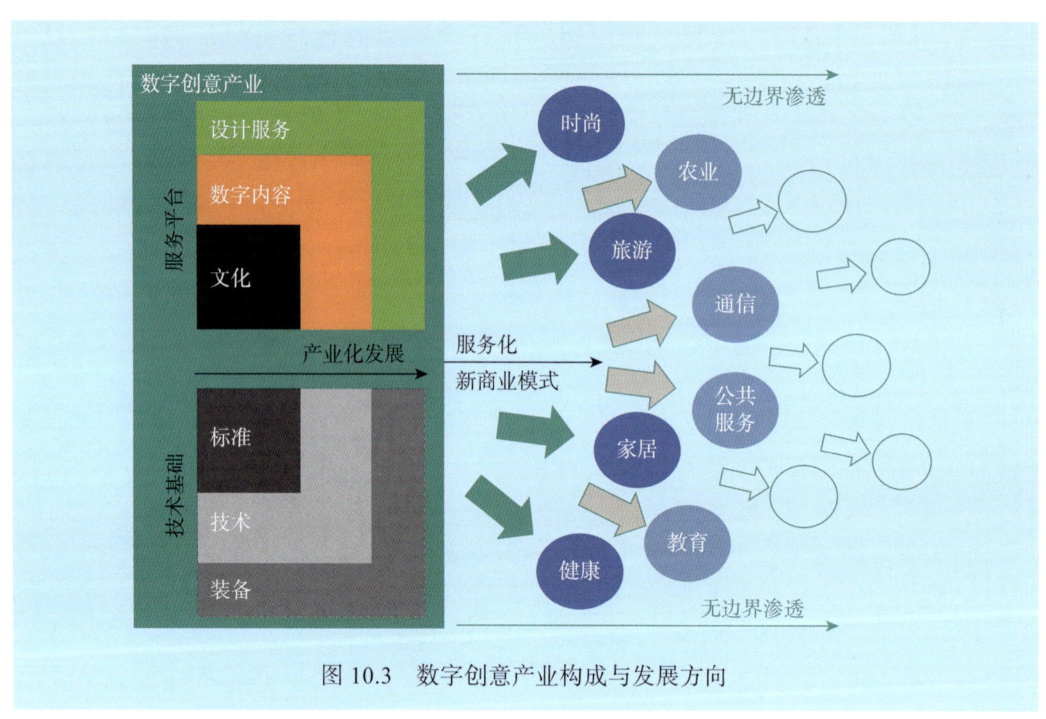

图 10.3　数字创意产业构成与发展方向

10.3.2　数字创意技术领域

数字创意技术在产业发展过程中有着不可替代的重要地位，新兴的数字创意技术代表了数字化环境中产生的信息与传播的所有形式，同时也代表了新一代信息技术与创意产业深度融合及应用的所有形式。以新一代信息技术为核心的数字创意技术作为产业发展引擎，成为设计、影视、媒体、动漫、游戏、网络、出版、广告、时尚等相关产业发展的重要推动力。其中，虚拟现实技术、新一代数字媒体技术、创意大数据技术正在逐步成为十分重要的数字创意技术领域。

1. 虚拟现实技术

广义的虚拟现实技术包括 VR、增强现实（augmented reality，AR）及混合现实

(mixed reality，MR)。虚拟现实技术现已成为横跨互联网产业和数字创意产业、科技界和资本界的一颗闪亮明星。广义的虚拟现实技术与人工智能、物联网及“互联网+”(智能制造)成为关注热点，被称为继个人电脑、互联网、移动之后的第四波科技浪潮。

VR是一种可以创建和体验虚拟世界的计算机仿真系统，它利用计算机生成一种模拟环境，是一种基于多源信息融合与交互的三维动态视景和实体行为的系统仿真，可使用户沉浸到该环境中。当前VR尚处于缓慢增长的阶段，内容和应用相对匮乏，佩戴舒适度以及人机交互等问题依然是难点。AR是一种实时地计算摄影机影像的位置及角度并叠加相应图像的技术，这种技术的目标是把虚拟世界融合到现实世界实现互动。MR是VR技术的进一步发展，该技术通过在虚拟环境中引入现实场景信息，在虚拟世界、现实世界和用户之间搭起一个交互反馈的信息回路，以增强用户体验的真实感。以虚拟现实技术为代表的数字显示与成像技术是数字创意产业发展的新机遇，数字光场显示(dynamic digitized lightfield signal)技术的突破将会引领拍摄和展现的技术革命。

广义的虚拟现实技术实际上可以被纳入数字感知技术(digital senses)的统一框架。数字感知是利用先进的数字化手段捕获、再生或合成各种来自外部世界的感官输入(视觉、听觉、触觉、嗅觉、味觉等)，以各种不同方式将再生的或合成的输入与自然接收的输入进行组合，以及协助机器合成感知并对其做出反应。其研究的目的是深入了解人的各种感官的工作机制，并将其应用于人对外部世界的感知体验相关领域。目前，非视听觉感知技术的研究进展缓慢，在很多方面还存在着技术鸿沟。

2. 新一代数字媒体技术

传统数字媒体主要包括图形图像、音视频、动画游戏等媒体内容。随着数字化技术与显示成像技术的迅猛发展，数字媒体涵盖更多样的形式和广泛的内容。特别是VR技术的普及将带来数字媒体的变革，视听信息将展现出更丰富、更具沉浸感和互动性更强的形式。随着数字感知技术的突破，非视听信息也将成为重要的媒体内容，将进一步突破数字媒体的边界。数字媒体内容和形式的革新将带来数字媒体设计与制作、数字媒体存储与搜索、数字媒体安全与管理、数字媒体理解与计算等方面的全新变革，为创意创新提供了广阔的空间，新一代数字媒体技术领域将逐步形成。

3. 创意大数据技术

大数据与创意产业的结合催生了创意大数据技术，它包括创意大数据基础资源、创意大数据技术体系、创意知识服务系统与平台等。就创意大数据基础资源而言，它包括创意设计大数据、产品设计大数据、文化大数据、材料大数据、技术构成大数据等重要资源。创意大数据技术体系也是一个开放的技术体系，包括大数据挖掘技术、大数据搜索技术、大数据关联技术、大数据理解技术、基于大数据的创意生成技术等。创意知识服务系统与平台是建立在创意大数据基础资源之上的，利用创意大数据技术体系提供知识服务的重要载体，数字化、网络化、智能化是其十分重要的特征。新一代人工智能技术，特别是群体智能技术、跨媒体计算技术、人机混合智能技术都将是其重要的技术支撑。

10.3.3 数字创意产业核心领域发展

1. 设计服务业

近年来，随着中国新型工业化、信息化、城镇化进程的加快，设计服务已贯穿在经济社会各领域各行业，呈现出多向交互融合态势。设计服务具有高知识性、高增值性和低能耗、低污染等特征。2014 年国务院发布的《国务院关于推进文化创意和设计服务与相关产业融合发展的若干意见》中明确指出，推进设计服务业发展，促进与实体经济深度融合，是培育国民经济新的增长点、提升国家文化软实力和产业竞争力的重大举措，是发展创新型经济、促进经济结构调整和发展方式转变、加快实现由“中国制造”向“中国创造”转变的内在要求，是促进产品和服务创新、催生新兴业态、带动就业、满足多样化消费需求、提高人民生活质量的重要途径。设计服务业融合发展有以下三个重点方向。

一是要通过设计服务业重点塑造制造业新优势。大力支持基于新技术、新工艺、新装备、新材料、新需求的设计应用与研究，促进工业设计向高端综合设计服务转变，推动工业设计服务领域延伸和服务模式升级。努力提高汽车、飞机、船舶、轨道交通等装备制造业的设计竞争力。着力推动消费类工业提升新产品设计和研发能力，以质量和品牌塑造为重点，加快实现由“中国速度”向“中国质量”、“中国产品”向“中国品牌”的转变。

二是要通过设计服务业提升人居环境质量。坚持以人为本、安全集约、生态环保、传承创新的理念，进一步提高城乡规划、建筑设计、园林设计和装饰设计水平。加强城市建设设计和景观风貌规划，提高园林绿化、城市公共艺术的设计质量。加强村镇建设规划，培育村镇建筑设计市场。贯彻节能、节地、节水、节材的建筑设计理念，推进技术传承创新，积极发展绿色建筑。

三是要推动设计服务业从“设计 2.0”转变成以创新设计为表征的“设计 3.0”。创新设计面向知识网络时代，以产业为主要服务对象，以绿色低碳、网络智能、共创分享为时代特征，集科学技术、文化艺术、服务模式创新于一体，涵盖工程设计、工业设计、服务设计等各类设计领域。提高国家创新设计能力已被《中国制造 2025》列为重要战略任务，是建设创新型国家的重要抓手。创新设计的手段正日益依赖互联网、大数据、云计算、物联网等新技术，创新设计的发展正日益依赖五大创新的有机融合（图 10.4）。

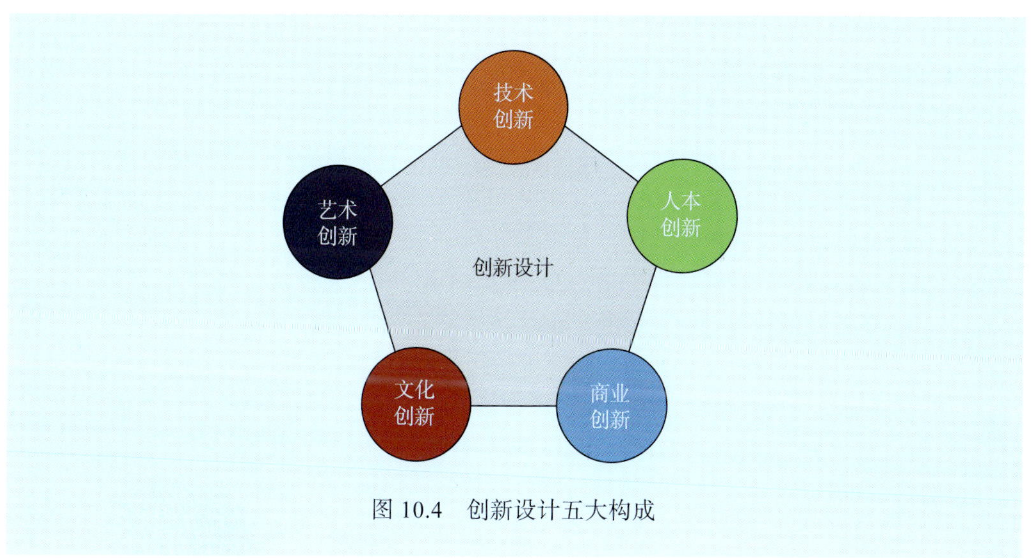

图 10.4 创新设计五大构成

2. 动漫与游戏

开始于 20 世纪 20 年代的中国动画创作虽然已有 90 多年的历史，但在 2004 年以前一直只是电影、电视的一个边缘小片种，出品机构寥寥，作品数量稀少。2004 年开始，在从中央到地方各级政府的大力推动下，中国动漫产业迅速发展起来。与此同时，全国电视动画的年产量迅猛增加，2008 年创新高，达到了 13 万多分钟；此后产量仍在攀升，2009 年为 17 万多分钟，2010 年为 22 万分钟，2011 年超过了 26 万分钟，达到了最高点（图 10.5）。

图 10.5 2005 ~ 2014 年中国动漫电视产量及增长率

资料来源：2015 年中国动漫行业发展现状及未来发展趋势 . http://www.chyxx.com/industry/201510/351583.html

据有关统计，日本动画片年产量约为12万分钟。由此可见，中国动画年产量在2008年就超过了日本，2011年产量更是日本的两倍多。但是，由图10.6可知中国动漫产业的总产值大约621亿元，而日本动漫的年总产值已达到了230万亿日元（折合人民币14 421亿元）。同样，美国仅迪士尼一家企业2014年的总营业额就达490亿美元（折合人民币约3 000亿元）。由此可见中国动漫大而不强，中国动漫产业也需转型升级。从2012年开始，国产动画片的年产量逐年递减，而动漫总产值却逐年递增。2015年，国产电视动画片年产量由2014年的13.8万分钟继续下降到13.4万分钟，而动漫总产值则从2014年的1 000亿元上升到1 131.58亿元。

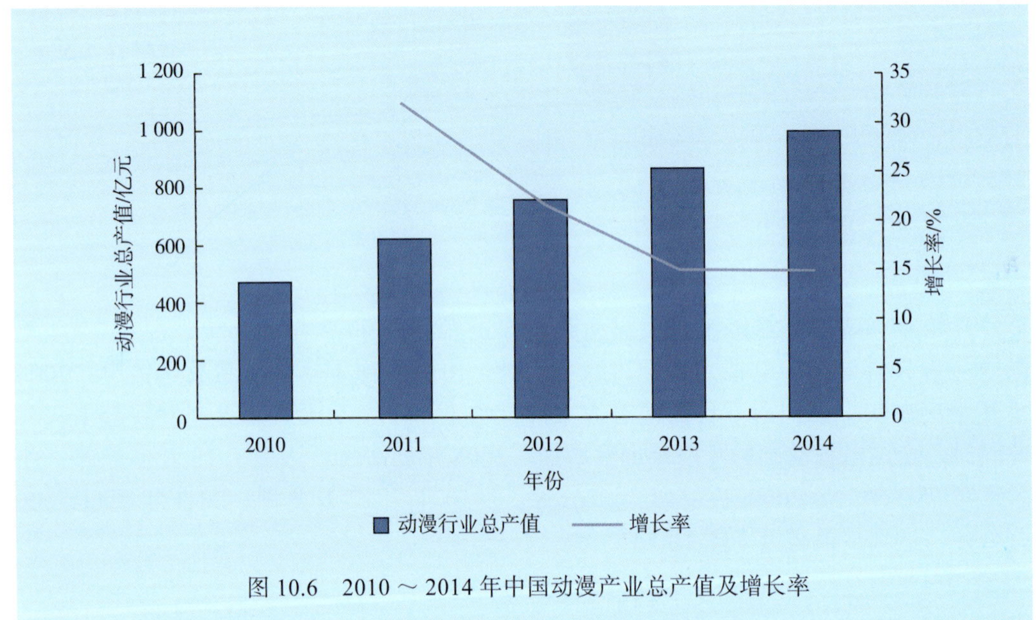

图10.6　2010～2014年中国动漫产业总产值及增长率

资料来源：2015年中国动漫行业发展现状及未来发展趋势 . http://www.chyxx.com/industry/201510/351583.html

与动漫产业同步，中国游戏产业也迅速发展起来。中国音像与数字出版协会游戏出版工作委员会、中新游戏研究中心（伽马数据）、国际数据公司（International Data Corporation，IDC）于2016年1月共同发布的《2015年中国游戏产业报告》显示，2015年中国全年游戏产值已达1 407亿元，同比增长22.9%。其中移动游戏产值为514.6亿元，同比增长87.2%，成为增长最快的产业。而据美国娱乐软件协会（Entertainment Software Association，ESA）2016年2月公布的数据，2015年全年美国游戏产业产值为235亿美元（折合人民币1 533亿元），同比增长7%。由此可见，目前在游戏产业领域中国与仍位居第一的美国年总产值已相差不大，而增长速度甚至快于美国。

然而，快速发展的动漫产业也面临一些不足之处。首先，优秀作品不多，缺乏大品牌。不论是电视动画片还是动画电影抑或网络、手机动漫，好作品，即艺术价值和商业价值均高者仍然非常少，真正的品牌还没有诞生，这是中国动漫与美国、日本动漫的根本差距所在。其次，产业链不完整，没有高产值。迄今为止，中国动漫游戏一直没有建立起完整的产业链，一方面是作品创作活力不够，原创不足；另一方面则是动漫作品与衍生产品之间缺少专业的设计环节。最后，文化环境不佳，ACG① 融合度低。近年来在政府的大力扶持推动下，中国动漫、游戏产业发展的政策环境已经改善；但由于美国、日本动漫及其相关文化的冲击，中国动漫游戏产业应有的以民族传统审美和现实生活体验有机结合为核心的文化语境尚未建立，同时有利于动漫、游戏 IP（intellectual property，即知识产权）流通、跨界融合的 ACG 文化也没形成，因此整个产业的进一步发展受到一定程度的影响。

3. 影视与传媒

中国传媒产业在“十二五”期间的发展呈现两大特点：一是整体平稳发展，产业价值保持持续增长态势。《中国传媒产业发展报告（2016）》数据显示，2015 年整体市场规模达到 12 750.3 亿元[13]，历年发展情况如图 10.7 所示。二是产业内在结构发生着深刻变革，以互联网、移动互联网为代表的新媒体市场上升势头明显，已逐渐取代电视、平面媒体等传统媒体的主导地位；与此同时电影行业呈现爆发式增长，表现出赶超北美，成为世界第一大电影市场的巨大潜力。

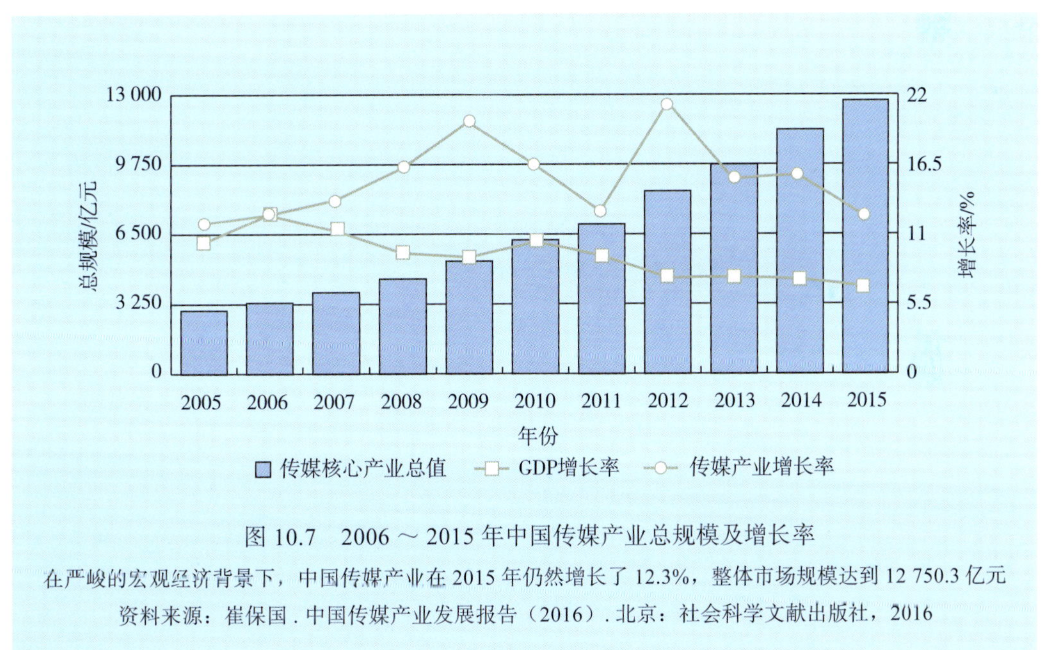

图 10.7 2006 ～ 2015 年中国传媒产业总规模及增长率

在严峻的宏观经济背景下，中国传媒产业在 2015 年仍然增长了 12.3%，整体市场规模达到 12 750.3 亿元

资料来源：崔保国．中国传媒产业发展报告（2016）．北京：社会科学文献出版社，2016

中国传媒业的快速发展也为世界传媒产业提供了源源不断的驱动力，麦肯锡公司发布的 *Global Media Report* 2015 数据显示，以中国为首的亚太地区已经成为世界上传媒产业消费最大的区域，2015 年以 5 583.59 亿美元占据了全球传媒产业总花费

① ACG 为英文 animation、comic 和 game 的缩写，即动画、漫画和游戏。

的 33.20%，北美与西欧分别以 4 970.51 亿美元与 4 075.98 亿美元的支出列第二位和第三位 [14]。中国传媒业的快速发展主要体现在：①广播电视行业稳步增长；②电影行业爆发式提升；③平面媒体遭遇强烈挑战；④ 新媒体逐渐成为主流信息传播方式。移动互联、大数据、云计算、社交网络等信息技术的快速发展，使互联网和移动互联网技术深刻地改变着人们的生活方式。截至 2016 年 6 月，中国网民规模达 7.10 亿人，其中手机网民规模达 6.56 亿人。新媒体影响力已逐渐取代传统媒体的主导地位，这一点从占媒体收入主体的广告投放即可看出，CTR 媒介智讯提供的 2015 年各类媒介广告增长比例如图 10.8 所示。网络传媒中最为典型的在线视频业务在国内迅速推进，截至 2015 年全国共批准 605 家机构开办互联网视听节目服务，建成了 7 家互联网电视集成播控平台，互联网电视用户终端覆盖数超过 5 000 万。全国 IPTV（internet protocol television，即交互式网络电视）用户超过 3 800 万户，手机电视用户超过 5 500 万户。

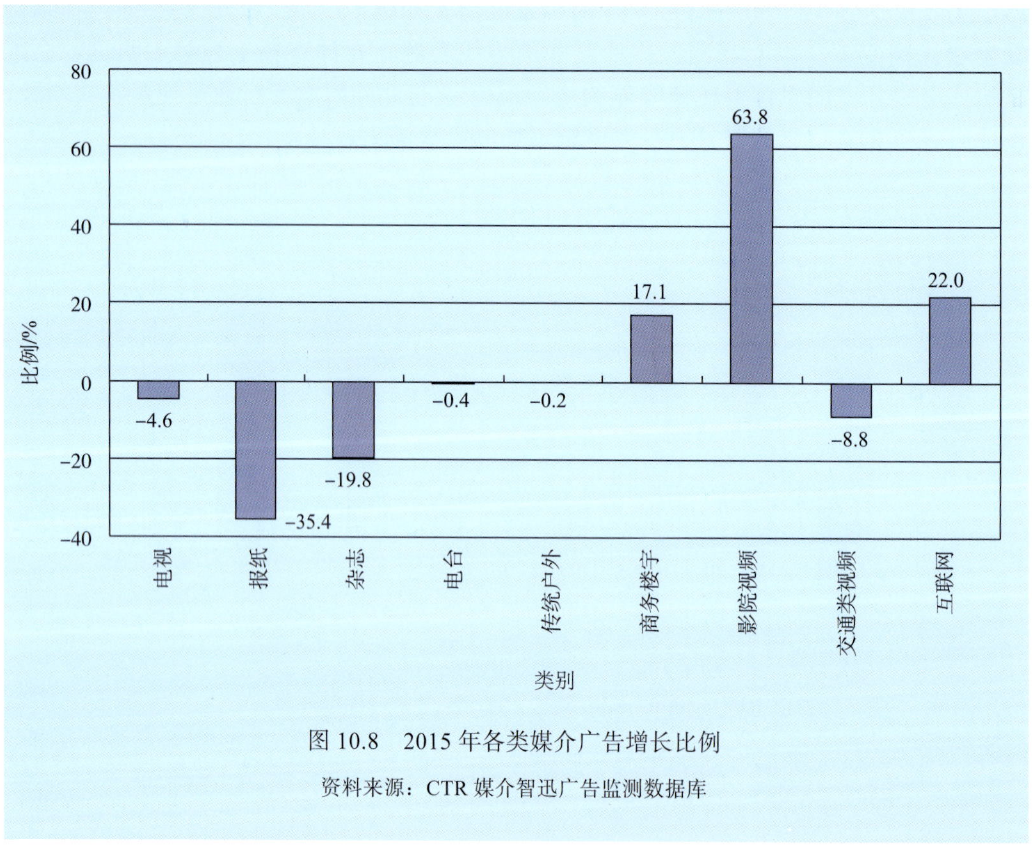

图 10.8　2015 年各类媒介广告增长比例

资料来源：CTR 媒介智迅广告监测数据库

数字化技术的发展将对各个产业产生关键的引领作用，传媒行业自身也在不断进化以适应这一发展趋势，“十三五”期间传媒行业会在以下几方面得到快速提升：①媒体融合成为主流发展模式；②超高清技术引领视频行业发展；③沉浸式体验强化用户使用体验；④智能理念改变未来服务模式。

4. 文博

文博产业作为数字创意产业应用的重点领域，符合中国经济转型的大政方针，拥有较宽松的政策条件，因而近年来增长迅速，具有较大发展潜力。目前，这一综合性产业在中国仍处于初级发展阶段，人才、技术、资金等不断集聚，未来发展空间巨大。传统的文博行业更多地被认为是一种公益性服务，由国家提供扶持和保障。随着近年来国内外艺术品拍卖市场繁荣，民间大众收藏火爆，各类国营博物馆、私人博物馆、高校博物馆不断涌现并引起热议，文博行业的产业属性逐渐显现。由于其鲜明的历史性、民族性、物证性的文化特性，以及由此决定的无可替代的文化资源优势，文博行业可以看做一种特殊的文化产业。

从创意产业出发，数字技术引发的系列变革正在向文博产业迅速扩展。一方面，数字服务已经融入文博产业发展，大数据、4G（第四代移动通信技术）、VR 等新兴信息领域层出不穷，有望为文博产业带来颠覆性的变革。另一方面，依托不断突破的数字技术，文博产业正展现全新的发展态势。信息技术让文博产业进入数字化阶段，文物的数字化生存、保护、展示、传播和创新，都离不开数字创意的技术范畴。可以说数字创意的发展，为文博产业带来了新的生机。与文博产业关系密切的新一代信息技术产业在中国保持快速发展态势，自主创新能力和企业国际竞争力不断提升。2015 年 3 月 20 日，《博物馆条例》正式实施，该条例鼓励博物馆挖掘藏品内涵，与文化创意、旅游等产业相结合，开发衍生产品，增强博物馆发展能力。

目前制约中国文博产业发展的因素较多，主要体现在不成体系、实用性差、数字化建设滞后于整体发展需求。同时，还存在着重硬件轻软件、信息资源零散且共享性差、开发程度和服务质量较低、技术人才短缺等问题。这表明依靠传统方式的发展已经遭遇到瓶颈，只有运用最新的信息技术、新装备改造和提升文博行业，才能开创发展的新趋势。

2016 年 3 月 4 日，国务院印发《国务院关于进一步加强文物工作的指导意见》，全面部署“十三五”时期文物保护工作。该意见强调，要大力发展文博创意产业，支持引导文博单位和社会资本开发原创文化产品，打造文化创意品牌。“十三五”时期，中国新兴产业发展仍处于可以大有作为的重要战略机遇期，经济发展进入新常态。数字信息新技术的蓬勃发展，正在成为文博行业经济持续健康发展的新动力，日益成为支撑传统文博行业转型升级、提质增效的一股关键力量。

10.3.4 数字创意产业的融合发展

数字创意产业不仅在核心领域得到长足的发展，也渐渐延伸到周边传统行业，如旅游、体育、健康、智能家居等。主要融合手段是借助数字创意产业的新兴技术和创意创新，进行传统产品的转型升级，以获得更好的市场前景。未来的传统行业必定是与数字创意产业协同发展的。

1. 旅游

旅游产业作为全球经济产业中最具活力的朝阳产业，日渐成为中国国民经济发展的重要力量。旅游业作为一个产业集群，对相关产业起到带头作用。除了具有鲜明的营利性质，旅游产业还包括了许多发展旅游所必需的社会非营利因素，如文化教育、博物馆、古迹遗址等。旅游与文博相结合进一步延伸了旅游产业的边界，文化旅游成为产业发展的重要方向。文博产业能够成为发展文化旅游的一个亮点，为旅游提供源源不断的文化资源和产品创意。借助旅游的平台市场，可以更好地传播文化元素，实现对文化遗产的保护和再创造，从而使二者建立起真正的良性互动关系，实现高品位的文化旅游资源组合。国家发改委公布的“十二五”期间中国旅游业发展数据显示，“十二五”期间，中国旅游业发展较好，旅游及相关产业增加值占GDP 比重为 4.33%，占服务业增加值的比重达到 12%，产业规模持续扩大，产品体系日益完善。

2016 年是中国实施“十三五”发展规划的开局之年，全球数字信息产业保持快速增长，新一轮科技革命和产业变革不断深化。“十三五”规划纲要提出：要实施创新驱动发展战略，文化旅游、传统工艺保护与利用等领域都是创新创业的重要阵地。2016 年 8 月 1 日，国家旅游局数据中心发布《2016 年上半年旅游统计数据报告及下半年旅游经济形势分析报告》，该报告显示，2016 年上半年，中国旅游市场规模稳步扩大，继续领跑宏观经济。上半年实现旅游总收入 2.25 万亿元，增长 12.4%。其中在线旅游代理（online travel agent，OTA）市场交易规模所占比例持续增长，第一季度在线旅游市场交易规模达 1 301.2 亿元，环比增长 17.4%，同比增长 41.4%。可见新技术为传统旅游业格局带来了颠覆性影响。随着全球三大主题公园巨头华特迪士尼、默林集团主题乐园、环球影城主题乐园进驻中国，传统旅游业即将迎来全新的挑战与机遇。新技术与全球化对中国本土旅游业带来冲击的同时，也要求企业在挖掘中国文化元素、把握市场消费定位、IP 热点开发和科技转化等方面进行全面提升。旅游和影视、文化创意的结合，必将为中国旅游业带来更大的发展契机。

2. 体育与健康

“十二五”时期中国体育产业发展取得显著成就，对中国国民经济发展和全民健身活动的开展发挥了重要作用。截至 2014 年，中国体育产业总规模超过 1.35 万亿元，实现增加值 4 041 亿元，占当年 GDP 的 0.64%，2011 ～ 2014 年体育产业增加值年均增长率为 12.74%，超过了同期全国 GDP 的平均增长速度。大型体育场馆运营管理改革创新取得突破，产业结构明显优化，体育用品业稳定增长，体育服务业比重逐步提升，体育市场监管体系初步建立，全民健身上升为国家战略，公共体育服务体系建设速度加快，初步形成了以竞赛表演和健身休闲为驱动，以体育用品为支撑，以体育场馆、体育培训、体育中介、体育传媒等业态快速发展为特色的良好发展态势，显示出其成为国民经济新兴产业的巨大潜力。

中国体育产业发展在面临良好机遇和拥有自身优势的同时，存在着自身的劣势并面临着威胁。健康产业在中国是一个新兴产业，发展潜力巨大。但中国健康产业的发展步伐较慢，还存在产业体系不完善、产业链较短、产业资源城乡分布不均、缺乏专业人才等问题。目前，中国健康服务业仅占 GDP 的 5% 左右，而美国 2009 年已达到 17.6%。这表明在保证基本医疗卫生需求的基础上，人民群众正迫切期待多元化的健康服务供给，中国健康服务产业发展具备巨大潜力。2013 年 10 月，国务院印发的《国务院关于促进健康服务业发展的若干意见》指出，到 2020 年，中国健康服务业规模将达到 8 万亿元，占 GDP 的比重将达到 6.5%，而另一项数据显示，截至 2012 年年底，中国医药产业总资产还不到 1.7 万亿元。随着“十三五”规划“健康中国”战略的提出，医疗健康产业正被越来越多的人关注。从全球范围看，医疗健康产业正处于快速发展阶段。而伴随着中国经济水平的不断提高，广大民众对医疗健康的重视程度也日渐提升，中国的医疗健康产业开始进入高速发展时期。

“十三五”期间，党和国家对体育更加重视，建设健康中国、全民健身上升为国家战略。体育产业作为新兴产业、绿色产业、朝阳产业，有条件和潜力成为未来中国经济发展新的增长点。信息化、全球化、网络化交织并进，为体育各领域的发展提供了技术新引擎，“中国制造 2025”、“互联网 +”行动计划、“大众创业、万众创新”为体育发展激发新活力。新时期，体育产业迎来新的发展机遇。中国体育产业在“互联网 +”的东风下，逐渐形成了以赛事直播平台为中心，以用户偏好为基础，覆盖智能穿戴、O2O（online to offline，即线上到线下）运动、爱好者社区及运动电商等衍生行业的产业生态圈。而智能硬件、穿戴设备的不断发展也让运动变得极为便利。与此同时，体育产业资源通过移动互联形式，无论在内容制作还是输出上，都有更大的发展前景。

在健康产业方面，政策红利密集出台，“健康中国”写入“十三五”规划相关议题，并上升为国家战略。2016 年 8 月 8 日，国务院正式印发《“十三五”国家科技创新规划》，将健康保障列为“科技创新 2030—重大项目”，围绕健康中国建设需求，重点部署精准医学、医疗器械国产化、智慧医疗、主动健康等关键技术领域。中国庞大的人口总量和社会日趋老龄化也为健康产业提供了极具潜力的市场，而新一代信息技术、互联网应用的普及以及生命科学领域研究和临床应用等的不断突破，则在提升医疗水平和健康管理能力、提供技术保障的同时也给健康产业带来新的变革，医疗器械、养老服务、医药电商和移动医疗等产业迎来新的发展机遇。

3. 智能家居

智能家居是以智能终端和家庭网络为基础，以健康服务、数字娱乐、智能安防等典型应用服务为实现方式，通过家庭内部、家庭与社区、家庭与社会的信息互联互通和智能控制，实现舒适、安全、便捷、个性化家庭生活的综合服务平台。当前，智能家居创新十分活跃，不同类型企业竞相布局，智能家居在技术、产品和服务方面持续演进，产业有望迎来新一轮变革发展。

全球智能家居市场规模在 2014 年达 410 亿美元，增速逐渐趋缓，预计仍然维持每年约 80 亿美元的增速，2018 年市场规模将达到 710 亿美元[①]。2014 年中国智能家居市场规模达 46 亿美元，预计未来几年呈现爆发式增长，增速达 50% 左右，2018 年市场规模将达到 225 亿美元。中国的智能家居市场逐渐成为全球智能家居市场增长重心，占全球智能家居比重有望从 2014 年的 11% 提升到 2018 年的 31%。根据测算，中国智能家居潜在市场规模约为 5.8 万亿元，发展空间巨大。其中，智能家电产品所占市场份额最高，市场占比超过 70%。但是由于产品价格和功用性等问题，家电类智能家居设备整体增速较慢。此外，智能照明、家用摄像头等小型产品不仅价格较低，而且能够满足消费者的即时需求，因此市场增速较快。预计中国智能家居市场未来 3 ～ 5 年的整体增速约为 13%，市场爆发时点尚未到来。

当前，全球经济和社会发展面临经济全球化、第三次工业革命及信息时代来临的三重背景，产业生态孕育着重大转变。中国家居产业同样如此，“十三五”期间在资源、技术、市场、组织诸方面都面临着不确定性日益增大的挑战和机遇：①经济环境下行压力增大，产业逐渐进入低速增长期；②第三次工业革命和信息时代来临引发深刻的产业变革；③工业互联网和物联网加快构建，智能制造协同创新现成效；④可穿戴市场结束酝酿期，产品的应用场景亟待丰富；⑤对外开放格局不断深化，“一带一路”国家战略进入实质性实施阶段；⑥国家级重要战略密集出台，产业政策体系不断完善。

“十三五”期间，智能家居产业应紧紧围绕“构建现代产业体系，支撑服务《中国制造 2025》”这一中心任务，以智能制造为切入点，实现软硬融合、两化融合、产业与服务融合，以全面提升的整体产业能力为全面实现《中国制造 2025》与“互联网 +”的战略目标奠定良好基础，主要举措包括强化支撑、培育生态、推动融合、完善体系、深化合作、深化安全。

10.4　发展数字创意产业的机遇与挑战

数字创意产业是科技和文化相互融合的高端产业。普华永道分析显示，2015 年中国互联网企业吸收的风险投资达到了 200 亿美元，首次超过了美国互联网企业吸收的投资（160 亿美元）。在中国互联网企业的带动下，全球数字化经济的中心正在逐渐转移。如今领跑的数字化企业已经成长为世界一流的大企业，引领着电子商务、移动与社交技术行业的发展潮流。国内知名企业——百度、阿里巴巴及腾讯（统称为 BAT）均为数字化巨头，以广泛的生态系统、颠覆性的业务模式以及独特的服务

① 2016 年中国智能家居行业发展现状及行业发展前景预测，http://www.chyxx.com/industry/201606/423996.html。

为特征，彻底改变了客户期望与行业动态[①]。中国网络信息产业的发展紧紧追踪甚至引领国际步伐，在技术与人才上有着自身独特的优势，这就为中国数字创意产业奠定了跨越式发展的科学基础、技术保障和人才储备。

2015 年 3 月 28 日，国家发改委、外交部、商务部联合发布《推动共建丝绸之路经济带和 21 世纪海上丝绸之路的愿景与行动》，在合作重点中提出了加强与沿线各国的文化交流、积极开展文化产业合作、塑造和谐友好的文化生态的新要求。在同年的全国两会上，“互联网 +”首次在政府工作报告中亮相。“一带一路”和“互联网 +”的国家战略及布局，以及中国如此高的互联网普及率，必将为中国数字创意产业带来无限的发展空间。

目前，以阿里巴巴、腾讯、百度三巨头为代表的大型互联网企业频频将触角伸到数字创意产业领域，如阿里巴巴收购文化中国、注资恒大、入股优酷土豆、入股光线传媒等。大型互联网企业对文化产业的关注，也为文化产业的投融资方式带来了转型期盼。同时，在数字创意产业领域，“互联网 +”以内容和软件推动硬件设备的升级与转型，这将成为未来新的发展方向，许多互联网企业已经介入智能通信领域，以软件和内容推动智能手机的升级、创新。在智能汽车领域也有百度、阿里巴巴等互联网企业的参与，其也是利用内容加软件的形式来推动汽车生产。未来，智能手机、智能汽车、智能穿戴设备、智能家居等都有很大的市场，将在信息化、物联网、智能化的大环境下，融合科学技术与文化艺术等要素，实现中国数字创意产业的高速发展。

从目前看，中国文化创意产业既是市场不成熟、需求不稳定、产业链尚不完整的风险产业，又是有效需求高速增长、市场前景十分广阔、经济效益非常诱人的朝阳产业。联合国发布的《创意经济报告 2010》中明确将中国作为全球最大的文化产品出口国，占到了全球文化贸易总额的 21%。然而最为重要的核心创意和知识产权则始终掌握在美国、英国等发达国家手中，目前中国还只是加工制造型创意经济。

中国数字创意产业的发展已具备一定的基础，有着良好的势头，但仍然存在着众多的困难与问题。目前，中国创意产业发展的首要问题是全社会，特别是各级决策层，必须加强对数字创意产业发展的重要性、前沿性和未来发展态势的理解与认同。数字创意产业迫切需要建立总体发展规划，确定未来发展的政策导向，完善和优化数字创意产业发展的内部与外部的环境，以高新技术带动传统产业的升级换代，构成与完善数字创意产业的产业链，建设一批以高新技术为基础的数字创意产业园区，进一步改革和完善数字创意产业的投融资体制，推动数字创意企业的快速生长，发挥集聚效应，培育创意市场，形成新的产业发展生态系统。

数字创意产业对国家经济、文化事业、社会发展等都具有重要的意义。当前，全球新工业革命与中国加快经济发展方式转变形成历史性交汇，产业分工格局正在重塑。必须紧紧抓住这一重大历史机遇，加强统筹规划和前瞻部署，为把中国建设

---

① 普华永道数字化体验中心. 中国的互联网独角兽，http://www.pwccn.com/home/chi/rise_of_china_silicon_dragon_jun2016_chi.html。

成为世界数字创意产业强国，实现中华民族伟大复兴的中国梦打下坚实基础。

参考文献

[1]Acker O，Gröne F，Kropiunigg L，et al. The digital future of creative Europe：the impact of digitization and the internet on the creative industries in Europe. http://www.strategyand.pwc.com/reports/the-digital-future-creative-europe，2015-05-21.

[2] 国家统计局 . 文化及相关产业分类（2012），2012.

[3] 王学琴，陈雅 . 国内外数字文化产业内涵比较及现状研究 . 数字图书馆论坛，2014，（5）：39.

[4] 谭小平 . 英国创意产业的现状、批评与反思 . 经济导刊，2011，（4）：92-93.

[5] 韩洁平 . 数字内容产业成长机理及发展策略研究 . 吉林大学博士学位论文，2010.

[6] 梁建生 . UNESCO 报告：文化创意产业正在成为各国战略性资产 . http://www.ce.cn/culture/gd/201603/07/t20160307_9315690.shtml，2016-03-07.

[7] 杰夕 . 欧盟将启动“创意欧洲”文化项目 . 中国文化报，2013-11-07.

[8] 美国经济分析局（BEA）. Spending on arts and cultural production continues to increase. http://www.bea.gov/newsreleases/general/acpsa/acpsa0115.pdf，2015-02-15.

[9] 司晴川 . 文化创意产业在美国发展的路径及经验 . 学习月刊，2014，（8）：30-31.

[10] 国务院 . 政府工作报告，2016.

[11] 国务院 . 中华人民共和国国民经济和社会发展第十三个五年规划纲要，2016.

[12] 上海市文化创意产业推进领导小组办公室 . 上海市文化创意产业发展三年行动计划（2016-2018 年），2016.

[13] 崔保国 . 中国传媒产业发展报告（2016）. 北京：社会科学文献出版社，2016.

[14] McKinsey Company. Global Media Report 2015，2015.

审稿：潘云鹤　丁文华　孙守迁

政策篇

第 11 章

中国战略性新兴产业创新模式研究

韦结余　薛　澜　周　源

【内容提要】“十二五”以来，中国战略性新兴产业发展迅速，逐渐成为调结构、转方式、惠民生的重要力量。战略性新兴产业在发展过程中也出现了不同的创新模式，本章通过对实践中战略性新兴产业发展比较成功的创新模式进行总结和分类，一种是以高铁、航天、核电等为代表的国家重大工程技术突破的创新模式，一种是以滴滴出行、电动汽车为代表的市场驱动的产业创新模式，分别总结每一种创新模式的特点，旨在为中国战略性新兴产业的创新发展提供参考，实现战略性新兴产业又好又快的发展。

11.1　战略性新兴产业发展概况与创新模式

11.1.1　中国战略性新兴产业发展概况

“十二五”以来，在《“十二五”国家战略性新兴产业发展规划》的指导下，中国战略性新兴产业蓬勃发展，关键技术取得突破，区域集聚态势也初步呈现，政策环境不断完善，市场逐步成熟，逐渐成为调结构、转方式、惠民生的重要力量，对经济社会全局和长远发展产生了重大的引领带动作用。

（1）战略性新兴产业快速发展，成为稳增长、调结构的重要力量。“十二五”期间，战略性新兴产业七大行业总体增速约是 GDP 增速的 2 倍，战略性新兴产业增加值占 GDP 的比重 2013 年、2014 年分别达到 7.35% 和 7.64%，2015 年已经达到 8%。在总体经济形势下滑的背景下，战略性新兴产业的发展已成为经济的主要增长点和重要支撑。特别是随着信息消费、绿色消费、健康消费的快速兴起，节能环保、生物医药、新一代信息技术、新能源等战略性新兴产业发展形势良好，已经成为经济增长的新动力。

（2）关键技术取得突破，成为产业发展的主要推动力。一批技术达到了国际领先水平。新一代信息技术产业不断抢占技术制高点，2014 年 1 月，TD-LTE-Advanced 被国际电信联盟确定成为 4G 国际标准，正式成为两个 4G 国际标准之一。轨道交通装备技术体系不断发展，拥有了一大批核心技术装备，国产化率超过 80%，构建了中国列车运行控制系统（Chinese train conrtol system，CTCS）技术体系。高速铁路技术和产品已达世界领先水平，城际铁路技术日趋完善，城轨交通等新技术不断推出应用。特高压交流输电核心技术在电压控制、外绝缘配置、电磁环境控制、成套设备研制、系统集成、试验能力六大方面实现了创新突破，中国特高压标准电压已成为国际标准，国际电工委员会（International Electrotechnical Commission，IEC）认为中国的特高压工程是“电力工业发展史上的一个重要里程碑”。

（3）产业集聚优势明显，应用示范工程有效推动了市场化进程。国家发改委与财政部于 2012 年联合下发了《关于推进区域战略性新兴产业集聚发展试点工作的指导意见（试行）》，率先在广东、江苏、安徽、湖北、深圳四省一市开展战略性新兴产业区域集聚试点工作，进一步完善了战略性新兴产业区域集聚评价指标体系，组织实施了 2014 年战略性新兴产业区域集聚试点工作，切实推动部分区域率先实现重点领域突破。在国家先后启动云计算、物联网、新型显示、稀土新材料、基因工程药物、智能制造、生物育种等战略性新兴产业创新发展工程的基础上，各地大力推进以提升企业创新能力、促进产业集群规模化发展为目的的标志性工程建设，集中资源培育产业示范基地。

（4）政策体系不断完善，激发了产业和市场的活力。在《“十二五”国家战略性新兴产业发展规划》以及战略性新兴产业七大领域专项规划的基础上，科技部发布国家宽带网、现代生物制造等 20 多个专项科技发展规划，工信部发布软件和信息服务、太阳能光伏等 11 个细分领域专题规划，国务院国有资产监督管理委员会发布中央企业战略性新兴产业发展规划纲要，国家发改委发布《战略性新兴产业重点产品和服务指导目录》，国家统计局发布《战略性新兴产业分类（2012）》（试行），26 个省市相继发布规划或指导意见，提出了战略性新兴产业的外延、范围、重点任务和区域发展重点方向。2011 年以来，国务院有关部门已累计发布重点领域各类规划 30 余项，发布财税、金融和相关管理政策措施 80 余项，30 个省级政府以及计划单列市、省辖市发布了培育发展战略性新兴产业的指导文件。

（5）商业模式不断创新，推进了现代服务业的发展。由于新技术和新需求的推动，战略性新兴产业发展过程中，总伴随着商业模式的不断创新，特别是在“互联网+”时代，基于互联网平台的商业模式创新更是“十二五”期间战略性新兴产业商业模式创新的主旋律。战略性新兴产业商业模式创新充分借助了移动互联网、物联网、3D打印、云计算和虚拟货币五个支撑点，如青岛红领集团、东莞比朗男装、泉州特步鞋业，都充分整合了移动互联终端和云计算大数据支撑，开展了数据积累和个性化定制；海尔则通过海尔创新平台建设，汇聚全国乃至全球的科研智慧，服务于其产品设计和研发，甚至依托该平台，开展“互联网+”众创，鼓励利益共同体开展从研发到生产再到市场推广的小型科技创业。依托“互联网+”平台，新能源汽车共享商业模式创新迅速发展。中国在“十二五”期间积极探索新能源汽车与节能汽车产业各种推广应用商业模式，并取得了一定进展。

11.1.2 中国战略性新兴产业创新模式

一般来讲，新兴产业的形成与发展有不同的路径，主要有四种[1]，即产业新生、产业分化、产业派生、产业融合。根据《国务院关于加快培育和发展战略性新兴产业的决定》中的定义，战略性新兴产业是以重大技术突破和重大发展需求为基础，对经济社会全局和长远发展具有重大引领带动作用，知识技术密集、物质资源消耗少、成长潜力大、综合效益好的新兴产业。战略性新兴产业既代表着科技创新和产业发展的方向，也体现了国家战略，对一国未来综合实力提升有着根本性重大影响，它以科学技术的重大新突破为基础，能够引发社会新需求，促进产业结构调整优化和经济发展方式转变。

本章主要基于中国战略性新兴产业的发展情况，根据战略性新兴产业的特点，从中国发展比较成功的产业进行总结和分类，可以分为以政府为主导的国家重大工程技术突破的创新模式和以市场驱动的产业创新模式，并研究各自的特点，为战略性新兴产业的创新提供借鉴。

11.2 国家重大工程技术突破的创新模式

11.2.1 中国高铁产业的创新发展模式[2]

高铁的发展是中国高端装备制造业发展的一个成功典范，从引进、消化、吸收到形成中国的自主创新体系，中国不仅培育出了具有国际先进水平的轨道交通装备产业，支撑起了国内高铁大规模运营，也完成了轨道交通及相关产业升级，形成了高铁产业的国际竞争力，成为国际“领跑者”。通过对中国高铁的发展过程和技术演进分析，政府主导与企业作为创新和产业化推进主体有着巨大的作用。总体来看，中国高铁产业的创新模式是“政府主导+企业主体”的全产业链自主创新。

1.“政府主导+企业主体”的自主创新模式

首先，政府对中国高铁全产业链自主创新起到了主导作用。第一，在中国高铁发展过程中，政府主导了高铁的技术发展模式。中国高铁的发展存在自主创新还是购买高铁成套技术和产品之争，最终由科技部和原铁道部联合规划了高铁的全产业链自主创新发展模式。在中国引进高铁技术的谈判中，原铁道部主导了技术引进的全过程。事实证明，政府主导的高铁自主创新发展模式是正确有效的。第二，政府主导了技术创新协作机制。引进高铁技术后，原铁道部、科技部协调搭建了由高铁企业、高等学校和科研机构共同组成的创新平台，并提供研发资金支持，促进了高铁创新技术的快速发展。第三，在中国高铁发展过程中，政府提供了大量研发资金支持，保证了中国高铁创新技术研发的物质基础。2007 ～ 2014 年，仅向南车和北车股份有限公司的科技项目拨款，就分别达到 19.4 亿元和 14 亿元，分别占到南车和北车股份有限公司该期间全部研发投入的 9.5% 和 10%，其他还包括退税、设备购置等资金补助。

其次，企业对中国高铁自主创新起到了创新和产业化推进的主体作用。第一，中车集团（原南车、北车股份有限公司，现中车集团）在中国高铁产业化进程中投入大量研发资金进行技术改进和创新，最终实现了超越。企业研发投入不断，南车股份有限公司 2007 ～ 2014 年研发投入由 4.9 亿元增加到 51.2 亿元，年均增长 40%，北车股份有限公司 2008 ～ 2014 年研发投入由 6.6 亿元增加到 31.9 亿元，年均增长 30% 。第二，中车集团的研发投入取得了重大的创新绩效，取得了重大创新成果。申请专利数增长明显，并获得了创新成果的全部产权，为中国高铁的产业化发展提供了技术基础。第三，中车集团对创新成果进行了产业转化。在国家提供的高铁建设需求的基础上，中车集团实现高铁列车生产 100% 国产化，获得了大量自主知识产权，并向国外输出技术和产品。

2. 全产业链创新

中国高铁的创新是全产业链创新，包括路基、桥梁、隧道、轨道、道岔、钢轨、供电、监控等的工程建造技术；高速列车的制造和试验评估技术、高速列车的控制技术、客站建设技术、系统集成技术、运营维护技术；高铁运营和物流技术；等等。中国高铁在全产业链发展中取得突破的技术有无砟轨道技术、真空状态下合金熔炼和浇铸技术、高速电气化铁路铜锡合金接触线技术、列车的动力之源——高速列车永磁同步牵引系统、高铁之脑——网络控制系统等，这些技术的突破使中国高铁在该领域有了自己的高铁标准，并在国际竞争中获得更大的话语权。

3. 技术积累基础上的自主创新

中国高铁的技术创新得益于三次高铁技术引进的消化和吸收。20 世纪 80 年代，中国先后从英国、韩国、加拿大等国引进部分列车的先进技术。90 年代，先后启动研制“蓝箭”“先锋号”高速电力动车组和270千米/小时高速列车“中华之星”项目，虽未能完全成功，但是培养了一批专业化人才，完成了技术积淀。2003年在铁道部牵头下开始了高铁项目的引进，先后从日本川崎重工、加拿大庞巴迪、德国西门子和法国阿尔斯通公司引进、购买了高铁先进技术，并经过消化吸收和自主创新，先后完成了CRH2A型200千米以上“和谐号”动车组总成、车体、高速转向架等关键技术；自主设计制造的380千米CRH380A高速列车全套技术、CRH2G型高寒动车组、装载自主核心技术牵引电传动系统和网络控制系统的CRHSA动车组等，实现了核心技术的完全自主化，拥有了核心技术的自主知识产权，奠定了中国高铁拓展世界市场的技术底蕴。

11.2.2 中国航天产业的重大科技攻关模式[3]

中国航天发展的历史，最为突出的就是自主创新。中国航天产业的发展，充分发挥了社会主义制度的优势，坚持以中央高层领导决策的领导体制和集中力量办大事的举国体制，是航天产业创新发展的体制机制保障。航天产业的发展由中央高层决策直接领导，充分体现国家意志，在国家重大科技工程的实施中坚持集中力量办大事，通过系统集成创新，调动全国各行各业的力量大力协同。

1. 建立需求牵引与技术推动相结合的创新模式

航天技术创新是将需求牵引和技术推动两种模式有机地结合起来，通过需求牵引和技术推动相互作用，实现航天科技发展。一方面要根据国家战略需求和市场潜在需求，做好航天创新规划，加强顶层设计。通过战略规划明确发展目标、创新方向；通过顶层设计确定发展项目、创新重点；通过技术论证确定总体方案，特别注重根据中国实际选择可行的技术途径。另一方面要注重科学技术发展态势的分析，以新的观念集成现有科技成果，开展创新活动，研究开发满足或可能满足现实需要的产品。

2. 以重大工程带动技术突破

在技术创新方面，坚持以重大工程带动，建立产学研相结合的技术创新体系，形成了“四个一代”的技术发展路线。首先，坚持以重大工程带动作为航天产业创新发展的主要途径。其次，充分发挥产学研协作优势，建成了多主体参与、融合开放的航天技术创新体系。最后，形成了“探索一代、预研一代、研制一代、生产一代”，即“四个一代”的技术发展路线。

3. 注重航天技术与组织管理的一体化创新

中国航天所形成的系统工程组织管理体系，有力地支撑了航天科技的创新发展。其中，航天工程实践形成的一个总体部、两条指挥线的组织体系，是航天技术与组织管理的一体化创新，反映了系统科学的思想。“两总”系统适应了航天工程项目技术上大量的组织协调、决策指挥的客观需要，它可以不受行政建制的限制，进行跨建制、跨部门的技术决策、指挥和协调。航天系统工程的优势在于可有效配置创新资源，有助于集中力量，集智创新，这是航天集成创新的重要保障。

11.2.3 中国核电技术的创新模式[4]

中国通过引进、消化、吸收、再创新，自主研发了具有中国知识产权的堆型技术，成为世界上少数几个拥有比较完整核工业体系的国家之一。中国核电发展史上，对于核电技术的路线选择一直在探索与尝试，不同阶段的核电技术创新所面临的影响因素也不同，创新模式也有区别。从中国核电技术创新情况中可以看出，中国核电技术创新模式主要分为以下几种：自主创新、合作创新、模仿创新以及几种模式相结合的模式。

1. 自主创新模式

自主创新模式目的是掌握其他国家或企业没有的核心技术，增强产品核心竞争力。中国核电技术自主创新能力与发达国家还存在很大的差距，要使中国核电在国际电力市场上更具竞争力，必须提高中国核电技术的自主创新能力。世界上的核电大国之所以拥有完整的核工业体系，就是因为其具有自主知识产权的核心核电技术。以美国为例，美国掌握着世界上大部分先进的核电技术，因此美国核电发展一直走在世界前沿。

2. 合作创新模式

合作创新模式一般是指发达国家与跨国公司之间的合作模式。合作创新可以有效整合对方的优势资源，共同合作、互惠互利、共同承担风险，降低成本。世界上很多核电堆型技术都是由几个国家合作共同研发的，如欧洲压水堆就是由法国法马通公司与德国西门子公司合作开发的。另外，对于当今世界各国正在研究的第四代核电技术，国际原子能机构成员国都在积极寻求合作与创新。

3. 模仿创新模式

模仿创新模式主要是基于引进或者购买国外先进技术，然后进行技术改进或者再创新的模式。利用模仿创新可以迅速获得急需技术，暂时缓解核心技术缺乏的困境。中国核电起步晚，利用模仿创新可以进行原始的技术积累，为中国核电技术自主创新提供参考与借鉴。以中国 CP1000 技术创新历程为例，可以看出中国核电技术模仿创新的运行过程。CP1000 技术是具有中国知识产权的第二代改进型压水堆技术，已经具备出口条件，而最初中国是引进法国 M310 堆型技术，中核集团联合中国核动力研究设计院对包括堆芯在内的 22 项技术进行改革，提高了发电功率，使堆型的使用寿命延长了 20 年，节约了成本，提高了经济效益。

11.3　市场驱动的产业创新模式

11.3.1　共享经济发展模式——以滴滴出行为例[5]

“共享经济”作为一种新兴的商业模式正在全球范围内引起广泛关注。以滴滴出行为代表的“网约车”作为移动互联网背景下“共享经济”的代表，是“互联网+交通”的新形态，对人们的城市交通出行方式带来颠覆性的改变。“网约车”服务方式的出现，也契合了人们对出行个性化、高品质的需求。综合来看，“网约车”主要通过以下几点实现了共享经济的成功。

1. 提升客运服务品质

“网约车”能提供“专车”“拼车”等多类服务，有较多车型及乘车方式可供选择，能满足用户多样化、差异性需求。另外，借助于互联网技术，租赁服务完成后乘客和司机能够对服务进行互评，整体流程透明度较高，评分差的司机会逐渐被市场淘汰，从而保证约租车服务的质量。“网约车”服务在一定程度上缓解了消费者出行打车难的现象，预约用车的服务方式为一些特殊人群如老人、病人、孕妇等提供了更加便利的服务；对于对时间和价格敏感度不同的上班族和商务人士也能够提供更加个性化和定制化的服务。

2. 降低市场交易成本

“网约车”服务从本质上讲，是通过打车软件为租车的买卖双方提供了一个交换信息的交易平台，降低了双方的交易成本。“点对点”的精确化“网约车”服务，对乘客来说，获取了更为便捷、优质的出行服务，节省了时间成本。目前，垄断的出租车运营管理模式，高昂的“份子钱”让司机负担太重，整个的出租车市场信息不对称程度也相对较高。互联网约租车模式借助移动互联网平台，信息更加透明化，有效提高撮合效率，较低的服务费降低了司机的服务成本，对于乘客而言不管是资金还是时间，性价比都相对较高。

3. 提高资源配置效率

“网约车”服务通过互联网技术，提高撮合效率，提高了租赁公司闲置车辆的使用率和人们的出行效率。作为一种创新的出行方式，其源起于大城市交通服务供需不平衡，是对现有社会资源的再分配，是共享经济发展趋势下的具体应用。

4. 促进智能出行发展

“网约车”服务借助移动智能的创新社会化交通信息平台，使人们在移动状态下随时随地从互联网获得信息和服务。以互联网大数据技术的挖掘、定位、匹配和优化做支撑，整合出租车、商务租车等多层次出行服务，改善乘客的出行质量与效率，甚至还会解决公共交通“最后一公里”的尴尬。为中国智能交通的发展提供有力的借鉴。

11.3.2 电动汽车产业运营模式[6]

目前，电动汽车可以通过政府、研制企业、运营企业、能源供给服务企业四个运营主体进行运营，不管是哪个为主体都需要其他职能部门和企业配合全方位地进行电动汽车运营，不同运营的主体其运营方式有不同的特点，下面介绍目前具有代表性的三种运营模式。

1. 政府主导模式

政府主导模式是以政府为主导，其他企业、机构为辅助，由能源供给服务企业负责运营。这种运营模式是以政府或公共机构为电动汽车商业化运行主体，研发、制造企业为辅助，科研院所以及其他社会力量共同参与。整车企业销售整车和动力电池，能源供给服务企业建设充电站和充电桩等充电基础网络设施并负责运营。其突出特点是政府通过“直接投资、政府所有”的方式，支持电动汽车商业化运营项目的建设，这种模式在西方“不差钱、不差政府支持、不差企业积极性”的条件下，历经三十多年没有发展起来。主要原因是“车辆价格高、充电不方便、电池性价比不高、电池保养维护难”等问题无法解决，这使电动汽车产品不具备市场竞争力。对于电动汽车发展早期来说，这种模式也是主流推广模式。

2. 研发企业主导模式

研发企业主导模式是以电动汽车研制企业为主导，政府给予政策支持和财政补贴，由能源供给服务企业负责运营的模式。

在这种模式中，整车企业在政府的政策支持下进行整车销售和租赁（包含动力电池），充电站和充电桩等充电基础设施网络由能源供给服务企业建设和运营。这种模式是由于政府财政能力越来越难以支撑电动汽车商业化运营的发展，电动汽车商业化运营迫切需要企业、私人资本的参与，同时需要各种资本进行电动汽车基础设施（如充电站）的建设。另外，政府的优惠政策以及电动汽车未来前景也使越来越多电动汽车研发、制造企业（含零部件研制企业）愿意出资进行电动汽车的商业化运行，以宣传企业形象、改进企业产品、积累运行数据、培育电动汽车市场。在这种状态下，政府给予研制企业税收优惠以及为购买电动汽车提供补贴，研制企业联合能源供给服务企业进行电动汽车的网络建设和运营。能源供给服务企业是运营期间投入最大的一方，其投资回收期长，利润低，且这种模式缺乏一个运营的主体，无法保证整车的维护。

3. 运营企业主导模式

运营企业主导模式是以运营企业为主导，研制企业提供整车和动力电池，能源供给服务企业建设充电基础设施（充电桩＋快换站）网络，运营企业负责整个电动汽车网络的运营。

运营企业可以由政府、研制企业、能源供给服务企业进行筹资建立，按照市场化原则实施商业化运营，投资渠道采取多元化投资的形式，尽量吸引社会资金。运营企业主导型模式遵循收益分享风险共担、制定最低收费和服务水准、建立评估系统等原则，其目的是在保护公众利益的同时，保证投资者获得有吸引力的财务收益。政府是通过间接方式来发挥作用的，主要体现在政策和财政两个方面。政策的作用是建立运营企业的成长环境，财政环境的形成直接与政策相关，表现为根据政策法规确立的电动汽车商业化发展支持计划，主要在资金上对企业给予帮助，或者减免企业的税收。该计划的核心思想是在现有的技术条件下，帮助电动汽车形成产品的市场竞争力。这种模式是目前搭建中国电动汽车可持续发展平台的较好方式。

以上三种模式各有其特点，选择电动汽车商业化运营模式时需根据实际情况，以体现市场经济中政府和市场的分工合作、体现不同企业和机构基于核心竞争力的专业化分工合作、实现市场资源的最优配置为准则。

11.4　战略性新兴产业创新模式总结

11.4.1　以政府为主导的产业创新模式

通过以上内容可以看出，以政府主导的产业创新模式是指通过政府政策的倾斜与扶持，以重大工程为依托，进行技术创新并逐步发展成主导产业的模式，如中国高铁、航天、核电等为了实现重大工程技术突破而采取的创新模式。在政府主导的产业创新模式下，政府依据经济社会发展的整体目标，对战略性新兴产业制定总体规划，通过明确的政策导向、产业化及财政支持等方式，使战略性新兴产业在与其他传统产业的竞争过程中获得优势地位。此种发展模式大多为后发赶超国家为实现后发优势、克服起步阶段的初始障碍而采取的发展模式。

11.4.2　市场驱动的产业创新模式[7]

市场驱动的产业创新模式是指战略性新兴产业在市场竞争中，主要依靠自身的特点及新兴科学技术，在市场环境中优先取得生产要素和市场份额，逐步实现产业孕育、发展，不断扩大市场份额，最终形成有影响力的支柱产业。例如，滴滴出行、电动汽车等为代表的战略性新兴产业。在市场驱动的创新模式中，企业是战略性新兴产业培育和发展的主体，不断引导着市场需求的变化，改变着人们的生活习惯。

在实际发展过程中，政府与市场是不能完全分离的，战略性新兴产业的发展往往是在市场机制与政府政策共同构建的环境中成长与发展，是市场机制与政府政策共同作用的产物。因此，在政府与市场共同作用下，战略性新兴产业创新模式的选择应更为细化，应与产业发展的实际情况相结合，根据不同发展阶段的特性选择具有针对性的创新模式，这样才能实现战略性新兴产业又好又快的发展。

参考文献

[1]Lee S，Lee S，Seol H，et al. Using patent information for designing new product and technology：keyword based technology roadmapping. R&D Management，2008，(38)：169-188.

[2] 胡海晨，林汉川，方巍 . 中国高铁发展：一种创新发展模式的典型案例及启示 . 管理现代化，2016，(2)：49-52.

[3] 许达哲 . 中国航天自主创新的方式和特点 . 学习时报，2006-07-17（第 7 版）.

[4] 黄栋，刘雪姣 . 我国核电技术创新及模式分析 . 科技管理研究，2014，(23)：14-20.

[5] 程絮森，朱润格，傅诗轩 . 中国情境下互联网约租车发展模式探究 . 中国软科学，2015，(10)：36-46.

[6] 陈政琦 . 电动汽车发展及运营模式探讨 . 大众用电，2012，(5)：16-17.

[7] 康媛媛 . 北京市战略性新兴产业发展模式研究 . 北京工业大学硕士学位论文，2014.

第 12 章

“十二五”中国战略性新兴产业相关政策回顾分析

许冠南　周　源　杨　榕　刘　徽

【内容提要】本章全面梳理了中国“十二五”期间（2011 年 1 月 1 日～2015 年 12 月 31 日）国务院及各部委颁布的战略性新兴产业相关政策，分别从中央政策目标导向、中央政策着力点以及各产业领域政策着力点三个方面进行分析。通过分析发现，“十二五”期间中国战略性新兴产业政策颁布数量呈现先增后减的趋势，在各类别政策中，优化产业环境类政策数量最多，中央政策着力点主要集中在环境和供给两个方面，这些政策的出台和各类别政策工具的运用，对于改善产业发展环境、规范市场秩序、鼓励企业创新、促进战略性新兴产业集聚发展等都具有重要意义。

2010 年 10 月 18 日，国务院颁布《国务院关于加快培育和发展战略性新兴产业的决定》，提出加快培育和发展战略性新兴产业是中国新时期经济社会发展的重大战略任务，为“十二五”期间中国战略性新兴产业的发展指明了方向。此后，国务院、国家发改委等中央部委高度重视对战略性新兴产业的引领和支持作用，接连出台多项政策支持和引导战略性新兴产业在中国的培育与发展。2012 年 7 月 9 日，国务院出台中国首个国家层面的战略性新兴产业发展规划《“十二五”国家战略性新兴产业发展规划》，制定了中国“十二五”期间战略性新兴产业的发展目标、各产业发展路线图、重大行动及重大政策等。在系列政策的指导下，“十二五”期间中国战略性新兴产业取得了空前成就，部分行业和领域居于国际先进或领先地位。但面对国际竞争新态势和中国经济新常态，战略性新兴产业的发展仍然存在众多挑战与短板。在此背景下，2015 年 5 月国务院印发《中国制造 2025》，提出“立足国情，立足现实，力争通过‘三步走’实现制造强国的战略目标”，为新时期中国战略性新兴产业发展指明了方向。

本章通过国务院及各部委的官方网站、各战略性新兴产业技术协会网站、清华大学公共管理学院政府文献信息系统以及国研网战略性新兴产业数据库等途径，采用网络数据采集、全文关键字检索等方法，全面收集整理了“十二五”期间（2011 年 1 月 1 日～2015 年 12 月 31 日）中央部委颁布的战略性新兴产业各领域相关政策（共计 551 条，如图 12.1 所示），进行梳理和分析。

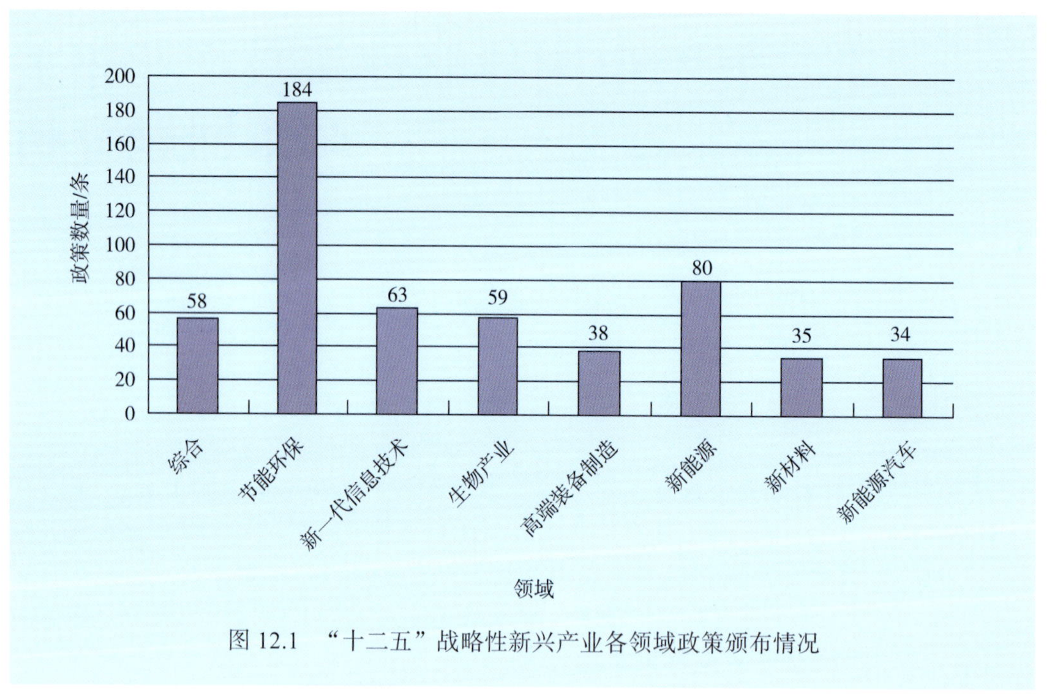

图 12.1 “十二五”战略性新兴产业各领域政策颁布情况

12.1 中央政策目标导向分析

公共政策是国家进行行政管理的重要工具和手段，战略性新兴产业政策是政府机关为引导、调节或规制产业发展方向及路径而进行的有计划的活动，以实现战略性新兴产业在不同时期的发展目标[1]。根据《“十二五”国家战略性新兴产业发展规划》（国发〔2012〕28 号）的目标设置，“十二五”期间中国战略性新兴产业的发展目标包括“产业创新能力大幅提升”“创新创业环境更加完善”“国际分工地位稳步提高”“引领带动作用显著增强”等。围绕这些目标，本章把战略性新兴产业的相关政策分为加强科技创新、优化产业环境和完善管理机制三大类进行分析（各类别的政策目标导向见表 12.1），解析中央政策的目标导向。

表 12.1　战略性新兴产业政策目标导向分类

类别	目标导向
科技创新	加强产业关键技术研发
	强化企业技术创新能力建设
	提升人才与知识产权管理
	实施重大产业创新发展工程
	推进产业集聚发展
	深化国际合作
	其他
产业环境	组织实施重大应用示范工程
	支持市场拓展与商业模式创新
	完善标准体系和市场准入制度
	改善金融服务支持
	改进税收激励政策
	其他
管理机制	加强宏观规划引导
	加强组织协调管理
	其他

12.1.1　加强科技创新类政策分析

增强自主创新能力是培育和发展战略性新兴产业的中心环节。为了完善以企业为主体、市场为导向、产学研相结合的技术创新体系，加强科技创新，提升产业核心竞争力，中央政府从加强产业关键技术研发、强化企业技术创新能力建设、提升人才与知识产权管理、实施重大产业创新发展工程、推进产业集聚发展、深化国际合作等方面出台了政策，支撑战略性新兴产业的创新发展。

如图 12.2 所示，总体来看，“十二五”期间发布的战略性新兴产业加强科技创新类相关政策中，加强产业关键技术研发、强化企业技术创新能力建设和实施重大产业创新发展工程类占比较高，而提升人才与知识产权管理、推进产业集聚发展以及深化国际合作类占比相对较低。《“十二五”国家战略性新兴产业发展规划》（国发〔2012〕28 号）明确提出“涌现一批掌握核心关键技术、拥有自主品牌、开展高层次分工合作的国际化企业，具有自主知识产权的技术、产品和服务的国际市场份额大幅提高，在部分领域成为全球重要的研发制造基地”的发展目标。从各产业领域具体来看，在加强产业关键技术研发、强化企业技术创新能力建设以及深化国际合作三类中节能环保领域出台的政策占比最多，分别为 17 项、6 项和 2 项。

2011年国务院发布《关于印发“十二五”节能减排综合性工作方案的通知》(国发〔2011〕26号),在该政策的指导下,国家发改委连续5年编制发布《国家重点节能低碳技术推广目录》,以加快节能技术进步和推广普及,引导用能单位采用先进适用的节能新技术、新装备和新工艺,促进能源资源节约集约利用。在实施重大产业创新发展工程中新一代信息技术产业占比最高,共计17项,该类政策目标在于通过实施重大创新发展工程推动中国信息技术产业的发展。

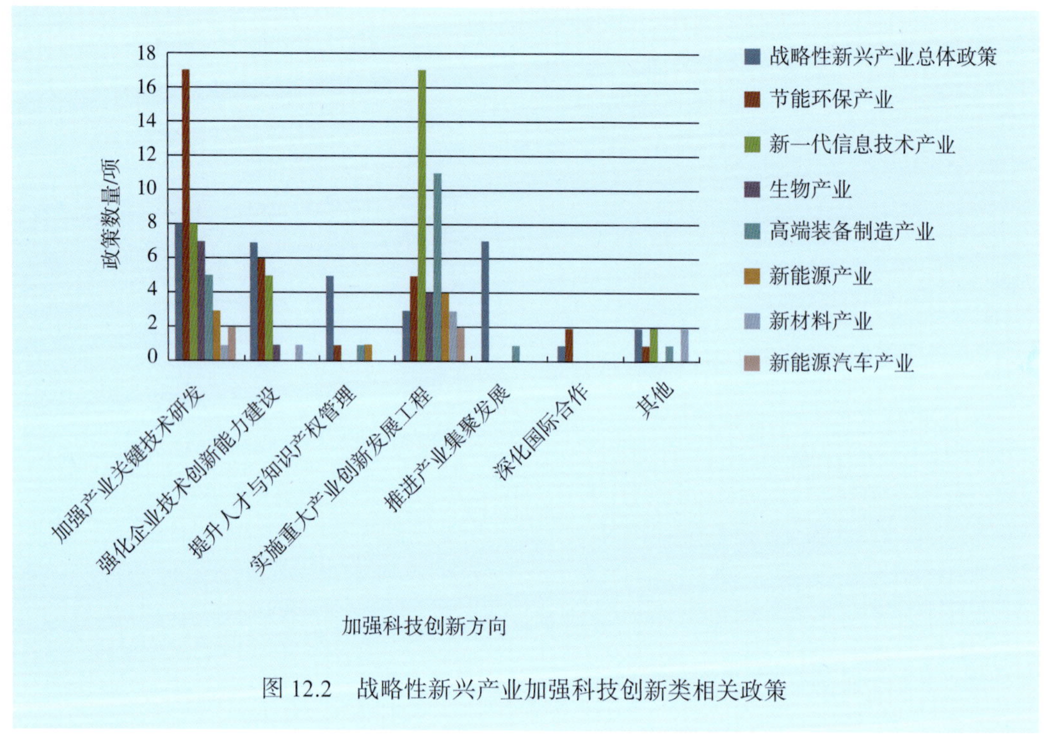

图12.2 战略性新兴产业加强科技创新类相关政策

12.1.2 优化产业环境类政策分析

培育发展战略性新兴产业必须充分调动企业积极性,积极培育市场,规范市场秩序,创造良好的产业发展环境。中央政府在组织实施重大应用示范工程、支持市场拓展与商业模式创新、完善标准体系和市场准入制度、改善金融服务支持、改进税收激励政策等方面出台了政策,优化新兴产业的发展环境。

如图12.3所示,“十二五”期间组织实施重大应用示范工程、完善标准体系和市场准入制度、改善金融服务支持以及改进税收激励政策占比较高,而支持市场拓展与商业模式创新政策相对较少。其中,在组织实施重大应用示范工程中,节能环保领域政策颁布数量较其他产业领域突出明显,反映了“十二五”期间中央政府较重视节能环保技术的推广与使用,出台了大量应用示范工程相关政策,通过刺激和开拓市场需求带动产业发展。

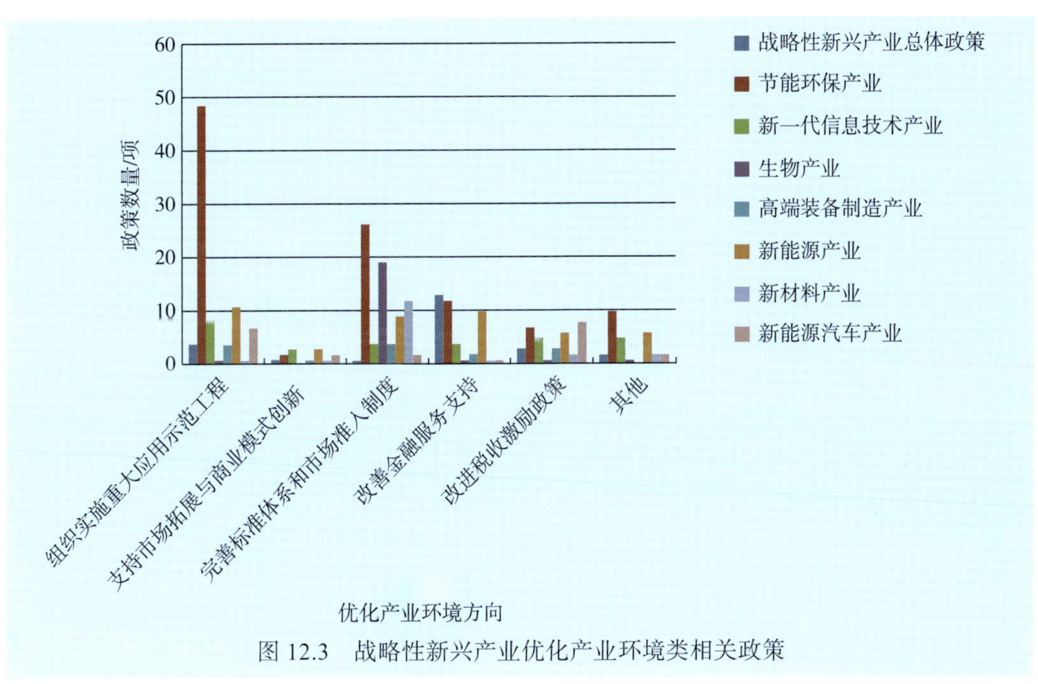

图 12.3 战略性新兴产业优化产业环境类相关政策

12.1.3 完善管理机制类政策分析

加快培育和发展战略性新兴产业必须大力推进改革创新，加强组织领导和统筹协调，为战略性新兴产业发展提供动力和条件。中央政府从加强宏观规划引导、加强组织协调管理等方面出台了政策，以完善战略性新兴产业的管理机制体系（图 12.4）。

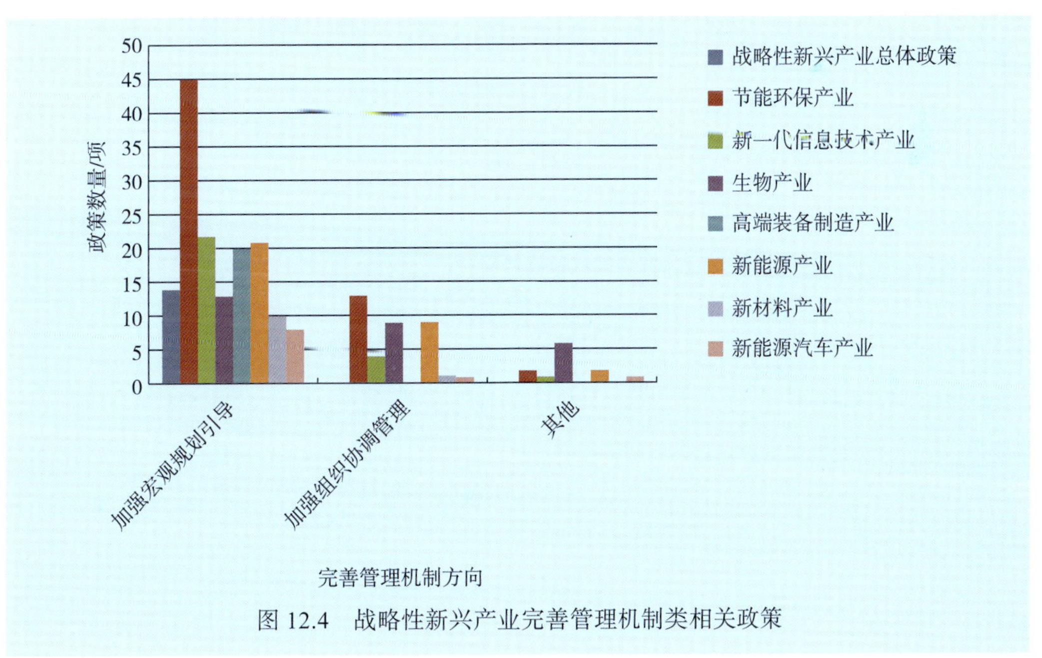

图 12.4 战略性新兴产业完善管理机制类相关政策

宏观规划是产业发展战略的具体体现，一般包括时间限定和目标量化，以产业阶段性目标设置促进产业持续稳定发展，“十二五”期间在国家战略性新兴产业发展规划的指导下，各类产业领域皆出台了发展规划类政策文件。如图 12.4 所示，在加强宏观规划引导类政策中，节能环保领域出台政策最多，其他产业该类政策中出台较为平均。在加强组织协调管理类政策中，节能环保产业、生物产业和新能源产业的政策数量相对较多，而高端装备制造产业此类政策较少。

12.1.4 综合分析

如图 12.5 所示，以半年为阶段对“十二五”期间中国战略性新兴产业政策的出台数量进行统计，并绘制政策数量分布图，可直观得出“十二五”期间中国战略性新兴产业政策在各半年度的颁布情况。从图 12.5 中我们可得出，“十二五”期间中国战略性新兴产业政策在各半年度均有颁布，从 2011 年至 2012 年下半年度，政策数量呈现上升趋势，而 2012 年以后则逐步下降，至 2014 年上半年度开始逐渐趋缓，其中 2012 年下半年度政策颁布数量最多。

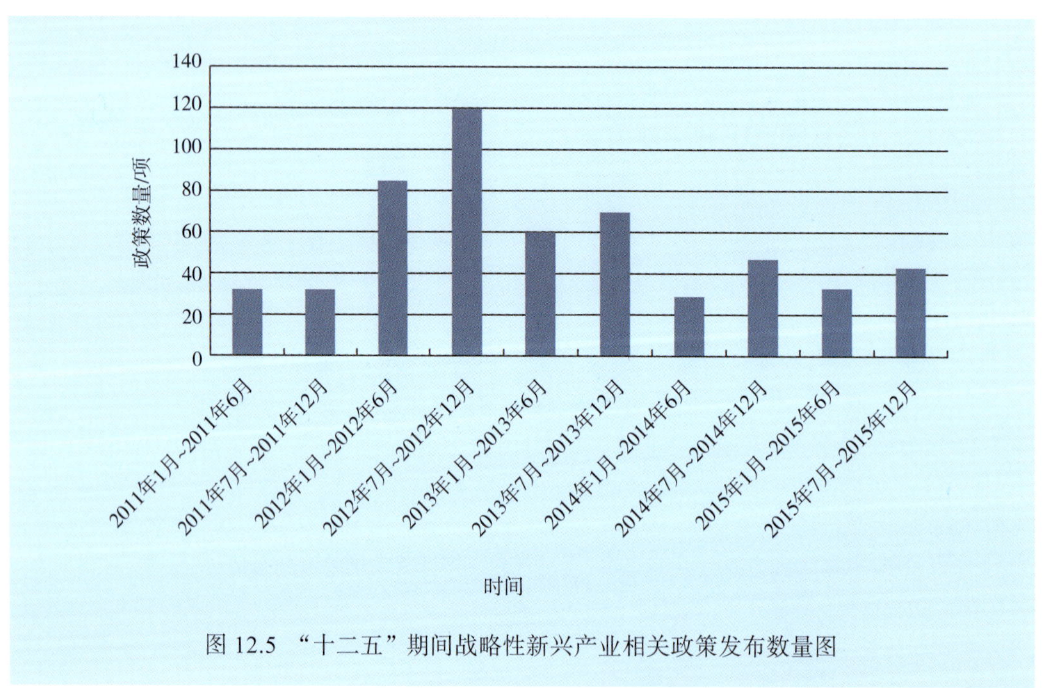

图 12.5 “十二五”期间战略性新兴产业相关政策发布数量图

如图 12.6 所示，“十二五”期间中央出台的战略性新兴产业政策中优化产业环境类政策最多，占比为 45.25%，其次为完善管理机制类政策，占比为 32.53%，加强科技创新类政策最少，仅占 22.22%。从各产业领域来看，节能环保产业在三类政策中数量普遍较多，而新能源产业在优化产业环境类政策、完善管理机制类政策中数量较多。

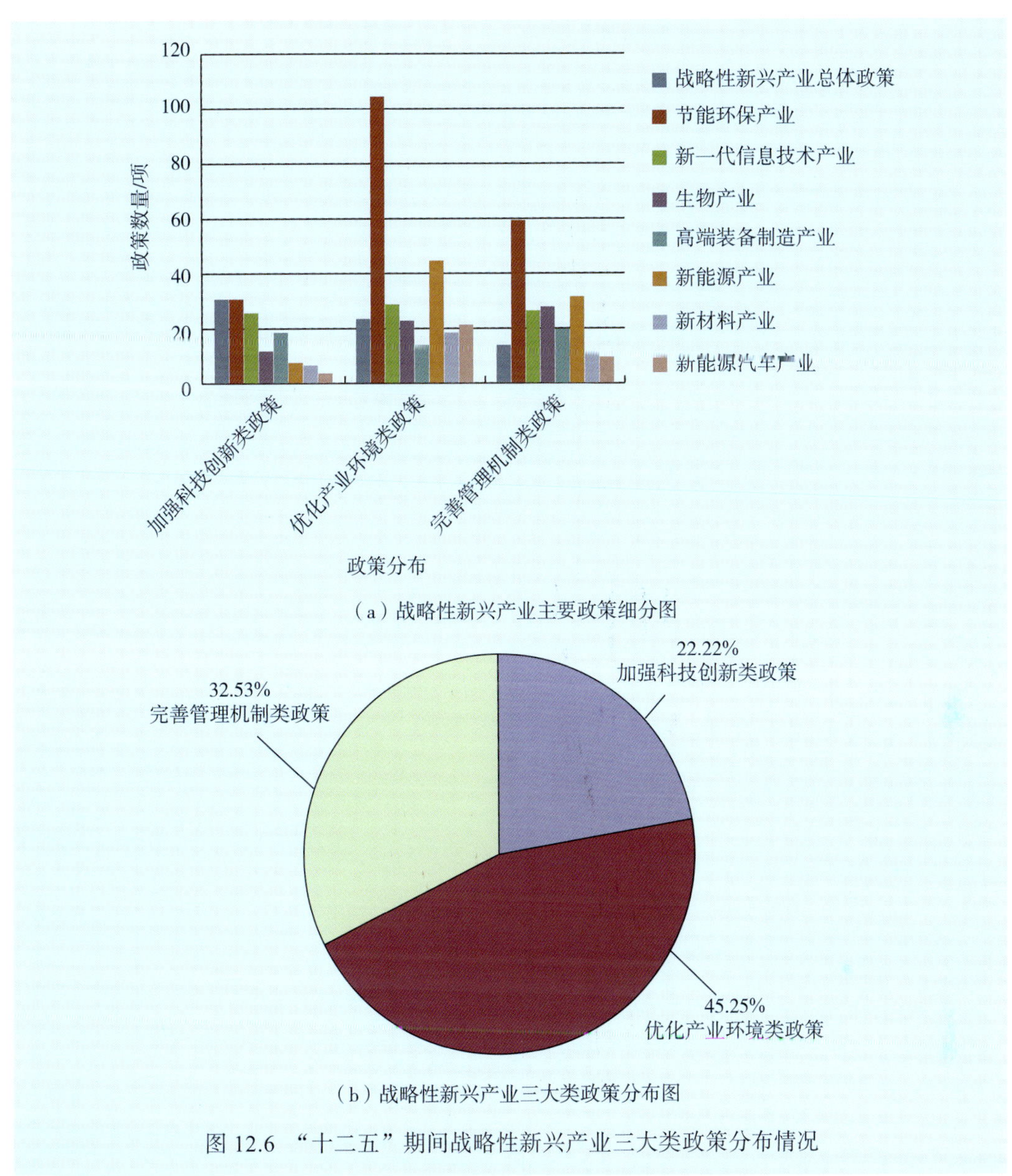

（a）战略性新兴产业主要政策细分图

（b）战略性新兴产业三大类政策分布图

图 12.6 “十二五”期间战略性新兴产业三大类政策分布情况

12.2 中央政策着力点分析

根据政策着力点的不同，如表 12.2 所示，政策工具可以分为供给型、环境型和需求型三大类 [2, 3]。其中，供给型政策工具表现为政策对科技活动的推动力，是指政府通过对人才、技术、资金、公共服务等支持直接扩大技术的供给，推动科技创新和新产品开发；环境型政策工具则表现为政策对科技活动的影响力，是指政府通过目标规划、金融支持、法规规范、产权保护、税收优惠等政策来影响科技发展的环境因素，从而间接影响并促进科技创新和新产品开发；需求型政策工具是指通过政府采购、贸易政策、用户补贴、应用示范、价格指导等措施减少市场的不确定性，积极开拓并稳定新技术应用的市场，来拉动技术创新和新产品开发。本章将从供给型、环境型、需求型三方面对战略性新兴产业相关政策进行分类和解析，来梳理中国战略性新兴产业公共政策的现状[4～6]。

表 12.2　战略性新兴产业政策工具一览表

政策工具类别	政策工具
供给型政策工具	人才培养
	资金支持
	技术支持
	公共服务
环境型政策工具	目标规划
	金融支持
	法规规范
	产权保护
	税收优惠
需求型政策工具	政府采购
	贸易政策
	用户补贴
	应用示范
	价格指导

12.2.1　主要供给型政策工具分析

供给型政策工具直接对战略性新兴产业的科技活动产生推动力，其主要在人才培养、资金支持、技术支持及公共服务等方面，通过改善技术创新相关要素的供给，从而促进产业创新发展。本节梳理分析了中国“十二五”期间培育发展战略性新兴产业的主要供给型政策工具。其中，人才培养主要是指政府有关职能部门根据产业发展的需求，建立长期的、战略性的人才发展规划，并积极完善各级教育体系及各种培训体系，开拓人才交流渠道，为技术创新活动提供不同层次的人力资源；资金支持是指政府直接对企业的技术创新行为提供财力上的支援，如提供研发经费和基础设施建设经费等；技术支持主要是指政府通过技术辅导与咨询来引导产业的技术创新并加强技术基础设施建设，如出资建立研发实验室、建立学习机制促进技术成果扩散、鼓励企业引进国外先进技术等；公共服务是指政府为了保障技术创新的顺利进行，提供相应的信息、交通、通信、咨询等配套服务设施。

如图 12.7 所示，“十二五”期间中国战略性新兴产业供给型政策工具中，技术支持政策工具占比最高，达到 46%，其次为公共服务和资金支持政策工具，分别占

27%、21%，而人才培养政策工具使用则相对缺乏，仅占供给型政策工具的6%。人才培养政策工具中，战略性新兴产业总体政策、节能环保产业政策较多，而其他产业政策较少。资金支持政策工具中，节能环保产业、新一代信息技术产业与新能源产业政策相对较多，以项目为依托，重点支持重大生产、研发及产业化、公共平台、示范应用项目，兼顾产业基地、配套设施建设等，而新材料产业政策中尚未使用该类政策工具。技术支持政策工具中，战略性新兴产业总体政策、节能环保产业、新一代信息技术产业和生物产业相关政策较多，而其他产业政策则相对较少。公共服务政策工具中，节能环保产业、生物产业、新能源产业和新能源汽车产业相关政策较多，有助于推进针对各产业的公共服务平台建设。

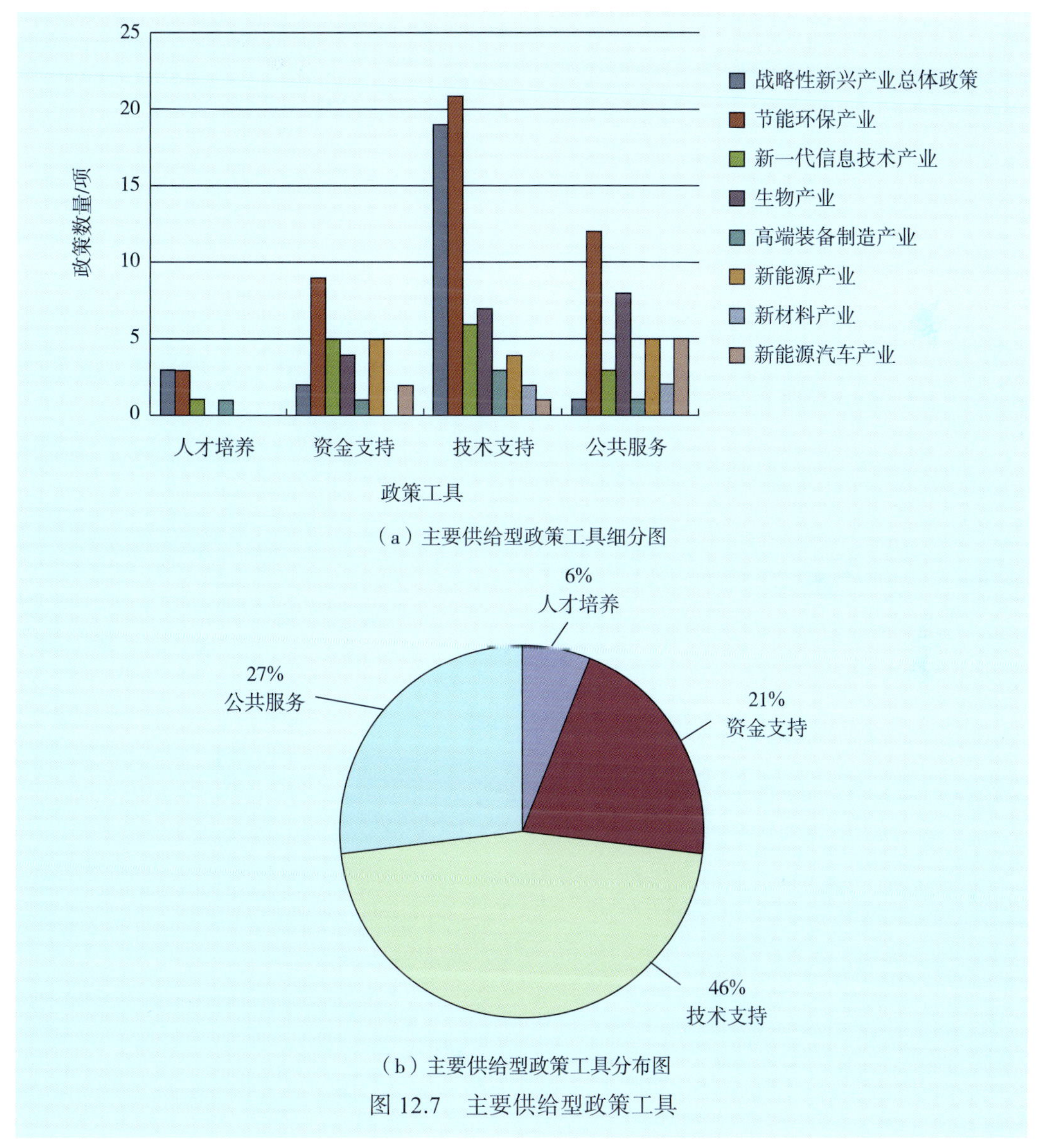

（a）主要供给型政策工具细分图

（b）主要供给型政策工具分布图

图12.7　主要供给型政策工具

12.2.2 主要环境型政策工具分析

环境型政策工具是政策对产业科技活动的影响力，主要通过目标规划、金融支持、法规规范、产权保护、税收优惠等方面，为技术创新等科技活动提供有利的政策环境，从而间接作用于产业发展。本节梳理分析了中国“十二五”期间培育发展战略性新兴产业的主要环境型政策工具。其中，目标规划是指政府通过制定战略性的发展目标和规划，对产业发展进行宏观性、方向性、指导性的统筹布局；金融支持主要是指政府通过融资、补助、风险投资、特许、财物分配安排、设备提供和服务、贷款保证、出口信用贷款等政策鼓励企业的创新；法规规范是指政府通过制定公平交易法、加强市场监管、反对垄断、制定环境和健康标准等措施，规范市场秩序，为创新提供有利的环境；产权保护主要是指政府通过颁布专利、著作权、软件著作权等方面的管理条例和细则，加强知识产权保护，提高企业开展技术创新的积极性；税收优惠主要是指政府对于满足特定条件的企业和个人给予赋税上的减免，如投资抵减、加速折旧、免税和租税抵扣等。

从图 12.8 可以看出，目标规划政策工具占环境型政策工具的 49%，法规规范政策工具占 36%，而金融支持、税收优惠和产权保护政策工具则相对较少，尤其是产权保护政策工具仅占环境型政策工具总数的 1%。保护产权有利于提升企业的创新收益，激发战略性新兴产业的创新力，未来应进一步重视产权保护政策的制定。具体从各类政策工具来看，目标规划政策工具中，战略性新兴产业总体政策、节能环保产业、新一代信息技术产业、高端装备制造产业和新能源产业相关政策较多，生物产业、新材料产业和新能源汽车产业相关政策较少。金融支持政策是政府通过差别贷款利率政策、信贷倾斜政策、资本市场准入政策等，对战略性新兴产业中的企业提供融资支持，从“十二五”金融支持政策工具使用情况来看，战略性新兴产业总体政策、节能环保产业和新一代信息技术产业相关政策较多。法规规范政策工具中，各产业领域颁布的政策数量差异较大，节能环保产业政策最多，高端装备制造产业政策最少。

12.2.3 主要需求型政策工具分析

需求型政策工具是指政府通过政府采购、贸易政策、用户补贴、应用示范、价格指导等措施来引导市场需求，减少市场的不确定性，从而带动产业健康发展。本节梳理分析了中国“十二五”期间培育发展战略性新兴产业的主要需求型政策工具。其中，政府采购是指政府通过对特定产品的大宗采购，提供相对稳定的市场预期，降低市场的不确定性，激发企业创新的决心，包括中央或地方政府的采购、公共事业单位的采购等；贸易政策主要是指政府有关进出口的各项管理措施，如贸易协定、关税、货币调节等；用户补贴主要是指政府通过对产品的需求端给予补贴，从而提升消费者的购买能力和意愿，促进产品推广和市场拓展；应用示范是指政府对特定技术、产品的项目，在现实环境中以全规模或接近全规模进行市场检测和展示，从

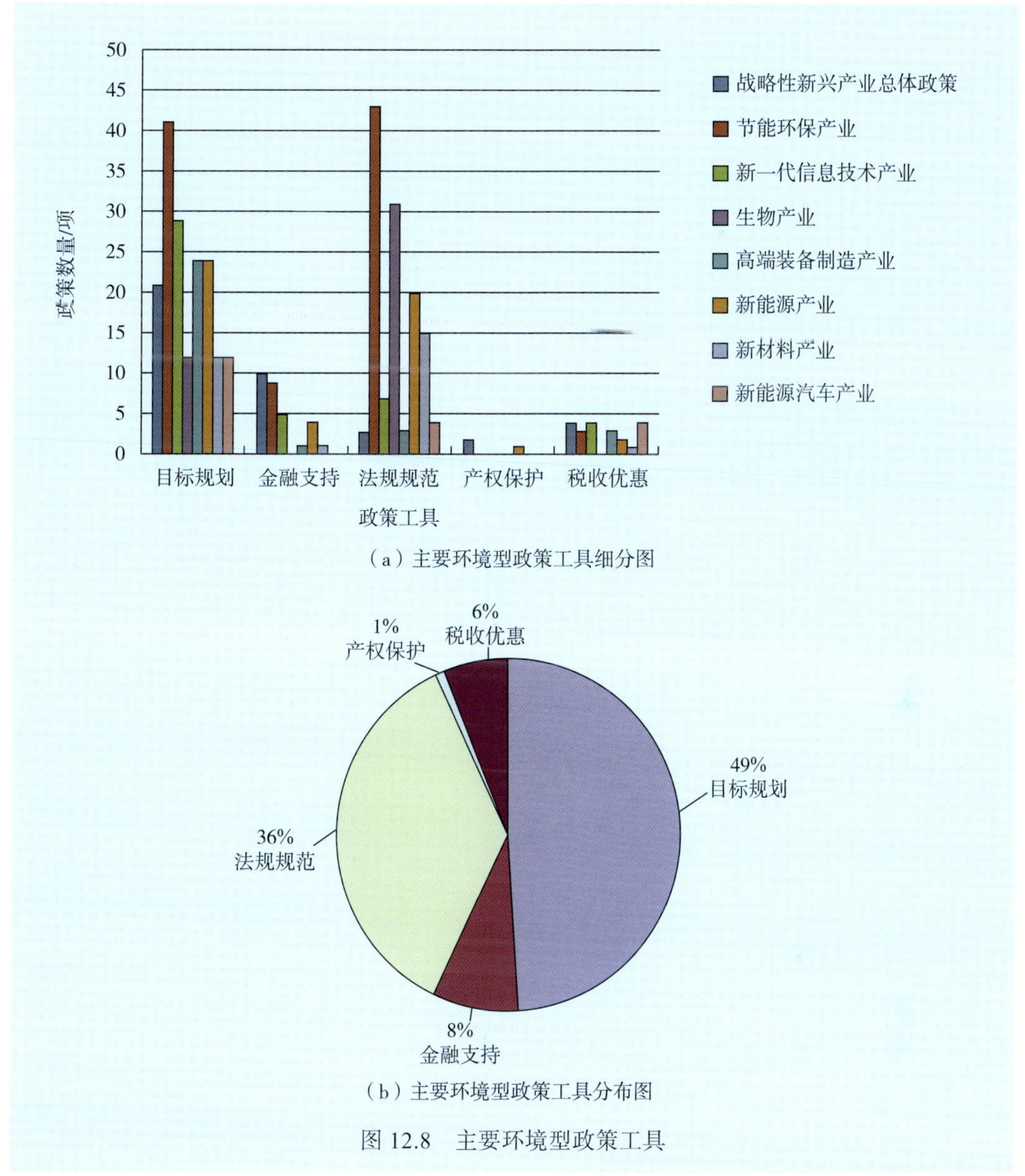

（a）主要环境型政策工具细分图

（b）主要环境型政策工具分布图

图 12.8　主要环境型政策工具

而提升产品的社会可接受度，促进技术创新；价格指导是指政府通过颁布某类产品的最高、最低限价或建议价格来对产品售价进行干预，引导市场需求。

如图 12.9 所示，需求型政策工具分布中，各类别占比差异较大，应用示范政策占总数的一半，是各产业使用最为广泛的需求型政策工具，用户补贴政策工具占三分之一，而政府采购、价格指导和贸易政策则相对较少。其中，节能环保产业、新能源产业和新能源汽车产业相关政策较多。

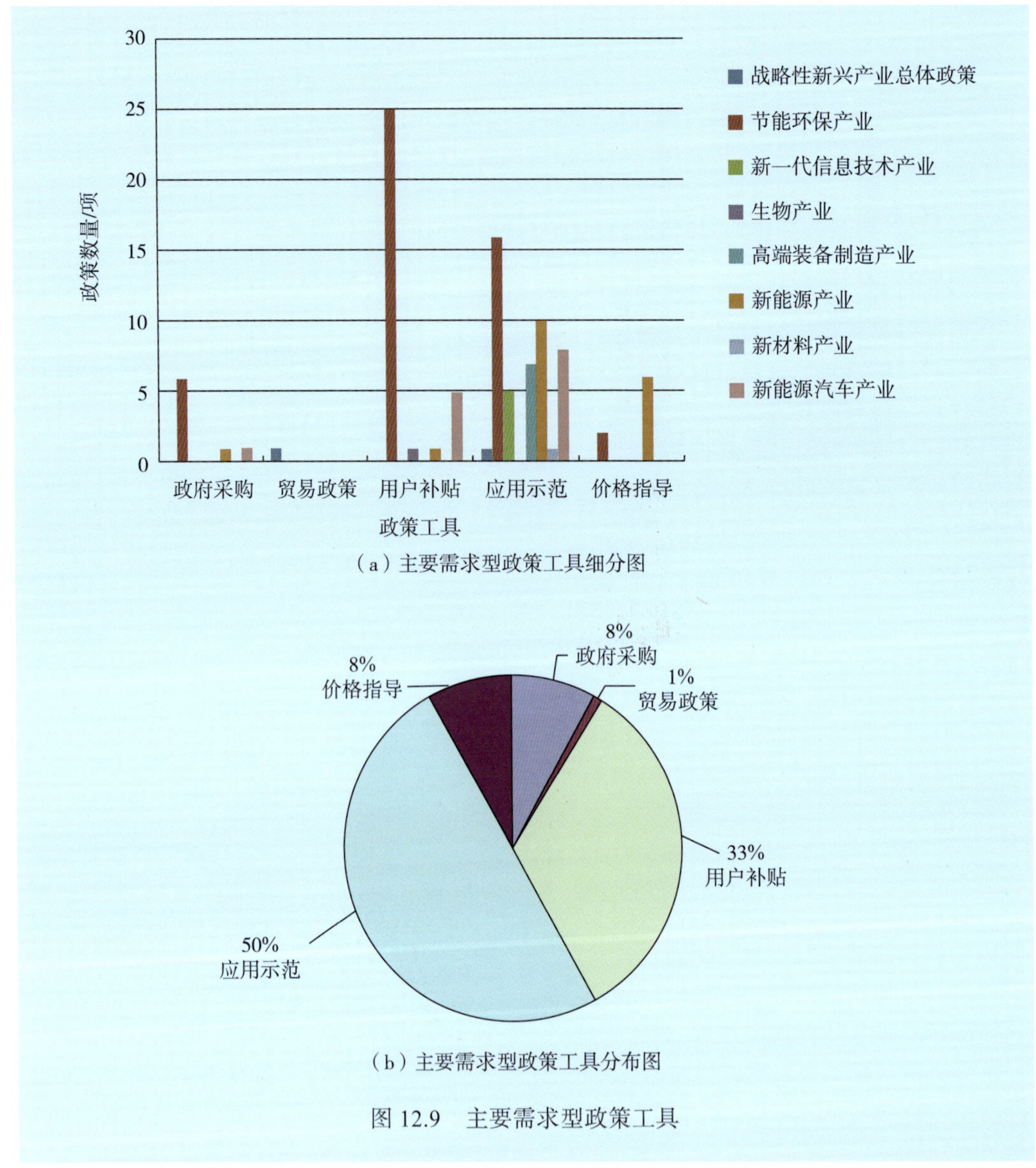

（a）主要需求型政策工具细分图

（b）主要需求型政策工具分布图

图 12.9　主要需求型政策工具

12.2.4　综合分析

如图 12.10 所示，“十二五”期间中国战略性新兴产业政策工具分布中，环境型政策工具占比最大，为 60%，供给型和需求型政策工具占比相对较少，分别为 23% 和 17%，说明“十二五”期间中央政府主要运用环境型政策工具促进战略性新兴产业在中国的发展。

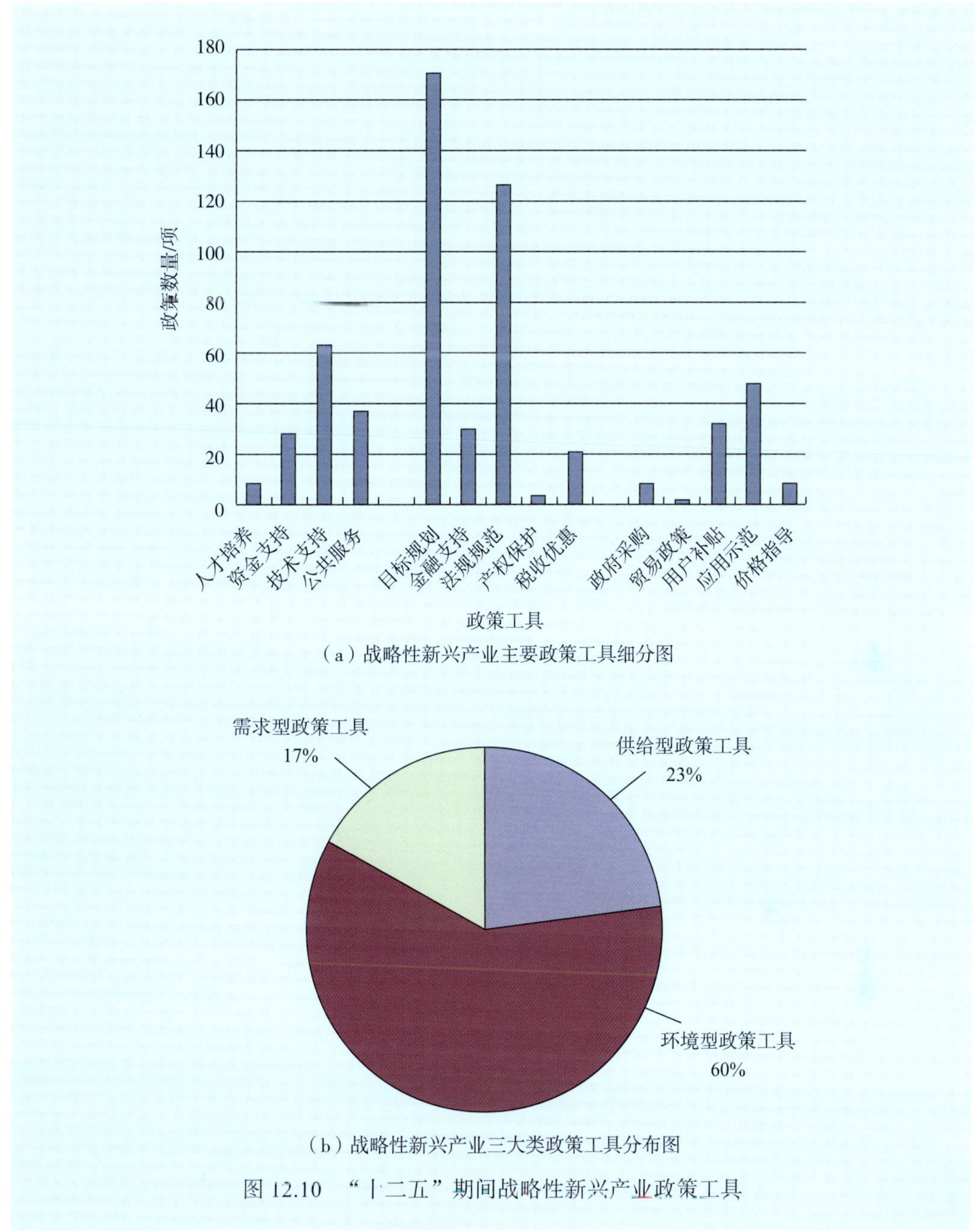

（a）战略性新兴产业主要政策工具细分图

（b）战略性新兴产业三大类政策工具分布图

图 12.10 “十二五”期间战略性新兴产业政策工具

供给型政策工具中，技术支持政策工具使用最多，反映了中央政府对战略性新兴产业技术进步的重视程度较高；而人才培养政策工具占比较低，未来可考虑进一步加强人才培养政策工具的使用，推进战略性新兴产业人才队伍建设，为各类产业的发展持续输送人才资源。

环境型政策工具中，目标规划和法规规范政策工具使用较多，金融支持、产权保护和税收优惠政策工具使用较少，未来可加强激励性政策工具的使用，优化政策工具的结构，以更好地激发战略性新兴产业的发展动力。

需求型政策工具直接作用于市场端，对产业发展具有拉动作用，但当前中国出台的战略性新兴产业政策中需求型政策工具占比较低。而伴随着产业环境的不断完善和优质生产要素的集聚发展，在战略性新兴产业的下一步发展中，可以通过需求引导，发挥中国拥有巨大市场内需的发展优势。

12.3 各产业领域政策着力点分析

由于“十二五”期间战略性新兴产业各产业的发展目标、发展路径、重点发展技术及市场导向性等各具特点，各产业领域政策的着力点也不尽相同。本节将对七大战略性新兴产业的政策进行逐一分析。

12.3.1 节能环保产业

根据《“十二五”节能环保产业发展规划》（以国发〔2012〕19号印发），“节能环保产业是指为节约能源资源、发展循环经济、保护生态环境提供物质基础和技术保障的产业”。“十二五”期间节能环保产业主要政策工具分布如图12.11所示，供给型政策工具占22%，环境型政策工具占51%，需求型政策工具占27%，表明“十二五”期间国家较为重视节能环保产业发展环境的改善，以及通过发挥市场端的作用，拉动节能环保产业装备技术的突破与创新。从节能环保产业主要政策工具细分图［图12.11（a）］来看，目标规划与法规规范类政策较多，“十二五”期间中国节能环保产业发展目标主要包括“产业规模快速增长”、“技术装备水平大幅提升”、“节能环保产品市场份额逐步扩大”及“节能环保服务得到快速发展”等。

12.3.2 新一代信息技术产业

当前，新一代信息技术主要分为六个方面，分别是下一代通信网络、物联网、三网融合、新型平板显示、高性能集成电路和以云计算为代表的高端软件。“十二五”初期，针对新一代信息技术产业颁布的中央规划性文件包括《物联网“十二五”发展规划》、《电子信息制造业“十二五”发展规划》、《集成电路产业“十二五”发展规划》、《软件和信息技术服务业“十二五”发展规划》、《通信业“十二五”发展规划》和《电子商务“十二五”发展规划》等，这些政策文件的出台使目标规划成为“十二五”期间新一代信息技术产业运用最为广泛的政策工具。图12.12显示了三大类政策工具占比，环境型政策工具占70%，供给型政策工具占22%，需求型政策工具占8%。

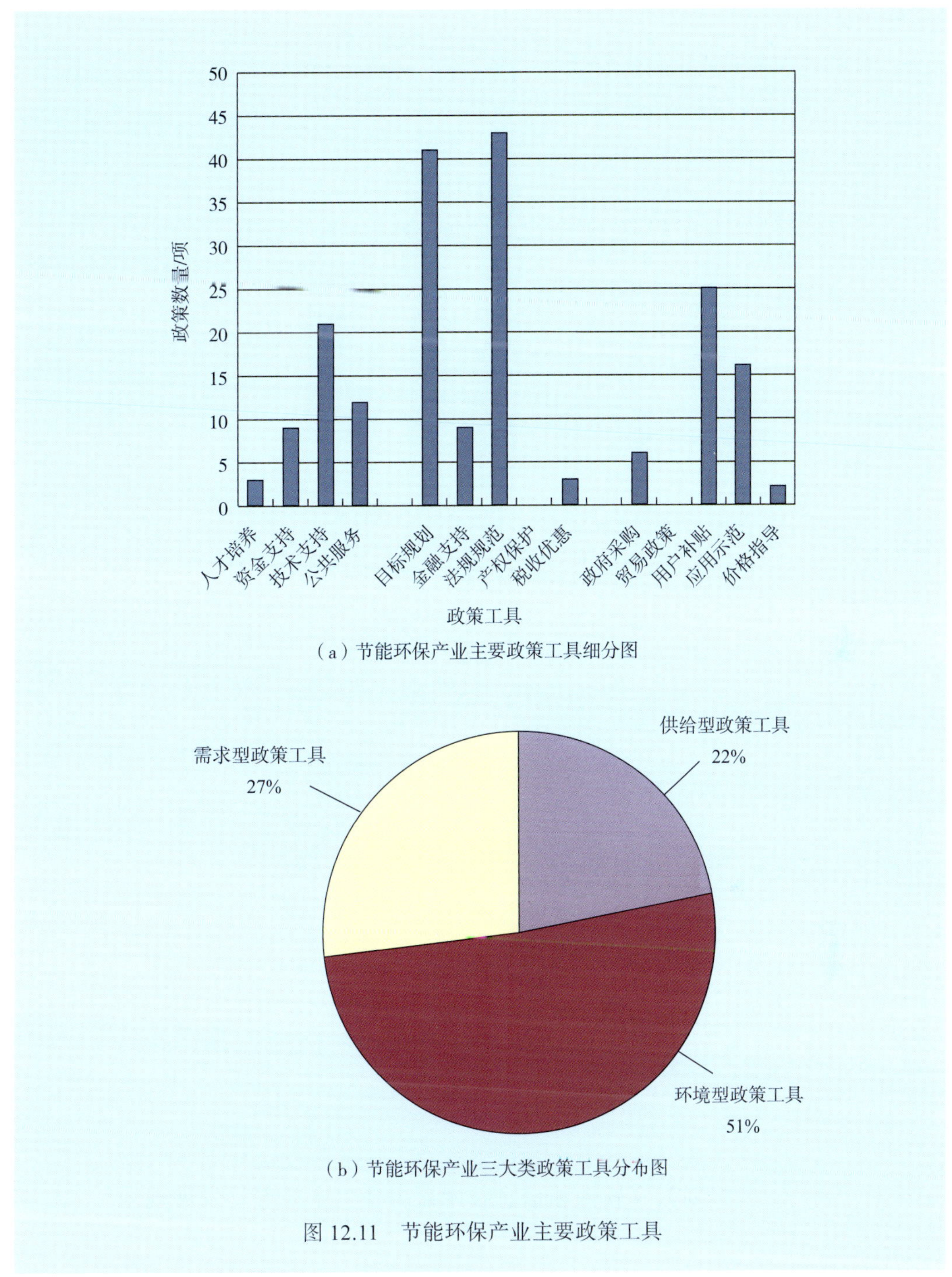

（a）节能环保产业主要政策工具细分图

（b）节能环保产业三大类政策工具分布图

图 12.11 节能环保产业主要政策工具

12.3.3 生物产业

生物产业是中国战略性新兴产业的重要构成部分，根据《“十二五”生物产业发

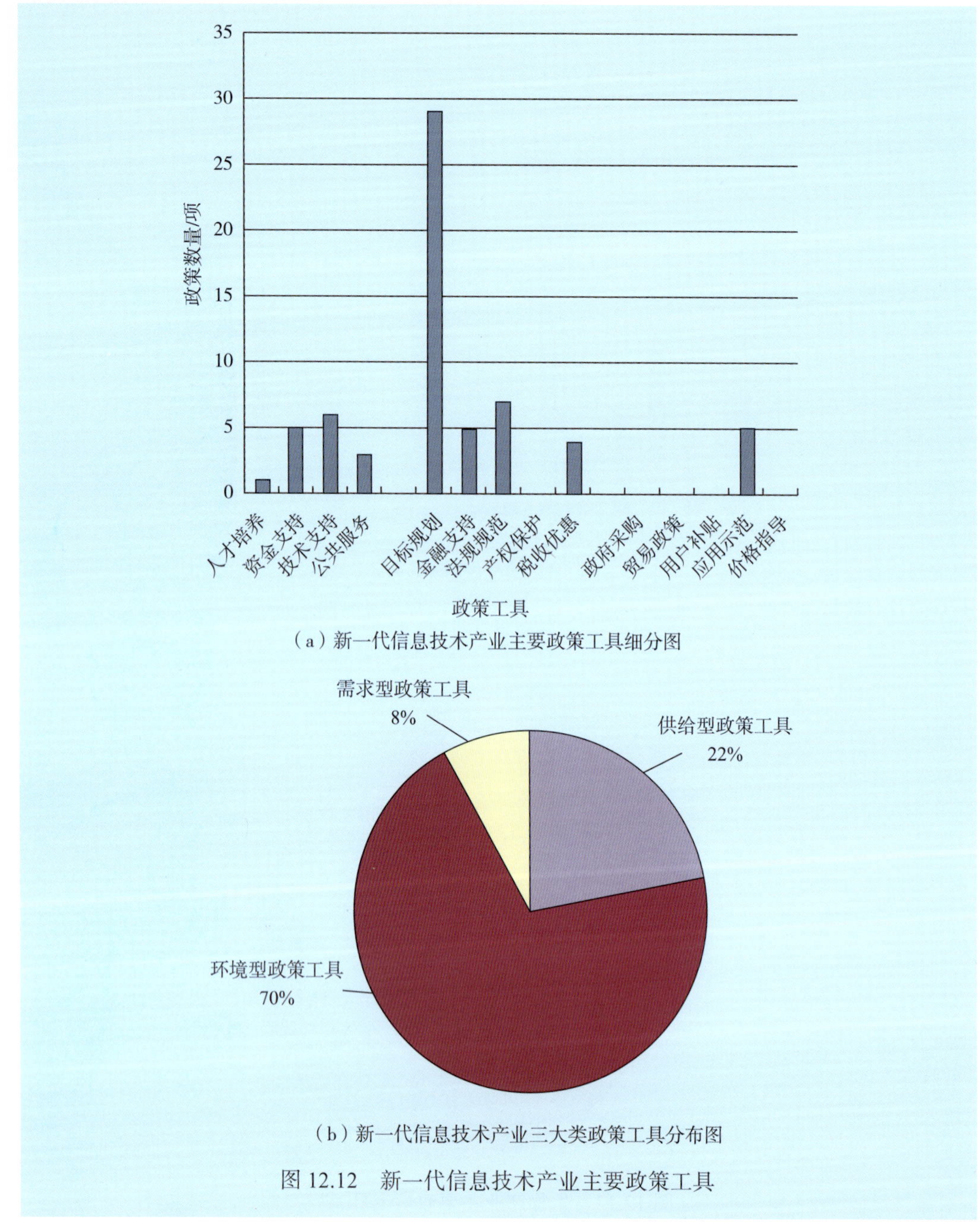

（a）新一代信息技术产业主要政策工具细分图

（b）新一代信息技术产业三大类政策工具分布图

图 12.12　新一代信息技术产业主要政策工具

展规划》（以国发〔2012〕65 号印发），当前，中国亟须加快新型药物、作物新品种、绿色种植技术、生物燃料和生物发电、生物环保技术、生物基产品等开发培育和推广应用。从图 12.13 中可得出，“十二五”期间中国主要依靠供给型和环境型政策工具推动生物产业的发展，需求型政策工具应用较少，仅占 2%。具体分布中，生物产业政策工具主要包括资金支持、技术支持、公共服务、目标规划、法规规范和用户补贴。

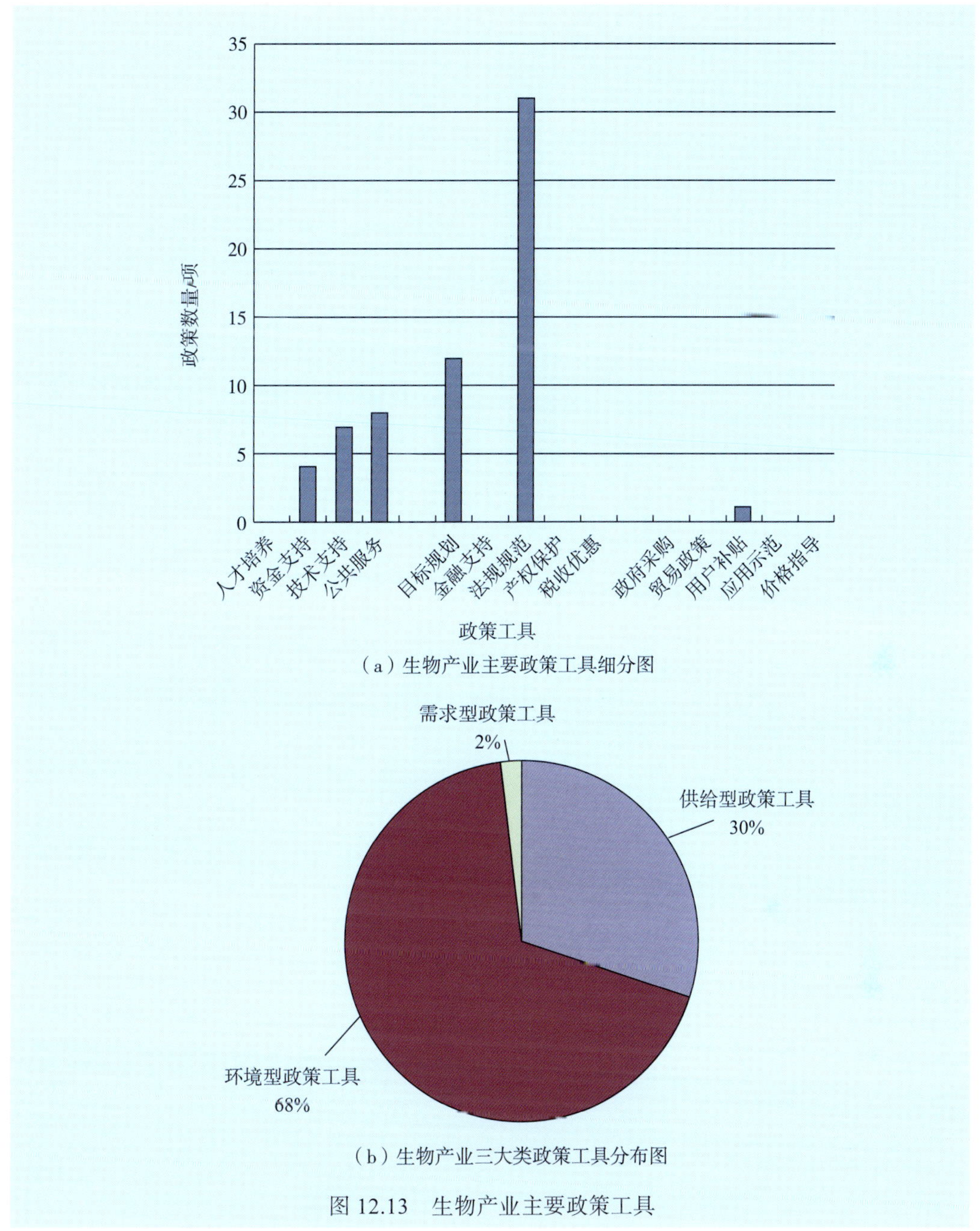

（a）生物产业主要政策工具细分图

（b）生物产业三大类政策工具分布图

图 12.13　生物产业主要政策工具

12.3.4　高端装备制造产业

高端装备主要包括传统产业转型升级和战略性新兴产业发展所需的高技术高附加值装备。按照《国务院关于加快培育和发展战略性新兴产业的决定》明确的重点领域和方向，现阶段高端装备制造业发展的重点方向主要包括航空装备、卫星及应用、轨道交通装备、海洋工程装备、智能制造装备。“十二五”期间主要政策工具分布如图 12.14 所示，供给型政策工具占 13%，环境型政策工具占 68%，需求型政策工具占 19%。其中，在需求型政策工具中，主要为应用示范类政策。在环境型政策工具中，以目标规划、法规规范和税收优惠政策工具为主，产权保护政策工具尚未被利用。供给型政策工具分布相对均衡。

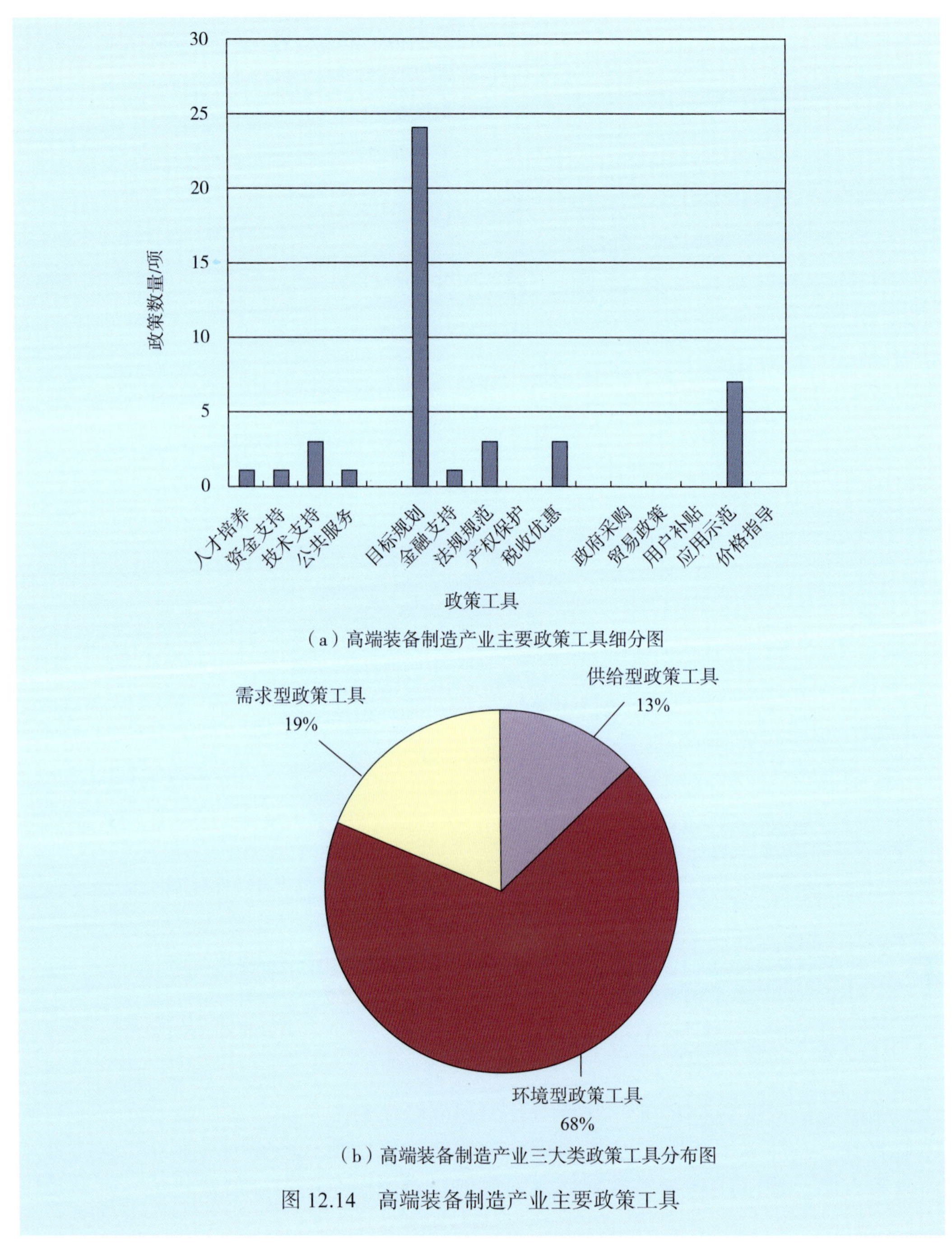

（a）高端装备制造产业主要政策工具细分图

（b）高端装备制造产业三大类政策工具分布图

图 12.14　高端装备制造产业主要政策工具

12.3.5　新能源产业

根据《“十二五”国家战略性新兴产业发展规划》，新能源产业主要包括核电、风电、太阳能光伏和热利用、页岩气、生物质发电、地热和地温能、沼气等产业。“十二五”期间主要政策工具分布如图 12.15 所示，需求型政策工具占 23%，环境型政策工具占 60%，供给型政策工具占 17%。供给型政策工具中，以资金支持、技术支持和公共服务等措施推动产业发展。环境型政策工具中，以目标规划和法规规范为主，同时辅以金融支持、产权保护和税收优惠，为新能源产业创造良好的发展环境。需求型政策工具中，主要以应用示范和价格指导为主，政府采购和用户补贴为辅，拉动新能源产业发展。

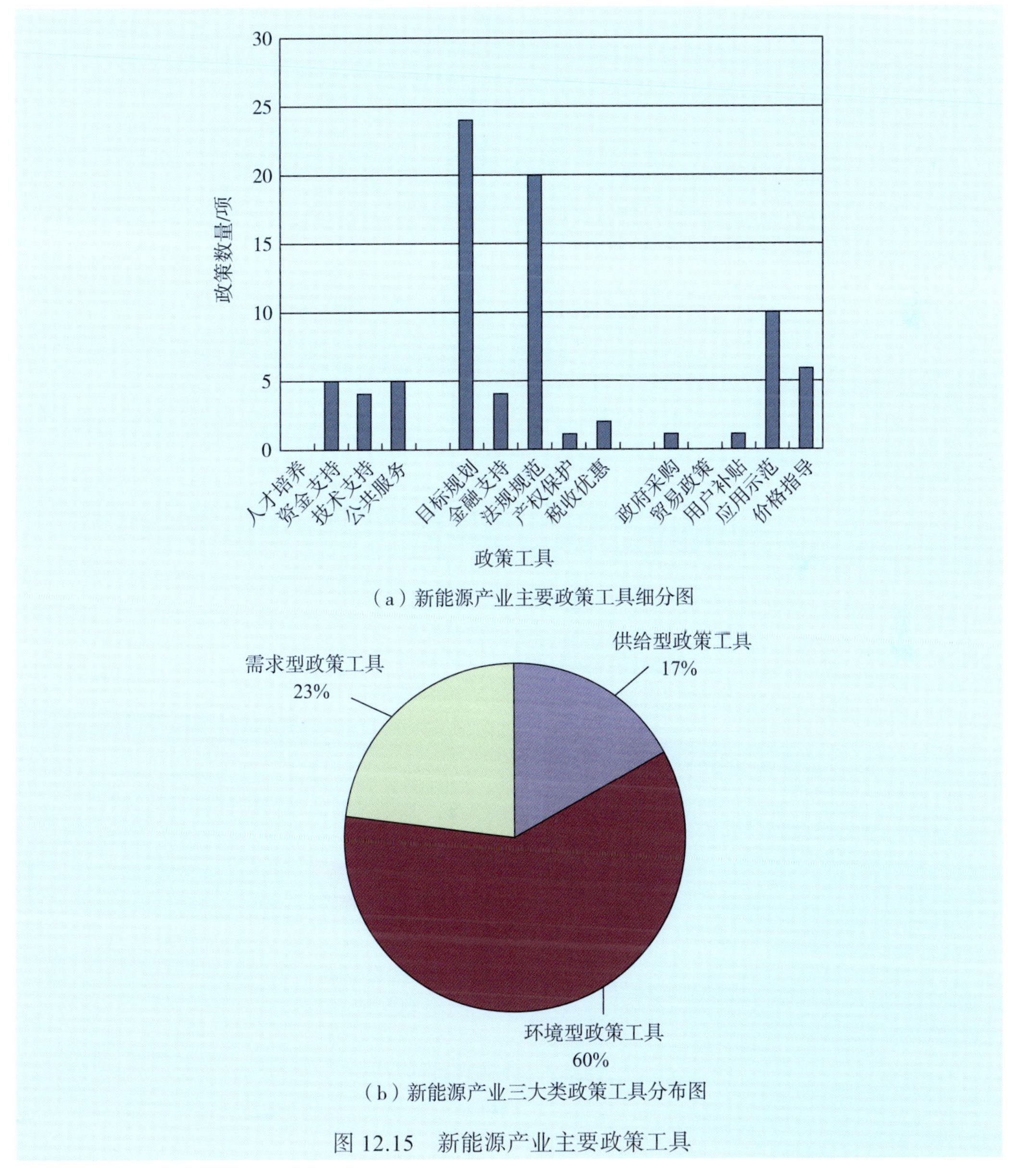

（a）新能源产业主要政策工具细分图

（b）新能源产业三大类政策工具分布图

图 12.15　新能源产业主要政策工具

12.3.6 新材料产业

根据《新材料产业“十二五”发展规划》，新材料产业主要包括六个领域，分别是特种金属功能材料、高端金属结构材料、先进高分子材料、新型无机非金属材料、高性能复合材料和前沿新材料。如图 12.16 所示，“十二五”期间新材料产业环境型政策工具占 86%，供给型政策工具和需求型政策工具分别占 11%、3%。具体分布中，新材料产业政策工具主要集中于目标规划和法规规范，其他类别政策工具使用较少。

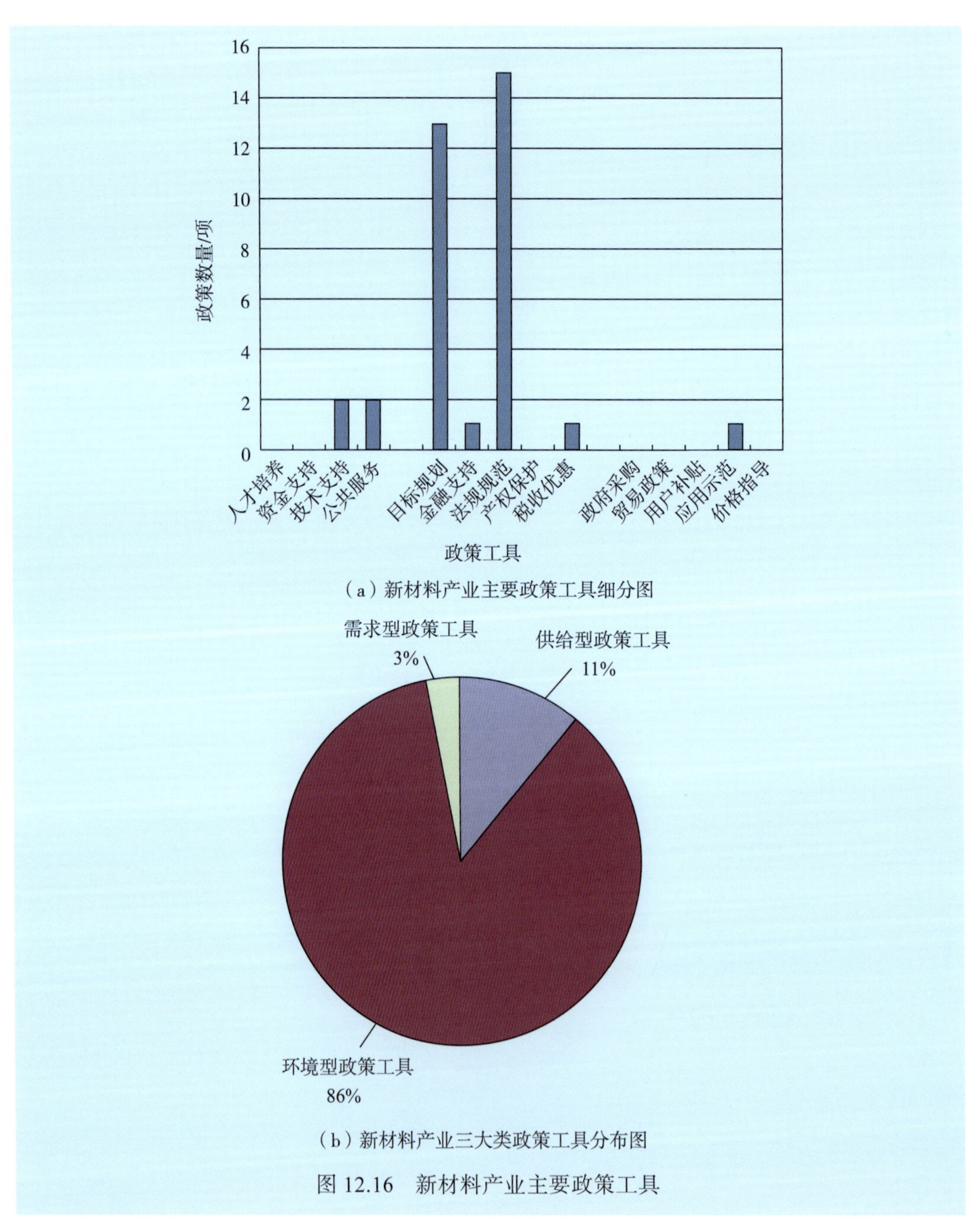

（a）新材料产业主要政策工具细分图

（b）新材料产业三大类政策工具分布图

图 12.16 新材料产业主要政策工具

12.3.7　新能源汽车产业

根据《节能与新能源汽车产业发展规划（2012—2020年）》，新能源汽车是指采用新型动力系统，完全或主要依靠新型能源驱动的汽车，主要包括纯电动汽车、插电式混合动力汽车及燃料电池汽车。如图12.17所示，“十二五”期间新能源汽车产业政策工具的分布与其他战略性新兴产业不同，需求型政策工具占41%，而环境型和供给型政策工具分别占38%、21%，表明新能源汽车产业政策的着力点主要在于市场端，通过发挥市场的主体作用，拉动新能源汽车产业的发展。

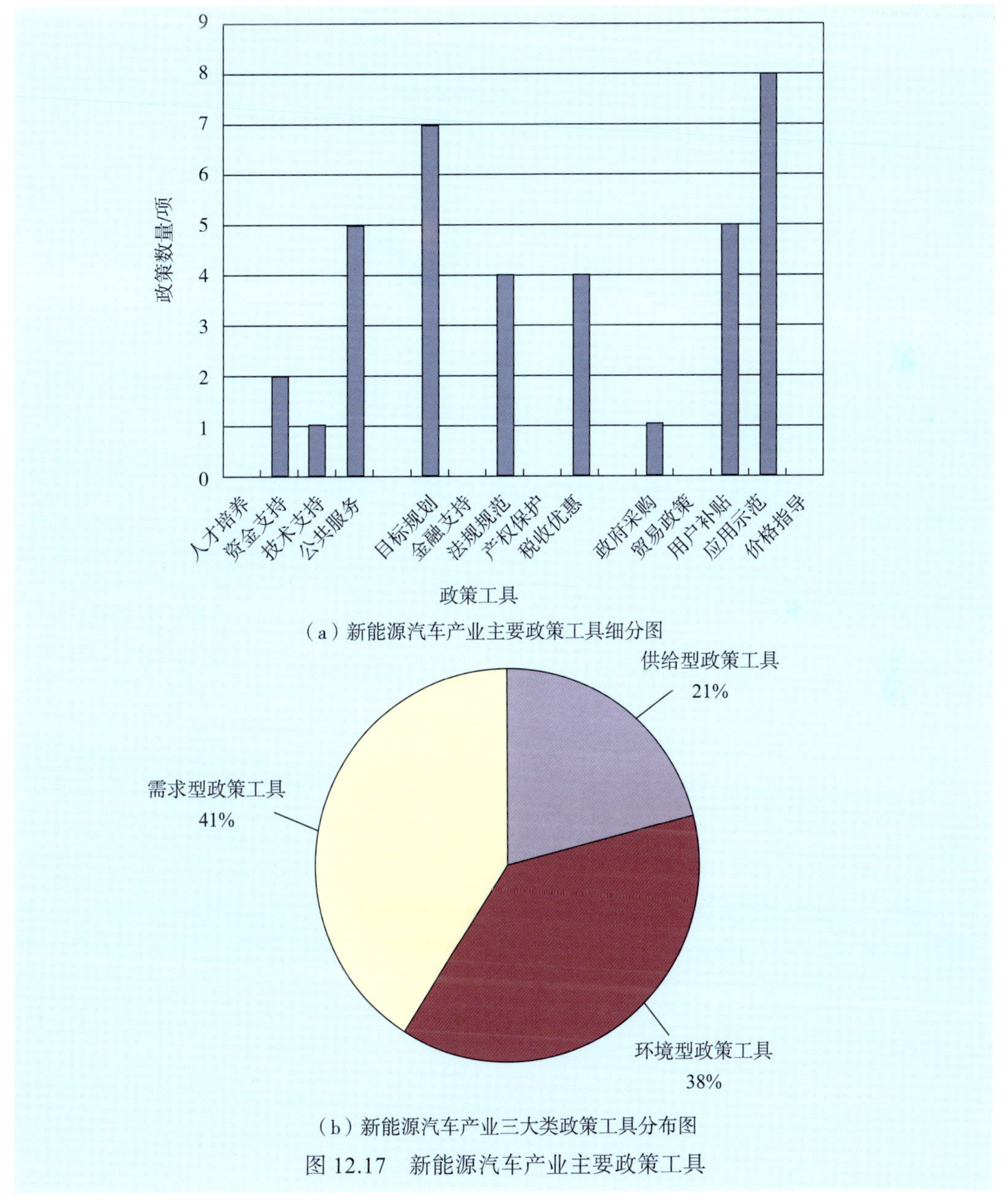

（a）新能源汽车产业主要政策工具细分图

（b）新能源汽车产业三大类政策工具分布图

图12.17　新能源汽车产业主要政策工具

12.4 结论与政策建议

12.4.1 强化科技创新政策目标导向，推进创新驱动发展战略

“十二五”期间战略性新兴产业中央目标导向分类结果显示，中央政府出台的加强科技创新类政策占战略性新兴产业政策总数的22.22%，相较于优化产业环境类和完善管理机制类政策偏少。科技创新是战略性新兴产业发展的原动力，科技创新政策对产业创新发展具有重要引领和支撑作用[7]。当前，可进一步强化科技创新的政策目标导向，优化创新驱动的供给侧政策体系，发挥科技创新政策对产业与企业的引导作用，基于科技创新的客观规律优化资源配置，强化战略性新兴产业知识产权保护，促进科技成果转化，不断提升企业科技创新的积极性，增强企业自主创新能力，从而推动战略性新兴产业创新驱动发展战略，提高发展质量和效益，加快培育形成新的增长动力。

12.4.2 合理运用需求型政策工具，强化政策工具的整体协调性

从战略性新兴产业政策工具的分布来看，“十二五”期间战略性新兴产业的政策着力点主要在于构建良好的发展环境，环境型和供给型政策工具分别占60%、23%，需求型政策工具仅占总数的17%。在未来的政策制定中，可考虑进一步合理运用需求型政策工具，改进对以用户为支点的市场拉动政策的设计，优化政府采购制度，完善重点行业和重点领域的应用示范政策，通过培育、拓展战略性新兴产业的消费市场，以需求带动发展。同时，构建供给型政策工具对战略性新兴产业的推动机制，加大环境型政策工具的执行力度，强化政策工具组合的整体协调性，构建完备的战略性新兴产业政策框架体系。

12.4.3 针对产业领域特点，进行合理规制与机制改革

由于中国各产业发展的差异性，战略性新兴产业在不同领域发展存在的制约因素不尽相同，如何针对产业领域特点进行合理规制与机制改革，构建有利于战略性新兴产业发展的体制机制，是新时期急需解决的政策问题[8]。例如，新一代信息技术领域，可着手关于大数据立法与网络安全立法；节能环保领域，要加快土壤环境保护立法及相关产业政策和技术标准的制定；生物医药领域，建议制定《生物产业发展促进与规范法》，建立健全中国生物产业发展的法律保障体系，加强生物产业发展的行政管理制度，如高效运行的行政与专利审批制度和机制、完善的生物技术知识产权保护体系。

参考文献

[1] 贺俊，吕铁 . 战略性新兴产业：从政策概念到理论问题 . 财贸经济，2012，(5)：106-113.

[2] Rothwell R G，Zegveld W. Reindustrialization and Technology. London（Harlow）：Longman Group Limited，1985.

[3] Nemet G F. Demand-pull，technology-push，and government-led incentives for non-incremental technical change. Research Policy，2009，38：700-709.

[4] 赵筱媛，苏竣 . 基于政策工具的公共科技政策分析框架研究 . 科学学研究，2007，25（1）：52-56.

[5] Stefano G D，Gambardella A，Verona G. Technology push and demand pull perspectives in innovation studies：current findings and future research directions. Research Policy，2012，41：1283-1295.

[6] Peters M，Schneider M，Griesshaber T，et al. The impact of technology-push and demand-pull policies on technical change—Does the locus of policies matter? Research Policy，2012，41：1296-1308.

[7] 薛澜，周源，李应博，等 . 战略性新兴产业创新规律与产业政策研究 . 北京：科学出版社，2015.

[8] 许箫迪，王子龙，张晓磊 . 战略性新兴产业的培育机理与政策博弈研究 . 研究与发展管理，2014，(1)：1-12.

审稿：薛 澜

本章附件

表1　2014年7月1日至2015年12月31日战略性新兴产业主要相关政策

政策分布	政策名称	政策文号	发文时间
战略性新兴产业总体政策	关于开展深化中央级事业单位科技成果使用、处置和收益管理改革试点的通知	财教〔2014〕233号	2014年9月26日
	关于完善固定资产加速折旧企业所得税政策的通知	财税〔2014〕75号	2014年10月20日
	关于促进国家级经济技术开发区转型升级创新发展的若干意见	国办发〔2014〕54号	2014年10月30日
	关于固定资产加速折旧税收政策有关问题的公告	国家税务总局公告2014年第64号	2014年11月14日
	关于创新重点领域投融资机制鼓励社会投资的指导意见	国发〔2014〕60号	2014年11月16日
	关于印发能源发展战略行动计划（2014—2020年）的通知	国办发〔2014〕31号	2014年11月19日
	关于调整消费税政策的通知	财税〔2014〕93号	2014年11月25日
	关于深化中央财政科技计划（专项、基金等）管理改革方案的通知	国发〔2014〕64号	2014年12月3日
	关于印发《战略性新兴产业专项债券发行指引》的通知	发改办财金〔2015〕756号	2015年3月31日
	关于实施新兴产业重大工程包的通知	发改高技〔2015〕1303号	2015年6月8日
	关于积极推进“互联网+”行动的指导意见	国发〔2015〕40号	2015年7月1日
	关于促进智能电网发展的指导意见	发改运行〔2015〕1518号	2015年7月6日
	关于进一步促进产业集群发展的指导意见	工信部企业〔2015〕236号	2015年7月10日
	关于实施增强制造业核心竞争力重大工程包的通知	发改产业〔2015〕1602号	2015年7月13日
	关于请做好战略性新兴产业区域集聚发展试点有关工作的通知	发改办高技〔2015〕2033号	2015年7月20日
	关于印发国家民用空间基础设施中长期发展规划（2015—2025年）的通知	发改高技〔2015〕2429号	2015年10月26日

续表

政策分布	政策名称	政策文号	发文时间
节能环保产业	关于印发《京津冀及周边地区重点行业大气污染限期治理方案》的通知	环发〔2014〕112号	2014年7月25日
	关于进一步推进排污权有偿使用和交易试点工作的指导意见	国办发〔2014〕38号	2014年8月6日
	关于调整排污费征收标准等有关问题的通知	发改价格〔2014〕2008号	2014年9月1日
	国家重点推广的低碳技术目录	国家发展和改革委员会公告2014年第13号	2014年8月25日
	关于印发《煤电节能减排升级与改造行动计划（2014—2020年）》的通知	发改能源〔2014〕2093号	2014年9月12日
	关于做好“十三五”期间重点行业淘汰落后和过剩产能目标计划制订工作的通知	工信部产业〔2014〕419号	2014年9月30日
	关于印发加强“车油路”统筹加快推进机动车污染综合防治方案的通知	发改环资〔2014〕2368号	2014年10月24日
	关于发布2014年国家鼓励发展的环境保护技术目录（工业烟气治理领域）的公告	2014年第71号	2014年10月30日
	关于推行环境污染第三方治理的意见	国办发〔2014〕69号	2014年12月27日
	企业事业单位环境信息公开办法	环境保护部令第31号	2014年12月19日
	关于印发《重要资源循环利用工程（技术推广及装备产业化）实施方案》的通知	发改环资〔2014〕3052号	2014年12月31日
	关于印发水污染防治行动计划的通知	国发〔2015〕17号	2015年4月2日
	关于推进水污染防治领域政府和社会资本合作的实施意见	财建〔2015〕90号	2015年4月9日
	关于加快推进生态文明建设的意见	中发〔2015〕12号	2015年4月25日
	关于印发《节能减排补助资金管理暂行办法》的通知	财建〔2015〕161号	2015年5月12日
	关于《中华人民共和国环境保护税法（征求意见稿）》公开征求意见的通知	国务院法制办公室印发	2015年6月10日
	关于印发《环保“领跑者”制度实施方案》的通知	财建〔2015〕501号	2015年6月25日
	环境保护公众参与办法	环保部令第35号	2015年7月13日
	关于印发《排污权出让收入管理暂行办法》的通知	财税〔2015〕61号	2015年7月23日
	关于印发生态环境监测网络建设方案的通知	国办发〔2015〕56号	2015年7月26日

续表

政策分布	政策名称	政策文号	发文时间
节能环保产业	党政领导干部生态环境损害责任追究办法（试行）	中办国办印发	2015年8月9日
	关于推荐2015—2016年工业节能与绿色发展重点项目的通知	工信厅联节函〔2015〕584号	2015年8月26日
	关于印发船舶与港口污染防治专项行动实施方案（2015—2020年）的通知	交水发〔2015〕133号	2015年8月27日
	生态文明体制改革总体方案	中办国办印发	2015年9月23日
	关于开展循环经济示范城市（县）建设的通知	发改环资〔2015〕2154号	2015年9月22日
	关于进一步加快推进农作物秸秆综合利用和禁烧工作的通知	发改环资〔2015〕2651号	2015年11月16日
	生态环境损害赔偿制度改革试点方案	中办国办印发	2015年12月3日
	关于印发珠三角、长三角、环渤海（京津冀）水域船舶排放控制区实施方案的通知	交海发〔2015〕177号	2015年12月2日
	关于印发环境监测数据弄虚作假行为判定及处理办法的通知	环发〔2015〕175号	2015年12月28日
新一代信息技术产业	关于印发2014—2016年新型显示产业创新发展行动计划的通知	发改高技〔2014〕2299号	2014年10月13日
	关于全面推进IPV6在LTE网络中部署应用的实施意见	工信部办公厅、国家发改委办公厅联合印发	2014年10月15日
	关于印发宽带中国工程实施方案的通知	发改高技〔2014〕3060号	2014年12月31日
	关于印发新型平板显示工程实施方案的通知	发改高技〔2014〕3056号	2014年12月31日
	关于印发云计算工程实施方案的通知	发改高技〔2014〕3054号	2014年12月31日
	关于印发高性能集成电路工程实施方案的通知	发改高技〔2014〕3058号	2014年12月31日
	关于促进云计算创新发展培育信息产业新业态的意见	国发〔2015〕5号	2015年1月6日
	关于开展2015年智能制造试点示范项目推荐的通知	工信厅装函〔2015〕204号	2015年4月1日
	关于印发促进大数据发展行动纲要的通知	国发〔2015〕50号	2015年8月31日
	关于印发《云计算综合标准化体系建设指南》的通知	工信厅信软〔2015〕132号	2015年10月16日

续表

政策分布	政策名称	政策文号	发文时间
生物产业	关于印发生物育种工程实施方案的通知	发改高技〔2014〕3057号	2014年12月31日
	关于印发生物基材料重大创新发展工程实施方案的通知	发改高技〔2014〕3055号	2014年12月31日
	蛋白类等生物药物与疫苗重大创新发展工程实施方案	发改高技〔2014〕3061号	2014年12月31日
	关于印发高性能医学诊疗设备重大创新发展工程实施方案的通知	发改高技〔2014〕3059号	2014年12月31日
	关于印发《生物柴油产业发展政策》的通知	国能科技〔2014〕511号	2014年11月28日
	关于印发《农业部2015年农业转基因生物安全监管工作方案》的通知	农办科〔2015〕5号	2015年2月15日
	关于进一步加强中药饮片生产经营监管的通知	食药监药化监〔2015〕31号	2015年3月25日
	关于转发工业和信息化部等部门中药材保护和发展规划（2015—2020年）的通知	国办发〔2015〕27号	2015年4月14日
	关于印发抗菌药物临床应用指导原则（2015年版）的通知	国卫办医发〔2015〕43号	2015年7月24日
	关于改革药品医疗器械审评审批制度的意见	国发〔2015〕44号	2015年8月9日
	关于启用医疗器械注册管理信息系统备案子系统的通知	食药监办械管函〔2015〕534号	2015年9月2日
	关于印发医疗器械经营质量管理规范现场检查指导原则的通知	食药监械监〔2015〕239号	2015年10月15日
	医疗器械使用质量监督管理办法	国家食品药品监督管理总局令第18号	2015年10月21日
	关于境内医疗器械生产企业跨省新开办企业时办理产品注册及生产许可有关事宜的公告	国家食品药品监督管理总局令2015年第203号	2015年10月21日
	关于执行医疗器械和体外诊断试剂注册管理办法有关问题的通知	食药监械管〔2015〕247号	2015年11月4日
	关于切实做好对违法生产销售银杏叶提取物及制剂行为查处工作的通知	食药监稽〔2015〕251号	2015年11月5日
	关于发布药物临床试验数据现场核查要点的公告	食品药品监管总局2015年第228号	2015年11月10日
	关于药品注册审评审批若干政策的公告	食品药品监管总局2015年第230号	2015年11月11日
	关于征求《关于开展仿制药质量和疗效一致性评价的意见（征求意见稿）》意见的公告	食品药品监管总局2015年第231号	2015年11月18日
	关于化学药生物等效性试验实行备案管理的公告	食品药品监管总局2015年第257号	2015年12月1日

续表

政策分布	政策名称	政策文号	发文时间
高端装备制造产业	关于印发重大环保装备与产品产业化工程实施方案的通知	发改环资〔2014〕2064号	2014年9月9日
	关于印发重大节能技术与装备产业化工程实施方案的通知	发改环资〔2014〕2423号	2014年10月27日
	关于国家重大科研基础设施和大型科研仪器向社会开放的意见	国发〔2014〕70号	2014年12月31日
	关于开展首台（套）重大技术装备保险补偿机制试点工作的通知	财建〔2015〕19号	2015年2月2日
	关于印发《中国制造2025》的通知	国发〔2015〕28号	2015年5月8日
	关于组织开展国家高端装备制造业标准化试点工作的通知	标委办工一联〔2015〕102号	2015年7月17日
	关于公布2015年智能制造试点示范项目名单的通告	工业和信息化部印发	2015年7月2日
	关于调整重大技术装备进口税收政策有关目录及规定的通知	财关税〔2015〕51号	2015年12月1日
新能源产业	关于进一步落实分布式光伏发电有关政策的通知	国能新能〔2014〕406号	2014年9月2日
	关于规范风电设备市场秩序有关要求的通知	国能新能〔2014〕412号	2014年9月5日
	关于进一步加强光伏电站建设与运行管理工作的通知	国能新能〔2014〕445号	2014年10月9日
	关于印发实施光伏扶贫工程工作方案的通知	国能新能〔2014〕420号	2014年10月11日
	关于进一步优化光伏企业兼并重组市场环境的意见	工信部电子〔2014〕591号	2014年12月30日
	关于改善电力运行调节促进清洁能源多发满发的指导意见	发改运行〔2015〕518号	2015年3月20日
	关于做好2015年度风电并网消纳有关工作的通知	国能新能〔2015〕82号	2015年3月23日
	关于页岩气开发利用财政补贴政策的通知	财建〔2015〕112号	2015年4月17日
	关于印发《可再生能源发展专项资金管理暂行办法》的通知	财建〔2015〕87号	2015年4月2日
	关于促进先进光伏技术产品应用和产业升级的意见	国能新能〔2015〕194号	2015年6月1日
	关于开展风电清洁供暖工作的通知	国能综新能〔2015〕306号	2015年6月5日
	关于推进新能源微电网示范项目建设的指导意见	国能新能〔2015〕265号	2015年7月13日
新材料产业	关于组织开展打击稀土违法违规行为专项行动的函	工信部联原函〔2014〕443号	2014年9月30日
	关于印发关键材料升级换代工程实施方案的通知	发改高技〔2014〕2360号	2014年10月23日

续表

政策分布	政策名称	政策文号	发文时间
新材料产业	关于印发《国家增材制造产业发展推进计划（2015—2016年）》的通知	工信部联装〔2015〕53号	2015年2月11日
	关于清理涉及稀土、钨、钼收费基金有关问题的通知	财税〔2015〕53号	2015年4月30日
	关于实施稀土、钨、钼资源税从价计征改革的通知	财税〔2015〕52号	2015年4月30日
	关于下达2015年度稀土矿钨矿开采总量控制指标的通知	国土资函〔2015〕263号	2015年5月8日
	关于加快石墨烯产业创新发展的若干意见	工信部联原〔2015〕435号	2015年11月20日
	关于印发《锂离子电池行业规范公告管理暂行办法》的通知	工信部电子〔2015〕452号	2015年12月9日
	铅蓄电池行业规范条件（2015年本）	工业和信息化部公告2015年第85号	2015年12月25日
新能源汽车产业	关于加快新能源汽车推广应用的指导意见	国办发〔2014〕35号	2014年7月14日
	关于免征新能源汽车车辆购置税的公告	2014年第53号	2014年8月1日
	节能产品惠民工程节能环保汽车（1.6升及以下乘用车）推广目录（第一批）	公告2014年第15号	2014年9月3日
	关于印发《京津冀公交等公共服务领域新能源汽车推广工作方案》的通知	工信部、国家发改委、科技部、财政部、环保部、住建部、国家能源局联合印发	2014年9月24日
	《免征车辆购置税的新能源汽车车型目录》（第二批）公告	公告2014年第53号	2014年10月29日
	关于新能源汽车充电设施建设奖励的通知	财建〔2014〕692号	2014年11月18日
	国家重点研发计划新能源汽车重点专项实施方案（征求意见稿）	科技部印发	2015年2月16日
	关于加快推进新能源汽车在交通运输行业推广应用的实施意见	交运发〔2015〕34号	2015年3月13日
	关于《新建纯电动乘用车生产企业投资项目和生产准入管理规定》公开征求意见的公告	国家发改委印发	2015年3月13日
	关于2016—2020年新能源汽车推广应用财政支持政策的通知	财建〔2015〕134号	2015年4月22日
	关于节约能源　使用新能源车船车船税优惠政策的通知	财税〔2015〕51号	2015年5月7日
	《免征车辆购置税的新能源汽车车型目录》（第四批）公告	工业和信息化部、国家税务总局公告2015年第30号	2015年5月8日
	关于完善城市公交车成品油价格补助政策加快新能源汽车推广应用的通知	财建〔2015〕159号	2015年5月11日
	关于开展节能与新能源汽车推广应用安全隐患排查治理工作的通知	工信厅装函〔2015〕534号	2015年8月4日

续表

政策分布	政策名称	政策文号	发文时间
新能源汽车产业	关于加快电动汽车充电基础设施建设的指导意见	国办发〔2015〕73号	2015年9月29日
	关于印发《电动汽车充电基础设施发展指南（2015—2020年）》的通知	发改能源〔2015〕1454号	2015年10月9日
	关于印发《新能源公交车推广应用考核办法（试行）》的通知	交运发〔2015〕164号	2015年11月3日

第 13 章

绿色再制造战略中的创新需求及典型案例

刘　朋　周　源　魏　峰

【内容提要】《中国制造 2025》提出要大力发展再制造产业，推进再制造产品的认定，促进再制造产业持续健康发展。再制造是指对废旧产品进行专业化修复或升级改造，使其质量特性达到或优于原来新品水平的制造过程。绿色再制造是制造业产业链的延伸，也是绿色制造和智能制造的重要组成部分。绿色再制造产品在产品功能、技术性能、绿色性和经济性等方面不低于原型产品，其经济效益、社会效益和环境效益显著。在供给侧改革的大背景下，制造业企业通过绿色制造和智能制造实现转型升级的意愿强烈，一些领先企业已经开展多项绿色再制造应用探索并取得较好成效。下一步如何充分发挥企业的绿色化、智能化升级改造的积极性和对相关支撑产业的牵引带动作用至关重要。制造业转型升级的需求给绿色再制造产业的发展带来历史性机遇，同时绿色再制造产业的发展对科学技术和产业模式的创新需求提出了挑战。面对绿色再制造产业发展的诸多需求和挑战，国家积极完善和实施绿色再制造产业政策法规和配套措施，逐步提升中国制造业的绿色化和智能化水平。

13.1　绿色再制造的战略意义

十八届五中全会提出“创新、协调、绿色、开放、共享”五大发展理念，提出坚持绿色发展，必须坚持节约资源和保护环境的基本国策。由此可见，绿色发展已经被提升到了空前的国家发展战略高度，特别是绿色再制造受到了前所未有的关注。

习近平总书记指出，变废为宝、循环利用是朝阳产业，使垃圾资源化，这是化腐朽为神奇，既是科学，也是艺术[1]。2016年，中国将深入"推进资源节约集约利用"纳入了《"十三五"规划纲要》，提出要节约集约循环利用的资源观，推动资源利用方式根本转变。这就需要政府提高政策保障水平，大力推进废旧装备回收利用，发展再制造产业，夯实资源循环利用基础设施，从而推动资源循环产业发展壮大。

13.2 国外发达国家经验对中国的启示

13.2.1 开展顶层设计，明确绿色再制造战略目标

欧盟启动了《循环经济战略》，以刺激欧洲循环经济的推进和可持续社会转型；其主要包括创新型的循环模式，创新回收材料市场及其商务模式，大力发展绿色设计和升级循环，开发生态设计和升级循环；资源产出率（GDP/原材料消耗）到2030年提高30%[2]。日本制定《建设循环经济社会基本规划》，提供了循环经济社会的基本途径，确定了建设循环经济社会的量化目标，是全面系统推行建设循环经济社会政策的核心工具；规划基于物质流从自然提取到物质最终处置全过程的不同阶段，制定针对性资源节约、再利用、再循环和处置措施；资源产出率到2020年达到42万日元/吨，资源化率到2020年达到14%～15%，最终处置量到2020年控制在2 300万吨[3]。美国在国家层面未提出具体目标，各州差异较大，美国的战略定位总体属于污染预防型；美国将资源的回收利用纳入污染预放的法律范畴，现在逐步从污染控制转向对污染源头进行控制；美国国家层面并未提出具体的资源化再利用指标。

13.2.2 建立完善的法律法规制度，夯实绿色再制造产业基础

为了在全社会推动循环经济和绿色再制造战略，欧盟和日本均构建了覆盖装备产品全生命周期关键环节的法律法规体系，通过明确的法律制度要求，使废旧装备分类资源化再利用成为社会基本行为准则，将责任分解落实到各个相关方。主要包括：基于制造业的废物源头减量化政策；基于产品消费和废旧物收集环节的源头减量与循环利用管理政策；基于废旧物运输、处理处置和再制造产品推广应用等关键环节的废旧物管理政策；等等。相关法律和制度的制定明确了产业链上各参与方的责任，对于产品生产单位，推行生产者责任延伸制，要求生产者对其产品废弃后的整个生命周期的环境管理和回收承担责任，从而为产品消费后废弃物的回收处理和再制造提供重要保障。日本和美国还分别提出了责任分担制和消费者付费制，要求消费者对其消费过程中产生的非环保废弃物支付一定的费用，以补偿企业或社会回

收利用废弃物的成本。

13.2.3 政府主导市场运作，充分发挥市场机制

废旧装备资源化和绿色再制造是环境风险和资源效益双重导向下的产业，控制环境风险是前提条件，产业具有公益性质，但不能完全依赖市场的自我调节。因此，发达国家普遍采取了“政府主导”下的市场机制。例如，部分欧洲废旧装备的收集、运输和处理由政府统一规划并委托专业公司按照严格协议要求进行运营。日本各省市县的政府层次，都以量化指标管理方式，相应制定了针对废旧物分类垃圾处理各个环节的切实可行的数量规划和清晰的废弃物消减目标，并设置了深入社区的废旧物分类回收网络系统，形成了政府主导、市场参与、社会协同的管理模式。美国是典型的自由市场国家，但对于废旧装备资源化和绿色再制造产业也制定了严格的管理规范，通过多维配套的经济手段鼓励企业充分参与资源化利用产业的发展。

13.2.4 构建多元化绿色再制造技术标准体系，设立技术创新专项促进产业提升

欧盟制定和颁发了30多个行业的最佳可行技术参考文件，针对废旧物处理和绿色再制造还专门制定了《废物处理最佳可行技术参考文件》以指导行业发展。另外，欧盟设立的2020地平线（Horizon 2020）专项计划，将资源有效利用和绿色再制造技术在内的循环经济技术作为重点优先支持领域。美国、欧盟和日本均将废旧装备资源化和绿色再制造技术创新列入国家高新技术研发计划，如美国的“先进制造业国家战略计划”、欧盟的“绿色创新行动计划”（EcoAP），日本的“循环型社会推动创新计划”等。

13.2.5 强化公众宣传教育，建立民众参与的机制

日本政府的环境管理部门会定期安排给社区居民讲授系统细致的循环经济、循环型社会的法规和知识，而且采用一些亲民的环境教育措施，日本的资源回收企业也利用参观生产线等形式为民众提供环境教育机会。日本国民自觉参与分类废旧物品回收活动，除了政府部门便民管理和技术因素之外，在国民教育体系中，从小培育国民对环境的敬畏之心，对资源的珍惜之情，这对促进循环经济社会的建设起到了巨大的作用。美国在制定环境相关法律、计划时或者在许可建造废旧物品处理设施时，都需要邀请民众广泛参与，而不仅仅是征求意见。

总的看来，在欧洲，有不少国家废旧装备资源化利用率很高，有的国家达到90%～99%；在日本，废旧物资源化、建设循环型社会已经得到社会的普遍认可。欧美日等发达国家和地区的实践经验已经表明废旧装备资源化和绿色再制造利用具有充分的必要性和可行性，为中国未来经济社会发展提供了重要的可借鉴经验。

13.3 中国绿色再制造产业的现状

随着国家《“十二五”规划纲要》、《中华人民共和国循环经济促进法》、《关于推进再制造产业发展的意见》及《报废机动车回收拆解管理条例（征求意见稿）》等法规政策的出台或制定，国家对再制造产业的扶持力度加大，给再制造企业提供了肥沃的生长土壤，中国再制造产业正处于飞速发展时期。尽管如此，再制造产业在中国目前尚属试点阶段，因此，在其整个发展过程中还有许多亟须解决和完善的事宜，主要集中在以下方面。

13.3.1 分类体系不健全，回收体系不规范，再制造体系不完善

国务院第 307 号令《报废汽车回收管理办法》明确要求报废汽车回收企业必须拆解回收的报废汽车；拆解的发动机、方向机、变速器、前后桥、车架“五大总成”应当作为废金属，交售给钢铁企业作为冶炼原料。多年来就形成了社会报废车辆五大总成不敢直接卖给再制造企业的局面，致使再制造企业“原料”来源渠道单一，应有的资源渠道受到限制，很多可用资源不能得到及时的回收利用。目前，国务院法制办公室已经着手组织制定《报废机动车回收拆解管理条例》，对国务院第 307 号令进行修订，要求对拆解下来的总成以及其他零部件，依照国家有关规定能够用于再制造的，应当交售给再制造企业。但该条例还处于公开征求社会各方面意见阶段，尚无具体的实施时间表，再制造“无米下炊”的局面并没有得到根本改变。

13.3.2 政策法规不完善，准入制度不明晰

目前，虽然国家在《中华人民共和国循环经济促进法》《“十二五”规划纲要》中都提及再制造，明确表示支持再制造行业的发展，国家发改委、工信部等部门也先后在汽车零部件、工程机械、机床等行业，组织有关企业开展再制造试点工作，但围绕再制造这一产业的诸多问题尚没有一个完善的政策法规。随着汽车保有量的增大，汽车零部件的再制造行业逐渐被看好，各类投资主体，包括很多技术成熟、拥有较高热情的外资再制造企业均期望参与到中国汽车零部件再制造领域，却很难找到具体法规作为指导，也找不到相应的政府部门去了解情况或进行业务咨询及对接。同时，试点之后并没有其他相关文件出台规范再制造业的进入条件和要求，在生产许可标准、生产准入法规、市场准入标准、市场准入法规及政府监管制度等方面，都存在一系列需要解决的问题。准入制度的不清晰无法激发更广泛企业参与的积极性，不利于中国汽车零部件再制造的发展。

13.3.3 再制造企业数量少，技术水平参差不齐

目前在中国，从事汽车零部件再制造的企业数量仅有几家，企业的生产规模也较小，远远不能满足市场需求，且仅有一两家整车企业参与。再制造生产流程要求

严格规范，需要将旧件全部打开，按照特定的流程进行拆解、清洗、检测分类、失效零件的再制造加工或替换、产品再装配，最终经严格测试后出厂进入市场。中国部分拿到再制造执照的企业能够达到较规范的水平，但与国际同行比较，在技术和质量控制上还有很大差距。具有中国特色的增材再制造技术为国内首创，但尚处研发阶段，目前还不能提供成熟的再制造设备，前期研究所需投入的资源较多，产业化转化还有很多工作要做。汽车零部件再制造在技术、资金、设备等方面若不能及时跟进，则无法满足发展的需求。

13.3.4　企业经营赋税过重，参与积极性差

再制造旧件回收来源渠道多种多样，其中有正规的拆解厂，也有私家车主，通常再制造都是以“以旧换再”形式实现产品销售的。中国目前在增值税管理上实行的是严格的进项税抵扣制度，因此，再制造企业从社会渠道回收废旧零部件产品时，很难满足“从销售方取得的增值税发票上注明增值税额”这一抵扣条件，没有发票抵扣增值税部分。为此，再制造企业回收的大部分旧件就因无“进项税”额而得不到应有的抵扣，造成税负不公，使再制造企业不仅要面对“无米下炊”的尴尬，更要承担税负的压力。目前通常的做法是在销售货款中直接抵扣旧机款，解决不多交税问题，但是这将影响到再制造企业销售额的统计，给再制造产品成本管理带来新的挑战，假如因为某种原因导致用户退货，处理起来会非常棘手。

13.3.5　产品宣传不到位，市场认知度低

由于传统观念及相关宣传不到位等原因，汽车零部件再制造对公众来说还是一个比较陌生的概念，社会上相当部分用户对再制造的性能、效能及售后服务等还缺乏认识和了解。中国汽车市场上一度非常猖獗的非法拼装走私车和假冒伪劣配件现象，使许多车主将再制造零部件和假冒伪劣产品相提并论，或者将再制造等同于现在的“汽车大修”，看不到再制造未来发展的巨大潜力。甚至有的用户对再制造产品的概念认知尚处于零状态，在是否使用再制造产品上顾虑重重、等待观望、认同度低，这导致了再制造产品销售的不乐观，从市场消费终端上限制了再制造产业的发展。

13.4　绿色再制造产业面临的机遇与挑战

13.4.1　战略性新兴产业发展带来绿色再制造产业发展机遇

国际发展历程表明，废旧装备资源化和再制造属于知识技术密集型产业，是未来带动经济增长的重要增长点。工业装备再制造可显著降低工业经济成本。例如，机床再制造具有投入资金少、周期短、节省成本等优势。根据专家预测，如果工程机械再制造产品的市场占有率达 5%，就可以实现 400 亿元以上的产值。绿色再制造

回收体系对从业人员数量需求巨大，资源化利用对专业技术要求高，将可兴起一批回收利用新兴产业，激发创新创业活力，解决大量就业问题。2013 年，仅废钢铁、废有色金属、废塑料等主要再生资源回收总量就达 1.6 亿吨，回收总值 4 817 亿元，回收企业 10 万余家，行业从业人员 1 800 多万人 [4]。

13.4.2 绿色再制造产业对科学技术挑战的创新需求

放眼未来，中国的废旧装备资源化和再制造产业的发展存在着对四大科技创新的需求，即探索再制造的科学基础、创新再制造的关键技术、优化再制造的基础工艺和制定再制造的行业标准。

一是探索再制造的科学基础，即深入探索研究以产品全寿命周期理论、废旧零件和再制造零件的寿命评估预测理论等为代表的再制造基础理论，以揭示产品寿命演变规律的科学本质。再制造是来自实践的工程科学，经验性更强。废旧零件的剩余寿命是否足够，再制造零件的使用寿命是否可保持一个完整的服役周期等这样一些重大问题，由于缺少理论依据，实践中常常仅凭简单的检测设备，甚至依靠工人的目测或经验判断来完成。为解决这个重大难题，必须探索研究更多更有效的无损检测及寿命预测理论与技术。例如，应加快研究声发射、交流阻抗、三维辐射 CT、金属磁记忆、超声相控阵等先进的无损检测技术，研究基于断裂力学、弹塑性力学的力学损伤评价理论，以及模拟仿真和虚拟现实技术，准确把握裂纹的萌生征兆，深刻理解裂纹的扩展规律，科学建立零件的寿命模型。

二是创新再制造的关键技术，即不断创新研发用于再制造的先进表面工程技术群，使再制造零件表面涂层的强度更高、寿命更长，确保再制造产品的质量不低于或超过新品。中国先后自主开发成功纳米表面工程技术和自动化表面工程技术，前者包括纳米颗粒复合电刷镀技术、纳米热喷涂技术、纳米减摩自修复添加剂技术等，后者包括自动化电弧喷涂技术、自动化纳米颗粒复合电刷镀技术等。纳米表面工程技术的核心是利用纳米颗粒材料的小尺寸效应，通过在涂层或添加剂中的均匀、弥散分布，实现纳米颗粒与基质金属间原子尺度的化学键结合，从而显著提高涂层的强度学和摩擦学性能；自动化表面工程技术的核心是利用机器人或操作机来取代手工操作，通过自动控制规划路径，实时反馈调节涂层成形工艺参数，实现表面涂层制备的自动化、智能化。

三是优化再制造的基础工艺，即不断优化用于减少再制造的资源环境人力成本的基础工艺，使再制造生产的成本最低和环境污染最小。对于废弃物的最终处理，如对一般消费类产品的报废问题和垃圾处理问题等，研究如何减少最终不可回收废弃物的数量和所占空间，减少焚烧、填埋等最终操作所带来的污染。对于特定产品的高效回收分解工艺，如对大型报废船只的分解问题等，研究如何降低这些产品的分解成本。对于回收产品和部件的修理和再制造，如电机、发动机的再制造，以及打印机零部件的回收利用等，研究更有效地对这些难以制造、价格昂贵的产品进行再生利用的技术。

四是制定再制造的行业标准，尽早建立系统完善的再制造工艺技术标准、质量检测标准等体现再制造走向规范化的标准体系。国内再制造产业因起步较晚，再制造企业的技术积累少，再制造的标准缺乏，因而一定程度上阻碍了再制造的广泛应用。2008 年，国家标准化管理委员会批准成立了“全国绿色制造技术标准化技术委员会再制造分技术委员会”，该新设委员会正陆续制定“再制造概念、术语”和“再制造率的概念及评估方法”等共性基础标准。同时，国内相关高等院校和再制造企业正在联合制定“再制造技术工艺标准、再制造质量检测标准、再制造产品认证标准”等多类标准草案，包括再制造发动机工艺流程标准、发动机再制造产品性能评价与质量检测标准、废旧发动机零件剩余寿命评估标准、再制造的关键零件（曲轴、缸体、凸轮轴、连杆轴等）质量检测标准、再制造发动机试车考核标准等。

13.4.3　绿色再制造产业对产业模式挑战的创新需求

目前，中国构建绿色再制造产业存在着对经营模式与经营管理、废旧产品回收和废旧产品处理的模式创新需求。

一是经营模式与经营管理问题。现有的技术水平下，大部分产品报废后是不利于回收和再制造的，产品生命周期结束后的处理过程是一个高成本、低收益甚至是负收益的过程。目前所采用的产品回收处理模式大致有制造商扩展责任、企业联盟负责、第三方企业负责、政府负责和消费者负责几种。但是不论何种模式，解决成本分摊和经营模式与经营管理问题是目前再制造产业研究首先需要解决的问题。

二是废旧产品回收问题。类比制造系统而言，产品的回收与沿供应链的物流方向正好相反，产品的回收问题也就构成了通常所说的反向物流问题的主要内容。反向物流是指产品从最终消费者手中报废之后，收集汇总到处理者手中，经过分解处理和再制造，重新进入消费领域的物流过程。反向物流领域的问题包括回收网络的设计、信息流控制、运输、包装和仓储等内容。反向物流研究的主要问题是回收网络的设计问题。由于产品报废时所处的地理位置分布随机且广泛，很难建立一个有效的收集系统，而且收集的成本非常巨大。

三是废旧产品处理问题。研究工业产品回收后分拣、运输、拆解、降解等一系列环节中的技术问题，尤其强调降低处理成本，提高处理效率，同时减少处理过程对环境的破坏。综合考虑产品生命周期结束后的再生制造问题，已经形成了一些相应的整体解决方案。“制造商的扩展责任”作为一种构建再生制造系统的策略，目前已经得到广泛的认可，并被相关法规政策所采纳。欧盟实施的关于电子产品废弃回收的法案正是基于此策略。也就是通过扩展制造商的责任，来提升制造系统在产品全生命周期中的环境效益水平的策略，通过引导制造商对产品生命周期结束后的过程负责，如回收、分解、再利用等来减少报废产品对环境的影响。这种策略把产品的报废处理过程作为生产过程的一种延伸。此外，还有从广义企业的角度对产品生命周期结束后的解决方案进行的研究。从扩展企业角度，产品生命周期结束的处理过程仍然可以作为整个供应链的一部分，通过综合比较分析产品生命周期结束后过程和供应链其他部分的关系，从供应链管理的角度提出了相应的解决策略。

13.5 绿色再制造产业的案例启示

13.5.1 废旧汽车零部件再制造

汽车零部件再制造是指把废旧汽车零部件通过拆解、清洗、检测、再制造加工、装配、再检测等工序后恢复到像新产品一样的批量化制造过程，再制造后的产品在技术性能和安全质量等方面要达到与同类新品相同的标准要求。大力发展汽车零部件再制造产业对中国具有深远的战略意义。到 2015 年年底，中国汽车保有量达 2.79 亿辆，年报废汽车超过 600 万辆。其中大量汽车在达到报废要求后将被淘汰，新增的退役汽车及其零部件数量在大量增加。如果再制造产品的市场占有率达到配件市场的 5%，就可以实现 500 亿元以上的产值，形成新的经济增长点。与制造新品相比，再制造可节能 60%，节材 70%，大气污染物排放量降低 80%以上，对实现节能减排约束性目标、降低碳排放强度具有重要的现实意义 [5]。

济南复强动力有限公司（简称复强公司）是中国第一家专业汽车零部件再制造企业。其 2013 年生产再制造发动机 7 132 台，实现利润 2 011 万元，旧件利用率达 84.6%。复强公司形成了“废旧发动机回收—再制造—产品销售服务”的再制造产业链。复强公司采用的发动机再制造工艺流程包括检验、拆解清洗、零部件检测、零部件加工、装配、出厂检验等主要工艺环节。在拆解清洗工艺环节，体现创新技术水平的是绿色工程拆解清洗技术；在零部件加工环节，体现创新技术水平的是表面工程加工还原技术。

13.5.2 废旧机床再制造

机床是工作母机，是支撑工业发展的基础装备。其产品主要包括金属切削机床、金属成形机床等，其中数控机床属于高端制造装备，是国家培育和发展战略性新兴产业的重要领域。机床是一种极具再制造价值的典型机电产品，机床再制造是以废旧机床及零部件为坯料，以资源循环再利用为基础，通过对产品进行创新再设计、零部件再制造和整机系统集成，从而加工生产出新的机床。机床再制造是实现机床全生命周期管理、发展循环经济的必由之路，也是机床产业转型升级、延伸产业链、提升产业经济附加值的必然选择。中国已成为世界上最大的机床消费市场，目前机床保有量近 850 万台。若按 3% 的年机床报废淘汰率进行估算，每年将有近 25 万台机床进入再制造行列，约占每年生产新机床产量的 25%。机床再制造可实现设备材料资源循环利用率为 80% 左右，机床能效提升平均为 20% 左右，可降低噪声 10% 以上，油雾、油污、粉尘等现场环境污染排放减少 90%以上 [6]。

机床再制造赋予了老旧机床新的生命，在提升机床品质的同时，节约大量的能源，同时节省了人力、物力，生产周期短，快速实现了老旧机床的升级换代。机床再制造经济效益显著。以陕西宝鸡秦川机床厂为例，该厂于 2008 年开始开展再制造业务，至 2012 年累计完成了再制造机床设备 120 台，其中金切类设备 20 台，磨削类设备 100 台，共计完成销售收入 1 亿元，实现净利润 1 000 万元，缴纳税金 500 万元，平均毛利率为 40% 以上。企业再制造业务涉及东风汽车、中国二重、上海核电、一汽集团、中船重工等全国知名企业，以及德国霍夫勒、尼尔斯、瓦德里希、施耐德，捷克斯柯达，意大利帕玛、法力图等国外知名企业。以 YX3120 滚齿机再制造对机床再制造效益进行分析。YX3120 滚齿机的床身、大立柱箱体、小立柱箱体、工作台箱体等铸件部件及其他附加值较高的零部件得到了重用，资源循环利用率按重量计达 80% 以上，比制造新机床节能 80% 以上，并减少大量环境排放，而且由于机床机械部分具有耐久性，性能稳定，特别是床身、立柱等铸件，时效越长，性能越好，再制造后的机床性能更加稳定，可靠性更好。

13.5.3 废旧复印机再制造

复印机再制造是指以旧的机器设备为毛坯，采用专门的工艺和技术，在原有制造的基础上进行新的制造。“再制造产品”并非简单维修过后的二手产品，它要求融入新技术、新理念，对原有产品进行提档升级。再制造作为一种新型经济形态，在中国仍处于市场培育阶段。许多人对再制造商品“不了解”“不认可”，导致“不想买”“不敢买”。为此，印家集团革新传统销售模式，以“价值分享”为手段吸引下游企业集聚，使再制造复印机成为“轻资产中的轻资产”。围绕再制造复印机，创新推出“以租代售、按张收费”销售模式和“以换代修”售后维修服务体系。这两种销售模式将产品与服务紧密结合，使客户能够以较低的投入获得更高的市场回报，同时为下游企业赢得了市场空间和经济收益。

再制造作为传统制造业转型升级的一大方向，需要产业链上下游的共同努力。为此，印家集团探索以 O2O 模式培育线上线下相融合的产业生态圈，促进再制造复印机向产业链前后两端快速延伸。在线上，印家集团于 2014 年搭建“互联网 + 再制造”平台，重在以代理制度汇聚分销渠道，以线上线下统一的价格和服务，使代理商之间避免恶性竞争，形成议价合力，向厂商提出定制化需求。同时使厂商更好地把握市场需求，提升产品竞争力。最终使代理商和厂商之间形成紧密的利益共同体，实现产业链聚合。

13.6 绿色再制造产业政策建议

国家对绿色再制造产业的高度重视和大力支持，使越来越多的企业致力于发展再制造，科研单位的研究投入力度也不断加大，中国绿色再制造产业发展迎来了良好的发展机遇，但是也存在许多不足之处，在国家宏观政策为再制造的发展提供重大机遇的同时，中国绿色再制造产业发展仍面临诸多挑战。因此，必须要考虑中国的具体国情，完善和实施中国绿色再制造政策法规及措施。

13.6.1 完善再制造法规规章，加强政策引导和支持

逐步建立起具有中国特色的废旧机电产品资源化的法律体系。根据中国绿色再制造产业发展状况，全面梳理现有的政策措施，加快制定废旧汽车、工程机械、电子电器等资源化的单项法规和产品认证体系，研究制定《促进再制造产业发展条例》，逐步形成促进再制造产业发展的法规体系。同时鼓励出台促进绿色再制造产业发展的地方性规范性文件，进一步完善不同效力层级的行政法规、部门规章及规范性文件，逐步形成以“法律—行政法规—部门规章—规范性文件—相关标准及技术规定”的形式，由宏观到具体的相互联系、协调一致的再制造政策法规体系。

加大对再制造企业的扶持力度。从财税政策上扶持再制造企业，逐步对再制造产品实行减征或免征增值税政策，继续深化“以旧换再”试点工作，落实试点企业补贴资金的拨付；建议国家完善绿色信贷、担保等投融资渠道，对通过自身销售和维修网络回收旧件的企业、再制造重点建设项目，给予一定比例的资金支持；将再制造产业发展纳入循环经济发展专项资金重点支持，支持再制造技术的研发、试点和示范推广等工作。

13.6.2 建立再制造园区，促进绿色再制造产业集聚化发展

绿色再制造产业可以依托再制造产业园区或基地，实现再制造产业集聚化发展。集聚化发展有助于专业化回收、拆解、清洗、再制造和公共服务平台的建设，形成完整的产业链，促进企业规范化发展。与发达国家再制造产业发展规律一样，中国再制造产业的集聚发展将形成趋势。2013 年 1 月国务院发布了《循环经济发展战略及近期行动计划》（国发〔2013〕5 号），该计划提出推进再制造产业化示范试点工程，计划建设 5 ～ 10 个国家级再制造产业示范基地，推动再制造业集聚发展。2015 年 4 月国家发改委发布了《2015 年循环经济推进计划》（发改环资〔2015〕769 号），该计划提出加快再制造产业示范基地建设，加快实施高端再制造、智能再制造、在役再制造。目前国家发改委已批复建设湖南长沙（浏阳、宁乡）、江苏张家港和上海临港国家再制造产业示范基地。建立再制造产业园区或基地，平台式推进中国再制造产业的发展，按照“技术产业化、产业集聚化、集聚规模化、规模园区化”的发展模式，以先进技术为先导，大力加强产学研合作，探索适合中国国情的集社会、经济、环保效益为一体的再制造产业链群。

13.6.3 健全再制造标准和认证体系，完善市场监管机制和手段

开展再制造产品及过程认证技术研究和进行再制造企业的认证示范，可以保证再制造产品质量、规范再制造行业、保障消费者权益、为政府部门提供技术支撑和认证采信。再制造标准为认证认可工作的开展提供了依据，系统、完善的再制造产品标准体系是再制造产业得以良性发展的重要保障。中国再制造因起步较晚，产品报废标准、旧件检验标准、再制造产品质量标准等的缺乏在一定程度上阻碍了再制

造产业的发展。近年来再制造标准得到了政府相关部门、公司企业、科研单位和相关学术组织的重视，中国已经发布实施了16项再制造标准。尽管国家这些标准的实施在一定程度上促进了再制造质量标准体系的进步，但标准数量少，较零散，缺乏系统性。因此，鼓励国内高等院校、行业协会和再制造企业研究相关行业的再制造设计技术、再制造工艺技术、再制造品的质量检测技术和再制造评价技术等方面的国家标准和行业标准，逐步规范和完善再制造产业的标准体系，充分发挥标准的基础支撑、技术导向和市场规范作用，保证再制造产品质量，降低再制造费用，提高再制造效率，促进再制造产业规范化发展。

13.6.4　加强技术攻关和推广，推动关键设备产业化

加大再制造关键技术攻关，完善再制造产业技术链条。虽然中国在再制造关键技术上取得了显著突破，部分技术已产业化，但由于企业的生产工艺不同，技术需求不同。因此，要加强从事再制造研究的高等院校、科研院所和企业的合作，充分发挥机械产品再制造国家工程研究中心的作用，通过开展关键共性技术、成套工艺和装备的开发与工程化，建立再制造检测评价体系，构建再制造产学研用技术创新体系，加强成熟再制造技术和关键技术设备的产业化推广，加快中国机械产品再制造科技成果向现实生产力转化，实现中国再制造关键设备的批量化生产。

13.6.5　加大宣传力度，提升公众对再制造产品的认知度

尽管再制造产品有着严格的质检程序，其产品质量和性能不低于新品，而价格只有新品的一半左右。但由于中国再制造产业发展处于起步阶段，再制造作为新的理念还没有被消费者及社会广泛认同，不少国内消费者目前还难以接受和使用再制造产品，有些人甚至还把再制造产品与“二手货”混为一谈，对再制造产业的认识不足。因此，要以绿色消费为核心，加大对再制造产业的宣传，普及再制造知识，引导消费者了解和接受再制造产业，主动积极消费再制造产品。同时要积极发挥政府的带头作用，鼓励各级政府在采购过程中选用再制造产品，以政府效用带动消费者选购再制造产品。

参考文献

[1] 坚定不移全面深化改革开放脚踏实地推动经济社会发展．人民日报，2013-07-24（第1版）．
[2] 张志勤．欧盟循环经济发展战略解析．全球科技经济瞭望，2015，1：47-54.
[3] 蓝庆新．日本发展循环经济的成功经验及对我国的启示．东北亚论坛，2006，1：84-88.
[4] 商务部流通业发展司．再生资源回收行业分析报告2014. 中国资源综合利用，2014，12：5-9.
[5] 徐滨士，朱胜，史佩京．绿色再制造技术的创新发展．焊接技术，2016，5：11-14.
[6] 徐滨士，向华，史佩京，等．绿色再制造．北京：电子工业出版社，2016.

审稿：薛　澜

第 14 章

中国智能制造推广及扩散研究

魏　峰　周　源　刘　明

【内容提要】当前智能制造已成为全球新一轮产业变革的重要方向，发达国家纷纷立足自身优势，积极探索和推进智能制造发展。中国已经形成全球规模最大、门类最为齐全的制造业，在供给侧改革的大背景下，制造业通过智能制造实现转型升级的意愿强烈，一些领先企业已经开展多项智能制造应用探索并取得较好成效，因而在发展智能制造过程中，加大自主创新能力，充分发挥用户企业的积极性及其对支撑产业发展的牵引带动作用至关重要。与此同时，应鼓励和推动不同领域、不同主体间充分合作，形成合力，发挥中国产业的综合性和整体性优势，构建强大的智能制造支撑能力。通过分类施策，逐步提升中国制造业的智能化水平。

14.1　智能制造的内涵及特征

智能制造是基于物联网、大数据、云计算等新一代信息技术，贯穿于设计、生产、管理、服务等制造活动的各个环节，具有信息深度自感知、智慧优化自决策、精准控制自执行等功能的先进制造过程、系统与模式的总称。智能制造具有以智能工厂为载体、以关键制造环节智能化为核心、以端到端数据流为基础、以全面深度互联为支撑四大特征，其目标是缩短研发周期、降低运营成本、提高生产效率、提升产品质量、降低资源能耗。

智能制造主要包括以下几个方面内容：①产品智能化；②设计过程智能化；③加工工艺优化；④加工装备智能化；⑤管理信息化；⑥服务敏捷化、远程化、全球化。

14.2　国外智能制造情况及产业发展形势

当前，全球主要工业化国家都将智能制造作为构建新形势下制造业竞争优势的关键举措，并开展了一系列战略布局与实践探索，力图重塑在全球制造业的竞争优势。从智能制造发展的国际趋势来看，新一代信息技术与先进制造技术深度融合是共同特点。无论是德国“工业 4.0”战略还是美国“工业互联网”战略，都是在突出本国技术优势与制造业特点的基础上，力争占领全球制造业的制高点。各国智能制造发展的优势和基础不同，因此呈现出各具特色的特点。

14.2.1　德国发展态势

德国强大的制造产业，特别是装备制造业，既有像西门子那样的“航母”企业，也有一批细分领域的“隐形冠军”。此外，德国在高等职业教育和学徒制教育的技能人才培养方面也有雄厚的基础和优势，然而互联网等新一代信息技术并非其强项。德国“工业 4.0”战略即在新一代信息技术飞速发展的形势之下，继续强化其制造业优势的战略，因此必然突出在制造技术的基础之上融合信息技术，即“优势制造 + 智能化”，其本质是实现信息化与自动化技术高度集成，强调计算、通信、控制的有机融合。德国“工业 4.0”战略以信息物理系统（cyber-physical systems，CPS）为核心，推动智能工厂和智能车间的发展，力图将信息技术与传统制造技术相结合，实现高度自动化、数字化和网络化的智能制造模式，以适应个性化大规模定制、新产品投放市场时间缩短等新的市场需求，使德国能够继续站在全球制造业的顶端。该战略重点解决三个问题：一是生产智能化问题，推动信息通信技术与工业技术相融合，实现生产智能化，打造智能工厂；二是中小企业发展问题，通过横向价值链集成以及信息网络实现资源整合，带动供应链上的中小企业发展；三是智能服务问题，通过数据驱动智能产品，产品能为用户带来更多新的服务进而产生新的商业模式。

近年来，德国大企业如西门子等，都已经形成自己的“工业 4.0”解决方案，其他中小软硬件供应企业也都在积极研发“工业 4.0”的相关产品，特别是在软件产品领域已取得显著成绩。德国一方面推行“领先的市场策略”，率先在其国内制造企业加快推行“工业 4.0”，不断增强其核心竞争力；另一方面推行“领先的供应商策略”，通过技术创新和集成，不断输出其领先的技术解决方案，成为“工业 4.0”产品全球领先的开发商和供应商。目前德国正在积极开拓中国市场，以西门子为例，该公司在中国积极推广其德国安贝尔工厂和中国成都工厂模式，吸引大量中国企业接受其

“工业 4.0”的理念和解决方案，从而对中国实施自主创新推动智能制造推广和应用带来很大的挑战。

14.2.2 美国发展态势

美国高新技术创新能力强、互联网经济发达，然而制造技术并非美国强项，因此其智能制造发展策略更侧重于“设计”与“服务”两端。其支撑点是最为关键的 6S 工业生态系统，即航空航天、半导体、页岩气、智能化信息通信技术服务、以硅谷为代表的创新精神以及可持续的人才创新。美国力图在生产系统最基础的原料端（能源和材料）、工业产品的使用服务端（互联网技术和 ICT[①] 服务）以及不断由创新驱动的商业模式等领域，牢牢掌握工业价值链的高端，确保其核心竞争优势。所以，美国的战略发展重点是互联网与研发和服务的融合，即“先进制造技术创新 + 互联网 + 服务型制造”战略，这里的服务既包括制造业前端研发设计也包括后端服务。近几年，奥巴马政府通过构建“国家制造创新网络”振兴制造业，目前已经建成 4 家制造创新研究院［增材制造、动力电子器件（宽带隙半导体）制造、数字化制造与设计、轻量化材料制造］，正在建设 5 家制造创新研究院（智慧制造、集成光电子器件制造、先进复合材料制造、柔性混合电子器件、新一代纤维及纺织品）。

美国智能制造战略主要解决三个方面问题：一是先进材料问题。新材料的研发对产品性能和质量至关重要，但从新材料的发现到实现商业化制造的时间跨度为 10 ～ 20 年，需大力开发先进制造材料，缩短新材料上市周期。二是先进制造技术问题，包括生物制造、纳米制造、增材制造、柔性电子产品制造等。部分领域基于系统的方法和多种制造技术的集成，需要提升制造工艺的稳定性和自优化性能。三是生产数字化、智能化和服务化转型。生产过程中各系统之间形成信息孤岛，增加生产成本，需实现制造过程全数字化。一方面通过产品全寿命周期数据建模、分析和反馈优化，提升产品性能、工艺效率和企业绩效；另一方面通过产品使用过程中持续的数据收集和分析，提供产品增值服务，提高产品价值。

14.2.3 日本发展态势

日本制造业领域并未提出类似“工业 4.0”和“工业互联网”的旗帜，它更强调贴近实际生产。多年来，日本始终不遗余力地坚持贯彻精益生产的理念，这成为日本制造业的“精髓”。因此日本发展智能制造仍然沿着精益生产的道路发展，采取“精益制造 + 高度信息化”的战略，其本质是实现信息化与智能化技术高度集成，强调人、知识、机器人的有机融合。日本发展智能制造是以知识物理融合系统为核心，以提高经济效益为目的，通过对企业的分析，确定应该实施自动化的工位和应该加强信息化、智能化的环节。2015 年 5 月，日本发布《机器人新战略》，希望通过将机器人与 IT 技术、大数据、网络和人工智能等技术深度融合，继续在物联网时代保持

① ICT（information and communication technology），即信息和通信技术。

“机器人大国”的优势地位。

14.3　中国智能制造发展基础和现状

《中国制造 2025》提出以智能制造为主攻方向的战略对策，强劲助推智能制造的发展和推广应用。目前全国各地都制定了其发展制造业的规划，并以智能制造作为制造业发展的主攻方向，广大企业实施智能制造的内生动力十分强劲。学术界与媒体也以智能制造为热点，大力进行宣传。因此，中国发展智能制造已经有了充分的认知基础。

政府的支持措施初见成效。结合中国智能制造基础比较薄弱、缺少实践经验的国情，采取“从用户案例着手，通过试点示范逐渐发展为行业应用解决方案，再进一步提升为共性技术和共性标准”的技术路线，对引导企业开展智能制造起到积极的作用。中国智能制造的发展已经渡过培育期，进入成长发展期。

14.3.1　中国智能制造发展基础

当前，中国智能制造市场面临需求旺盛，供给不足的基本状况。

国内经济发达地区，特别是长三角地区和珠三角地区的众多制造业企业，为了应对国际金融危机后全球经济竞争格局的新挑战，以及国内制造业转型升级的压力，自发地开展了“机器换人”和发展数字化、网络化、智能化制造的行动，呈现出旺盛的市场需求。以广东东莞为例，截至 2015 年年底，该市企业申报“机器换人”项目达 1 262 个，总投资超 100 亿元。未来 5 年东莞市财政每年还将继续安排不低于 2 亿元的专项资金，力争 3 年内使 80% 的企业实现“机器换人”。此外，2015 年机械科学研究总院对福建省 9 个区市汽车、新能源、工程机械、机器人等 8 大行业的 48 家企业进行了调研，所有企业均对智能制造需求强劲。根据对江苏、广东、浙江的粗略统计，每年制造业固定资产投资中的设备投资达万亿元以上，充分体现了智能制造的巨大市场需求。

另外，与中国制造业转型升级和快速发展的需求相比，自主研制的制造装备存在巨大缺口。据东莞市电子协会估计，东莞地区制造企业装备 70% 以上依赖进口，国产装备应用比例不足 30%，国产高端、智能制造装备所占比重更低。另据国家统计局初步统计，中国制造装备 50% ～ 60% 依靠进口，特别是高端制造装备进口所占比例更大。可见，国产装备制造业的供给能力严重不足。

如果不能尽快将国产数字化装备和软件产业发展起来，很可能出现“外国机器上岗、中国工人下岗”的局面，最终错失新一轮巨大市场需求拉动国产数字化、智能化制造装备跨越式发展的难得机遇。因此，加大创新力度发展自主数字化、网络化、智能化制造装备产业应成为“中国制造 2025”的重中之重和核心战略。

14.3.2 中国智能制造进展现状

1. 数字化车间/工厂已在某些方面取得突破，涌现一些范例

近两年，工信部通过实施“智能制造专项”和“智能制造试点示范项目行动计划”，培育了一批数字化、智能化制造水平较高的示范企业。例如，采用国产装备、国产数控系统和国产工业软件建设精密加工数字化车间的东莞劲胜集团；全面实施智能制造技术改革而取得良好经济效益的九江石化；实现服装定制化生产的红领制衣；在协同研发 / 协同制造取得显著成效的北京航天智造科技发展有限公司；大力开展远程维运的陕西鼓风机集团；等等。这些企业对全国智能制造的推广应用起到了重要示范作用。

2. 智能制造装备研发和产业化取得重大进展，所需关键零部件产业已成雏形

随着数字化、网络化、智能化制造技术的推广应用，智能制造装备的研发和产业化也得到重大进展。例如，高速钻铣装备已经达到国外同等装备水平，且产量在同类产品中达到世界第三；工业机器人产业高速增长，技术水平显著提升；自动仓储等数字化物流设备基本实现自主。

智能制造装备的发展也带动了所需关键零部件产业的提升。例如，轨道交通用 IGBT 器件、机器人用谐波减速器 /RV 减速器、柴油车高压共轨系统、伺服驱动系统及电机等关键零部件得到突破。

3. 发布了智能制造标准体系，部署了一批关键技术标准

2015 年 12 月，工信部、国家标准化管理委员会共同发布了《国家智能制造标准体系建设指南》，提出了中国自主的智能制造标准参考体系架构，奠定了智能制造标准化工作的基础。与此同时，通过两年智能制造专项的实施，一批涉及互联互通、信息模型、智能工厂设计、数字化车间 / 工厂通用技术要求以及数字化车间安全一体化要求的关键技术标准完成制定，并将在不久之后陆续出台。

14.3.3 中国智能制造的发展路径

结合中国实际国情，通过与国外发达工业国家智能制造发展战略的比较，中国与美、德等国的基础和优势存在较大差异，因此，不能照搬“工业 4.0”和“工业互联网”的策略和做法。中国发展智能制造的优势在于巨大的市场需求、完整的工业体系和庞大的技术人才队伍，但在关键技术和整体发展水平上仍比较落后，大部分企业都处于工业 2.0 补课和工业 3.0 普及的阶段。此外，在目前新常态经济环境下，企业压力较大，因此要充分把握自己的比较优势，加大自主创新支持力度，集中优势力量攻克关键核心技术，以国内智能制造的巨大市场需求带动国产智能装备的突

破和发展。在推行“两化融合”的基础之上，顺势而为，采取务实的策略，从实际需求出发，稳步前进，一步步实现“数控一代”并最终迈向“智能一代”。

14.4 智能制造在中国 3C 产业推广应用典型案例分析

2016 年 7 月 24 日，全国智能制造试点示范经验交流会暨智能制造装备应用现场经验交流会在广东省东莞市召开，东莞劲胜集团作为典型代表向与会人员做了智能制造发展的经验介绍。该企业是国内消费电子精密结构件产品及服务的领先供应商，主要客户包括三星、华为、中兴、TCL 等国际著名手机品牌。2014 年该企业手机精密结构件销售约 40 亿元，产能位居全球前三。

东莞劲胜“移动终端金属加工智能制造新模式”项目是工信部 2014 年智能制造专项支持的项目，是国内 3C（电脑、通信和消费电子产品）行业首家采用国产制造装备、国产数控系统、国产工业软件的“三国”数字化车间（图 14.1）。项目一期工程采用 180 台国产高速钻攻中心、180 套国产数控系统、72 台国产工业机器人、40 台国产有轨制导小车（rail guided vehicle，RGV）和自动导引运输车（automated guided vehicle，AGV），采用国产制造企业生产过程执行管理系统（manufacturing execution system，MES）和可视化动态仿真软件，实现了信息化管理与国产装备的信息集成。车间采用自主知识产权的总线通信技术，保障了数字化车间装备的数据安全和信息安全。国产高速钻攻中心和工业机器人配套国产高档数控系统，技术自主可控，树立了“国产设备装备中国 3C 制造业”的典范。通过项目的实施，攻克了关键技术，打破国外垄断，有效提高了生产效率、产品良品率及能源利用率，产品综合成本下降 20%。该数字化车间项目可复制性较强，拥有广阔的市场应用前景，是推进“中国制造 2025”数字化、网络化、智能化发展方向的成功典范。

图 14.1 东莞劲胜数字化工厂实景

东莞劲胜数字化车间采用国产智能装备、数控系统和工业软件主要是基于以下原因：①国外数控系统不开放，无法直接获取装备使用过程中的基本数据。如果找 FANUC、GE 等公司做数字化改造，原有每一台设备均需要一万元以上的改造费。②国外系统不安全，国产系统在安全性方面有显著优势。③国外装备维修服务费用昂贵。④国产装备能够满足企业的需求，虽然存在一些小问题，但可以通过不断应用得以解决。⑤政府对于使用国产装备提供保险措施，给予最高 20% 的补贴。⑥国产装备的购置和运行成本较低，价格仅是国外装备的一半。

为了保证采用国产智能装备、数控系统和工业软件取得成功，项目在实施过程中采取了有组织的创新模式，由用户牵头，系统集成商、主要装备和软件提供商组成的协同创新团队，及时解决了存在的问题。

（1）需求方有急迫、明确的目标，市场压力促使企业自发开展数字化车间建设。由苹果手机引领的金属外壳化已成为潮流，3C 领域产品升级和消费个性化需求的快速增长以及少批量多品种的柔性化生产方式对高精密结构件的研发与制造提出了更高要求。随着人口红利的消失，东莞劲胜内部压力凸现，特别是劳动力成本持续上升。该公司人力成本占企业销售收入比重从 2010 年的 18% 增长到 2014 年的 28%。同时劳动力流动率高达每月 12%，年轻工人辞职率高，农民工季节性返乡务农，导致公司在夏收、春节期间不得不向劳务派遣公司招收临时工。

（2）在 3C 领域，经过常年自主创新，国产装备已具备一定优势，基本能够满足企业对技术和性能的要求。在东莞劲胜项目的实施过程中，供应商完善的技术和系统集成服务起到了重要的支撑保障作用。经过国家科技重大专项多年的支持，国产设备具有高柔性，能高效、快速地满足国内智能制造对装备、数控系统、软件提出的新要求和企业多样化产品生产加工的需求。更重要的是国产设备信息的开放性强，企业可以直接获取基本数据，为智能制造数据分析和处理提供了强有力的支持与保障。这与国外装备信息封闭形成了鲜明的对比。此外，国产设备在系统安全性及成本等方面也具有显著优势。虽然在稳定性及可靠性方面还存在一些问题，但是通过长期的实际应用，必然可以逐步提高设备性能。

（3）“用、产、学、研、金”协同攻关模式发挥了重要的推动作用。东莞劲胜项目在实施和管理过程中，高度重视“用、产、学、研、金”等多方资源的整合，尤其重视用户的需求牵引。首先，项目是由应用方东莞劲胜牵头承担，确保项目满足企业实际生产的需求。其次，组成了跨行业、跨领域的紧密合作实施团队。团队包括高校、科研机构、设备研发制造商、软件开发企业等，这些单位都是国内相关领域的佼佼者，掌握核心技术，且具备较强自主创新能力。根据项目需要，各单位依据自身特长与优势，承担各自分工的任务，在产品、技术上互相开放，深度融合，形成强有力的合力，高质量、高效率地解决问题，最后顺利实现数字化制造车间的全部功能。再次，金融机构跟进的支持作用效果显著，东莞劲胜通过与金融机构合作，对部分设备采取回租的方式，有效降低了企业的资金压力，东莞市政府还给予一定的贴息扶持，极大地鼓舞了企业投资智能制造的积极性。最后，通过构建强有力的组织机构，从总体上把握和协调项目进展，对于新问题及时提出解决方案，确保项目顺利完成。

14.5　智能制造发展对策与建议

14.5.1　中国智能制造发展存在的问题

当前，中国智能制造总体取得了很大进展，但仍然存在较多严峻的困难和挑战，主要表现为以下几个方面：①中国企业生产水平总体较低，需要弥补精益生产、优化工艺、科学管理、产品质量的不足，在此过程中，行业龙头企业的引领示范作用非常重要。此外，培养一批具有较强系统集成能力的整体方案供应商，形成一批智能制造发展所需要的创新团队非常关键。②核心零部件 / 元器件及关键智能装备 70% 以上依赖进口，智能制造有出现“国产空心化”的风险，通过自主创新加快国产智能制造装备产业发展刻不容缓。③由于经济下行压力明显，制造业企业尤其中小企业面临严峻的资金问题，如何通过财政手段撬动金融资本投入智能制造的发展过程中是亟须解决的问题。中小企业中推进智能制造还需要更多的政策支持。④人才缺乏已成为突出问题，企业技术基础支撑能力薄弱，需要加强各类技术人才的培训和培养。⑤在目前开展的各类智能制造项目申报过程中，存在一哄而上、目的不纯的情况，此外，在项目实施过程中，存在国产装备使用率普遍较低的现象。

14.5.2　对策和建议

通过以上分析，中国发展数字化、网络化、智能化制造，首先必须制定适合国情的发展战略和发展路径，结合中国制造业的实际情况，对症下药，出台相应的政策。建议采取以下措施进一步推动智能制造的推广及扩散。

1. 充分发挥示范效应，开展有组织的协同创新

面向全国具有代表性的行业领域，分别选取几家技术改造需求强劲、在本行业具有较大影响力的领军企业，开展使用国产设备和软件装备数字化车间 / 工厂的试点示范，有计划地培育智能制造标志性成果，提高市场和用户对国产装备的认可和信任。由于中国智能制造基础较薄弱，因此，必须从实践出发逐步积累经验，形成行业解决方案。建议在试点示范计划中对实施效果明显、具有推广价值、装备和软件国产化使用比例较高的项目，在全行业进行复制。例如，东莞劲胜的智能化工厂可在国内 3C 行业推广。此外，在企业进行数字化、网络化、智能化制造升级过程中，鼓励用户企业牵头打造“用、产、学、研、金、政”协同创新的发展模式，围绕用户企业的实际需求，提供从设备到系统集成的完备服务，加强与用户企业工艺的结

合，推动国产先进适用型技术和设备的应用推广。

2. 加大国产装备自主创新和推广应用的政策扶持

调整国外设备进口鼓励和税收减免政策。取消进口先进设备的贴息政策，逐步取消智能制造装备整机享受进口减免税的优惠政策，对于国内已经具备研发生产能力且能够满足需求的核心基础零部件（元器件）、关键基础材料及工业软件等，及时在进口减免税名单中删除。从国家层面设立国产设备推广应用专用财政资金，完善分配方式，健全长效机制，鼓励地方出台相关配套措施，综合采用奖励补助、首台（套）风险补偿等机制，推进财政与金融联动，充分调动企业使用国产设备进行技术改造的积极性。加快落实科研成果转化、研发费用加计扣除、增值税返还、产业公共平台建设等普惠性措施，培育一批行业带动性强的国产设备供应商和应用示范企业。当前，国产装备经过长期技术攻关取得了较大进展，赶超国外领先水平的关键途径就是在市场中得到广泛应用，通过实际生产过程进一步查找、分析、解决问题，就能在不断检测和积累过程中得到提升，从而利用中国巨大的市场优势拉动国产高端制造装备实现跨越式发展，避免"国外机器上岗、中国工人下岗"的悲剧发生。

3. 创新金融支持智能制造发展的模式

企业在实施智能制造的决策中，资金是其重要的考虑因素。如何解决企业在实施转型升级过程中的资金需求和减轻资金风险，是促进智能制造发展的关键。首先，实施财政金融联动助推计划，通过贷款贴息、引导基金、风险补偿机制等方式，实现财政手段与银行等金融机构联动，引导金融机构开展业务模式创新。实施对象包括开展智能制造工程的用户企业，以及系统集成商、装备制造企业和关键零部件制造企业。其次，发挥融资租赁产融结合创新优势。引导融资租赁公司聚焦智能制造细分领域，发挥还款灵活、评审专业、增值税抵扣等优势，针对中小企业开展广泛的融资支持。最后，推动重点企业金融培育计划。由政府相关部门联合筛选智能制造领域研发实力强、市场经营水平较好的骨干企业，作为重点支持对象，定期向银行等金融机构推荐，由金融机构作为财务顾问打造综合性金融培育计划。通过量身定制专属金融服务方案，培育若干具有核心竞争力的骨干企业，带动产业链整体水平提升。

4. 加快推动智能制造人才培训

随着数字化、网络化、智能化制造的发展，企业对智能制造人才的需求不断增长。当前，仅仅通过学历教育的人才培养方式已经难以满足企业紧迫的用人需求。对在职人员开展体验型智能制造培训，以及支持智能制造实训基地的建设日显重要。首先，应该鼓励支持智能制造试点示范企业开展智能制造人才培训。支持有条件的试点示范企业建成开放共享、生产教学融合的智能制造实训基地，推动产教融合发展工程向智能制造倾斜。其次，鼓励国产装备厂商与院校开展共建智能制造实验室建设。引导国内国产装备厂商开展校企合作，有效化解教育培训渠道装备国产化不足的现象，推动院校应用国产化装备。最后，推动设立智能制造人才培养校企合作联盟。推动高校、试点示范企业等机构共同组建智能制造领域的人才培养校企合作机制，推进课程改革，制订人才培养计划，培养市场急需的人才。

5. 开展智能制造示范项目的评估总结

智能制造试点示范是中国推行数字化、网络化、智能化制造的重要措施。通过试点示范可以探索形成若干有效、可复制的经验和模式。近年来，中国开展实施了一系列智能制造专项，仅 2016 年就评选出 64 个智能制造试点企业。加强对此类项目的跟踪和评估，总结经验和不足，才能更好地发挥其示范作用。建议相关部门组织开展此项评估工作。评估内容可以包括：项目的智能化水平及目前运行情况；运行前后企业五项经济指标（运营成本、产品研发周期、生产效率、产品不良品率、能源利用率）的比较；国产装备的投资比例；资金来源及投资回收情况；企业人才结构；等等。评估工作应授权第三方单位独立负责，按照相关指标体系实现智能制造评估结果的标准化、数字化，并建立项目数据库，供决策部门进一步分析和参考，也为其他企业提供有益借鉴。

参考文献

[1] 工业和信息化部装备工业司 . 2016 年智能制造试点示范项目名单，2016.

[2] 工业和信息化部 . 智能制造工程实施指南，2016.

[3] 东莞市政府 . 东莞市推进企业“机器换人”行动计划（2014-2016 年），2014.

[4] 东莞市政府 . 东莞市推广建设普及型智能制造示范生产线工作方案，2016.

[5] 国家统计局 . 中国工业统计年鉴 2015，2015.

审稿：薛　澜

投融资篇

第 15 章

基于产业生命周期的战略性新兴产业投融资模式研究

杨　虹　石玉梅　焦多田

【内容提要】支持战略性新兴产业发展，必须灵活应用与创新发展多层次结构的投融资渠道。目前，中国战略性新兴产业所处的发展阶段不同，其投融资问题也各不相同。本章从产业生命周期的视角，探析与战略性新兴产业发展阶段相适应的融资模式，并根据中国战略性新兴产业融资现状，提出针对性的政策建议。最后，以比亚迪集团为例，详细说明其各个发展阶段的融资实例和成效。

15.1　产业生命周期与融资模式理论

15.1.1　战略性新兴产业的内涵与阶段划分

2010 年，《国务院关于加快培育和发展战略性新兴产业的决定》定义，战略性新兴产业是以重大技术突破和重大发展需求为基础，对经济社会全局和长远发展具有重大引领带动作用，知识技术密集、物质资源消耗少、成长潜力大、综合效益好的产业。与传统产业相比，战略性新兴产业发展还具有不确定性、成长性、高风险性和创新性等特点。

依据产业生命周期理论，战略性新兴产业的发展过程应依次经历萌芽、培育、发展、成熟等阶段，最终实现产业升级。在战略性新兴产业的不同发展阶段，融资需求差异较大。针对战略性新兴产业不同时期所表现出的融资需求存在差异的特征，金融机构和政府机构应当提供具有针对性的融资服务和政策手段，以满足战略性新兴产业的发展需求，促进战略性新兴产业的健康发展，最终实现宏观经济结构和产业结构的转型升级。

15.1.2 融资与融资模式的定义

根据《新帕尔格雷夫经济学大辞典》的定义，融资就是指为取得资产而筹集资金所采取的货币手段，或者为支付超过现金的购货款所采取的货币交易手段。从字面理解，即资金融通，是指资金通过一定中介、市场及相应的机制从盈余部门到短缺部门的过程。战略性新兴产业融资是指该产业的企业通过金融市场，采用多种金融工具为本企业的技术升级、产品开发、扩大生产或企业兼并而筹措资金，或者为企业的资本结构调整而进行资本筹措。融资模式则是指企业在融资的过程中所采用的由金融工具和其他各种主要融资方式方法所构成的完整的融资方案。

15.1.3 战略性新兴产业融资模式的理论基础

Berger 和 Udell 将战略性新兴产业企业生命周期与融资相结合，提出了战略性新兴产业企业金融成长周期理论。该理论认为，战略性新兴产业企业在产业发展的初创期、成长期、成熟期、衰退期等生命周期中，受企业规模、财务状况、信息不对称的变化情况等因素的影响，必须采用不同的融资安排才可以帮助企业在不同时期以最合适的融资方式获得最需要的资金[1]。顾海峰[2]基于生命周期理论的观点，以战略性新兴产业的业态演进作为切入点，分别构建了战略性新兴产业演进的政策性金融支持体系与市场性金融支持体系，并就这两个体系分别从直接金融层面和间接金融层面设计了战略性新兴产业演进过程所需的金融政策。王崑声等[3]的产业成熟度评价理论从技术、制造和市场成熟度三个层面，从定性到定量综合集成评价产业的成熟程度，将成熟程度划分为四个等级，即萌芽阶段、培育阶段、发展阶段和成熟阶段，通过分析与预测发展过程中的潜在风险，并结合产业发展所处阶段特点综合给出了投资决策建议。以上学者的研究表明，金融支持对战略性新兴产业的发展具有重要作用，产业发展阶段与融资模式的合理匹配有利于促进产业发展，优化资源配置，提高经济运行的效率。

15.2 战略性新兴产业的阶段特点与融资模式

本节主要从融资模式研究角度出发，结合前文论述的产业生命周期的阶段划分与特有角度，根据萌芽阶段、培育阶段、发展阶段和成熟阶段中产业发展的不同特征，具体提出适宜的融资模式。

15.2.1　萌芽阶段的特点与融资模式

萌芽阶段是战略性新兴产业发展的关键技术和关键制造取得突破的重要时期，其主要活动是开展基础研究和技术研发，使产业发展所需的关键核心技术不断成熟，形成由科学到技术、由技术到应用的转移，形成可供市场推广应用的产品；这些处于研发中的技术拥有以往没有的功能和性能，具有潜在的竞争力。企业和研发单位投入了大量的研发成本，从业人员主要是科研技术人员；市场上尚未有同类产品销售，绝大多数顾客对它采取观望和期待的态度。

这一阶段金融支持的重点在于助推新技术的研发。由于该阶段企业研发资金需求旺盛，但因其高风险的特点，企业自有资金和政策性资金成为主要力量，主要集中人力、物力促进科学理论到技术研发，再从技术研发到工程研制取得成功。综合考虑新兴技术在这一阶段的研发风险，企业自有资金与政府政策性资金共同参与是一种可行的现实选择。

15.2.2　培育阶段的特点与融资模式

培育阶段是战略性新兴产业发展的技术成果转化时期，对应以应用为主导的产业发展初始阶段，该阶段开始的标志是产业的产品或服务取得了商业化应用示范的成功，且随着商业化应用的推广，产品或服务在性能、成本方面的优势得到了确认；企业需要支付大量技术专利、固定资产、市场和宣传费用等各类前期费用；客户偏少，销售量较少，企业的收入有限；技术、商业模式和管理等因素均较不成熟，使得运营成本较高，产业平均利润率低，进入竞争者较少。

这一阶段金融支持的主要作用在于生产力形式的转化，即通过协调技术与资金两方面资源有效配置，使科学技术顺利转化为现实生产力。该阶段企业资金需求旺盛，但因其高风险的特征，政策性资金仍是主要力量，可以考虑引入风险投资者进入。综合考虑新兴企业在这一阶段的风险，多种金融机构与政府共同参与是一种可行的现实选择。

15.2.3　发展阶段的特点与融资模式

发展阶段对应以市场为主导的产业快速增长阶段，该阶段开始的标志是大规模市场推广示范取得成功，前期顾客消费的示范作用影响到了整个顾客群，产品或服务的优点在顾客群中得到广泛认可；产品或服务的销售量在一段时间内可以保持较高增长率，并在该阶段期末达到极大值；产品或服务的边际成本逐步降低，更加成熟的技术、商业模式和管理模式减少了运营成本，企业收入增长，规模经济逐步显现，产业平均利润率非常可观，吸引大量竞争者进入市场。战略性新兴产业在国民经济中的比重处于一个增速较快的水平，从而成为国家经济发展中的主导性产业。主导产业阶段具有较高的创新率和高速增长的能力，同时具有很强的带动其他产业部门发展的能力。

进入发展期后的战略性新兴产业不仅要求融资渠道的多元化，而且注重扩大生产规模和开拓市场，所以金融支持的重点在于增加多元化的资金供给以及产品推广。在发展期内，产业的发展显示出初步的效应，资金需求量更大，投资风险降低，除政府的支持外，对产业基金和私募股权（private equity，PE）基金的跟进有较强的吸引力。随着企业规模扩大，在产品市场前景日益明朗的情况下，企业更容易通过股权融资、发行债券等方式融资，甚至通过上市等手段在股票市场上获得发展所需的资金支持。

15.2.4 成熟阶段的特点与融资模式

成熟阶段标志着产业的技术、产品、市场规模等方面均达到了平稳完善的阶段；产品或服务已经被顾客完全接受，随着产品或服务的开发接近饱和状态，销售量增长率逐步趋缓，直至在成熟期期末减小至零；企业间技术、商业模式和管理模式差距缩小，行业标准得到应用；企业对细分市场提供针对性的产品或服务；产业内的企业之间进行大规模兼并重组，激烈的竞争不断挤压行业平均利润，产业集中度不断提高，领先企业脱颖而出。处于成熟期业态的战略性新兴产业在国民经济中的比重处于一个较高的水平，从而成为国家经济发展中的支柱产业[3]。支柱产业一般具有较大的发展规模，经济效益比较好，市场前景比较广阔，虽然技术更新率趋于平稳，但技术密度较高[4]。

到达成熟期后，战略性新兴产业中的企业自身运作步入正轨，投资回报收到成效，金融的作用着重于支持企业的管理与资本运作[5]。该阶段产业的发展已经达到一定的规模，资金来源较为多元化，受到信贷资金的青睐，也可以借助资本市场募集资金[6]。

战略性新兴产业生命周期不同阶段的融资特点如图 15.1 和表 15.1 所示。

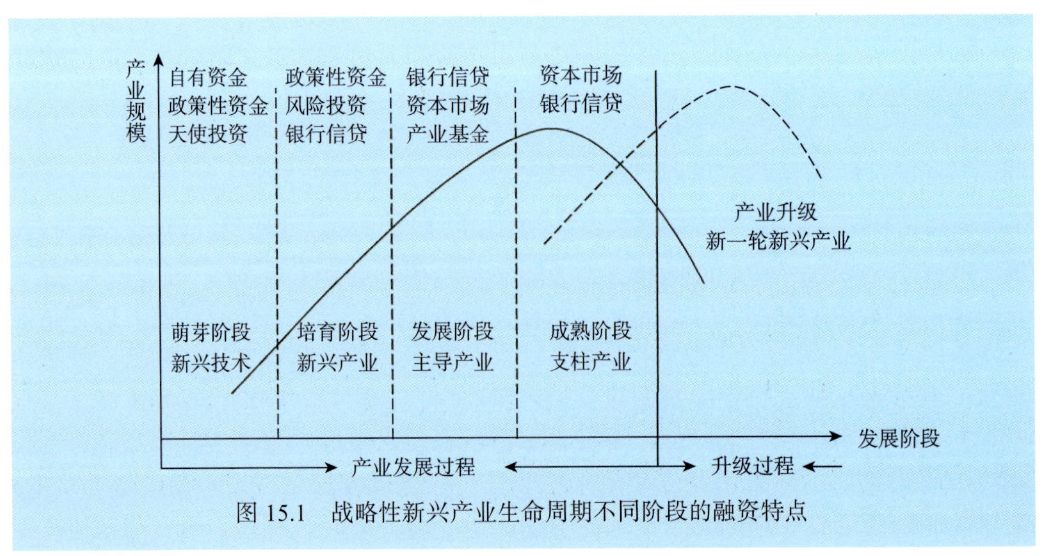

图 15.1 战略性新兴产业生命周期不同阶段的融资特点

表 15.1　战略性新兴产业不同发展阶段的融资特点

项目	萌芽阶段	培育阶段	发展阶段	成熟阶段
产业发展潜力	很高	高	中	低
产业发展规模	很小	小	中	大
风险特征	很高	高	中	低
融资需求	关键技术和关键制造研发与攻关	研发和技术成果转化	扩大生产规模和开拓市场	优化企业管理与资本运作
融资渠道	自有资金	政策性资金	银行信贷	资本市场
	政策性资金	风险投资	资本市场	银行信贷
	天使投资	银行信贷	产业基金	

15.3　中国战略性新兴产业融资现状

15.3.1　中国战略性新兴产业融资总体情况

“十二五”期间，节能环保、新一代信息技术、生物、高端装备制造、新能源、新材料和新能源汽车七大战略性新兴产业快速发展。2015 年战略性新兴产业增加值占国内生产总值（GDP）的比重达到 8%，较 2010 年实现翻番，产业创新能力和盈利能力明显提升。中国战略性新兴产业投资快速增长，“十二五”期间年均增速高达 21.9%，高于同期全社会固定资产投资年均增速达 2.5 百分点，2014 年战略性新兴产业固定资产投资总额达 36 273 亿元，6 倍于 2005 年的水平，占全社会固定资产投资总额的 7.1%。数据表明，新常态下中国的战略性新兴产业处于快速发展期，已成投资热点领域，资金需求巨大。

近年来，围绕战略性新兴产业的融资需求和融资运作模式，逐渐形成了“一种融资模式为主，多种融资模式组合，并辅助以投资保证和风险补偿”的交互式融资体系。根据相关资料和不完全调查统计，将中国战略性新兴产业不同发展阶段的融资运作模式归纳如下，见表 15.2[1]。

表 15.2　中国战略性新兴产业不同发展阶段的融资运作模式

发展阶段	财务特征			融资模式	融资比例	融资地位
	抵押	盈利	现金流量			
萌芽期	无	很低	无	财政补贴	5% ～ 10%	主导
				政府基金	10% ～ 15%	主导
				风险投资	10% 左右	辅助

续表

发展阶段	财务特征			融资模式	融资比例	融资地位
	抵押	盈利	现金流量			
培育期	不足	低	不足	政府基金	10% 左右	辅助
				风险投资	15% 左右	主导
				私募股权投资	15% 左右	主导
				信贷资金	10% 左右	辅助
发展期	充足	高	充足	财政补贴	3% ～ 5%	辅助
				风险投资	15% 左右	辅助
				私募股权投资	15% 左右	辅助
				信贷资金	40% ～ 50%	主导
				发行债券	25% 以上	主导
成熟期	足	中	中	信贷资金	60% 左右	主导
				发行债券	30% ～ 40%	主导
				发行股票	10% 左右	辅助

15.3.2 中国战略性新兴产业主要融资模式及发展情况

本章从股权融资模式和债权融资模式两个方面进行介绍，如图 15.2 所示。

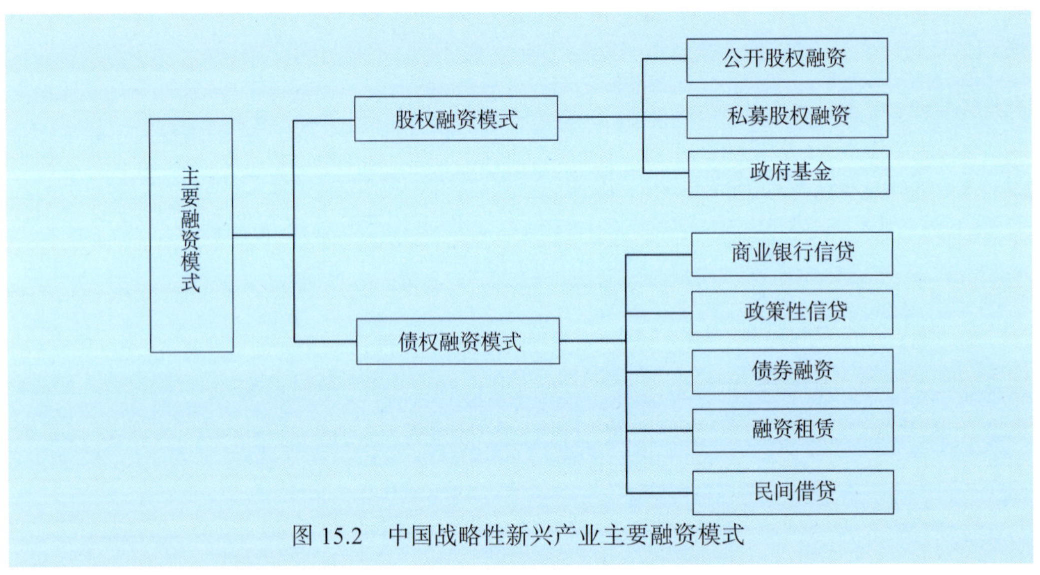

图 15.2 中国战略性新兴产业主要融资模式

1. 股权融资模式

股权融资也被称为所有权融资，是指企业的股东愿意出让部分企业所有权筹集资金，通过引进新的股东增加企业股本的融资方式。根据融资渠道的不同，主要可以划分为公开股权融资和私募股权融资两类。

1）公开股权融资

公开股权融资，即企业发展所需资金通过股票市场向公众投资者发行企业股票来筹集的方式。股票市场是中国资本市场的重要组成部分，中国已经逐步确立了由主板、中小板、创业板和场外市场构成的多层次资本市场体系的框架。截至2015年年末，A股上市公司中共有1 031家战略性新兴产业企业，占上市公司（A股）总体的36.6%。战略性新兴产业上市公司在主板、创业板、中小板分别有401家、343家及287家，占比分别达到了26.0%、69.7%及37.0%。2015年，在总体经济形势下滑的不利环境下，战略性新兴产业上市公司逆行而上，业绩保持良好增长态势，有效支撑上市公司整体业绩增长。2015年全年战略性新兴产业上市公司营业收入总额达26 033.7亿元，同比增长16.4%，高于同期上市公司整体达15.3百分点；实现利润总额2 365.9亿元，同比增长12.5%，利润增速高于上市公司总体达10.3百分点（参见图15.3）。到2015年年末，战略性新兴产业上市公司营业收入总额占上市公司总营业收入的比重达8.9%，较2014年年末提升了1.8百分点。2015年，战略性新兴产业IPO（initial public offerings，即首次公开募股）上市企业达86家，从上市板块来看，主要集中在创业板，达到55家，占比达64.0%；主板和中小板次之，分别为21家和10家。创业板已经成为培育和发展战略性新兴产业的重要金融支撑平台，板块中涵盖大批新一代信息技术、节能环保、新材料、新能源、高端装备制造及生物医药等战略性新兴产业公司，涌现了一批A股市场此前没有的商业模式和新业态。

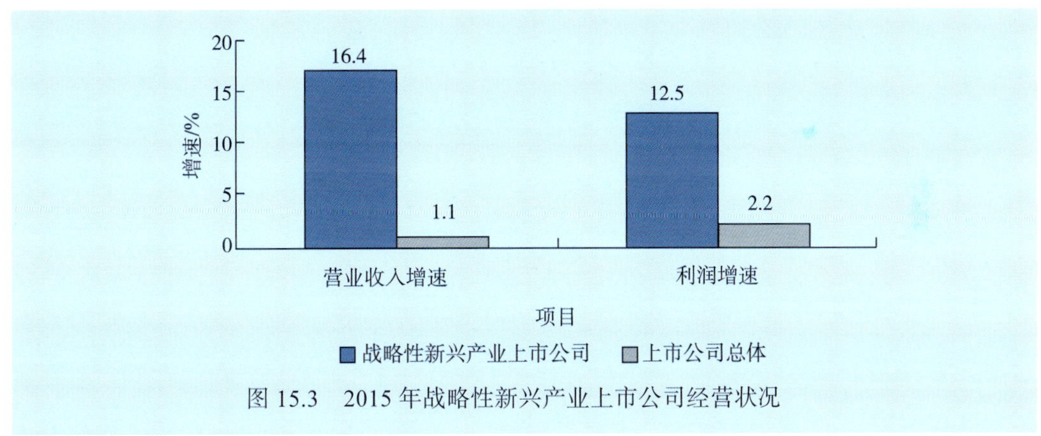

图15.3　2015年战略性新兴产业上市公司经营状况

2）私募股权融资

私募股权投资是指投资非上市股权，或者上市公司非公开交易股权，在限定时间通过股权增值和退出实现收益的一种投资方式。根据私募股权投资投入企业所处的不同阶段，可以将其划分为创业资本、成长资本、重振资本、杠杆收购、管理层收购、夹层资本等。战略性新兴产业在发展初期对资金的需求量大、投资回报周期长，又缺少实物担保，因此很难通过传统融资模式获取资金，而私募股权基金恰恰能够弥补这一资金空缺，并且战略性新兴产业高风险、高收益的特点也与私募股权基金更为契合。目前，中国私募股权基金规模不断增长，据有关数据统计，2016 年上半年，共有 696 支私募股权投资基金募集完毕。其中已披露募集金额的 484 支基金中，募集到位的金额共 3 236.29 亿元，基金总募集金额同比增长 6.7%。从类型分布看，以投资新兴行业为主要目标的成长型基金是新募集基金类型的主流，达到 505 支，占比高达 72.56%。但是，相对于战略性新兴产业的融资需求，当前中国的私募股权基金规模仍然偏小，此外，大部分私募股权基金的投资仍然比较保守，主要投资对象仍然是成熟期企业和传统企业。这一方面与投资者规避风险的特征有关，另一方面也与战略性新兴产业企业发展不足有重要联系。

3）政府基金

这里的政府基金主要包括专项基金和政府引导基金等。为推动战略性新兴产业发展，近几年国家和政府设立了较多扶持产业发展的专项基金，如科技型中小企业技术创新基金和电子信息产业发展基金等。此外，很多省份设立了政府引导基金。以湖北省为例，2015 年 12 月，湖北省设立了长江经济带产业基金，重点支持湖北省新兴产业发展和传统产业转型升级。该基金是全国规模最大的产业基金，也是国内最大的一支地方政府产业引导资金。省政府由财政出资 400 亿元作为政府引导基金，向金融机构、企业和社会资本募集 1 600 亿元，共同设立规模 2 000 亿元左右的长江经济带产业母基金。母基金再通过发起子基金或直接投资的方式实现对外投资，力争放大到 4 000 亿元，最终带动 1 万亿元的社会投资投向实体经济。基金围绕企业成长周期打造完整基金链条，将覆盖并购、股债结合、私募股权投资、风险投资（venture capital，VC）、天使投资等多种类型，让企业在各个发展阶段能得到全方位助力，其做法值得借鉴。

2. 债权融资模式

债权融资是指企业通过借贷的方式进行融资，需要承担资金的利息。按照融资渠道的不同，可以分为商业银行信贷、政策性信贷、债券融资、融资租赁、民间信贷等，其中商业银行信贷是企业债权融资中最为常见的方式。

1）商业银行信贷

商业银行在中国金融体系中占据重要地位，战略性新兴产业的发展离不开商业银行的信贷支持。近些年，商业银行发放贷款增加额逐年上升，2016 年上半年，国内金融机构本外币存款和贷款增幅分别为 10.7% 和 13.0%，余额达到 150.59 万亿元和 106.69 万亿元。就资金规模而言，商业银行支持战略性新兴产业发展是有绝对优势的。就目前中国的新兴产业企业融资情况来看，大部分企业是通过商业银行进行间接融资来获取初期发展资本和日常资金融通的。但是，中国的战略性新兴产业中的企业，尤其是处于萌芽期的小微型企业，由于规模较小、信用等级较低、缺乏担保措施等原因，通过商业银行融资还存在一定困难。

2）政策性信贷

由于战略性新兴产业具有独特的战略地位和高科技属性，政策性信贷成为其不可忽视的重要融资渠道之一。一般来说，政策性信贷利率较低，期限较长，具有筹集和引导社会资金、缓解经济社会发展瓶颈制约的重要作用。提供政策性信贷的机构主要有政策性银行和开发性金融机构，政策性银行包括中国进出口银行和中国农业发展银行，开发性金融机构主要为国家开发银行。以国家开发银行对战略性新兴产业发展的支持为例，2015 年，国家开发银行全年发放战略性新兴产业贷款 3 000 多亿元，贷款余额近 8 000 亿元，占总余额的 10% 左右，累计发放科技创新领域贷款近 4 000 亿元，有力地支持了战略性新兴产业的发展。

3）债券融资

中国在完善多层次资本市场的同时，也在不断推进债券市场建设，为战略性新兴产业降低融资成本提供更多渠道。近些年，国家鼓励大力发展债券市场，扩大债券市场规模，为资金紧缺的企业输血。地方政府也频频出台政策，鼓励企业综合利用企业债券、公司债券、中期票据、短期融资等债券进行融资，通过对发债企业进行补贴、贴息、资金奖励、建立债券风险缓释基金等政策，提高企业偿债能力，降低企业发债成本。2015 年，战略性新兴产业上市公司股市直接融资总额达 3 642.6 亿元（含 IPO 募资和增发募资），其中公司债券融资总额为 1 371.0 亿元（图 15.4），两者融资总额持续提升。大力支持了战略性新兴产业的发展与升级。

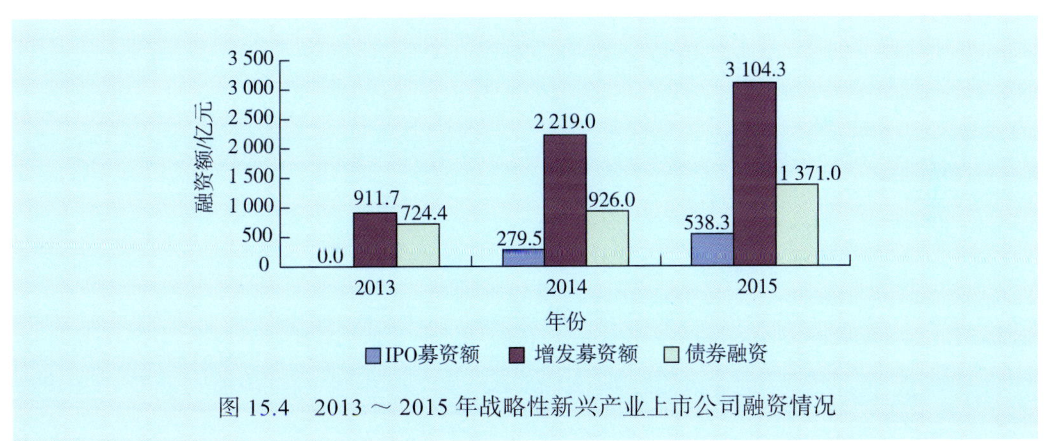

图 15.4　2013 ～ 2015 年战略性新兴产业上市公司融资情况

当前，中国中小企业债券市场主要以集合债与集合票据为主，但由于投资者的信息搜寻成本及政府协调成本较高，中小企业债券市场规模受到一定限制。考虑到战略性新兴产业中的企业多数为中小企业，未来还应采取相关措施促进中小企业债券融资的发展。

4）融资租赁

融资租赁是集融资与融物、贸易与技术更新于一体的新型金融产业。由于其融资与融物相结合的特点，出现问题时租赁公司可以回收、处理租赁物，因而对企业资信和担保要求不高，非常适合初创期的战略性新兴产业企业融资。融资租赁不会发生所有权的转移，因而作为表外融资的一种创新方式，融资租赁不会影响资信状况，更符合战略性新兴产业企业多渠道融资的要求。战略性新兴产业要求前期投入大量资金，这一模式正好可以减少投资初期的资本支出，缓解企业资金不足的现状。中芯国际同武汉市合作的12英寸（1英寸≈2.54厘米）工厂为战略性新兴产业利用融资租赁模式开创了先河，该项目由当地政府出资兴建生产线，然后由中芯国际全权管理，并有权在3～5年内按原价回购。这样既满足中芯国际扩大产能的战略目标，又可以将资本开支降至最低，对中芯国际的现金流很有帮助。随着融资租赁模式的逐渐成熟，其在战略性新兴产业中的融资地位将逐渐上升，并能有效地助推战略性新兴产业快速发展。

5）民间借贷

民间借贷是指公民之间、公民与法人之间、公民与其他组织之间进行借贷，是民间金融的一种形式。所谓的民间金融又被定义为非正规金融，是指在政府批准并进行监管的金融活动（正规金融）之外所存在的游离于现行制度法规边缘的金融行为[5]。中国的战略性新兴产业以中小企业为主，民间借贷是中小企业融资的一个有益补充渠道，因其手续灵活、高效，优化了资源配置功能，与正规金融部门形成互补，但同时，民间借贷也存在利率高、风险大等问题，还需正确引导，促进规范。

15.3.3　中国战略性新兴产业各阶段融资问题

萌芽阶段。理论上，该阶段应以自有资金、政策性资金和天使投资为主导。但实际上，因为这个阶段的新兴产业在技术研发上的失败概率比较大，天使基金和风险基金不会投资或很少投资，很多研发团队缺乏资金资助而减缓或停滞研发进程。

培育阶段。理论上，该阶段应以政策性资金为主导，辅以风险投资。但与萌芽阶段类似，因为这个阶段的新兴产业产品的市场空间及盈利前景都很难判断清楚，大多数天使基金和风险基金不会投资或很少投资，并且由于股权对价、盈利对赌和回购等一系列“不平等”条款时常让创业者技术团队难以接受。根据《2015年中小企业融资年报》，中国近90%的中小微企业融资需求得不到有效满足，占中国企业总量约90%的小型企业从银行贷款的份额仅占15%，近30%的创业企业因为资金短缺问题而创业失败。

发展阶段。该阶段随着企业规模扩大，产品市场前景日益明朗，更容易通过直接融资方式获取资金支持。但中国由于发行股票和债券有着严格而繁多的发行条件、程序、手续及监管规定，直接融资比例较低。以绿色债券发行为例，尽管国家出台了一系列针对节能环保企业的优惠条件，包括合理延长债券期限、所得资金可用于偿还银行贷款和补充营运资金、债券募集资金占项目总投资比例放宽至80%等，绿色债券发行量仍然较小。根据2014年《中小企业融资现状调研》报告，约70%的中小企业有扩大资本的需求，用于技术创新和扩大产能，而85%以上的中小企业主要融资方式为银行贷款。

成熟阶段。成熟阶段的企业因为自身运作步入正轨，具有较大规模，经济效益较好，受到信贷资金的青睐，也较为容易借助资本市场募集资金。但目前中国市场融资渠道还较为单一，不能满足企业多元化的融资需求，应为企业提供更多选择。

15.4 中国战略性新兴产业融资模式创新路径的政策建议

15.4.1 萌芽阶段

1. 设立政府创新基金

政府创新基金，是指由政府设立，不以营利为目的，通过拨款资助、贷款贴息、财政补贴和资本金投入等形式，对从事战略性新兴产业技术研发的企业给予扶持的政策性基金。应发挥政府创新性基金对新产业、新技术、新商业模式创新的培育和扶持作用，重点支持科技型企业的技术研发活动，特别是处于技术攻关期的高新技术企业，助推企业更快取得进展。

2. 创新知识产权质押融资模式

处于萌芽阶段的战略性新兴产业，固定资产规模相对较小，且价值较低，具有显著的轻资产特征，按照商业银行常规贷款模式，这类企业由于抵押物价值相对较低而无法满足商业银行放贷的要求。可创新采用知识产权质押融资模式，建立健全相应的融资机制，主要包括建立协同推进机制、创新服务机制、完善风险管理机制、建立有利于知识产权流转的管理机制等，开展多元化知识产权融资模式，并向市场化方向迈进。

15.4.2 培育阶段

1. 设立政府引导基金

政府引导基金，又称创业引导基金，是指由政府发起设立，不以营利为目的，并且按照市场化方式运行的政策性基金。通过对培育期企业进行扶持，从而引导社会资本支持科技型中小企业的创业和技术创新。因此，政府引导基金本质上是一种“母基金”，可以通过乘数效应和示范效应，带动民间资本投资战略性新兴产业。

2. 加快政策性金融机构业务创新

由于处于战略性新兴产业培育阶段的企业具有高风险性，较难获得商业性信贷资金支持，政策性信贷成为战略性新兴产业发展不可或缺的金融资源。政策性金融机构应在现有金融业务模式下，积极探索投资联动、融资租赁等综合金融服务，加快融资模式创新，加大对培育阶段战略性新兴产业企业的支持力度，推动实现战略性新兴产业培育目标。

3. 创新设计多种风险投资模式

针对风险资本无法满足战略性新兴产业培育阶段资金需求的现状，应积极引导私募股权基金、风险投资基金等商业性金融组织，加强对战略性新兴产业早期阶段的支持。可考虑建立专业化的战略性新兴产业风险投资企业，使其运作机制更加规范，具体可借鉴硅谷银行的模式，通过商业银行和私募股权投资相结合，共同支持战略性新兴产业的发展。

15.4.3 发展阶段至成熟阶段

1. 加快推进债券市场和票据市场的建设进程

处于发展、成熟阶段的战略性新兴产业，企业风险收益日趋稳定，发展前景较为明朗，比较适合在债券市场和票据市场公开发行债券或票据进行融资。应加快推进债券市场和票据市场的建设进程，提高直接融资比例，加快债券产品创新，同时，加大信息披露力度，规范债券发行企业信息披露行为，提高市场透明度，加强信用评级制度建设，强化市场化约束机制，积极稳妥推进债券市场开发。

2. 完善多层次的资本市场体系

资本市场是金融市场的重要组成部分，总体来说，应完善证券交易所市场股权融资功能，健全不同层次资本市场的准入机制，使处于不同发展阶段的战略性新兴产业企业获得上市机会。同时，应建立不同层次资本市场之间的转板机制，逐步实现各层次资本市场之间的有机衔接，特别是新三板与创业板、中小企业板之间的转板机制，使得战略性新兴产业企业能够募集到更多资金，逐步发展壮大，推进战略性新兴产业的升级进程。

15.5 典型案例分析——新能源汽车

本章选取新能源汽车产业的典型个案——比亚迪股份有限公司（简称比亚迪）为研究对象，探讨其初创、发展到成长为成功企业集团过程中所选择的融资模式，以期对中国战略性新兴产业发展提供经验借鉴。

15.5.1　比亚迪基本情况

比亚迪始创于1995年，2002年7月在香港主板上市，并于2011年6月回归A股中小板。截至2015年年末，公司资产总额达到1 154.9亿元，总负债794.6亿元，资产负债率为68.8%，全年实现收入800亿元，净利润为31.4亿元。比亚迪现已形成汽车、手机部件及组装以及二次充电电池三大板块布局，近年汽车业务收入稳步增长，已成为第一大业务板块。

目前，比亚迪已成为全球最大的新能源汽车生产销售企业，也是国内唯一实现"电池、电机、电控"三大核心部件自主设计并研发生产的汽车企业。2015年，比亚迪累计销售新能源汽车6.35万辆，同比增长176%，占全国新能源汽车总销量的19%，销售收入接近200亿元。

15.5.2　比亚迪的发展历程和融资模式

比亚迪的发展历程像众多上市公司一样，经历了初创期、成长期、发展期、成熟期等发展阶段。在不同发展阶段，比亚迪通过多轮股权融资（表15.3），成功地提升了企业的市场价值，同时，通过直接发行债券（表15.4）和银行信贷等方式，为公司业务的稳步发展提供了资金支持。对于大多数战略型新兴产业的中小企业来说，比亚迪的发展历程和融资模式（图15.5），既可以满足不同发展阶段的资金需求，又可以快速提升企业价值，经验值得借鉴。

表15.3　比亚迪不同发展阶段股权融资情况

<table>
<tr><th>发展阶段</th><th>融资时间</th><th>融资背景</th><th>资金来源</th><th>融资额</th></tr>
<tr><td>初创期
（1995～2002年）</td><td>1997年</td><td>扩大镍氢电池生产，拓展海外市场</td><td>吕向阳</td><td>1 660万元</td></tr>
<tr><td rowspan="3">成长期
（2002～2008年）</td><td>2002年7月</td><td>在香港主板上市，发展成为销售额超过22亿元的国际电池巨头</td><td>H股融资平台</td><td>16亿港币</td></tr>
<tr><td>2007年12月</td><td>旗下比亚迪电子有限公司（主要从事手机模块及组件制造）在香港主板上市</td><td>子公司在H股上市</td><td>8亿美元（约60亿港币）</td></tr>
<tr><td>2008年9月</td><td>巴菲特旗下公司中美能源控股公司宣布认购比亚迪2.25亿股股份，2008年年底公司销售额达到350亿元</td><td>巴菲特旗下公司</td><td>2.25亿美元</td></tr>
</table>

续表

发展阶段	融资时间	融资背景	资金来源	融资额
发展期（2008～2015年）	2011年6月	坚定新能源汽车发展之路，E6车型成功打入伦敦和南美市场，K9车型拿到欧盟认证	回归A股市场	14.22亿元
成熟期（2015年至今）	2016年7月	投向铁动力锂离子电池扩产项目、新能源汽车研发项目和补充流动资金及偿还银行借款	A股定增	144.73亿元

表 15.4　比亚迪不同发展阶段发行债券情况

发展阶段	债券类型	起息日	到期日	发行规模 / 万元	币种
成长期（2002～2008年）	短期融资券	2006-07-26	2007-06-26	75 000.00	人民币
	短期融资券	2007-06-25	2008-06-24	75 000.00	人民币
发展期（2008～2015年）	公司债	2012-06-19	2017-06-19	300 000.00	人民币
	公司债	2013-09-23	2018-09-23	300 000.00	人民币
成熟期（2015年至今）	公司债	2015-08-12	2018-08-12	150 000.00	人民币
	中期票据	2016-02-25	2021-02-25	20 000.00	人民币
	中期票据	2016-02-29	2021-02-28	40 000.00	人民币

图 15.5　比亚迪成长历程和主要融资模式图

1. 初创期

在企业初创期（1995～2002年），比亚迪融资主要以内部融资为主，所得资金主要用于打牢基础和开拓市场。这一时期，比亚迪从第一代手机镍镉电池起家，逐步成为世界第一大镍电池产品生产商。1995年，总经理王传福与其表哥吕向阳共同投资250万元，注册成立了比亚迪。1997年，公司开始大批量生产镍氢电池。此时，吕向阳通过其拥有的广州融捷投资管理集团向比亚迪投资 1 660 万元，使公司注册资金扩大到 3 000 万元。此后，比亚迪把目光放到了欧美和日本市场。1998 ~ 2000 年，比亚迪欧洲分公司、美国分公司先后成立，大客户名单上出现了松下、索尼、GE、AT&T 和摩托罗拉等。目前，比亚迪充电电池及手机零部件生产业务继续保持全球领先地位，与日本索尼、韩国 LG 化学在同一水平，充电电池市场份额在全球排名第二。凭借掌握的核心技术和稳固的市场地位，该板块始终为比亚迪后续业务转型提供着强大的现金流支持。

2. 成长期

在企业成长期（2002 ~ 2008 年），比亚迪融资主要以资本市场融资为主，所得资金主要用于技术创新和扩大产能。这一时期，比亚迪瞄准汽车行业，确定新能源汽车是未来发展方向。2002 年 7 月，比亚迪登陆香港主板上市，融资 16 亿港币，通过登陆 H 股市场，企业实现了资本的初步积累和价值的快速提升，为进军汽车行业打下坚实基础。2003 年，比亚迪斥资 2.7 亿元整体收购陕西秦川汽车，正式进入汽车行业。2006 年 7 月和 2007 年 6 月，比亚迪分别发行了两笔短期融资债券，金额均为 7.5 亿元，通过直接债券融资为企业提供发展所需资金。2007 年 11 月，比亚迪分拆其旗下手机业务——比亚迪电子有限公司（主要从事手机模块及组件制造），并于 2007 年 12 月在香港主板上市，融资 8 亿美元（约 60 亿港币），在电池产品的成熟期，成功进入汽车特别是电动汽车领域，实现多种经营。通过多轮股权和债权融资，企业成功布局汽车业务，并进入新能源汽车领域，实现多元化经营，为打造全产业链集团优势奠定基础。

3. 发展期

在企业发展期（2008 ~ 2015 年），比亚迪融资主要以资本市场直接融资和银行信贷为主。这一时期，比亚迪逐渐发展为新能源汽车龙头企业。2008 年 9 月，巴菲特旗下公司中美能源控股公司宣布认购比亚迪 2.25 亿股股份，收购 3 个月后，比亚迪 F3DM 双模电动车在中国上市，比全球同类型汽车商用时间表提前 3 年以上。2008 年年底，比亚迪股份和比亚迪电子的总市值达到 300 亿港币。2011 年 6 月，比亚迪成功在 A 股中小板上市，募集资金 14.22 亿元，主要用于锂电池生产、汽车研发生产基地、汽车零部件建设三个项目。比亚迪的上市显示了国内资本市场对新兴产业的大力支持，而回归 A 股使比亚迪更加坚定了新能源汽车发展之路。新的融资平台不仅为比亚迪技术攻关提供了资金支持，同时让公司实现了资本市场与产品市场的高度统一，提升了比亚迪品牌影响力，带动了产品销售。

这一阶段，比亚迪资产负债率持续上升。至 2014 年年底，比亚迪资产总额 940.1 亿元，负债总额 651.1 亿元，资产负债率为 69.3%。其中，短期借款 126.8 亿元，长期借款 79.9 亿元，主要来源于银行信贷。银行信贷在比亚迪的发展壮大过程中起到重要作用，这里以国家开发银行对比亚迪的支持为例。国家开发银行一直是支持比亚迪发展的主力银行之一，作为国家开发性金融机构，国家开发银行与比亚迪的合作开始于2005年，助其收购陕西秦川汽车进军汽车领域。在十多年合作中，国家开发银行先后以项目贷款、技术援助贷款、经营性贷款等多个品种支持比亚迪新能源汽车发展，并在比亚迪相对困难时期给予坚定支持（图15.6）。至2015年年底，比亚迪在国家开发银行的贷款余额约为70亿元。在信贷资金的支持下，比亚迪新能源汽车实现了从无到有、从简单到复杂的发展目标，并成为行业内绝对龙头企业。

4. 成熟期

在企业成熟期，比亚迪作为A+H股上市公司，资金来源较为充足，公司还通过发行公司债券、中期票据、融资租赁等方式筹资，在各家商业银行也拥有大额授信。2015年，比亚迪紧抓中国新能源汽车快速发展的机遇，成为全球最大的新能源汽车企业。2016年7月，比亚迪非公开发行A股，募集资金144.73亿元，用于铁动力锂离子电池扩产和新能源汽车研发等项目，以提升集团动力电池产能，同时加快新能源汽车基础技术及新车型的研发。总体来看，比亚迪通过多元化的融资渠道，进一步提升了集团资本实力，优化了资本结构，为公司战略目标的实现奠定基础。

15.5.3 比亚迪融资模式的启示

1. 根据不同发展阶段的特征选择适合的融资模式

比亚迪在发展壮大的过程中，综合运用内部融资、股权融资和债权融资等多种融资方式，支持了企业在不同阶段的战略构想。其成长路径和较为多元化的融资渠道对中国战略性新兴产业的中小企业具有较强的借鉴与参考意义。

2. 初创期，企业的融资手段较为单一，应拓宽融资渠道

在比亚迪成立初期，融资来源较为单一，主要依靠内部融资解决企业发展初期的资金短缺问题，为企业未来发展奠定了坚实基础。目前，由于全球经济形势下行，中国战略性新兴产业中小企业在初创期生存情况更为艰难，较难获得外部融资，这一阶段，除内部融资渠道外，应该加大政府支持力度，通过政府引导基金、专项产业基金等支持中小企业的发展，加强政策性金融支持，同时积极寻求私募股权和风险投资基金的资金支持，为企业上市融资创造条件。

3. 在成长期，应鼓励金融机构创新模式支持企业发展

在成长期，因为存在技术不确定性和市场不确定等原因，战略性新兴产业企业波动性较大，有时会出现曲折前进的情况。例如，比亚迪集团在2010年因为进军光伏产业失败而陷入谷底。这时，一方面，企业应及时调整发展策略，另一方面，金

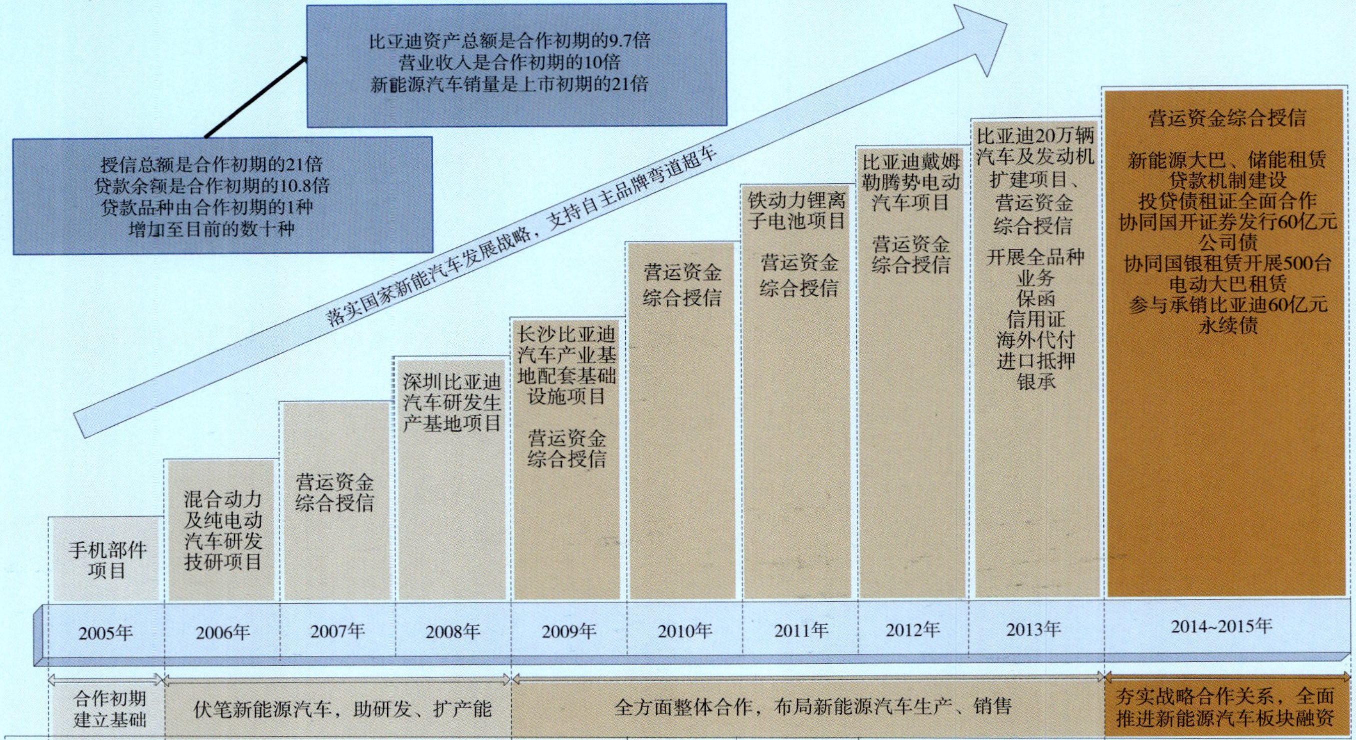

比亚迪资产总额是合作初期的9.7倍
营业收入是合作初期的10倍
新能源汽车销量是上市初期的21倍

授信总额是合作初期的21倍
贷款余额是合作初期的10.8倍
贷款品种由合作初期的1种增加至目前的数十种

落实国家新能源汽车发展战略，支持自主品牌弯道超车

	2005年	2006年	2007年	2008年	2009年	2010年	2011年	2012年	2013年	2014~2015年
	手机部件项目	混合动力及纯电动汽车研发技研项目	营运资金综合授信	深圳比亚迪汽车研发生产基地项目	长沙比亚迪汽车产业基地配套基础设施项目 营运资金综合授信	营运资金综合授信	铁动力锂离子电池项目 营运资金综合授信	比亚迪戴姆勒腾势电动汽车项目 营运资金综合授信	比亚迪20万辆汽车及发动机扩建项目、营运资金综合授信 开展全品种业务 保函 信用证 海外代付 进口抵押 银承	营运资金综合授信 新能源大巴、储能租赁贷款机制建设 投贷债租证全面合作 协同国开证券发行60亿元公司债 协同国银租赁开展500台电动大巴租赁 参与承销比亚迪60亿元永续债
	合作初期建立基础	伏笔新能源汽车，助研发、扩产能			全方面整体合作，布局新能源汽车生产、销售					夯实战略合作关系，全面推进新能源汽车板块融资
资产	110亿元	163亿元	293亿元	293亿元	407亿元	530亿元	656亿元	656亿元	764亿元	1 067亿元（截至2015年9月底）
收入	65亿元	129亿元	212亿元	279亿元	395亿元	484亿元	488亿元	469亿元	529亿元	485亿元（截至2015年9月底）
销售	—	6万辆	10万辆	21万辆	45万辆	52万辆	45万辆	46万辆	50万辆	31万辆（截至2015年9月底）
代表车型		F3	F3	F3、F0、F3DM	F3、F0、F6	F3、F0、F6	F3、L0、G6	F3、L3、G6	“秦”、速锐、S6	新能源汽车销售5万辆，占全国三成

图15.6 国家开发银行与比亚迪合作历程及资金支持

融机构应帮助企业提供金融咨询意见，建立基于长远合作的战略伙伴关系，在企业发展的关键期伸出援手，积极开展知识产权质押融资、产业链融资、投贷联动等融资模式创新，加大力度支持战略性新兴产业发展。

参考文献

[1] 王剑 . 我国战略性新兴产业的融资模式研究 . 苏州大学博士学位论文，2013.

[2] 顾海峰 . 战略性新兴产业演进的金融支持体系及政策研究——基于政策性金融的支持视角 . 科学管理研究，2011，(7)：98-103.

[3] 王崑声，葛宏志，赵滟，等 . 产业成熟度评价理论与方法介绍 // 中国工程科技发展战略研究院 . 中国战略性新兴产业发展报告 2016. 北京：科学出版社，2015.

[4] 马晓燕，骆玲 . 基于支柱产业理论体系构建的研究 . 财经科学，2005，(5)：134-141.

[5] 王洁 . 我国战略性新兴产业成长的金融支持研究 . 安徽财经大学硕士学位论文，2013.

[6] 唐斯斯，董晓宇 . 我国发展战略性新兴产业的金融创新——交互式融资模式的构建与运作 . 中国经贸导刊，2012，(2)：54-57.

第 16 章

科技型中小企业投融资模式研究

郝　吉　李立航

【内容提要】科技型中小企业是战略性新兴产业发展的重要载体，但目前中国科技型中小企业在其发展过程中，还存在融资难、融资贵等问题。本章从梳理科技型中小企业投融资理论入手，分析中国科技型中小企业投融资发展现状，查找出中国科技型中小企业的融资瓶颈及症结所在，并在充分借鉴美国、德国、日本科技型中小企业融资模式的基础上，提出完善中国科技型中小企业投融资模式的建议。

16.1　科技型中小企业内涵、特点、地位和作用

16.1.1　科技型中小企业的内涵和特点

战略性新兴产业是以重大技术突破和重大发展需求为基础，知识技术密集、物质资源消耗少、成长潜力大、综合效益好的产业，是新兴科技和新兴产业的深度融合，既代表科技创新方向，也代表着产业发展方向，对未来经济社会发展具有重大引领带动作用。战略性新兴产业以科技型企业为主。而科技型企业发展初期由于其技术密集型特点，往往以中小企业为主。因而，研究科技型中小企业投融资模式，对战略性新兴产业整体健康发展具有重要意义。

科技型中小企业是指从事高新技术产品研发、生产和服务的中小企业群体。一

般具有以下特点：

（1）重技术、轻资产。科技型中小企业以科技人员为主体，进行高新技术研究与开发、高新技术商品生产和经营。专利技术、知识产权等无形资产多，固定资产、抵押担保物很少或价值不高，无法向银行提供足额的担保或第三方担保。企业对资金价格比较敏感，对于抵押、担保等额外成本，企业往往难以承受。重技术、轻资产是科技型中小企业与其他中小企业最显著的区别。

（2）高风险、高收益。科技型中小企业不仅要解决技术、资金、人才、经营、信息等一系列问题，还要承担风险。越是研发型、科技型企业，企业未来盈利能力越难预测，承担的风险就越大。但一旦技术研发和产业化取得成功，将产生较高经济收益，同时将对产业升级和结构调整产生积极影响。

（3）种子期、初创期发展对科技型中小企业成长至关重要。战略性新兴产业生命周期一般分为四个阶段，即种子期、初创期、成长期和成熟期。在生命周期的不同阶段，企业的规模、盈利能力、技术创新活跃程度、抵御市场风险能力不同。对于科技型中小企业而言，纵使有好的技术，如果产品在种子期、初创期未能成功转化为商品，团队又不够成熟，资金极度缺乏，随时面临失败的风险。据统计，全球有三分之二的企业特别是科技型企业在此阶段倒闭[1]，初创阶段是中小企业倒闭率最高的阶段。

16.1.2 科技型中小企业的地位和作用

科技型中小企业在提升科技创新能力、支撑经济可持续发展、扩大社会就业等方面发挥着重要作用。截至 2015 年年末，中国注册登记的中小企业超过 2 000 万家，个体工商户超过 5 400 万户，中小企业利税贡献稳步提高。以工业为例，截至 2015 年年末，全国规模以上中小工业企业 36.5 万家，占规模以上工业企业数量的 97.4%；实现税金 2.5 万亿元，占规模以上工业企业税金总额的 49.2%；实现利润 4.1 万亿元，占规模以上工业企业利润总额的 64.5%。在解决劳动力就业方面，中小企业吸纳劳动力 1.1 亿多人，提供了 80% 以上的城镇就业机会，成为就业的主渠道[2]。有关资料显示，中国超过 65% 的发明专利、75% 的技术创新和 80% 的科技开发都是由中小企业开发完成的，表明中小企业表现活跃，成为中国科技创新的主体。按照美国平均 10 人有一个企业计算，中国 13.7 亿人，企业数目可达 1.4 亿个，中小企业成长的空间巨大。中小企业已成为推动中国社会、经济发展的主体力量，是社会财富的主要提供者和国民经济持续增长的重要支撑，更是政治稳定和社会和谐发展的“推进器”。

16.2 科技型中小企业投融资相关理论

16.2.1 均衡信贷配给理论

均衡信贷配给理论是指由于银行出于利润最大化动机而发生的一般利率条件和

其他附加条件下，信贷市场不能出清的现象，其与中央银行对利润上限的管制无关。一般分为两类：一类是按照银行标明的利率，所有贷款申请人的借款需求只能得到部分满足；另一类是银行对不同的借款人实行差别待遇，一部分信息不透明的企业其借款需求得到拒绝，这类企业多为小企业。

Stigliz 和 Weiss 从信息不对称条件下所产生的逆向选择及道德风险角度对此进行了解释[3]。他们认为，银行从贷款中可能获得的预期收益不仅取决于贷款利率，而且直接取决于贷款项目的风险。由于信息不对称的存在，银行无法对贷款企业的风险做出完全的信息估计，因此借助利率作为筛选厂商的手段。作为逆向选择的结果，提高利率可能导致低风险借款者被高风险者挤出市场；而道德风险的存在，却可能在高利率下把借款者吸引到更高风险的投资项目上来。因此，利率提高可能导致平均风险水平上升，银行贷款并不是利率的单调递增函数。这一经典模型从市场利率的功能角度进行探讨，中小企业的信贷配给成为其衍生结论；由于中小企业与大型企业相比具有明显的劣势（信息成本高、信贷风险大），所以往往成为被配给的对象。由该理论可得出，信息不对称是中小企业得不到有效金融服务的重要原因。

16.2.2 企业金融成长周期理论

Weston 和 Brigham 将企业的金融成长周期分为六个阶段，即创立期、成长阶段Ⅰ、成长阶段Ⅱ、成长阶段Ⅲ、成熟期和衰退期，并根据企业的资本结构、销售额和利润等显性特征说明了企业在不同发展阶段的融资来源情况，从长期和动态的角度较好地解释了企业融资结构变化的规律（表 16.1）。

表 16.1 企业金融成长周期与融资来源[4]

阶段	融资来源	潜在问题
创立期	创业者自有资金（C1）	低资本化
成长阶段Ⅰ	C1+ 留存利润、商业信贷、银行短期贷款、租赁（C2）	存货过多、流动性危机
成长阶段Ⅱ	C2+ 来自金融机构的长期融资（C3）	金融缺口
成长阶段Ⅲ	C3+ 证券发行市场（C4）	控制权分散
成熟期	C4	保守的投资回报
衰退期	金融资源撤出：企业并购、股票回购、清盘等	下降的投资回报

Berger 和 Udell 对 Weston 和 Brigham 的企业金融成长周期理论进行了修正，将信息约束、企业规模和资金需求等作为影响企业融资结构的基本因素，并引入他们所构建的企业融资模型中，通过分析得出以下结论：在企业成长的不同阶段，随着信息约束、企业规模和资金需求等约束条件的变化，企业的融资结构也会发生相应的变化。在企业生命周期的不同阶段，需要进行不同的融资安排。如图 16.1 所示，Berger 和 Udell 描述了美国中小企业在不同成长阶段的不同融资需求，即在企业的早

期发展阶段，外源融资约束较大，融资渠道较窄；在企业的后期发展阶段，外源融资约束较小，融资渠道较宽。Gregory 等利用美国 954 家中小企业的数据对该理论进行检验，其结论与该理论基本吻合 [5]。

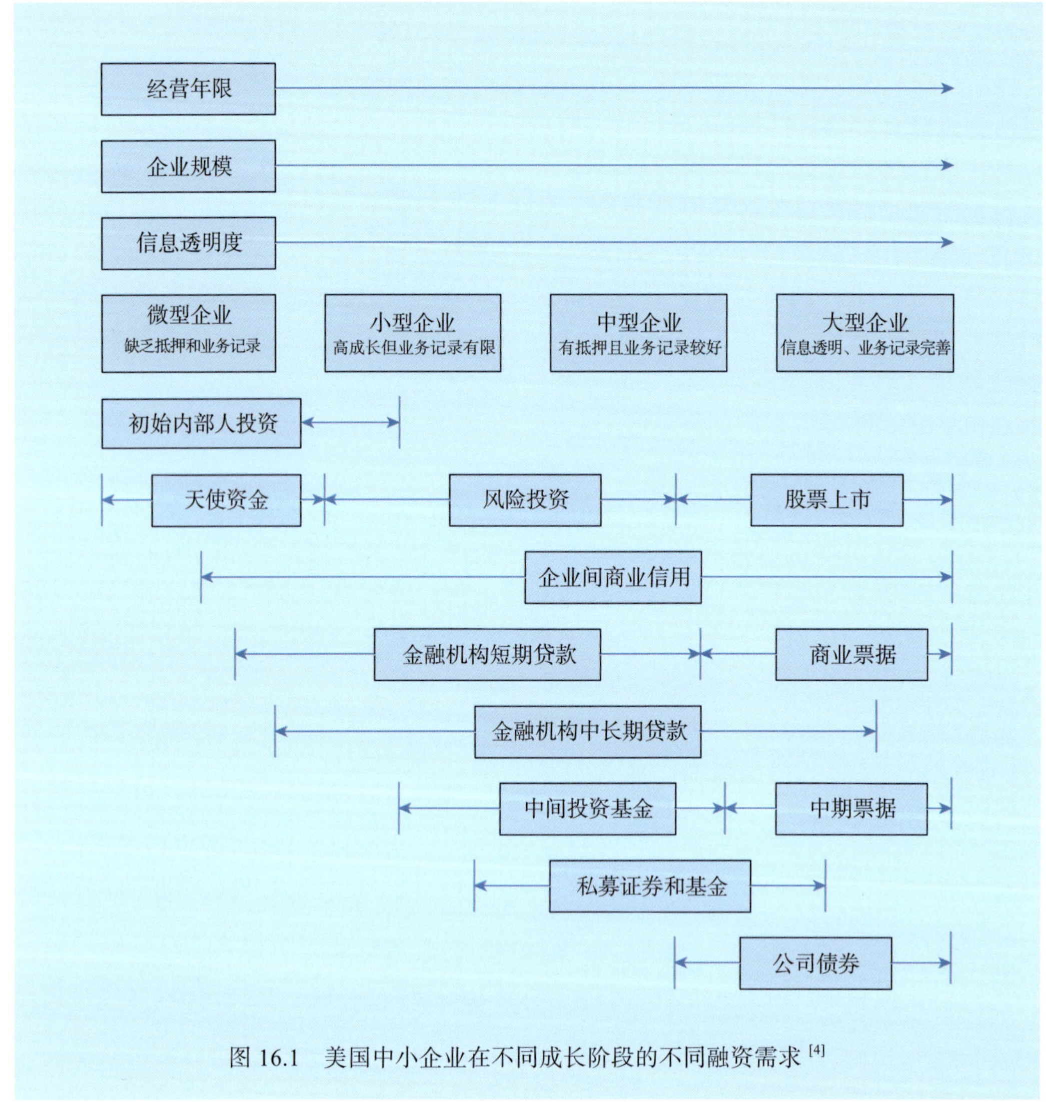

图 16.1　美国中小企业在不同成长阶段的不同融资需求 [4]

Galbraith 是第一个研究科技型企业生命周期的人，他通过观察科技型企业的创立过程，提出了五阶段的科技型企业生命周期模型，即原理证明阶段、原型阶段、模型工厂阶段、启动阶段和自然成长阶段。此后，国内外学者又进一步完善了科技型企业生命周期理论。余国全把中小企业的生命周期分成四个阶段，即初创阶段、学习和稳定阶段、快速发展阶段及成熟阶段 [6]。

16.3 中国科技型中小企业投融资发展现状

16.3.1 总体情况

目前，中国战略性新兴产业融资方式主要分为国家资金支持和资本市场融资。资金来源主要包括新兴产业创业投资基金、国内贷款、直接融资、利用外资、风险投资和其他资金。但总体来看，国家支持资金所占比重仍然较大，社会资本参与有限，国内借款也主要以国有商业银行的借款为主，直接融资中国有性质的股东占据了绝大部分份额，社会资本利用率较低，风险资本投资存在诸多障碍。2015 年年末，战略性新兴产业上市公司直接融资总额为 3 642.6 亿元，公司债券融资总额为 1 371 亿元。

政策方面，2015 ～ 2016 年国家先后出台十余项支持战略性新兴产业和科技型中小企业发展的重大政策，从体制机制、金融创新、支撑平台建设等多方面激发创新活力，降低社会融资门槛和成本，建立科技型企业与融资需求相适应的管理体系，促进战略性新兴产业发展。例如，2015 年 1 月，科技部发布《科技部关于进一步推动科技型中小企业创新发展的若干意见》；2016 年 4 月，中国银行业监督管理委员会（简称中国银监会）、科技部、中国人民银行联合印发《中国银监会 科技部 中国人民银行关于支持银行业金融机构加大创新力度开展科创企业投贷联动试点的指导意见》；2016 年 6 月，工信部发布《促进中小企业发展规划（2016-2020 年）》；等等。

16.3.2 存在的问题

科技型中小企业肩负着中国科技创新生力军的重任，是中国国民经济的重要组成部分。但是，中小企业在国民经济中的贡献份额与其占用的金融资源极不匹配，中小企业融资难甚至成为世界性难题，其主要表现在以下几个方面。

1. 科技型中小企业自身方面

一是科技型中小企业资本金严重不足，资产负债率很高。中小企业与大型企业相比具有初始资本投入不足的特征。企业创立时的初始资本投入，主要取决于发起人的资本力量和所规划的事业规模。二是科技型中小企业普遍存在重科技、轻资产，具有规模小、固定资产少、土地房产等抵押物不足的特点，缺乏可用于贷款抵押的有效资产。三是财务制度不健全，绝大多数科技型中小企业在财务管理上普遍存在财务管理乏力、缺乏健全的财务管理体系及制度的问题。

2. 银行方面

一是银行出于对资产质量和风险收益的考虑，在总体资源投放上往往更加青睐国有大型企业，即使在中小企业上有资源投放，也是投向产品有销路、企业有效益、资信良好、发展成熟的优质中小企业。而像科技型中小企业等未来发展潜力大，但当前发展尚不成熟的中小企业，往往受到银行的冷落。二是在现有监管框架下，各银行内部考核机制对贷款评审责任人的追责较重，而激励机制又有限，导致信贷人员缺乏对风险偏高的科技型中小企业的工作意愿，普遍存有恐贷、惧贷心理。三是银行抵押条件比较严格，贷款程序复杂，贷款成本高，审批权限受限。

3. 政府方面

一是政府对中小企业融资的相关法律、政策尚未完善。专门的信用法规尚未出台，《中华人民共和国中小企业促进法》（简称《中小企业促进法》）等的条款有待具体化，而且缺乏与之相配套的金融、信用担保、风险基金等方面的法律法规。二是资本市场不完善，进入门槛过高。《深圳证券交易所设立中小企业板块实施方案》明确规定，中小企业板块的上市公司要符合主板市场“三年连续盈利”等发行上市条件和信息披露要求，中国的中小企业只有很少一部分能越过这个门槛。

4. 信用担保体系方面

一是担保机构注册资本少，担保能力与担保需求矛盾突出；二是担保体系构成不健全，担保机构少，担保品种单一，寻保困难。

16.4 全球科技型中小企业投融资经验借鉴

16.4.1 美国：以市场为导向的融资

美国政府为科技型中小企业发展提供专门立法支持，为科技型中小企业的技术创新和融资过程提供法律保障；为科技型中小企业的发展提供财政补贴和贷款补贴政策；建立了专门的政策性金融机构和完善的信用担保体系；政府充分发挥了项目融资的中介服务功能，为科技型中小企业的创业者和投资者搭建桥梁。

美国一直将市场作为经济有效竞争和资源优化配置的主要手段，拥有世界上最为发达的资本市场和风险投资市场，形成了以科技产业、风险投资及资本市场相互联动的整套发现和筛选机制[7]。硅谷银行是一家专门为科技创业企业、风险投资机构提供全面金融服务的银行，也是唯一一家只关注一个领域的银行，其目标市场主要定在新创立的、发展速度较快、被其他银行认为风险太大而不愿提供服务的科技型中小企业上，其成功经验主要有三个方面：一是谨慎借贷，硅谷银行奉行“先投后贷”，在对科技型中小企业进行项目融资时，要求该科技项目必须已经获得了创投基金的青睐，这作为硅谷银行在判断客户项目发展前景时的一个重要信用指标；二是混业经营，硅谷银行向科技型企业提供贷款后，还积极参与后续风险投资，分享股权增值收益，同时作为股东可以随时掌握借款企业的实际经营情况，减少信息不对称的风险；三是自主调节贷款利率，监管部门给予硅谷银行特殊政策，允许其拉大借贷差，以平衡风险。

16.4.2　德国：提供综合性服务的多层次银行主导型融资

德国一直致力于大力发展战略性新兴产业，尤其是为中小新兴企业提供适当、稳定的贷款服务。德国银行中有很大一部分是专门为战略性新兴产业提供融资服务的。第二次世界大战后，德国政府为了促进经济的快速发展、增加对中小企业的融资额度，建立了德国复兴信贷银行等政策性银行，形成了以银行信贷为主的融资模式。目前德国已形成了满足不同层次中小企业融资需求的金融机构，为中小企业提供多种服务以促进其发展。对于德国中小企业而言，开发性金融机构在商业银行的辅助下为它们提供了大量信贷资金。此外，为中小企业提供金融支持的不仅有德国政府的特别基金，地方政府也制定了各种政策支持中小企业的发展；各类全国性和地方性的银行及担保银行为中小企业提供金融支持。从金融机构提供的金融工具来看，金融工具多样化，如利息补贴、担保、股权投资等，能够较好地满足中小企业的要求。

16.4.3　日本：严格金融管制下的主银行制融资

日本中小企业的发展是从第二次世界大战后开始的，即 1945 ～ 1954 年，日本在美国的扶植下，中小企业得到了较快的恢复与发展。之后，日本政府为进一步加速中小企业的发展，开始制定和完善促进中小企业发展的法律法规，并采取各种优惠政策，引导和鼓励中小企业扩大生产规模。但到 1973 年，受石油危机的冲击，其中小企业的发展受到较大的影响。为此，日本及时调整中小企业发展政策，开始转向发展节能型产业等。进入 20 世纪 80 年代以后，日本中小企业的生存和发展能力不断增强，在其国内及国外经济形势的变化中保持了较为旺盛的发展势头。日本政府支持中小企业发展的做法主要有建立完善的法律法规体系、为中小企业设立功能齐全的管理服务机构、强化金融扶持手段、加强中小企业的社会化服务体系建设和重视中小企业的转型升级等。

日本采用以间接融资为主导、直接融资为辅助的融资体系，企业的融资主要依靠从金融机构贷款，而不是发行债券和股票。日本已形成了促进科技创新的强大的政策性金融体系，并形成了大型金融机构和大量地方中小金融机构并存的商业银行体系、完善的信用担保体系和较为发达的风险投资市场。在间接融资方面，日本采用设立专门的政策性银行的做法，有效隔离了政策性银行业务与商业银行业务。不仅如此，日本民间金融机构在业务上有严格分工，并且长短期金融业务相分离，这也能更好地满足中小企业的融资需求。

16.4.4 中国台湾：完善的政府政策支持体系

国内方面，台湾科技型中小企业在二十余年间经历了从萌芽、成长到日益壮大的历程，已成为台湾产业升级、经济转型和保持对外竞争力的主要驱动力[8]。总结其发展经验，主要有以下几个方面：一是台湾高度重视“孵化器”对科技型中小企业发展的积极作用。1996年起，台湾有关部门在大学校园和科研机构内成立了新型中小企业的孵化器——创新育成中心。基于经费补助和支持，在促进产学合作的同时，利用学校现有土地、建筑物、技术、人才、实验设备等资源，协助企业解决从创业到发展成熟各阶段的所有困难，包括设立公司、技术开发、专利申请、财务规划等，使得企业能够得到多方面指导和服务，降低创业成本，在较短时期内迅速成长。二是台湾设置了专门为中小企业服务的金融机构，设置了专业的中小企业银行，同时还有对中小企业贷款较多的合作金库等。三是设立了中小企业信用保证基金，当抵押不足的中小企业面临贷款困难时，中小企业信用保证基金可以提供信用补偿，使其顺利取得贷款。四是建立了民间互助保证制度，即通过中小企业之间互助合作、分摊风险的方式，提高其信用等级，以使中小企业在缺乏抵押品的情况下，仍可取得银行贷款，从而减少对民间高利贷的依赖。五是成立中小企业开发公司，以投资方式和其他融资渠道协助中小企业取得资金，有效解决中小企业的资金困难。

总结以上国际、国内经验，美国、德国、日本、中国台湾支持科技型中小企业发展的主要措施包括以下几个方面：一是建立完善的法律法规体系，为科技型中小企业的技术创新和融资过程提供法律保障；二是为科技型中小企业的发展提供金融、财政及税收等优惠政策；三是加强中小企业的社会化服务体系建设，为科技型中小企业的创业者和投资者搭建桥梁；四是通过成立专门的金融机构等方式，强化对科技型中小企业的金融扶持。

16.5 完善中国科技型中小企业投融资模式的建议

在借鉴各个国家和地区经验的基础上，充分考虑当前中国科技型中小企业融资发展现状和特点，本章建议建立“政府政策支持、金融机构联动、借力民间资本、创新金融产品、基于周期服务、有效分担风险”的科技型中小企业投融资模式，旨在建立信息对称、易于操作、成本低廉、安全稳健的科技型中小企业投融资体系，服务科技型中小企业向“专、精、特、新”发展。

16.5.1 建立健全政府政策支持体系，为科技型中小企业健康发展保驾护航

制度方面，要进一步建立健全相关法律法规，如完善《中小企业促进法》、健全科技型中小企业上市融资政策体系、推动建立科技型中小企业专利权质押贷款制度等。尤其要大力开展政府购买项目，发挥“政策支持+金融扶持”优势，完善和优

化政府采购制度，推动各级政府将信息、新能源、新能源汽车等新兴领域的产品和服务纳入政府采购清单，对于政府购买的新兴产业产品，如电动公共汽车等，可考虑由国家开发银行提供一揽子资金支持。

资金方面，一是要进一步加大财政政策的支持力度，创新资金投入方式，发挥财政资金杠杆作用，对中小企业公共服务体系等市场薄弱环节予以支持；二是要加强对战略性新兴产业税收优惠政策支持，进一步落实好各项税收优惠政策，使科技型中小企业能够充分享受到政策扶持，并结合新问题，统筹研究新的税收政策；三是要探索科技型中小企业发展基金、风险补偿基金等，带动地方、创业投资机构及其他社会资本投资科技型中小企业，引导各类社会资金支持科技型中小企业发展。

保障措施方面，一是要搭建专门的针对科技型中小企业的服务平台，充分发挥创业孵化器等机构的积极作用，帮助科技型中小企业了解、利用各级政府推出的相关政策措施，为科技型中小企业提供财务制度、税收制度、融资知识等相关方面的培训，为科技型中小企业提供全方位服务，帮助其提升融资能力；二是要鼓励设置专门的金融服务机构，为科技型中小企业提供融资服务；三是要促进中小企业信息公开和评估体系建设。依托全国信用信息共享平台，研究设立中小企业信息沟通交流平台，建立中小企业信用信息共享机制。支持利用大数据及各类信息资源，建立包括企业纳税信息、进销存信息、诚信经营信息等中小企业信用信息平台。鼓励各类平台畅通与银行业金融机构之间的信用信息渠道，便于金融机构对中小企业进行评级及授信。

16.5.2 倡导建立机构联动机制，通过投贷联动等协同机制共同支持科技型中小企业发展

机构联动方面，一是建立科研院所、高校、“千人计划”办公室等科研机构与商业推广机构、金融机构的联动机制，促进科研成果转化；二是建立银行、证券机构与风险投资机构、创业孵化器[①]、私募基金等机构联动机制，使银行、证券机构及时了解、跟踪风险投资机构、创业孵化器、私募基金机构的项目信息，对于发展前景良好的项目，银行融资及时跟进，共同扶持优秀中小企业做大做强；三是促进中小企业与上下游大企业的联动，推动产品的推广应用，提高业界认可度。

金融机构内部，要大力开展投贷联动，注重从科技型中小企业的初创阶段介入，融资支持其做大做强。具体模式有以下三种：一是“投资 + 贷款”模式，即投资公司和银行分别为科技创新企业提供投资及贷款。二是“贷款 + 选择权”模式，由银行前期通过贷款附带认股期权形式进入，并由投资公司持有认股期权。当科技创新企业发展到一定程度后，由投资公司选择形式认购权利并以投资形式将资金投入企业。三是“贷款 + 认股期权”方式，即银行与市场化私募股权投资机构合作开展投

① 科技企业孵化器近年发展成效斐然。据统计，截至 2015 年年底，全国科技企业孵化器数量超过 2 500 家，在孵企业超过 10 万家，经孵化的科技型中小企业约占全国科技中小企业的 1/3，成为培育战略性新兴产业源头企业的主要载体。中国科技企业孵化载体和孵化企业的数量及规模已经成为世界第一，孵化质量也在亚太地区领先。

贷联动。银行授信的同时，提前约定贷款作价转化为股权、期权的比例，在企业IPO（initial public offerings，即首次公开募股）或股权增值、溢价后，银行可选择行权，并由代持机构抛售股权而实现收益。

16.5.3 充分发挥民间金融的积极作用，助力科技型中小企业蓬勃发展

大量研究表明，在发展中国家和地区，民间金融对中小企业融资有非常重要的作用。中国民间金融规模巨大，2013年中国家庭民间金融市场规模已达到5.28万亿元。民间金融通过将民间闲散资金迅速聚集起来，并将其配置到有资金需求、对社会经济发展有重要推动作用的主体上，实现资金的最有效利用。借鉴台湾等地区的经验，建议如下：一是要建立和完善民间金融资本投入高新技术产业的优惠政策，如在市场准入、税收、投资、土地使用和分配等政策方面给予优惠，调动民间金融资本对高新技术产业金融支持的积极性；二是支持民间资本发起设立银行等金融机构，大力发展中小金融机构及普惠金融，推动互联网金融规范有序发展；三是鼓励科技型中小企业自发形成互助担保组织，实现互助合作、分摊风险，以便提高其信用等级，提升融资能力；四是鼓励设立各类中小企业基金、创业投资引导基金、风险投资基金等，引导股权投资机构为中小企业提供融资支持；五是鼓励科技型中小企业通过互联网金融模式打通融资瓶颈，支持网络小额贷款、第三方支付、网络金融超市、大数据金融等新兴业态发展。

16.5.4 加强金融产品创新，满足科技型中小企业不同层次融资需求

一是要创新和扩大中小企业债券、信托、票据发行方式和规模，推进中小板、创业板、新三板和区域股权交易市场等发展，促进形成金融机构充分竞争的市场格局，增加融资供给，便利中小企业融资选择及获取。二是要通过深化银行自身考核机制等改革，提升对科技型中小企业的贷款意愿，简化审批程序，为科技型中小企业融资提供便利。三是推动银行业金融机构创新适合科技型中小企业需求的金融产品和服务，发展应收账款、存货（仓单）等动产融资模式，推动开展供应链融资。四是积极探索信用结构搭建与创新。根据科技型企业特点，可采用第三方担保或担保公司担保、抵质押担保等方式，积极探索符合其自身特点的抵质押模式，包括但不限于应收账款、股权、知识产权、订单、专利技术等担保方式。例如，国家开发银行江苏分行“创新科技型中小企业统贷”产品建立的“四台一会①＋政府风险偿债资金＝免担保授信”模式等。

案例：国家开发银行江苏分行“创新科技型中小企业统贷”业务

为扶持科技型中小企业发展，促进科技成果转化和技术创新，解决其因自身信用能力不足而导致的融资难问题，国家开发银行江苏分行与武进高新区、南通高新

① “四台一会”是指国家开发银行与各地高新区政府签订合作协议，共同建立组织平台、统贷平台、风险分担平台、社会公示平台、信用协会等，通过民主推荐、民主审议、民主监督的方式控制授信风险。

区、泰州药城、无锡新区等国家级高新技术产业开发区政府合作，建立了“四台一会＋政府风险偿债资金＝免担保授信”模式，从而实现银行向地方政府指定的统贷平台提供机制授信，一次授信，分批使用，统贷统还。

■运行模式

（1）建立“四台一会”机制。“四台一会”机制是该模式的基础和保障。首先，国家开发银行江苏分行通过与高新区政府签订《合作协议》，明确双方建立“四台一会”机制的形式和要求，确定具体的合作模式。其次，高新区政府按照协议要求，正式发文《四台一会机制建设意见》，明确构成单位、人员、职能等，给予组织保障。最后，由合作办公室牵头设立由“四台一会”成员、工商税务、行业专家等组成的贷款民主评议委员会，负责民主审议推荐给国家开发银行江苏分行的科技型中小企业统贷项目。

（2）设立风险偿债资金。风险偿债资金是该模式免担保授信的核心。江苏省高新区政府通过正式发文《偿债资金管理暂行办法》，明确资金的用途、专户设立方式、使用主体、来源、筹措方式、拨付及动态补充的程序等，从而建立起由财政直接出资的“可靠、可用、可补”的风险偿债资金，确保银行贷款安全。

■运行成效

国家开发银行江苏分行通过创新科技型中小企业统贷业务模式解决科技型中小企业融资难的问题，取得了良好效果。一是扩大科技型中小企业融资能力和范围，降低了融资成本。截至目前，武进等 4 个高新区已在国家开发银行江苏分行设立偿债基金，国家开发银行江苏分行支持了 31 家科技型中小企业，其中 40% 的企业首次获得银行融资，并且不用附加抵押、担保等额外费用，真正实现了免担保授信；二是银行、政府合作促进区域产业转型升级。科技企业的遴选体现了鲜明的区域产业特色，如武进高新区优选先进制造业企业、南通高新区优选光电子与新能源企业、泰州药城优选生物技术和新医药企业、无锡新区优选物联网企业，从而达到了通过支持科技型中小企业促进区域产业转型升级的银行、政府合作目标。

■小结

创新科技型中小企业统贷业务模式是在传统统贷模式上进行的创新，将担保平台由实体担保人转化为风险分担平台，即风险偿债资金，并配套建立资金的动态补足机制，同时强化“四台一会”系统开发、批量推荐、民主审议的作用，从而实现机制建设控制授信风险的目标。该模式体现了集中分散的财政资金放大使用的思路，改变以往财政资金以项目补助、贴息、房租等简单方式直接发放给企业的传统做法，通过设立财政风险偿债资金的方式使“定钱变活，小钱变大”，从而实现支持更多的科技型中小企业的目标。

16.5.5 基于科技型中小企业成长周期不同阶段的不同特点，提供差异化的、有针对性的融资服务

由于科技型中小企业在其生命周期的不同发展阶段特点迥异，融资需求和特点

也不尽相同，本章主要根据余国全的科技型企业成长金融周期理论，参照战略性新兴产业普遍划分方法，将科技型中小企业成长周期划分为种子期、初创期、成长期、成熟期四个阶段，并分别提出融资渠道建议，具体如表 16.2 所示。

表 16.2 基于科技型中小企业发展周期特点的融资渠道

企业发展阶段	发展特点	发展目标	融资渠道
种子期	企业R & D投入大，技术不成熟，产品性能不稳定，市场前景不明朗，缺乏管理经验。主要风险是技术风险	提出高新技术设想或创意，通过其创造性地探索研究，形成新的理论、方法、技术、发明或进一步开发的阶段	风险投资 / 私募股权、天使基金、融资租赁
初创期	资金需求量大、投入密度强。主要表现为创业风险，即科技成果在实现工业化生产的过程中的各种经营风险、技术风险、产品风险、市场风险等	企业已经完成产品设计、样品生产，开始进行产品试销、市场导入	风险投资 / 私募股权、天使基金、融资租赁、投资 + 贷款
成长期	技术已经具备了可行性，通过技术手段形成产品，且产品市场初步形成。但企业盈利状况还不理想，总体规模偏小，市场风险与经营风险还未释放完毕	企业由从关注技术的创新到技术与市场并重。企业需要更多的资金来增加设备、扩大业务，并进行产品的完善和后续开发	风险投资 / 私募股权、天使基金、融资租赁、投资 + 贷款、银行贷款
成熟期	产品已占有较大市场份额，经营业绩良好，可抵押资产增多，风险逐步降低。基本上排除了技术风险，经营风险与市场风险逐渐降低，形成了自身核心竞争能力	科技型中小企业的规模化阶段，随着企业的发展壮大，开始面临进一步拓展市场、完善经营管理、提高经济效益等方面的问题	风险投资 / 私募股权、天使基金、融资租赁、投资 + 贷款、银行贷款、债券融资、股权融资

16.5.6 建立多层次的风险分担机制，激发社会资本支持科技型中小企业的积极性

建立银行、投资公司、政府、担保机构等之间的信息共享和风险分担机制。一是发挥财政资金的引导作用，建立科技保险奖补机制和科技再保险制度，对重点科技产业领域给予补贴、补偿等奖励和优惠政策。研究设立国家融资担保基金，鼓励和推动有条件的地方设立政府性担保基金。加快组建省级再担保机构，完善以省级再担保机构（基金）为核心的担保体系建设，推进建立产权纽带关系，发挥其增信、分险作用。二是与现有政府性融资担保机构、商业性融资担保机构合作，为科技型中小企业提供增信服务。同时，考虑设立多层次、专业化的科技担保公司和再担保机构，逐步建立和完善科技型中小企业融资担保体系。各类担保机构都应实行商业化经营，对各种所有制的中小企业进行信用等级和项目评估，帮助它们建立规范的财务制度，提高资信程度。三是尝试探索与符合条件的服务于科技创新企业的专营

保险机构开展合作，共同探索符合科技创新企业需求的保险产品。鼓励保险机构大力发展知识产权保险、首台（套）产品保险、产品研发责任险、关键研发设备险、成果转化险等科技保险产品。针对科技创新企业在产品研发、生产、销售各环节以及数据安全、知识产权保护等方面提供保险保障方案，为科技创新企业降低风险损失提供支持。

参考文献

[1] 宾驰．初创期科技型中小企业的融资问题研究．企业科技与发展，2009，16：258-259.

[2] 工业和信息化部．促进中小企业发展规划（2016-2020年），2016.

[3] 刁怀宏．中小企业融资：基于信贷配给均衡的解析与对策．理论与改革，2005，（2）：97-99.

[4] 张捷．结构转换期的中小企业金融研究．北京：经济科学出版社，2003.

[5] 朱坤林．中小企业融资理论综述．商业研究，2011，（5）：36-42.

[6] 高松，庄晖，王莹．科技型中小企业生命周期各阶段经营特征研究．科研管理，2011，32（12）：119-125.

[7] 李巧莎．基于金融成长周期理论的科技型中小企业融资问题研究．科技管理研究，2013，33（10）：243 235.

[8] 张宇心．台湾科技型中小企业政府支持体系研究．武汉科技大学硕士学位论文，2003.

第 17 章

颠覆性技术创新的金融支持

陈晓鹏　高连顺

【内容提要】科技创新的投融资在推进战略性新兴产业发展中具有重要作用。本章着重关注在推进供给侧结构性改革、实施创新驱动发展战略中具有重要作用的一类科技创新——颠覆性技术创新的金融支持，从颠覆性技术创新的理论研究和应用现状出发，探析有关金融支持政策、支持模式和投融资决策方法，并对政府部门和金融机构提出有针对性的政策建议。

17.1　引言

科技创新是推进战略性新兴产业发展的关键动力之一。当前，科技创新中的一种关键形式——颠覆性技术创新（disruptive innovation）正引起各界的广泛关注，《中华人民共和国国民经济和社会发展第十三个五年规划纲要》（简称《“十三五”规划纲要》）明确指出，要发挥科技创新在全面创新中的引领作用，重视颠覆性技术创新。《“十三五”国家科技创新规划》进一步提出，要围绕构筑国家先发优势，构建具有国际竞争力的产业技术体系，推进颠覆性技术创新，加速引领产业变革。这说明，颠覆性技术创新这一概念已经从理论研究上升到国家政策层面。如何发挥其在推进供给侧改革、实施创新驱动发展战略中的重要作用，成为学术界、企业、政府和金融机构共同关心的问题。

在战略性新兴产业发展的支撑体系中，建立起适应科技创新和高技术产业发展的金融资源配置与服务是一项重要内容。2016 年 4 月，中国银监会、科技部、中国人民银行三部委联合下发《中国银监会 科技部 中国人民银行关于支持银行金融机构加大创新力度，开展科技创新企业投贷联动试点的指导意见》（银监发〔2016〕14 号），将 10 家机构列为支持科技创新企业投贷联动的首批试点银行，对金融机构融资支持国家科技创新战略提出了更高要求。在此背景下，对颠覆性技术创新的融资支持的分析研究，应当成为战略性新兴产业投融资研究的重要组成部分。

17.2　颠覆性技术创新的理论与实践进展

17.2.1　颠覆性技术创新的内涵

颠覆性技术创新是指通过应用新技术、推出新产品或引入新服务，吸引主流市场以外的消费者或潜在消费者，从而颠覆主流市场结构和价值网络，推动市场和组织变革的创新过程[1, 2]。这一概念最早是 20 世纪 90 年代美国的 C. M. Christensen 等学者为了解释“处于主导地位的公司追求继续增长的努力为什么会失败”的问题，以更准确地预测产业变迁而提出的。颠覆性技术创新相对于“维持性创新”（sustaining innovation）而言，其颠覆或维持的对象是“价值网络”，即企业确定自己的成本结构和经营流程的特定环境（context）。维持性创新是指以处于主流市场的高端消费者为目标，致力于为其提供性能更好、更为优质的产品或服务的创新。当创新过程中并不存在关键性技术障碍时，主流市场上的领先者依托现有价值网络和技术储备积累，易于在维持性创新的技术竞争中获胜，获取“先发优势”；而颠覆性技术创新则通过对原有价值网络进行破坏，服务于主流市场中未被满足的需求，由此建立自身参与市场竞争的基础，与主流市场的“在位者”进行竞争。企业的科技创新能力毋庸置疑是推进颠覆性技术创新的重要保证，但颠覆性技术创新的本质并不在于创新本身在技术层面具有突破性（radical innovation），而是创新者基于新技术、产品或服务模式，制定并采取颠覆现有主流市场的竞争策略。换言之，创新型企业可以以颠覆性技术创新为核心，形成融合技术创新与市场创新的创新发展战略。

17.2.2　颠覆性技术创新的机理和特征

颠覆性技术创新向主流市场的升级和颠覆是通过建立比维持性创新更快的技术迭代速率实现的。Christensen 等[3] 发现，在技术生命周期的大部分时间内，技术进步的迭代速率都远超消费者对产品性能消化利用的速率。当产品性能远超消费者实际需求时，技术改进对性能提升的边际效用将趋近于零，消费者支付溢价的意愿也越来也低。这时，颠覆性技术创新以相对简单、廉价的产品或以更便捷的消费方式，让原来的低端用户或潜在消费者可以获得某些性能指标接近于高端产品的替代品，其创新投入具有更高的边际利用率，能够吸引更为活跃的创新资源，从而达到更快的技术迭代速率，比高端产品更为快速地提升主流性能指标。在此基础上，颠覆性技术创新可不断向更高、更为主流的市场层级升级，构建起新的价值网络。当其在保持廉价、简单、便捷等原有优势的同时，其主流性能指标达到或接近原有主流市场上的产品，就将重新定义主流市场的性能评价体系，实现对原有技术、产品或服务模式的颠覆和替代。

由于颠覆性技术创新往往始于低端或新领域，初期回报具有不确定性，而处于主导地位企业的技术研发和市场策略倾向于通过为高端客户提供更先进、更复杂的高端产品以获得高额利润，往往注意不到或囿于现有技术路径、投资回报率要求难以“转头”应对颠覆性技术创新对市场的入侵，因此，颠覆性技术创新的主体往往是中小企业或新企业，其创新过程经常引发市场竞争态势的彻底变化并推动市场和组织变革。这意味着颠覆性技术创新在对现有企业产生筛选和淘汰效应的同时，也为新进入者提供了取得“超常规增长”的机会[4]。

颠覆性技术创新理论提出后，Christensen 和其他一些国内外学者应用案例研究等方法不断对研究内容进行深化，提出颠覆性技术创新的两种基本形式：一是低成本商业模式（低端颠覆），竞争的主要对象是主流市场；二是新市场商业模式（新市场颠覆），通过创造新的细分市场扩大需求，竞争的主要对象是“非消费”。同时，总结出实施颠覆性技术创新的条件：①存在较大的主流市场和主导厂商，足以在高端产生创新过剩；②存在低端消费者或“非消费者”未满足或被忽视的需求，能够满足新兴企业的初期积累；③新兴企业具备快速的技术升级迭代能力、创建新的价值网络的能力，采取积极主动的竞争策略；④具有一定的创新能力基础、良性的市场竞争态势和社会环境，能够承接市场和企业变革带来的动荡[2, 4]。另外一些学者从创新管理角度，对识别颠覆性技术创新的不同阶段和相应的竞争策略进行了进一步研究[5～7]。

17.2.3 颠覆性技术创新理论的实践应用

Christensen 在对计算机硬盘驱动器行业的研究中较为详细地展现和论述了颠覆性技术创新的具体细节及发展规律。在这一行业中，一般来说，同一时代更小尺寸的硬盘虽然在主流性能指标（容量、访问速度等）上不如大尺寸的硬盘，但其便携性、重量轻、低功耗等性质对低端消费者具有吸引力，在低端市场存在空间。Christensen 在对 20 世纪 80 年代以来硬盘领域的发展情况进行研究时发现，处于主流地位的较大尺寸硬盘产品的性能提升往往由生产厂商主导，无法被现有用户消化利用（如产品容量提升经常比用户对容量的需求增长速度要快），而一开始处于市场边缘的小尺寸硬盘推出新一代产品的速度要更快，在原有主流性能上的发展（如容量和访问速度提升）也更快。当其性能发展轨迹和主流市场的需求提升轨迹相交时，就会出现旧的主导企业的市场地位被之前主要服务于低端用户的新兴企业代替的现象。随着小型机、个人计算机（personal computer，PC）、笔记本逐渐成为硬盘驱动器的主流产品应用，8 英寸（1 英寸≈2.54 厘米）、5 英寸、3.5 英寸、2.5 英寸等硬盘驱动器规格也依次替代或正在替代前一代产品成为市场主流，期间每次变革均伴随着市场竞争态势的变化和硬盘制造企业的兼并重组[1]。

近年来，信息技术推动了技术创新的加速发展，在各行业、各领域越来越频繁地出现颠覆性技术创新的实例，如在拍照手机与卡片式便携相机、移动互联网与传统互联网、网络专车与传统出租车、电动汽车相对于燃油汽车等技术或商业模式的对比中，都体现了颠覆性技术创新的特征和演进路径，即新兴企业以更快的技术、产品或服务模式的创新迭代，逐步改变用户对“性能”的认识，对主流市场“在位者”产生挤出和替代效应，改变行业规则和竞争态势的情况。在当前，及早准确识别产业中的颠覆性技术创新，对科技创新企业和新技术投资者认识产业发展规律、做好战略决策具有尤为重要的意义。

对颠覆性技术创新的研究发源于发达国家的企业竞争和创新实践，但随着 20 世纪后期经济的全球化发展，一些学者已经认识到其对中国等发展中国家经济增长和企业发展的特殊意义。发展中国家的低收入群体往往正处于原有主流市场的边缘，颠覆性技术创新使其能够获得与高端市场相类似的产品和服务，这些边缘市场是实施颠覆性技术创新理想的发展平台，长期服务于这些群体的本国企业有着巨大的增长和升级潜力。随着中国等发展中国家经济的快速增长，特别是在金融危机后世界政治经济格局体系发生变革，来自发展中国家企业的原创创新日益增加，颠覆性技术创新理论为发展中国家实现跨越式发展提供了可行的实施路径[8, 9]。正因此，颠覆性技术创新对战略性新兴产业和企业发展具有重大意义。特别是在当前推进供给侧结构性改革的背景下，就颠覆性技术创新对产业发展的影响机理和投融资决策进行深入研究，将为研究战略性新兴产业发展提供重要的视角。

17.3　以推进颠覆性技术创新助力供给侧改革发展

17.3.1　颠覆性技术创新对供给侧改革具有根本性推动作用

当前，创新在供给侧改革中的重要作用已经得到广泛认可。2016 年政府工作报告提出，推行供给侧结构性改革要“使供给和需求协同促进经济发展，提高全要素生产率，不断解放和发展社会生产力”。创新经济学认为，经济活动中存在一种和市场出清相反的动力机制，即市场中的个体通过创新活动，技术和生产模式的变革寻求经济租金（也称创新租或熊彼特租）以打破供需均衡，这一持续不断的“创造性破坏”过程是现代经济增长的重要动力[10]，也是解放和发展生产力的根本途径。然而，颠覆性技术创新理论指出，自发性的创新竞争进行到一定阶段，会形成扭曲创新要素配置的趋势，出现主流市场创新过剩、低端市场被忽视的现象。面向高端的“锦上添花”性质的维持性技术创新并不总是推动生产要素向优化资源配置的方向流动，有时反而会成为生产力发展的阻碍。颠覆性技术创新理论从微观上明确了生产要素的调整逻辑：在方向上提高供给质量，产生有效供给以扩大需求，通过市场和组织的颠覆推进结构调整，矫正要素配置扭曲；在具体路径上寻找市场边缘的切入点，依托技术创新提供新的产品或服务，重新组合生产要素，打破主流市场的均衡，推动生产率的提升和产业的转型升级。这一逻辑是与通过加强供给侧管理以扩大需求的结构性改革思路相符合的。

从中国经济现状看，颠覆性技术创新在推进供给侧改革中发挥重要作用的内外部条件较为成熟。从需求方面看，中国城乡居民的购买力不断上升，国内消费结构升级加快，个性化、多样化需求趋势日益明显，“十三五”期间消费结构将从生存型消费向发展型、改善型消费转型升级，存在大量潜在消费需求。从供给方面看，很多行业在高低两端同时存在低效供给，以及不同程度的明显的供需错配。一方面，处于低端市场的企业存在产能过剩、恶性竞争；另一方面，处于高端市场的企业也存在边际效用不高的过度创新，生产要素和资本利用效率较低。从创新能力看，中国具有完整的工业体系，研发和人才基础相当坚实。在当前全球价值链重构加快、传统产业向成本更低的国家转移的趋势下，新一轮科技革命和产业变革正在孕育兴起，中国国际分工地位逐步提升，已不再被视作世界低端工厂，原创性创新不断涌现。这说明，颠覆性技术创新符合中国经济发展的阶段性特征，是实现要素资源优化配置、推进经济增长提质增效的有效途径，完全有可能成为当前经济新常态下推进结构性改革的重要动力之一。

17.3.2 重视颠覆性技术创新对金融和社会因素的潜在风险

推进供给侧改革的难点之一，是处理好“做减法”在短期对经济、金融和社会稳定产生的负面冲击。颠覆性技术创新是对技术发展路线和行业发展趋势的规律性描述，对供给侧改革的积极作用更多体现在中长期，在短期则有可能导致这些负面冲击的加剧。

对创新个体来说，实施颠覆性技术创新战略的过程面临多重风险：技术研发和产品迭代过程存在技术风险；新兴企业起步的边缘市场往往缺乏健全完善的运行机制，存在创业风险。更为复杂的是市场风险：一方面，处于主导地位的企业可以采取较有活力的内部创新机制，在一定程度上延续自身竞争优势，市场颠覆进程会出现反复；另一方面，当前技术变革速度加快，颠覆性技术创新导致产业变革的进程大大缩短，市场竞争更趋复杂化，难以通过单一的经济或战略管理理论预测，相关技术和项目投融资决策面临更大的不确定性。

颠覆性技术创新向主流市场进发，会对行业内处于主导地位的企业的持续经营造成冲击，影响到行业内生产资源、劳动力和相关金融资本的稳定发展与未来收益预期，对经济增长率、劳动就业率和金融稳定可能产生显著的负面影响，需要特别加以关注。

17.3.3 颠覆性技术创新需要供给侧管理政策引导

供给侧改革既注重市场功能，也重视发挥政府作用。积极稳妥推进颠覆性技术创新，需要在国家层面形成系统性的创新政策支撑。Freeman[11]、Nelson[12] 等学者在提出“国家创新系统”概念时指出，在现代经济社会中，国家对创新发展的支持应当是一个完整的制度体系，通过政府的协调组织，统筹安排知识创造、扩散和应用以及人力资本等创新的关键要素[8, 9]。在当前形势下，要以“五大政策支柱”相互配合，通过宏观政策营造稳定的经济环境，以产业政策、微观政策和改革政策准确定位改革方向、激发创新活力，并以社会政策托底，守住民生底线。

要更好发挥颠覆性技术创新对推进供给侧改革的作用，既要发挥技术创新的引领作用，也要通过制度创新、市场创新为技术创新的应用寻找空间。颠覆性技术创新理论提出，科技创新本身的突破性程度并不是提升生产力、完善生产关系最本质的因素，创新必须落实到产品或服务模式层面才能对市场和产业产生颠覆性影响。推进颠覆性技术创新，一方面要加快转变政府职能、简政放权，推进价格机制调整、放松管制，充分发挥市场的自动调节作用；另一方面要建立适应社会各阶层的利益体系和激励机制，完善市场环境、激发企业活力和消费者潜力，为企业家获取创新租（即超额利润）提供制度保障，充分释放全社会创业创新潜能，推动和引导企业主动寻找并满足低端市场消费者或潜在消费者的需求，建立更为迅速的技术升级路径，颠覆现存的阻碍生产力进一步发展的价值网络，培养核心竞争力，获取竞争优势。

17.4 支持颠覆性技术创新的金融政策

17.4.1 中国科技金融体系在支持颠覆性技术创新方面的不足之处

科技金融，即促进科技创新和高技术产业发展的金融资源配置与服务，是科学技术创新转化为实际生产力，以及推进自主创新战略实施、创新型国家建设的关键支撑。当前，中国的科技金融生态体系正在不断演进完善，银行业金融资本参与科技创新的程度日益加深，支持中小微科技型企业发展的政策不断出台，同时，科技金融创业投资机构、创业板等资本市场、政府支持创业投资引导基金共同协同，科技创新企业直接融资比例不断提升。然而，在对高风险、高成长性、企业规模较小等特点较为明显的颠覆性技术创新的有效资金支持方面，当前的科技金融体系还存在不完善之处，具体体现在以下几个方面。

1. 资金风险和收益的错配

在宏观尺度或统计意义上，成功实施创新战略的企业可以获取创新租以获得竞争优势。金融机构要从科技创新企业的金融支持中获利，需要对整体风险进行管理和把控，正确对待具体投资项目亏损、无法保证第一还款来源的可能性。然而，长期占据中国社会融资主体地位的银行业金融机构，普遍在业务逻辑上缺乏对创新型主体的有效支持。在监管政策、考核指标和经营理念上，无论是基层机构还是具体经办人员都有很强烈的避险偏好，对风险与收益的平衡和管理更多依赖于第二还款来源的抵押担保而非对项目本身的精细的风险识别及管理，在资金投向偏好中存在“重资产化”倾向，导致科技型、创新型等“轻资产类”企业和行业的金融资源服务与支持的获得性较差，特别是初创期企业的融资需求难以满足。

2. 资金供求信息的不对称

金融机构与企业在创新前景和实施能力等方面的信息不对称性是阻碍科技创新企业获得及时而充足的金融支持的关键性因素。对颠覆性技术创新来说，金融机构传统的信贷评审决策方法中的市场前景分析，往往参照的是主流市场产品的技术性能体系，通过历史数据预测发展轨迹，不能准确反映颠覆性技术创新的技术优势和发展潜力。同时，易于成功实施颠覆性技术创新的多为成长性的中小企业，在开展基础性、颠覆性技术研发时的企业价值更多体现在组织内部的潜性（tacit）知识中，这些潜性知识不仅难以估价，也难以流通变现。信息不对称阻碍了市场机制的自我调节，导致颠覆性技术创新的资金市场存在严重的失灵现象。

3. 非颠覆性技术创新的“搭便车”行为

由于知识产权保护和产业扶植政策的不健全，中国很多新进入市场、参与全球化竞争的中小企业，更多的是采取“模仿-复制”战略，通过较强的模仿和以低成本复制高新技术及产品的能力占据市场，但本身并不进行原创性创新或只有渐进性创新，提升社会生产率的效应有限。这些大量模仿者在低端水平上激烈甚至恶性的竞争，从国家层面竞争的角度看确实导致中国企业占据了较高市场份额，但往往使得全行业利润率降低到难以保持企业自身的扩大再生产所需的资金积累的程度，也抑制了全社会资源和资本对开展重大技术研发、力争取得首要突破的企业的投入。

17.4.2 构建适应颠覆性技术创新的金融支持模式

如前所述，要做好颠覆性技术创新的金融支持，需要通过体制机制建设联合市场力量，形成具备一定资金体量的投融资决策实体或联合体，建立起收益足以覆盖风险的补偿机制。除了以风险资本为主导的完全市场化融资模式，在中国当前经济和金融市场发展的条件下，还应当构建起以下两种适应颠覆性技术创新的金融支持模式。

1. 政府主导的投资基金模式

政府主导的投资基金模式是指由地方政府、行业主管部门、大型科技创新企业、投资机构、担保机构等共同组建面向颠覆性技术的科技创新基金，采用适合颠覆性技术创新特点的价值评价体系进行股权投资决策，并明确成熟后的退出机制，以约定比例的收益建立风险补偿准备金；合作银行采取“跟贷”策略，通过制度安排确定每阶段的风险限额，提供相应额度的信贷支持。这一模式的优势，在于能够引入更多的利益相关者，提升了投融资各环节的专业性，使投资者在创新的早期阶段介入，在管理思维和市场决策方面与技术创新的期权特性更好地匹配，能够更好地融合政府机制与市场机制。缺点是容易放大颠覆性技术创新对现有产业冲击的负面外部性，同时由于模式中存在较为复杂的合作和代理关系，易于产生道德风险。

2. 银行业集团架构内部的投贷联动模式

这一模式是指银行业金融机构以信贷投放与本集团设立的具有投资功能的子公司股权投资相结合的方式，通过相关制度安排，由投资收益抵补信贷风险，为科技创新企业提供持续资金支持的融资模式。其具体形式可以是“先投后贷”，也可以是“选择权贷款”模式，即设定贷款条件，由投资部门行使认购权利。在“投贷联动”过程中，银行集团内部的投资子机构为贷款部门建立风险补偿准备金，对可能产生的不良贷款进行补偿，同时，投资超额收益也在相关业务部门间共享。这一模式有效利用了银行集团自身风险管理决策的专业能力，市场化运作程度高，但一般来说，发挥各利益相关方动力特别是发挥政府对金融政策的调节作用的渠道不够丰富。

17.5　颠覆性技术创新的投融资决策方法

要做好颠覆性技术创新的金融支持，除了政策和支持模式外，还要通过优化投融资决策方法，提升对技术和项目的风险与收益的识别判断能力。本节结合技术评估理论发展现状，对适应颠覆性技术创新的投融资决策方法和主要步骤进行探讨。

17.5.1　颠覆性技术创新项目的价值评价问题

资金支持是各类技术创新推进实施的必要条件。技术创新投融资决策的首要问题是正确评估技术创新的价值，而评估的关键在于评估风险或不确定性的价值。技术创新区别于一般投资项目的本质是主动创造不确定性并从中获利。创新者不是倾向于规避风险，而是从高风险的决策中寻求高收益。因此，在颠覆性技术创新的价值评估体系中，每个指标都是动态变化的。科技创新企业的成长依赖于新信息的获取，对创新管理者和投资者而言，整个技术投资决策包括开发试验、技术交易、研发方向选择、退出或关闭项目等决策步骤，需要随时更新各评价指标，根据发生的具体情形动态做出最优决策，即所谓“相机决策”特性。

传统的项目投资评估方法中所采用的基于净现值（net present value，NPV）计算的贴现现金流（discounted cash flow，DCF）法，适合投资选择和回报比较确定的情况，对不确定性的情况采用主观确定的概率构造二叉树求得预期回报，用于评价决策过程存在高度不确定性、概率难以估计的新技术项目的效果并不理想。Myers[13]等学者认为，传统的DCF方法隐含假定了未来现金流的静态情景，管理者只能对不确定的环境被动地做出反应，当投资对象是高度不确定的项目时，则对实际投资价值有所低估。由于DCF方法在技术创新评价中的局限性，衍生于金融期权定价理论的实物期权逐渐进入了创新研究的视野。一般来讲，技术投资行为是一个渐进的阶段性行为。一个项目的投资往往是按时间顺序排列的（如创业期、成长期和成熟期等），可分解为多个相互联系的子项目组合，因此针对技术创新的投资决策也不是一次性的，而是分阶段进行的序贯决策（sequential decision）。每一个子项目代表决策的一个阶段，每个决策点都是根据前面各阶段的相关信息和对未来各阶段的预期所面临的新的决策点，所面临的选择权即为实物期权。因此，一项技术投资可看做由一个或多个期权组合而成的期权项目，与金融期权相似，它也赋予其持有者在规定的时间内按一定的价格得到或出让某种资产的权利，但实物期权一般可以在期权的有效期内任意时刻执行。在风险中性的假设下，实物期权通过引入管理的灵活性和相机决策原则，认为决策者或管理者可以通过获取新的信息对项目或资产进行主动管理，对价值为负的投资选择通过不行权进行零点截断，从而提升总体项目预期价值；而DCF法则认为不确定性程度高会提升项目未来的风险从而降低项目价值。实物期权方法与技术创新项目的实际决策更为吻合，其计算的项目价值也能够更为准确地反映技术创新的实际价值。特别是对颠覆性技术创新来说，其对市场和企业组织变革的颠覆能力是投资决策中最为重要的考虑因素，对其不确定性的分析比一般的技术创新更为复杂，在对颠覆性技术创新的价值进行评估时采用实物期权方法的优势更为明显。

17.5.2 基于实物期权的投融资决策

1. 战略性实物期权

实物期权首先是一种思维方式，从实物期权的角度进行正确的分析与结构化是应用实物期权评估的前提和基础，体现为从实物期权视角对不同问题的定性描述与分析、对实际的技术评估问题给出总体性的期权分析框架，以及从一般意义上分析各种风险及不确定性对评估价值的影响程度与影响机制。例如，研究影响投资价值的不同影响因素，分析连接各种影响因素与投资价值的机理等。

企业要识别和利用潜在的各种期权来减少风险、增加收益。对创新价值的实现来说，其本身就是充满变化的动态过程。各种影响因素的变化，如替代技术的出现、竞争结构的改变、新的政策法规的出台等，都会改变技术价值实现的内外环境，出现新的机会与选择。管理者需要根据各种影响因素的可能变化来识别不同阶段可能出现的各种期权并判断不同期权的重要性及其相互影响。技术创新价值实现过程中的不同阶段的运营和投资选择可视为不同类型期权，如延迟期权、增长期权、扩张期权、收缩期权、放弃期权等。通过识别、构造和管理这些不同的期权，可以最大化实现技术的内在价值。

2. 操作性实物期权

实物期权既是一种决策思维，也是一种评估工具。在运用实物期权思想对问题进行新的分析与建构后，需要进一步运用实物期权的评估技术对所分析和建构的投资或资产进行评估，通过建模与求解技术得到量化以辅助决策。其过程是借鉴金融期权定价方法，通过建立模型来模拟标的资产的变动，进而分析不同参数变动的影响，其核心是研究不确定性与新技术投资价值和时机的关系，包括各种影响因素变动导致新技术价值变动的方向与程度。定量研究能够更准确地描述实物期权影响新技术投资的机制与机理，更加深入地把握新技术价值变动的规律。

技术投资决策的核心，就是使用实物期权的定价模型确定由上述几种选择期权形成的复合期权的价格，其一般过程如下：

（1）采用 DCF 法进行模型定价，计算项目 NPV。

（2）识别技术创新的项目风险。创新面临技术风险、市场风险、组织风险等多种类型的风险，尽可能准确地识别这些风险是进行价值评估的前提。

（3）将风险与期权相匹配，形成项目的总体复合期权。

（4）构造实物期权的解析模型并进行分析。典型的实物期权解析模型是求解具有边界条件的随机微分方程，通过偏微分方法求解得出解析解或通过蒙特卡罗方法等模拟技术求解数值解。

（5）计算不确定性溢价。求得技术创新项目价值 =NPV+ 不确定性溢价。

17.5.3　颠覆性技术创新的投融资决策过程

1. 识别颠覆性技术创新的关键性能指标

颠覆性技术创新得以破坏新市场的根本在于建立起同主流市场有区别的性能指标体系，在某个独特的性能指标上针对主流产品有所超越，在细分市场得以成长，并在原有性能指标体系下逐渐赶上并超越。该独特的性能指标就是颠覆性技术创新的关键性能指标。例如，电动汽车相对于传统燃油汽车来说，“清洁程度”的指标是其发展的根基，在这一细分市场，电动汽车可以比传统的燃油车更快地研发并应用新一代技术，当动力等“主流”性能指标赶上并超越燃油车，就能够对主流市场和企业产生颠覆效应。颠覆性技术创新的价值评价应首先识别其独特的优势性能指标，通过对主流市场产品该指标水平的现状和发展潜力评价，研判颠覆性技术创新的细分市场空间。

2. 构建期权价值评估模型

颠覆性技术创新的市场发展前景和收益具有显著的动态特征，与各阶段投入水平和发展策略高度相关，其投资决策可用时间选择期权和放弃期权等多种类型期权的复合来描述。其中，时间选择期权是指投资者有选择具体投资项目、投资额度和在项目的具体阶段投资的权利，是一种典型的美式看涨期权，投资额为期权执行价格，项目现值为期权标的物价格；放弃期权是指投资者根据项目的发展情况决定是否停止投资的权利，相当于拥有以提前结束项目所获取的项目清算价值为执行价格的美式看跌期权，项目现值为标的物价格。应根据颠覆性技术创新关键性能指标的发展预期对市场占有率、企业财务指标水平的影响确定投资决策中的期权，通过期权的复合构建价值评估模型。

3. 识别颠覆性技术创新的外部效应

对于同时存在颠覆性技术和主流技术应用的企业，应把市场颠覆对企业可能产生的各类影响纳入决策，将技术储备、对现有技术未来发展的负面影响和企业组织结构、人员的必需调整计入执行期权的成本。对于融资机构，应对所持有的投资和信贷资产涉及本行业主流企业的发展预期纳入投资或贷款决策。

4. 进行柔性决策评价

根据市场竞争情况和可行的融资条件，决策者可随时进行模型参数的估计或调整，参数估计时除考虑传统的投入产出因素外，应重点考察该技术创新优势性能指标的消费者接受程度、产品迭代频率、在主流性能指标体系下的表现等并代入模型，在各个可能的投资时点将每个期权视为随机分布进行期权价值的测算，经计算、检验与模型调整，确定最优的投融资方案。

17.6 政策建议

17.6.1 发挥各种类型金融相互协同的作用

《“十三五”规划纲要》提出，将进一步健全分工合理、相互补充的金融机构体系，“十三五”时期，商业性、开发性和政策性金融在不同的领域和发展阶段将有不同的发展空间。颠覆性技术创新发端于市场边缘，往往存在制度缺损、市场失灵，企业发展初期难以吸引商业性资金支持，政策性、开发性金融机构应主动发挥自身优势，密切关注转型升级产业的自主创新动向，先期进入有关领域，发挥对新兴企业的孵化作用，主动推进市场建设、信用建设，同时积极把融资与“融智”结合起来，更积极地为企业提供技术、管理、咨询、市场等方面的全生命周期综合金融服务，协助新兴企业提高管理和经营能力，制定技术演进路线和完备的创新战略，密切合作关系，通过持续稳定的融资支持满足颠覆性技术创新所需的技术快速演进的资金需求，推动企业向主流市场进发。政府部门应加快完善相关制度，完善风险分担机制，形成风险贷款、风险投资、政府担保基金、社会非营利组织、政策性金融工具及商业保险的多层次风险分担形式。

17.6.2 提升识别颠覆性技术创新和应对风险的能力

处于市场主流的大型企业是受到颠覆性技术创新冲击最大的实体，也往往是存量融资的主体，而产业颠覆效应的集中出现会影响到金融机构的资产质量。在供给侧改革推进过程中，金融机构应当从系统性风险的角度看待颠覆性技术创新的潜在影响，在企业价值评估方法、市场前景分析、风险评估模型中应用实物期权方法等创新战略领域研究成果，精准识别对具有颠覆性潜力的核心技术与商业模式，判断项目市场前景和企业竞争能力，测量技术创新的动态价值，据此调整业务政策和评审决策方法，并加强相关项目的投后、贷后监管，对技术进步、市场变革中可能受到影响的其他企业或项目及早做出风险化解预案。

17.6.3 建立适应服务创新发展要求的组织架构

“大众创业、万众创新”趋势使创新型企业自有初期资本的比例提高，提升了获得投资的信用保障，同时也要求金融行业加快自身的创新发展、降低融资成本。在互联网金融等新兴金融形式的冲击下，金融运行方式和生态环境将发生重大变革，特别是各种类型的直接融资比重将有大幅提升，风险投资和信贷资金的结合将成为支持颠覆性技术创新的主要形式。金融机构要把握这一趋势，提升业务结构和组织架构的灵活性，加强金融机构与资本市场、不同类型金融机构之间、同一集团内部信贷及投资业务的协同和联动。对当前投贷联动试点来说，应特别重视颠覆性技术创新的支持，在试点机构内部对筹资渠道、投资决策和核算机制等方面增强灵活性，提高风险容忍度，在集团层面建立各类业务的协同机制，提升服务创新发展的水平，培育金融机构在新形势下持续健康发展的核心能力。

参考文献

[1] Christensen C M. The Innovator’s Dilemma：When New Technologies Cause Great Firms to Fail. Boston：Harvard Business School Press，1998.

[2] Christensen C M，Raynor M E. The Innovator’s Solution：Creating and Sustaining Successful Growth. Boston：Harvard Business School Press，2003.

[3] Christensen C M，Craig T，Hart S L. The great disruption. Foreign Policy，2001，80（2）：80-95.

[4] Christensen C M，Bower J L. Customer power，strategic investment，and the failure of leading firms. Strategic Management Journal，1996，17：197-218.

[5] Charitou D C，Markides C. Response to disruptive strategic innovation. Sloan Management Review，2003，44：55-63.

[6] Paap J，Katz R. Anticipating disruptive innovation. Engineering Management Review，2004，47：13-22.

[7] 吴贵生，谢伟．“破坏性创新”与组织响应．科学学研究，1997，15（4）：35-39.

[8] Hart S L，Christensen C M. The great leap：driving innovation from the base of the pyramid. Sloan Management Review，2002，44：51-56.

[9] Hart S L. Capitalism at the Crossroads：Next Generation Business Strategies for a Post-Crisis World. Upper Saddle River：Wharton School Publishing，2010.

[10] 张治河，潘晶晶．创新学理论体系研究新进展．工业技术经济，2004，244（2）：150-167.

[11] Freeman C. Technical innovation，diffusion，and long cycles of economic development. The Long-Wave Debate，Selected Papers from an IIASA（International Institute for Applied Systems Analysis）International Meeting on Long-Term Fluctuations in Economic Growth：Their Causes and Consequences，Held in Weimar，1985.

[12] Nelson R R. National Innovation Systems：A Comparative Analysis. Oxford：Oxford University Press，1993.

[13] Myers S C. Determinants of corporate borrowing. Journal of Financial Economics，1977，5（2）：147-175.

附录1　产业成熟度评价方法研究与应用

王礼恒　屠海令　王崑声　葛宏志　胡良元　王海南　崔　剑

【内容提要】战略性新兴产业的培育与发展研究工作是一项系统性、战略性咨询课题，科学、客观评价与预测新技术突破到市场化发展的过程，是进一步正确制定产业发展规划的有益支撑。本部分在研究新兴产业发展成熟规律的基础上，结合系统工程方法、管理决策方法，提出了产业成熟度理论及评价方法，以统一、规范、量化的方法评价技术、制造、产品、市场和产业的发展状态，综合集成得出产业发展状况的综合评价结果，并对产业方向在“十三五”期末（2020年）甚至更长时间的发展趋势进行预测，围绕领域专家评价、分析和挖掘的关键问题而提出有针对性的培育与发展建议。本部分阐述产业成熟度评价理论及评价方法，并以材料领域的锂离子电池及材料为例，对产业成熟度评价过程进行了具体说明。产业成熟度是分析和评价产业发展状态的有效工具，具有重要的理论意义和实用价值。

一、产业成熟度概念

产业是提供相近商品和服务，在相同或相关价值链上活动的企业的集合[1]，是介于宏观经济与微观经济之间的中观经济[2]。“成熟”的本意，是指植物果实成长到可以收获的程度，后引申为事物的完善程度，是对一个事物或人发展、成长的综合性描述和度量[3]。产业的形成与发展遵从一定的演化规律。处于早期形成阶段的产业称为新兴产业，当新兴产业经过初始阶段和增长阶段，一直发展到成熟阶段时就被称为成熟产业。产业成熟度（industry maturity levels，IML），是评价和度量产业从诞生到成熟发展过程的量化标准，它反映了产业发展的完善程度[4]。

产业成熟度定义的内涵主要有以下三个方面：首先，产业成熟度主要研究新技术产业化成熟过程中各个阶段的规律，但不考虑成熟之后的衰退和更新过程。如果后期的更新是基于新技术产品引起的，发生了“质”的变化，应视为新的、又一轮的新技术产业化过程。其次，产业成熟度主要把握产品和市场成熟过程的规律。其中，产品又分为技术研发和制造能力两个层面。先有新技术突破、新产品研制成功后投入市场，再有市场推广、发展与成熟的先后过程。这里的“产业”是二者的有机结合，因此，产业成熟度量化评价结果是通过技术、制造和市场成熟度评价结果综合集成的。最后，产业成熟度以产业各个阶段特征的定量化为基础，构建了成熟“度”（levels）评价准则，将定量的评价等级与发展阶段相对应。

新技术市场化的过程会遇到两个关键阈：一个是技术到产品的突破阶段，会遇到如夫里•摩尔提出的“峡谷”障碍。它是新技术产品能否成熟，新兴市场能否形成的关键阶段，成功跨越“死亡之谷”，其后续的市场化就会成功开始[5]，即技术从第一个“死亡之谷”走上市场化发展之路。另一个关键节点是新技术产品经过多方应用与改进，市场对新技术及其产品的功能客观性地确认，产业被确立而取得突破发展阶段，即产业从第二个“死亡之谷”走向快速发展之路。否则，新产业因市场接受度低而被淘汰，即“产业消亡”。这个阶段与 Gartner 公司技术循环曲线（The Hype Cycle）的泡沫化的低谷期（trough of disillusionment）相似。剑桥大学技术管理中心通过对 25 个产业形成过程的分析，总结出了一个从科学发现到新兴产业形成的共性过程框架，如图 1 所示[5]。

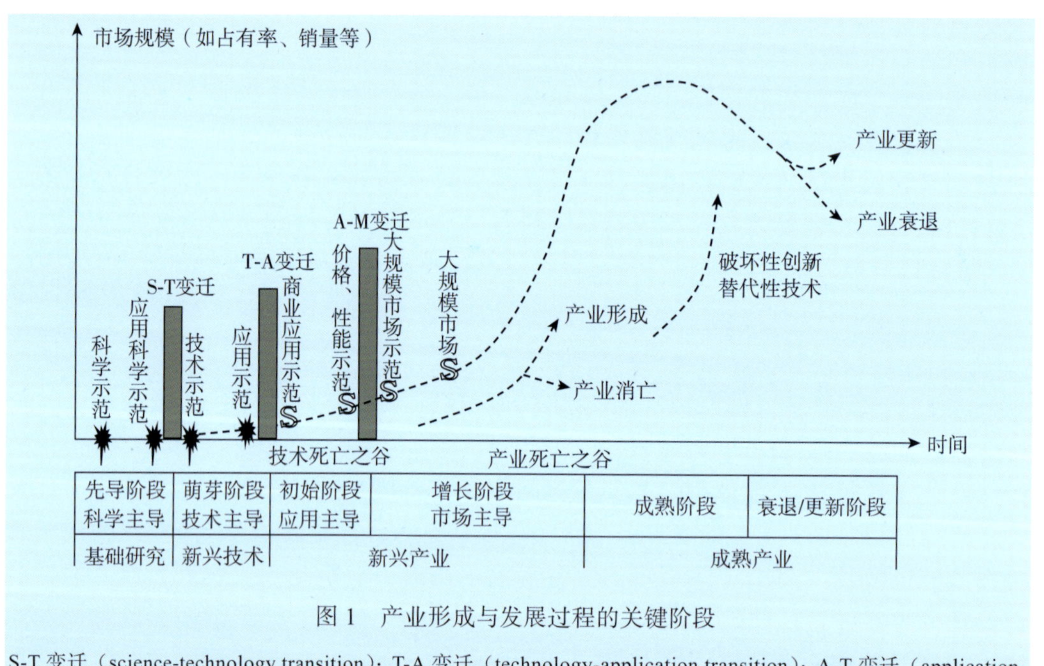

图 1　产业形成与发展过程的关键阶段

S-T 变迁（science-technology transition）；T-A 变迁（technology-application transition）；A-T 变迁（application-market transition）；S 代表 sale（销售），产品导入市场以后，开始有商业销售

产业成熟度等级是评价产业发展成熟过程的尺度，分为 1 ～ 4 个等级，即 4 个阶段，分别为萌芽阶段、培育阶段、发展阶段和成熟阶段，其中萌芽阶段是第 1 等级，成熟阶段是第 4 等级[4～6]。

萌芽阶段（IML1）：以技术研发为主导的产业萌芽阶段。该阶段的主要活动是开展技术的基础研究和研发，在此过程中产业发展所需的关键核心技术不断成熟，形成由科学到技术、由技术到应用的转移，形成可供市场推广应用的产品。这些处于研发中的技术拥有以往没有的功能和性能，具有十分巨大的潜在竞争力。

培育阶段（IML2）：以技术应用为主导的产业培育阶段。该阶段开始的标志是产业的产品或服务取得了商业化应用示范的成功，且随着商业化应用的推广，产品或服务在性能、成本方面的优势得到了确认。

发展阶段（IML3）：以市场为主导的产业快速发展阶段。该阶段开始的标志是大规模市场推广示范取得成功，产品或服务的销售量在一段时间内可以保持较高增长率；产品或服务的边际成本逐步降低，技术、商业模式和管理模式等更加成熟，产业平均利润率可观，吸引大量竞争者进入市场。

成熟阶段（IML4）：以产业链为主导的产业发展成熟阶段。该阶段标志着产业链基本形成，行业标准得到应用，产业链向着逐步完善的方向发展。随着产品 / 服务的供给接近饱和状态，销售量增长率逐步趋缓；产业内的企业之间进行大规模兼并重组，激烈的竞争不断挤压行业平均利润，产业集中度不断提高，领先企业脱颖而出。

二、产业成熟度评价方法

（一）产业成熟度评价模型

基于产业成熟度概念与内涵，本节构建了产业成熟度评价的框架模型，如图 2 所示。根据该评价模型，首先分别开展技术成熟度（technology readiness levels，TRL）和制造成熟度（manufacturing readiness levels，MRL）评价，并对两者的评价结果进行综合集成，得出产品成熟度；其次从市场规模、市场结构和市场潜力出发，对市场成熟度进行评价；最后对产品成熟度和市场成熟度的评价结果进行综合集成，得到产业成熟度。在这个评价模型中，技术成熟度、制造成熟度和市场成熟度有明确的评价准则，产品成熟度和产业成熟度是综合集成的结果 [7]。

（二）技术成熟度评价准则

技术成熟度是指技术相对于某个具体系统或项目来说所处的发展状态，它反映了技术对项目预期目标的满足程度。技术成熟度等级是指对技术成熟程度进行度量和评测的一种标准，可用于特定技术的成熟度，以及判断不同技术对同一项目目标的满足程度 [7, 8]。

技术成熟度概念起源于美国国家航空航天局，后来美国国防部、欧洲太空局也分别制定了技术成熟度定义。图 2 模型中使用的技术成熟度评价准则是在严格遵照国外技术成熟度基本定义的前提下，采用中国工程技术术语，制定的普适化的技术成熟度定义。该评价准则将技术发展成熟过程划分为 9 个级别，其中 1 级最低，9 级最高，符合技术成熟过程循序渐进的发展规律，如表 1 所示。

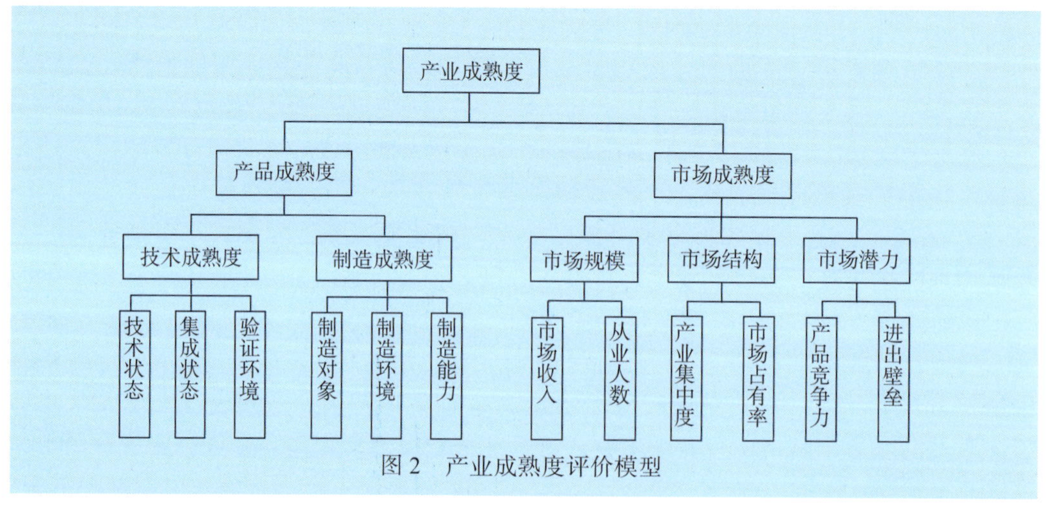

图 2　产业成熟度评价模型

表 1　技术成熟度评价准则

技术成熟度等级	技术成熟度评价准则
1	观察到基本原理或看到基本原理的报道
2	提出将基本原理应用于系统中的设想
3	关键功能和特性通过可行性验证
4	原理样机通过实验室验证环境
5	演示样机通过模拟使用环境验证
6	分系统或系统级原型样机通过模拟使用环境验证
7	系统级工程样机通过典型使用环境验证
8	系统级产品通过测试和鉴定试验
9	系统级产品通过成功执行任务得到验证

（三）制造成熟度评价准则

制造成熟度，用来表示关键制造的成熟程度，它量化反映了技术转化为产品或系统过程中制造能力对项目目标的满足程度[9]。它通过对各制造要素（如设计、工艺、材料、设备、人员、成本、质量等）进行系统管理，有效评价关键制造的当前状态，识别制造风险。制造成熟度囊括了从确定制造内涵到形成批量生产和精益化生产能力的全过程，体现了从研制到生产的一般发展过程，是在大量科研和工程实践基础上，对制造成熟规律认识的一种总结[9, 10]。

制造成熟度由美国国防部研究，并于 2003 年发布制造成熟度等级定义；2010 年，美国国防部发布《制造成熟度手册》正式版[10]。制造成熟度划分为 10 个等级，涵盖了从提出制造概念到形成批量生产和精益化生产能力的全过程，体现了从研制到生产的一般发展过程，其中 1 级最低，10 级最高[7]。美国国防部对制造成熟度的各级定义见表 2。

表 2　制造成熟度评价准则

制造成熟度等级	制造成熟度评价准则
1	识别出制造的基本内涵（制造内涵清晰）
2	识别出制造的概念（制造概念明确）
3	制造概念的可行性得到验证
4	具备在实验室环境下制造技术的能力
5	具备在相关生产环境下制造部件原型的能力
6	具备在相关生产环境下制造系统或分系统原型的能力
7	具备在典型生产环境下制造系统、分系统或部件的能力
8	试生产线能力得到验证，准备开始小批量生产
9	小批量生产能力得到验证，开始大批量生产的能力到位
10	大批量生产得到验证，转向精益化生产

（四）市场成熟度评价准则

市场成熟度（market maturity levels，MML），用来表示新兴商品或服务市场的成熟程度，它量化反映了新兴商品或服务被市场接纳的程度。市场成熟度的主要属性有市场规模、市场结构及市场潜力，这些属性是反映市场成熟状况的显性指标[5, 7, 11]。

1. 市场规模

市场规模，即商品市场的量，包括市场收入、从业人数。

市场收入，即由产品或服务销售所带来的收益。

从业人数，即新兴技术研发、生产与销售等环节的人员数量。

2. 市场结构

市场结构，是指市场内现有的卖方之间、买方之间、买卖双方之间，以及正在进入或可能进入该市场的买卖双方之间的关系，包括产业集中度、市场占有率。

产业集中度，是指对特定产业而言的集中度，及销售产品（或服务）的企业垄断程度，是衡量产业竞争性和垄断性的重要指标。

市场占有率，是指新产品在市场同类产品中所占的比重。

3. 市场潜力

市场潜力，是指市场发展的潜在生命力，主要体现在产品竞争力和进出壁垒两个方面。

产品竞争力，是指突破性的技术使产品本身符合市场需求，且技术及其产品性能方面具有竞争优势。

进入壁垒，即进入市场的障碍。

市场成熟度评价准则如表 3 所示。

表 3　市场成熟度评价准则

<table>
<tr><th colspan="2">市场成熟属性</th><th>市场成熟度 1 级</th><th>市场成熟度 2 级</th><th>市场成熟度 3 级</th></tr>
<tr><td rowspan="2">市场规模</td><td>市场收入</td><td>前期投入大，市场收入规模低</td><td>收入规模增加，实现盈利</td><td>收入和利润规模稳定</td></tr>
<tr><td>从业人数</td><td>以研发人员为主，但生产和销售人员开始增加</td><td>以生产和销售人员为主，生产和销售人员大幅增加</td><td>从业人员数量和结构趋于稳定</td></tr>
<tr><td rowspan="2">市场结构</td><td>产业集中度</td><td>产品处于导入阶段，产品生产销售只集中在少数企业</td><td>从事产品生产销售的企业数量大幅增加，产业集中度较低</td><td>产业经过并购整合调整，形成了以少数规模大、实力强的企业为龙头的完整的产业链</td></tr>
<tr><td>市场占有率</td><td>产品商业应用示范，占有率较低</td><td>大规模商业化应用，占有率快速增长</td><td>市场供需平衡，占有率高且趋于平稳</td></tr>
<tr><td rowspan="2">市场潜力</td><td>产品竞争力</td><td>产品预期具有较强的竞争力</td><td>产品竞争力优势显现</td><td>产品竞争力优势明显</td></tr>
<tr><td>进入壁垒</td><td>少数企业掌握核心技术，技术壁垒高</td><td>核心技术大规模应用，技术壁垒降低</td><td>产业规模经济效应显现，进入壁垒高</td></tr>
</table>

（五）产业成熟度综合集成方法

1. 产品成熟度综合集成

产品是向市场提供的能够满足用户需求的物品或服务。从工程角度讲，产品是一项研发与制造过程的结果 [12]。产品成熟度（product readiness levels，PRL），是从技术研发、制造两方面来集成评价产品的量化方法，它反映了产品满足应用目标的程度。产品研发过程划分为五个不同的阶段，从概念层面的虚拟产品到大规模批量化生产的市场产品，每个阶段表示产品成熟的不同状态 [6]。产品成熟度综合集成表见表 4。

表 4　产品成熟度综合集成表

<table>
<tr><th colspan="2">产品成熟度</th><th>技术成熟度</th><th>制造成熟度</th></tr>
<tr><td rowspan="3">PRL 1</td><td rowspan="3">概念产品</td><td>TRL 1</td><td>MRL 1</td></tr>
<tr><td>TRL 2</td><td>MRL 2</td></tr>
<tr><td>TRL 3</td><td>MRL 3</td></tr>
<tr><td rowspan="3">PRL 2</td><td rowspan="3">实验室产品</td><td>TRL 4</td><td>MRL 4</td></tr>
<tr><td>TRL 5</td><td>MRL 5</td></tr>
<tr><td>TRL 6</td><td>MRL 6</td></tr>
<tr><td rowspan="2">PRL 3</td><td rowspan="2">工程化产品</td><td rowspan="2">TRL 7</td><td>MRL 7</td></tr>
<tr><td>MRL 8</td></tr>
<tr><td>PRL 4</td><td>小批量市场化产品</td><td>TRL 8</td><td>MRL 9</td></tr>
<tr><td>PRL 5</td><td>大批量精益化市场产品或高质量细分市场产品</td><td>TRL 9</td><td>MRL 10</td></tr>
</table>

2. 产业成熟度综合集成

产业成熟度评价结果反映了产品和市场的成熟度情况，是二者综合集成的结果。产业从萌芽到发展成熟的过程划分为四个等级（阶段），分别是萌芽阶段、培育阶段、发展阶段和成熟阶段。产品、技术、制造、市场及产业的综合集成关系见表5。

表5　产业成熟度综合集成表

<table>
<tr><th colspan="2">产业成熟度</th><th>产品成熟度</th><th>技术成熟度</th><th>制造成熟度</th><th>市场成熟度</th></tr>
<tr><td rowspan="8">IML1</td><td rowspan="8">萌芽阶段</td><td rowspan="3">PRL1</td><td>TRL 1</td><td>MRL 1</td><td rowspan="9">MML1</td></tr>
<tr><td>TRL 2</td><td>MRL 2</td></tr>
<tr><td>TRL 3</td><td>MRL 3</td></tr>
<tr><td rowspan="3">PRL 2</td><td>TRL 4</td><td>MRL 4</td></tr>
<tr><td>TRL 5</td><td>MRL 5</td></tr>
<tr><td>TRL6</td><td>MRL6</td></tr>
<tr><td rowspan="2">PRL 3</td><td rowspan="2">TRL7</td><td>MRL7</td></tr>
<tr><td>MRL8</td></tr>
<tr><td>IML2</td><td>培育阶段</td><td>PRL 4</td><td>TRL8</td><td>MRL9</td></tr>
<tr><td>IML3</td><td>发展阶段</td><td rowspan="2">PRL 5</td><td rowspan="2">TRL9</td><td rowspan="2">MRL10</td><td>MML2</td></tr>
<tr><td>IML4</td><td>成熟阶段</td><td>MML3</td></tr>
</table>

三、产业成熟度评价组织结构与评价工作流程

（一）产业成熟度评价组织结构

建立合理的评价组织结构是顺利实施产业成熟度评价工作的组织保障，产业成熟度评价工作的行为主体一般包括评价方、领域专家、第三方评审专家、产业成熟度评价支撑人员。

（1）评价方是指被授权开展评价工作的管理部门或机构。

（2）领域专家是指各领域（突破性技术为基础的）产业方向的专家，或指定的对本产业方向熟悉的专家。

（3）第三方评审专家由来自研究机构、大学、企业、行业管理机构等熟悉相关领域技术、制造、市场和产业的专家组成。

（4）产业成熟度评价支撑人员是指产业成熟度评价方法研究与应用人员，支撑领域专家和第三方评审专家开展工作。

（二）产业成熟度评价工作流程

产业成熟度评价过程分为两个阶段：第一阶段，领域自评价阶段；第二阶段，

综合评价阶段（图 3）。

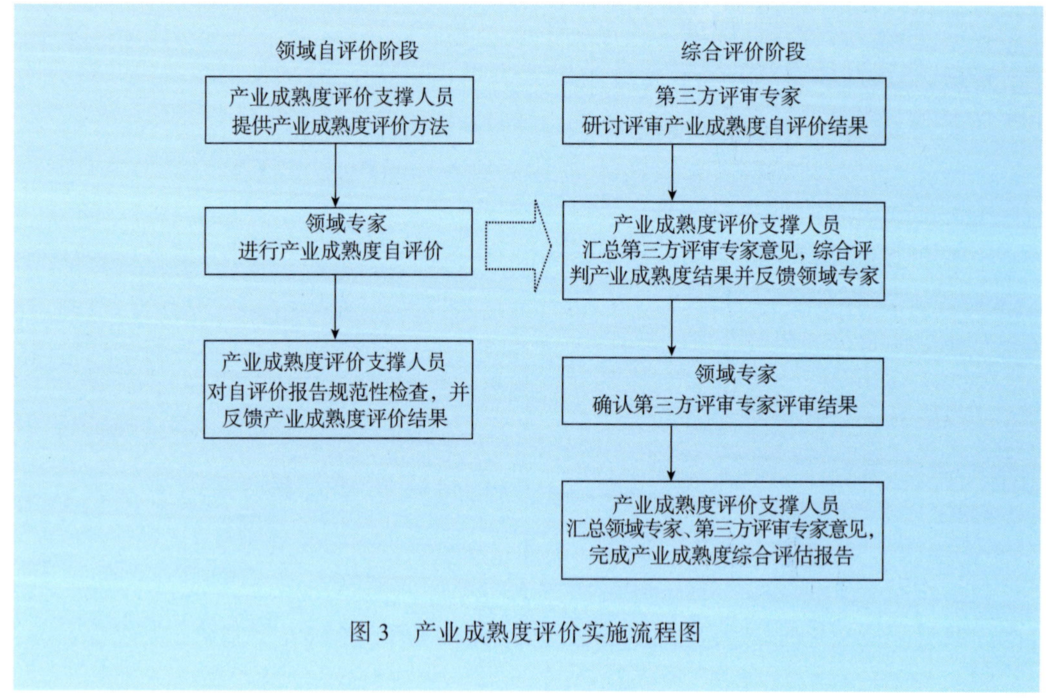

图 3　产业成熟度评价实施流程图

领域自评价阶段，由领域专家和产业成熟度评价支撑人员协同工作，其分工如下：

（1）领域专家确定待评价的重点产业方向。

（2）领域专家和产业成熟度评价支撑人员召开产业成熟度评价方法交流会，产业成熟度评价支撑人员宣传交流、贯彻执行产业成熟度评价方法。

（3）领域专家按照“产业成熟度评价信息表”分析技术、制造和市场现状信息，开展成熟度评价，完成时序预测；产业成熟度评价支撑人员协助完成自评价初报告。

（4）产业成熟度评价支撑人员对自评价报告进行规范性检查，并基于技术、制造和市场成熟度自评价结果，完成产业成熟度评价，向领域专家反馈。

（5）领域专家确认产业成熟度反馈意见，完善自评价报告。

综合评价阶段，由第三方评审专家、领域专家和产业成熟度评价支撑人员协同工作，其分工如下：

（1）评价方确定第三方评审专家的人员构成。

（2）评价方组织召开评审会，第三方评审专家评审产业成熟度自评价报告。

（3）产业成熟度评价支撑人员汇总第三方评审专家意见，更新产业成熟度评价结果，并反馈领域专家。

（4）领域专家确认第三方评审专家意见，完善自评价报告。

（5）产业成熟度评价支撑人员根据评审意见和领域专家的修改意见，最终完成产业成熟度评价咨询报告。

四、锂离子电池及材料产业成熟度评价案例

本节以新材料产业中具有代表性的“锂离子电池及材料”产业为例，运用产业成熟度方法评价产业方向当前所处阶段，预测“十三五”的发展状态，明确产业方向发展重点。并针对评估中反映的制约产业方向发展的因素，提出具体建议，为进一步制定“十三五”或更长时期的发展规划提供支撑。

（一）产业成熟度评价

首先，由“锂离子电池及材料”相关领域专家对照技术成熟度、制造成熟度和市场成熟度的评价准则，填写产业成熟度评价信息表，见表6。

表6　锂离子电池及材料产业成熟度评价信息表

重点产业方向名称		锂离子电池及材料产业
重大突破性技术名称		高性能、高安全性锂离子动力电池的制造
所属产业领域		□节能环保 □新一代信息技术 □生物 □高端装备制造 □新能源 ■新材料 □节能与新能源汽车
重点产业发展方向简介		锂离子电池作为新一代的动力电池得到了广泛的关注。影响锂离子电池比能量的主要因素是电极材料的性能，目前锂离子动力电池多采用磷酸铁锂或三元材料为正极材料，石墨为负极材料。这些体系的锂离子电池装备的电动汽车续驶里程为100～200千米，不及传统汽油车的1/3。当前，需重点发展方向： 1. 突破锂离子动力电池用新一代高比容（≥155毫安时/克）的磷酸盐系、三元系（≥165毫安时/克）正极材料等关键材料的产业化工艺与装备技术，进一步提升材料性能和寿命，提高可靠性和稳定性，降低成本 2. 突破高比容量、高电压类正极材料和硅基复合负极材料的关键技术，开发高安全性电解质和隔膜材料，形成高比能锂离子动力电池的材料体系
技术成熟度评价	重大突破性技术的技术现状	中国锂离子电池用四大关键材料国产化技术水平不断提高。目前，已经突破电芯比能量为200瓦时/千克锂离子电池的制备技术产业关键，完善已有材料与技术（以磷酸铁锂、尖晶石锰酸锂、镍钴基为正极材料，以石墨、钛酸锂为负极材料）。然而，锂离子电池制造技术和电池成组技术还需提升。目前产品一致性较差，电池成组技术落后，制造设备主要依靠进口。更重要的是锂离子电池关键材料制造技术往往由国外公司掌握核心专利，对中国产业发展造成了一定的制约。2016～2020年突破电芯比能量300瓦时/千克锂离子电池的制备技术产业关键，开发先进材料与技术（高容量正极材料、硅基合金负极材料、高安全性隔膜、高电位电解液）；将50亿瓦时动力电池及配套材料发展成为100亿～200亿瓦时动力电池及配套材料
	当前TRL级别	根据技术成熟度评价参考准则，评价该项重大突破性技术的TRL级别（1～9）TRL <u>8</u>

续表

<table>
<tr><th colspan="2">重点产业方向名称</th><th colspan="2">锂离子电池及材料产业</th></tr>
<tr><td rowspan="2">制造成熟度评价</td><td>重大突破性技术的制造现状</td><td colspan="2">锂离子电池四大关键材料国产化比例不断提高。2013 年，中国锂离子电池正极材料产量 4.5 万吨，同比增长 25%，形成了以京津地区、华中地区和华南地区为三大聚集地的锂电正极材料产业集群，并分别以北京、天津、湖南、广东为发展中心；负极材料产量 3.5 万吨，同比增长 20%；电解液产量 2.9 万吨，同比增长 20%；隔膜产量 2.65 亿平方米。然而，锂离子电池制造技术还需提升，目前产品一致性较差，从而造成电池成组技术落后，使电池组的循环寿命不能满足要求。并且，先进制造设备主要依靠进口</td></tr>
<tr><td>当前 MRL 级别</td><td colspan="2">根据制造成熟度评价参考准则，评价该项重大突破性技术的 MRL 级别（1 ～ 10）MRL 8</td></tr>
<tr><td rowspan="7">市场成熟度评价</td><td>市场现状</td><td colspan="2">2013 年，中国锂离子电池的产业规模持续扩大，总产量达 337 亿瓦时，同比增长 14%；销售收入超过 650 亿元，同比增长 5%。其中，动力型锂离子电池市场增长 30%，销售收入达 40 亿元。在全球锂离子电池及其材料市场的带动下，中国锂离子电池及其材料销量也有较大的增长，且超过了全球增幅，在国际市场所占的比重有所提高，从 2012 年的 26.9%上升至 2013 年的 30%。然而国内锂离子电池尚未能实现自给自足</td></tr>
<tr><td rowspan="2">市场规模</td><td>市场收入</td><td>□前期投入大，市场收入规模低（MML1）
■收入规模增加，实现盈利（MML2）
□收入和利润规模稳定（MML3）</td></tr>
<tr><td>从业人员</td><td>■以研发人员为主，但生产和销售人员开始增加（MML1）
□以生产和销售人员为主，生产和销售人员大幅增加（MML2）
□从业人员数量和结构趋于稳定（MML3）</td></tr>
<tr><td rowspan="2">市场结构</td><td>产业集中度</td><td>□产品处于导入阶段，产品生产销售只集中在少数企业（MML1）
■从事产品生产销售的企业数量大幅增加，产业集中度较低（MML2）
□产业经过并购整合调整，形成了以少数规模大、实力强的企业为龙头的完整的产业链（MML3）</td></tr>
<tr><td>市场占有率</td><td>□产品商业应用示范，占有率较低（MML1）
■大规模商业化应用，占有率快速增长（MML2）
□市场供需平衡，占有率高且趋于平稳（MML3）</td></tr>
<tr><td rowspan="2">市场潜力</td><td>产品竞争力</td><td>□产品预期具有较强的竞争力（MML1）
□产品竞争力优势显现（MML2）
■产品竞争力优势明显（MML3）</td></tr>
<tr><td>进入壁垒</td><td>■少数企业掌握核心技术，技术壁垒高（MML1）
□核心技术大规模应用，技术壁垒降低（MML2）
□产业规模经济效应显现，进入壁垒高（MML3）</td></tr>
</table>

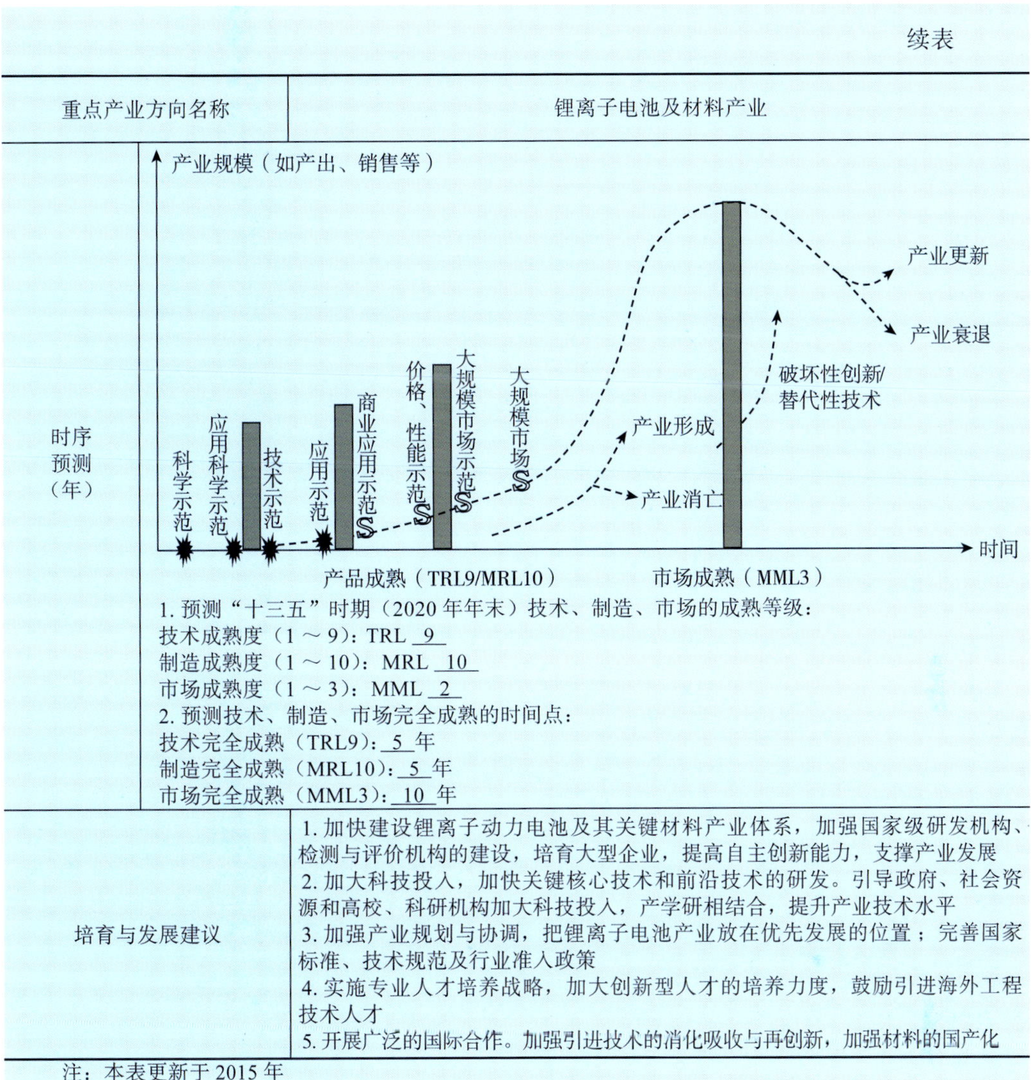

续表

重点产业方向名称	锂离子电池及材料产业
时序预测（年）	1. 预测“十三五”时期（2020年年末）技术、制造、市场的成熟等级： 技术成熟度（1～9）：TRL 9 制造成熟度（1～10）：MRL 10 市场成熟度（1～3）：MML 2 2. 预测技术、制造、市场完全成熟的时间点： 技术完全成熟（TRL9）：5 年 制造完全成熟（MRL10）：5 年 市场完全成熟（MML3）：10 年
培育与发展建议	1. 加快建设锂离子动力电池及其关键材料产业体系，加强国家级研发机构、检测与评价机构的建设，培育大型企业，提高自主创新能力，支撑产业发展 2. 加大科技投入，加快关键核心技术和前沿技术的研发。引导政府、社会资源和高校、科研机构加大科技投入，产学研相结合，提升产业技术水平 3. 加强产业规划与协调，把锂离子电池产业放在优先发展的位置；完善国家标准、技术规范及行业准入政策 4. 实施专业人才培养战略，加大创新型人才的培养力度，鼓励引进海外工程技术人才 5. 开展广泛的国际合作。加强引进技术的消化吸收与再创新，加强材料的国产化

注：本表更新于2015年

其次，由产业成熟度评价支撑人员根据自评价结果进行综合集成，得出产业成熟度评价结果，见表7。

表7　产业成熟度评价结果

产业方向	锂离子电池及材料
技术成熟度级别	TRL 8
制造成熟度级别	MRL 8
市场成熟度级别	MML 2
产业成熟度级别	IML 2
制约发展的主要问题	关键核心技术、行业标准、产业体系建设

（二）基于产业成熟度的产业发展预测

通过分析锂离子电池及材料方向的产业成熟度评价结果，预测了“十三五”期末（2020 年）其产业发展状态、完全成熟所需时间（单位：年）和产业规模等，具体结果见表 8。

表 8　锂电子电池及材料产业成熟度预测结果

产业方向	锂离子电池及材料
产业当前所处阶段	培育阶段
“十三五”期末（2020 年）产业成熟度预测	产业成熟度：IML3
产业完全成熟所需时间	产业完全成熟：10 年
“十三五”时期的产业发展速度及其预期规模	产业增幅：1 个级别
	产业预期规模：100 亿～ 200 亿千瓦时动力电池及配套材料，年均 100 亿～ 300 亿元产值

锂离子电池及材料产业方向：“十三五”时期产业成熟度提高 1 个级别，从培育阶段跨越到发展阶段，达到 IML3，但是完全成熟需要 10 年左右的时间。到 2020 年产业规模预期 100 亿～ 200 亿千瓦时动力电池及配套材料，年均 100 亿～ 300 亿元产值。

（三）“十三五”培育与发展建议

通过产业成熟度评价，明确了当前锂离子电池及材料产业的技术、制造、产品、市场和产业发展阶段、未来发展过程中亟须解决的主要问题、制约其发展的微观或宏观主要因素，进而为该产业方向“量身定制”以下五点培育与发展建议，为领域专家和管理机关做出决策提供有参考价值的依据。

（1）加快建设锂离子电池及其关键材料产业体系，加强国家级研发机构、检测与评价机构的建设，培育大型企业，提高自主创新能力，支撑产业发展。

（2）加大科技投入，加快关键核心技术和前沿技术的研发。引导政府、社会资源和高校、科研机构加大科技投入，产学研相结合，提升产业技术水平。

（3）加强产业规划与协调，把锂离子电池产业放在优先发展的位置；完善国家标准、技术规范及行业准入政策。

（4）实施专业人才培养战略，加大创新型人才的培养力度，鼓励引进海外工程技术人才。

（5）开展广泛的国际合作，加强引进技术的消化吸收与再创新，加速材料的国产化。

参考文献

[1] 杨公朴 . 产业经济学 . 上海：复旦大学出版社，2009.

[2] 苏东水 . 产业经济学 . 北京：高等教育出版社，2010.
[3] 朱航 . 中国保险市场成熟度指数研究 . 保险研究，2013，（6）：35-42.
[4] 葛宏志 . 中国航天战略性新兴产业重要发展方向评价方法研究 . 中国航天系统科学与工程研究院，2013.
[5] 曾路，汤勇力，李东从 . 产业技术路线图：探索战略性新兴产业培育路径 . 北京：科学出版社，2014.
[6] Phaal R，Sullivan E，Routley M，et al. A framework for mapping industrial emergence. Technology Forecasting & Social Change，2011，78：217-230.
[7] 王礼恒，等 . 战略性新兴产业培育与发展战略研究综合报告 . 北京：科学出版社，2015.
[8] 吴燕生，王崑声，许胜 . 技术成熟度及其评价方法 . 北京：国防工业出版社，2012.
[9] Bilbro J. Status of the development of an International Standards Organization（ISO）definition of the technology readiness levels（TRL）and their criteria of assessment. JB Consulting International，2011.
[10] U.S. Department of Defense. Manufacturing Readiness Level（MRL）Deskbook，2010.
[11] 高红阳 . 外在技术预见与国家科技发展战略研究 . 吉林大学博士学位论文，2005.
[12] 袁家军 . 航天产品工程 . 北京：中国宇航出版社，2011.

附录2 战略性新兴产业技术预见中的大数据分析平台框架研究*

刘宇飞 周 源 廖 岭

【内容提要】作为创新战略管理工具，技术预见受到越来越多的重视。学术界对技术预见方法及其应用进行了大量的相关研究。但是如何对不同路径的新兴产业进行技术预见，尤其针对发展中国家的追赶型产业创新进行技术预见，这是亟待深入探讨的理论难题。另外，大多数技术预见仍然以德尔菲法等专家分析法为主，其制定过程主要还是依赖专家的知识经验，而缺乏客观的大数据支撑，在分析研究上往往偏向主观而缺乏信度和效度。因此，本部分将探索专利、文献等大数据应用于支撑中国新兴产业技术预见的理论和方法研究。其主要内容如下：①梳理现有理论，并提出整合专利文献等大数据和专家判断的新兴产业技术预见概念分析框架；②创新并开发针对新兴产业技术预见的分析方法；③针对不同路径的中国新兴产业案例，应用技术预见理论分析框架及创新方法，通过实证探索上述案例产业的新兴技术未来发展路径并改进技术预见产出。

一、大数据分析在战略性新兴产业技术预见中的重要性

（一）战略性新兴产业在国民经济发展中处于重要地位

进入21世纪，科技创新能力已经成为国家综合国力的一项重要衡量指标，成为国际竞争的焦点[1]。世界范围内新一轮科技革命和产业变革与中国转变经济发展方式实现历史性交汇，新一轮工业革命正在兴起，全球科技进入新的创新密集期[2]，发展战略性新兴产业，是着眼于国际经济格局，立足于国内未来可持续发展的重要战略决策。战略性新兴产业将成为中国未来经济增长、产业转型升级、创新驱动发展的重要着力点。培育发展战略性新兴产业，高起点构建现代产业体系，加快形成新的经济增长点，抢占未来经济和科技制高点对中国经济社会真正走上创新驱动、内生增长、持续发展的轨道具有重大的战略意义。党的十八大报告明确指出，推进经济结构战略性调整，加快传统产业转型升级，优化产业结构，促进经济持续健康

* 本部分内容已被《中国工程科学》2016年第18卷第4期收录。

发展的一个重要举措就是积极推动战略性新兴产业的发展。认识战略性新兴产业的发展规律，找准发展方向，对加快战略性新兴产业培育与发展至关重要。

在培育与发展战略性新兴产业方面，自主创新能力的提升既要满足国家经济发展的需要，又要面向新一轮科技革命带来的产业升级，还要把握产业核心技术未来的发展趋势。对技术发展有规划地进行预见工作，其必要性与重要性越来越得到各国的认可[3～7]。美英日德韩等国，通过国家级的科技发展监测，对未来10～20年的技术态势进行预见，制定科技发展规划和行动计划，从而提高资源配置效率，已经取得了显著成效。例如，技术对外依存度这一指标，美英日德韩等国仅有5%左右。

（二）技术预见在战略性新兴产业发展中扮演重要角色

技术预见已经受到越来越多国家的重视，成为一种新的科技战略管理工具，但其结合科学、技术、经济、管理等多学科交叉的特点，又增加了准确进行技术预见工作的难度。技术预见的主要目的是：探索国家未来的技术需要，识别未来重点研究领域，开展科学有效的发展规划。为更好地提升中国自主创新能力，通过持续开展技术预见，形成一种研究机制与管理模式，不断完善对国家未来技术需要的判断，提高预测技术发展趋势的能力[8]。

而针对战略性新兴产业发展的技术预见越来越受到研究人员的关注[9]，也存在着理论及方法方面的重要难题。一方面，近年来研究认为，新兴产业的形成与发展有不同的路径，主要有以下四种[10]：产业新生、产业分化、产业派生、产业融合。这些路径的不同导致我们需要差异化的技术预见理论和方法。另外，中国等发展中国家在产业技术创新上处于由跟随到国际前沿的转变时期，在新兴产业技术的发展上与世界水平还存在需要追赶的创新差距。如何将创新差距的追赶纳入中国的技术预见理论及方法中，这是一个新的挑战[11]。因此，如何针对不同路径的新兴产业进行技术预见，尤其是要考虑发展中国家的创新追赶，这是技术预见亟待深入探讨的理论难题。

（三）大数据分析在技术预见中将发挥重要作用

随着信息爆发式增长，在宏观产业发展战略和技术预见中，完全依靠专家们自身有限的领域知识做出方向性的判断，已经越来越备受争议。而有效地使用大数据方法帮助专家完成信息的收集与筛选、数据的整理与分析，将信息与数据指标化、图表化，帮助专家们解决信息的收集与分析问题，以便其将更多精力投入对技术预见和战略问题的判断与建议上，是技术预见的发展方向。需要注意的是，大数据方法的使用是为了支持而不是取代决策者，这些方法是为了让专家们可以将更多的时间与精力用在他们所擅长的工作中——判断与建议，从而最终提高战略咨询服务的质量。如何将这些客观数据通过大数据分析的方法嵌入战略性新兴产业的技术预见流程中，为专家提供数据支持，更科学地发挥专家专业知识与丰富经验，降低主观偏误性，进而提高技术预见的信度与效度，是亟待解决的应用难题。

专利和文献的大数据分析方法是以战略性新兴产业的论文、专利为数据，采用文献计量学、数据挖掘、数据分析等方法，研究论文、专利数据中所包含的相关信息，从而分析相关技术的热点和前沿、发展趋势、国家对比、企业竞争力研究等[12～16]。国内外的一些学者也将数据分析应用于技术预见工作，但更多的是将数据分析作为技术预见的背景资料的一部分提供给领域专家[17～21]，鲜有将数据分析与专家经验相结合，在技术预见的整个流程中产生互动，以研究未来技术的发展趋势与战略规划[22～30]。同时，关于数据与专家交互的研究也积累了一定成果[31～34]，但是将数据分析方法大规模地投入实际的咨询工作中仍然有所欠缺。在国家正在进行中长期科学和技术发展规划研究和制定这一宏观背景下，研究技术预见、关键技术选择等方法对中国宏观发展战略制定具有较好的科学意义和现实意义。

因此，本部分希望在理论设计和深度案例应用研究的基础上，建立基于专利文献等大数据的“新兴产业技术预见”的分析框架及流程，提高数据搜索与使用能力，加强数据分析能力，将专利文献数据分析流程化、系统化，同时增强易用性，降低使用门槛。本部分将使用客观分析方法，如文献计量、专利分析、技术路线图等方法改进现有的咨询流程，对现有研究项目的背景情况、技术发展等进行筛选、整理与分析，提供相关技术研究的发展路线、国内外研究热点，预测技术走向，生成分析报告供专家学者参考，从而建立一套针对大数据时代下的新兴产业技术预见的适用性、有效性更高的战略咨询流程与分析框架。以专家决策为中心，充分利用大数据理念和方法做支撑，实现科学、系统的工程科技发展战略中的新兴产业技术预见的理论深化、流程凝练及工具应用。

二、大数据分析方法支持技术预见之初探

为了更好地发挥数据对战略咨询的支持作用，需要系统地对咨询流程与框架进行标准化设计，对数据分析方法与工具进行深入研究与开发，对重大战略性新兴产业项目进行调研分析，生成针对性更高的数据分析报告，更好地满足院士专家以及广大科研人员对数据的需求，为重大战略咨询提供强有力的知识支撑，更充分地发挥院士专家在战略性新兴产业领域决策支持方面的核心作用。

本部分将大数据方法以功能模块方式嵌入咨询流程中，加强战略性新兴产业研究过程中的数据收集处理能力，扩展数据挖掘功能，增强不同数据间关联性分析能力，并在重点咨询项目中推广试运行，为院士专家做好知识支撑工作，提高咨询服务质量，最终建立一个适用性广、易用性强、上手难度低的面向院士专家、咨询服务工作人员及广大战略性新兴产业研究人员的支持平台。

因此，大数据分析方法支持技术预见将从战略性新兴产业战略咨询的流程设计、战略性新兴产业战略咨询研究数据分析模块开发、战略咨询方法应用案例研究三个方面开展。

（一）战略性新兴产业战略咨询的流程设计

调研国内外战略咨询的现状和发展趋势，针对战略咨询研究特点，对咨询流程进行标准化设计，将大数据方法从流程阶段就结合到咨询服务中。根据已完成的咨询项目积累的经验，对不同的咨询项目进行分类，针对咨询项目各自的特点，使用不同的数据分析方法对项目中涉及的数据进行整理与分析。我们将其分为以下三类：

（1）战略规划演进分析类。对该项目领域学术论文、专利成果、产业发展报告进行综合分析，明确该领域研究成果转化到产业的过程与时间，利用数据发现产业重点，为专家判断提供支撑。

（2）技术预见类。对该项目领域内过往的数据进行挖掘与分析，总结其发展趋势、技术路线、相关成果分布，预测候选热点技术供专家参考。

（3）评估类。主要通过该项目产生的相关成果及项目立项前后该领域内的成果变化趋势对该项目进行评估。

根据目前咨询项目进行的战略咨询流程设计如图 1 所示。

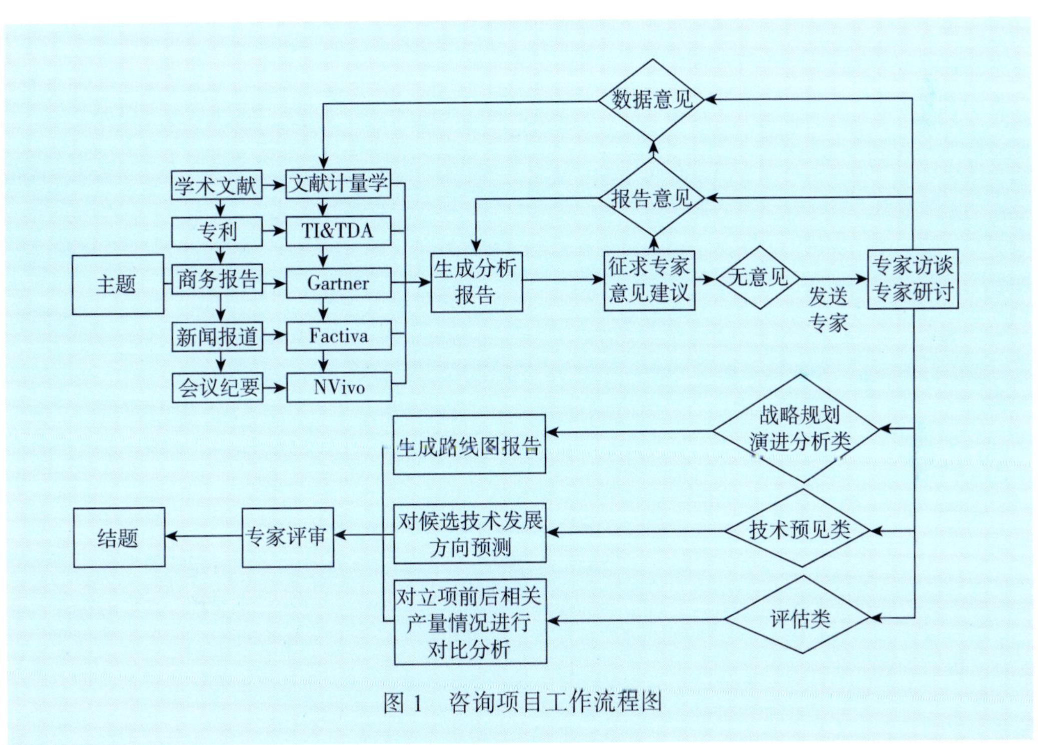

图 1　咨询项目工作流程图

将不同项目的流程进行总结、梳理，形成流程库，供未来的咨询项目开展时调取。

（二）战略性新兴产业战略咨询研究数据分析模块开发

数据分析模块开发将以数据库、方法库、指标库为基础功能模块进行框架设计。

1. 数据库

结合中国工程院和清华大学的资源，对学术文献、专利文件、商业报告、新闻报道、会议纪要等数据，针对每一个具体项目构建一个多维度数据库，用来进行后续的数据挖掘与数据分析工作。初步可使用的数据有中国知网的中文论文数据、Web of Science 的英文论文数据、Thomson Innovation 的专利数据、Gartner 的商业报告、Factiva 的新闻报道等。

2. 方法库

建设平台过程中使用的数据挖掘与数据分析的主要目的是对数据库中的数据根据项目需要进行清洗，以及对不同类型的数据进行相关性分析。数据源的质量是决定分析结果质量的最重要因素，所以在整合过程中，将使用文献计量学、文本挖掘、专利分析和文本数据预处理的结构化主谓宾（subject-action-object，SAO）分析等方法对数据进行清洗，获得最符合需求的清洁数据源。然后，使用各类别数据库相关分析软件对清洁数据源的数据进行分析，对得到的软件结果进一步使用主路径分析、技术路线图等方法对结果进行评估、筛选、优化，以得到更符合战略性新兴产业战略咨询要求的分析结果。最后，利用关联规则、聚类、分类、预测等数据挖掘方法对不同类别的数据进行综合分析，并生成分析报告供院士专家参考。

同时，目前已有多个数据分析软件可以应用于战略性新兴产业战略咨询研究工作，如 Thomson Data Analyzer（TDA）文本挖掘软件、NVivo 质性分析（qualitative data analysis）软件、UCINET 网络分析软件、Pajek 大型复杂网络分析工具等。

虽然，已经有很多研究机构在使用其中的数据并利用相关软件与数据挖掘方法进行分析，但是很少有研究机构在分析问题时同时使用多种数据库，并将不同类别的数据进行关联分析。该平台希望采用集成创新的方式，利用多种数据库中的信息与分析软件，对各个类别的数据进行选择、集成和优化，形成优势互补的有机数据链，从而得到某一领域不同类别数据的相关关系。

3. 指标库

目前，专利分析指标和论文分析指标已经积累了一定的研究成果，主要研究指标如表 1 和表 2 所示。

表 1　专利分析指标

计量指标	计算方法	指标说明（表征的意义）
专利数量	统计一个技术点包含的专利数量	描述该技术产业的发明活动情况。数量越大，说明该技术产业的发明活动越丰富

续表

计量指标	计算方法	指标说明（表征的意义）
技术集中度	统计该技术点下 IPC 分类号的个数	可以描述该技术产业的子技术领域分布情况。指标越大，说明子技术领域分布范围越广
技术生长率 v	$v=a/A$，其中，a 表示当年发明专利数量，而 A 为追溯 5 年的发明专利数量	计算连续若干年的 v 值，若在递增，则表明该技术处于生长期
技术成熟系数 α	$\alpha=a/(a+b)$，其中，a 为当年发明专利申请量；b 为当年实用新型专利申请量	计算连续若干年的 α 值，若递减，则说明该技术已处于成熟期
技术衰老系数 β	$\beta=(a+b)/(a+b+c)$，其中，a 为发明专利该年的申请量；b 为实用新型专利该年的申请量；c 为外观设计或商标该年的申请数	计算连续若干年的 β 值，若递减，则预示该技术正逐渐陈旧
美国授权量	优先权国家是“US”的专利总量	高技术含量的专利数量，指标越大，说明该技术的技术含量越高
PCT 申请数	优先权国家是“WO”的专利总量	PCT 国际申请在一定程度上反映了申请专利所含技术的重要性和申请人所占国际市场的迫切愿望，可以在一定程度上衡量专利质量。指标越大，说明该技术专利质量越高，技术活动的水平越高
专利增长率	$R=\frac{\text{Pa}(n)-\text{Pa}(n-1)}{\text{Pa}(n-1)}$ 其中，Pa（n）表示第 n 年的专利数量	专利增长率反映了技术创新能力的变化程度。指标越高，说明该技术的创新能力增强越多
当前影响指数（CII）	CII= 该企业现行年前 5 年期间的专利平均每件被现行年专利引用的比率 / 所有专利被引用的比率	CII 反映了该技术的技术实力及其技术领先程度。指标越大，说明该技术相应的研究机构与企业的技术实力越强，领先程度越高
技术力量 TS	TS= 技术点专利量 ×CII	TS 反映了技术点的创新质量状况，TS 越高，说明该技术相应的研究机构与企业的创新能力与质量越高
技术独立性	技术独立性 = 技术点专利自引次数 / 技术点专利总被引次数	反映了该技术点与其他技术点依赖程度与研发自主性水平。指标越高，说明该技术与其他技术的依赖性越低，研发自主性水平越高
技术影响力指标（TII）	TII =（某年专利位居被引用次数前 10% 的最具影响力专利件数 / 当年专利量）/（所有专利位居最具影响力的专利件数 / 技术点所有专利量）	比当前影响指数更能体现一个企业的技术领先程度。指标越大，说明该技术相应的研究机构与企业的技术实力越强，领先程度越高
发明专利率	发明专利率 = 技术点发明专利量 / 技术点所有专利数量	衡量技术点的技术发展阶段。指标高，说明技术点处在萌芽或发展期；指标越低，说明技术发展越成熟
前向引文量	该专利被后期专利引用的次数	衡量该专利对后来技术发展的影响程度。指标越高，说明该技术点越基础或重要
科学关联度	引用科学文献的平均数量	反映技术点所涉及的技术领域与科学的联系程度。该数量大，说明研发活动和技术创新紧跟最新科技的发展

表 2　论文分析指标

计量指标	计算方法	指标说明（表征的意义）
分区刊均论文数量	分别统计 ABCD 四个分区（论文数量 / 该分区的期刊数）	反映了该技术点不同研究水平的论文数量，从而可以了解该技术点学术研究活动水平
论文综合指标	分区刊均论文数量 × 该分区的刊均影响因子	反映了该技术点学术研究活动水平。指标越高，说明该技术点的学术研究水平越高
文献增长率	$R=\frac{\mathrm{Pa}(n)-\mathrm{Pa}(n-1)}{\mathrm{Pa}(n-1)}$ 其中，Pa（*n*）表示第 *n* 年的文献发表数量	文献增长率反映了技术创新能力的变化程度。指标越高，说明该技术的创新能力增强越多
篇均引用量	论文被引用的总次数 / 论文总数量	理论上讲，被引次数是衡量学术论文影响力和质量的标尺。指标越高，反映了该技术的重要性越强、地位越高

（三）战略咨询方法应用案例研究

新兴产业在中国主要有三种表现形式：①整体落后，持续追赶；②理论同步，应用落后；③整体先进，制造领先。针对不同类型的新兴产业，需要展开的主要预见工作也有所不同，因此，项目拟针对这三种表现形式的典型新兴产业，包括机器人产业、3D 打印产业、新能源与节能产业，进行技术预见的具化研究。

1. 机器人产业

中国机器人产业的理论技术与市场应用整体落后，处于追赶世界先进技术的地位。对这类新兴产业进行技术预见时：首先，需要厘清中国机器人技术与世界先进水平在哪些方面存在差距。其次，需要分析造成这些差距的原因。最后，寻找追赶差距的技术点，指导产业发展。其主要研究内容如下：

（1）基于文献计量、专利分析方法识别机器人领域科学、技术、产业应用及其之间转移过程的差距。

（2）结合历史数据与专家知识，识别机器人领域造成创新差距的未来政策、市场、产业等宏观因素。

（3）绘制机器人产业技术路线图，指导产业发展。

2. 3D打印产业

中国 3D 打印产业技术的理论研究同步于世界先进水平，但市场应用则相对落后。在对这类新兴产业进行技术预见时：第一，需要按世界发展先进水平进行技术预见；第二，需要特别考虑基础研发到产业技术的协调转化。因此，有必要持续保持对技术研究热点、技术空白点、技术发展趋势等方面的前沿研究和深入探索，保持中国理论研究的整体先进性、综合实力与竞争力。研究将主要围绕新兴技术的识别、科学基础、影响力等方面展开实证研究，主要研究内容如下：

（1）基于专利数据的新兴技术发现分析。

（2）基于论文和专利数据的新兴技术科学基础分析。

（3）基于网络信息数据的新兴技术潜在影响力分析。

3. 新能源与节能产业

中国新能源与节能技术的研究整体处于世界先进水平，所以在针对这类新兴产业进行技术预见时：第一，因为这类产业发展相对成熟，中国具有突出的制造优势，所以预见可以产业技术的发展为主线；第二，根据上述产业特征，可进行全主题的技术发展及预见。其主要研究内容如下：

（1）结合文献计量、专利分析、网络分析法与技术路线图研讨，识别新能源与节能技术的技术发展阶段。

（2）使用文献计量识别科学到技术的演进过程，使用专利分析识别技术到应用的转化过程，使用技术路线图研讨识别应用到市场的推广。

三、战略性新兴产业战略咨询研究支持平台原型

本部分系统地对技术预见的分析框架进行标准化设计，更好地满足技术预见中专家对专利、文献等数据的需求，为新兴产业发展战略提供强有力的知识支撑，更科学地发挥专家在新兴产业技术预见及战略规划的决策支持作用。拟设计数据库、方法与工具库、指标库、流程库四个模块，更好地完成数据收集、数据挖掘、数据分析工作，以这些模块为基础，构建基于大数据分析的技术预见理论框架。

最终建立一个集全面优质数据源、先进的分析方法、全面的分析指标、有效的咨询流程、丰富的咨询案例为一体的综合战略咨询研究支持平台原型，如图2所示。

在平台的建立过程中，深入解析了国内外技术预见的理论及应用难题，探索客观大数据、技术路线图等方法与专家知识的内在联系，构建大数据分析、技术路线图嵌入技术预见的分析框架与流程，优化专家为核心的决策支持过程。

为了探索研究上述嵌入式的技术预见分析框架和流程，此平台一方面将研究大数据分析、技术路线图等方法与技术预见的契合点，另一方面将针对契合点进行具体方法和工具上的创新、开发与应用。

此平台将大数据概念方法和技术预见概念框架应用于机器人、3D打印、新能源与节能三类不同发展路径的新兴产业实际案例研究，进行指标构建研究，探寻具体产业技术领域内的新兴技术、新兴技术未来发展路径、影响新兴技术未来发展的因素以及这些因素之间的变化关系，为新兴技术及产业发展提供科学依据与决策支撑。

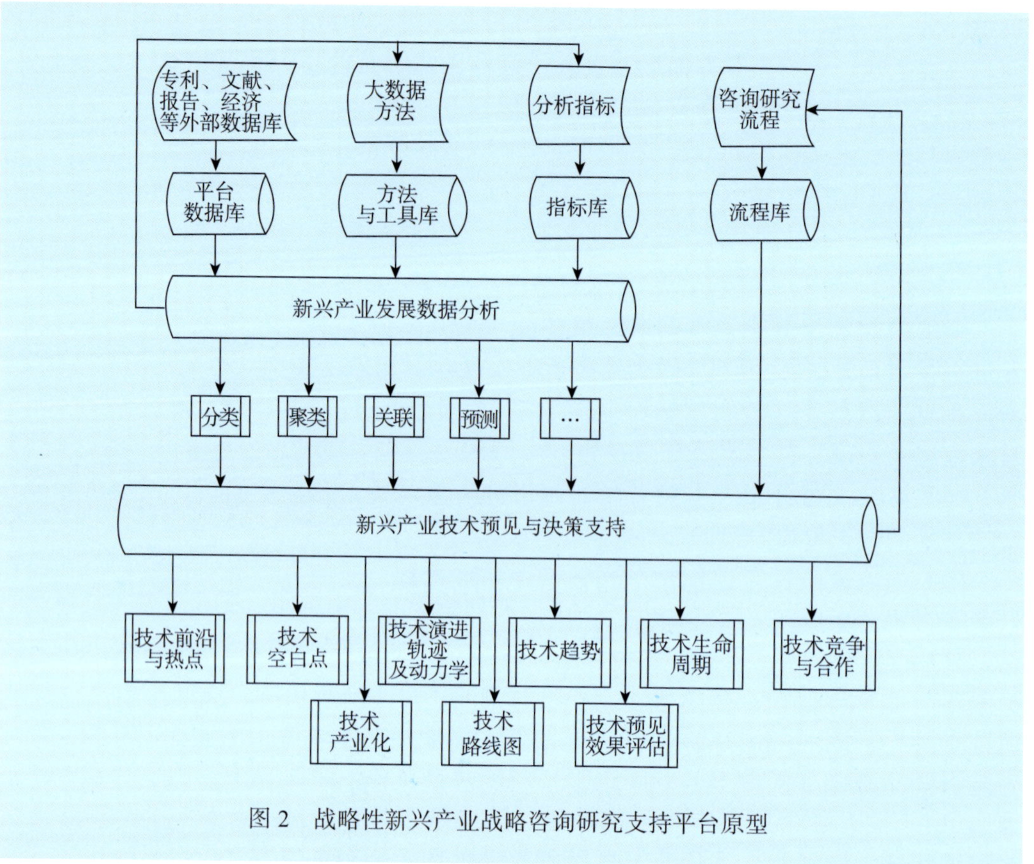

图 2　战略性新兴产业战略咨询研究支持平台原型

参考文献

[1] Miles I. The development of technology foresight：a review. Technological Forecasting and Social Change，2010，77（9）：1448-1456.

[2] Blind K，Cuhls K，Grupp H. Current foresight activities in Central Europe. Technological Forecasting and Social Change，1999，60（1）：15-35.

[3] Georghiou L. The UK technology foresight programme. Futures，1996，28（4）：359-377.

[4] Martin B R，Johnston R. Technology foresight for wiring up the national innovation system：experiences in Britain，Australia，and New Zealand. Technological Forecasting and Social Change，1999，60（1）：37-54.

[5] Kuwahara T. Technology forecasting activities in Japan. Technological Forecasting and Social Change，1999，60（1）：5-14.

[6] Lee S K，Mogi G，Kim J W. Energy technology roadmap for the next 10 years：the case of Korea. Energy Policy，2009，37（2）：588-596.

[7] Choi M，Choi H L，Yang H，et al. Characteristics of 4th Korean technology foresight//IEEE. Technology Management for Emerging Technologies（PICMET），2012.

[8] 郭卫东 . 技术预见理论方法及关键技术创新模式研究 . 北京邮电大学博士学位论文，2007.

[9] 薛澜，周源，李应博，等 . 战略性新兴产业创新规律与产业政策研究 . 北京：科学出版社，2015.

[10] Lee S，Lee S，Seol H，et al. Using patent information for designing new product and technology：keyword based technology roadmapping. R&D Management，2008，(38)：169-188.

[11] Li X，Zhou Y，Xue L，et al. Roadmapping for industrial emergence and innovation gaps to catch-up：a patent analysis of OLED industry in China. International Journal of Technology Management，2016，in press.

[12] Phaal R，O' Sullivan E，Routley M，et al. A framework for mapping industrial emergence. Technological Forecasting and Social Change，2011，78（2）：217-230.

[13] Daim T，Rueda G，Martin H，et al. Forecasting emerging technologies：use of bibliometrics and patent analysis. Technological Forecasting and Social Change，2006，73（8）：981-1012.

[14] 李欣，黄鲁成 . 基于文献计量的染料敏化太阳能光伏技术可视化分析 . 情报杂志，2013，32（12）：98-103.

[15] Jun S，Lee S J. Emerging technology forecasting using new patent information analysis. International Journal of Software Engineering and Its Applications，2012，(6)：107-114.

[16] Kim Y G，Suh J H，Park S C. Visualization of patent analysis for emerging technology. Expert Systems with Applications，2008，(34)：1804-1812.

[17] 张嶷，汪雪峰，郭颖，等 . 基于文献计量学方法的技术路线图构建模型研究 . 科学学研究，2012，30（4）：495-502.

[18] 郭颖，汪雪峰，朱东华，等 ."自顶向下"的科技规划——基于专利数据和技术路线图的新方法 . 科学学研究，2012，30（3）：349-358.

[19] Robinson D，Huang L，Guo Y，et al. Forecasting innovation pathways for new and emerging science and technologies. Technological Forecasting and Social Change，2013，80（2）：267-285.

[20] 李欣，黄鲁成 . 基于技术路线图的新兴产业形成路径研究 . 科技进步与对策，2014，31（1）：44-49.

[21] Li X，Zhou Y，Xue L，et al. Integrating bibliometrics and roadmapping methods：a case of dye-sensitized solar cell technology-based industry in China. Technological Forecasting and Social Change，2015，97：205-222.

[22] 乔杨 . 专利计量方法在技术预见中的应用——以国内冶金领域为例 . 情报杂志，2013，(4)：34-37.

[23] 王金鹏 . 基于科学计量的技术预见方法优化研究 . 华中师范大学硕士学位论文，2011.

[24] 崔志明，万劲波，浦根祥，等 . 技术预见与国家关键技术选择应遵循的基本原则 . 科学学与科学技术管理，2002，23（12）：9-12.

[25] 王旭超，吴腾枫，江小蓉，等 . 面向技术预测的专利情报分析实证研究 . 情报科学，2014，（7）：139-144.

[26] 穆荣平，任中保，袁思达，等 . 中国未来 20 年技术预见德尔菲调查方法研究 . 科研管理，2006，27（1）：1-7.

[27] 孙静芬，袁建华，赵滟，等 . 国外航天未来发展技术预见实施研究 . 中国航天，2015，（10）：37-41.

[28]Zhang Y，Zhang G，Chen H，et al. Topical analysis and forecasting for science，technology and innovation：methodology and a case study focusing on big data research. Technological Forecasting & Social Change，2016，105：179-191.

[29]Wang X，Qiu P，Zhu D，et al. Identification of technology development trends based on subject-action-object analysis：the case of dye-sensitized solar cells. Technological Forecasting & Social Change，2015，98：24-46.

[30]Nassirtoussi A K，Aghabozorgi S，Wah T Y，et al. Text mining of news-headlines for FOREX market prediction：a multi-layer dimension reduction algorithm with semantics and sentiment. Expert Systems with Applications，2015，42（1）：306-324.

[31]Keppell M. Principles at the heart of an instructional designer：subject matter expert interaction. Ascilite.org.au.retrieved January，2000.

[32]Quiamzade A，Mugny G，Cléopas A D，et al. Interaction styles and expert social influence. European Journal of Psychology of Education，2003，18（4）：389-404.

[33] Lee M F，Mehlenbacher B. Technical writer/subject-matter expert interaction：the writer’s perspective，the organizational challenge. Technical Communication，2000，47（4）：544-552.

[34] Kenny P G，Parsons T D，Gratch J，et al. Evaluation of novice and expert interpersonal interaction skills with a virtual patient. Lecture Notes in Computer Science，2009，5773：511-512.

后　记

当前，全球新兴产业发展迅猛，新的增长点不断涌现，将深刻改变未来世界产业格局，新兴产业正在成为引导未来经济社会发展的重要力量。与此同时，党中央、国务院高度重视培育与发展战略性新兴产业。2016年3月发布的《“十三五”规划纲要》中明确提出要支持战略性新兴产业发展。李克强总理在2016年的政府工作报告中也提出“到2020年，先进制造业、现代服务业、战略性新兴产业比重大幅提升”。可见，培育和发展战略性新兴产业至关重要。

“十二五”以来，在党和国家的高度重视与推动下，中国战略性新兴产业的培育与发展取得了显著成效，实现了跨越式发展，产业增速远远超过传统产业，一批关键技术取得重大突破，投资消费热点不断涌现，对稳增长、调结构、惠民生发挥了重要作用。“十三五”是中国全面建成小康社会的关键时期，也是中国加快发展战略性新兴产业的重大机遇期。一方面，我们要面向全球、立足全局，深刻认识并准确把握经济发展新常态的新要求和国内外科技创新的新趋势，实施创新驱动发展战略，以科技创新为核心，以人才发展为支撑，继续推动战略性新兴产业发展。另一方面，我们要进一步完善产业政策环境，提高供给体系质量和效率，推动新兴产业供给和需求的有效衔接，进一步释放发展活力，充分释放各类人才创新的积极性、主动性，不断提高中国战略性新兴产业发展的质量和水平。

中国工程院作为国家工程科技思想库和国家高端科技智库，高度重视战略性新兴产业的发展。为了更好地促进战略性新兴产业的发展，提升科学决策的水平，2010年以来，受国家发改委委托，中国工程院与清华大学和国家开发银行一起，开展了战略性新兴产业系列咨询研究，为战略性新兴产业政策的制定提供了决策支撑。2016年，中国工程院又启动了“战略性新兴产业发展重大行动计划研究”重大咨询研究项目，进一步为国家“十三五”发展战略性新兴产业提供决策支撑。同时，为了更好地反映中国战略性新兴产业发展的总体情况及各领域发展态势，介绍国内外相关技术和产业的前沿热点与最新动向，宣传国家政策和引导社会投资，中国工程科技发展战略研究院以科技和产业发展为核心，围绕年度热点，已经连续四年（2013～2016年）出版了《中国战略性新兴产业发展报告》，引起了社会各界的积极反响，获得专家学者、政府官员、行业从业人员等多方好评。

本书在2013～2016年四个年度报告的基础上，对“十二五”期间中国战略性新兴产业的发展情况进行总结，对“十三五”中国战略性新兴产业的发展趋势进行展望，对2016年最新进展进行介绍。总体来看，本书分为5大部分，共计19章

（含附录），按照综合篇、产业篇、政策篇、投融资篇、附录依次展开。第一部分为综合篇，对“十二五”期间中国战略性新兴产业的发展情况进行总结，对“十三五”进行展望。第二部分为产业篇，在原来 7 大产业的基础上新增了“互联网 + 智能制造产业”和“数字创意产业”，介绍了 9 个产业的“十二五”发展总结和“十三五”展望以及 2016 年最新发展情况。第三部分为政策篇，对“十二五”期间战略性新兴产业的相关政策进行梳理分析，并对产业创新模式、绿色发展治理、智能制造推广政策等进行研究。第四部分为新增的投融资篇，分别介绍了基于产业发展周期的战略性新兴产业投融资模式、科技型中小企业投融资模式和颠覆性技术创新的金融支持。第五部分为附录，介绍了产业成熟度理论和大数据分析方法，使读者可以学习到战略性新兴产业的相关理论、方法并加以应用。

本书的编写工作得到了中国工程院、国家发改委、国家开发银行、清华大学、国家信息中心等单位和部门的大力支持，得到了徐匡迪、路甬祥、周济、潘云鹤、林念修、干勇、邱勇、陈清泰、朱高峰、杜祥琬、胡怀邦等同志的亲切关怀与悉心指导，在此表示衷心的感谢！

感谢本书的撰稿人和审稿人，众多的院士和专家为本书各章节的编写付出了辛勤劳动。感谢中国工程院副秘书长、项目办公室主任吴国凯同志的指导和高效的组织管理。感谢中国工程科技发展战略研究院的周源、刘晓龙、韦结余、杨艳明、陈秀敏、杨榕、王书铭、杨艳伟、朱含蓄等同志，他们搜集了大量的资料，承担了组织联络工作，确保了本书编著工作的顺利进行。感谢科学出版社的大力支持，尤其感谢编辑马跃先生和徐榕榕女士，是他们辛勤、细心、负责的工作确保了本书能如期与读者见面。

除了上述名字，诸多机构和个人在本书编写过程中参加了各类实地调研、座谈会、研讨会和工作会，分享了宝贵的经验和独到的见解，对于所有对本书做出贡献和给予支持的机构和个人，一并致以诚挚的谢意！

编委会
2016 年 10 月